O PRINCÍPIO
DA SEPARAÇÃO DE PODERES
E OS NOVOS
MOVIMENTOS SOCIAIS

**(A Administração Pública no Estado Moderno:
entre as exigências de liberdade e organização)**

FERNANDO PAULO DA SILVA SUORDEM
Licenciado e Mestre em Direito pela Universidade de Coimbra
Assistente no Departamento Autónomo de Direito da Universidade do Minho

O PRINCÍPIO DA SEPARAÇÃO DE PODERES E OS NOVOS MOVIMENTOS SOCIAIS

(A Administração Pública no Estado Moderno: entre as exigências de liberdade e organização)

Dissertação no âmbito do Curso especializado conducente ao Mestrado em Direito pela Faculdade de Direito da Universidade de Coimbra, na área de especialização das Ciências Jurídico-Políticas (Outubro – 1992).

LIVRARIA ALMEDINA
COIMBRA • 1995

TÍTULO: O PRINCÍPIO DA SEPARAÇÃO DE PODERES E OS NOVOS MOVIMENTOS SOCIAIS

AUTORES: FERNANDO PAULO DA SILVA SUORDEM

EDITOR: LIVRARIA ALMEDINA – COIMBRA

DISTRIBUIDORES:

LIVRARIA ALMEDINA
ARCO DE ALMEDINA, 15
TELEF. (039) 26980
FAX (039) 22507
3000 COIMBRA – PORTUGAL

LIVRARIA ALMEDINA – PORTO
R. DE CEUTA, 79
TELEF. (02) 319783
4050 PORTO – PORTUGAL

EDIÇÕES GLOBO, LDA.
R. S. FILIPE NERY, 37-A (AO RATO)
TELEF. (01) 3857619
1250 LISBOA – PORTUGAL

EXECUÇÃO GRÁFICA: G.C. – GRÁFICA DE COIMBRA, LDA.

TIRAGEM: 1100 EX.

DEPÓSITO LEGAL: 90417/95

Dedico a presente dissertação
à minha família e aos meus amigos.

ADVERTÊNCIA

O texto que agora se publica corresponde na sua *estrutura e substância* ao que consta originalmente na versão entregue em 27 de Outubro de 1992 na Faculdade de Direito de Coimbra e que foi submetido à apreciação do Júri nas provas públicas para exame e defesa da dissertação realizadas em 21 de Julho de 1994.

Apenas, como de resto é natural, se corrigiram pequenos lapsos originados pela pressão resultante da necessidade de cumprimento dos prazos académicos. Ao optar por não referir a evolução que (no plano normativo como no plano político) ocorreu no período subsequente à entrega da dissertação não só se pretende dar a conhecer o estado da nossa reflexão nesse momento (Outubro de 1992) como possibilitar ao leitor que avalie a nossa capacidade prospectiva e de prognose (pelo confronto das nossas reflexões com essa mesma evolução).

O AUTOR

AGRADECIMENTOS

Desejo expressar um especial agradecimento ao Senhor Professor Doutor Rogério Soares pela gentileza de ter aceite o encargo de orientar-me nesta dissertação e pelo apoio e incentivo recebidos da sua parte para a realização da presente dissertação.

Formulo ainda agradecimentos sinceros: ao Senhor Professor Doutor Francisco António Lucas Pires pelo seu incentivo à investigação e pela sua atitude disponível, aberta e moderna nos seminários de Direito das Organizações Europeias realizados durante a parte escolar do presente curso especializado, o que me parece tanto mais de realçar quanto são conhecidas as inúmeras solicitações a que o sujeita a sua condição de destacada figura pública; ao Senhor Professor Doutor José Joaquim Gomes Canotilho pela sua acção de sensibilização e de formação dos jovens para o estudo e investigação do Direito — desde o meu primeiro ano no curso geral da licenciatura quando a cadeira de Direito Constitucional me motivou fortemente para os problemas do Direito Público, para o que contribuiu ainda o modo de ser e de estar nas aulas teóricas do Professor Doutor Gomes Canotilho, finalizando, durante os seminários de Direito Administrativo realizados durante a parte escolar do presente curso conducente ao Mestrado em Direito, com a sensibilização e acção de formação dos mestrandos para o estudo e investigação da problemática relacionada com a tutela jurídica do ambiente; e mais uma vez, merecidamente, ao Senhor Professor Doutor Rogério Soares pelo rigor e exigência colocados na abordagem intelectual das questões do Direito Administrativo, designadamente na avaliação de conhecimentos dos estudantes, pois que estimularam-me a um estudo empenhado, profundo e sério de tais questões, e ainda por, no âmbito dos seminários em Direito Constitucional realizados durante a parte escolar deste curso visando a especialização em Ciências Jurídico-Políticas pela

Universidade de Coimbra, ter procedido à sensibilização dos mestrandos para a reflexão sobre o significado profundo do princípio da separação de poderes no Direito Constitucional.

Desejo expressar ainda, genéricamente, o meu profundo reconhecimento à Faculdade de Direito da Universidade de Coimbra pela valiosa formação que me foi proporcionada como resultado do trabalho dos seus docentes e investigadores.

Renovo o agradecimento pela competência e colaboração dos funcionários da Biblioteca do Instituto Jurídico da Faculdade de Direito de Coimbra, que me parece justo realçar, e que é extensivo aos demais funcionários que comigo cooperaram no trabalho de pesquisa bibliográfica para a elaboração da presente dissertação.

Antes de terminar, desejo ainda expressar uma palavra de agradecimento a todos aqueles que contribuíram para a boa forma e apresentação gráfica do presente trabalho.

Por último, mas como se compreenderá facilmente não menos importante, sinto-me na imperiosa necessidade de agradecer a minha mãe, a minha irmã e demais família pelo seu apoio ao longo de todos estes anos, decisivo e primacial para eu obter sucesso nos meus objectivos, bem como agradecer aos meus amigos pelo apoio e incentivo necessários para a realização deste meu projecto.

Bem hajam todos!

FERNANDO PAULO DA SILVA SUORDEM

NOMENCLATURA

A.I.A.	– Avaliação de Impacto Ambiental.
B.C.E.	– Banco Central Europeu.
CDS	– Partido do Centro Democrático Social.
C.E.	– Comunidade Europeia.
C.E.E.	– Comunidade Económica Europeia.
CEDH	– Convenção Europeia dos Direitos do Homem.
C.P.A.	– Código do Procedimento Administrativo.
C.R.P.	– Constituição da República Portuguesa de 1976 (revista em 1982 e 1989).
CSCE	– Conferência de Segurança e Cooperação na Europa.
DB	– decibéis.
Declaração do Rio	– Declaração das Nações Unidas sobre Ambiente e Desenvolvimento.
D.L. (ou Dec.-Lei)	– Decreto-Lei.
D. Reg. (ou Dec. Reg.)	– Decreto Regulamentar.
DUDH	– Declaração Universal dos Direitos do Homem.
ECO-92	– Conferência das Nações Unidas sobre Ambiente e Desenvolvimento.
ECU	– Unidade de Conta Europeia.
EFTA	– Associação Europeia de Comércio Livre.
E.I.A.	– Estudo de Impacto Ambiental.
E.U.A.	– Estados Unidos da América.
EURATOM	– Comunidade Europeia de Energia Atómica.
F.S.E.	– Fundo Social Europeu
J.O.C.E.	– Jornal Oficial das Comunidades Europeias.
L.A.D.A.	– Lei das Associações de Defesa do Ambiente.
L.A.I.A.	– Legislação sobre Avaliação do Impacto Ambiental.

L.B.A.	– Lei de Bases do Ambiente.
LCD	– Lei das Consultas Directas aos cidadãos eleitores a nível local.
LTA	– Lei da Tutela Administrativa.
PE	– Parlamento Europeu.
P.E.S.C.	– Política Externa e de Segurança Comum.
PS	– Partido Socialista.
PSD	– Partido Social Democrata.
R.I.A.	– Relatório de Impacto Ambiental.
R.L.A.I.A.	– Regulamento da Lei de Avaliação do Impacto Ambiental (assim: Dec. Reg. nº 38/90).
RLJ	– Revista de Legislação e Jurisprudência.
SEBC	– Sistema Europeu de Bancos Centrais.
TJCE	– Tribunal de Justiça das Comunidades Europeias.
Tratado-CEE	– Tratado que instituiu a Comunidade Económica Europeia.
Tratado–CECA	– Tratado que instituiu a Comunidade Europeia do Carvão e do Aço.
Tratado-EURATOM	– Tratado que instituiu a Comunidade Europeia de Energia Atómica.
T.U.E.	– Tratado da União Europeia.
U.E.O.	– União da Europa Ocidental.
U.R.S.S.	– União das Repúblicas Socialistas Soviéticas.

"Enquanto liberdade, com sentido e conteúdo europeus, a Democracia que é a sua tradução na ordem da organização Social e do Poder, não é um dado, um dom caído do céu, mas uma conquista, sempre inacabada, sempre ameaçada e a reformular em termos cada vez mais complexos e, em última análise, imprevisíveis. O seu cimento foi a audácia, o sacrifício, o sangue, mas acima de tudo, uma exigência de justeza nas ideias e de justiça nos actos."

Eduardo Lourenço, Nós e a Europa ou as duas razões.

"(...) esta é uma sensação que experimentam todas as gerações. Nasce-se sempre sob o signo errado e estar no mundo de maneira digna quer dizer corrigir todos os dias o seu próprio horóscopo."

Umberto Eco, O Pêndulo de Foucault.

"Nada passa, Bruno, se permanece nos nossos pensamentos."

Lori, personagem do romance de Vasco Pratolini, Com Amor e Raiva.

CAPÍTULO I

SENTIDO E LIMITES DO PRINCÍPIO DA SEPARAÇÃO DE PODERES EM FACE DOS NOVOS MOVIMENTOS SOCIAIS

O Princípio da Separação de Poderes em Direito Constitucional é «aquilo que sabemos quando ninguém no-lo pergunta, mas não sabemos quando o pretendemos explicar, é algo sobre que devemos reflectir» (L. WITTGENSTEIN).

Optando por analisar a relação entre o princípio da separação de poderes e os novos movimentos sociais move-nos o intuito de lançar algumas «pistas» para reflexão futura (nossa e alheia) — e tão só.

É que, como diz o poeta R. DEHMEL (1):

"*Volta não volta, se nos pomos a pensar,*
Lá se nos vai das mãos o mundo, feito em nada.
Volta não volta, novamente, devagar,
vamos r'erguendo a linda ponte dourada."

---

(1) Citado e traduzido por CABRAL DE MONCADA, Filosofia do Direito e do Estado, Vol. II, pág. 347.

1. Razão de ser duma reflexão sobre o princípio da separação de poderes e os novos movimentos sociais

"Não pude nunca renunciar à luz, à felicidade de existir, à vida livre em que cresci."

ALBERT CAMUS, O Avesso e o Direito, trad. port., Lisboa, Edição Livros do Brasil, pág. 132.

Após a fenomenologicamente mítica REVOLUÇÃO FRANCESA (cujos duzentos anos se completaram recentemente) a Europa e o Mundo conheceram muitas (talvez demasiadas) vicissitudes, sucederam-se profundas (e nalguns casos inquietantes) transformações (2). Mais próximo de nós no tempo assistimos à proliferação das democracias nas Américas, ao restabelecimento das democracias na Europa Oriental, à queda do vergonhoso «muro de Berlim» e à unificação política dos Estados alemães. *Por sobre todas estas vicissitudes e transformações o princípio da separação dos poderes tem-se afirmado como critério estruturante da organização jurídico-política dos Estados contemporâneos* — tem sido uma afirmação árdua, difícil, trabalhosa, com momentâneos retrocessos, tanto mais que este princípio comporta em si mesmo uma pluralidade de sentidos que tornam mais espinhosa a tarefa histórico-concreta da sua tentativa de realização. De entre essa pluralidade de sentidos, porém, a contemporaneidade jurídico-política tem vindo a acentuar uma *dimensão funcional organizatória do princípio* — facilitado pelo seu carácter instrumental e a sua adaptabilidade a situações histórico-concretas diversas. Para acentuar esta dimensão funcional organizatória do princípio da separação dos poderes do Estado têm concorrido ainda movimentos sociais novos, diversos (e por vezes contrastantes entre si) como os que afir-

---

(2) A mero título exemplificativo temos as guerras de libertação dos povos das Américas, o constante desfazer e refazer do mapa político europeu durante o século XIX, a expansão para Oeste dos Estados Unidos da América do Norte, a unificação da Itália, a unidade política da Alemanha, a guerra de 1914-1918, a revolução Soviética de Novembro de 1917, a ascensão do fascismo em Itália, do nazismo na Alemanha, do corporativismo autoritário em Portugal, a guerra de 1939-45, as bombas de Hiroshima e Nagasaki, o peronismo na Argentina, o trabalhismo de Getúlio Vargas, o ressurgimento das democracias europeias ocidentais.

mam as exigências de tutela do ambiente, da descentralização e regionalização administrativa, da participação dos cidadãos na vida política e administrativa, da integração europeia, os quais buscam uma nova compreensão das relações entre a afirmação do princípio da liberdade e as necessidades da organização social.

A Sociedade técnico-industrial dos tempos contemporâneos, resultante de profundas transformações ocorridas no tecido social (em sentido amplo englobando os aspectos económico, político, cultural, moral e ético, militar, religioso ...) no decurso do processo desencadeado com o advento da Revolução Industrial e de modo particularmente acentuado no decurso do século XX, apresenta como uma das características mais impressivas a massificação acentuada, associada a uma complexidade social e tecnológica crescente, percorrendo diversos (e nem sempre coerentes entre si) caminhos em busca de novos paradigmas; esta sociedade depara-se com o ruir do mundo de representações da anterior sociedade burguesa (de feição individualista liberal), assente numa *ideia ordenadora* de separação *rígida* Estado-Sociedade, no qual está suposta a divisão de dois mundos (o dos valores políticos e o dos valores económicos) (3) de tal modo que nas representações típicas do pensamento liberal, em face do Estado se movimenta uma sociedade homógenea (atomismo das relações sociais) e apolítica (4). Pelo contrário, na actual Sociedade Técnica, que se vem construindo por sobre a «derrocada» do imaginário burguês e liberal clássico e do mundo de representações que lhe anda associado, estamos perante uma situação em que «esferas de autonomia dos sujeitos privados são substituídas por uma *planificação niveladora e uniformizante*» o que coloca o jurista-político perante a necessidade de pôr em balanço os elementos estáticos de estabilidade institucionalmente fixada e constituída com os elementos dinâmicos da sociedade de massas (5).

---

(3) Cf. Prof. Doutor Rogério Soares, Direito Público e Sociedade Técnica, Coimbra, Atlântida Editora, 1969, pág. 41. Este autor refere ainda que «arrumação fundamental da constelação de representações burguesas era a de que havia uma nítida separação entre o mundo da política e o da necessidade económica, entre o mundo da publicidade e o da privaticidade» (pág. 74).

(4) Rogério Soares, *idem*, pág. 81.

(5) Rogério Soares, *idem*, pág. 99, o qual refere ainda: «Dum lado está o modelo liberal da suposta separação entre Estado e Sociedade. Do outro, o modelo

Questionar-se-á então o sentido de retomar a reflexão teórica sobre este princípio da separação de poderes quando aquilo que se

---

totalitário, querendo a identificação dos dois termos. (...)» (*idem*, pág. 99). Como refere JOSÉ ORTEGA Y GASSET, *in* La Rebelion De Las Masas (Madrid, Revista de Occidente, 10ª edição espanhola, 1945), págs. 22-23 (Prólogo para franceses) e pág. 53 e ss. (designadamente, págs. 56, 57, 58), de repente a multidão tornou-se vísivel; a massa é o homem médio, não diferenciado dos outros homens, mas que repete em si um tipo genérico, é tudo o que não atribui um valor a si próprio («igual a toda a gente»); uma característica dos nossos tempos é a predominância da massa e do vulgar, de tal modo que as inovações políticas dos novos tempos significam, nem mais nem menos, do que a dominação das massas (*idem*, pág. 60). BERTRAND RUSSEL, *in* História da Filosofia Ocidental e sua conexão social e política, vol. I, pág. 155, depois de referir que desde o Renascimento a concepção grega do governo por homens distintos e cultos foi prevalecendo até atingir o máximo no século XVIII, afirma: «Várias forças acabaram com esta situação. Primeiro a democracia, representada pela Revolução Francesa e suas consequências. (...) Segunda causa foi o surto do industrialismo, com uma técnica científica muito diferente da cultura tradicional. Terceira causa foi a educação popular, que deu o poder de ler e escrever mas não conferiu cultura; isto permitiu a um novo tipo de demagogo utilizar novo tipo de propaganda, como nas ditaduras.

Para o bem e para o mal, passou o tempo dos homens "distintos e cultos"». Com a consequência, na óptica de ORTEGA Y GASSET, obra citada, págs. 61-62, o qual qualifica esta situação de hiperdemocracia, de que «a massa esmaga debaixo de si tudo o que é diferente, tudo o que é excelente, individual, qualificado, seleccionado. Alguém que não seja como todos os outros, que não pense como todos os outros, corre o risco de ser eliminado», conduzindo a uma situação em que nos deparamos com «a dificuldade em reconhecer até que ponto os nossos desejos, pensamentos, ou sentimentos, não são realmente nossos, mas colocados dentro de nós a partir do exterior» (ERICH FROMM) estando esta dificuldade «intimamente ligada ao problema da autoridade e da liberdade. No decurso da história moderna, a autoridade da Igreja foi substituida pela do Estado, esta pela da consciência, e, na nossa era, esta foi substituida pela autoridade anónima do senso comum e da opinião pública, como instrumentos de conformidade» (*in* O Medo À Liberdade, págs. 207-208). Para este autor, a perda do eu aumenta a necessidade de conformação, a perda da identidade induz a uma situação em que «por detrás da face de satisfação e optimismo, o homem moderno é profundamente infeliz» (*idem*, pág. 209).

UMBERTO ECO, *in* Apocalipticos e Integrados (trad. port.), afirma estarmos perante uma «Sociedade particularmente nivelada, em que as perturbações psicológicas, as frustações, os complexos de inferioridade estão na ordem do dia» (pág. 255), considerando mesmo que tal ajuda a compreender determinados fenómenos da cultura de massas, como, por exemplo, o mito de SUPERMAN: «numa sociedade industrial onde o homem se torna número, no âmbito de uma organização que decide por ele, onde a

busca é um *novo paradigma* que enquadre a compreensão do Estado e Sociedade (considerados isoladamente como nas relações que estabeleçam), questionamento que é tanto mais intenso quanto este princípio não tem hoje um sentido político (o direito constitúcional português, como nas restantes democracias europeias e ocidentais tende a consagrar uma concepção monista da *titularidade* do poder político), antes lhe está assinalada uma essencial *dimensão funcional organizatória*. Pretendendo nós explanar uma compreensão jurídico-política que arrancando duma *perspectiva relacional*, isto é, da perspectiva de que *o Direito (todo o Direito) está enraízado numa economia, informado dum pensamento cultural e evolui históricamente* de tal modo que o direito objectivo nos surge como *um* normativo social necessário do ponto de vista do poder que organiza a Sociedade (pois o Direito volve-se simultâneamente em *critério* e *elemento* da realidade social: enquanto *critério* da realidade social o Direito assume a realização de funções de integração, de justo reconhecimento e justa resolução dos conflitos e de instância crítica e de validade; enquanto *elemento* da realidade social o Direito sofre a influência dos factores económicos (*interesses*) ([6]), dos factores políticos (relações de poder)

---

força individual, se não for praticada na actividade desportiva, permanece humilhada perante a força da máquina que age pelo homem e determina os próprios movimentos do homem — numa sociedade desse tipo o herói positivo deve encarnar, para além de qualquer nível pensável, as exigências de poder que o cidadão nutre e não pode satisfazer.» *idem*; deste modo, para Umberto Eco os *Peanuts* são como que «reduções infantis de todas as neuroses de um cidadão moderno da civilização industrial», onde deparamos, para lá de outros factores, com um «protesto neurótico» (*idem*, pág. 298 e ss.) perante uma "Sociedade neurótica" (*idem*, pág. 301 e ss.), na qual assistimos à imposição da *média dos gostos* e à modelação das exigências (*idem*, pág. 374 e ss.).

([6]) Bertrand Russel, *in* História da Filosofia Ocidental e sua conexão social e política, vol. I, pág. 150: «As concepções dos filósofos, com poucas excepções, coincidem com o interesse pecuniário da sua classe». E ainda (a propósito da crítica ao dinheiro e à usura por parte da religião católica): «Com a Reforma, a situação muda. Muitos dos mais zelosos protestantes eram homens de negócio, para quem o empréstimo a juro era essencial. Calvino, primeiro, depois outros teólogos sancionaram-no. A Igreja Católica teve de segui-los, porque as velhas proibições não se ajustavam ao mundo moderno. Os filósofos, cujos réditos provinham de rendas de Universidades, aprovaram o juro desde que deixaram de ser eclesiásticos e portanto ligados com a posse de terra. Abundantes argumentos teóricos apoiaram sempre a opinião economicamente conveniente».

e axiológicos (*valores*) existentes numa dada sociedade histórica concreta, (os quais inter-agem entre si e com o Direito, condicionando este e sendo também por eles condicionados) explane uma compreensão global, coerente e articulada das relações fundamentais emergentes na abordagem das diversas problemáticas jurídico-políticas (o conceito de Constituição, o conceito de Administração, o conceito de Estado) centrado no modo como objectivamente se nos oferecem positivados no ordenamento jurídico-político português. Procuramos assim explicitar a nossa compreensão quanto às possibilidades de articulação do plano da intencionalidade específica da normatividade ínsita nas ciências jurídico-políticas com o plano da objectividade (a positiva manifestação da fenomenologia normativa) de uma tal normatividade no direito vigente.

Nesta perspectiva relacional a primeira consideração que ocorre fazer é a de que o desenvolvimento social tendente a uma maior complexidade no funcionamento das sociedades ocorre por via do funcionamento de um *princípio de entropia* no funcionamento dos grupos sociais que se manifesta numa tendência para a organização (EDGAR MORIN), pelo que discutir ou *teorizar a organização do poder político* que se manifesta nas sociedades humanas históricas é no fundo discutir e *teorizar a organização social* (isto é, é no fundo procedermos a uma reflexão teórica global em torno do funcionamento da economia e sociedade) (7).

O mundo de representações da burguesia liberal (confronte-se o pensamento jurídico-político de um JOHN LOCKE, de um MONTESQUIEU, ROUSSEAU, KANT) (8) correspondem a um determinado estádio do desenvolvimento social derivado da progressiva emergência e afir-

---

(7) Assim o perceberam e explicitaram vários autores, marxistas e não-marxistas, durante a época moderna e na contemporaneidade. É assim, por exemplo, que MAX WEBER arranca da compreensão dos conceitos sociológicos fundamentais e das categorias fundamentais da vida económica para a compreensão dos vários tipos de dominação e da relação destes com a economia (Sociedade) na sua obra Economia e Sociedade, sugestivamente subintitulada Teoria da Organização Social.

(8) Tenha-se, porém, presente o facto de que para KANT o *contrato social* não é um facto histórico mas um *momento explicativo* na construção da teoria do Estado. O regresso deste momento explicativo (contrato social) funda o sentido das modernas teorias neo-contratualistas (p. ex.: em JOHN RAWLS).

mação triunfante do capitalismo industrial moderno e ocidental(9), conjunto de fenómenos variados que teorizou a organização social a

---

(9) Cf. MAX WEBER, A Ética protestante e o Espiríto do Capitalismo, pág. 11: «O «Estado», principalmente no sentido de instituição política, com uma «Constituição» escrita e um direito racionalmente estabelecido, com uma administração orientada por regras racionais (as «Leis»), exercida por funcionários especializados, só no Ocidente aparece nesta combinação de características decisivas — apesar dos passos dados neste sentido noutros lugares. E o mesmo acontece com a força mais decisiva da nossa vida moderna: o capitalismo.», vejam-se ainda *idem*, as págs. 13 e ss., pág. 15 e ss., pág. 17 e ss.

«(...) a empresa e o empresário capitalistas são *antiquissimos* e estavam largamente difundidos não só como fenómenos ocasionais, mas como actividade permanente.

No Ocidente, porém, o capitalismo teve uma enorme importância, com o desenvolvimento de grande diversidade de tipos, formas e orientações do capitalismo, que não se encontram em nenhuma outra parte (...). Este tipo de empreendedores, os aventureiros capitalistas, existiram em todo o mundo. (...).

(...) Mas o Ocidente conhece nos tempos modernos e paralelamente (ao capitalismo dos descobridores, dos colanizadores e dos grandes especuladores, e do capitalismo financeiro) uma nova forma de capitalismo que até então nunca se tinha manifestado: a organização racional capitalista (empresarial) do trabalho (formalmente) livre. Noutros lugares só encontramos elementos precursores deste fenómeno. (...).

A organização racional da empresa orientada para um mercado regular e não para oportunidades políticas de especulação irracional não constitui, porém, a única *manifestação peculiar* do capitalismo ocidental. A moderna organização racional da empresa capitalista não teria sido possível sem outros dois importantes factores de desenvolvimento: *a separação entre o grupo familiar [Haushalt] e a empresa*, que hoje domina totalmente a vida económica, e, em estreita relação com ela, a *contabilidade racional* (...) separação jurídica entre o património empresarial e o património pessoal (...).

O significado actual destas características particulares do capitalismo ocidental só lhe é, porém, conferido pelo relacionamento com a organização capitalista do trabalho (...). Com efeito, sem organização do trabalho capitalista e racional, tudo isto, na medida em que foi possível, estaria longe de ter a mesma importância para a estrutura social e os problemas modernos ocidentais com ela relacionados. Um cálculo exacto, fundamento de tudo o resto, só é possível na base do trabalho livre. E como, ou antes, porque o mundo não conheceu, fora do ocidente moderno, uma organização racional do trabalho, também não podia conhecer o *Socialismo* racional» (donde, o processo do Socialismo Soviético tem a ver com o carácter incipiente do seu capitalismo antes de 1917?).

«Numa história universal da cultura o problema não reside pois, em última instância — mesmo de um ponto de vista puramente económico — no desenvolvi-

partir da afirmação (que lhe era necessária) de concepções radicadas na defesa do *individualismo contratualista* (produto do racionalismo

---

mento da actividade capitalista como tal, (...); mas, pelo contrário, no nascimento de um capitalismo empresarial burguês com a sua organização racional do trabalho livre, ou então — de um ponto de vista da história de cultura — no nascimento da burguesia ocidental com as suas características próprias, que, se bem que esteja numa relação estreita com o desenvolvimento da organização capitalista do trabalho, não lhe é simplesmente idêntica (...). A forma específicamente moderna do capitalismo ocidental foi evidentemente determinada em larga medida pelo desenvolvimento das possibilidades técnicas; a sua racionalidade está hoje essencialmente dependente das possibilidades de avaliação dos factores técnicos fundamentais."Isto significa, porém, que ela está dependente das particularidades da ciência moderna, especialmente das ciências naturais exactas e racionais, baseadas nas matemáticas e na experimentação. O desenvolvimento destas ciências e das técnicas que delas derivam recebe, por sua vez, um impulso decisivo dos interesses capitalistas na sua aplicação em termos económicos. Não é que o aparecimento da ciência ocidental tenha sido determinado por este conjunto de interesses. (...) Também o aparecimento da matemática e da mecânica não esteve dependente de interesses capitalistas, mas esteve-o o aproveitamento técnico dos conhecimentos científicos. Estes representaram factor importante na *organização* da vida da população e foram decisivamente encorajados no ocidente por intermédio das vantagens económicas que aí lhe eram associadas, vantagens essas que emanavam das características particulares da ordem social do ocidente. É necessário, todavia perguntar: de que elementos destas características particulares? Com efeito, nem todos terão tido a mesma importância. Entre os mais importantes cabe citar a estrutura racional do direito e da administração. (Nota: é por isso que algumas correntes tendentes a eliminar o capitalismo defendem a aniquilação do direito burguês: PUCHKA, Direito e luta de classes). Na realidade, o moderno capitalismo empresarial racional necessita tanto de meios técnicos de produção calculáveis como de um direito previsível e de uma administração segundo regras formais, sem o que é evidentemente possível um capitalismo comercial aventureiro e especulativo, bem como todas as formas de capitalismo de dependência política, mas não a empresa racional privada com um capital fixo e um cálculo seguro. Só o Ocidente põe este tipo de direito e de administração ao serviço da actividade económica com um tal grau de perfeição legal e formal.

"(...) de onde vem esse direito? A investigação mostra que, para além de outras circunstâncias, foram indubitavelmente interesses capitalistas que abriram caminho ao domínio da classe dos juristas especializados em direito racional e administração. Mas de modo nenhum só esses interesses ou sobretudo eles; não tendo criado esse direito só para eles próprios, outras forças estiveram igualmente na sua base. E porque não fizeram o mesmo os interesses capitalistas na China ou na India? Porque motivo o desenvolvimento científico, artístico, político e económico não se processou aí no sentido da racionalização que é característica do Ocidente?

Com efeito, trata-se em todos os casos mencionados de um «racionalismo» especificamente moldado na cultura ocidental. (...) Para caracterizar as diferenças

iluminista e que por interacção com as ideias desse tempo, o cientismo, o legalismo, o formalismo, viria a produzir o positivismo jurídico), o qual (individualismo contratualista) surge impulsionado pelas necessidades decorrentes da nova organização racional do trabalho na empresa industrial capitalista do ocidente europeu e norte-americano.

Este capitalismo moderno e industrial possuía um "espírito" próprio, o qual foi resultado da interacção de factores económicos, sociais, políticos e axiológicos (designadamente factores religiosos) (MAX WEBER); no seu "racionalismo económico" este *novo* capitalismo necessitava da afirmação deste *individualismo contratualista*, tanto para "destruir" as barreiras representadas pela organização social tradicional, como ainda porque o empresário industrial capitalista age segundo regras de cálculo ("ratio"), certeza, previsão, que postergam a sujeição de uma actividade (e do funcionamento da economia) a critérios "políticos" nos quais se manifesta a vontade "arbitrária" de um poder soberano (monarca absoluto), exigindo a nova racionalidade económica que os agentes económicos e as forças sociais possam calcular as suas actividades e condutas com base em regras *fiáveis*, *certas*, previsíveis, de tal modo que as *exigências* e a *postura* do Estado perante os agentes económicos privados se rejam segundo um princípio de confiança, afastando exigências e posturas imprevisíveis, abruptas, intempestivas, desproporcionadas, logo violadoras da certeza e segurança dos cidadãos ([10]).

---

histórico-culturais torna-se necessário saber quais as esferas e em que direcção elas se racionalizaram. A questão é, pois, de novo a seguinte: reconhecer o carácter específico do racionalismo ocidental e, dentro deste, as formas do racionalismo ocidental moderno, assim como explicar o seu aparecimento. Qualquer tentativa de elucidação deste tipo deve sobretudo ter em conta, por se reconhecer a importância fundamental da economia, as condições económicas. Mas também não se deve deixar de lado a relação causal inversa. De facto, se o racionalismo económico está, na sua origem, dependente da técnica e do direito racionais também o está da capacidade e disposição dos homens para determinadas formas de conduta prática e racional. Onde estava obstruída por bloqueios de tipo espiritual, também ao desenvolvimento de uma conduta económica racional se depararam fortes resistências internas. (...)».

([10]) Cf., MAX WEBER, A Ética protestante e o Espiríto do Capitalismo, pág. 26 e ss., pág. 31 («o calvinismo, *onde quer que tenha surgido*, revela esta combinação (um agudo espírito de negócios capitalista conjuga-se com as formas mais intensas de uma devoção que domina e impregna toda a vida)» e «a confissão «reformada»

Ao assumir-se como fundamentação (cultural geral, filosófica, jurídica e política) de um tipo de Estado liberal (pensado inicialmente como um Estado de Direito formal) a concepção de organização social e política teorizada pelo individualismo contratualista "uniu" o seu "destino" ás vicissitudes da sua "criação", e de um modo tanto mais comprometedor quanto o ideário racionalista venha a concorrer para a formação da mentalidade do *positivismo jurídico*. Como, de resto vemos hoje a teorização inspirada e/ou fundamentada no «marxismo-leninismo» ficar comprometida (se irremediavelmente ou não, é já uma outra questão de cuja resposta não nos ocupamos *aqui* e *agora*) com as vicissitudes dos Estados comunistas ([11]).

---

parece ter sido favorável ao desenvolvimento do espírito capitalista») e nas págs. 31--32 a citação que este autor fez de MONTESQUIEU (cf. *Esprit des Lois*, Livre XX, cap. 7): «os ingleses foram de todos os povos do mundo o que foi mais longe em três importantes coisas: na devoção, no comércio e na liberdade.», pág. 32 e ss.; designadamente o surgimento do conceito de *dever profissional* como noção ligada à ética social da cultura capitalista (pág. 37: «O capitalismo, que conseguiu nos nossos dias o domínio da vida económica, educa e cria assim, pela selecção económica, os sujeitos económicos — empresários e trabalhadores — de que necessita»; veja-se a pág. 38, em especial a nota 34, e ainda as págs. 39 e ss., pág. 46 («A questão do motor da expansão do capitalismo moderno não é fundamentalmente o problema da origem do capital, mas sim do desenvolvimento do espírito do capitalismo: Onde quer que se desenvolva e onde possa agir por si próprio, cria o capital como meio de acção, e não o inverso.»). Cf. ainda a pág. 51 e ss. quanto ao desenvolvimento do «espírito do capitalismo» e o desenvolvimento global do *racionalismo* («a história do racionalismo de modo nenhum apresenta um desenvolvimento paralelo em todos os domínios»; «A filosofia racional puramente temporal do séc. XVIII não encontram o seu único, nem sequer o seu principal terreno, nos países onde o capitalismo estava mais desenvolvido» (exemplo: o atraso económico da Alemanha no tempo de Kant).

MAX WEBER procede ainda a diversos reparos e críticas às concepções inspiradas no materialismo dialéctico e histórico, quanto à compreensão da especificidade do espírito moderno do capitalismo industrial (Cf. pág. 13 quanto à *antiguidade* da empresa e do empresário capitalista, pág. 38, pág. 46, pág. 50 («Falar aqui de um «reflexo» das condições «materiais» na «superstrutura ideal» seria descabido»).

([11]) Como refere J. J. TALMON, *in* The Origins of Totalitarian Democracy (N.Y., 1960) (trad. francesa: Les Origines de la Démocratie Totalitaire, CALMANN--LÉVY, Collection "Liberté de l'Esprit", Paris, 1966, pág. 18): «Pode-se afirmar que, sejam quais forem as premissas originais, os partidos e os regimes totalitários de esquerda tenderam invariávelmente a degenerar em máquinas de poder, desumanas, cuja adulação dos princípios originais é mera hipocrisia». Referindo-se ao modo como o problema das relações entre *liberdade e organização* é equacionado no con

As transformações da organização social e política conduziram a uma radical superação de *todo* o mundo de representações da burguesia liberal; assistimos às transformações da vida económica, social, cultural, religiosa, transformam-se as ideias do Direito e do Estado, muda a própria ideia de ciência (e a concepção quanto à relação da ciência com os restantes domínios da vida cultural e social) ([12]). Por

---

texto do pensamento de MARX e ENGELS, da teoria do materialismo dialéctico e da política marxista, pode ver-se BERTRAND RUSSEL, obra citada, págs. 159-200. Como refere EDGAR MORIN, *in* O Método, vol. III/1, pág. 13: «Como o disseram Marx e Engels no começo de A Ideologia Alemã, os homens sempre elaboraram falsas concepções de si mesmos, daquilo que fazem, daquilo que devem fazer e do mundo em que vivem. E Marx - Engels fizeram o mesmo». Na obra literária de BORIS PASTERNAK, O Doutor Jivago, pode constatar-se como os erros da revolução soviético-comunista estão presentes desde os primeiros momentos, o que contribui para modificar a imagem positiva transmitida por JOHN REED, *in* Os Dez Dias que Abalaram o Mundo. Veja-se ainda ALVIN TOFFLER, Powershift (Os Novos Poderes), 1990 (trad. port., 1991, Livros do Brasil, Lisboa (Colecção Vida e Cultura), pág. 454 e ss.

([12]) Confrontando WERNER HEISENBERG, *in* A Imagem da Natureza na Física Moderna, Edição Livros do Brasil, Lisboa, Colecção "Vida e Cultura", depara-se-nos uma compreensão segundo a qual, hoje, "põe-se o problema de ser a posição do homem moderno ante a natureza tão radicalmente diferente da de épocas anteriores, que constituia já, de per si, um ponto de partida completamente diferente para a relação de cada um com a natureza, por exemplo, para a relação do artista. Nos nossos tempos a posição não se exprime, como nos séculos anteriores, por uma filosofia da natureza altamente desenvolvida, mas é certamente determinada em alta medida pela ciência e pela técnica modernas. É, por isso, natural que não seja só ao cientista que interessa procurar qual a imagem que a ciência moderna, especialmente a física, apresenta da natureza. Convém, desde já, fazer uma reserva: não há razão para pensar que a imagem do mundo, própria da ciência moderna, tenha exercido uma influência directa nos contactos, por exemplo, do artista com a natureza; parece ser mais aceitável a ideia de que as alterações nos fundamentos da ciência moderna são indício de alterações profundas operadas nas bases da nossa existência, as quais, por sua vez, têm tido seguramente repercussões em todos os sectores da vida. Sob este ponto de vista o estudo das transformações sofridas nos últimos decénios pela concepção cientista da natureza pode ser importante para quem queira penetrar na essência da natureza com fins criadores ou interpretativos.» (págs. 5-6).

Procedendo ao estudo destas transformações, este autor começa por abordar **o problema da natureza** (as *modificações da atitude do investigador ante a natureza* (págs. 7-9): a este respeito pode confrontar-se HERBERT BUTTERFIELD, *in* As Origens da Ciência Moderna, 1949, (edição portuguesa: Edições 70, Lisboa, 1992, Col. Perfil - História das Ideias e do Pensamento); as *modificações no significado da palavra*

último, mas não menos importante, é a própria concepção da relação do homem (e da Sociedade) com a Natureza (o meio físico envolvente

---

«natureza», a crise da concepção materialista: "A ciência da natureza pressupõe sempre o homem e não devemos esquecer, como disse Bohr, que, no espectáculo da vida, nunca somos apenas espectadores, mas também, constantemente, actores".

Segue-se a abordagem da **técnica** (*as influências recíprocas entre a técnica e a ciência da natureza, a influência da técnica na relação entre a natureza e o homem*), da **Ciência da Natureza como parte da influência recíproca entre o Homem e Natureza** (*técnica e transformação da natureza de viver*, a ideia de que *o homem está agora sózinho em frente de si próprio*, decorrendo da consideração de que "*o objecto da investigação não é a natureza em si mesma, mas a natureza subordinada à maneira humana de pôr o problema*» (pág. 23); *novo conceito da verdade científica*: «parece oportuno discutir com maior generalidade *o conceito de verdade científica* e procurar algum critério que permita decidir se determinada teoria científica pode chamar-se «coerente e definitiva» (pág 25), conduzindo à demonstração de que é impossível fundamentar exclusivamente no conhecimento científico as opiniões ou crenças que determinam o nosso comportamento na vida (pág. 27; pode ainda confrontar-se KARL POPPER, *in* Um Mundo de Propensões (1988 e 1989; Editorial Fragmentos, Lisboa, 1991), pág. 30: «A nossa própria compreensão do mundo altera as condições do mundo em mutação; e o mesmo fazem os nossos desejos, motivações, esperanças, sonhos, fantasias, hipóteses, teorias. Mesmo as nossas teorias erradas alteram o mundo, embora em regra as nossas teorias correctas possam ter uma influência mais duradoura. Tudo isto significa que o «determinismo está simplesmente errado»; todos os seus argumentos foram definhando e o indeterminismo e o livre arbítrio tornaram-se parte das ciências físicas e biológicas»). WERNER HEISENBERG procura ainda fazer-nos tomar *consciência do perigo da nossa situação*. Este autor, após analisar as modificações que, a partir da moderna física atómica (e em contraponto à "lei causal") sofreu o *conceito de lei da natureza* (pág. 31 e ss.), designadamente notado nas chamadas *«relações de indeterminação»* («Constatou-se que não é possível determinar simultâneamente a posição e a velocidade de uma partícula elementar, com um grau de precisão arbitráriamente fixado. Pode medir-se com grande exactidão a posição, mas então a influência do instrumento de medida dificulta em certo grau o conhecimento da velocidade; e, inversamente, dificulta-se o conhecimento da posição ao fazer uma medida exacta da velocidade, de modo tal que a constante de PLANCK constitui um limite inferior do produto das duas impressões») (pág. 39) mas também por via da evolução recente da física atómica e do impacto da teoria da relatividade, conduzindo a verificar-se que a Física atómica se tem ido sempre afastando da ideia do determinismo (pág. 49), procede à abordagem do tema das *Relações entre Cultura Humanística, Ciência e Ocidente* (pág. 51 e ss.).

E aqui, para lá das razões tradicionais da defesa da *cultura humanistica* («em primeiro lugar, (...) toda a nossa vida cultural, a nossa maneira de agir, de pensar e de sentir tem as suas raízes na substância espiritual do Ocidente» (...).

do social e do individual) que é radicalmente questionado, pela *emergência duma nova concepção antropológica*, a cuja progressiva afirmação (com tendência a uma cada vez maior solidez e consistência teórica e experimental) assistimos nos tempos mais recentes, por via designadamente das novas "revelações" científicas nos domínios como a biologia, a antropologia, a ecologia, a etologia, a linguagem e a comunicação ([13]).

Em segundo lugar, deve notar-se que toda a força da cultura ocidental procede, e procedeu sempre, de uma estreita ligação entre formulações teóricas dos problemas e actuação prática. (...)» (pág. 52), «em terceiro lugar afirma-se, enfim, e com razão, que o estudo do mundo antigo dota o homem de uma escala de valores em que os valores espirituais se situam acima dos materiais.» (pág. 73), refere depois *a descrição matemática da natureza* e a sua compreensão como linguagem onde se nos depara uma das características fundamentais do pensamento ocidental, mais precisamente aquela referida da ligação entre formulação teórica e aplicação prática (pág 57), para confrontando *átomos e cultura humanistica* (pág. 58 e ss.), designadamente por referência à filosofia grega da natureza, acabar por vir a discutir a relação entre *ciência natural e cultura humanistica*: «O grande rio da ciência, que atravessa a nossa época, brota por isso de duas fontes situadas no terreno da antiga filosofia, e, embora mais tarde muitos outros afluentes tenham desaguado neste rio, contribuindo para engrossar o seu fecundo caudal, a sua origem é, não obstante, sempre claramente reconhecível. Neste sentido, portanto, também a ciência pode tirar benefícios da cultura humanistica» (...), pág 62; e ainda: «Se hoje se fala do valor da cultura humanistica, não se pode nem objectar que a relação entre a filosofia da natureza e a física atómica seja um caso único e que nos outros campos da ciência, na técnica e na medicina, o contacto com semelhantes questões teóricas não exista. (...) Nos últimos decénios, o parentesco entre as diferentes ciências tem-se tornado muito mais perceptível do que a princípio. Em muitos pontos se reconhecem os sinais da origem comum e esta origem comum é, em última análise, o pensamento antigo.» (pág 64). Vejam-se ainda as considerações expendidas nas págs. 65-67. Como refere ALBERT CAMUS, *in* O Avesso e o Direito, pág. 176: «Não há cultura sem herança e não podemos nem devemos recusar seja o que for da nossa, a do Ocidente». Confronte-se ainda J. BRONOWSKI, Introdução à Atitude Científica (trad. port.), Livros Horizonte, Colecção Horizonte (15).

([13]) Utilizamos como obra de referência para a explicitação desta nova (e nossa) compreensão antropológica, aquela de EDGAR MORIN, Le paradigme perdu: la nature humaine, Éditions du Seuil, 1973 (da qual existem várias traduções em português). Vejam-se as págs. 15 («Desde Descartes que pensamos contra a natureza, certos de que a nossa missão é dominá-la, subjugá-la, conquistá-la»), 16-24, 25-27 (modificação da noção de natureza trazida pela teoria ecológica), págs. 27-29 (a revelação etológica: a qual modifica a ideia de animal), págs. 29-31 (a revelação biossociológica: aplicação do conceito de Sociedade aos outros grupos organizados de

Estamos assim em condições de afirmar que a actual Sociedade Técnica (Sociedade de massas, Sociedade pós-industrial, Sociedade da informação e da comunicação, pelo menos tanto quanto de consumo, distribuição e produção) não só partilha de todas as características fundamentais das Sociedades humanas históricas (EDGAR MORIN) mas procede a uma acentuação (a uma "visibilização" para todos nós) de uma forma intensa e "gritante" de alguns desses traços fundamentais ([14]). Estas características fundamentais das sociedades humanas

---

seres vivos), págs. 32-50 (mudanças trazidas pelos estudos de primatologia quanto às ideias de Simio e de homem). Já não oferece hoje grandes dúvidas o papel da linguagem no contexto da "acção comunicativa" no tecido social e da evolução da organização social. Desde LUDWNG WITTGENSTEIN (que refere, por exemplo, no contexto da reflexão sobre o modo como determinada palavra ou enunciado é utilizado em diversos jogos de linguagem, ser esta como que «uma caixa de ferramentas contendo um martelo, um formão, fósforos, pregos, parafusos, cola. Não foi por acaso que todas estas coisas foram postas juntas — mas existem diferenças importantes entre as diferentes ferramentas. São usadas de modos afins — apesar de nada ser mais diferente do que cola e um formão. Há uma surpresa constante em cada nova partida que a linguagem nos prega ao entrarmos num novo domínio», *in* Aulas e Conversas sobre Estética, Psicologia e Fé Religiosa, Edições Cotovia, 1991, pág 16).

([14]) EDGAR MORIN, obra citada, págs. 173-180. Quanto ao conceito de *grupos sociais* pode ver-se MAURICE DUVERGER, Sociologia da Política, Almedina, Coimbra, 1983, pág. 41 e ss. Para ERICH FROMM, *in* O Medo À Liberdade (Escape From Freedom), trad. em língua portuguesa, Rio de Janeiro, Zahar Editores, Biblioteca de Ciências Sociais, 1960, não só «a fraqueza biológica do homem é a condição da cultura», como ao alterar a sua relação com a natureza (de uma adaptação puramente passiva para uma adaptação activa), «O Homem, obscuramente, toma consciência de si — ou antes, do seu grupo — desviando-se da natureza. E começa a compreender que o seu destino é trágico: é parte da natureza e ao mesmo tempo transcende-a. Toma consciência da morte como destino final, mesmo quando tenta negá-la através das mais diversas fantasias» (pág. 37); e depois de analisar o significado subjacente ao «mito da expulsão do paraíso» (no fundo, um mito que assinala «o início da história humana como um acto de escolha») afirma: «Vemos pois que o processo de desenvolvimento da liberdade humana tem o mesmo carácter dialéctico que notámos no processo de desenvolvimento humano. Por um lado, é um processo de força crescente e de integração, de domínio da natureza, de crescente poder da razão humana, de crescente solidariedade com os outros seres humanos. Mas, por outro lado, essa crescente individuação significa crescente isolamento, crescente insegurança e, consequentemente, crescente dúvida em relação ao papel do homem no universo, ao significado da sua vida e, além disso, um sentimento crescente da sua impotência e insignificância como homem» (pág. 39).

históricas têm subjacente a compreensão de que a sociedade humana histórica é uma totalidade nova, em que o Estado, a Cidade, a Nação, o Império, o Indivíduo, a Consciência, as Classes,a Guerra, vão passar a ser os actores do novo destino da humanidade([15]) (sendo que, como teremos oportunidade de voltar a referir, na actual sociedade técnica emergem ainda grupos sociais não-redutíveis ao conceito de classe social, bem como movimentos sociais que atravessam transversalmente vários grupos e classes sociais — por exemplo os movimentos que reivindicam a tutela do ambiente, a participação dos cidadãos na vida política e na vida administrativa, a descentralização administrativa, a regionalização, a integração europeia, a concepção de uma nova ordem internacional).

Assim a sociedade histórica engloba grandes massas de indivíduos e, da cidade ao império (e, bem assim, Estado Federal e Comunidade Supra-Nacional) apresenta diferenças demográficas muito vastas e extremamente importantes (até pela razão de que «para imaginar a constituição das sociedades históricas, torna-se necessário, em primeiro lugar, a expansão demográfica da espécie sobre o globo (sucesso «selectivo» da arqui-Sociedade que causaria a sua perda) e concentrações demográficas nas regiões excepcionalmente férteis»)([16]), sendo simultaneamente um metassistema e um megassistema, em comparação com a arqui-Sociedade([17]), de tal modo que a nova organização da sociedade humana histórica engloba *conjuntos heterogéneos*, *territorialmente* (quintas e aldeias, estepes pastoris, cidades) e *sociológicamente* (castas, classes, étnias, e, no caso dos impérios e comunidades supra-nacionais, nações); toda esta extraordinária heterogeneidade vindo a ser reunida, controlada, dominada, por um aparelho central de controlo e decisão, o Estado, flanqueado por um aparelho noológico (a religião de Estado). Este Estado centralizador, construtor, repressor constitui um novo modo de organização da complexidade a partir de um aparelho central, a qual vem a desenvolver-se segundo os princípios da *hierarquia* (a qual vem a ser imposta como um princípio geral de organização, o que ainda vem

([15]) Pág. 179.

([16]) Pág. 173.

([17]) Isto é, a Sociedade da pré-história Sapiental — veja-se obra e autor cit., pág. 152.

aumentar mais o aparelho coercivo e repressivo de Estado) e a *especialização do trabalho* (a qual faz progredir a complexidade social, multiplicando as intercomunicações no seio do sistema; contribui para a diferenciação da sociedade em classes, ao mesmo tempo que se molda na hierarquia diferenciadora; por aqui vindo a instituir-se as divisões radicais entre trabalho de execução e de decisão, trabalho de força e trabalho de inteligência, trabalho mecânico e trabalho de arte; ocorrendo que todas estas diferenças, assim como as diferenças entre a vida rural e a vida citadina, se repercutem sobre a cultura e sobre a personalidade de cada grupo sócio-profissional e determinam enormes diferenças na vida quotidiana)([18]).

Este autor considera ainda que a especialização (se, por um lado, faz «progredir de forma gigantesca a complexidade dos sistemas sociais, multiplicar os produtos, as riquezas, as trocas, as comunicações, estimular invenções em todos os domínios. Vai provocar a aparição das civilizações. A especialização noológica — no exercício das artes e do pensamento — vai estar na origem de um prodigioso desenvolvimento estético, filosófico e científico») vem a acarretar, *no plano individual*, «a degenerescência de um tipo humano polivalente e politécnico que a arqui-sociedade havia desenvolvido, quer dizer, de um homem cujo exercício dos sentidos tinha atingido uma precisão e uma delicadeza espantosas, conhecendo todas as coisas da natureza, fabricando os seus utensílios, as suas armas, a sua casa, os brinquedos dos seus filhos. Esse homem «total» vai ser substituído, sobretudo nas cidades, por um indivíduo cujas aptidões se atrofiaram em benefício de umas tantas, e o desenvolvimento da complexidade social pela especialização faz-se, para a maioria da população, à custa de um incontestável empobrecimento da personalidade» (*idem*).

Ao fazermos as considerações precedentes, procedemos imbuidos de uma postura que se pretende *hermenêutico-dialéctica*([19]) e assume uma nova compreensão do Direito, superadora dos estreitos horizontes do positivismo jurídico e de um normativismo estreito

---

([18]) Veja-se EDGAR MORIN, obra citada, págs. 175-176.

([19]) BAPTISTA MACHADO, Introdução ao Direito e ao Discurso Legitimador, Almedina, Coimbra, 1982 (reimpressão 1990), pág. 350 e ss.

(KELSEN) (20) "sem carne nem sangue", nova compreensão para a qual já não é admissível ignorar a interacção do Direito com a Sociologia e a Psicologia Social (para lá da História, Economia, Filosofia).

Vem a ser aqui, no domínio das relações entre este direito público e a sociedade técnica, que situa-se com grande acuidade a necessidade de uma reflexão sobre as interacções entre a já tradicional (no seio de um Estado Constitucional) afirmação do princípio da separação de poderes e os novos movimentos sociais que, polarizados em torno de exigências várias (de descentralização administrativa, de participação dos cidadãos na vida política e administrativa, de regionalização administrativa (cf. infra, Cap. II); de tutela do ambiente e da qualidade de vida (cf. infra, Cap. III); de reforço da integração europeia e da construção de uma nova ordem internacional (cf. infra, Cap. IV); do *reconhecimento de uma "reserva normativa" da sociedade civil*, a postular a emancipação da sociedade civil em face da presença tutelar do Estado na vida social, afirmando a *supremacia do valor da liberdade* em face dos critérios tecnocráticos de organização da vida social (cf. infra, Cap. V)) correspondem a outros tantos impulsos do tecido sócio-cultural no sentido de obter uma *nova reorganização das funções deste Estado de Direito* cada vez mais presente na vida quotidiana das pessoas como Estado *Social*. Das interacções entre o princípio da separação de poderes (e outros princípios e valores que lhe estão associados) e estes novos movimentos sociais estará dependente a possibilidade de vir a proceder-se a uma *"reconstituição paradigmática" do Estado de Direito* (dos critérios da sua organização política e social), dado o carácter adquirido por aquele princípio de "eixo estratégico fundamental" — primeiro, do *movimento constitucional* (portador das ideias do *racionalismo*, do *liberalismo*, *individualismo*, conducente à invenção do território e do Estado-Nação, de uma nova concepção dos princípios da *soberania* e *legitimidade*, da ideia de *representação política*; mas também dos princípios de separação de poderes, de afirmação do parlamentarismo e, consequente-

---

(20) Veja-se ANTÓNIO CASTANHEIRA NEVES, Lições de Introdução ao Estudo do Direito; e ainda: O papel do jurista no nosso tempo. E ainda: BAPTISTA MACHADO, Antropologia, Existencialismo e Direito, Coimbra, 1965 (Separata da Revista de Direito e Estudos Sociais, Vol. XII, Nº 1-2, 1965). Cf. ainda a obra de GIANNI VATTIMO, Introdução a Heidegger.

mente, da criação de um direito eleitoral e emergência do partidarismo), depois da própria *existência* (como tal) do Estado Constitucional[21].

---

[21] Ver GOMES CANOTILHO, Direito Constitucional, Coimbra, Livraria Almedina, 1991 (5ª edição), págs. 259-274.

Referindo-se à separação de poderes como mito constitucional, com o sentido de que «o Direito recorre a explicações ou representações imaginárias, fabulosas, folclóricas, sem ligação visível com a lógica ou com os factos» sendo que «o detectar de tal presença será, assim, bastante difícil, porquanto póstero: o mito normalmente só será tido como tal na sua fase declinante, já que, no apogeu, era verdade intocável, dogma verdadeiramente sagrado — mais que real, a essência do próprio real.», ver PAULO FERREIRA DA CUNHA, «Mito e Constitucionalismo», *in* Boletim da Faculdade de Direito, Coimbra, Universidade de Coimbra, Volume XXXIII, Suplemento, 1990, pág. 364. *Idem*, pág. 368, pág. 376 (nota 118), pág. 422 (nota 268), pág. 432 (nota 228). Cf. GOMES CANOTILHO, Direito Constitucional, 4ª edição, págs. 194-195: «No célebre livro XI do Esprit des Lois, *Montesquieu* desenvolveu a famosa doutrina de que todo o bom governo se devia reger pelo princípio de divisão dos poderes: legislativo, executivo e judiciário. E o art. 16.° da Déclaration des droits de l'homme et du citoyen du 26 Août 1789 transformava este princípio em dogma constitucional: «Toute societé dans laquelle la garantie des droits n'est pas assurée, ni la séparation des pouvoirs déterminée, n'a point de constitution».

Hoje, tende a considerar-se de que a teoria da separação dos poderes engendrou um *mito*. Consistiria este mito em se atribuir a Montesquieu um *modelo teórico* reconduzível à teoria dos três poderes rigorosamente separados: o executivo (o rei e os seus ministros), o legislativo (1ª câmara e 2ª câmara, câmara baixa e câmara alta) e o judicial (corpo de magistrados). Cada poder recobriria uma função própria sem qualquer interferência dos outros. Ora, foi demonstrado por EISENMANN que esta teoria nunca existiu em Montesquieu: por um lado reconhecia-se ao executivo o direito de interferir no legislativo porque o rei goza do *direito de veto*; em segundo lugar, porque o legislativo exerce vigilância sobre o executivo na medida em que controla as leis que votou, podendo exigir aos ministros conta da sua administração; finalmente, o legislativo interfere sobre o judicial quando se trata de julgar os nobres pela Câmara dos pares, na concessão de amnistias e nos processos políticos que deviam ser apreciados pela Câmara Alta sob acusação da Câmara Baixa.

Acresce que, mais do que separação, do que verdadeiramente se tratava era de *combinação* de poderes: os juízes eram apenas «a boca que pronuncia as palavras da lei»; o poder executivo e legislativo distribuiam-se por três potências: o rei, a câmara alta e a câmara baixa, ou seja, a realeza, a nobreza e o povo (burguesia). O verdadeiro problema político que surgia era combinar estas três potências e desta combinação poderiamos deduzir qual a classe social e política que sairia favorecida». «Cf. ainda MARCELLO CAETANO, Manual de Ciência Política e Direito Constitucional, 5ª edição, págs. 172-174 e ss.; CABRAL MONCADA, Filosofia do Direito e do Estado, Vol. I págs. 223; WLADIMIR BRITO, Sobre a Separação de Poderes, 1981; PEDRO

Como por detrás de cada uma das exigências colocadas pelos vários movimentos sociais se encontra subjacente uma determinada *concepção da organização social* (do papel do Estado, das funções que a este hão-de ser assinaladas como competindo-lhe, a título exclusivo ou predominante, realizar, e por esta via do modelo das relações entre Estado e Sociedade), e dado o *indiscutível pluralismo social* vigente nesta sociedade técnica (assente numa base de "homens-massa" — ROGÉRIO SOARES) não raro assistimos a contradições, mais ou menos visíveis, entre as concepções diversas protagonizadas por estes diferentes movimentos sociais, sofrendo o Estado de Direito a pressão de grupos sociais portadores de interesses divergentes e/ou contrastantes, a pugnarem para que ele aceite o papel que lhe destinaram de ser agente da concepção de organização social de que eles são portadores.

O que pode e deve levar o jurista a interrogar-se: em que medida a existência *desta* sociedade deve afectar os *critérios* da organização interna do Estado? (22) Em que medida as exigências que esta sociedade põe ao Estado têm de comprometer as suas finalidades (enquanto e como Estado de Direito) no que toca ao tema central da liberdade do homem? (23) Como resolver o "choque entre a liberdade e o poder" (NORBERTO BOBBIO)?

Mas a tarefa de responder a estas interrogações vê a sua dificuldade acrescida pela circunstância de na teoria da separação de poderes depararmos com uma pluralidade de sentidos e uma dualidade de momentos (24); a filosofia da separação de poderes não tem

---

VASCONCELOS, A Separação dos Poderes na Constituição Americana – Alguns Problemas Recentes, 1989, pág. 8 e ss., págs. 16-18.

(22) Ver ROGÉRIO SOARES, obra citada, pág. 141.

(23) ROGÉRIO SOARES, Direito Público e Sociedade Técnica, pág. 145 (estamos aqui perante a temática do Estado de Direito). Como é sabido, é a preocupação de articular sociedade e liberdade que percorre a obra de RALPH DAHRENDORF, cuja teoria do conflito social, elaborada a partir da análise das sociedades modernas, embora tome como ponto de partida as noções centrais de Marx, vem a rejeitar a perspectiva histórica do marxismo.

(24) ROGÉRIO SOARES, Direito Público e Sociedade Técnica, pág. 145, «o primeiro será constituído por uma *ideia liberal*, de garantia da liberdade do cidadão através duma balança de poderes. (...) Há, todavia, um segundo momento, de conteúdo *político*, que se traduz num problema de *repartição do poder por vários pretendentes*». Apelando ao *princípio da separação de poderes* (meio hábil de defesa do

sempre subjacente o mesmo problema, o mesmo sentido, a mesma finalidade. Esta ideia de uma separação dos poderes *do Estado* tem

---

indivíduo perante o Estado e as agressões do poder, chamado à liça com um sentido de repartição de funções) John Locke defende que os poderes do Estado devem estar confiados a diferentes «mãos»: o poder *legislativo* (ao qual é assinalada a função de legislar) deve ser entregue à maioria dos representantes do povo; o poder *executivo* (monarca ou chefe de Estado, administração *e justiça*); o poder *federativo* (relações externas, prerrogativa régia). Ao proceder assim introduz (com esta ideia de separação de poderes) o elemento *individualista* na reflexão teórico-política: o indivíduo torna-se não só o ponto de partida como o momento final (*teleológico*) tanto do pensamento como de toda a vida pública. É que, diversamente do que sucede na construção jurídico-política de HOBBES (SPINOZA, PUFENDORF, ...) o contrato social não despoja os indivíduos dos seus direitos: os homens têm certos *direitos inalienáveis*, e é só para melhor garantia de tais direitos, *como fim*, que eles consentem em transferir para a comunidade ou para o Estado, como *meio*, outros direitos. Estamos assim perante um *Estado liberal e eminentemente limitado* (em que *direitos inalienáveis* são: a propriedade privada, a vida e segurança pessoal, o direito de resistência, a liberdade de consciência e de religião) fundamentado na *recusa da ideia de um poder absoluto*, em que a soberania é *inalienável* embora *delegável* em certos homens (mecanismo da representação para o *exercício* do poder político). Deste modo deparamos com um *novo significado do contrato social*, subjacente ao qual se pressente uma intenção de *individualismo ético* (o indivíduo, criador do Estado, direito e lei, permanece soberano e súbdito, vontade livre e limitada ao mesmo tempo), sendo como que um *princípio regulativo*, normativo (repassado de momentos de uma ética religiosa calvinista e puritana), afirmando-se como um princípio de *acção ética* e ético-política (um momento de «ideologia», uma visão antecipada de alguma coisa que *deve ser*; como que um personalismo cristão secularizado e transposto no domínio político-económico). Mas a construção jurídico-política deste autor só pode ser cabalmente compreendida se não a amputarmos de um elemento relevante qual é a sua *concepção do direito natural*: existência de uma lei natural e divina transcendente, servindo de *limite* não só à vontade do indivíduo no estado de natureza como *à vontade das maiorias* no estado social e político — é que, embora adoptando a regra da maioria, John Locke tem consciência das imperfeições deste critério e teme os excessos da vontade das maiorias, reconhecendo acima dessa vontade um poder mais alto, o *do povo*, como *para além deste* ainda o de uma *lei natural*. É que a *maioria* não é um absoluto mas um *critério prático*, mais aceitável, de governar, ditando a lei; isto é, o melhor que se pode arranjar: uma *conveniência* (Ver JOHN LOCKE, Segundo Tratado ..., Cap. VI (Do poder paternal), Cap. VII (Da Sociedade política ou civil), Cap. VIII (Do princípio das Sociedades políticas). Cf. ainda NUNO PIÇARRA, A separação dos Poderes como doutrina e princípio constitucional, Coimbra, Coimbra Editora, 1989, págs. 63-78; FRANCO BASSI, «Il Principio Della Separazione Dei Poteri (evoluzione problematica)», *in* Rivista Trimestrale di Diritto Pubblico, Milano, Dott. A. Giuffrè – Editore,

um sentido diferente quando referida no quadro dum Estado misto (isto é, de um Estado de *Constituição mista*) em que o problema do poder político consiste na *devolução* do poder a mais de um ente político. Só que, aqui, estamos perante a questão da *titularidade* do

---

ano XV, 1965, págs. 20-28; PAULO FERREIRA DA CUNHA, estudo citado, págs. 456--459. Ver CABRAL DE MONCADA, obra citada, págs. 213-216, 217-219.

Característico do pensamento jurídico-político deste autor é ainda a *recusa do legislativo permanente* (e a sua grande insistência nesta ideia resultará da vivência da «ditadura do Parlamento» nos tempos de Cromwell), a ideia de que o poder federativo (função diplomática: poder sobre a guerra e a paz, política de alianças, relações internacionais) deve estar nas mãos de quem detenha o poder executivo (Cf. JOHN LOCKE, obra citada, Caps. IX a XIV. Ver ainda MARCELLO CAETANO, obra citada, págs. 191-192. Ver ainda FRANCO BASSI, artigo citado, págs. 24-27) a participação do executivo na formação das leis através do *consentimento* (distinguindo entre o executivo que participa no legislativo e o executivo que não participa no legislativo), a atribuição da *prerrogativa régia*, e a ideia de que o Executivo está obrigado a respeitar a lei. Quando o Executivo não respeita a lei deixa de ser um poder público – violando a lei o Executivo comporta-se como um qualquer particular, *logo todos* os outros particulares têm o *direito de resistência* às suas pretensões, pois ao agir assim o detentor do poder está a agir «ultra-vires».

Concluindo esta breve nota sobre a construção jurídico-política de John Locke referiremos apenas que o modelo político-normativo por ele idealizado levou em consideração, não só as realidades políticas do seu tempo mas também as construções teóricas anteriores e a existência de uma monarquia protagonista na Inglaterra. Daí que, se no respeitante à *titularidade do poder* ele é monista, afirmando que titular do poder é o povo (princípio da soberania popular), no entanto esse monismo teórico transacciona, em termos de *operatividade prática*, com a existência de duas Câmaras legislativas (uma delas sendo a dos Lordes: o que implica o reconhecimento duma força social autónoma, e por aí apontaria para um funcionamento nos quadros de uma *Constituição – mista*).

Apenas mais duas palavras sobre John Locke: uma para referir que a sua preocupação com uma separação (funcional) dos poderes do Estado que *funcione* na base do compromisso, do equilíbrio, o leva a transigir com os direitos da *prerrogativa régia*, chegando ao ponto de legitimar a suspensão de todo o seu sistema político em benefício do poder federativo, em caso de *necessidade*, para fins de *defesa* ou de *conquista* (Cf. JOHN LOCKE, *idem*. Ver CABRAL DE MONCADA, obra citada, págs. 220-221 (nota 2)) conduzindo à ausência de universalismo, de espírito sistemático e de entono racionalista (Assim, CABRAL DE MONCADA, obra citada, pág. 220); outra para realçar que de uma tal construção jurídico-política releva um estado de tensão permanente entre a significação imanentista e de autonomia da vontade política do povo na base do seu estado liberal e democrático, e os vestígios de transcendentalismo cristão na sua concepção de Deus e do direito natural (*idem*, págs. 219-220 e págs. 221-222).

poder, da busca de uma (ou mais) sede(s) originária(s) do poder; a *pluralidade de titulares do poder político* implica a necessidade de um entendimento entre eles quanto ao modo de exercício desse poder político «por vários titulares repartido». Adoptando a fórmula da Constituição mista (elogiada, entre outros, por Aristóteles) surge-nos como modelo explicativo subjacente a ideia de um *contrato social* ([25]).

Não é este, porém, nem o problema nem o sentido que vai atrair as atenções para a filosofia de separação de poderes nos finais do séc. XVIII — a eclosão da Revolução de 1789 coloca os novos detentores do poder político perante um problema crucial: *como organizar o Estado?* ([26]) Como refere um autor «A Revolução Francesa é uma complexa maranha de causas, sucessos e consequências, relativamente aos quais os historiadores especializados jamais se puseram de acordo», de tal modo que nos podemos legítimamente interrogar se terá havido uma Revolução Francesa ou se o fenómeno que assim denominamos não *encerra* várias revoluções em movimento ([27]).

No que se refere ao princípio da separação de poderes, que esta Revolução consagra como princípio estruturante da ordem jurídico-política ([28]), vai ter ainda uma outra implicação: a de acentuar a plu-

---

([25]) Ver ROGÉRIO SOARES, Direito Administrativo, I, Porto, Universidade Católica Portuguesa, 1981, págs. 22-23; BARBOSA DE MELO, Introdução às Formas de Concertação Social, Coimbra, 1984, (Separata do volume LIX (1983) do Boletim da Faculdade de Direito da Universidade de Coimbra, págs. 10-11 (nota 10), pág. 14 (nota 14) - 15, pág. 16 (nota 15), págs. 18-23.

([26]) Ver ROGÉRIO SOARES, Direito Administrativo, I, Porto, Universidade Católica Portuguesa, 1981, págs. 22-23; *idem*, Direito Público e Sociedade Técnica, Coimbra, Atlântida Editora, 1969, págs. 146 e ss.. Cf. ainda GOMES CANOTILHO, Direito Constitucional, Coimbra, Livraria Almedina, 1991 (5ª edição, totalmente refundida e aumentada), págs. 266-268, págs. 700-707, págs. 707-719, págs. 719-731.

Cf. ainda DIOGO FREITAS DO AMARAL, Curso de Direito Administrativo, Coimbra, Livraria Almedina, 1989, volume I, págs. 69-71, págs. 75-79.

([27]) PAULO FERREIRA DA CUNHA, estudo citado, pág. 485 (nota 381). Para uma ideia geral sobre o processo revolucionário francês, ver *idem*, págs. 481-541. Cf. JORGE MIRANDA, Manual de Direito Constitucional, Tomo I, págs. 146-164 (designadamente págs. 147-154 e 155-156).

([28]) *Idem*. Ver ainda: FRANCO BASSI, artigo citado, págs. 59-78; MARCELLO CAETANO, obra citada, págs. 195-199; DIOGO FREITAS DO AMARAL, obra citada, págs. 69--71 (e, ainda, págs. 75-79); GOMES CANOTILHO, obra citada, pág. 103 e ss.; ROGÉRIO SOARES, Lições de Direito Constitucional, Coimbra, Universidade de Coimbra, 1971,

ralidade de sentidos do princípio da separação de poderes. Para lá de uma separação *pessoal* dos poderes (29), para lá do sentido *político* desta separação (titularidade do poder por mais de um ente político), para lá da separação *funcional* dos poderes (na esteira de um John Locke), uma leitura apressada de MONTESQUIEU «facilitou outro entendimento, que acabaria por prevalecer. No fraseado revolucionário do fim do séc. XVIII e princípios do seguinte, os poderes do Estado são cada vez mais compreendidos como *categorias necessárias*, isto é, cada vez mais se acredita no valor absoluto e dogmático dum esquema tripartido das actividades do Estado. É nessa base que o séc. XIX há-de construir três *organizações* diferenciadas, três sistemas de serviços, cada um com uma lógica interna própria» (30). É deste modo que, julgando estarmos a falar da mesma coisa quando falamos em princípio da separação dos poderes, na verdade não raramente nos encontramos a falar de coisas diferentes — aqui reside o problema da pluralidade de sentidos deste princípio (31).

Para *organizar o Estado* há que ter porém uma ideia *clara* quanto ao que se entende ser o *papel* do Estado, a sua articulação com a sociedade, as *funções* que hão-de ser cometidas ao Estado, o *modo* como essas funções hão-de ser realizadas (necessidade de essas funções serem actuadas pelos poderes do Estado, agindo estes por

---

págs. 35-37 (ver ainda págs. 72-81). Por outro lado no próprio seio da Revolução Francesa surgiram forças adversas à consagração deste princípio, cujo sentido virá a ser captado por um KARL MARX e um FRIEDRICH ENGELS, na linha dos quais se vai inserir a actuação político-administrativa de LENIN, TROTSKY, STALIN, MAO TSÉ-TUNG; em contraponto temos a influência exercida nas revoluções liberais da Europa, na organização dos Estados resultantes das guerras de libertação dos povos da América Latina face ao colonialismo europeu, no ressurgimento das democracias europeias ocidentais após a Segunda Grande Guerra ... Cf. ALFRED COBBAN, Dictatorship: Its History and Theory, autor para o qual os factores responsáveis pelo aumento de poder na Sociedade moderna estavam implícitos na Revolução Francesa (*apud.* PAUL T. MASON, obra citada).

(29) Ver GOMES CANOTILHO, obra citada, pág. 371 e pág. 702.

(30) ROGÉRIO SOARES, Direito Administrativo, I, pág. 24. Ver ainda: FRANCO BASSI, artigo citado, págs. 78-94. Cf. MARCELLO CAETANO, obra citada, págs. 202--206, pág. 207 e ss. Para um conspecto geral do movimento de ideias no séc. XIX, ver BERTRAND RUSSEL, Histoire des idées du XIXe Siécle (Liberté et organisation), traduzido do inglês por A.M. PETITJEAN, Librairie Gallimard, 1938, designadamente págs. 13-51, 56-61, 111-116, 200-259, 260-295, 299-320.

(31) Cf. FRANCO BASSI, artigo citado, pág. 109 e ss.

meio de órgãos criados com vista a exercer determinado tipo de actividade no uso dos poderes do Estado). O que nos remete ao problema da *delimitação material dessas funções do Estado.*

A possibilidade e os contornos que venha a assumir esta delimitação material das funções do Estado, e designadamente da *delimitação entre Administração e Jurisdição*, afigura-se-nos com uma importância decisiva para a construção jurídica da problemática da Administração Pública nos quadros de um Sistema de Administração – Executiva; importância decisiva a desta distinção não só por intersectar em vários pontos a teoria do Estado, mas ainda porque da rigorosa delimitação entre Administração e Jurisdição, da compreensão que se tenha quanto à diferente natureza jurídica da actividade administrativa e da actividade jurisdicional, virá a ser induzida uma determinada compreensão quanto à distinção do âmbito, função e natureza do *procedimento administrativo* e do processo judicial (jurisdicional) ([32]).

Por aqui se vem ainda a ver da *importância de adoptar um conceito material da actividade administrativa como sendo um conceito residual*; pois uma vez que deparemos com actos materialmente administrativos praticados por órgãos competentes para desempenhar a função jurisdicional, aí onde deparamos com esse acto inserido na actividade de julgar não estamos defronte um *acto administrativo* ([33]).

([32]) V. g. PAULO FERREIRA DA CUNHA, O Procedimento Administrativo, Coimbra, Livraria Almedina, 1987, págs. 59-60 (referência às posições expressas por ROGÉRIO SOARES, GIANINNI, MARCELLO CAETANO) e págs. 96-97, onde depois de afirmar que o processo é uma forma especial de procedimento, refere as diferenças *quantitativas* (assim, para este autor, tal diferença tem a ver com o processo ser, «apesar de tudo», mais rigoroso na ordem da série de actos) e *qualitativa.*

Segundo o nosso entendimento, porém, merece reparo a terminologia adoptada para referir a existência de uma diferença *quantitativa* entre procedimento e processo: é que ser o processo mais *rigoroso* apela ainda à ideia de qualidade e não aponta para conceitos quantitativos — atente-se em que um processo relativamente breve pode revelar-se de um *rigor* maior na definição da situação jurídica do caso concreto em apreciação pelo juiz do que um outro processo relativamente moroso. Para referir a existência de uma diferença quantitativa tem de utilizar-se conceitos que apelem à noção de *quantidade*, assim como quando se afirmasse que o processo tende a comportar (embora não tenha necessáriamente de suceder assim ...) um maior *número* de actos do que o procedimento administrativo ...

([33]) Na terminologia do art. 4.° do Decreto-Lei nº 129/84, de 27 de Abril (Estatuto dos Tribunais Administrativos e Fiscais) que refere os *limites da jurisdição*

Por outro lado, e embora não querendo antecipar o que haja de ser o resultado da nossa reflexão sobre esta temática, queremos deixar desde já expressa a pré-compreensão que nos vai animar no decurso da exploração subsequente — a qual é o de que a superação das concepções do individualismo liberal (designadamente, o de feição "mais clássica") não legitima, porém, a adesão a concepções de organização social (em sentido lato) que se bastem com a negação pura e simples dos valores associados ao liberalismo (designadamente, os valores da liberdade, responsabilidade e dignidade da pessoa humana, da autonomia individual, da democracia parlamentar e da liberdade de iniciativa económica privadas) para desembocarem num qualquer colectivismo (ou "comunitarismo") de feição totalitária — resultante, numa versão mais mitigada, da transformação da democracia liberal em democracia totalitária, ou, numa versão mais "pura e dura", da instauração de uma ditadura totalitária, tout court (34).

---

administrativa, não estão sujeitos a esta jurisdição (alínea *c*) do art. citado) os *actos em matéria administrativa dos tribunais judiciais.*

(34) É extremamente complexo o fenómeno do totalitarismo. Como refere ZEVEDIE BARBU, *in* Democracy and Dictatorship; Their Psycology and Patterns of Life, New York, Grove Press, 1956, *apud.* PAUL T. MASON, O Totalitarismo, pág. 198: «a sociedade industrial tem uma grande capacidade de criação de grupos sociopáticos. O carácter fluido e o rápido crescimento da sociedade industrial estão entre as causas mais importantes deste fenómeno. O carácter impessoal da sociedade industrial e o tipo de integração mecânica que requer, contribuem igualmente para o facto». Tanto KARL POPPER, *in* A Sociedade Aberta e os seus Inimigos (The Open Society and *its* Enemies), como FRIEDRICH AUGUST VON HAYEK, *in* "The road to Serfdom" (Londres, 1945; Trad. port. de 1977) põem em relevo a comum matriz intelectual do totalitarismo de esquerda e de direita. Mas, como refere JOÃO CARLOS ESPADA ("Público", edição de 31-3-92, pág. 20), HAYEK acrescenta que tanto o nacional-socialismo como o marxismo, enquanto produtos extremos do pensamento iliberal são resultado de uma evolução gradual em que os ideais fundadores da civilização liberal tinham sido quase imperceptivelmente substituídos por princípios opostos: o colectivismo e o planismo, a paixão pela organização do todo, em detrimento da autonomia das partes, tendem a ocupar no coração de muitos progressistas o lugar antes ocupado pelo "liberalismo e a democracia, o capitalismo e o individualismo, o comércio livre e todas as formas de internacionalismo, o amor pela paz" (HAYEK).

CARL FRIEDRICH e ZBIGNIEW BRZEZINSKI, *in* Totalitarism Dictatorship and Autocracy, afirmam que «as ditaduras totalitárias (fascista e comunista) são basicamente idênticas, ou, pelo menos, mais próximas uma da outra do que qualquer outro

Chegados aqui, porém, importa ter presente as considerações que, ao pretender discutir o tema do *choque entre a liberdade e o*

---

sistema de governo, incluindo as modernas formas de autocracia» (*apud.* PAUL T. MASON, O Totalitarismo, pág. 45); «o debate sobre as causas ou origens do totalitarismo passou por um longo caminho, desde a teoria primitiva do «homem mau» até ao argumento da «crise moral do nosso tempo». Uma investigação pormenorizada dos dados existentes sugere que, virtualmente, todos os factores que foram apresentados isoladamente como explicação da origem da ditadura totalitária, desempenharam o seu papel» (*apud.* PAUL T. MASON, *idem*, pág. 47); estes autores referem-se ainda às diferenças entre comunismo e fascismo (nos seus propósitos e nas intenções declaradas, nos seus antecedentes históricos), bem como o terem em comum a perversão da democracia e ambos terem uma visão utópica; referem ainda que"estes movimentos devem ser vistos e analisados na sua relação com a democracia que pretendem suplantar. Em resumo, estes regimes só poderiam ter surgido no contexto de democracia de massas e da tecnologia moderna.» (*apud.* PAUL T. MASON, *idem*, pág. 49 e ss.).

Há autores que entendem ser o totalitarismo um aspecto possível de qualquer sociedade, como o afirma N. S. TIMASHEFF (*apud.* PAUL T. MASON, O Totalitarismo, pág. 59): «A expressão «Sociedade totalitária» aplica-se com dois sentidos profundamente ligados, mas distintos. No primeiro sentido é conotada com *um* tipo de sociedade que envolve certas características, como a concentração do poder nas mãos de alguns individuos, a inexistência de direitos do homem frente à colectividade e uma extensão ilimitada das funções do Estado, que se torna praticamente equivalente à Sociedade. Mas são ainda possíveis outras combinações de características; por exemplo, o conjunto da natureza ideológica do Estado do imperialismo e da organização dos homens atomizados. Noutro sentido, aquela expressão é conotada com uma característica precisa: *a extensão ilimitada das funções do Estado.* Neste caso, a expressão não designa um tipo concreto de sociedade, mas uma característica isolada pela abstração e que pode aparecer em sociedade de diversos tipos». Uma situação deste tipo é perceptível, para um autor como J. L. TALMON (*in* The Rise of Totalitarian Democracy), na concepção de democracia totalitária dos Jacobinos. Daqui o vir a considerar-se que «uma sociedade é *despótica* se, na relação entre o Estado e os cidadãos, o Estado reserva para si próprio todos os direitos e impõe aos seus cidadãos um pesado número de deveres» (N. S. TIMASHEFF, *idem* pág. 61) e que «uma sociedade *totalitária* se o número de funções auxiliares do Estado é tão elevado que quase todas as actividades são por ele reguladas» (*ibidem*, pág. 64) pois que «quanto maior é a amplitude das funções auxiliares, maior é o número de tipos de conduta punidos pela lei criminal» (*ibidem*, pág. 65). Interessante é ainda a observação deste autor quanto à natureza do Estado Novo: «O Portugal de Salazar é uma ditadura bastante avançada no caminho do totalitarismo (mas sem atingir o limite). Mas não é agressiva e é mais autoritária que despótica, situando-se a meio caminho entre o legalismo e o despotismo». Quanto à França do pós-Revolução de 1789, refere

poder, são feitas por NORBERTO BOBBIO: «É característico da nossa era que as três tendências principais do pensamento político moderno — o liberalismo, o socialismo e o social-cristianismo — tenham convergido em volta do tema dos direitos humanos, sem se confrontar entre si. Contudo, os três movimentos conservaram as suas identidades individuais, dando preferência a certos direitos em detrimento de outros.

«Por consequência, temos uma estrutura cada vez mais complexa de direitos humanos fundamentais, muitas vezes difíceis de reunir, em termos práticos. É, todavia, necessário fazê-los convergir, na busca da unidade da humanidade».

«Cronológicamente, a primeira a surgir foi a perspectiva liberal do direito à liberdade. Os direitos sociais — sob a forma de um sistema de educação pública e do direito ao trabalho — foram mencionados pela primeira vez no início da Constituição francesa de 1791 e entraram na história constitucional moderna numa escala mais alargada com a constituição de Weimar. Quanto ao social-cristianismo, o ponto de viragem deu-se com o papa Leão XIII e a encíclica Rerum Novarum, de 1891, que salientava o direito de liberdade de associação, pertencente à tradição liberal».

«No ano passado, tivemos um novo documento que reafirmava a importância atribuída pela Igreja aos direitos humanos: a encíclica Centesimus Annus. O seu parágrafo 47º continha uma esclarecedora "carta dos direitos humanos", prefaciada pelas seguintes palavras: "As nações que reformam os seus sistemas políticos devem dar à democracia uma base autêntica e sólida, através do reconhecimento explícito dos direitos humanos"».

«O primeiro desses direitos é o direito à vida, seguido do direito a crescer numa família unida, o direito a usar a liberdade e a inteligên-

---

ainda este autor: «A França dos jacobinos era uma combinação de democracia (a Convenção foi eleita por sufrágio universal!), agressividade, despotismo e um totalitarismo bastante avançado (tendência para regulamentar tudo, incluindo religião)». (*ibidem*, pág. 67). Como refere STANISLAV ANDRESKI, *in* A Dictionary of the Social Sciences, (A.A.V.V.), Glencoe, Ill., 1965; «O totalitarismo é a extensão de um controlo governamental permanente sobre totalidade da vida social. Um movimento ou uma ideologia podem ser chamados totalitários se se propõem uma tal extensão, por tal forma que vimos a deparar com a "inexistência de centros de poder independentes» (*apud.* PAUL T. MASON, *idem*, pág. 105).

cia na busca do conhecimento e da verdade, o direito ao trabalho, o direito a constituir família livremente e, por fim — embora isto seja a origem do resto —, o direito à liberdade religiosa».

«Há uma diferença considerável entre esta lista de direitos e a que está contida nas cartas delineadas no tempo da Revolução Francesa. O direito à vida, que aqui é visto como o direito mais importante a proteger, nem sequer é mencionado nas cartas francesas».

«Na tradição da doutrina da lei natural, o direito à vida foi reconhecido na forma rudimentar formulada por Hobbes — o direito a não ser morto na guerra de todos contra todos, como acontece na natureza, e, portanto, em última análise, o direito à paz. Na Declaração da Revolução Francesa, a protecção à vida é referida nos artigos que contêm os principios de "Habeas corpus", e fica-se por aí».

«Hoje em dia, o direito à vida assume uma importância diferente, particularmente verdadeira se considerarmos que é muitas vezes entendida como abrangendo a qualidade de vida. No entanto, não podemos esquecer que o elo entre o direito à vida e o direito à liberdade já fora estabelecido na Declaração Universal dos Direitos Humanos, cujo Artigo 3.° postula que "todo o indivíduo tem direito à vida, à liberdade e à segurança", e na Carta Europeia dos Direitos Humanos. O Artigo 1.° desta última reconhece, de facto, o direito à vida, mas limita-se à defesa do indivíduo em relação à morte provocada intencionalmente ou, por outras palavras, à defesa da vida na sua plenitude e não à vida que está para começar ou para terminar».

«Os direitos humanos sempre foram considerados uma coisa natural, embora não tenham sido reconhecidos todos ao mesmo tempo. Contudo, parece estar fora de dúvida que as várias tradições se aproximam e formam um grande cenário, chamado a defesa do homem, que inclui as três bençãos supremas — a vida, a liberdade e a segurança social».

«Mas defesa em relação a quê? Se examinarmos a história, a resposta é clara: em relação ao poder. A relação política por excelência é entre o poder e a liberdade. Há uma forte ligação. Quando mais se alarga um deles, mais o outro diminui, e vice-versa».

«O que distingue o momento presente das eras anteriores e reforça a exigência de novos direitos é a forma de poder que prevalece sobre todas as outras. A luta pelos direitos humanos surgiu primeiro contra o poder religioso, depois o político e, a seguir, o económico. Hoje, as ameaças à vida, à liberdade e à segurança provêm do poder da ciência e das suas aplicações técnicas. Entrámos na era pós-moderna, caracterizada pela sucessão impetuosa e irreversível das transformações tecnológicas e tecnocráticas do mundo. Nunca antes foi tão acertado dizer-se que quem sabe mais tem mais poder. O conhecimento constitui actualmente a principal — se não a única — causa e condição para o domínio da natureza e das outras pessoas».

«Portanto, as três tendências ideológicas centrais do nosso tempo reuniram-se em volta de certos direitos humanos básicos. Agora também temos a considerar os direitos da nova geração, e todos eles emanam da ameaça à vida, à liberdade e à segurança causada pelo progresso tecnológico».

«É suficiente citar os três exemplos seguintes, todos eles essenciais para o debate actual sobre direitos humanos. Primeiro, o direito a viver num ambiente não poluído. Esta questão deu origem aos movimentos "Verdes", que abalaram a vida política. Segundo, o direito à privacidade. Este está a ser seriamente prejudicado pelo facto de as autoridades poderem acumular grandes quantidades de elementos relativos à vida das pessoas e os usar para vigiar os seus movimentos, sem que estes se dêem conta disso».

«Finalmente, há um direito humano particular que já está a ser alvo de debate internacional e que vai, provavelmente, desencadear a mais feroz das discussões entre duas visões opostas da humanidade. Refiro-me ao direito à integridade da herança genética de cada um, algo que vai muito para além do direito à integridade física, tal como se afirma nos artigos 2.° e 3.° da Convenção Europeia dos Direitos Humanos».

«Em Novembro de 1988, o bispo de Rittenborg — Stuttgart, Walter Kasper, fez um discurso em que afirmou que, «hoje em dia, os direitos humanos constituem uma nova ética mundial». É claro que há que ter em conta que uma ética representa o mundo tal como ele devia ser. Sabemos que, na actualidade, a principal tendência política é no sentido de melhorar a formulação e a protecção dos direitos humanos».

«Contudo, se observarmos o cenário a longo prazo, isto fica prejudicado pelas violações sistemáticas dos direitos humanos em quase todos os países do mundo e nas relações entre os países, entre as raças, entre os fortes e os fracos, os ricos e os pobres, as maiorias e as minorias, os violentos e os resignados. A ética dos direitos humanos resplandece em declarações solenes que, quase sempre e em praticamente toda a parte, continuam a ser letra morta».

«A ânsia de poder dominou o curso da História humana e continuará a dominá-lo. O único raio de esperança é que a História tanto se processa a curto como a longo prazo. Não nos devemos iludir, a história dos direitos humanos é uma coisa de longo prazo. Além disso, sempre foi acertado dizer-se que os profetas da desgraça anunciam o desastre como estando iminente e previnem-nos para que estejamos vigilantes. Os profetas que anunciam a aproximação de tempos felizes olham sempre para um futuro longínquo.» ([35]).

([35]) NORBERTO BOBBIO, «Choque entre liberdade e poder», *in* "Público" (pág. 19, edição de 92.03.10). Cf. BERTRAND RUSSEL, O Poder – Uma Nova Análise Social, (trad. de Isabel Belchior), Lisboa, Fragmentos, 1990 (ed. orig. em 1938): arrancando do pressuposto de que o poder é «o conceito fundamental das ciências sociais, no mesmo sentido em que a energia é o conceito fundamental da física» (pág. 13), RUSSEL procede a uma análise das formas políticas de poderio (desde a Igreja à economia e à moral), desenvolvendo uma abordagem crítica sobre o valor dinâmico do poder. Em NORBERT ELIAS, A Condição Humana, DIFEL, 1992, encontra-se expresso o entendimento de que todos os problemas actuais são problemas de poder. Investigá-los nessa qualidade e apresentá-los à opinião pública é a função das ciências sociais. Este Autor vê apenas uma diferença de grau entre poder e violência; na medida em que o que está em causa é o apetite do homem pelo poder (numa visão antropológica do poder que retoma as concepções Hobbesianas...), o poder é algo de (em si mesmo considerado) neutral — tudo depende (dado o seu carácter inevitável e universal) do seu («bom» ou «mau») uso; por outro lado, a compreensão dos problemas de poder deve ter presente que toda a experiência possível (incluindo a experiência política) resulta como uma certa cegueira, presa de mitos (pelo que vem a caber ao sociólogo, enquanto especialista da generalidade (humanidade) o esclarecimento das tarefas actuais: decorrendo daqui uma proposta de «desarmamento ideológico» enquanto quer a democracia quer o totalitarismo são, ambos, *efeitos do poder*, aparecendo a *política* reduzida às instituições jurídicas que se encarregam de corporizar a «arbitragem da humanidade». Competindo ao detentor do saber (se assim nos podemos exprimir) fazer a partilha de razões entre o que é mítico e o que é racional, pois que: «A nossa relação com a natureza não humana está marcada por uma desmitificação e uma secularização muito avançadas do saber social sobre as conexões da natureza. Em contrapartida, a atitude dos homens em relação à sua vida comum, em sociedades de diversos níveis, é ainda muito determinada por imagens de desejos e medos, por ideais e contra-ideais, em suma, por representações mítico-mágicas». Ver ainda ALVIN TOFFLER, *in* Powershift (Os Novos Poderes), Edição «Livros do Brasil»,

Até porque a nova compreensão antropológica a que manifestámos a nossa adesão, do mesmo passo que afirma o "nascimento" do Homem (enquanto tal, isto é, como Homos Sapiens) na vida e pela vida em sociedade, valoriza a individualidade (o papel da acção dos indivíduos, na dialéctica triangular que é estabelecida com a sociedade e a espécie) como um factor de extrema importância para o progresso das sociedades (EDGAR MORIN). Julgamos ser nosso dever advertir, com o fim de evitar sempre possíveis equívocos neste ponto, que a nossa adesão a uma nova compreensão antropológica (designadamente na explicitação da mesma a que EDGAR MORIN procede na obra que temos vindo a utilizar como referência desta compreensão) não serve de esteio apenas à superação dos limites da perspectiva jurídico-política do *individualismo liberal* (mormente na sua feição mais clássica) mas ainda (e, para tudo dizer com frontalidade e clareza, quanto a nós sobretudo e fundamentalmente) para recusar as concepções jurídico-políticas directamente filiadas no pensamento marxista, do materialismo dialéctico e histórico. Isto é, se vamos buscar ao pensamento de EDGAR MORIN as referências fundamentais (que se contêm na sua obra já citada) para esta nova compreensão antropológica, não aderimos no entanto ao esforço feito por EDGAR MORIN de "reler" Marx (mais exactamente, a obra do jovem MARX) e, de algum modo, revalorizar certos traços da compreensão do materialismo dialéctico e histórico([36]). Quanto a nós, e por aqui se vê como não podemos deixar de demarcarmo-nos de EDGAR MORIN nesta questão, a mesma compreensão antropológica conduz-nos a uma recusa frontal e clara dos pressupostos da teoria política e social do marxismo, pois não encontramos préstimo na filosofia do materialismo dialéctico e histórico para a compreensão das complexidades da

---

Lisboa, 1991, (ed. original: 1990), obra em que prosseguindo a análise iniciada com O Choque do Futuro e A Terceira Vaga, o autor se concentra no advento de um novo sistema de poder que substitui o do passado industrial (pág. 7), apresentando uma nova teoria de poder social (pág. 11). Para este autor o poder em si não é bom nem mau, sendo um aspecto inevitável de todas as relações humanas e influenciando tudo, estando nós hoje (no limiar do séc. XXI) na alvorada duma Era da Transformação Radical do Poder (pág. 15 e ss.), num contexto em que mudanças de conhecimento estão a causar enormes deslocações de poder ou a contribuir para elas (pág. 21 e ss.).

([36]) Cf. EDGAR MORIN, obra citada, pág. 205, nota 1.

vida social (quer contemporânea, quer anterior à contemporaneidade: isto é, a pretensa adequação das teorias marxistas para explicarem a evolução histórica desde os "tempos" do comunismo primitivo até aos nossos dias, é uma pretensão que não colhe o nosso apoio) ([37]).

([37]) A este respeito julgamos conveniente explicitar que a nossa recusa, *frontal e clara* do marxismo (e da sua concepção filosófica designada por materialismo dialéctico, bem como da sua teoria da organização social designada por materialismo histórico) é, antes de mais, a recusa duma perspectiva cuja compreensão se funda: 1) na ideia de que para compreender o curso da história é necessário partir não da actividade de um homem, mas da acção das massas, das classes sociais (VASSILI PODOSSETNIK e ALEXANDRE SPIRKINE, Rudimentos de Materialismo Histórico, edições Avante, Cadernos de Iniciação ao Marxismo-Leninismo, Lisboa, 1975, pág. 12); 2) de que as relações de produção caracterizam—se acima de tudo pelas formas da propriedade (*ibidem*, pág. 28); 3) de que existe um carácter universal da história da sociedade humana que se manifesta sobretudo no facto de que todos os povos do mundo seguem, no seu conjunto, uma via de desenvolvimento única cujos pontos essenciais são as formações sociais com os seus traços gerais ou específicos na vida económica, social, política e cultural dos povos (*ibidem*, pág. 38); 4) de que o Estado é um aparelho especial de coação e violência, e de que o direito surge, (como sistema de leis e regulamentos onde a vontade dos senhores se encontra sancionada) ao mesmo tempo que o Estado (*ibidem*, pág. 42); 5) de que o que caracteriza o capitalismo é a anarquia da produção, as crises periódicas, um desemprego crónico, a miséria das massas, a concorrência e as guerras, sendo a contradição fundamental do capitalismo a que opõe o carácter social do trabalho à forma privada, capitalista, de propriedade, contradição que encontra a sua expressão na luta de classes do proletariado contra a burguesia (*ibidem*, pág. 47) e de que certos fenómenos monstruosos têm por causa o facto de no regime capitalista a produção e a distribuição não serem determinadas pelas necessidades da sociedade, mas pelo interesse egoísta dos capitalistas, pelo lucro dos ricos, e não pelas necessidades do povo (*ibidem*, pág. 49); 6) de que a ruína do capitalismo não é só desejável para que a sociedade continue a progredir como é económicamente inevitável (*ibidem*, pág. 50); 7) a ideia de que o carácter da propriedade determina igualmente o modo de obtenção dos rendimentos e a sua dimensão, constituindo a situação em relação aos meios de produção a determinação fundamental das diferenças de classe, todas as outras derivando dela (*ibidem*, pág. 59); 8) de que as classes fundamentais são portanto classes das quais uma é proprietária dos meios de produção, ao passo que a outra nada possui e constitui a massa dos explorados, sendo as relações entre essas classes sempre hostis, antagónicas, e traduzindo as formas fundamentais da exploração, da sujeição (*ibidem*, pág. 61); 9) de que a luta dos partidos políticos constitui a expressão mais adequada, mais completa e mais acabada da luta de classes (LENIN, Obras, t. 12, pág 132, edição russa, *apud. ibidem*, pág 66) e de que os fins dos partidos marxistas-leninistas correspondem ao progresso ideal (*ibidem*, pág. 67); 10) de que a luta de classes é, portanto, a força motriz da

Acresce ainda que as interrogações de um jurista político não podem deixar de considerar, na resposta que lhes venha a ser dada, a

---

história em todas as formações de exploradores, atingindo um ponto culminante no período das revoluções sociais, as quais se constituem em roturas radicais do regime social, pelas quais se realiza a passagem de uma formação social a outra (*ibidem*, pág. 70), constituindo uma necessidade histórica que mergulha as suas raízes na vida económica da sociedade (*ibidem*, pág. 72); 11) a ideia de que os Estados se distinguem segundo a classe social que servem e segundo a base económica da sociedade em que se baseia o Estado em questão, vindo a ser por aqui que se define o *tipo de Estado*, o qual exprime a sua natureza de classe, ao passo que a *forma do Estado* exprime a organização do poder e da administração (*ibidem*, pág. 90); 12) a crítica à democracia liberal da sociedade capitalista (*ibidem*, pág. 92); 13) a ideia de que a nacionalidade é uma comunidade constituída na base do modo de produção (*ibidem*, pág, 102); 14) a consideração de que a ideologia é um sistema de opiniões e de ideias sociais que defendem os interesses de certas classes e de certas forças sociais (*ibidem*, pág. 111); 15) a crítica à religião (*ibidem*, pág. 128 e ss.); 16) a ideia de que a causa fundamental do progresso social reside na revolução social, a qual varre as antigas relações de produção e institui outras que abrem novas perspectivas ao progresso das forças produtivas (*ibidem*, pág. 137); 17) a ideia de *irreversibilidade* do movimento regular da sociedade, o qual se encontra na base do progresso social (*ibidem*, pág. 139).

Para além da obra citada, o nosso conhecimento das doutrinas marxistas recorreu à leitura integral de outras obras, designadamente: Georges Politzer, Guy Besse, Maurice Caveing, Princípios Fundamentais de Filosofia, Hemus, São Paulo, 1970; Emile Burns, Introdução ao Marxismo, edições Avante, Cadernos de Iniciação ao Marxismo-Leninismo, Lisboa, 1975; B. M. Bogulavsk, V. A. Karpuchine, A. I. Rakitov, V. I. Tchertikhine e G. I. Ezrine, Curso de Materialismo Dialéctico e Histórico, 1° volume, edições Avante, Elementos Fundamentais do Comunismo Científico/14, Lisboa, 1978; Iuri Popov, A economia política marxista e os países em vias de desenvolvimento, Edições da Agência de Imprensa Nóvosti, Colecção ABC – Fundamentos dos Conhecimentos Políticos, Moscovo, 1978, (versão portuguesa); «Sobre/De Lenine», Prelo editora, SARL, Lisboa, Colecção biblioteca popular, n° 3, organização de Sérgio Ribeiro, 2ª edição, 1974; Lenin, Esquerdismo, doença infantil do comunismo, Editora Escriba, 2ª edição, S. Paulo; Álvaro Cunhal, Radicalismo Pequeno Burguês de Fachada Socialista, edições Avante, Documentos Políticos do Partido Comunista Português, 3ª edição, 1974; Paul Foulquié, A Dialéctica, Publicações Europa-América, Colecção Saber, 2ª edição, 1974; Marc Paillet, Marx contra Marx – A Sociedade tecnoburocrática, Fernando Ribeiro Melo / /Edições Afrodite, Lisboa, 1977, Colecção Doutrina/Intervenção; V. I. Lénine, Karl Marx e o desenvolvimento histórico do marxismo, edições Avante, Pequena Biblioteca Lénine, (Cinco escritos fundamentais de V. I. Lénine acerca de Marx e do Marxismo), Lisboa, 1975; Friedrich Engels, Do Socialismo Utópico ao Socialismo Científico, edições Avante, Biblioteca do Marxismo-Leninismo, Lisboa, 1975,

necessidade do confronto com os novos motes do direito e da política trazidos pelos pensadores que se reclamam da pós-modernidade e têm vindo a questionar o entendimento tradicional dos "vocábulos designantes" que constituem o "instrumentarium" das ciências jurídico-políticas (38).

Quando, procurando reflectir sobre a realidade, nos damos conta de que as nossas ideias tradicionais acerca da realidade são ilusões que procuramos fundamentar durante grande parte das nossas vidas, sendo que a ilusão mais perigosa é a de que existe apenas uma realidade (39) pois que «não existe uma realidade absoluta, mas apenas concepções de realidade subjectivas e, muitas vezes, contraditórias» (40) apercebemo-nos da importância da *comunicação como o instrumento que possibilita a existência dessa ilusão a que chamamos realidade*, enquanto sendo esta um conceito que vem a explicitar a *relação que o ser humano estabelece com o mundo* (com as coisas exteriores a ele próprio e que ele tenderá a organizar), a pluralidade das coisas vistas (objectos, acontecimentos) não permite o acto de comunicação senão quando se opere uma prévia homogeneização ou compatibilização dos *veículos*, *conteúdos* e *formatos* das *mensagens*, por forma a que possam ser convenientemente emitidas e recebidas — sendo que é deste esforço de homogeneização ou compatibilização que vem a resultar a nossa ilusão de uma realidade dotada de *objectividade*. O que nos leva a meditar sobre as *formas de imaginação*

2ª edição; HECTOR AGOSTI, Condições Actuais do Humanismo, Seara Nova, (tradução de Adelino dos Santos Rodrigues), colecção Universidade Livre, Lisboa, 1975; ÁLVARO CUNHAL, A revolução Portuguesa o Passado e o Futuro, Edições Avante, Documentos Políticos do Partido Comunista Português, Série Especial, Lisboa, 1976; VARLAN TCHERKESOFF, Erros e Contradições do Marxismo, Lisboa, Cooperativa Cultural, Editora Fomento Acrata; GEORGES BURDEAU, a Democracia; GEORGES POLITZER, Princípios elementares de filosofia, Lisboa, Prelo Editora, 1977, 6ª edição.

(38) Ver GOMES CANOTILHO, Direito Constitucional, 5ª edição, Livraria Almedina, Coimbra, 1991, págs. 11-22. A propósito da situação do direito constitucional no debate travado entre os autores modernos e os pós modernos, refere GOMES CANOTILHO: «Em crise estão muitos dos "vocábulos designantes" — "Constituição", "Estado", "Lei", "Democracia", "Direitos Humanos", "Soberania", "Nação" — que acompanharam, desde o inicio, a viagem do Constitucionalismo».

(39) Ver PAUL WATZLAWICK, A Realidade é Real?, Relógio d'Água, col. «Antropos», trad. de Maria Vasconcelos Moreira, 1991, pág. 7.

(40) *Idem*.

social, designadamente no que se refere ao modo de entender os problemas políticos e sociais.

No fundo qual vem a ser a **raíz** da *política* na experiência actual? Uma primeira aproximação à resposta a esta questão encontra-se na explicação da raíz comum da ideologia e da utopia (41), contrariando quer a tendência para a separação rígida entre as concepções de utopia e de ideologia, quer a tendência para reduzir a utopia à ideologia. É assim que «tal como a **ideologia** opera a três níveis — *distorção, legitimação* e *identificação* — também a **utopia** funciona a três níveis. Primeiro, onde a ideologia é distorção, a utopia é o *imaginário* — o completamente irrealizável ... Segundo, onde a ideologia é legitimação, a utopia é uma *alternativa* ao poder presente. (...) A um terceiro nível, tal como a melhor função da ideologia é preservar a identidade de uma pessoa ou grupo, a melhor função da utopia é a *exploração do possível*» (42). É assim, pela consideração de que a ideo-

---

(41) Ver Paul Ricoeur, Ideologia e Utopia, Edições 70, 1991, trad. de Teresa Lauro Perez.

(42) Ver Paul Ricoeur, *idem*, págs. 501-502. Hannah Arendt, *in* The Origins of Totalitarianism (trad. port.: O Sistema Totalitário, Lisboa, 1978, Publicações D.Quixote, Colecção Universidade Moderna 60), pág. 581 e ss., refere que «uma ideologia é o que esse nome indica, literalmente: é a lógica de uma ideia. O seu objecto é a história, à qual a ideia se aplica. O resultado dessa aplicação não é um conjunto de afirmações sobre qualquer coisa que é, mas o desenrolar de um processo que está em constante mutação.»; as ideologias são *históricas* e as suas *ideias* são instrumentos explicativos: «As ideologias pressupõem sempre que basta uma ideia para explicar tudo na base da premissa e que a experiência nada pode ensinar porque tudo está englobado no processo coerente de dedução lógica». É nesta medida que elas encenam uma **Weltanschauung** (concepção do mundo). Para Hannah Arendt, «por outro lado, todas as ideologias contêm elementos totalitários, mas estes só se desenvolvem completamente com os movimentos totalitários, e este facto cria a sensação enganadora de que só o nazismo e o comunismo têm um carácter totalitário. A verdade é que a natureza real de todas as ideologias só se revelou no papel que as ideologias desempenham no aparelho da dominação totalitária», o que advém, porventura, da constatação que esta autora faz de que «só com Hitler e Estaline se descobriram as grandes potencialidades políticas das ideologias»; por outro lado, decorrendo da circunstância de que «as ideologias apenas se preocupam com o movimento», vemo-las a reinvindicarem para si a capacidade de explicação total, num processo em que «o pensamento ideológico torna-se independente de toda a experiência», na medida em que se assume o carácter de revelação da ideia que anima uma ideologia: a partir daqui desenvolve-se como que um "sexto sentido", os militantes de uma ideologia

logia é uma forma de *estabilizar*, distorcer e *legitimar o existente*, vindo aqui a ser essencial a noção de *poder*, enquanto na utopia tudo é

---

são levados a descobrir um significado secreto, oculto, dos acontecimentos públicos (ideia de *conspiração*); segundo HANNAH ARENDT: «como as ideologias não têm poder para transformar a realidade, realizam a separação entre o pensamento e a experiência, através de certos métodos de demonstração. O pensamento ideológico ordena os factos de acordo com um processo absolutamente lógico que tem como ponto de partida uma premissa aceite como axioma, deduzindo tudo a partir dela: isto é, procede com uma coerência que não existe no âmbito da realidade», razão pela qual a premissa «não pode ser confrontada com a experiência», daqui derivando o rígido logicismo das ideologias. Consequência visivel: «no processo de realização, perde-se gradualmente, devorado pelo próprio processo, o conteúdo original em que as ideologias se baseavam enquanto tinham de apelar às massas — a exploração dos operários ou as aspirações nacionais» — nisto vem a residir a tirania da lógica. Sendo que «a liberdade — como capacidade interior do homem — é idêntica à capacidade de começar. A liberdade — como realidade política — é idêntica a um espaço de movimento entre os homens», segue-se que, para a lógica do totalitarismo, o pensamento livre é um perigo ameaçador». Para JOÃO CARLOS ESPADA, *in* "Expresso--Revista" (23.09.89, pág. 53-R) é radicalmente diferente deste tipo de mentalidade totalitária a mentalidade democrática (liberal): «Talvez por coincidência, dirão pelo menos os marxistas, os cidadãos que mais ganharam foram os das sociedades democráticas. Mas a verdade é que o tempo não está para coincidências e por esse mundo fora os indivíduos deixam de ser obedientes: estão fartos do paternalismo da extrema-esquerda e da extrema-direita e querem que os seus direitos sejam respeitados.

(...). O mundo está a unir-se em torno de uma comum subversão: a subversão democrática. E esta subversão funda-se na tomada de consciência da incerteza.

(...). As duas maiores tragédias humanas do século XX — as ditaduras de Hitler e Staline — incendiaram o planeta com base em projectos megalómanos de unificação das consciências e dos padrões de comportamento: o nacional--socialismo é o único bem dos homens superiores, pretendiam os irracionalistas alemães; o comunismo é o modelo de emancipação do proletariado e de toda a humanidade, reclamava o hiper-racionalismo comunista. Vão agora os democratas propor a sua própria unificação das consciências em nome de um bem superior que seria a democracia? Este é um problema sério que não deveríamos evitar. Respondamos *sim* e *não*.

Sim porque as democracias têm o seu próprio modelo de sociedade que julgam poder merecer o apoio de (e ser merecido por) todos os indivíduos. Nesse sentido, as democracias propõem a unificação do mundo em torno de valores comuns.

(...), as democracias não querem unificar as consciências, justamente porque os valores universais que propõem são os da tolerância e do pluralismo. Neste sentido, as democracias propõem que as pessoas se unam em torno da ideia de que podem e devem reclamar valores diferentes — e assim, coexistir, e talvez, se o desejarem, enriquecer pacificamente.

feito ao contrário, para a partir dela (utopia) garantir uma tensão no existente, criar um contrapoder e «abrir o campo do possível para além do actual», numa «dialéctica da imaginação» que «está em acção na relação entre imagem e ficção, e no domínio social entre ideologia e utopia» (pela manifestação de uma oposição entre o fechamento do presente pela ideologia e a sua abertura pela utopia) que nos permite compreender como foi (e é) historicamente possível que as utopias libertadoras frequentemente se volvam, quando triunfantes, na legiti-

---

(...). Como Norberto Bobbio recordou em Lisboa, não há memória de uma guerra entre duas democracias. (...) a natureza intrínseca das democracias não é beligerante.

(...) Kant: a guerra seria irradicada logo que a sua declaração dependesse daqueles que vão realmente combater.

(...)

Todas as escolas de tradição autoritária e iliberal — (de acordo com Russel e Popper), sobretudo Platão e Hegel, em parte Marx, Lenine seguramente — viram no pacifismo liberal um sinal de fraqueza e decadência.

(...) relativismo niilista. (...) escolhendo Hegel contra Kant (...).

(...)

Falhou o mais importante: pensaram que pluralismo era igual a indiferença e que ninguém podia combater pelo pluralismo. Pensaram que, pelo facto de as democracias se definirem pela pluralidade conflitual dos valores, elas não podiam bater-se por nenhum valor. Mas não é verdade. Voltaire já tinha dito que a tolerância significava estar totalmente em desacordo com a opinião de outrém e ao mesmo tempo estar disposto a combater pelo direito do outro a perfilhar essa opinião.

Esse é o código das democracias: não podem desencadear nenhuma guerra de conquista porque não podem impor aos outros os seus valores. Mas podem bater-se — e baterem-se — numa guerra defensiva porque acreditam nos seus próprios valores pluralistas e estão dispostos a protegê-los contra o barbarismo da intolerância monista.

(...) união na desunião. (...) que ninguém pode ter a certeza de ter razão e, por isso, cada um é o melhor juiz sobre o que a si diz respeito. (...) respeitar as preferências dos outros. (...) cada um deve poder fazer o que lhe apetece desde que não prejudique terceiros.

(...) Bertrand Russel quando dizia, em 1950, nos seus «Unpopular Essays»: «a essência da atitude liberal reside não em que opiniões sustenta, mas em como as sustenta: em vez de as adoptar dogmaticamente, adopta-as experimentalmente, e com a consciência de que novos dados podem a qualquer momento conduzir ao seu abandono».

(...). Curiosamente, um e outro [EINSTEIN e KARL POPPER]reintroduziram a incerteza no pensamento ocidental.».

mação ideológica da opressão; mas, já quanto à questão acima formulada, vimos a deparar-nos com o facto de que a imaginação (constituída pela dualidade da ideologia e da utopia no âmbito dos problemas políticos e sociais; pela dualidade da imagem e da ficção, em sede geral) se nos revela *como constitutiva da experiência* (43).

Ora, é por aqui, por esta compreensão da dialéctica da imaginação, constitutiva esta da experiência social e política, que nós vimos a refutar as teorizações que advogam o fim do *social* enquanto espaço público (p. ex. BAUDRILLARD que defende a massa já não ser definível em termos de população, não sendo uma soma de indivíduos localizáveis: é um efeito massa, uma forma massa absorvida na sua silenciosa imanência). Esta verificação do «fim do social» é algo em que BAUDRILLARD vem na esteira das considerações de MÁRIO PERNIOLA (44) segundo o qual: «À opinião pública crítica e à publicitária e aclamativa sucede uma massa inerte, implosiva, atomizada que se defende dos «media» através do exercício da apatia e que confere significados aberrantes às mensagens que lhe chegam, que se agrega momentâneamente segundo modelos privados de qualquer coerência intelectual»); advogando igualmente o fim da *política*, isto é, da política ideológica, a partir do momento em que se assiste ao *desaparecimento do futuro* enquanto espaço teórico e à perda de todo o horizonte utópico, com a consequência de que a política deixa de ter o monopólio sobre o real (45), que advogam o entendimento de que assistimos, senão ao fim da *história*, pelo menos da razão histórica, a

---

(43) Assim, para PAUL RICOEUR o problema a resolver é o da própria constituição da experiência a partir da imaginação, pois não estamos face a «uma análise ideal típica, mas sim uma fenomenologia genética no sentido proposto por HUSSERL nas *Meditações Cartesianas*», sendo a fenomenologia que deverá apreender o *carácter significativo* desses dois fenómenos limiares de constituição da experiência (pág. 504).

(44) La Società dei Simulacri, Capelli, 1983, pág. 49. Veja-se ainda GIANNI VATTIMO, *in* A Sociedade Transparente, Edições 70, 1991: a pós-modernidade como conceito ligaria (para este autor) o seu sentido ao facto de a sociedade contemporânea ser uma sociedade de comunicação generalizada (a sociedade "mediática") em oposição à noção de uma sociedade "esclarecida", de tal modo que na multiplicação das imagens se perde o sentido da realidade.

(45) Confronte-se JEAN-LUC NANCY, La Comparution, para quem sendo o horizonte utópico em causa o marxismo, o «fim das ideologias» vem a ser uma forma púdica de baptizar o fim do marxismo.

qual, deixando de poder encarar a sua própria finalidade, se esgota no efeito imediato; acabando tais teorizações (BAUDRILLARD) por advogar mesmo o fim do *sentido* entendido como resultante da dialéctica significado/significante([46]). A hipótese teórica daqui derivada (e desenvolvida por BAUDRILLARD nesta obra) vem a ser a de que o nosso mundo rege-se por uma lógica catastrófica, tendendo para um «Vanishing point» resultante de uma hipertelia generalizada que faz com que tudo vá para além dos seus próprios fins, vindo a anular-se na sua objectividade e no seu sentido, por tal forma que na estratégia fatal do objecto (que corresponde a uma proliferação cancerígena) tudo se vê potencializado até aos extremos, com as consequências exasperantes de se atingirem uma espécie de perfeição inútil e de intransitividade paradoxal, até que deparamos com a socialização do imaginário por via do *simulacro* (imagem que perdendo todos os vínculos dialécticos com qualquer realidade vem a tornar-se «mais real do que o real») no qual residiria a figura fundamental da comunicação. Ao desaparecer o real, se o político é uma forma de domínio sobre o real, então surge-nos o transpolítico — a superação de toda a ordem das representações conduz ao fim das *ideologias*, as decisões são pensadas não em função de um horizonte transcendente de *legitimação* mas apenas em termos de *eficácia* e de performatividade (a política é feita de coisas e não de ideias) e, na passagem da política cultural fundada na idelogia à operação cultural fundada sobre o simulacro, deparamos com a *desideologização da sociedade*. À perda de coerência, legitimidade e racionalidade da sociedade corresponde a perda de efectualidade da cultura; a socialização do imaginário baseada no simulacro abre espaço para o *estético* substituir o político, numa esteticização *generalizada* que investe todos os domínios da realidade.

Será assim?

([46]) BAUDRILLARD: «Cansadas da dialéctica do sentido, as coisas encontraram um meio para lhe escapar: o de proliferarem até ao infinito, o de se potencializarem, o de se sobreporem à sua essência, numa escalada até aos extremos, numa obscenidade que lhes servirá, doravante, de finalidade imanente, e de razão insensata. (...) O universo não é dialéctico — está condenado aos extremos, não ao equilíbrio. Condenado ao antagonismo radical, não à reconciliação nem à síntese. Este é também o princípio do Mal, e exprime-se no génio maléfico do objecto, exprime-se na forma estática do objecto puro, na sua estratégia de vitória sobre o sujeito», *in* As Estratégias Fatais (ed. orig. 1983), Editorial Estampa, Colecção Minerva, 1992, pág. 9 e ss..

«E piú si move»...

Aquilo que se assiste é que o político, depois daquela retirada, está a retornar, colocando-nos perante a necessidade de «projectar o pensamento nesse novo espaço largamente desconhecido que é o depois do comunismo» (JEAN-LUC NANCY), eventualmente condicionado ao fim da visão representativa da política(47). Ou, como refere JEAN-LUC NANCY: « O «pós-moderno» já acabou, ou talvez não tenha tido lugar. Mais exactamente, o que pode ser descrito e pensado sob este termo terá formado apenas o clarão breve e inverso de um outro acontecimento. O «pós-moderno» definiu-se por uma relação tensa, misturada de angústia e de alegria, com uma inapresentação(48) generalizada: a inapresentação de tudo o que poderia fazer sentido, verdade ou fundamento. Em primeiro lugar, bem entendido inapresentação de toda a substancialidade comum (...) de todo o comunismo, portanto. Nada assinala, sem dúvida, melhor o "pós-moderno" do que a constelação polimorfa de todos os "fins do comunismo"» (49).

Pensamos que, de algum modo o niilismo de BAUDRILLARD, ao pretender ignorar que a *finalidade* da comunicação entre os membros da sociedade tem a ver com a procura e atribuição de *ordem* e *significado* à enorme profusão de imagens, signos e objectos que se apresentam aos sentidos (PAUL WATZLAWICK), se "auto-destruiu" no modo como intentou responder ao "impossível domínio sobre o real", descurou que sendo a realidade uma "ilusão" o fim da "realidade comunista" não é senão o fim da "ilusão comunista", mas *não* o fim de todas as "ilusões" a que recorremos para fundamentar (com o recurso à comunicação) a relação que enquanto seres humanos estabelecemos com o mundo; daqui decorrendo que tanto a ideologia como a utopia enquanto formas da imaginação social, e na medida em que esta é constitutiva da nossa experência social e raíz do político, continuarão

---

(47) Ver ALAIN BADIOU, Peut-On Penser la Politique?, 1985; «O enunciado canónico de Lenine, segundo o qual a sociedade está dividida em classes, e as classes representadas por partidos políticos, está ultrapassado. Na sua essência, este enunciado é homogéneo da concepção parlamentar. Porque o ponto chave, tanto num caso como noutro, é o da representação do social na política».

(48) «imprésentation»

(49) JEAN-LUC NANCY e JEAN-CRISTOPHE BAILLY, *in* La Comparution. Citado por ANTÓNIO GUERREIRO, «As metamorfoses do político», in Expresso-Revista, edição de 28.03.1992, págs. 96 e 97-R.

a operar na *reconstrução* do pensamento político — para o qual o *pós-comunismo* constitui um vasto território por explorar e onde este pensamento pode ser reinvestido para reabilitar a *autonomia* do político.

De algum modo estamos perante uma nova "invenção da sociedade" (JACQUES REVEL) (50) necessária em face da constatação de que "tudo muda: a problemática, o mundo em que vivemos e as questões que suscita" (51) e, num contexto em que as práticas se definem através da construção dos objectos e o que há é um "paradigma estilhaçado" (52), ter presente que a identidade duma sociedade é o "produto dum conjunto de escolhas, de hesitações, de acasos, objecto de uma espécie de negociação constante" (53), pelo que urge procurar "identificar como o social se contrói através dos comportamentos ou das estratégias culturais" (54), não perdendo de vista que e na medida em que o trabalho de análise sociológica se nos revela "desagregado, procurando identificar linhas de fractura e conflitos" é que se pode falar de "invenção da sociedade", pela consideração de que o social produz-se através de comportamentos culturais" (55) — o que implica "*desconstruir* as noções evidentes, apreender como cada uma foi construída, como funciona, como ajuda e impede o conhecimento" (56) (fazendo da história um *problema* e não uma simples narrativa) (57). Até porque, como refere EDGAR MORIN: «Não estamos evidentemente no fim da história. Pelo contrário, vivemos a erupção tumultuosa de uma história em que perdemos a promessa do Progresso garantido e a fé no Futuro radioso... Não estamos nos primór-

---

(50) Ver JACQUES REVEL, A Invenção da Sociedade, Difel, 1990.

(51) Ver JACQUES REVEL, entrevista publicada no "Expresso-Revista", pág. 57-R, 29-03-1991.

(52) JACQUES REVEL, *ibidem.*

(53) JACQUES REVEL, *ibidem.*

(54) JACQUES REVEL, *idem*, pág. 58-R.

(55) Ver JACQUES REVEL, *ibidem.*

(56) Cf. JEAN-LUC NANCY, obra citada, quando refere que ao reinvestir o pensamento político na exploração do território constituido pelo pós-comunismo, entende que isso obriga também a verificarmos que o comunismo não provém apenas da filosofia: o comunismo provém também de um pensamento arcaíco que, na medida em que acompanha toda a tradição do Ocidente, vem a tecer desde a origem toda a actividade política: o qual é a ideia de «comum» e de «comunidade». Citado por ANTÓNIO GUERREIRO, *ibidem.* Ver ainda: JEAN-LUC NANCY, La Communauté désoeuvrée.

(57) JACQUES REVEL, *ibidem.*

dios da pós-história, não estamos no fim da pré-história humana, estamos num novo começo» ([58]).

Arrancando então, no trabalho de "invenção da sociedade", desta perspectiva de que o "social se produz através de comportamentos culturais", não só deparamos com a importância da comunicação, como não devemos descurar, por outro lado, os contributos da psicologia social para a compreensão da "essência social do pensamento" (SERGE MOSCOVICI), pois não só "as sociedades pensam" como o "podem fazer de uma maneira racional" ([59]); bem como para a

---

([58]) Ver EDGAR MORIN *et al.*, Os problemas do Fim de Século, trad. de Cascais Franco, Ed. Notícias, 1991, págs. 6-7.

([59]) Ver SERGE MOSCOVICI, entrevista publicada no "Expresso-Revista", em 25-01-1992, pág. 39-R, onde afirma: «Esta ideia é contestada, quer por teóricos quer pela opinião pública, por causa de um certo número de observações de uma antropologia "ingénua"» — que não é falsa, mas também não é completa. Há a ideia, muito ancorada na Filosofia ocidental, de que só o indivíduo pode pensar racionalmente. Ora a reflexão sobre a natureza dos computadores — O que é uma representação? O que é calcular? — constrói uma espécie de filosofia que nos diz que não podemos compreender o que significa «seguir as regras» sem nos situarmos na perspectiva de uma colectividade. Esta reflexão parte de Wittgenstein mas é mais radical do que ele, porque Wittgenstein situa-se exclusivamente na linguagem e esta teoria abrange todo o pensamento. (...) Pensar racionalmente quer dizer duas coisas: primeiro, pensar de uma maneira coerente, e em segundo lugar, ser capaz de se ligar ao real. (...) O que os epistemólogos demonstraram de uma maneira convincente é que a definição do real, aquilo a que chamamos a referência, é qualquer coisa que fixamos independentemente da representação. (...). Não podemos ser objectivos sózinhos. Sózinhos não podemos estabelecer a referência daquilo de que falamos, nem saber se seguimos uma regra no que estamos a pensar.

Nunca nos isolamos do tal ruído do mundo. E é aí que eu vejo algo de novo. Essa é, aliás, uma das particularidades da teoria das representações sociais, desde que ela existe, desde Durkheim e Bergson: é a única teoria que sempre afirmou a sociedade como racional, como tema epistemológico. A única. Nem o marxismo o fez, porque admite que é a ideologia, e não a sociedade, que carreia a essência do pensamento social. Ora a teoria das representações sociais afirmou-o «de facto», mas nunca pôde justificá-lo filosóficamente. E é essa justificação que hoje nos é possível fazer». LUDWIG WITTGENSTEIN, *in* Da Certeza (Edições 70, Lisboa, 1990, parágrafo 141), afirma: «Quando começamos a *acreditar* não acreditamos numa proposição isolada mas sim num sistema»; confronte-se com DONALD DAVIDSON: «Ao partilharmos uma linguagem, em qualquer sentido no qual tal seja exigido para a comunicação, partilhamos uma imagem do mundo que é, nas suas características mais gerais, necessáriamente verdadeira. Segue-se que, ao tornarmos manifestas as características mais gerais da nossa linguagem, tornamos manifestas as características mais gerais da

compreensão do *conflito entre o indivíduo e a sociedade*, na medida em que o olhar psicossocial é (no entender, p. ex., de SERGE MOSCOVICI) aquele que funciona sempre em três dimensões: *o eu, o objecto, e o outro* ([60]).

Retomando agora a ideia já referida quanto à *importância da comunicação para uma nova compreensão da modernidade*, é incontornável a referência ao pensamento de JURGEN HABERMAS ([61]) e a sua defesa do projecto de uma *ética comunicacional*, construída sobre

---

nossa realidade.», *in* Existência e Linguagem (antologia), Editorial Presença, Lisboa, 1990, pág. 119.

([60]) Ver SERGE MOSCOVICI, *idem*, «(...) nem sequer fui eu o primeiro a dizer que a Semiologia só pode encontrar explicação no domínio da Psicologia Social, foi Saussure. (...) enquanto a Psicologia considerar que o fenómeno cognitivo, ideológico, se passa na cabeça de um só, creio que ela nunca nos poderá dizer o que quer que seja de significativo sobre o pensamento, que é, por natureza, comunicativo. Pode falar-nos da memória, da lembrança, ou outras particularidades semelhantes. Considerar o pensamento na cabeça de um só é privá-lo de tudo o que o torna vivo e importante para as pessoas. Por isso, a minha conclusão é simples: o que a Psicologia Social traz para o estudo do pensamento é essencial. (...) a Psicologia Social, tal como é praticada, e tal como se tornou institucionalmente, retirou—se de um certo número de domínios, como, por exemplo, a comunicação. Mas quem estuda a comunicação, hoje? (...) a Psicologia Social demitiu-se. Mas se a consideramos tal como nasceu, se nos interrogarmos porque é que as pessoas sentiram necessidade dela, veremos que originalmente, e mesmo durante muito tempo, ela ocupou um lugar capital.».

([61]) Veja-se Theorie des Kommunikativen Handelns, 1981. JURGEN HABERMAS retoma este tema em *O Discurso Filosófico da Modernidade* (trad. port.) para afirmar (designadamente, a partir do seu entendimento de que a era moderna gira primordialmente sob o signo da liberdade subjectiva (pág. 89), consciente por outro lado de que a critica radical da razão tornou-se praticamente moda nos tempos mais recentes (pág 281), mas considerando que (do seu ponto de vista) a metáfora espacial da razão inclusiva e exclusiva revela que a crítica da razão pretensamente radical ainda fica presa aos pressupostos da filosofia do sujeito dos quais queria libertar-se (pág. 287)) o entendimento de que é a *utilização comunicacional* de uma linguagem articulada em proposições que é específica da nossa forma de vida sóciocultural e que constitui o grau da reprodução social genuína de vida (pág. 289); chamando "*racionalidade*" (em primeiro lugar) à disposição por parte do sujeito falante e actuante de adquirir e utilizar um saber falível, JURGEN HABERMAS sustenta que entendendo o saber como transmitido de forma comunicacional, a racionalidade limita-se à capacidade de participantes responsáveis em interacções de se orientarem em relação a exigências de validade que assentam sobre o reconhecimento intersubjectivo. A razão comunicacional encontra os seus critérios no procedimento argumentativo da liquidação directa

uma nova concepção de racionalidade social: adoptando como pressuposto a ideia de que é imperioso conferir um *sentido intersubjectivo* à nossa leitura da modernidade (pois entende que só esta pode legitimar no *consenso* os valores normativos dos modernos, enquanto analisa os sintomas que indiciam a exaustão da filosofia da consciência e o correlativo fracasso da razão centrada no sujeito), HABERMAS sustenta ter sido HEGEL o primeiro filósofo a desenvolver um conceito preciso de modernidade e a elevá-lo (enquanto conceito epocal) à categoria de problema filosófico, para deste modo nos propor uma perspectiva de compreensão da modernidade (e da racionalidade) a partir de *dentro*: «Nem que seja por razões metodológicas, não creio que nos seja possível, adoptando nós o ponto de vista rígido de uma fictícia etnologia da contemporaneidade, transformar o racionalismo ocidental num objecto que nos é estranho, passível de ser observado numa atitude de neutralidade, e que assim consigamos colocar-nos simplesmente do lado de fora do discurso da modernidade» ([62]).

---

ou indirecta de exigências de verdade proporcional, justeza normativa, veracidade subjectiva e coerência estética (pág. 291). Não só considera que a teoria da acção comunicacional pode reconstruir o conceito hegeliano da totalidade do contexto ético da vida (independentemente das premissas da filosofia da consciência: *idem*, pág 292), também entende que nesta teoria o processo circular, que encerra o mundo da vida e a praxis comunicativa quotidiana, ocupa o lugar de mediador que MARX e o marxismo ocidental tinham reservado à praxis social (*idem*, pág. 293); reflectindo sobre o *conteúdo normativo da modernidade*, JURGEN HABERMAS arranca da consideração de que a crítica radical à razão paga um preço elevado pela sua despedida da modernidade (*idem*, pág. 309), empenhando-se depois na crítica a N. LUHMANN, considerando que na versão deste autor o funcionalismo sistémico assume, por um lado, a herança da filosofia do sujeito ("substitui o sujeito auto-referencial pelo sistema auto-referencial") e, por outro lado, ele (N. LUHMANN) radicaliza a crítica de NIETZSCHE à razão ("com a referência à totalidade do mundo da vida ele renuncia a todo o tipo de pretensão da razão"), *idem* (pág. 323, pág. 335 e ss.). JURGEN HABERMAS afirma ver a teoria de LUHMANN como uma continuação engenhosa de uma tradição que marcou fortemente a autocompreensão dos tempos modernos europeus e que, por seu turno, é reflexo do modelo selectivo do racionalismo ocidental (*idem*, pág. 349).

([62]) JURGEN HABERMAS, *in* O Discurso Filosófico da Modernidade, Lisboa, Dom Quixote, 1990, pág. 65. Nesta obra, o Autor propõe-se a análise crítica dos discursos críticos da modernidade, procurando mostrar como os projectos de crítica da razão (de NIETZSCHE a MARX) passando por HORKEIMER, ADORNO, HEIDEGGER, e até mesmo BATAILLE, DERRIDA, FOUCAULT, LUHMANN) falharam por nenhum deles ter conseguido sair do espaço da própria filosofia da subjectividade que se propunham

HABERMAS pretende teorizar a *razão comunicacional* como a alternativa que permitiria, por um lado a permanência da fidelidade ao

---

desconstruir. Segundo HABERMAS: «Foi Hegel quem inaugurou o discurso da modernidade. Foi Hegel quem introduziu o tema da certificação autocrítica da modernidade. Foi Hegel quem estabeleceu as regras pelas quais se torna possível submeter o tema a variações — a dialéctica do iluminismo» (*idem*, pág. 57, pelo que devemos apelar (quando confrontados com este posicionamento de Hegel e a necessidade de reconstruir o dilema por ele gerado, quando na sua (e primeira) tentativa de conceptualização da modernidade, (na qual a filosofia se vê confrontada com a obrigação de traduzir a consciência do seu tempo) procede a uma crítica simultânea da própria modernidade) para a ideia de uma razão compreendida como totalidade ética: isto permitir-nos-á ver de outro modo a dialéctica do Iluminismo, desconstruindo a «ilusão censurante» de uma razão (fundamentada no princípio da subjectividade) a pretender impor o seu «dominio inexpugnável» (por via da sua duplicação: nas figuras do individualismo, do direito à critica, da autonomia do agir; por via da sua materialização na vida do Estado; incarnando nas esferas da Ciência, da moral e da arte). Para JURGEN HABERMAS o que vem a suceder é que todas as críticas daqui derivadas vêm a desembocar em *aporias* que conduzem a razão para fora de si próprio: p. ex. na critica de Marx a Hegel (a propósito da transformação do conceito de reflexão em produção; p. ex. na crítica de inspiração estética de NIETZSCHE (conduzindo igualmente a razão ao contraste com o *outro da razão*, perdendo a sua principal conquista: o seu conteúdo emancipatório); p. ex. na análise de ADORNO e de HORKHEIMER sobre o processo de auto-destruição do iluminismo. Por aqui se vê como a razão, ao enredar-se em si própria, vem a cair, fora do seu espaço próprio, na narrativa mítica original. Em sentido completamente diferente pode ver-se KARL LOEWITH, O Sentido da História, Edições 70, 1991; para este autor é possível proceder a uma refutação coerente da «história» e da modernidade, enquanto época de historicismo. KARL LOEWITH sustenta nesta obra uma demonstração de que o historicismo moderno está, de alguma maneira, ligado ao totalitarismo e à violência do século XX. Por outro lado, no plano teórico, KARL LOEWITH procura demonstrar que o historicismo é um efeito da secularização do cristianismo (sendo que este já resultava de um afastamento da relação grega com o mundo e a natureza), procurando explicar as *filosofias da história* dos séculos XVIII e XIX (VOLTAIRE, TURGOT, CONDORCET, HEGEL, MARX...) segundo a tese de que os «historicismos» (nos quais deparamos com a prefiguração do pensamento totalitário) são o resultado de um conjunto de pressupostos de natureza teológica (avultando aqui os cristãos) que, depois de transmutados, estiveram na origem destas filosofias da história centradas na ideia de «progresso» linear e contínuo, a realizar imanentemente na experiência pela história; com a consequência de que esses pressupostos convergeriam para a ideia de Progresso (processo linear e contínuo que exige uma história universal, cujo ponto culminante é representado pela filosofia de Hegel: a história da salvação é projectada sobre o plano da história do mundo, enquanto que esta última se ergue sobre o plano da primeira. O cristianismo hegeliano metamorfoseia a vontade de Deus em espírito do mundo e

espírito e ao projecto que permitiram a constituição do espaço moderno de reflexão, e por outro lado desembaraçar—nos dos enlaces da filosofia do sujeito: «Segui nestas passagens que o paradigma do conhecimento dos objectos tem de ser substituído pelo paradigma da compreensão mútua entre sujeitos capazes de falar e de agir: Hegel e Marx não cumpriram esta mudança de paradigma; HEIDEGGER e DERRIDA, ao tentarem deixar para trás a metafísica da subjectividade, ficaram igualmente presos à intenção da filosofia de origem. Também Foucault, a partir do momento em que analisou triplamente a obrigatoriedade de uma duplicação aporética do sujeito auto-referente, derivou para uma teoria do poder que se revelou como sendo um beco sem saída» ([63]). Segundo o *paradigma da intercompreensão*, já não se vem a privilegiar a atitude objectiva do sujeito face ao mundo externo; agora o que se valoriza é a *atitude performativa* dos participantes da interação nas suas relacões inter-pessoais, por aqui se vindo a superar

---

em espírito do povo. KARL LOEWITH constrói a sua fundamentação radical do «fim da história» (inseparável da recusa da modernidade enquanto época da história) com base no conceito de *secularização*: na modernidade a razão está subordinada, a um nível subterrâneo e profundo, à sotereologia cristã, numa amálgama de Fé e Razão (em evidente contradição com as teses iluministas de críticas dos *ídolos*, dos preconceitos) em que assistimos à paradoxal coexistência dos ídolos (de fé, mitos, etc.) com a razão — sendo esta amálgama paradoxal que explica as «desilusões» da modernidade (as «falsidades» das representações modernas, incapazes de cumprir as promessas de liberdade, de paz, etc.). Só pelo reconhecimento daquela subordinação seria possível fundamentar uma crítica rigorosa das auto-apresentações da modernidade, só pela destruição desta subordinação se poderia esperar o término da crise originada pela «dialéctica do progresso» (Fortschrift).

Face a esta fundamentação do «fim da história» a defesa da razão ou da história terá de confrontar-se com a necessária refutação da tese da secularização, intento da obra de HANS BLUMEMBERG: veja-se A Legitimidade da Modernidade (1960). Segundo HANS BLUMEMBERG o «historicismo» e as «filosofias da história» será o resultado da tentativa de responder às preocupações escatológicas sobre a criação e o fim do mundo (as quais constituiam o horizonte de sentido antemoderno que caracterizava o cristianismo — a sua preeminência tradicional confere evidência absoluta a uma pergunta que tem (necessariamente) de ultrapassar o minimalismo da Razão em que se funda a modernidade) — esta questão não advém do quadro da modernidade, mas de um outro universo de sentido que não é possível universalizar (e é a própria tradição cristã, mais do que a secularização, a impor uma resposta a esta questão da criação e do fim do mundo).

([63]) JURGEN HABERMAS, *in* O Discurso Filosófico da Modernidade, pág. 276.

a distância entre o eu transcendental (*extra-mundano*) e a posição (*intra-mundana*) do eu empírico; nesta teorização do "*agir comunicacional*", HABERMAS vem a estabelecer uma relação interna entre a *prática social* e a própria *racionalidade* (socializada): ao investigar os pressupostos da prática linguística do quotidiano, HABERMAS eleva o conteúdo normativo da acção à concepção de uma *racionalidade comunicacional* (socialização linguística dos conteúdos normativos encarnada em contextos de agir comunicativo, em estruturas do mundo da vida (Lebenswelt) que compõem processos intramundanos de aprendizagem social: «O mundo da vida forma um horizonte e ao mesmo tempo oferece uma quantidade de evidências culturais das quais os participantes no acto de comunicar, nos seus esforços de interpretação, retiram padrões de interpretação consentidos» ([64]).

Mas a grande dificuldade na abordagem desta temática em face da sociedade técnico-industrial, "*na qual constatamos um sentimento jurídico que se traduz numa pretensão ao bem-estar*", reside precisamente nesta situação em que o homem médio não espera apenas que o Estado o socorra numa ocasião de infortúnio ou resgate os seus erros ou os das gerações passadas (como que mantendo-se fiel à ideia de RALPH WALDO EMERSON, segundo a qual o lema de boa governação é: «vive, deixa viver e ajuda a viver») mas não hesita em ir mesmo mais longe e dá por assente que pode exigir (do Estado) a garantia dum certo padrão de vida, quer seja a título de prestações concretas dos poderes públicos (decorrência: a formação dum princípio de proibição de retrocesso em matéria económica e social, maxim direitos sociais e prestações dele derivadas e ou neles fundadas), quer seja por meio de providências legislativas que constranjam outros particulares mais favorecidos, quer ainda pela extracção em via judicial das últimas consequências das afirmações constitucionais de direitos positivos; num quadro em que «todo o sentido dos preceitos constitucionais que

---

([64]) JURGEN HABERMAS, *in* O Discurso Filosófico da Modernidade, pág. 279 — estes padrões de interpretação têm por horizonte um acordo comunicacional medido pelo reconhecimento intersubjectivo de exigências de validade baseadas em consensos que formam o tecido social, exigências que transcendem todo o contexto local, porque lhe são prévias, mas que só se realizam aqui e agora nas situações específicas do nosso quotidiano. A discussão das teses de HABERMAS é feita por BAPTISTA MACHADO, Introdução ao Direito e ao Discurso legitimador, em vários passos desta obra (assim: cf. pág. 273 e ss.).

fundamentam a socialidade do Estado ultrapassa assim largamente o domínio das simples defesas negativas de carácter liberal, principalmente voltadas contra a Administração ou de simples normas programáticas da acção geral do Estado, para se converterem em preceitos jurídicos perfeitos» ([65])([66]) e assistimos às consequências da «dominação das massas» (ORTEGA Y GASSET), algumas das quais podendo eventualmente vir a favorecer as técnicas de "institucionalização da ansiedade" (FRANZ NEUMANN) propícias ao incremento das ideias totalitárias, tudo se resume à questão enunciada por ERICH FROMM: «*Qual é então o significado da liberdade para o Homem moderno?*».

E é assim que as profundas mutações da sociedade técnico-industrial e a sua crescente complexidade ao invés de tornarem «démodée» uma reflexão sobre a separação dos poderes, antes a exigem no confronto com os novos movimentos sociais; a abordagem desta temática parece-nos indissociável duma reflexão criticamente atenta e séria sobre o modo como as novas realidades sociais podem vir a afectar duradoura e ou profundamente a organização interna dos poderes públicos, na medida em que a *existência* deste *tipo de Sociedade* pode revelar-se particularmente favorecedora do menosprezo pela liberdade; pois, como refere ZEVEDIE BARBU, «é a incapacidade da sociedade moderna para integrar os seus membros na sua própria estrutura que constitui a primeira condição para a ascensão das sociedades totalitárias contemporâneas» ([67]).

([65]) ROGÉRIO SOARES, Direito Público e Sociedade Técnica, págs. 89-90. Ver ainda GOMES CANOTILHO, Direito Constitucional, 3ª edição, págs. 465-466 (tema da articulação do princípio democrático com o princípio da Socialidade), págs. 471-472 (a "decisão socialista" na C.R.P. de 1976) e ainda págs. 473-478-486.

([66]) Como refere ROGÉRIO SOARES, *idem*, pág. 154: «as garantias constitucionais têm de ganhar agora um sentido positivo, e não apenas o tradicional de defesas contra o executivo, e tem de cometer-se ao terceiro poder a tarefa de garantir a promessa constitucional». Este autor refere ainda, *idem*, pág. 156: «dentro da máquina estadual o princípio da separação de poderes perdeu assim o conteúdo *político*. Ele sobrevive, contudo dentro do Estado como sociedade organizada».

([67]) ZEVEDIE BARBU, *apud.* PAUL T. MASON, O Totalitarismo, págs. 206-207. «Na complexidade social do mundo moderno, é este o terrível dilema: como pode o Estado obrigar os homens a ser livres, sem roubar-lhes a liberdade, e como podem os homens, sem garantia alguma de sanção transcendente, assumir a sua própria liberdade.» (JORGE DE SENA, «Marx e O capitalismo», *in* Maquiavel, Marx e outros estudos (Ensaio), Editorial Cotovia, Lda., Lisboa, 1991, págs. 139-140.

Aliás, tanto o Direito Público como o Direito Privado (como ainda a própria distinção entre ambos), acabam por modificar-se por via da relação que vêm estabelecendo no contexto da actual Sociedade técnico-industrial.

É assim que, no âmbito da relação do Direito Privado com a Sociedade Técnica e da projecção desta relação na problemática do *livre desenvolvimento da personalidade humana*, emergiram gradual e progressivamente diversas limitações à afirmação plena dos *princípios fundamentais do direito civil* (o reconhecimento da pessoa e dos direitos de personalidade, a liberdade civil, a responsabilidade civil)([68]). Como sucede com as novas limitações ao *princípio da autonomia privada* que, enquanto vínculo de desenvolvimento da personalidade humana (e na medida em que se procede ao reconhecimento de tal), é o princípio em que assenta esse outro *princípio da liberdade contratual*; a qual liberdade contratual sofre hoje várias e importantes limitações, quer quanto à manifestação da liberdade de celebração dos contratos (já não apenas as clássicas limitações à liber-

---

([68]) A este respeito pode ver-se Francisco dos Santos Amaral Neto, «A Autonomia Privada como princípio fundamental da Ordem jurídica. Perspectivas estrutural e funcional», *in* Boletim da Faculdade de Direito, Número Especial, Estudos em Homenagem ao Prof. Doutor A. Ferrer-Correia, II, Universidade de Coimbra, Coimbra, 1989, págs. 5-41. Carlos Alberto da Mota Pinto, Teoria Geral do Direito Civil, 3ª edição actualizada (6ª Reimpressão, 1992), Coimbra, Coimbra Editora, Limitada, pág. 83 e ss., considera serem sete as »ideias, princípios ou instituições que fundamentam o nosso actual direito civil, o penetram e são por ele desenvolvidos. Ei-los:

I - O reconhecimento da pessoa e dos direitos de personalidade.

II - O princípio da liberdade contratual.

III - A responsabilidade civil.

IV - A concessão da personalidade jurídica às pessoas colectivas.

V - A propriedade privada.

VI - A família.

VII - O fenómeno sucessório».

«Esta autonomia da pessoa na modelação imediata da sua vida quotidiana liga-se umbilicalmente a uma concepção humanista ou personalista do Homem como sujeito da história: uma concepção que o reconhece como *actor* capaz de decidir o curso dos acontecimentos, com liberdade relativa num quadro de relativo indeterminismo, e de se manifestar contra a injustiça e os erros, em qualquer forma de organização social, recusando vê-lo como um acidente de um frio e inexorável movimento, determinado rigorosamente por uma infra-estrutura — ligue-se esta à biologia, à antropologia, à psicologia, à economia ou às chamadas relações de produção».

dade de forma, mas sobretudo a imposição do *dever jurídico de contratar*(69) e a *proibição de celebração de contratos*(70)) quer quanto à *liberdade de fixação ou modelação do conteúdo do contrato*(71) (nulidade do negócio jurídico cujo *objecto* seja física ou legalmente impossível, contrário à lei, indeterminável, contrário à ordem pública ou ofensivo dos bons costumes; sanção da redução dos negócios usurários) ou no cumprimento da obrigação contratual(72).

Mas as limitações ao princípio da autonomia privada(73) decorrem ainda da existência de *restrições de utilidade pública* ao exercício do direito de propriedade, com fundamento na tutela de interesses públicos tais como a tutela da saúde pública, do ambiente, do património; a permanência da possibilidade da Administração Pública lançar mão dos institutos jurídicos da *requisição por utilidade pública, da expropriação por utilidade pública*; da *nacionalização* de bens e serviços, da sua "*Socialização*" (designadamente quando estejam em causa "meios de produção"), da *intervenção do Estado* nas empresas privadas, da inclusão de determinadas *categorias* de bens no *domínio público* (com a consequência jurídica de os mesmos ficarem subtraídos ao comércio jurídico privado), da *classificação de determinados bens imóveis como de interesse público*(74); ou ainda a inclusão dos

(69) Por exemplo em matéria de seguro automóvel, urgência médica, empresas concessionárias de certos serviços públicos.

(70) A este respeito podem confrontar-se os arts. 261.°, 579.°, 876.° e 877.° do Código Civil. Cai ainda neste âmbito a proibição da celebração de contratos não previstos na enumeração legal, naqueles sectores dos negócios jurídicos em que rege o *princípio da tipicidade* na celebração de contratos (p. ex. em matéria de negócios unilaterais, de constituição de direitos reais, de responsabilidade civil objectiva).

(71) Arts. 280.° e 282.° do Código Civil.

(72) Art. 762.°, 2, *idem*. O princípio da boa-fé no cumprimento da obrigação é um *limite imperativo* ao princípio da liberdade contratual (MOTA PINTO, *idem*, pág. 99 — princípio da boa-fé).

(73) Veja-se JOSÉ BARROS MOURA, A Convenção Colectiva entre as Fontes de Direito do Trabalho, Almedina, Coimbra, 1984.

(74) MARCELLO CAETANO, Manual de Direito Administrativo, tomo I, Almedina, Coimbra, 10ª edição (3ª reimpressão) 1990, pág. 879 e ss.. Ver ainda AFONSO QUEIRÓ, Aditamento às lições de Direito Administrativo, Coimbra; FREITAS DO AMARAL e JOSÉ PEDRO FERNANDES, Comentário à Lei dos Terrenos do Domínio Hídrico; JOSÉ MAGALHÃES, Dicionário da Revisão Constitucional, Lisboa, 1990, pág. 29; cf. D.L. 477/80, 15/10, Art. 84.° – C.R.P., Art. 82.° – C.R.P.. Ver ainda FERNANDO ALVES CORREIA, O Plano Urbanístico e o Princípio da Igualdade, Coimbra.

baldios no sector cooperativo e social dos meios de produção (postergando a sua apropriação privada) [75].

Mas o reconhecimento da pessoa e dos direitos de personalidade [76] opera ainda, no direito civil, através de uma *cláusula geral dos direitos de personalidade*, por tal forma que a liberdade de escolha da contraparte (em matéria de celebração de negócios jurídicos, maxim contratos) vem a confrontar-se com a necessidade de não colidir com a dignidade da pessoa humana.

No entanto a crítica a esta tutela abstracta da pessoa e dos direitos de personalidade no âmbito civil vem a apontar igualmente para a necessidade de superar as insuficiências do capitalismo e do liberalismo [77], atendendo de um modo mais completo às reivindicações que a personalidade humana faz ao Direito (essencialidade, incindibilidade (indissolubilidade) e ilimitabilidade), colocando o problema da *emancipação da sociedade civil* [78] como algo a ser obtido não só por via do aperfeiçoamento desta tutela civil, mas através da conjugação com esta das *tutelas constitucional, administrativa e penal.*

Deste modo é como que em contraponto a esta situação que nos surge o regime constitucional de tutela dos direitos, liberdades e garantias, impondo a necessidade de a regulamentação legal se movimentar no *Tatbestand* material do regime jurídico destes direitos, liberdades e

---

(75) Art. 82.°, *b)* – C.R.P..

(76) Veja-se Orlando de Carvalho, Os Direitos do Homem no Direito Civil Português, Coimbra.

(77) Mota Pinto, *idem*, pág. 98, nota 1 (– crítica ao liberalismo económico).

(78) Carlos Alberto da Mota Pinto, Teoria Geral do Direito Civil, 3ª edição actualizada (6ª reimpressão, 1992), Coimbra, Coimbra Editora, Lda., págs. 109-112. (O princípio da liberdade contratual e o sistema económico e social. Liberdade contratual, economia de mercado e economia planificada), designadamente pág. 109: «A observação das relações entre o direito e a vida económica e social revela pressupor a liberdade contratual determinadas regras de organização económica e social ou, pelo menos, harmonizar-se melhor com elas. É o caso dos *princípios da livre empresa* ou de *iniciativa privada*, da *economia de mercado* e da *propriedade privada das unidades de produção*. Mais podemos dizer que a regra da liberdade contratual é o *instrumento jurídico necessário à actuação do princípio económico da livre empresa, ao sistema da economia de mercado e ao exercício da propriedade privada*». A este respeito pode ver-se ainda Orlando Gomes, «A Função Social da Propriedade», *in* Boletim da Faculdade de Direito, Universidade de Coimbra, Número Especial, Estudos em Homenagem ao Prof. Doutor A. Ferrer Correia, II, Coimbra, 1989, págs. 423-437.

garantias, ao contrário da experiência constitucional "clássica" do liberalismo que conduzia à limitação do gozo e exercício destes direitos pelas normas jurídicas legais. E em sentido idêntico apontaria a consagração expressa de um catálogo de direitos sociais (em rigor, direitos económicos, sociais e culturais) não se desse o caso de estes direitos sociais estarem submetidos a um outro regime jurídico, significando uma tutela mais débil dos mesmos (embora não totalmente inócua ou insignificativa).

É, porém, quanto à relação que vem a estabelecer-se entre o Direito Público e a Sociedade Técnica e à projecção desta relação no entendimento que haja de ter-se quanto ás temáticas da separação dos poderes e do Estado de Direito, que se situam alguns dos problemas mais prementes e delicados porque relacionados com o "tema central da liberdade do homem", sobretudo porque factores económicos e políticos vários inter-relacionados com o desenvolvimento tecnológico e científico concorrem para a emergência de novos movimentos sociais protagonizando reivindicações diversas (e até, uma vez por outra, contrastantes entre si) como sejam: a participação dos cidadãos na vida política através do "aprofundamento de uma democracia participativa" (reivindicação esta que arranca duma crítica às insuficiências da democracia liberal, representativa, parlamentar para exprimir convenientemente a "vontade geral" da comunidade políticamente organizada), o alargamento desta dimensão da "liberdade-participação" à vida administrativa (reinvindicação esta que como que recupera o "civismo helénico" (que é, quanto a nós, o que parece estar pressuposto no esforço de recuperação de institutos jurídicos como o "direito de acção popular") enquanto ideal de "direito" contraposto ao "individualismo jurídico romano": a utilização desta reivindicação em articulação com aquela outra de "descentralização da Administração Pública", eventualmente decorrendo ainda para uma reivindicação de regionalização administrativa; mas também assistimos à emergência de movimentos sociais em torno da exigência de integração europeia, da "libertação da sociedade civil" (exigindo o respeito pelos poderes públicos da esfera de autonomia própria da sociedade civil, designadamente pela afirmação da existência de uma "reserva normativa" da sociedade civil a ser preservada, senão mesmo "descomprimida" em face das pretensões daqueles poderes públicos) [79].

---

(79) Ver GOMES CANOTILHO, Direito Constitucional, Coimbra, Livraria Almedina, 1991 (5ª edição), pág. 787 (normação privada).

No fundo estamos perante o "eterno" conflito entre a afirmação do *princípio da liberdade* e a afirmação da *necessidade da organização* da vida em sociedade, a **controvérsia entre liberalismo e totalitarismo** na qual a discussão da separação dos poderes é o "eixo estratégico" da afirmação de cada uma das diferentes concepções do mundo (*Weltanschauung*) no que respeita à explicitação do seu entendimento peculiar da democracia e do princípio do Estado de Direito, posto que «componente essencial da democracia representativa na sua tradição liberal é o clássico princípio de separação dos poderes, impedindo a concentração de todas as funções do Estado (legislar, governar, julgar) num único órgão ou em órgãos submetidos a um único centro. Mais do que princípio de especialização de funções, a separação de poderes é um elemento de repartição e de limitação e controlo do poder. A Constituição da República Portuguesa estabelece expressamente a separação e interdependência dos órgãos de Soberania (art. 114.°)» (80).

É muito importante ter a consciência de como é importante esta temática no âmbito da controvérsia entre o liberalismo e o totalitarismo, pois que, como refere ALFRED COBBAN, «A experiência da Revolução Francesa demonstra que não é necessário procurar uma justificação técnica para o abandono do princípio da separação de poderes; de facto, não seria fácil encontrar essa justificação, uma vez abandonada a regra do princípio absoluto e hereditário».

«A sujeição do poder legislativo ao executivo — característica universal da ditadura — tem carácter prático e não teórico. Mas somos levados a perguntar se a sujeição do poder legislativo ao executivo será exclusivamente peculiar ao Estado ditatorial, em oposição ao parlamentar, ou se não representará uma tendência geral no Estado Moderno. De facto, podemos observar no séc. XIX, mesmo nos países parlamentares, um movimento similar tendente a maior ligação entre o legislativo e o executivo e um crescente controlo deste último sobre o primeiro. A origem dessa tendência parece ser o grande desenvolvimento, por toda a parte, de um órgão político extra-constitucional,

---

(80) GOMES CANOTILHO / VITAL MOREIRA, Fundamentos da Constituição, Coimbra Editora, 1991, pág. 79. Ver ainda: WILHELM DILTHEY, Teoria das Concepções do Mundo (trad. port.), edições 70, Textos Filosóficos, 1992.

através de cuja influência a actividade do legislativo e do executivo se unifica — o partido político» ([81]).

A diferença entre o domínio do partido político num Estado parlamentar (apelando para o público através da personalidade do seu chefe) difere do domínio de um partido no Estado ditatorial «através da existência de partidos alternativos, uma diferença vital, é certo, mas não muito relevante para o princípio da separação de poderes».

«Somos assim obrigados a concluir que o controlo do executivo sobre o legislativo representa uma tendência geral da política moderna e, consequentemente, não é só por si um critério seguro do Estado totalitário ou do governo ditatorial».

«Nas condições actuais, um teste mais efectivo é a subordinação do poder judicial ao executivo — porque foi com a proclamação da independência judicial que a teoria da divisão dos poderes se torna historicamente significativa (escritos de LOCKE e realizações da gloriosa revolução de 1688). A separação dos poderes legislativo e executivo é importante para a história da técnica política e a independência do poder judicial tem algo de muito importante por detrás de si».

«Esta separação dos poderes foi designada pelo grande jurista Roscoe Pound como a fórmula que o séc. XVIII encontrou para tentar evitar a administração de justiça excessivamente pessoal. Ainda mais: ela é essencial para o que DICEY chamou o domínio da Lei, versão moderna da teoria de lei natural, da crença nas palavras de GIERKE: «a lei não é uma vontade geral de que a coisa *será*, mas uma convicção comum de que *é*». A importância deste princípio é tão vigorosa no grande pensador que vamos citá-lo de novo: «Ainda hoje estou convicto de que a nossa teoria legal e a nossa vida legal só podem prosperar com uma condição — que o positivismo deve aprender a preservar na ideia de Lei o direito à existência original e independente que a escola da lei natural reivindicava para essa mesma ideia».

«Enquanto a separação do legislativo e do executivo cedia aos acontecimentos políticos práticos, a independência do poder judicial, baseada no princípio da lei natural, era atacada pelos teóricos. A história da ideia de lei natural, desde o tempo dos Estóicos, passando pelo *jus naturale* dos juristas romanos e dos canonistas medievais, até

([81]) Ver MARCELO REBELO DE SOUSA, Os Partidos Políticos no Direito Constitucional, Lisboa, 1983.

à sua associação com os grandes triunfos do espírito ocidental nos sécs. XVII e XVIII, sofreu um repentino bloqueamento com a aparição do romantismo alemão nos primeiros anos do séc. XIX».

«A revolta romântica contra o racionalismo do séc. XVIII afastou, juntamente com muito do que era novo, a lei da natureza, que era também a lei da razão, e que era muito antiga. O espírito do tempo apoderou-se do pensamento europeu com o nascimento da idade histórica».

«Daí por diante a lei passou a ser julgada o produto da razão inconsciente do passado. A Alemanha, e, verdadeiramente, mais ou menos toda a Europa, começava a «pensar com o sangue». A lei era agora entendida como formulação jurídica da história, mas, ainda assim, história de alguma coisa. O princípio da lei natural ainda tinha a possibilidade de se reafirmar se a lei pudese ter sido concebida como reflexo de uma civilização ou de humanidade. Mas tais ideias voltaireanas não se adaptavam ao período do romantismo e do nacionalismo. O futuro está nas nações e não nas civilizações, e a lei, segundo as novas ideias românticas, é uma expressão da história da nação».

«O nosso argumento ficará mais claro se tomarmos alguns exemplos específicos da nova atitude para com a lei e, consequentemente, para com a separação dos poderes, no Estado totalitário. A nova concepção da lei deve começar por ser observada na Revolução Francesa, com o aparecimento da ideia de justiça revolucionária e o estabelecimento em 1793 de um tribunal revolucionário para julgar as acusações de contra-revolução. Seis meses antes, nos massacres de Setembro de 1792, Marat tentou fazer justiça popular à sua maneira. O Comité de Salvação Pública era mais sistemático, mas acabou por significar o mesmo que Marat quando declarou o Terror na ordem do dia».

«Começava a emergir a ideia de justiça como arma na luta de classes. As contribuições iniciais de Robespierre para a reforma judicial demonstram que um dos seus objectivos era a transferência do poder judicial, das classes privilegiadas para as massas. Dificilmente se poderá negar que, na prática, as normas da lei e a administração da justiça, no século XVIII e na maior parte em todos os tempos, aceitaram como inequívoca e aprovaram a estrutura social das classes existentes. Poder-se-á então dizer que uma revolução que tentasse alterar essas relações de classe era obrigada a alterar o sistema judicial e retirar a administração das mãos da classe dominante e entregá-la ao povo».

«Na Revolução Francesa pode-se ver, portanto, uma prefiguração das novas ideias sobre a lei. Um século depois, a Revolução Russa introduz-nos num novo mundo sob o ponto de vista jurídico. A convicção de que a lei e a justiça são simplesmente uma arma nas mãos da classe dominante é então afirmada com êxito. De acordo com uma definição oficial, a lei é na U.R.S.S. um sistema de relações sociais que corresponde aos interesses da classe governante e que é colocado sob a garantia da força organizada dessa classe. Portanto, é definida em termos de interesse: desaparece a concepção idealista de lei natural; a lei não passa de uma afirmação científica do que é vantajoso, política e socialmente, para a classe dominante» (...).

«Vê-se logo à primeira vista uma certa ligação histórica entre a ditadura e o conflito económico, mas a natureza dessa ligação requer um exame mais profundo, porque, como é evidente, as políticas económicas de Robespierre ou de Napoleão, de Estaline ou de Mussolini, não são, à primeira vista, explicáveis ao mesmo nível, ao passo que se pode observar um certo dualismo na atitude económica de ditadores como Luis Napoleão e Hitler».

«A nossa primeira conclusão é que, se considerarmos que as alternativas da política económica moderna são o socialismo e o capitalismo (usando estes termos num sentido muito geral, sem quaisquer pretensões a uma definição precisa), não é evidente que a ditadura como instrumento político esteja exclusivamente ligada a um ou outro dos sistemas».

«Temos de admitir que o Estado totalitário dos nossos dias implica um controlo autoritário da vida económica da comunidade, que é a antitese do laissez-faire individualista no capitalismo do século XIX. Mas como podemos observar em certo grau essa mesma tendência em todos os Estados industriais ou semi-industriais, não se pode afirmar que a ditadura foi necessáriamente responsável pela perda desse Eden de pureza económica, nem se deduz que a sua perda implique necessáriamente o que vulgarmente se chama socialismo. Mas antes de tentarmos compreender como a ditadura entra em cena e quais os efeitos da sua intervenção, será necessário analisar sumáriamente a mudança que surgiu na perspectiva económica da civilização europeia no último meio século».

«Nada tem de novo sugerir-se que a sociedade capitalista dos primeiros tempos foi edificada na base das virtudes calvinistas da classe média. Até que ponto o calvinismo foi uma causa ou um efeito, não cabe aqui discuti-lo. Entre essas virtudes a maior era a parcimónia, que foi a maior virtude económica do século XIX».

«O final do século XIX presenciou uma profunda mudança na situação. A austeridade dos capitães da indústria começou a diluir-se, especialmente quando a posse dos grandes empreendimentos passou à segunda ou terceira geração e o verdadeiro trabalho de controlo industrial caiu nas mãos de funcionários técnicos assalariados. Em todas as classes, uma psicologia de consumo começou a tomar o lugar da psicologia de poupança, visto que ao mesmo tempo, as massas tomavam consciência de quanta riqueza criavam e quão pequena era a parte que recebiam».

«Os agravos das massas tomavam voz e forma nas diversas escolas de socialismo, último filho do século XVIII racionalista e utilitarista que pode ser descrito em termos gerais como a convicção de que os males económicos — a pobreza, a catástrofe que é a crise para aqueles que pouco podem descer na escala da existência sem sucumbirem — não são inevitáveis e que é dever da comunidade remediar essas condições».

«Tal como o princípio da soberania do povo (ou, em sentido geral, da democracia) foi a conquista do século XVIII — o ideal do socialismo, que estendeu a ideia de igualdade do campo político para o económico — foi a realização do século XIX».

«Foi então que começou a realizar-se a ligação entre a política e a economia. Descobriu-se que a máquina política do Estado constituia um peso que podia ser colocado na balança com certo efeito, em oposição aos operários em luta. O conflito entre as classes, a nível económico, tendeu a transformar-se numa luta pela obtenção do controlo do Estado; mas compreendeu-se que, numa sociedade organizada na base da propriedade da terra e do capitalismo, os processos normais da democracia parlamentar não permitiam uma obtenção fácil do poder político real pelos partidos socialistas».

«Deu-se então uma cisão entre dois sectores do movimento socialista: o que, apesar dos desencorajamentos, continuou a depositar a sua confiança nas urnas; e um novo, pronto a sacrificar os métodos eleitorais e a orientar-se para a ideia da força física».

«Embora em teoria os princípios da liberdade política e da igualdade económica possam ser inseparáveis, na prática não se provou ser fácil progredir no sentido dos dois objectivos simultaneamente. Correspondendo a essa dificuldade, deparamos com a associação entre o socialismo e a ditadura, que é evidente nos tempos modernos».

«Sempre que a escola do socialismo revolucionário prevalece, pode-se dizer que o governo arbitrário é inevitável, pois que, quando o partido revolucionário triunfa, vê-se obrigado a instaurar uma ditadura partidária para esmagar a classe que se lhe opõe; e essa ditadura, como demonstram as histórias revolucionárias da França e da Rússia, descamba com extrema facilidade na ditadura pessoal. Por outro lado, quando não surge a vitória, a luta provoca na comunidade o medo de dissolução da sociedade e do colapso iminente da lei e da ordem, de onde resulta facilmente a ditadura» ([82]).

2. As consequências da consagração na ordem jurídico-política do princípio da separação dos poderes do Estado quanto à concepção da Função Administrativa (conceito, sentido e limites desta função): modelos (teóricos e políticos) da Administração Pública

a) *Os modelos teóricos de análise das estruturas da Administração Pública*

O *equilíbrio do modelo ocidental/liberal de Administração Pública* tem como pressuposto teorético e exigência metódica a busca da demarcação entre a esfera do Estado e a da Sociedade civil, com a adopção de *limites à intervenção do Estado* no domínio económico e político (preocupação de garantia e salvaguarda das liberdades individuais em face de eventuais lesões decorrentes da actuação dos poderes do Estado) com a afirmação do princípio de *separação* das

---

([82]) Ver ainda ROBERT MOSS, O colapso da democracia, 2ª ed. (trad. port.), 1979, pág. 171 e ss., pág. 205 e ss., pág. 221 e ss., págs. 243-269.

instâncias administrativas em face das outras instâncias([83]). Neste modelo teórico é posto em realce a *estruturação* de tipo burocrático-monocrático de Administração Pública, assente a mesma na adopção dos *princípios* de *hierarquia* e *subordinação*, ambos se encontrando face a face quer no modelo *liberal* quer no modelo Weberiano. Deste jogo de equilibrios se funda o modelo *ocidental* de Administração.

No modelo ocidental/liberal da Administração Pública deparamos, quanto à relação fundamental que se vem a estabelecer entre as instâncias administrativas e as instâncias económicas([84]), com a afirmação da *subordinação* das instâncias económicas às instâncias administrativas, *subordinação* esta fundamentada na função coercitiva do Estado, a qual tem expressão visível na *regulamentação administrativa* do exercício das actividades económicas. De uma perspectiva *liberal* esta função coerciva do Estado e a subordinação das instâncias económicas às instâncias administrativas é reconhecida, na sua fundamentação, à necessidade de *preservação da autonomia dos individuos contra o Estado*, enquanto a manifestação da função coerciva do Estado é reputada como característica essencial para a sua existência; constituindo-se numa função irredutível do Estado a manutenção da ordem (da segurança) no interior e no exterior da comunidade (sendo que a ordem que se visa manter não é senão a *ordem pública*, noção

---

([83]) Cf. GÉRARD TIMSIT, «Modèles, Structures et Stratégies De L'Admnistration Élements Pour Une Prospective Admnistrative», *in* Théorie de L'Administration, Porto, Económica, pág. 241; o qual define ainda as instâncias *administrativas* como sendo aquelas constituidas pelo conjunto dos indivíduos — funcionários, agentes públicos —, dos órgãos colegiais (conselhos, comissões, comités), ou colectividades — autarquias locais e regionais — cuja actividade é em princípio subordinada à das instâncias políticas, e que normalmente não dispõem senão de um *poder de execução* (*idem*, pág. 221); as instâncias *políticas* são as que detêm um poder *inicial* — legislativo ou governamental — *de comando* (*idem*, pág. 220). Como refere MARX WEBER, O Político e o Cientista, Editorial Presença, pág. 13: «Toda a empresa de domínio que requeira uma administração contínua necessita, por um lado, de orientar a actividade humana para a obediência aos senhores que se pretendem detentores do poder legítimo e, por outro lado, o poder de dispor, graças à citada obediência, dos bens que venham eventualmente a ser necessários para o emprego do poder físico: o corpo de pessoal administrativo e os meios materiais da Administração».

([84]) Cf. GÉRARD TIMSIT, *ibidem*, pág. 245 e ss., que define as instâncias económicas como o conjunto dos agentes, organizações e grupos intervenientes na vida económica (*desde que não integrados no aparelho de Estado*) (pág. 220).

esta de ordem pública que advém associada às noções de liberdade e propriedade, associação da qual resulta que a manutenção da ordem pública se virá a volver manutenção da *ordem económica*, ordem esta que advém "devedora" do Estado enquanto é garantida pelo poder coercitivo de um Estado que se "satisfaz" em possibilitar o bom funcionamento de um sistema económico no qual se abstém de intervir) — é um Estado que arbitra as lutas e conflitos económicos sem preocupação pelo resultado a que as mesmas conduzam, desde que os "contendores" respeitem as "regras do jogo", as quais têm subjacente uma filosofia de liberdade (presumida) de todos os protagonistas da luta([85]).

As instâncias administrativas produzem a regulamentação que baliza o quadro (o "campo de jogo") no qual se desenrola a actividade das instâncias económicas, por esta via advindo a subordinação destas àquelas; esta relação de autoridade entre as instâncias em causa cinge-se todavia ao controlo da *legalidade* das actuações das instâncias económicas, de tal modo que fica salvaguardada a liberdade e preservada a autonomia dos individuos agindo no seio das instâncias económicas, pois que na medida em que se conformem com o quadro legal na sua actuação não terão de sujeitar-se à sindicância dos seus actos pelas instâncias administrativas, as quais não controlam o mérito (conteúdo, substância) dos actos praticados pelos agentes económicos.

Mas esta salvaguarda da liberdade e autonomia individual contra o Estado no seio desta relação fundamental advém ainda de esta subordinação ser articulada com a *separação* das instâncias em causa. *É nesta separação entre instâncias administrativas e económicas que reside o meio de assegurar o equilíbrio necessário à protecção do individuo contra o Estado*. Isto tem o interesse de afirmar a impossibilidade de confusão entre estas instâncias separadas, delimitando-se os respectivos limites de intervenção e actuação. À Administração não compete o exercício de actividades económicas (o Estado não é empresário, à Administração Pública não são cometidas funções de direcção da produção económica. A nacionalização de empresas é uma actuação que advém numa forma de confusão das instâncias administrativas com as económicas. A privatização ou reprivatização

---

([85]) Cf. GÉRARD TIMSIT, *idem*, pág. 245 e ss.

fazem retroceder a intervenção do Estado na economia, servindo para retomar a afirmação da separação entre instâncias administrativas e instâncias económicas).

Uma outra relação fundamental (86) considerada neste modelo ocidental liberal de Administração Pública é a que se vem a estabelecer *entre as instâncias administrativas e as instâncias políticas*, afirmando o modelo liberal como preocupação dominante a *protecção da liberdade do individuo enquanto cidadão*, para o que mais uma vez se recorre áqueles principios da *subordinação* (as instâncias administrativas estão subordinadas às instâncias políticas) e da *separação* (não há confusão entre as instâncias administrativas e as instâncias políticas, delimitando-se os respectivos domínios de intervenção e actuação). A subordinação das instâncias administrativas às instâncias políticas traduz-se quer na afirmação do *princípio de legalidade da Administração* (com a decorrente afirmação dos princípios da *prevalência* de lei, reserva de lei, *preferência* da lei) quer na afirmação e impostação do *princípio da responsabilidade ministerial perante o poder legislativo* (cf. arts. 193.° e 194.°, Constituição da República Portuguesa de 1976), sendo este uma consequência de ser erigido o Governo em órgão de topo da Administração Pública (cf. art. 185.° — CRP, "Órgão Superior de Administração Pública", art. 202.° (alíneas *c), d), e), f)* – competências administrativas do Governo), art. 204.° (competência dos membros do Governo) e da afirmação como necessário do mecanismo de controlo parlamentar dos actos da

(86) Gérard Timsit, *idem*, define este conceito de relação fundamental como "parte da totalidade administrativa", sendo esta última a ideia relativa a algo que se oferece à observação. A administração como sistema de diferencas, inexistência de um objecto substituindo este conceito pela ideia de relação (pág. 218). Caracteres fundamentais destas relações serão a *reversibilidade*, a *dominância* e a *homogeneidade*. A reversibilidade vem a significar que cada relação pode estabelecer-se num sentido determinado como no sentido inverso; a dominância vem a ser o tipo de relação de influência que permite a uma das instâncias *modificar* o comportamento da outra (sendo que se houver uma *influência recíproca* então falamos de *interdependência* das instâncias) sendo aqui que se situam os núcleos temáticos relativos à *hierarquia, controle, participação, consulta*; a homogeneidade vem a significar a existência de relações de dominância do mesmo tipo entre uma determinada instância e as outras diferentes instâncias, o que permite definir as totalidades, os conjuntos homogéneos, por tal forma que a homogeneidade da dominância vem a permitir traçar os limites de totalidade. (pág. 225).

Administração por esta via (responsabilidade do Governo como "Órgão Superior da Administração Pública" perante o órgão parlamentar)).

O princípio da subordinação da Administração ao poder político fundamenta-se na falta de *legitimidade própria da Administração* (os funcionários são nomeados, não são escolhidos por eleição) e na concepção de que ela é apenas um *instrumento* (ainda que privilegiado) *do poder político* (cf. os arts. 185.°, 111.°, 266.° – CRP). O princípio da separação tem uma outra consequência: a distinção entre funcionários de carreira (a qual é caracterizada pelas notas de *estabilidade* e *continuidade*) os quais se presume agirem e/ou decidirem segundo os critérios duma *racionalidade de tipo universal* e os *funcionários políticos* (os cargos dirigentes), (não inseridos na carreira da Função Pública, são caracterizados pelas notas da *mobilidade* e *disponibilidade* de pessoal dirigente da Função Pública) os quais são "arguidos" de se motivarem nos seus actos e/ou decisões segundo a perspectiva duma *racionalidade parcial* (87).

A última relação fundamental que importa referenciar no quadro do modelo ocidental/liberal de Administração Pública tem a ver com a relação estabelecida entre as instâncias administrativas *inferiores* e as instâncias administrativas *superiores*, o eixo da qual vem a assentar igualmente nos princípios da subordinação e separação das instâncias em causa. O princípio da subordinação das instâncias administrativas inferiores às instâncias administrativas superiores traduz-se na existência duma *relação de hierarquia* (MAX WEBER), (afirmada no princípio de nomeação dos funcionários) caracterizada pela existência de um *poder disciplinar* das instâncias superiores em relação às instâncias inferiores, pela *homogeneidade* das instâncias em causa, por uma organização "piramidal" fortemente *integrada* e centralizada, sendo que o poder hierárquico é a tradução no plano administrativo do princípio político da soberania popular (ou nacional).

Na perspectiva do modelo liberal a par desta subordinação há uma *divisão*, uma separação entre as instâncias administrativas supe-

(87) *Ibidem*, pág. 16. "Para ser fiel à sua verdadeira vocação (e isto é decisivo para julgar o nosso anterior regime), o autêntico funcionário não deve fazer política, mas limitar-se a "administrar", e acima de tudo *imparcialmente*. (MAX WEBER, O Político e o Cientista, pág. 39 e ss).

riores e as inferiores conduzindo a uma *divisão vertical do poder administrativo*, em último termo consagrada na descentralização administrativa, como consequência da adopção pela função administrativa do princípio da separação de poderes na organização do estado.

Segundo alguns autores (p. ex. BARBOSA DE MELO) haveria a considerar aqui uma outra relação fundamental, a saber a que se vem a estabelecer entre as *instâncias administrativas e as instâncias jurisdicionais* (88).

b) *Desequilíbrio no modelo ocidental/liberal de Administração Pública. Estratégias possíveis de influenciar as transformações em curso no aparelho administrativo*

A partir de determinada altura verificamos o surgimento de desequilíbrios no modelo ocidental/liberal de Administração Pública, traduzindo-se tais desequilíbrios pela *inversão da subordinação*, por uma *subordinação sem separação*, por profundas *transformações* do aparelho administrativo (89).

---

(88) BARBOSA DE MELO, *in* Curso de Ciência da Administração (1985/86), (Sumário e Notas), Universidade Católica Portuguesa, Curso de Direito do Porto, 1986, págs. 7-8, explicita uma crítica à teoria de TIMSIT pela não-consideração da *instância jurisdicional*, referindo as razões da necessidade de atender à instância jurisdicional na Administração do Estado de Direito, as quais radicam nas *características essenciais* do Estado-*de-Direito* por referência à Administração (*princípio da juridicidade, princípio da legalidade, princípio da jurisdicionabilidade*), afirmando BARBOSA DE MELO que a relação entre a instância administrativa e a instância jurisdicional torna-se *decisiva* numa ciência da administração que queira servir os juristas.

(89) Cf. GÉRARD TIMSIT, *idem*, pág. 256 e ss. Como refere JACQUES CHEVALLIER, «L'Administration Face Au Public», *in* La Communication Administration – Administrés, Centre Universitaire de Recherches Administratives et Politiques de Picardie (C.U.R.A.P.P.), Presses Universitaires de France, 1983, pág. 13: «Le *système de relations* avec l'environnement constitue une variable essentielle dans l'étude des organisations: révélant la nature profonde de l'organisation, il donne la mesure de son efficacité sociale et de ses facultés d'adaptation. L'importance de ce facteur n'a été, à vrai dire, perçue que récemment: traditionnellement, l'accent était plutôt mis sur les déterminants internes du fonctionnement des organisations, conçues comme système clos et relativement autonomes: c'est ainsi que, dans le modèle d'organisation bureaucratique, les relations avec l'environnement ne sont envisagées que comme le sous-produit logique d'une construction cohérente et rationnelle de l'appareil.

No que respeita à *inversão de subordinação* assistimos a várias situações deste tipo:

a) a inversão da relação entre instâncias económicas e instâncias administrativas vem a decorrer da *segmentação* das instâncias administrativas, possibilitando e/ou favorecendo a influência das instâncias económicas sobre a Administração, por via da consideração do *meio ambiente* envolvente da instância administrativa, conduzindo à representação da instância administrativa. Defrontamo-nos aqui com a questão dita dos "parceiros sociais". Estamos aqui, quando falamos da segmentação (com a criação de serviços especializados) a renunciar à unidade do Estado e da sua administração;

b) a inversão da subordinação entre instâncias políticas e instâncias administrativas vem a decorrer do debate em torno da *autonomia* da instância administrativa face ao poder político, falando aqui alguns autores (RAYMOND ARON) da existência de uma oposição fundamental

---

Cependant, les théories modernes des organisations ont bien montré que les relations avec l'environnement ne sont pas un simple effet induit et en fin de compte secondaire, mais bien un élément constitutif de l'être organisationnel. L'organisation ne vit pas en effet en vase clos: insérée dans un certain milieu qui influe en retour sur ses équilibres internes, elle ne peut être analysée sans que soient prises en compte les conditions de cette insertion.». JACQUES CHEVALLIER, *idem*, pág. 37, refere ainda que «Le modèle de communication, basé sur la fermeture, a fortement évolué, et les relations entre l'administration et la société ne peuvent plus y être intégralement ramenées. Cette évolution coïncide avec certaines adaptations du système d'organisation bureaucratique. L'administration ne se présente plus comme un bloc monolithique, socialement homogène et imperméable à toute emprise extérieure, mais comme un *ensemble stratifié et hétérogène*, qui retranscrit en son sein les clivages sociaux; la ligne de démarcation avec l'environnement tend dès lors à devenir plus floue, plus imprécise, plus sinueuse, et des liens transversaux de solidarité apparaissent. Parallèlement, des *procédures participatives*, faisant largement appel à l'initiative des subordonnés, remettent en cause les formes classiques de la subordination hiérarchique et la séparation rigide entre dirigeants et exécutants; l'association des assujettis à la prise des décisions et la négociation se révèlent, à tous les niveaux, plus efficaces que l'autorité et la contrainte. Enfin, le dogme unitaire est battu en brèche par la multiplication des *cellules administratives spécialisées*, dotées de compétences propres et dégagées de l'emprise directe de la hiérarchie; ce relâchement de l'attraction centripète conduit au développement de l'intégration au privé. La *transformation du style de gestion bureaucratique* est donc assortie inévitablement d'une modification corrélative du système de relations avec l'environnement, qui tend à s'assouplir et à se complexifier.».

entre políticos e funcionários administrativos enquanto estes últimos (funcionários integrados numa carreira da Função Pública) aspiram a um Estado dirigido por critérios de *racionalidade universal*, indiferente às motivações políticas na tomada de decisões (*tecnocracia* emergente);

c) a inversão da subordinação na relação entre instâncias administrativas superiores e instâncias administrativas inferiores. O poder hierárquico detido pelas instâncias administrativas superiores vê emergir a concorrência e o contraponto do «*pouvoir d'expertise*» das instâncias administrativas inferiores. Este último é, segundo MICHEL CROZIER (90) «le pouvoir dont un individu dispose du fait de sa capacité personelle à controler une certaine source d'inatitude afectant le fonctionnement de l'organisation», de tal modo que o individuo em causa tem à sua mercê uma organização em que as pessoas para agirem dependem da acção deste mesmo individuo, das suas decisões ou omissões. Detendo este poder, as instâncias administrativas inferiores entram a poder "controlar" os agentes administrativos situados nos níveis superiores da organização hierárquica.

Para esta inversão da subordinação concerne um outro tema: o despontar duma reacção crítica em face do Estado (o «anti-estatismo autoritário») que conduz à irrupção das instâncias sociais na vida administrativa (intervenção directa das massas no procedimento administrativo) com o efeito de questionarem o *habitual* e *normal* funcionamento hierárquico da Administração.

No que respeita à *subordinação sem separação* (91), deparamos com:

a) 1. a *estatização da economia* (traduzido num controlo estrito das instâncias económicas pelas instâncias administrativas), 2. o aparecimento de *instâncias* (como as *empresas públicas*) assumindo simultaneamente o *duplo papel* de instâncias administrativas e de instâncias económicas, 3. a *nacionalização* (92).

---

(90) Le phénomene bureaucratique, Éd. du Seiul, 1963, pág. 202.

(91) Cf. GÉRARD TIMSIT, *idem*, pág. 263 e ss.

(92) É mérito de FRIEDRICH AUGUST von HAYEK a demonstração da impossibilidade da planificação central e a defesa do mercado como mecanismo de descoberta e inovação, pela sua capacidade única de tratamento de informação descentralizada em

b) a partidarização da administração (integração crescente dos funcionários nos circulos dirigentes do partido e do governo).

c) a *centralização* administrativa traduz-se numa subordinação sem separação das instâncias administrativas inferiores às instâncias administrativas superiores.

Do ponto de vista da «ciência» administrativa, analisados os desequilíbrios das estruturas no funcionamento do modelo ocidental/liberal de Administração Pública há a necessidade de optar por uma de entre as estratégias possiveis (a saber: estratégias de não—intervenção; estratégias de investimento; estratégias de ruptura) (93).

Quanto a nós, porém, do ponto de vista do direito que regula o funcionamento das estruturas de Administração Pública (isto é, o direito administrativo e o direito constitucional, este enquanto fundamento

---

milhões de indivíduos que utilizam o melhor dos seus conhecimentos para perseguir os seus próprios objectivos, sendo que nenhum sistema centralizado conseguirá alguma vez lidar com uma quantidade de informação sequer comparável à que é a cada instante processada pelo mecanismo impessoal e descentralizado do mercado (ver Constitution of Liberty). Por outro lado, julgamos ser pertinente a observação feita por Roger Garaudy, *in* A Grande Viragem do Socialismo, (ed. francesa de 1969), quando, discutindo as reformas necessárias nos sistemas de tipo soviético, advertia (pág. 193), de que «a restauração duma economia de mercado não é um fim em si»; «ao nível actual do desenvolvimento das forças produtivas não é possível negar o papel regulador do mercado e da lei do valor baseado na existência desse mercado. Uma planificação centralizada das necessidades, dos recursos, da produção, não pode abstrair-se das leis do mercado sem que o desequilíbrio entre a produção e as necessidades se exprima por resultados monstruosos: stocks por vender ou, pelo contrário, mercadorias que desaparecem do mercado e engendram fraudes e mercado negro» (*ibidem*). Ainda a propósito da restauração da economia de mercado, adverte Garaudy: «Ela traz mesmo consigo graves riscos, principalmente o da comercialização de todos os valores humanos, (...)» (*ibidem*). E ainda: «A economia de mercado não será suprimida por um decreto: ela só desaparecerá quando a abundância for suficiente para que os produtos de grande consumo não tenham já valor» (*ibidem*). Ao que nós acrescentamos: a economia de mercado também não é instituida por decreto — necessita, para o seu pleno e cabal funcionamento (e sem o que será uma caricatura de si mesma), da existência de outras condições objectivas (ao nível da estrutura económica, social e financeira) e subjectivos (mentalidade empresarial dos agentes económicos).

(93) Cf. Gérard Timsit, *idem*, pág. 266 e ss.

normativo e supra-sistemático daquele) a consideração dos desequilíbrios estruturais no funcionamento da Administração Pública coloca-nos perante a *necessidade da «reconstrução» do entendimento de temas jurídico-políticos tais como a separação dos poderes, a relação entre legalidade e discricionaridade da Administração Pública, consequentemente das relações entre Administração e Jurisdição (controlo judicial de procedimento administrativo), a articulação do princípio democrático com as garantias formais de um Estado de Direito, a articulação do princípio da liberdade com a extensão das actividades e a natureza das atribuições e actuações do Estado Social*(94).

No fundo trata-se de equacionar o problema das relações entre Administração e Sociedade tendo presente as profundas *transformações do aparelho administrativo*.

O primeiro vector a referir na análise destas transformações é que não deve considerar-se a administração e Sociedade como grandezas isomórficas, isto é, isoladas das demais; e também que não há uma necessária relação de homologia entre sistema administrativo e sistema social.

O segundo vector a tomar em consideração é a análise das transformações do aparelho administrativo na sua relação com a sociedade, tomando como "ponto de partida" a "redução" do aparelho administrativo ocidental ao modelo sobre o qual ele se construiu: modelo de subordinação/separação entre as instâncias que o constituem (políticas, económicas, sociais, administrativas), centrando-se o aparelho administrativo ocidental sobre quatro relações fundamentais (constitutivas de um qualquer aparelho administrativo) fundadas num *princípio de dupla subordinação* (1. das instâncias administrativas às instâncias políticas, 2. das instâncias económicas às instâncias administrativas, e 3. das instâncias administrativas inferiores às instâncias administrativas superiores). Sendo que estas relações fundamentais entre as diversas instâncias se fundam ainda num *princípio de separação* (evitando-se a confusão das instâncias ou, pelo menos, dos papéis que elas asseguram, pelo que estamos assim em face de um *modelo de integração relativa*: a nota da integração tem a ver com a

(94) Em Barbosa de Melo, *in* Democracia e Utopia, Porto, 1980, vemos uma articulação entre o princípio da separação de poderes e a ideia de democracia.

subordinação das instâncias, a nota do carácter *relativo* dessa mesma integração pela existência de formas e de normas que a limitam, destinando-se umas e outras a impedir a constituição de um aparelho que, *fortemente integrado e unitário*, correria o risco de advir *monolítico*, *absolutista*, *totalitário* (como é o modelo marxista de Administração). Este modelo de integração relativa é o modelo duma sociedade liberal, define o quadro das possibilidades, de tal modo que o aparelho administrativo difere no *espaço* e no *tempo*.

Os desequilíbrios na estrutura do modelo ocidental/liberal de Administração Pública tornaram generalizada a consciência duma crise da administração; mas um primeiro cuidado a ter é o de *não reduzir* a análise da crise do aparelho administrativo às proporções da crise do direito administrativo (que tem como manifestações visíveis a "crise da noção de serviço público" e a "crise do conceito de estabelecimento público") nem alargar a mesma crise ás dimensões da crise do Estado Administrativo (disfuncionalidade e stress, motivados pelo alargamento excessivo da sua intervenção). Por um lado, porque a crise da administração não se fica pelo *esbatimento* da linha de demarcação entre *público e privado* nem pela intervenção do Estado em domínios que lhe são estranhos com a *proliferação* de *estruturas horizontais* necessárias ao exercício das suas novas funções ([95]).

A análise dos diferentes vectores de crise da administração exige uma abordagem sistemática que tome como ponto de referência o modelo de integração relativa (modelo ocidental/liberal) e que entre em linha de conta com o facto de que *não há crise* quando as transformações do aparelho administrativo se traduzem em *variações* que não questionam os princípios sobre os quais assenta o modelo (*fenómenos de derivação*).

É correcto dizer que *há crise* quando as transformações contradizem um dos princípios (separação, subordinação) em que assenta o modelo, procedendo-se ao abandono de um dos *carácteres essenciais* do modelo. Os três *tipos* de transformações revestindo carácter de crise do modelo ocidental/liberal vêm a ser as *modificações do campo*, do *grau*, e do *sentido de integração*.

([95]) Assim GÉRARD TIMSIT, «Administration et Societé: Les Transformations de l'appareil Administratif, *idem*, pág. 346 e ss.

Na *actualidade* os riscos da crise relacionam-se com a *extensão do campo de integração* na relação entre a Administração e a Sociedade; se até ao presente as instâncias societárias (p. ex. associações, sindicatos) "escaparam" à *empresa/esfera/*âmbito administrativo, a *integração crescente dos sindicatos no aparelho administrativo* e o *desenvolvimento do fenómeno associativo*, podem induzir o surgimento da "tentação" de o Estado ver estes grupos sociais como *úteis* à sua acção e os *instrumentos* necessários da sua influência. Assim, as crises podem produzir-se quer por *modificação do número de relações fundamentais* quer por *modificação da amplitude horizontal* duma relação (por *aumento* ou *redução* do número de sequências relevantes desta relação). A *nacionalização* de empresas privadas conduz à extensão do espaço de regulação das instâncias económicas. Já a privatização de bens do Estado ou a reprivatização de bens nacionalizados conduz à redução do espaço de regulação das instâncias económicas.

Já a modificação do *grau* de integração toca na questão fulcral do *princípio da separação* das instâncias, tocando na questão dita da *exterioridade*, por tal forma que aqui a crise surge quando a Administração evolui do esquema da separação/subordinação para a estrita subordinação, deixando de funcionar as normas que visam a separação das instâncias.

É assim que no âmbito da relação entre as instâncias políticas e as instâncias administrativas vemos emergir os fenómenos ligados à *politização da Administração* (assiste-se à *interferência* do poder político no funcionamento da Administração) e à *confusão dos papéis das instâncias* (nomeações políticas, interferências do aparelho partidário no processo de decisão do aparelho de Estado([96])); no âmbito

---

([96]) Cf. François Rangeon, «Le Public Face A L'Administration», *in* La Communication Administration – Administrés, Centre Universitaire de Recherches Administratives et Politiques de Picardie (C.U.R.A.P.P.), Presses Universitaires de France, 1983, págs. 108-109: «La question concernant les rapports de l'administratif et du politique émerge ainsi au centre de l'analyse. L'administratif et la politique, loin de se situer l'un par rapport à l'autre en entités ou en instances séparées, s'influencent, se compénètrent, au point que le mot d'*osmose* a été utilisé pour traduire une communauté de vue, de conditionnement, discernable sur plusieurs plans:

– sociologiques: en raison de l'origine sociale des hauts fonctionnaires recrutés dans les mêmes «couches» que l'élite politique dominante au moins jusqu'en 1981;

da relação entre a instância administrativa e a instância económica temos a similitude com o anterior fenómeno de *estatização da economia*.

Finalmente as crises do aparelho administrativo podem ocorrer motivadas pela *modificação do sentido de integração* (onde se define a dominante da relação fundamental entre as instâncias).

Os fenómenos da *inversão* do sentido de integração têm a ver com as tendências para a *tecnocratização* e *funcionarização* da política, precedidos da *autonomização da Administração* em face do poder político e da *influência* dos grupos económicos e sociais sobre a administração.

3. Da melancolia trágica da modernidade à revitalização da democracia numa sociedade de comunicação: a revolução cultural da liberdade

"O próprio silêncio assume um temível sentido"

ALBERT CAMUS, O Avesso e o Direito, trad. port., págs. 137-138.

Pensamos constituir um aliciante desafio para o jurista político tentar empreender a reconstrução da problemática jurídico-política a partir, não apenas duma nova compreensão antropológica, mas também, senão sobretudo e articulando-a com esta, duma nova compreensão (ou "recompreensão") do paradigma jurídico-político da modernidade europeia ocidental, num esforço similar ao que CHRISTINE

– idéologiques: par l'intériorisation de valeurs communes: modernisme, libéralisme, efficacité, sentiment d'une compétence confinant parfois à un véritable nascissisme institutionnel;

– technologiques: primat du dossier, de la rationalité, de la décision unilatérale, du refus de la remise en cause les *normes* structurant cette rationalité, celle-ci eût-elle perdu son caractère, précisément en raison de son unilatéralisme.

Ajoutons que l'initiateur politique de la réforme administrative — au sens large — a besoin de l'administration qu'il prétend réformer, de sa stabilité, de son savoir, de sa compétence. Une administration qui se présente donc simultanément comme objet et acteur du projet de réforme administrative. Le paradoxe serait-il sans signification?».

BUCI-GLUCKSMANN intenta no âmbito da filosofia e da reflexão estética, quando afirma a necessidade de abordar a questão da «razão barroca» a partir de uma «reflexão mais ampla sobre a genealogia da modernidade», evitando a «ideia demasiado simples do moderno», enquanto este não se reduz «a algo de funcional, de racional, àquilo a que WALTER BENJAMIM chama a «modernidade do progresso», nem apenas ao discurso de ruptura e de descontinuidade das vanguardas do séc. XX», sendo necessário «reconstruir aquilo a que poderiamos chamar uma modernidade em contracorrente, inactual, no sentido de NIETZCHE»; tudo isto inserido num esforço de «reconquistar a origem do moderno, entendendo «origem» como algo de inacabado, um modelo, um paradigma que actua na tradição de toda a história que se segue». Nesta «reconstituição paradigmática» da modernidade jurídico--política tem ainda interesse ter presente a existência de um «pensamento barroco», que enquanto tal (pensamento) «é uma estética do choque e do fragmento que decompõe a bela totalidade da forma clássica e, enfim, a bela totalidade da ideia», visível na «disjunção dos elementos», na «fragmentação dos corpos», na «alegoria como uma espécie de perversão de uma regra e não apenas uma encenação de ideias abstratas», por tal forma que «assim o conceito, o pensamento, não é uma ideia abstrata, não é simplesmente uma forma concreta, mas é o que os grandes filósofos do barroco chamaram «concetto», quer dizer, uma figura que apreende no mesmo a diferença e um pensamento que se reflete no código do visual», que, «em certa medida é «um pensamento a que se liga o ver e o escutar», enraízado no qual está um «panoptismo» (MICHEL FOUCAULT) («é preciso ver tudo de todas as maneiras»), percebendo que no barroco deparamos com «a tentativa da forma, a génese da forma, (...) a forma no seu movimento, no seu ponto de instabilidade, de caos, ou aquilo a que Tesauro chama «a forma informe», a forma que tende para o seu próprio excesso», excesso este que tende para o vazio ou para um ponto de fuga, utilizando «uma sobreabundância de formas para atingir um ponto de instabilidade», levando CRISTINE BUCI-GLUCKSMANN a distinguir (retomando noções da psicanálise de LACAN e também da ciência) «um espaço a que chamei representativo, e um outro espaço a que chamei topológico — para traduzir esse ponto de vista que é o ponto de fuga».

Quanto a nós, este pensamento barroco (tal como a sua estética) assenta na produção dos efeitos de «choque», de «furor», do «nada» (do «informal uno ponto de dissolução em direcção ao nada») — por tal forma que uma vertente da actual ideia de pós-modernidade (enquanto conjunto de valores e de formas de pensamento) que fazem apelo ao ambivalente, ao instável, ao fragmentário, à alegoria, ou mesmo à citação, aos jogos em torno das regras, é a *vertente oculta da modernidade ocidental*" (97). Assim, a melancolia trágica da modernidade oferece-se-nos "Hamletianamente" como a de um pensamento que "perde incessantemente qualquer coisa (uma sombra, um espectro) que reaparece"; só que esta melancolia trágica da modernidade, instaurando-se pela "perda infinita" de objecto é "habitada" pelo seu "fantasma", conduzindo à "ambiguidade: por um lado a alienação pela perda do objecto, por outro a inspiração que pertence ao discurso da melancolia desde ARISTOTELES". "Tudo já foi escrito, já foi vivido, todas as formas já foram utilizadas, e no entanto é necessário escrever, sentir, continuar" (98).

De que modo é que estas considerações sobre aquilo que poderiamos designar como "as duas faces de Jano" da modernidade nos ajudam na compreensão dos temas do direito e do estado? Como se articulam com o tema central da liberdade da pessoa humana, com a polémica entre liberalismo e totalitarismo? Explicitaremos agora o nosso entendimento quanto à resposta a estas duas questões.

Em primeiro lugar, começaremos por relembrar um dado fundamental, que nos importa reter: a saber que o paradigma liberal e democrático aparece num contexto filosófico, cultural e ideológico imbuído das ideias do "iluminismo", do racionalismo, do cientismo, do legalismo estatista associado a uma lógica formal e conceitualista que virão a desembocar no normativismo e ou no positivismo jurídico. Assumida uma determinada concepção da liberdade como o fundamento visível da construção jurídico-política da modernidade ocidental, a crise da democracia liberal desencadeada pelas reivindi-

---

(97) CHRISTINE BUCI-GLUCKSMAN, La Raison Baroque, Galilée, 1984 — e La Folie du Voir - de l'Esthétique Baroque, Galilée, 1986; e ainda entrevista ao "Expresso-Revista", em 3.12.88, págs. 53-R a 56-R.

(98) CHRISTINE BUCI-GLUCKSMAN, entrevista ao "Expresso-Revista" (em 3.12.88, pág. 56-R). Segundo ANDRÉ GIDE (citado por FRANCISCO BELARD, *in* "Expresso-Revista", em 21.09.91, pág. 30-R): «Já tudo foi dito, mas, como ninguém ouve, há que recomeçar sempre».

cações dos movimentos operários (tendo como pano de fundo a chamada "questão social") está em sincronia com os fenómenos ditos da "crise da razão", a emergência das massas na vida política e social, a contestação do cientismo, do positivismo, do conceitualismo e formalismo, a crítica à própria noção de lei e ao conceito de Estado liberal, criando uma situação social e política cada vez mais complexa de tal modo que, transitando-se agora para um novo quadro de intervencionismo económico por parte do Estado, vemos surgirem e ou acentuarem os factores que conduziram ao apogeu dos totalitarismos, designadamente nas formas políticas ditatoriais protagonizadas pelas ideologias nacional-socialista, comunista e fascista (99). Mas se o pensamento liberal e democrático anda imbuído de um racionalismo analítico, lógico-formal, o pensamento totalitário anda imbuído daquilo que designamos por "razão barroca" e que, em contraposição à razão analítica do liberalismo, constitui como que a "sombra", o "fantasma", de que a construção jurídico-política da modernidade tem tentado em vão desembaraçar-se. Não é por acaso que o pensamento totalitário aparece a denunciar os «malefícios do progresso» (em oposição à fé liberal no «bem estar trazido pelo progresso»), que a propaganda totalitária recorre à estratégia dos efeitos de *choque* (GOEBBELS terá dito: «quanto maior é a mentira, mais fácil é o povo acreditar nela»), do *fragmento* (pondo em causa a sinceridade da visão liberal do mundo e da vida, denunciando a «hipocrisia» e o «cinismo» do «capital» e da «burguesia» destrói-se a imagem estruturada do mundo, ficando apenas uma compreensão fragmentada de factos que

(99) Cf. EDWARD A. SHILS, Studies in the Scope and Method of the Authoritarian Personality, editado por Richard CHRISTIE e Marie JAHODA, The Free Press, 1954, *apud.* PAUL T. MASON, obra citada, págs. 216-217, referindo-se à existência de "muitos pontos em comum" entre o fascismo e o bolchevismo, refere este autor: «a hostilidade comum pelas liberdades civis e pela democracia política; a antipatia comum pelas instituições parlamentares, pelo individualismo e pela empresa privada; a convicção comum de que todos os opositores estão secretamente ligados contra eles; a predilecção pelo secrestimo; a aspiração ao poder total e concentrado — todos estes aspectos mostravam que os dois extremos tinham muito de comum». Este autor analisa (*ibidem*, pág. 220) seguidamente as tendências profundas do autoritário de direita e as tendências bolcheviques, concluindo que: «Há diferenças importantes entre os dois autoritarismos (...). Mas o que é muito significativo é a sua profunda sobreposição». Ver ainda ROBERT MOSS, O colapso da Democracia, pág. 33 e ss., pág. 61 e ss., pág. 89 e ss..

induzem conclusões que nos remetem para uma nova compreensão de outros factos, e assim por diante), da *raiva* (o «ódio da classe», a «supremacia da raça»), o recurso à encenação na actuação política (os comícios, as manifestações, que dão a "ver" e a "ouvir" a força do "movimento", da "ideia"), o elogio do "movimento", da instabilidade (a "revolução permanente" teorizada por Leon TROTSKI, a "revolução cultural" desencadeada por MAO TSÉ-TUNG), do caos (apresenta-se a "destruição da sociedade e da ordem antiga como a condição necessária e indispensável para a construção duma "ordem nova", duma "sociedade nova", dum "homem novo", dum "novo tipo de Estado"), associado à estratégia do *nada* (o indivíduo nada é sem o grupo, pelo que deve pôr-se ao serviço deste, ainda que à custa da anulação da sua personalidade, da sua individualidade, da sua diferença), de tal modo que qualquer crítica à ideologia totalitária é vista como um acto de *hostilidade* ao qual se responde segundo um esquema pré-determinado de argumentação lógica — sendo que quando a crítica não é susceptível de ser rebatida por esta via, o adepto da ideologia totalitária opta pela "fuga em frente", recusando-se a discutir e denunciando a crítica como "manobra do inimigo", "fruto de uma campanha de intoxicação e de desinformação" ou, na sua mais benigna forma, como o resultado da "impreparação intelectual" ou dos "preconceitos morais" do interlocutor que não se logram convencer da "verdade" contida na "boa-nova" da fraternidade próxima futura. *O totalitarismo é a vertente oculta do paradigma jurídico-político da modernidade, é o "espectro" hamletiano que continua a perturbar o espírito do liberalismo, ainda mesmo nas situações de aparente normalidade cívica e política das democracias ocidentais do pós-guerra.* A democracia ocidental vive hoje esta melancolia trágica da modernidade que se revela por estar "permanentemente em luta com o seu próprio caos, o «desassossego», a sua "rígidez cadavérica", em que a "esteticização" da política "à força de produzir imagens a partir de um programa e de um jogo de simulação" (ao qual os actores políticos recorrem face ao esbatimento das diferenças entre as ideologias de raíz democrática) se arrisca a "produzir imagens sem qualquer real" em que as formas da imaginação social (as ideologias e utopias) e os mitos e ritos que lhes estão associados "são apenas vividos como imagens e como conformismo" ([100]).

([100]) Cf. CHRISTINE BUCI-GLUCKSMAN, entrevista citada, pág. 56-R.

Daqui que seja preciso, um esforço para "**melhorar a qualidade da democracia**" (PHILIPPE SCHMITTER). Esforço este que não pode deixar de ter presente, como o assinala PHILIPPE SCHMITTER que a virtual "universalização" do capitalismo em termos económicos e sociais e a "universalização" da democracia, num quadro de ausência de alternativas minimamente credíveis (como o eram o fascismo em 1918 e o comunismo em 1945, segundo este autor), visível no desaparecimento dos adjectivos (democracia «burguesa», democracia «popular», ...), tem como consequências a transferência do debate entre democracia/autoritarismo (e, quanto a nós, do debate liberalismo/totalitarismo) para o interior da «teoria democrática», levando o pensamento sobre a democracia a concentrar—se na reflexão sobre os *tipos de democracia* (e nas consequências de cada um dos vários *tipos* de democracia), no quadro do movimento intelectual tendente à *revalorização da democracia.*

Mas a *revalorização* da democracia, tal como a entende este autor (PHILIPPE SCHMITER), não pode prescindir duma ponderação e valoração crítica dos tipos de democracia (das suas relações com o capitalismo e os diversos tipos de instituições capitalistas) que, tomando a democracia liberal como a *única* base para pensar uma melhor democracia, não ignore as *críticas de fundo que se fazem à democracia liberal*; a saber: a relativa ao "empobrecimento da cidadania", da falta de incentivos à participação dos cidadãos nos assuntos que afectam a sua vida, levando a que se pretenda ultrapassar a democracia liberal *aumentando a participação* (sendo que, ainda aqui, é possível distinguir duas variantes: a que defende o aumento das *oportunidades* dos cidadãos participarem nas instituições políticas, na linha das preocupações de um JOHN STUART MILL, no seu Ensaio sobre a Liberdade, onde reafirmando a sua fé inabalável na democracia representativa, alertava para os perigos que o indivíduo pode enfrentar em face da «tirania das maiorias», apontando esta variante para uma "radical" *descentralização das actividades do Estado, reformas nos partidos, mudanças nos sistemas eleitorais*, etc.; e uma outra variante que considera não ser o problema da cidadania individual o das motivações para participar, mas o *de aumentar a capacidade de os cidadãos formarem preferências* com base na ideia de que (ainda quando os cidadãos são chamados a "participar") as preferências estão quase sempre feitas exteriormente pelas élites (partidos, grupos de pressão económica, «media», etc.), advindo fundamental a *democratização da informação*, o sistema educacional, para tentar melhorar a base de formação das preferências (na linha defendida, por exemplo, por CLAUS OFFE). A saber ainda: a crítica relativa ao problema da "cidadania colectiva" (o campo da *representação de interesses*).

Desenvolvendo esta segunda crítica à democracia liberal, PHILIPPE SCHMITTER refere-se ao facto de que "a democracia liberal dá ao cidadão a possibilidade formal da liberdade de acção colectiva, mas as condições económicas e sociais das sociedades fazem com que, ao praticarem estes direitos, os cidadãos indivíduais tenham oportunidades muito diferentes de fazer uso delas" (problema dos "grupos de interesses"). Considerando que este é um "velho problema" da teoria liberal e democrática, PHILIPPE SCHMITTER (que invoca a tradição de JAMES MADISON) exprime o entendimento de que a democracia moderna "tem que lidar com esta diversidade de interesses, com as paixões dos cidadãos e com as organizações que os expressam", embora reconheça que "o problema é que estes se apresentam de maneira muito desigual, e alguns estão sistemáticamente sobrerepresentados, enquanto outros estão subrepresentados" — este vem a ser o problema do desenvolvimento da «cidadania secundária», implicado na percepção de que "a maioria dos processos políticos nas democracias modernas não envolve indivíduos mas organizações. Nós vivemos em democracias «organizadas» e não em democracias «individuais». O objectivo é, pois, o de tornar o comportamento das organizações mais parecido com os dos cidadãos" ([101]).

Aqui chegados, depara-se-nos então o problema da "igualdade de oportunidades das organizações", acerca do qual PHILIPPE SCHMITTER pronuncia-se nos seguintes termos: «Eu não sou, nem de longe, favorável a forçar as pessoas a entrar nas organizações nem a forçar as próprias organizações...»

«Qual é o *objectivo*? *Igualizar as oportunidades de acção colectiva dos grupos de interesses*. Eu chamo-lhe a minha estratégia «Madisoniana». MADISON, quando olhou para as facções não pensou em eliminá-las, sempre existirão propriedade e os sem propriedade, cidades, credores, etc., mas, pelo contrário, pensou em multiplicar as

---

([101]) PHILIPPE SCHMITTER, entrevista publicada no "Expresso-Revista" (em 25.05.91), págs. 99-R e 100-R.

bases do problema, e essa é a fórmula do pluralismo americano. Ao que eu acrescento: vamos *aumentar a igualdade de oportunidades de representação destes interesses.*

«O segundo *objectivo* é o de fazer com que estas organizações se comportem como cidadãos. Ou seja, em troca de certos direitos, certas obrigações. Numa base voluntária, das associações existentes ou a criar que estejam dispostas a aceitar uma «declaração de direitos» para as organizações. Quer dizer: serem internamente democráticas, as suas finanças claras ... etc., poderiam tornar-se órgãos de «cidadania secundária» beneficiando da redistribuição dos impostos por escolha dos cidadãos.

«*Um dos problemas da democracia liberal ao nível das organizações é que elas dependem do voluntariado e alguns têm muito menos riqueza para se expressar organizadamente.* E, neste caso, nada disto seria feito pelo Estado ou pela burocracia o que seria uma catástrofe, mas por aquilo que eu chamo o «sistema voucher». Ou seja, cada cidadão, nas inevitáveis declarações dos seus impostos, expressa os seus interesses, distribuindo o apoio pelas organizações que lhe merecem confiança, sejam eles o sindicato, a ordem dos advogados, as fundações de protecção da natureza, os movimentos anti ou pró-aborto, as organizações feministas, ou a associação dos comerciantes de lã. Com este sistema não se pretende obrigar ninguém a fazê-lo, mas dá-se oportunidade para isso.

«Alguns dos efeitos secundários deste tipo de reformas não seriam indiferentes para o futuro da democracia, pois constituiriam um poderoso indicador da opinião pública muito mais poderoso que as sondagens de opinião, e os resultados seriam um revelador formidável sobre as preocupações dos cidadãos. Por outro lado, constituía-se uma poderosa competição entre associações de interesses, uma maior dependência destas em relação aos cidadãos e uma melhoria da sua acção e representatividade...»

«(...) as democracias existentes nem sempre nos dão indicadores das preferências dos indivíduos. As eleições dominadas pelos partidos, por exemplo, agregam as propostas em pacotes, plataformas, etc., muito difíceis de desagregar. (...)».

«A minha posição é a de que existem muitos interesses sistemáticamente sub-representados pelas instituições democráticas existentes e que este seria um meio de tais interesses serem representados.

Se eles favorecem a esquerda ou a direita não me interessa. O que eu digo é que *se se acredita na democracia tem que existir um compromisso de liberdade e defesa destes interesses*, e eu argumento que não há hipótese de se saber à partida. O meu esforço não é o de melhorar as posições da esquerda, (...), mas sim o de **melhorar a qualidade da democracia, da sociedade civil, e a capacidade dos cidadãos agirem em defesa dos seus interesses e paixões.**» ([102]).

Todas estas propostas que se incluem no movimento de revalorização da democracia (liberal), mesmo naquilo que contêm de novo, não fazem senão retomar (e amplificar) as preocupações jurídico-políticas mantidas na "sombra" pelo paradigma dominante nas construções teóricas sobre o direito e o Estado na época do Estado liberal.

A revitalização da democracia deve buscar o seu próprio sentido na consideração de que, sendo a democracia uma forma de governo necessáriamente imperfeita, no entanto é necessária e legitima a "defesa da democracia porque a maior parte dos governos existentes é má, e portanto entre eles as democracias tendem para o melhor" (ARISTOTELES) ([103]) ou, numa formulação nossa contemporânea, porque "a democracia é o pior dos governos, à excepção de todos os outros" (WINSTON CHURCHILL), e porque a democracia "vem da crença que homens igualmente livres devem ser iguais em todos os respeitos" (ARISTÓTELES).

É, quanto a nós, muito importante ter presente esta ideia de que *a democracia se funda (fundamenta) na liberdade do homem*, pois parece-nos dever a democracia (e o seu esforço de revitalização) tomar, como ponto de referência, para a "reconstituição" do paradigma do Estado de Direito, a matriz *liberal* do (e no) governo constitucional democrático, sem o que não será possível a existência de "estruturas básicas de Justiça" (RAWLS) capazes de assegurar que o funcionamento da "acção comunicacional" (HABERMAS) no seio das relações que se venham a estabelecer no seio da sociedade e desta com o Estado venha a decorrer num quadro capaz de assegurar o respeito pelo "princípio da diferença" (JOHN RAWLS). Até porque se é certo, como refere ERICH FROMM, que «a existência humana e a liber-

---

([102]) PHILIPPE SCHMITTER, entrevista citada.

([103]) Citado por BERTRAND RUSSEL, *in* História da Filosofia Ocidental e sua conexão social e política, vol. I, pág. 152.

dade são inseparáveis desde o início», por maioria de razão nos parece que tal deve suceder quando a existência humana vá referida a um Estado democrático de direito. Sendo que (tal como HAYEK) entendemos que a liberdade é não só o primeiro valor como a fonte e condição da maioria dos outros valores; assim, a liberdade é o primeiro valor porque, em primeiro lugar, é a condição para que cada indivíduo possa assumir a sua capacidade humana de pensar e avaliar, de escolher os seus próprios fins, em vez de ser apenas um meio para outros atingirem os seus fins; e ainda, em segundo lugar porque sabemos pouco (e de tal modo isso é assim que só um amplo campo de experimentação, aberto a iniciativas individuais que são por princípio *autorizadas*, independentemente da concordância da maioria, permite explorar o desconhecimento e reduzir a nossa ignorância); por último, mas não menos importante, a liberdade tem um valor instrumental: só ela permite a criação da riqueza material que se tornou distintiva das civilizações que a souberam preservar([104]). *São as próprias exigências de garantia da liberdade que fundamentam a construção moral e racional do Estado de Direito democrático e constitucional.*

Assume especial delicadeza o problema da *limitação do monopólio dos partidos*. Como refere JOÃO CARLOS ESPADA:

«1. O termo "partidocracia" é um tanto desagradável porque foi sempre utilizado pelos inimigos da democracia liberal para designar um regime que eles acusavam de oligárquico, pouco transparente, e pouco eficaz. É curioso verificar como a crítica da "partidocracia" pode fazer convergir correntes iliberais aparentemente opostas, umas de esquerda outras de direita.

«Friedrich Hayek, Prémio Nobel da Economia e um dos grandes pensadores liberais deste século, chamou repetidamente a atenção para essa convergência. Por que razão correntes tão opostas como o nacional-socialismo e o comunismo, o nacionalismo populista e o esquerdismo igualitário puderam encontrar-se no mesmo ódio aos regimes liberais pluripartidários? Hayek explica esse fenómeno no seu retumbante manifesto liberal dos anos 40: "The Road to Serfdom"».

«Todas essas correntes iliberais da direita e da esquerda, sustenta Hayek, comungam de um mesmo erro intelectual: são holistas, ou

---

([104]) Ver FRIEDRICH HAYEK, Constitution of Liberty, Londres, 1960.

colectivistas, isto é, privilegiam o todo, o grupo, ou o colectivo, em detrimento das partes e do indivíduo. Isso torna-se irremediavelmente avesso a um regime fundado no voto do indivíduo e na conflitualidade entre partes rivais: os partidos políticos».

«2. O "todo" preferido pela direita iliberal é em regra a nação. A sua crítica ao sistema de partidos reside então na alegada incapacidade dos parlamentos pluripartidários para interpretarem de forma estável e totalizante a identidade nacional. A alma nacional, o espírito do povo, ou o simples interesse nacional são um todo e não a simples soma de partes. Esse todo tem de ser captado, intuído, expresso por alguém que possa simbolizar as raízes da nação e que possua vontade de dirigir. Entregue à luta de fracções e ao individualismo consumista, a alma nacional cai na lama. As nações paralisam-se e o declínio é inevitável».

«A esquerda iliberal, por seu turno, tem como "todo" preferido a classe. O indivíduo é uma abstracção que foi inventada para servir os interesses de uma classe particular: a burguesia. As decisões de cada indivíduo, as suas escolhas e as suas preferências, são condicionadas pela vivência económica, social e cultural em que está submergido. Essa vivência, por sua vez, é determinada pela classe social a que pertence o indivíduo. Sendo o conflito de classes o dado fundamental das sociedades, os partidos políticos são sobretudo agências das diferentes classes».

«A esquerda marxista-leninista conclui daqui que uma verdadeira democracia popular deve ser dirigida por um só partido, o partido comunista que representa os interesses do proletariado. A esquerda basista e igualitária critica os partidos em geral e tenta ciclicamente inventar novos sistemas de democracia directa em que o povo como um "todo" se autogoverna. Todos esses sistemas procuram contornar o voto individual em partidos: ou preconizam assembleias permanentes de cidadãos, ou representações colectivas na base de corporações profissionais, comissões de moradores, etc.».

«3. As tendências holistas da esquerda e da direita caíram em absoluto descrédito neste dealbar dos anos 90. (A ver vamos, todavia, se não vão ser reabilitadas pelo nacionalismo ascendente, o qual pode ser caracterizado como a forma mais irracional de holismo e de egoísmo de grupo). Quer se goste ou não, esse descrédito está associado à vigorosa renovação da atmosfera intelectual operada pelo pensamento liberal nos últimos 20 anos. E talvez valha a pena recordar algumas das ideias liberais que operam essa renovação».

«A primeira ideia é que os grupos não falam, não pensam, não têm prazer nem sofrimento. Isso significa que qualquer política que se apresente em nome de grupos — e que não possa traduzir-se em termos de bem-estar individual aferível pelos próprios — é um embuste. (Isso é em parte um corolário do princípio liberal segundo o qual cada indivíduo é o melhor juiz sobre o que mais lhe convém.) E daí decorre que todo o sistema político que funcione na base de uma alegada representação de grupos é outro embuste — além de que desembocará inevitavelmente numa ditadura. Os indivíduos, e não o povo, ou a nação, ou a classe, são quem mais ordena. Por esta via, os liberais deram nova credibilidade à chamada "partidocracia": o regime de partidos é o único conhecido em que o indivíduo é o decisor soberano».

«Uma segunda ideia veio reforçar a credibilidade do sistema de partidos: a que atribui à democracia funções essencialmente negativas, por contraposição às tradicionais funções positivas do "governo do povo". Não é aqui o lugar para traçar a genealogia desta ideia, mas dois autores devem provavelmente ser referidos: Joseph Schumpeter e Karl Popper».

«O primeiro observou que o traço distintivo dos regimes pluralistas não é a participação de todos em todas as decisões, mas a rivalidade entre grupos concorrentes que disputam o voto dos eleitores. O segundo mostrou que o tradicional problema de "quem deve governar?" é inconsistente, devendo ser substituído por um outro: "Qual é o sistema que permite afastar pacificamente os maus governos?" O único sistema até hoje conhecido que mais satisfatoriamente permite resolver esse problema é o da democracia pluripartidária fundada no voto livre, directo e secreto dos cidadãos».

«4. Terá o sistema de partidos ficado isento de toda a crítica depois da falência dos holismos verificada ao longo dos últimos 20 anos? Pura ilusão. As mesmas ideias liberais que reabilitaram o sistema de partidos criaram simultaneamente novas exigências, novas críticas, e novas pressões sobre esse mesmo sistema. Se a "partidocracia" foi libertada das críticas organicistas e participativas, foi agora submetida a novas reivindicações reformadoras: reivindicações desta vez individualistas, por oposição a holistas, e de controlo, por oposição a participação».

«Muito sumariamente, o processo é este. Se o sistema pluripartidário é o mais adequado à soberania dos indivíduos, então ele deve tornar-se mais permeável às escolhas e ao controlo dos cidadãos, em vez de depender cada vez mais de decisões operadas no interior dos aparelhos partidários. Estes, por sua vez, devem abrir-se ao controlo da imprensa e ser submetidos a regras apertadas que impeçam a constituição de uma nova casta dirigente. Esta linha de raciocínio "individualista" está a gerar uma catadupa de exigências reformadoras em todo o mundo ocidental: mais controlo do deputado pelo eleitor e não pela direcção partidária, mais instrumentos de consulta dos eleitores, mais autonomia dos parlamentos regionais e locais».

«A outra linha de exigência reformadora é talvez ainda mais poderosa. Desenvolve-se a partir da ideia atrás referida segundo a qual a democracia não é o governo do povo, mas apenas o regime em que o povo pode destituir os seus governantes. Isso dessacraliza o papel dos governos, bem como o dos políticos».

«Essa dessacralização é entretanto acentuada pelos trabalhos de uma escola particular do liberalismo, nascida na América, que dá pelo nome de Public Choice. A sua tese central é que os partidos políticos e os governantes procuram igualmente maximizar o seu interesse próprio e não o alegado bem colectivo. A consequência prática mais palpável dessa tese é que o poder político deve ser limitado pela lei. Aqui, outra vez, é preciso reduzir o poder dos políticos e não aumentá-lo. É preciso mais controlo, e não propriamente mais participação».

«5. Em suma, se o regime pluripartidário saiu reforçado dos embates dos últimos 20 anos, é ilusório ver nisso a legitimação da "partidocracia". Os ventos individualistas desencadearam novas exigências radicais às democracias pluripartidárias. Mais pluralismo, mais abertura e mais controlo sobre o poder político parecem constituir o sentido geral dessas exigências.» ([105])

Antes de prosseguirmos na discussão do problema da revitalização da democracia (liberal), vamos agora explicitar as considerações

---

([105]) João Carlos Espada, «As Novas Exigências da Democracia», *in* Jornal "Público" (em 20.09.91). A este respeito confronte-se Paolo Flores D'Arcais (entrevista publicada no "Expresso-Revista", edição de 6.4.91, págs. 43-R e 44-R), que é de opinião que «os riscos para a democracia ocidental já não se chamam fascismo ou totalitarismo, mas sim «partidocracia».

que nos animam na *recusa do totalitarismo*([106]). Para lá das considerações expendidas até aqui, a nossa recusa do totalitarismo alicerça-se na compreensão das motivações psicológicas conduzentes ao totalitarismo([107]), designadamente as que estão associadas ao *problema da*

([106]) A nossa compreensão da ideologia nacional-socialista socorre-se da leitura integral da obra de ADOLPH HITLER, *Mein Kampf* (trad. port.: *A Minha Luta*), FERNANDO RIBEIRO DE MELO, Edições Afrodite, Colecção Doutrina/Intervenção, Lisboa, 1976; sendo que para a compreensão tanto dessa ideologia como do fascismo contribuiu a leitura integral de várias obras de recorte histórico/historigráfico e sociológico, bem como de documentos vários (artigos publicados em jornais e revistas, obras literárias como o registo autobiográfico de LUCIEN REBATET, Memórias de um Fascista, trad. port., Lisboa, 1988, Edição Livros do Brasil). E ainda: CABRAL MONCADA, Filosofia do Direito e do Estado, vol. I; de um ponto de vista mais estritamente jurídico pode confrontar-se JORGE MIRANDA, Manual de Direito Constitucional, vol. I, tomo I, 1981, págs. 188-194.

Explicita-se ainda que a nossa recusa do totalitarismo se estende igualmente às concepções de TEILHARD DE CHARDIN: veja-se PAUL T. MASON, O Totalitarismo (trad. port.), Edições Delfos, Lisboa, págs. 273-279, onde se transcrevem excertos de uma conferência realizada na Embaixada francesa de Pequim em 1945 e que se intitula: *Life and the Planets: What is Happening at this moment on Earth.*

([107]) Ver KONRAD HEIDEN, Der Führer: Hitler's Rise to Power, Boston, 1944, para uma análise psicológica das motivações conduzentes ao nazismo, em particular a crença na possibilidade de domínio do mundo e no conflito entre diferentes movimentos que conspiram para obter esse fim. T.W. ADORNO e outros, em Studies in Prejudice, volume sobre The Authoritarian Personality, 1950, publicado pelo Departamento de Investigação Científica do Comité dos Judeus Americanos, apresenta a escala F (fascista) (*apud.* PAUL T. MASON, obra citada, págs. 209-210), destinada a medir a propensão de um indivíduo para tendências antidemocráticas, pela identificação das características que tais indivíduos manifestam (num trabalho que pretende aplicar as técnicas de psicanálise e de psicologia a questões sociais e políticas complexas), a saber:

A. *Convencionalismo.* Adesão rígida a valores convencionais da classe média.

B. *Submissão autoritária.* Atitude submissa e acrítica para com autoridades morais idealizadas do interior do grupo.

C. *Agressão autoritária.* Tendência para ter cuidado com, e condenar, rejeitar e punir pessoas que violam os valores convencionais.

D. *Anti-intracepção.* Oposição aos subjectivos, imaginativos e compassivos.

E. *Superstição e esteriotipia.* Crença em determinantes místicas do destino individual; disposição para pensar segundo categorias rigidas.

F. *Poder e tenacidade.* Preocupação com as dimensões dominação-submissão, forte-fraco, dirigente-companheiro; identificação com os homens do poder; ênfase excessiva nos atributos convencionalizados do ego; exagerada afirmação de força e de tenacidade.

alienação do homem, problema este que se coloca a um nível *psicológico* (a *ansiedade*), a um nível *social* (o *medo da degradação social*) e a um nível *político* (a *apatia*)([108]), resultando da conjugação

---

G. *Destrutividade e cinismo*. Hostilidade generalizada ao homem vulgar.

H. *Projectividade*. Disposição para acreditar que se passam coisas selvagens e perigosas no mundo; projecção para o exterior de impulsos emocionais.

I. *Sexo*. Preocupação exagerada com as atitudes sexuais.

([108]) Assim, FRANZ NEUMANN, *in* The Democratic And The Authoritarian State (trad. em português: O Estado Democrático e o Estado Autoritário), págs. 276-278 e ss., para quem o nível psicológico de alienação persiste, sejam quais forem as instituições sociais em que o homem vive: «Este nível cria a *ansiedade potencial* que o homem tenta ultrapassar nas massas através da rendição do ego. A identificação afectiva com um dirigente é facilitada pela noção do falso concreto, pela teoria da conspiração. Mas temos de dizer quando é que os movimentos de massas regressivos são activados, isto é, quando é que a ansiedade potencial pode ser activada, de maneira a tornar-se uma arma cruel nas mãos de dirigentes irresponsáveis.

Para respondermos a este problema, devemos ter em conta os outros dois níveis de alienação: o social e o político» (*idem*, págs. 288-291).

Para a compreensão do nível social da alienação é necessário ter presente, desde logo, os efeitos da alienação do trabalho (isto é, «a separação do trabalho do seu produto, através da divisão hierárquica do trabalho que caracteriza a sociedade industrial moderna»), que tiveram um profundo desenvolvimento a partir da revolução industrial do século XVIII e nos oferecem a *inevitabilidade* desta alienação; é a recusa em compreender esta inevitabilidade de alienação do trabalho que vai contribuir (na sua tentativa de "espiritualizar" o trabalho, em oposição à "desespiritualização" presente na alienação) ao *aprofundamento da ansiedade social*; para o que vem ainda a contribuir o funcionamento da sociedade baseada no princípio da competição (mas em que este princípio é uma "máscara" que esconde de facto *relações de dependência*: «Para se ter êxito na sociedade actual, é muito mais importante estar em boas relações com o poder do que salvaguardar-se por detrás das próprias forças. É precisamente a impotência do indivíduo que tem de o acomodar ao aparelho tecnológico, que é destrutivo e causador de ansiedade», impotência que advém duma situação em que «os esforços do indivíduo, a sua inteligência, a sua visão, a sua facilidade em aceitar riscos, são fácilmente destruídos pelas constelações do poder»); a incapacidade de compreender o processo das crises e a frequente necessidade de deitar as culpas pelo seu aparecimento a poderes sinistros, são novos factores para a *destruição do ego*; no fundo, tudo conduzindo ao medo da degradação social que leva os grupos sociais afectados por esse medo a procurarem resistir a essa degradação através dos movimentos de massa.

Esta alienação social não basta, há que acrescentar elementos da alienação política: a *apatia*, numa sua forma particular «a rejeição consciente do sistema político no seu conjunto, porque o indivíduo não vê possibilidades de mudar seja o que for no sistema através dos seus esforços, porque a vida política consome-se na

destes três níveis de alienação a possibilidade de um movimento cesarista vir não só a activar como também a institucionalizar a ansiedade (109).

Na sociedade totalitária, o sistema totalmente repressivo institucionaliza a ansiedade depressiva e perseguidora; o dirigente impele a ansiedade através da culpa, em seu proveito, e não para salvaguarda do dirigido (110).

E assim se vem a compreender fácilmente porque são interdependentes o terror totalitário e a unanimidade absoluta: a «paixão da unanimidade, característica dos movimentos de massa, exige instrumentos que a estabeleçam: a diferença é sinal de inadaptação social, logo o terror justifica-se pela necessidade de *eliminar* os seres inadaptados, promovendo a lealdade para com o regime, fomentando o

---

competição de partidos políticos que são meras máquinas sem participação de massas, mas que monopolizam de tal maneira a política que um novo partido não pode entrar na liça no âmbito das regras políticas válidas.

Esta terceira forma de apatia constitui o fulcro do que caracterizo como alienação política. Geralmente, esta apatia leva à paralisia parcial do Estado e abre caminho a movimentos cesaristas que, desprezando as regras do jogo, utilizam a incapacidade do cidadão para tomar decisões individuais e compensam a perda do ego pela identificação com um César».

(109) FRANZ NEUMANN, obra citada, pág. 291 e ss.: «A institucionalização da ansiedade é necessária porque o movimento cesarista nunca pode suportar uma longa espera pelo poder. É isto precisamente que deriva da sua base afectiva: ao passo que a organização não-afectiva de massas — como o partido político normal — pode existir durante um longo período sem se desintegrar, o movimento cesarista tem de se apressar precisamente devido à instabilidade do cimento que o une: a afectividade, prenhe de libidinismo. Depois de se instalar no poder, o movimento cesarista vê-se obrigado a institucionalizar a ansiedade como meio de impedir a extinção da sua base afectiva por uma estrutura burocrática. As técnicas são familiares: propaganda e terror».

(110) Assim, FRANZ NEUMANN, obra citada, págs. 293-294. VACLAV HAVEL, *in* Ensaios Políticos (trad. port.), Bertrand Editora, 1991: «A questão fundamental que convém colocar é: porque razão as pessoas se comportam como o fazem? Porque é que cumprem tudo o que, globalmente, dá essa impressão imponente de uma sociedade totalmente unida, apoiando totalmente o seu governo? Penso que a resposta é evidente para qualquer observador imparcial: porque têm *medo*.» (pág. 41). E ainda: «O medo não é, evidentemente, o único material de construção da nossa estrutura social actual. Mas é, contudo, o material essencial. Sem ele, a aparência de unidade, a disciplina, a unanimidade apregoados por todo o lado, que servem de provas da consolidação nos documentos oficiais não teriam sequer um vislumbre de realidade.» (pág. 42).

anti-intelectualismo, aumentando em amplitude e violência à medida que o sistema totalitário se estabiliza e firma, no contexto da perseguição dos «inimigos potenciais» com a qual o terror se torna o conteúdo dos regimes totalitários (iniciando-se uma nova fase tendente à dominação total), num quadro em que «reina o medo absoluto» e existe uma sensação de isolamento dos opositores dos regimes totalitários

«O âmbito do terror totalitário e o seu carácter universal e contínuo, operando numa atmosfera de compulsão ideológica, tornam-no um modelo típico do moderno totalitarismo» ([111]).

Por aqui se distingue o terror totalitário da coerção ditatorial, pois esta tende a diminuir com o decorrer do tempo, na medida em que consiga o esmagamento da oposição.

Numa análise mais estritamente *jurídico-política*, deparamos no Estado totalitário com uma organização do poder caracterizada por uma acentuada *disformidade* (HANNAH ARENDT) pois este Estado está estruturado com base numa complexidade de relações entre Partido([112]) e Estado e na duplicação de funções (entre ambos)([113]).

Por outro lado, depara-se-nos a *desconfiança totalitária em relação à lei e à legalidade*: «um movimento só pode ter uma direcção. E qualquer forma de estrutura legal ou governamental só pode ser um empecilho para um movimento que é impelido com uma

---

([111]) Ver CARL FRIEDRICH e ZBIGNIEW BRZEZINSKI, *in* Totalitarian Dictatorship and Autocracy, Cambridge, Harvard University Press, (*apud.* PAUL T. MASON, *idem*, págs. 133-138).

([112]) ZEVEDIE BARBU, *apud.* PAUL T. MASON, obra citada, págs. 196-198 e ss., abordando o tema do nazismo sob uma perspectiva sociológica refere que «os indivíduos e os grupos sem classe têm um significado particular para a estrutura do nazismo», de tal modo que «o movimento nazi pode ser considerado como o ponto de confluência dos indivíduos e grupos com um estatuto social instável»; por outro lado «O Partido é a realidade totalitária numa sociedade comunista», pondo em realce (para lá de alguns aspectos da personalidade de MARX) o facto de MARX e ENGELS usarem uma linguagem *exortativa* e não explicativa, a importância dos revolucionários profissionais e a socialização do ressentimento, tendo culminado em algo que se pode exprimir nisto: «Não é a realidade da pertença, mas o desejo de pertença que constitui a força motriz do Partido». Estamos aqui «perante a sobresocialização da ansiedade de pertença e de integração» (dos grupos e dos indivíduos).

([113]) HANNAH ARENDT, *in* The Origins of Totalitarianism, Harcourt, Brace & World, Inc. e George Allen & Unwin, Ltd., (trad. port.), pág. 496.

velocidade sempre maior numa determinada direcção» ([114]); isto, de resto, num contexto jurídico-político em que a divisão (normal e sempre mutável) entre uma autoridade (real) secreta e a sua (aparente) representação, torna «o centro do poder um mistério por definição»: «por outras palavras, como o saber a quem obedecer e o estabelecer uma hierarquia mais ou menos permanente, introduzia um elemento de estabilidade que está essencialmente ausente do regime totalitário, os nazis repudiavam a autoridade real sempre que esta ficava à luz do dia e criavam novas formas de governo em relação às quais a anterior se tornava um governo-sombra» (análogamente no governo soviético «a coexistência de um governo aparente com um outro real foi o resultado da própria revolução e precedeu a ditadura totalitária de Estaline»), conduzindo tal situação a uma multiplicação de órgãos que era extremamente útil para a constante deslocação do poder, num sistema de *«disformidade planificada»* em que (como HANNAH ARENDT refere na exemplificação a que procede com o sistema soviético de espionagem) «não existe uma hierarquia de poder e autoridade legalmente estabelecida entre todos esses departamentos; a única certeza é que será escolhido um deles para personificar «a vontade da direcção».

«A norma de que todos podem estar seguros num Estado totalitário é que os departamentos governamentais mais visíveis são tanto mais poderosos quanto menos poder parecem ter e quanto menos se sabe da sua existência», «o verdadeiro poder começa onde começa o secretismo» ([115]). Não se deve porém confundir regimes totalitários

---

([114]) HANNAH ARENDT, obra citada, pág. 497 e ss.. Para ALEXIS DE TOCQUEVILLE, *in* Da Democracia na América (trad. port.), referindo-se ao *espírito legista nos Estados Unidos* como um dos elementos que, juntamente com a ausência de centralização administrativa, permite moderar a *tirania da maioria*, a autoridade que os Americanos deram aos legistas e a influência que lhes deixaram ter no Governo constituem a maior barreira contra os desvios da democracia (ver pág. 117); «Os homens que fizeram os seus estudos especiais de leis, extraíram dos seus trabalhos hábitos de ordem, um certo gosto pela forma, uma espécie de amor instintivo pelo encadeamento regular das ideias, que os tornam naturalmente fortes opositores do espírito revolucionário e das paixões irreflectidas da Democracia.» (*idem*, pág. 117 e ss.); «Quase não há questão política, nos Estados Unidos, que não se resolva, mais cedo ou mais tarde como uma questão judiciária.» (*idem*, pág. 124).

([115]) HANNAH ARENDT, obra citada, págs. 499-500, pág. 502 e págs. 504-505, que refere ainda: «Se considerarmos o Estado totalitário apenas como um instrumento de poder e pusermos de lado problemas de eficiência administrativa, capacidade

com regimes autoritários, pois *existem diferenças entre o regime totalitário e o regime autoritário*, quanto mais não seja porque «a autoridade, seja qual for a sua forma, restringe e limita sempre a liberdade, mas nunca chega a aboli-la, ao passo que a dominação totalitária nunca pretende uma simples limitação da liberdade; só pretende abolir a liberdade — e até mesmo a eliminação — da espontaneidade humana em geral» ([116]).

A rejeição do totalitarismo vale, quanto a nós, tanto para os sistemas de ditadura totalitária (aos quais, de modo mais imediato e impressivo, a nossa consciência associa o fenómeno totalitário) como para os sistemas de democracia totalitária (para a percepção dos quais se exige um esforço reflexivo mais apurado e um distanciamento das "vulgatas políticas" e suas ideias-força ao nível do "senso comum"). No fundo, do que se trata é de reconhecer a pertinência da questão dirigida por FRIEDRICH HAYEK «Aos socialistas de todos os partidos» (em The Road to Serfdom, Londres, 1945), «*Poder-se-á imaginar maior tragédia do que aquela que resultaria de, uma vez percorrida a via por onde nos lançou a tentativa de construirmos um futuro de acordo com os mais nobres ideais, depararmos com o oposto daquilo porque lutámos e que assim, contra os nossos desejos, teríamos nós próprios realizado?*» ([117]).

---

industrial e produtividade económica, então o seu carácter disforme torna-se o instrumento ideal para a realização do chamado *princípio do dirigente*. A contínua concorrência entre os organismos, cujas funções não só se sobrepõem como também são encarregados de tarefas idênticas, não dá à oposição e à sabotagem uma oportunidade para se tornarem efectivas; a deslocação de ênfase que relega um organismo para a sombra e eleva um outro para a autoridade, pode resolver todos os problemas sem que alguém tenha dado conta da mudança ou do facto de existir uma oposição», págs. 505-506.

([116]) HANNAH ARENDT, obra citada, pág. 506.

([117]) Edic. port.; O Caminho para a Servidão, Lisboa, Teoremas, 1977, pág. 26. RENÉ DUMONT, *in* Utopia ou Morte, pág. 161, procede a uma citação de LOUIS ARAGON, que terá afirmado: «(A minha) vida como um jogo terrível em que perdi, que *estraguei completamente*».

"O determinismo teleológico da história, quer sob a forma duma ordem providencial do mundo, de base religiosa, quer sob a duma lei positiva, dialéctica ou económica, bate também, dum modo geral, em retirada. Pelo contrário, o que volta de novo a discutir-se como problema legítimo, é a fundamental imprevisibilidade da vida histórica no seu conjunto, bem como o papel da liberdade e da acção responsável das diferentes gerações, das camadas dirigentes da sociedade, dos grandes homens, e ainda, todos os dias trazido de novo pela experiência, o papel do acaso e mesmo do absurdo na trama da vida social."

HEINZ HEIMSOETH, A Filosofia no Século XX.

CAPÍTULO II

SOCIEDADE, TERRITÓRIO E PODER: A PROBLEMÁTICA DA REFORMA DO ESTADO MODERNO E DA ADMINISTRAÇÃO PÚBLICA

1. Introdução: o modelo constitucional de organização político-administrativa como pretexto comunicacional para uma reflexão crítica sobre o Estado moderno

O Estado português é constitucionalmente definido como uma *República* Soberana([118]) na qual esta última, *una* e *indivísivel*, reside no povo que a exerce segundo as formas previstas na Constituição([119]), em virtude e como corolário de o Estado português ser ainda constitucionalmente caracterizado como um Estado de Direito Democrático, ao qual é assimilado o *objectivo* de realização da *democracia* económica, social e cultural (que se nos oferece como um conceito indeterminado, de conteúdo aberto, vago e impreciso) e o *aprofundamento* da democracia *participativa*([120]), subordinando-se à Constituição e fundando-se na *legalidade democrática*([121]), de tal

---

([118]) Art. 1.° - C.R.P..

([119]) Art. 3.°, n°1 – C.R.P..

([120]) Art. 2.° - C.R.P..

([121]) Art. 3.°, n° 2 - C.R.P. — mas qual a razão de ser deste adjectivo «democrática» aplicado à legalidade? Será que se admite a existência de uma legalidade — *outra* (isto é, uma legalidade não-democrática)? E que legalidade (não caracterizada

modo que a *validade* das *leis* e dos demais actos do *Estado*, das *regiões autónomas* e do *poder local*([122]), depende da sua conformidade com a Constituição([123]).

O Estado português abrange o *território* históricamente definido no *continente europeu* e os arquipélagos dos Açores e da Madeira([124]), sendo que o Estado português não alíena qualquer parte do território ou dos direitos de *soberania* que sobre ele exerce, sem prejuízo de *rectificação* de fronteira([125]) cabendo à lei definir a *extensão* e o limite das *águas territoriais*, a *zona económica exclusiva* e os direitos de Portugal aos *fundos marinhos contíguos*([126]). Parece-nos de muita importância a definição constitucional expressa do território abrangido pelo Estado português, pois como referem as análises sociológicas do fenómeno político, *as representações colectivas do território ocupam*

---

como democrática) seria essa outra? Parece-nos que o intuito do legislador constituinte originário terá sido o de *excluir* a subordinação do Estado à legalidade revolucionária, dada a situação de *dupla legalidade* (ou, se quisermos, de legalidade *dualista*) que vigorava ao tempo da elaboração e aprovação da Constituição de 1976; e, dado que no período decorrido entre o início de vigência do texto constitucional originário (em 25.04.76) e o início de vigência da lei de revisão constitucional n.° 1/82, se manteve no ordenamento jurídico-constitucional um órgão de soberania proveniente dessa outra legalidade revolucionária, então esta *expressa* referência à subordinação do Estado (e, logo, desse Conselho da Revolução) à legalidade democrática, teve como intenção (e, na prática jurídico-constitucional parece-nos que terá tido esse *efeito útil*) de obrigar um tal órgão a conformar-se com a produção normativa operada pelos órgãos do Estado, em observância dos procedimentos e regras constitucionalmente vigentes, inviabilizando qualquer pretensão de produção normativa que se pretendesse bastar com a legitimidade revolucionária para afrontar a legalidade ordinária decorrente do ínicio de vigência da nova ordem constitucional. A ser assim, porém, parece-nos que após o desaparecimento (operado na revisão constitucional de 1982) destas reminiscências da «legalidade revolucionária», se deveria ter suprimido a adjectivação de «democrática» à legalidade vigente, na exacta medida em que a legalidade fundada na Constituição de um Estado de Direito Democrático é necessariamente, e por maioria de razão, *democrática*: pelo que (já) não há motivo para distinguir entre esta legalidade (democrática) e uma qualquer outra que lhe resista (p. ex., a *revolucionária*).

([122]) Mas não seria preferível substituir esta expressão («poder local») pela de «colectividades locais»? Parece-nos que sim.

([123]) Art. 3.°, n.° 3 – C.R.P..

([124]) Art. 5.°, n.° 1 – C.R.P..

([125]) Art. 5.°, n.° 3 – C.R.P..

([126]) Art. 5.°, n.° 2 – C.R.P.. Veja-se a Lei nº 33/77, de 28 de Maio.

um lugar importante entre os mitos que servem para mobilizar os homens e atingir objectivos políticos, como sucede com o aparecimento, desenvolvimento e diversidade dos mitos *patrióticos*, até pela constatação de que este conceito de «pátria» está ligado ao aparecimento de um quadro-novo (o Estado-Nação), quadro este tornado necessário para a utilização de novas técnicas de produção que engendraram o capitalismo moderno e industrial, nascendo o conceito de pátria da conjunção entre a necessidade de desenvolver a sociedade global no quadro nacional e a impossibilidade de o fazer em torno de um rei, por tal forma que estes conceitos correspondem a *mitos* e não a realidades, até porque a simples técnica de transposição do espaço para mapas geográficos provoca representações colectivas susceptíveis de favorecer um ou outro objectivo político([127])([128]). O que vem a

---

([127]) Sobre o território como representação colectiva, e tomando como ponto de partida o entendimento de que «em sociologia, o essencial não está nas coisas, mas na ideia que delas fazemos», pode ver-se MAURICE DUVERGER, *in* Sociologie de la Politique, P.U.F. – Trad. portuguesa de António Gonçalves, Almedina, Coimbra, 1983, pág. 74, para quem os elementos materiais do território são particularmente importantes, porque o território é uma das bases materiais fundamentais das relações humanas, sendo a outra a base biológica. No entanto, as ideias que fazemos do território são muito importantes, talvez mesmo mais importantes. Este Autor, após referir-se à *multiplicidade das representações territoriais* (págs. 75 a 79), aborda a questão das relações entre *política e representações do território* nas págs 79 a 83. Designadamente MAURICE DUVERGER procura demonstrar que "nenhum país possui uma fronteira histórica. São os seus governantes que tentam impor-lhe uma, graças a uma propaganda mais ou menos hábil. Escolhem-na entre todas as que possuiu na sua história, que são geralmente muito numerosas". (pág 81 e ss.). A esta luz compreende-se melhor a redacção do citado preceito constitucional português, quando depois de falar em «território históricamente definido», julga conveniente precisar que território é esse (e daí as referências ao *continente europeu*, e aos arquipélagos dos Açores e da Madeira. O que, ainda assim, não é tão claro quanto possa parecer: atente-se na evolução do território português no continente europeu desde a ocupação inicial até à paz com a Espanha em 1668, nas vicissitudes posteriores (independência do Brasil, invasões francesas, ultimatum inglês, descolonização posterior a 1974 – p. ex., em que ficamos quanto a Olivença?) e, por outro lado, introduz um elemento de *fluidez* (a qual pode vir a revelar-se maior ou menor) nesta ideia de um território com uma existência históricamente definida ao salvaguardar a possibilidade de *rectificação de fronteiras*, fluidez do território que resulta acrescida quando se remete para a legislação ordinária a definição da extensão e limite das *águas territoriais*, da *zona económica exclusiva* e dos direitos (territoriais?) de Portugal aos fundos marinhos contíguos. Veja-se ainda: JORGE MIRANDA, Manual de Direito Constitucional, tomo IV, 1988, págs. 180-203.

decorrer da circunstância de quando se pretende referenciar um território como espaço delimitado por fronteiras de soberania, dotado com uma *extensão* e uma forma que os mapas nos tornaram familiares (como que as pondo "em evidência") estamos já perante o resultado de transformações profundas que estas *configurações espaciais* sofrem durante um mais ou menos longo processo da formação de um tal território, a partir da altura em que o poder afirma a noção de uma *unidade* e de uma *territorialidade* da comunidade sócio-política de que ele emana, desencadeando-se nesse momento o *processo de conhecimento e de domínio* do espaço nacional, designadamente pela conquista das fronteiras.

Deparamos assim com os esforços "obstinados" do poder público para reunir e para tornar mais homogéneos os espaços que, gradual e progressivamente, vêm a compor uma determinada configuração espacial associada à identidade duma determinada comunidade nacional. Sendo que no conjunto de todos esses esforços realizados pelo poder público para atingir um tal desiderato se distinguem aqueles que vêm a traduzir-se em operações de *conhecimento* daqueles outros que visam a gestão do território (a organização, a melhoria, a uniformização desta gestão), sendo que estas operações de conhecimento do território em nada são inocentes sob o ponto de vista político: é que, e indiferentemente se verifica isto seja qual for a natureza destas operações de conhecimento, tendo todas elas em comum o facto de assegurarem ao poder público (*maxim* o Estado)

([128]) MAURICE DUVERGER, obra citada, refere-se aos territórios como *elemento material* (pág. 58 e ss.) e como *representação colectiva.* Quanto ao território como elemento material (e depois de afirmar que o território corresponde à zona geográfica onde se desenvolvem as interacções no seio das colectividades humanas, pelo que não é possível atribuir ao território fronteiras precisas – pág. 57 e ss.) refere a discussão em torno da relevância do espaço no contexto quer das relações de cada membro de um grupo com o espaço, quer no contexto da importância da situação territorial de cada membro de um grupo com relação aos outros para as interacções que entre eles se estabelecem.

Por sua vez, JACQUES REVEL, *in* A Invenção da Sociedade, pág. 102, afirma: «O território foi, é ainda, um símbolo forte. Mas foi também construído através de uma série de práticas e de representações que se inscrevem em durações diferentes, que obedecem a dinâmicas heterogéneas e, por vezes, contraditórias.». Exemplo bem elucidativo desta asserção é o contraste entre a definição de território nas constituições Políticas de 1911, 1933 e 1976.

uma forma de domínio sobre este espaço que lhe está, em princípio, submetido, vêm a contribuir para a construção daquelas representações colectivas em torno do território, num processo em que o fenómeno do conhecimento do território se volve em mecanismo de produção do território ([129]).

O Estado é *unitário* e respeita na sua *organização* os princípios de *autonomia* das autarquias locais ([130]), a qual deve ainda ser respeitada (se e quando vierem a ser instituídas ...) pelas regiões *administrativas* do Continente, cujas tarefas de coordenação e apoio à acção dos municípios ([131]) devem ser efectivadas sem limitação dos poderes daqueles; já quanto às regiões autónomas dos arquipélagos constituem poderes seus o exercício da tutela sobre as autarquias locais, bem como a criação, modificação e extinção destas autarquias locais, nos termos da lei ([132]).

Verificamos deste modo que a definição jurídico-constitucional do Estado português comporta as seguintes *dimensões críticas*: a) adopção da forma republicana; b) assumpção do conceito de *soberania* como atributo do Estado; c) carácter *uno* e *indivísivel* desta soberania estadual ([133]); d) adopção do modelo do Estado de Direito ([134])([135]);

([129]) Assim, Jacques Revel, *in* A Invenção da Sociedade (trad. port.), págs. 103-104.

([130]) Art. 6.°, n.° 1, 1ª parte – C.R.P..

([131]) Art. 257.° – C.R.P.. Parece assim tácitamente excluída a assumpção de tarefas de coordenação e de apoio, por parte das regiões administrativas, à acção das freguesias e das organizações populares de base territorial, devendo entender-se cometida aos municípios a mediação entre estas e aquelas.

([132]) Art. 229.°, n.° 1, *j)* e *l)* – C.R.P..

([133]) Donde decorre, quanto a nós, a exclusão da possibilidade de atribuição aos entes públicos menores (designadamente autarquias locais, regiões administrativas no continente) do exercício de poderes jurídico-administrativos que contendam com a soberania estadual — p. ex. lançamento de impostos locais.

([134]) Deste modo o legislador constituinte expressamente aderiu às teorias que defendem a *limitação jurídica do poder político*. Marcello Caetano, *in* Manual de Ciência Política e Direito Constitucional, Lisboa, 1967 (5ª edição), Coimbra Editora, Lda. (depositária), pág. 255 e ss., refere-se a este problema de saber se o poder político é susceptível de ser limitado jurídicamente como um dos problemas mais difíceis da Filosofia política, considerando que o mesmo constitui a pedra angular do edifício do Direito Político.

Ao consagrar o modelo do Estado de Direito o legislador constituinte rejeitou os argumentos das teorias que defendem a *impossibilidade da limitação da soberania*

e) adopção do modelo de Estado *Democrático* ([136]); f) adopção da dimensão participativa no funcionamento do Estado Democrático ([137]);

(e a rejeição desta teoria oferece-nos o maior interesse para a compreensão de um dos mais actuais problemas jurídico-políticos, qual é o da articulação da soberania do Estado com a integração europeia), sendo que a argumentação de HAURIOU não se compagina com os dados da realidade jurídica, como foi posto em evidência pelos autores pós-modernos (e não só) ao relevarem a existência de um *direito não-estadual* não fundado no poder público (maxim, político). Mas a adopção do modelo do Estado de Direito significa ainda a rejeição das teorias que defendem a *identidade do Direito e do Estado* (KELSEN), numa visão positivista normativista que é incompatível com a nossa preocupação fundamental de fundamentar o respeito da liberdade e a recusa do totalitarismo, bem como a rejeição da teoria da *desnecessidade de limitação jurídica do poder político* (*por ser falsa a antinomia entre liberdade e autoridade*) (ROUSSEAU, HEGEL), a qual vem a desembocar nas modernas concepções totalitárias.

Ao consagrar a limitação jurídica do poder político o legislador constituinte introduz uma *importante dimensão de liberalismo político* na caracterização constitucional do Estado português, o que não é de sómenos importância no contexto da compreensão do direito constitucional vigente. Haja em vista, p. ex., a perspectiva expendida por um autor como FRANCISCO LUCAS PIRES, *in* Teoria da Constituição de 1976 – A transição Dualista, Coimbra, 1988.

([135]) Quanto a nós a fórmula do Estado de Direito pressupõe uma verdadeira limitação jurídica do poder político, pelo que entendemos que a adopção deste conceito de Estado de Direito significa ainda a rejeição da *teoria da auto-limitação do poder político* (imbuída da doutrina do *positivismo jurídico*; JÉZE, JELLINEK), a qual se pode ver exposta por MARCELLO CAETANO, *in* Manual de Ciências Políticas, Lisboa, 1967 (5ª edição), Coimbra Editora, Lda. (depositária), pág. 273 e ss.. A limitação jurídica do poder político significa para nós que ao Direito advém uma força própria para impor limites à realidade contraposta do poder político, o que é diferente de uma vinculação pelo Direito do poder político com fundamento na auto-limitação que este a *si próprio* se impõe, como resultado, afinal, da sua própria força e não da força normativa específica ínsita numa regra de Direito. Cf. JORGE MIRANDA, obra citada, vol. III, pág. 143 e ss..

([136]) Donde vem a decorrer a adopção do princípio de soberania popular, conduzindo a uma concepção *monista* da *titularidade* do poder político. Deste modo a separação dos poderes do Estado perde aquele *conteúdo político* que está ínsito na noção de um Estado-misto, enquanto Estado fundado numa Constituição-mista (MONTESQUIEU). Sem este conteúdo político, o princípio da separação dos poderes do Estado volve-se em mero critério (prático-normativo) de *organização* do Estado.

([137]) A significar, parece-nos, pelo menos duas coisas: 1) que a referência inicial ao modelo do Estado Democrático se entende feita com o sentido que a ideia democrática tem no contexto liberal europeu ocidental, designadamente quanto à existência de uma *função de representação política*, associado ao ideal do parlamen-

g) adopção dum conceito de território (enquanto elemento material do Estado) que integra duas componentes, uma que se pretendia *tendencialmente rígida* (seria esse o significado da formulação «território *históricamente definido*») e outra que se revela tendencialmente *fluida* (sujeita a variações conjunturais, esta parte do território oferece-se--nos como algo de *incerto, indeterminado, estruturalmente instável*, passe o paradoxo desta última asserção); h) adopção da caracterização do Estado como *unitário* (isto é, como Estado em que há um só poder político para todo o território), o que desde logo afasta as pretensões tendentes à instauração de uma *poliarquia*, pois fica claro não ser o Estado português um Estado federal([138]); i) caracterização do Estado português como Estado *descentralizado*, ao qual é imposto o respeito pela autonomia das autarquias locais. Dado que no Estado unitário descentralizado as regiões exercem poderes políticos *delegados* ou *atribuídos* pela *constituição* do Estado (exigência fundamental para a caracterização de um Estado como descentralizado é que a Constituição *seja uma só*, diferentemente do que se passa no Estado federal, e que a mesma seja *elaborada* por um órgão *comum* sem participação das regiões como tais), esses poderes resultam da constituição ou de leis orgânicas (os estatutos político-administrativos) votadas pelos órgãos legislativos centrais. Deste modo um dos problemas mais delicados do Direito Político é o das *relações entre o Estado e a Administração Autónoma*([139]). É no âmbito desta discussão que vem a situar-se a reflexão respeitante à *tutela administrativa* sobre as autar-

---

tarismo, 2) que, considerando insuficientes os mecanismos de funcionamento da democracia meramente parlamentar - representativa, o legislador constituinte pretendeu limitar os efeitos dessas insuficiências complementando a vertente democrática representativa com uma vertente democrática participativa.

([138]) Da caracterização do Estado português como soberano já resulta não ser o Estado português nem um Estado federado (que dizer, porém, quanto à participação eventual numa União Europeia, se e quando ela vier a evoluir para o tipo federal?), nem um Estado protegido. Para a caracterização dos diferentes tipos de Estado reportamo-nos aquela que é efectuada por Marcello Caetano, *in* Manual de Ciência Política e Direito Constitucional, Lisboa, 1967 (5ª edição), Coimbra Editora, Lda. (depositária), págs. 123 a 130. Cf. ainda Jorge Miranda, obra citada, vol. III, págs. 150--180.

([139]) A delicadeza deste problema esteve em evidência com a controvérsia em torno da possibilidade jurídica de o parlamento nacional discutir o funcionamento das instituições democráticas no quadro da Região Autónoma da Madeira.

quias locais, a qual consiste na verificação do cumprimento da lei por parte dos órgãos autárquicos e é exercida nos casos e segundo as formas previstas em lei ordinária([140]), sendo que as medidas tutelares *restritivas* da autonomia local são precedidas de parecer de um órgão autárquico, nos termos definidos por lei([141]) e que a dissolução de órgãos autárquicos resultantes de eleição *directa* só pode ter por causa acções ou omissões ilegais graves([142]).

2. O aprofundamento da democracia participativa como dimensão crítica da e na problemática da organização do Estado de Direito Democrático

> *"Toda a porta está aberta para os que a querem arrombar."*
>
> André Malraux, L'Espoir (trad. port., pág. 373).

No actual Direito Político português vigente a limitação jurídica do poder político socorre-se das técnicas processuais relativas à adopção de uma *constituição rígida*, da adopção de *várias declarações de direitos*([143]), a adopção do princípio da *separação dos poderes* (que, enquanto fórmula prática de obter a limitação efectiva do Poder político e a garantia dos direitos individuais vem a constituir a base sobre a qual se funda o sistema do Estado de Direito), a consagração do *direito de resistência*, a adopção da *democracia como forma de governo*, a exigência de aprofundamento da democracia participativa, o **pluralismo** (*político*, *jurídico* e *social*).

([140]) Art. 243.°, n.°1 – C.R.P.. Actualmente a tutela administrativa é regulamentada pela Lei n.° 87/89, de 9 de Setembro (L.T.A.).

([141]) Art. 243.°, n.° 2 – C.R.P.. Ver L.T.A..

([142]) Art. 243.°, n.° 3 – C.R.P., merecendo ainda ser vistos os arts. 237.° a 242.° – C.R.P..

([143]) Assim, p. ex., a Declaração Universal dos Direitos do Homem (cf. art. 16.° – C.R.P.), a Convenção Europeia dos Direitos do Homem e vários outros documentos internacionais relativos à tutela de direitos. Embora não constituindo uma declaração de direitos própriamente dita, a C.R.P. consagra uma enumeração bastante ampla (um verdadeiro catálogo) de direitos fundamentais.

A vertente mais vísivel da limitação jurídica do poder pelas técnicas do pluralismo é a vertente do pluralismo *político*, que se exprime normativamente pela consagração constitucional expressa como tarefa fundamental do Estado português a garantia do respeito pelos princípios do Estado de Direito Democrático e a defesa da democracia política([144]), exercendo-se o poder político através do sufrágio universal (igual, directo, secreto) e periódico (mas também através das outras formas previstas na constituição: assim, p. ex., está previsto o recurso ao referendo), admitindo-se os partidos políticos como uma das formas possíveis de concorrerem para a organização e para a expressão da vontade popular, no respeito pelos princípios da independência nacional e da democracia política (art. 10.°, 1 e 2 – C.R.P.): de notar a destrinça entre a admissibilidade do funcionamento dos mecanismos político-partidários e o *princípio da democracia política*, destrinça esta que há-de significar a recusa da identificação de conceito de *democracia política* com aquele outro de "*democracia de partidos políticos*". A democracia política contém a possibilidade de funcionamento de vários partidos políticos, mas não se reduz ao jogo político-partidário — como decorre da exigência de que aqueles (os partidos políticos) respeitem o princípio da democracia política([145]).

A necessidade de preservar o respeito pelo pluralismo político projecta-se a nível jurídico de várias maneiras. Assim, não é admitida a extradição e a expulsão de cidadãos portugueses do território nacional([146]) nem é admitida a extradição por motivos políticos([147]), sendo garantido o direito de asilo aos estrangeiros e aos apátridas perseguidos ou gravemente ameaçados de perseguição, em consequência da sua actividade em favor da democracia, da libertação social e nacional, da paz entre os povos, da liberdade e dos direitos da pessoa humana. Registe-se aqui a distinção efectuada no art. 33.°, 6 – C.R.P., entre democracia e liberdade; entendemos que é uma cedência a determinado tipo de concepções político-ideológicas (situadas algu-

---

([144]) Art. 9.°, *b)* e *c)* – C.R.P..

([145]) Ver Marcelo Rebelo de Sousa, Os Partidos Políticos no Direito Constitucional.

([146]) Art. 33.°, 1 – C.R.P..

([147]) Art. 33.°, 2 – C.R.P..

res no cruzamento entre o radicalismo de uma certa esquerda revolucionária e o "terceiro-mundismo" difuso, discriminado em várias correntes da esquerda), que a referência às actividades em favor da "libertação social e nacional" antecede não só a referência às actividades a favor da paz entre os povos mas ainda (e, sobretudo, é isto que nos merece reparo) ás actividades em favor da liberdade e dos direitos da pessoa humana. Esta ordenação reflecte ainda, quanto a nós, o ambiente do *processo revolucionário em curso* (P.R.E.C.) no tempo em que decorreu a elaboração da Constituição da República Portuguesa.

No contexto do respeito pelo pluralismo político (enquanto este advém como técnica de limitação jurídica do poder político) deparamos com a proibição da ingerência das autoridades públicas na correspondência e nas telecomunicações [148], a proibição da utilização da informática para tratamento de dados referentes a convicções filosóficas ou políticas [149], a consagração da liberdade de expressão e informação [150], da liberdade de imprensa e meios de comunicação social [151]. O nº 2 deste art. 38.° é materialmente subsumível no âmbito normativo do art. 37.°, segundo nos parece. Parece-nos que o nº 4 do art. 38.°, 1ª parte ("O Estado assegura a liberdade e a independência dos órgãos de comunicação social perante o poder político e o poder económico...") é em si mesmo um "non-sense" lógico, senão mesmo um "desconchavo" em termos de lógica jurídica: pois não é que se está a afirmar que o Estado assegura a liberdade e a independência dos órgãos de comunicação social perante o poder político (isto é, o próprio Estado)? O "non-sense" resulta assim evidente: ou os órgãos de comunicação social estão dotados de liberdade e independência em face do poder político e, por esse mesmo motivo, não é possível ao Estado vir a assegurar-lhes algo de que eles já dispõem, e que precisamente por já o disporem lhes possibilita fazer frente às atitudes paternalistas do Estado (e isto, claro, partindo do princípio de

---

(148) Salvo os casos previstos na lei em matéria de processo criminal, art. 34.°, 4 – C.R.P..

(149) Salvo quando se trate do processamento de dados estatísticos não individualmente identificáveis: Art. 35.°, 4 – C.R.P..

(150) Art. 37.° – C.R.P..

(151) Art. 38.° – C.R.P..

que o Estado venha a agir de modo "altruista", colocando obstáculos ao domínio *por si próprio* de tais órgãos de comunicação social ...!) ou aqueles órgãos de comunicação social não estão dotados de liberdade e independência em face do poder político, e então não há qualquer intervenção do Estado capaz de dotá-los de tais atributos em face dele próprio (o Estado) que, agindo na condição de poder político, os domina: a menos que, *e por absurdo*, se pretendesse teorizar uma "*dupla personalidade jurídica*" (o Estado-como-Estado e o Estado--como-poder político (estadual ...!)?([152])

Por outro lado não se vê *como* é que o Estado esteja em condições de assegurar a liberdade e a independência dos órgãos de comunicação social perante o *poder económico*. Reconhecendo embora a coerência teleológica deste objectivo com o daquela outra directriz fundamental da organização económico-social consagrada na Constituição de 76, qual é a da subordinação do poder económico ao poder político democrático([153]), não podemos deixar de fazer notar que este conceito de poder económico é um *conceito de determinação impossível*: no contexto duma economia livre (de mercado) o poder económico não existe como realidade jurídica que seja possível referenciar concretamente como manifestando-se através da actividade dum complexo orgânico, de serviços ou agentes susceptíveis de ser individualizados no âmbito da realização de uma função, tarefa ou projecto, pois que se trata (neste contexto preciso: economia de mercado) de uma realidade social extremamente difusa (este dito "poder económico", é algo que (a existir) está disseminado ("pulverizado") nas mãos de todos e cada um dos agentes económicos, de todas e cada uma das forças económicas e sociais). Sendo um conceito de determinação impossível, a noção de "poder económico" não tem qualquer préstimo ou sentido útil e a sua sobrevivência no texto constitucional vigente só se pode explicar por uma "concessão" intelectual (a nosso ver, perfeitamente injustificada) às concepções sociológicas inspiradas na metodologia marxiana.

([152]) Fazemos notar que o absurdo a que nos referimos o é no contexto do Estado *unitário*; já não seria assim caso estivéssemos perante um Estado federal... Uma tal construção, no *contexto do Estado unitário*, parece-nos desajustada.

([153]) Art. 80.°, *a)* – C.R.P..

O pluralismo político é ainda garantido através da consagração constitucional expressa (art. 38.°, 6 – C.R.P.) da possibilidade de expressão e confronto das diversas correntes de opinião nos meios de comunicação social do sector público; sendo que a estrutura e o funcionamento destes "media" devem salvaguardar a sua independência perante o Governo, a Administração e os demais poderes públicos. Mas, questionamos nós, para atingir estes objectivos não seria mais simples, eficiente, e "libertador" da sociedade civil face a eventuais técnicas de manipulação dos "media" por aqueles poderes, a não-existência de meios de comunicação social no sector público? Na verdade, parece-nos erróneo a inclusão na Constituição da República de um dispositivo normativo como o do art. 38.°, 5 – C.R.P.: porque razão há-de o Estado assegurar a existência e o funcionamento de um serviço *público* de rádio e de televisão? E ainda que o poder político entenda por conveniente a existência de um tal serviço público (porque a iniciativa dos particulares não se revela capaz para pôr em funcionamento estações emissoras de rádio e ou de televisão; ou porque, embora capaz, os particulares atentem contra o pluralismo político; ou ainda, quando não seja nenhum dos casos anteriores, porque o poder político entende por conveniente proporcionar um alargamento do campo de preferências dos cidadãos em matéria de programação, eventualmente com um cunho "alternativo", isto é, não estritamente submetido a uma lógica "comercial" nas opções de programação das estações emissoras), ainda quando tal suceda não parece que uma tal matéria deva ter dignidade constitucional formal, pois é mais consentâneo com o *princípio da democracia política* (num Estado de Direito) que um assunto desta natureza seja regulamentado jurídicamente por via do recurso à *lei ordinária* — o que, além do mais, permite diferentes opções do Governo e da Administração nesta matéria, por via da alternância no exercício da função governamental de partidos políticos com modelos de organização social divergentes e contrastantes *também* nesta matéria([154]).

Para a garantia efectiva do pluralismo político concorre ainda a consagração constitucional dos direitos de antena, de resposta e de

---

([154]) As considerações precedentes aplicam-se igualmente, *mutatis mutandis*, à redacção do Art. 39.°, n.° 1, 1ª parte.

réplica política dos partidos políticos ([155]), a *proibição* de o Estado programar a educação e a cultura segundo quaisquer directrizes políticas, filosóficas ou ideológicas ([156]), a garantia dos direitos de reunião e de manifestação ([157]), da liberdade de associação.

Mas já quanto a esta última *liberdade* fundamental nos parece passível de crítica o art. 46.°, nº 4 (2ª parte) ao não consentir organizações que perfilhem a *ideologia fascista*, precisamente porque um tal normativo restringe o pluralismo *político*. O pluralismo político resulta sensivelmente reduzido e a democracia política sensivelmente limitada com esta proibição de organizações que perfilhem a ideologia fascista que, por várias ordens de razões, nos parece francamente *aberrante*.

Desde logo uma primeira ordem de razões prende-se com a consideração de que o pluralismo político, no âmbito do respeito pelos princípios da democracia política e do Estado de Direito, deve permitir o gozo jurídicamente *pleno* das liberdades de expressão e de associação política (incluindo a constituição de partidos políticos) que perfilhem ideologias totalitárias, pois caso contrário (como sucede com o art. 46.°, 4 (2ª parte) estamos perante uma frontal oposição e um directo antagonismo com o princípio da proibição de o Estado programar a educação e a cultura (entendidas estas num sentido amplo) segundo quaisquer directrizes filosóficas, políticas ou ideológicas — e não permitir a constituição de organizações que perfilhem a ideologia totalitária é já um modo de (ainda que em via oblíqua ou indirecta) influir na educação e na cultura dos cidadãos de uma sociedade democrática pluralista, que se pretende o mais *aberta* possível. Do ponto de vista da teoria liberal e democrática é inaceitável, portanto, uma restrição dos direitos e liberdades de expressão e associação dos cidadãos que perfilhem ideologias totalitárias, os quais estão a ser colocados em desigualdade de condições com os restantes cidadãos, no que se consubstancia uma violação daquele *princípio da*

([155]) Art. 40.° – C.R.P..

([156]) Art. 43.°, 2 – C.R.P.. Para ALBERT CAMUS, *in* O Avesso e o Direito, págs. 160-161, «a celebridade que consistia em não ser ou em ser mal lido, em Sociedade burguesa, consistirá em impedir os outros de ser lidos, em sociedade totalitária». Veja-se ainda VACLAV HAVEL, Ensaios Políticos.

([157]) Art. 45.° – C.R.P..

igualdade segundo o qual *todos* os cidadãos têm a mesma dignidade social[158] e são iguais perante a lei[159], *ninguém podendo ser prejudicado ou privado de qualquer direito em razão de convicções políticas ou ideológicas*[160], princípio este que está profundamente imbricado com o princípio da *universalidade* dos direitos fundamentais, no qual se consagra que *todos* os cidadãos gozam dos direitos consignados na constituição[161].

Situação esta de discriminação negativa destes cidadãos que é mais *intolerável*, do ponto de vista da adesão à *teoria liberal e democrática*, porquanto (se a intenção do legislador constituinte e a vontade normativa da constituição nesta questão se prendem com motivações políticas de defesa e garantia do regime democrático, esforçando-se por obviar à instauração de ditaduras totalitárias) constitui-se numa situação de *privilégio injustificável* para os cidadãos que pretendam constituir organizações que perfilhem ideologias totalitárias de esquerda (p. ex. as organizações comunistas nos seus vários matizes político-ideológicos) não serem estas *igualmente* proibidas, a exemplo do que sucederá com as organizações que pretendem constituir-se perfilhando ideologias totalitárias de direita. Só que aqui chegados deparamos com um outro problema: será que a proibição do art. 46.°, 4 – 2ª parte, abrange todo e qualquer organização que perfilhe uma ideologia totalitária de *direita*?

Sendo esta norma constitucional uma norma *excepcional* em face dos princípios e regras gerais relativos à liberdade de associação e ao direito de constituir organizações (*designadamente* partidos políticos) é de excluir a sua *aplicação analógica* a organizações totalitárias de direita que perfilhem outra ideologia que não o *fascismo*[162].

---

(158) Que, em sentido amplo, necessariamente abrange (e por maioria de razão) a dignidade *cívica*, isto é, o reconhecimento de que todos os cidadãos gozam de igual dignidade quanto às possibilidades de intervenção cívica, e a dignidade *política*, isto é, o reconhecimento de que todos os cidadãos gozam de igual dignidade quanto às possibilidades de intervenção política.

(159) A este respeito, porém, o art. 294.° *parece* consagrar uma excepção ao princípio da legalidade em direito penal...

(160) Art. 13.° – C.R.P..

(161) Art. 12.° – C.R.P..

(162) Art. 11.° do Código Civil.

Deste modo, a aberração jurídica que consideramos ser este art. 46.°, 4 – 2ª parte resulta ainda mais evidente por, em face do seu carácter normativo *excepcional*, não se poderem considerar abrangidos por esta proibição os cidadãos que pretendem constituir organizações que perfilhem ideologias totalitárias de direita *diferentes* do fascismo (163). Esta proibição de aplicação analógica das normas excepcionais prejudica a indagação das analogias, não apenas entre o fascismo e o nacional-socialismo, entre todas as ideologias totalitárias (rever *supra*, Cap. I). Por outro lado, sendo admissível a interpretação *extensiva* das normas excepcionais tal apenas servirá para reconduzir ao âmbito de aplicação desta proibição a constituição de organizações que perfilhem a ideologia *neo-fascista* (164), mas não abrangeria nem o nacional-socialismo nem qualquer outra ideologia totalitária de direita.

Caso se pretenda adoptar uma interpretação *correctiva* desta proibição (art. 46.°, 4 – 2ª parte) o resultado não será mais feliz: por um lado, porque ou uma tal interpretação correctiva resulta na consideração de que o juízo de valor subjacente a esta norma é proibir as organizações que perfilhem *qualquer* ideologia totalitária de direita, e então deparamos com aquela situação de privilégio injustificável a que já nos referimos, ou então, para obviar a tal, resulta tal interpretação na consideração de que não são consentidas *nenhumas* organizações que perfilhem ideologias totalitárias (sejam de esquerda ou de direita) (165): resultado este a concorrer para considerarmos que este dispositivo normativo é uma *aberração jurídico-política* que deverá ser suprimida em futura revisão constitucional.

Mas o pluralismo político intersecta ainda a temática do *aprofundamento da democracia participativa*, que é um dos objectivos que o direito constitucional vigente fixa ao Estado português de direito democrático, intersecção essa que opera em termos prático-normativos através da consagração de alguns *direitos, liberdades e garantias de participação política* que vêm a reforçar o pluralismo político como técnica de limitação jurídica do poder político.

---

(163) Assim, p. ex., não se deve, em bom rigor técnico-jurídico, considerar proibidas as organizações que perfilhem a ideologia *nacional-socialista*.

(164) Assim, em Itália, o Movimento Social Italiano.

(165) O que conduziria a considerar anti-constitucional a constituição e funcionamento de organizações de ideologia comunista.

O direito de *participação* na vida *política* (e na direcção dos assuntos públicos) exerce-se desde logo através do funcionamento dos mecanismos da *democracia representativa parlamentar*, e é este um dado jurídico-normativo que importa reter dada a importância do que nesta compreensão do *modus operandi* do princípio de participação na vida política está ínsito: isto é, o direito constitucional vigente não aderiu às concepções que contrapõem a participação dos cidadãos na vida política à técnica da representação política associada ao funcionamento duma democracia parlamentar na tradição do liberalismo europeu e ocidental. Fundamentamos esta nossa asserção no dispositivo normativo do Art. 48.°, 1 – C.R.P.: «Todos os cidadãos têm o direito de tomar parte na vida política e na direcção dos assuntos públicos do país, (...) por intermédio de representantes livremente eleitos.». Este é um dado jurídico-normativo que não pode nem deve ser *silenciado*, quando se busque um correcto e adequado entendimento quanto à inserção do princípio da participação no quadro jurídico-político duma democracia representativa-parlamentar, herdeira espiritual da modernidade liberal, europeia e ocidental. Como também não deve ser *distorcido* o significado deste dado normativo, a partir de uma pré-compreensão que precisamente parte da contraposição entre as técnicas de participação política e de representação política. Daí não podermos subscrever a postura adoptada por GOMES CANOTILHO (166), quando se refere à distinção entre uma participação em *sentido amplo* que abrange a participação através do voto, de acordo com os processos e formas da democracia representativa, e participação em *sentido restrito* como uma forma mais alargada do concurso dos cidadãos para a tomada de decisões, muitas vezes de forma directa e não-convencional, restringindo a este último sentido a abordagem subsequente (167) deste tema. O art. 48.°, 1 – C.R.P., consagra a técnica de representação política, como um dos mecanismos jurídicos que realizam o direito de participação política, com a mesma dignidade jurídico-constitucional (e o mesmo valor jurídico-normativo) do mecanismo jurídico da participação *directa*.

---

(166) Direito Constitucional, Coimbra, 4ª edição, pág. 336.

(167) *Idem*, pág. 336 e ss..

Assim o aprofundamento da democracia participativa há-de significar, adquirido que os mecanismos da representação política dos cidadãos são uma forma de participação destes na vida política, a exigência de aprofundamento dos mecanismos representativos enquanto via jurídica para realizar uma tal participação na vida política, por aqui vindo a obter-se ainda uma garantia de reforço do pluralismo político. Concorrendo ainda para a garantia e reforço do pluralismo político a proibição de prejudicar todo e qualquer cidadão, em matéria de acesso a cargos públicos, em virtude do exercício de direitos políticos([168]), o direito (decorrente da liberdade de associação) de constituir ou participar em associações e partidos políticos e de através destes concorrer democraticamente para a formação de vontade popular e a *organização do poder político*([169]).

Quanto a este ponto (o de que, através da sua associação em partidos políticos) os cidadãos vêm a concorrer para a organização do poder político, merece especial referência essa nova dimensão horizontal da separação dos poderes que é a contraposição ao *poder governamental* de um outro: o *poder de oposição democrática*([170]).

A proibição dos despedimentos por motivos *políticos ou ideológicos* vem também a concorrer para a garantia da existência e funcionamento do *pluralismo político*([171]). Mas extremamente impor-

---

([168]) Art. 50.°, 2 – C.R.P..

([169]) Art. 51.° – C.R.P..

([170]) Art. 117.° – C.R.P.. Cf. Art. 288.°, alínea *i)*, que consagra como limites materiais da revisão constitucional o pluralismo político e o direito de oposição democrática. Cf. Alvin Toffler, The Third Wave (A Terceira Vaga), 1980 (ed. port., 1984, Livros do Brasil, Lisboa), pág. 412 e ss., designadamente pág. 419 e ss., pág. 423 e ss., pág. 428 e ss. Vejam-se as considerações de Alexis de Tocqueville, Da Democracia na América, pág. 97 e ss., sobre a omnipotência da maioria nos Governos Democráticos e os seus efeitos; designadamente, quanto à *tirania da maioria*: «Considero como ímpia e detestável esta máxima: que em matéria de Governo a maioria de um povo tenha todos os direitos. Mas, por outro lado, penso que se deve situar na vontade da maioria a origem de todos os poderes. Estarei em contradição comigo mesmo?» (cf. pág. 104 e ss.). Ver João Carlos Espada, Dez Anos que Mudaram o Mundo, pág. 58.

([171]) Mas ... e quanto à não admissão de um trabalhador numa empresa privada, por motivos políticos ou ideológicos? O direito ao trabalho é um direito económico, como tal abrangido pelo regime jurídico dos direitos fundamentais *sociais* (em sentido lato), o qual não é abrangido pelo regime dos direitos, liberdades e garan-

tante é a consagração como direitos fundamentais do *direito de iniciativa económica privada*(172) e do *direito de propriedade privada*(173) pois a experiência histórica demonstra inelutável e incontornávelmente que o pluralismo político necessita duma organização económica plural: a economia de mercado. Como refere ROBERT MOSS, sem o pluralismo económico o pluralismo político não pode sobreviver por muito tempo; a sobrevivência de uma sociedade livre depende da dispersão do poder, algo que é tão evidente na vida económica como na política, pois que se o Estado for a única entidade patronal qualquer pessoa que se oponha à sua política arrisca-se a passar fome(174). Ora, não só o sistema de mercado é comprovadamente mais eficiente e poderá melhorar mais as condições de vida da sociedade como um todo do que qualquer outro sistema económico, mas também é ele o pré-requisito da democracia liberal e dos sindicatos livres(175). O mercado é a única forma genuína de «democracia económica», sendo o sistema de mercado um meio de coordenar a actividade económica no qual as pessoas «cooperam porque é do seu interesse particular fornecer aos outros aquilo de que necessitam» (SAMUEL BRITTAN)(176). Como afirma ROBERT MOSS: «Se o mercado é substituído por algum departamento central de planificação, há tanta possibilidade de escolha para o consumidor como há para um eleitor num Estado de partido único»(177), pois que a dispersão do poder económico é uma condição prévia para a política pluralista(178).

---

tias. Sucede ainda que, quanto a nós, o direito ao trabalho não tem natureza análoga a nenhum daqueles direitos, liberdades e garantias: para além de ser um direito tendencialmente *funcionalizado* («O dever de trabalhar é inseparável do direito ao trabalho» — Art. 58.°, 2), o direito ao trabalho é algo que incumbe garantir ao Estado (Art. 58.°, 3 – C.R.P.) e não aos particulares ou entidades privadas, sendo que no âmbito das relações jurídicas privadas rege o princípio da autonomia privada, o qual se constitui no fundamento do princípio da liberdade contratual (art. 405.° – Código Civil) cuja dimensão mínima é a liberdade de escolha da contraparte numa relação jurídica negocial. Veja-se VIEIRA ANDRADE, Os Direitos Fundamentais na Constituição Portuguesa de 1976.

(172) Art. 61.° – C.R.P..

(173) Art. 62.° – C.R.P..

(174) ROBERT MOSS, O Colapso da Democracia, pág. 145.

(175) *Idem*, pág. 146.

(176) ROBERT MOSS, *idem*, pág. 155.

(177) *Idem*, pág. 157.

(178) *Idem*, pág. 166.

Outros problemas, porém, suscita a participação dos cidadãos na vida política do país e a sua articulação com a organização do poder político num Estado de Direito, designadamente quanto às refracções desta dimensão do aprofundamento da democracia participativa no funcionamento do pluralismo político. É que este domínio (da participação dos cidadãos na vida política através de *representantes* livremente eleitos) é o mais *vísivel* de uma tal participação, nomeadamente pelas suas consequências quanto à *estruturação do direito eleitoral*([179]) mas também no que concerne ao funcionamento e institucionalização de um novo *poder de oposição democrática das minorias* (Art. 117.°, 2 e 3 – C.R.P.), em estreita relação com uma visão mais actualizada do princípio da separação e interdependência dos poderes do Estado (Art. 114.° – C.R.P.).

Já no âmbito da *participação directa* na vida política avultam os mecanismos relativos à possibilidade de realização de referendos([180]) vinculativos sobre questões de relevante interesse nacional([181]) e de consultas directas aos cidadãos eleitores a nível das autarquias locais([182]). Decorrendo da conjugação do pluralismo de expressão e

---

([179]) Carácter *universal* do direito de sufrágio, bem como a *periodicidade* do exercício deste direito, articulada com o princípio da *renovação dos cargos políticos* (Art. 121.° – C.R.P.), o seu carácter *directo* e secreto (Art. 49.°) sendo com todas estas características que o direito de sufrágio vem a ser exercido para efeitos da designação dos titulares dos órgãos electivos da *soberania*, das regiões autónomas e do poder local (Art. 116.°, 1 – C.R.P.), mas também a participação dos partidos políticos nos órgãos baseados no sufrágio universal e directo de acordo com a sua representatividade eleitoral (Art. 117.°, n.° 1 – C.R.P.), de harmonia com o princípio da representação proporcional (Art. 116.°, n.° 5 – C.R.P.), correlacionando-se tal com a consagração em normativo constitucional do direito a tempo de antena nos meios de comunicação social, do direito de resposta e de réplica política (Art. 40.° – C.R.P.).

([180]) Art. 118.° – C.R.P..

([181]) Desde que as mesmas devam ser decididas pela Assembleia da República ou pelo Governo, através da aprovação de convenção internacional ou de acto legislativo, *excluindo-se* porém: as alterações à Constituição, as matérias previstas nos arts. 164.° e 167.° da C.R.P. e as questões e os actos de conteúdo orçamental, tributário ou financeiro — cf. Art. 118.° (n.° 1, 2 e 3) – C.R.P.. O instituto do referendo configura-se assim como um mecanismo jurídico-político para actuar a participação directa dos cidadãos na vida política, mas as limitações que lhe são colocadas no concernante ao seu objecto (âmbito material) parece-nos que de um modo *claro* e *inequívoco* pretendem excluir a sua utilização como veículo de uma qualquer democracia directa.

([182]) Art. 241.°, 3 – C.R.P..

organização política democráticas (como *base* do Estado de Direito Democrático – art. 2.° – C.R.P.) com o aprofundamento da democracia participativa (enquanto *objectivo* de tal Estado de Direito Democrático — *idem*) que a participação dos cidadãos na vida pública (designadamente política) há-de comportar uma pluralidade de níveis, graus, intensidades, mecanismos e domínios de afirmação([183]), o que está em consonância com o entendimento expresso pelos movimentos sociais que reivindicam esta participação dos cidadãos na vida pública, entendimento segundo o qual esta participação se afirma como mecanismo e princípio coadjuvante do Estado Social e Democrático de Direito([184]), deparam-se-nos *novos mecanismos de participação na vida política*. Sendo que há aqui a distinguir entre aqueles mecanismos que (como sucede com o direito de petição, representação, reclamação, queixa, por parte dos cidadãos, *individual ou colectivamente*, para defesa dos seus direitos, *da Constituição, das leis ou do interesse geral* — cf. art. 52.°, 1 – C.R.P.; ou com o *direito de acção popular* (art. 52.°, 3 – C.R.P.), cujo âmbito pode ser alargado, em sede de *decisão do legislador ordinário*, a outros casos para além dos mencionados na C.R.P.) já existindo anteriormente no ordenamento jurídico-público sofrem agora o impacto resultante de um novo enquadramento jurídico-dogmático, ou de um alargamento

---

([183]) Ver BAPTISTA MACHADO, obra citada, (págs. anteriormente citadas) e ainda págs. 35-45, págs. 45-65, págs 96-97, págs. 111-120, págs. 121-123, págs. 136-139; GOMES CANOTILHO, obra citada, págs. 352-466; FREITAS DO AMARAL, obra citada, págs. 718-719; MARIPINA TERRASI, «Dalla Natural Justice Alla Fairness: Il Privato nel Procedimento Amministrativo», *in* Il Foro Amministrativo, Milano, Giuffrè Editore, Ano LXV, Setembro, 1989, págs. 2375 a 2589; LORENZA VIOLINI, Le Questioni Scientifiche Controverse nel Procedimento Amministrativo, Pavia, Giuffrè Editore, págs. 26-28, págs. 125-131, págs. 162-166.

([184]) Ver ANGEL SANCHEZ BLANCO, «La Participacion como coadyuvante del Estado Social y Democrático de Derecho», *in* Revista de Administración Pública, Madrid, Centro de Estudios Constitucionales, Maio-Agosto, n.° 119, 1989, págs. 130 a 171 (designadamente, págs. 133-138, págs. 142-143, págs. 152-154, pág. 162-171); ALFONSO PEREZ MORENO, «Crisis de la participacion administrativa», *in idem*, págs. 91-132 (designadamente, págs. 91-94, págs. 108-113, págs. 123-132); JOSÉ MANUEL SÉRVULO CORREIA, Noções de Direito Administrativo, vol. I, Lisboa, Editora Danúbio, 1982, págs. 117-125; cf. MARCELLO CAETANO, Manual de Ciência Política e Direito Constitucional, Lisboa, (depositária: Coimbra Editora, Lda.), 6ª edição (reimpressão de 1972) revista e ampliada por MIGUEL GALVÃO TELES, Tomo I, pág. 324 e ss.

do seu âmbito, alterações no plano da legitimidade activa([185]), e aqueles outros mecanismos que consubstanciam contemporâneamente uma nova feição desta participação dos cidadãos na vida política, como sucede com a institucionalização de *direitos de participação no procedimento legislativo*([186]).

O que vem a ser criticável nesta nova feição da participação dos cidadãos na vida política, não é tanto a consagração destes direitos de participação no procedimento legislativo por parte de organizações representativas de interesses sociais (mais ou menos) relevantes, mas o *carácter distorcido da e na expressa consagração constitucional destes direitos de participação no procedimento legislativo*, introduzindo uma *dimensão crítica* na problemática da articulação das técnicas de participação dos cidadãos na vida política com o pluralismo político (princípio basilar do Estado de Direito Democrático). Um tal carácter distorcido revela-se quando se constata que, sendo concedidos às *comissões de trabalhadores e associações sindicais*

([185]) Ver Lei n.° 43/90, de 10 de Agosto.

([186]) Assim: o art. 54.°, n.° 5, alínea *d)* – C.R.P. consagra como *direito das comissões de trabalhadores* o direito de "participar na elaboração da legislação do trabalho e dos planos económico-sociais que contemplam o respectivo sector"; o art. 56.°, n.° 2, alínea *a)* – C.R.P., consagra como *direito das associações sindicais* o de "participar na elaboração da legislação do trabalho"; o art. 95.°, 1 – C.R.P., concede ao Conselho Económico e Social o direito de participar na elaboração dos planos de desenvolvimento económico e social, a qual compete ao Governo (art. 92.° – C.R.P.), mas sendo da competência do parlamento (A.R.) a aprovação das grandes opções correspondentes a cada plano (art. 93.°, 1 – C.R.P.); de algum modo, o art. 180.°, 1 – C.R.P. (direito de comparência dos ministros nas reuniões plenárias do parlamento), o que vem a ser uma forma de participação (ainda que ténue) no procedimento legislativo parlamentar; o art. 229.°, n.° 1, alínea *f)* – C.R.P. (participação das regiões autónomas no procedimento legislativo), de algum modo o art. 229, n.° 1, *q)* (quando a execução das políticas aí mencionadas se efectue através de acto legislativo) e 1, *r)* (*idem*).

De algum modo, será ainda o caso dos arts. 77.°, n.° 2 – C.R.P. (participação das associações de professores, de alunos, de pais, das comunidades e das instituições de carácter científico na definição da política de ensino) e art. 101.° («Na definição da política agrícola é assegurada a participação dos trabalhadores rurais e dos agricultores através das suas organizações representativas»), *quando e se* se entender que participar na definição das políticas sectoriais inclui participar nos procedimentos legislativos visando balizar as políticas sectoriais em causa (p. ex., leis-quadro, leis de base, leis de enquadramento).

(organizações representativas dos interesses dos trabalhadores) o direito de participarem na elaboração da legislação do trabalho, não vem a ser expressamente consagrado no normativo constitucional vigente um idêntico direito de participação nos procedimentos legislativos concernentes à legislação do trabalho por parte das organizações representativas dos interesses empresariais — o que contraria manifestamente os arts. 48.° e 112.° da C.R.P. que concedem o direito de participação na vida política (ao abrigo do qual vieram a ser autonomizados os direitos de participação no procedimento legislativo) a *todos* os cidadãos (de resto, em perfeita consonância com os princípios constitucionais de igualdade dos cidadãos perante a lei (art. 13.° – C.R.P.) e da universalidade dos direitos fundamentais (Art. 12.° – C.R.P.) ([187]). Esta distorção não só atenta contra o pluralismo político e social ([188]), como não se pode justificar senão nos quadros de uma

([187]) Cf. art. 13., 2 – C.R.P.; de acordo com o qual ninguém pode ser privilegiado, beneficiado, prejudicado, privado de qualquer direito em razão da situação económica ou condição social. Note-se que o direito de participação na vida política é não só um direito fundamental de todos os cidadãos, mas ainda goza do regime jurídico dos direitos, liberdades e garantias.

([188]) O **pluralismo social** decorre necessariamente de a República Portuguesa ser baseada na *dignidade da pessoa humana* e na vontade popular e estar empenhada na construção de uma *Sociedade livre, justa e solidária* (Art. 1.° – C.R.P.) e de o Estado de Direito Democrático ter como objectivo a realização da democracia económica, social e cultural (Art. 2.° – C.R.P.).

Que entre os processos jurídicos a que recorre a técnica de limitação do poder político no direito constitucional português vigente se deve incluir este *pluralismo social* é algo que, para nós, se nos afigura inquestionável quando se constata a existência de preceitos constitucionais cujo escopo normativo é a protecção da *independência do poder judicial*, sendo que incumbe aos tribunais assegurar a defesa dos direitos e interesses legalmente protegidos dos cidadãos, reprimir a violação da legalidade e dirimir os conflitos de interesses públicos e privados (art. 205.°, n.° 2 – C.R.P.); mas também quando deparamos com preceitos constitucionais relativos à *imparcialidade* da Administração Pública (art. 266, n.° 2 – C.R.P.) bem como o respeito por esta dos princípios da *igualdade* e da *justiça* (*idem*); e ainda as normas constitucionais respeitantes à liberdade e à independência dos órgãos de comunicação social, impondo o princípio da especialidade das empresas titulares de órgãos de informação geral, tratando-as e apoiando-as (o Estado) de forma não discriminatória e impedindo a sua concentração, designadamente através de participações múltiplas ou cruzadas (art. 38.°, n.° 4 – C.R.P.), devendo a estrutura e o funcionamento dos meios de comunicação social do sector público assegurar a possibilidade de expressão e

ideologia revolucionária de pendor «trabalhista». Esta situação representa mais uma remanescência no normativo constitucional vigente

---

confronto das diversas correntes de opinião (art. 38.°, n.° 5 – C.R.P.). Confronte-se ainda o art. 39.° – C.R.P..

Mas para a existência e funcionamento deste pluralismo social intentam contribuir ainda as normas constitucionais consagradoras da *liberdade de consciência, de religião e de culto* (art. 41.° – C.R.P.), de *criação intelectual, artística e científica* (art. 41.° – C.R.P.), de *aprender e ensinar* (art. 43.° – C.R.P.) na qual se inclui a garantia do direito de criação de escolas particulares e cooperativas (art. 43.°, 4 – C.R.P.), sendo este ensino particular e cooperativo reconhecido e fiscalizado pelo Estado, nos termos da lei (art. 75.°, 2 – C.R.P.), o direito de *reunião* (art. 45.°, 1 – C.R.P.) e o direito de *manifestação* (art. 45.°, 2 – C.R.P.), a liberdade de associação (art. 46.°, art. 51.° – C.R.P.), a liberdade de escolha de profissão e acesso à função pública (art. 47.° – C.R.P.), a liberdade sindical (art. 55.° – C.R.P.) e o direito à greve (art. 57.° – C.R.P.), bem como a liberdade de iniciativa económica privada (art. 61.° – C.R.P.), a garantia do direito de propriedade privada (art. 62.°, 1 – C.R.P.), por tal forma que a requisição e a expropriação por utilidade pública só podem ser efectuadas com base na lei e mediante o pagamento de justa indemnização (art. 62.°, 2 – C.R.P.).

Concorrem igualmente para a existência e funcionamento efectivo do pluralismo social (como técnica de limitação jurídica do poder político) o reconhecimento do direito de constituição de instituições particulares de solidariedade social não lucrativas (art. 63.°, 2 – C.R.P.), o estímulo à construção privada para assegurar o direito à habitação (art. 65.°, 2, alínea *c)* – C.R.P.), a protecção da infância contra todas as formas de discriminação e de opressão (art. 69.°, 2 – C.R.P.), o fomento e apoio às organizações juvenis por parte do Estado (art. 70.°, 3 – C.R.P.), o apoio à terceira idade, com vista a evitar e superar o isolamento ou a marginalização social, tendendo a proporcionar às pessoas idosas oportunidades de realização pessoal, através de uma participação activa na vida da comunidade (art. 72.° – C.R.P.).

Ainda relevantes para a existência e efectiva garantia do pluralismo social são a *coexistência* do sector público, do sector privado e do sector cooperativo e social de propriedade dos meios de produção (art. 80.°, *b)* – C.R.P.), (cf. art. 82.° e ss. – C.R.P.) art. 288.°, *f)*, a reversibilidade das nacionalizações efectuadas depois de 25 de Abril de 1974 (art. 85.° – C.R.P.), a directriz jurídico-normativa expressamente consagrada no direito constitucional vigente segundo a qual o Estado só pode intervir na gestão de empresas privadas a título *transitório, nos casos expressamente previstos na lei e, em regra, mediante prévia decisão judicial* (art. 87.°, 2 – C.R.P.); a separação das Igrejas do Estado (art. 41.°, 4 e 288.°, c) – C.R.P.), o direito a tempo de antena das organizações sindicais, profissionais e representativas das actividades económicas (art. 40.°, 1 – C.R.P.), o Conselho Económico e Social (art. 95.° – C.R.P.). Como são ainda relevantes, em matéria de pluralismo social, os mecanismos jurídicos de contratação colectiva e o recurso às técnicas e procedimentos de concertação social. V.g., respectivamente, José Barros Moura, obra citada; e ainda Barbosa de Melo, Introdução

do fracassado projecto de revolução social que avassalou o país durante os anos de 1974-1975, estando subjacente ao carácter distorcido da consagração destes direitos de participação uma reflexão teórica que transige com o «background» marxista e com as refracções de um tal tipo de análise, conceituação e metodologia nas teorias do direito e do Estado ([189]).

Para uma teoria liberal e democrática é perfeitamente inaceitável esta distorção, em que se negam às organizações representativas dos empresários aqueles mesmos direitos de participação no procedimento legislativo que são concedidos às organizações representativas dos trabalhadores; até pela relevância jurídico-constitucional destes

---

às Formas de Concertação Social, bem como Baptista Machado, Administração, Estado e Sociedade, pág. 72 e ss. (designadamente pág. 94 e ss.).

([189]) Para a compreensão da teoria marxista (e marxista/leninista) quanto às questões do direito e do Estado, recorremos (para lá da leitura integral das obras supra-citadas no Cap. I, pág. 44-46, nota (37)) também à leitura integral das seguintes obras: Lénine, Partido Proletário de Novo Tipo, Edições «Avante!», Pequena Biblioteca Lénine, Antologias Temáticas, 01, 1974; Gérard Timsit «Le Modèle Marxiste D'Administration», *in* Théorie De L'Administration, pág. 133 e ss.; e a consulta de: Fernando Cañizare, Teoria Del Estado (fasciculo 3), Instituto Cubano del Libro, Editorial Pueblo Y Educación, Havana, 1973; Émile Bottigeli, A Génese do Socialismo Científico; Teoria do Estado e do Direito (síntese do Manual Colectivo editado em Berlim, Staatsverlag Der DDR, 1975), Coimbra, 1976; Louis Althusser, «Marxismo e Humanismo», *in* Polémica sobre o Humanismo, Editorial Presença, Lda.; AA.VV., Compêndio de História da Filosofia (direcção de A. V. Shcheglou), Editorial Vitória, Lda., Rio de Janeiro, Brasil, 1945. Karl Marx e Friedrich Engels, Manifesto do Partido Comunista; e ainda: Friedrich Engels, A Origem da Família, da propriedade privada e do Estado; Friedrich Engels, Manifesto Anti-Duhring, Edições Afrodite, Lisboa (2ª edição); Lenin, O Estado e a Revolução; Jorge de Sena, «Marx e o capital», *in* Maquiavel, Marx e outros Estudos (Ensaio), Editorial Cotovia, Lda., Lisboa, 1991; Adriano Moreira, A Comunidade Internacional em Mudança, Lisboa, Universidade Técnica, Instituto Superior de Ciências Sociais e Políticas, 2ª edição, 1982; Georges Burdeau, A Democracia (trad. portuguesa), Publicações Europa-América, Colecção Saber, 3ª edição, 1975; J. J. Gomes Canotilho, Constituição Dirigente e Vinculação do Legislador, Coimbra Editora, 1982; Felipe Gonzalez, O que é O Socialismo, (trad. port.), Editorial APUL, Lisboa, 1977; Maurice Duverger, Sociologia da Política, Almedina, Coimbra, 1983; Jorge Miranda, Manual de Direito Constitucional, vol. I, 1981; Cabral Moncada, Filosofia do Direito e do Estado, vol. I; Vaclav Havel, Ensaios Políticos, Bertrand Editora, 1991; Karl Popper, A Sociedade Aberta e os seus inimigos; João Carlos Espada, Dez Anos que Mudaram o Mundo, Edições Gradiva, 1992.

direitos de participação, pois a falta desta traduz-se num *vicio de pressuposto objectivo*, conducente à ilegitimidade constitucional da lei, quando se considere aquela como elemento externo ao procedimento legislativo ou *vício de procedimento* quando se considere que a participação faz parte do procedimento (190).

3. O aprofundamento da democracia participativa como dimensão crítica da e na problemática da organização do Estado de Direito Democrático (continuação): a participação na vida administrativa

São *princípios fundamentais da Administração Pública* o de que visa a prossecução do interesse público, *no respeito pelos direitos e interesses legalmente protegidos dos cidadãos* (art. 266.°, nº 1 – C.R.P.) e o de que os órgãos e agentes administrativos estão subordinados à Constituição e à Lei e devem actuar, no exercício das suas funções, com respeito pelos princípios da *igualdade*, da *proporcionalidade*, da *justiça* e da *imparcialidade* (art. 266.°, nº 2 – C.R.P.) (191).

O Governo da República Portuguesa está dotado de competências de natureza política (art. 200.° – C.R.P.), legislativa (art. 201.° – C.R.P.) e *administrativa* (art. 202.° – C.R.P.).

No *exercício de funções administrativas* compete, designadamente, ao Governo da República elaborar os planos, com base nas leis das respectivas grandes opções, e fazê-las executar (alínea *a)* do art. 202.° – C.R.P.), fazer os *regulamentos* necessários à boa execução das leis (alínea *c), idem*) (192), dirigir os serviços e a actividade da Adminis-

---

(190) Gomes Canotilho, Direito Constitucional, 4ª edição, págs. 369-370, págs. 742-743, pág. 767 e ss.

(191) Cf. arts. 3.° (Princípio da legalidade), 4.° (Princípio da prossecução do interesse público e da protecção dos direitos e interesses dos cidadãos), 5.° (Princípio da igualdade e da proporcionalidade), 6.° (Princípio da justiça e da imparcialidade) do Dec.-Lei n.° 442/91, de 15 de Novembro (Código do Procedimento Administrativo).

(192) Cf. Afonso Queiró, Lições de Direito Administrativo, Coimbra, 1959, Volume I, pág. 160 e ss. Tal como é referido no preâmbulo do D.L. 442/91, de 15-11, o princípio da participação dos administrados no processo de elaboração dos regulamentos inspira algumas das disposições do Código de Procedimento Administrativo (cf. arts. 115.°, 117.° e 118.°). O D.L. 442/91 proibe a mera revogação — sem substi-

tração directa do Estado, civil e militar, superintender na administração indirecta e *exercer a tutela sobre a administração autónoma* (alínea *d), idem*) e *defender a legalidade democrática* (alínea *f) idem*) ([193]).

Os Tribunais têm como incumbência assegurar a defesa dos direitos e interesses legalmente protegidos dos cidadãos, reprimir a violação da legalidade democrática e dirimir os conflitos de interesses públicos e privados (nº 2 do art. 205.° – C.R.P.), sendo que nos feitos submetidos a julgamento não podem os tribunais aplicar normas (ver art. 115.° – C.R.P.) que infrinjam o disposto na Constituição ou os princípios nela consignados (art. 207.° – C.R.P.).

---

tuição por nova disciplina — dos regulamentos necessários à execução das leis em vigor e a obrigatoriedade da especificação, quando seja caso disso, das normas revogadas pela nova disciplina regulamentar. Segundo o preâmbulo deste diploma, pretende-se deste modo (cf. art. 119.°) obviar a vazios susceptíveis de comprometer a efectiva aplicação da lei e atendem-se preocupações de *certeza* e *segurança* na definição do direito aplicável.

([193]) Não existe apenas um mecanismo (unidimensional) de garantia da Constituição, antes existem uma *pluralidade* de mecanismos tendentes à garantia da Constituição, sendo que entendem-se como tais «todos os mecanismos que visam assegurar a *conservação, observância, actuação* e *aplicação* do ordenamento constitucional» (Assim Gomes Canotilho, Direito Constitucional, Coimbra, Livraria Almedina (3ª edição, totalmente refundida), 1983, pág. 695.), sendo que a ideia de garantia da Constituição é mais ampla do que a de controlo da constitucionalidade (*Idem*, pág. 695. Confrontar, porém, o último parágrafo da pág. 696.), pois garantias da Constituição devem considerar-se:

a) o *controlo da constitucionalidade* (ver arts. 277.° a 283.°, CRP) – mecanismos de controlo *judicial* da constitucionalidade; e arts. 165.°, *a)*; 166.°, *c)*; mecanismos de controlo político da constitucionalidade (*Idem*, págs. 695-696. Ver igualmente págs. 700-702. Para uma ideia sobre o instituto da fiscalização da inconstitucionalidade dos actos normativos, veja-se Gomes Canotilho, *idem*, pág. 1099 e ss).

b) a *tutela penal* da dignidade dos orgãos de soberania, da integridade territorial, da ordem constitucional democrática... (*Idem*, 3ª edição, pág. 695).

c) o processo de *revisão da Constituição* (ver arts. 284.° a 289.°, CRP)(*Idem*, 3ª edição, pág. 695).

d) certas *exigências* de *formas de juramento* (ex: do Presidente da República, cf. art. 130.°, n.° 3 – CRP) e de *formas de autenticidade* de actos (ex: promulgação, referenda)(*Idem*, 3ª edição, pág. 696).

e) o aprofundamento da democracia participativa (Ver Gomes Canotilho, *idem*, 3ª edição, pág. 320 e ss. Em especial ver págs. 327-329, págs. 356-364).

Para uma concepção que considere que a posição central constitucional da relação jurídica administrativa parte do critério do cidadão activo e auto-responsável, que o critério do clássico acto administrativo unilateral que vê o cidadão primariamente como objecto da acção estadual tem vindo a ser corrigido, passando para o lugar central do direito administrativo a relação jurídica administrativa como estrutura central e unidade conformadora, o cidadão é considerado individualmente como co-responsável na comunidade; deste modo a responsabilidade administrativa e a prestação do cidadão ligam-se na relação jurídico-administrativa numa unidade conforme à Constituição, *direitos fundamentais e relação jurídica-administrativa não se opõem* (194). Mas sendo assim, diremos nós, o cidadão activo e auto-responsável, *precisamente porque o é*, há-de vir a pretender ver-lhe reconhecido um poder de conformação ou modelação da relação jurídica administrativa (em grau maior ou menor) de modo a sentir-se sujeito activo dessa mesma relação: aqui nos surgindo o problema da *participação dos cidadãos no procedimento administrativo*. Neste mesmo sentido, em nosso entender, jogam as considerações de um E. DENNINGER (195) para quem a pessoa está ligada e refere-se à comunidade, tem autonomia, capacidade de condução da vida com responsabilidade própria e autonomia ética; podia-se pensar que a teoria de G. JELLINEK dos «status subjectionis, libertatis, civitatis e activus» considerava aqueles aspectos, mas para E. DENNINGER tal não sucederia por ser uma projecção do dualismo anacrónico Estado-sociedade, em que o «súbdito» não possui influência no aparelho estadual, não se colocando a questão da participação democrática no processo político. Ora, para DENNINGER *consequência da dignidade humana é a máxima pariticipação do individuo no âmbito político-social com liberdade espiritual e livre expressão da opinião; o pluralismo da organização dos grupos e representação dos interesses sociais é a continuação do liberalismo com outros meios*. Ou, como refere um outro autor (196) «*a participação da liberdade da pessoa no desenvolvimento da consciência*

---

(194) Este é o entendimento de P. HÄBERLE, Die Verfassung des Pluralismus, 1980, pág. 256 (citado por NUNO E SOUSA, estudo citado, pág. 277).

(195) Staatsrecht, 1973, pág. 19 e ss. (citado por NUNO E SOUSA, estudo citado, pág. 279). Ver ainda NUNO E SOUSA, *idem*, págs. 260-261.

(196) NUNO E SOUSA, *idem* pág. 263. Ver ainda pág. 271.

ético-jurídica de uma comunidade exige simultâneamente um acréscimo de responsabilização do homem pela existência do direito». Ou, como refere ALFONSO PEREZ MORENO([197]) «lo que la participación administrativa viene, en definitiva, a significar es la primacía de la realidad y efectividad de los derechos fundamentales de la persona sobre el poder administrativo»([198]).

A participação dos cidadãos na *vida administrativa* encontra hoje acolhimento no art. 267.°, n° 1 da Constituição da República Portuguesa (cf. n° 4 do art 267.°, *in fine*). Alguns textos legais também consagram este tipo de participação (p. ex. em matéria de gestão das escolas; em matéria de segurança social; em matéria de ambiente, cf. infra, Cap III), tendo o mesmo sido consagrado no Código de Procedimento Administrativo([199]).

([197]) Artigo citado, pág. 131. Ver ainda pág. 132.

([198]) Note-se que o art 2.° – CRP, onde se consagra como um dos objectivos do Estado de Direito Democrático, consagra como uma das bases deste tipo de Estado o *respeito e a garantia da efectivação dos direitos e liberdades fundamentais* e que o art. 266.°, 1 – CRP é claro em estipular que «a Administração Pública visa a prossecução do interesse público, no respeito pelos direitos e interesses legalmente protegidos dos cidadãos». Cf. ainda art 266.°, n.° 2 – CRP. Ver art. 133.°, 2 d): nulidade do acto administrativo que ofenda o conteúdo essencial de um direito fundamental. O regime da nulidade consta do art. 134.° – C.P.A.: o acto nulo não produz quaisquer efeitos jurídicos, independentemente da declaração de nulidade, sendo esta (nulidade) invocável a todo o tempo por qualquer interessado e podendo ser declarada, também a todo o tempo, por qualquer órgão administrativo ou por qualquer tribunal. O n.° 3 do art. 134.° - C.P.A., consagra a possibilidade de atribuição de certos efeitos jurídicos a situações de facto decorrentes de actos nulos, por força do simples decurso do tempo, de harmonia com os princípios gerais de direito. A este último respeito confronte-se os arts. 286.°, 289.° e 291.° do Código Civil.

Veja-se GOMES CANOTILHO, obra citada, págs. 557-558. A este respeito v.g. PAULO FERREIRA DA CUNHA, O Procedimento Administrativo, pág. 162.

([199]) Art. 8.° do D.L. n.° 442/91, de 15 de Novembro: «Os órgãos da Administração Pública devem assegurar a participação dos particulares, bem como das associações que tenham por objecto a defesa dos seus interesses, na formação das decisões que lhes disserem respeito, designadamente através da respectiva audiência nos termos deste Código».

3.1 *Participação e transparência da organização administrativa* (200)

A participação exige, como algo de incontornável, a transparência da organização administrativa. E a transparência da organização administrativa exige a *clareza* e *univocidade* das esferas de *competência* atribuídas aos singulares órgãos públicos (o que tem apoio nas determinantes constitucionais portuguesas de "evitar a burocratização" (nº 1 do art. 267.°), de "*adequadas formas* de descentralização e desconcentração administrativas, sem prejuízo da necessária *eficácia* e *unidade* de acção" (nº 2 do art. 267.°), de "racionalização dos meios a utilizar pelos serviços" (nº 4 do art. 267.°)) por aqui se articulando com o princípio do *bom andamento* da Administração Pública; exige ainda a disciplina jurídica de estruturas que exercem a sua actividade num clima de *reserva* propiciado por um regime de *carência legislativa*, em flagrante contradição com os *princípios de legalidade* da Administração e de *democraticidade* (p. ex. serviços "secretos").

A transparência da organização administrativa vem ainda postular a *necessidade de criação de organismos idóneos a controlar, verificar e promover o respeito* deste princípio pela Administração

(200) Uma reflexão global no âmbito da teoria das organizações pode ver-se em: ETZIONI, Organizações Modernas (trad.), S. Paulo, 1980; MARCH et SIMON, Les Organisations; LUCIEN SFEZ, La Décision, col. "Que Sais-Je?", 1984. BARBOSA DE MELO, *in* Curso de Ciências da Administração, pág. 12 expressa o entendimento de que o conceito de organização comporta notável ambiguidade, quer no âmbito das ciências jurídicas, quer no espaço mais amplo das ciências sociais: «É usado aí em duas acepções principais: numa o conceito denota um sector da realidade social; na outra, um modo de ser dessa mesma realidade.». Arrancando daqui para a distincão entre *organização-objecto* (em que o conceito de organização exprime o fenómeno social da *cooperação* humana, a conjugação da actividade de várias pessoas para a realização em comum de determinado ou determinados objectivos, num grupo social mais restrito do que o contexto global das relações sociais) (*idem*, págs. 12-13) e *organização-método* (em que o conceito de organização exprime o arranjo, a ordem ou a concatenação entre os elementos do grupo necessária ou conveniente à realização dos fins propostos ou à realização destes fins de modo mais *eficaz* e mais eficiente) (*idem*, pág. 13), BARBOSA DE MELO afirma que a natureza desta distinção é meramente de tipo *analítico*, adoptando na exposição subsequente o seu sentido objectivo (a organização-objecto). No âmbito da teoria da organização administrativa veja-se ainda BAPTISTA MACHADO, Administração, Estado e Sociedade, Porto, U.C.P., 1980.

Pública: estamos colocados perante o problema das autoridades administrativas ditas «independentes», bem como a *exigência de um novo estilo de administrar* (com a configuração de uma administração de coordenação e de concertação, a colegialidade, a direcção por objectivos...) ([201]).

As exigências de participação na vida política e administrativa concorrem para acentuar a *dimensão organizatória* que contemporâneamente assume o princípio da separação dos poderes do Estado. E, neste domínio, concorrem ainda para realçar o carácter conformador e constitutivo da nova Administração assumptora de tarefas económico-sociais muito vastas, a implicarem uma reorganização do aparelho estadual: perspectivando-se que a separação dos poderes terá uma dimensão prático-normativa de *critério orientador na* resolução dos problemas da organização desse aparelho estadual, critério orientador que não exclui (nem nunca excluiu, por exemplo na maneira como era entendido por um John Locke...) uma cada vez mais acentuada *interdependência funcional* dos poderes do Estado.

3.1.1 *A nova legalidade procedimental: a exigência de transparência*

Mas a legitimação jurídica das associações de defesa do ambiente em sede de procedimento administrativo (cf. infra, Cap. III), com a consagração de direitos de participação e de intervenção, de consulta e de informação, de promoção de meios procedimentais de defesa do ambiente, direitos de prevenção e controle (cf. os arts. 4.°, 5.°, 6.° e

---

([201]) Ver Roberto Marrama, artigo citado, págs. 428-429, págs. 431-432, págs. 435-437, pág. 438.

Ver ainda Barbosa de Melo, Introdução às Formas de Concertação Social. Ver art. 7.° do D.L. n.° 442/91 (C.P.A.). Sobre o problema das autoridades administrativas independentes Catherine Teitgen-Colly, «Les Instances De Régulation Et La Constitution», *in* Revue Du Droit Public et de La Science Politique En France Et A L'Étranger, Tome Cent Six, Librairie Générale de Droit et de jurisprudence, Paris 1990, refere a existência de um compromisso (por parte do Conselho Constitucional francês) quanto ao reconhecimento deste tipo de autoridades administrativas (pág. 231 e ss.); resultando numa concepção minimal de independência (pág. 238 e ss.) e numa autoridade enquadrada (através da submissão ao direito: pág. 245 e ss.; através da sua *inserção política, idem*, pág. 248 e ss.).

7.° da L.A.D.A.) leva ainda a colocar um outro problema: o da *transparência* da Administração Pública(202)(203).

Mas, em termos de *densidade jurídica*, que sentido atribuir, que valências reconhecer, a este princípio da *transparência* da Administração Pública?

Em primeiro lugar aparece-nos a necessidade de definir a linha de demarcação entre *transparência* (tradicionalmente identificada com o conceito de *publicidade*) e *segredo* (*reserva*), considerados como conceitos antitéticos em que a não operatividade de um destes conceitos implica a presença do outro e vice-versa; só que agora aparece-nos como necessário rever quer aquela identificação entre trans-

---

(202) Ver ROBERTO MARRAMA, «La Pubblica Amministrazione Tra Trasparenza E risetvatezza Nell'Organizzazione E Nel Procedimento Amministrativo», *in* Diritto Processuale Amministrativo, Milano, Giuffrè Editore, n.° 3, 1989, pág. 415 e ss.. Como refere JACQUES CHEVALLIER, artigo e obra citado, págs. 49-50: «La transparence a, théoriquement, une ambition beaucoup plus limitée que la participation: elle vise seulement à dissiper le mystère qui entoure l'administration, en donnant à l'administré la faculté de comprendre la logique qui commande les gestes administratifs. A première vue, la transparence est l'illustration parfaite de la nouvelle *stratégie* par laquelle l'administration cherche à convaincre et à séduire le public: en expliquant le sens de son action, l'administration entend dissiper les réactions d'incompréhension et de rejet, rendre le milieu plus réceptif à ses problèmes, et donc améliorer les conditions d'exécution de ses décisions; le but poursuivi est de modifier la perception que les administrés ont de l'administration, non de les faire participer activement à son fonctionnement. Le contexte de dépendance et d'assujettissement semble être, non seulement maintenu, mais même renforcé par l'exigence d'une adhésion active de tous. En fait, les choses ne sont pas si simples: dotant les administrés de *ressources informationnelles* nouvelles, dont ils peuvent tirer parti, la transparence redessine quelques-uns des traist essentiels de la personnalité bureaucratique et annonce un autre mode de communication avec le public; elle peut dès lors être un moyen d'*ouverture*, moins directe et moins immédiate, mais sans doute plus profonde et durable. Cependant, il convient là encore de ne pas surestimer la portée des réformes qui ont été opérées.».

(203) De facto esta legitimação procedimental em via administrativa das associações de defesa do ambiente é um dos meios possíveis para corrigir, atenuar, na medida do possível obviar à verificação da situação denunciada por ROGER GARAUDY quando afirmava que: «*Ninguém, na base, tem a possibilidade de participar na elaboração dos planos do futuro, de controlar a sua orientação ou os seus mecanismos. As decisões de que depende o destino de todos, desde construção de centrais nucleares ao tráfico de armamentos, são tomadas fora de qualquer controlo dos interessados.*», obra citada, pág. 174.

parência e publicidade quer esta antinomia transparência – segredo (reserva)(204).

Aí a *transparência* aparece-nos como acesso à acção administrativa (e designadamente conhecimento da tramitação do procedimento administrativo) e como acesso aos *actos* e *documentos* administrativos singularmente considerados.

Deste modo a transparência *da acção administrativa* prende-se com o interesse do *público* na *clareza*, *compreensibilidade*, *inequivocidade* da acção da Administração Pública, ligando-se a um princípio de *imparcialidade*(205), de *boa administração*, de realização de uma

---

(204) Ver Roberto Marrama, artigo citado, pág. 417. Note-se que a dificuldade desta delimitação é patente quando se constata que o art. 65.° do D.L. 442/91 (C.P.A.) que era suposto consagrar o princípio da administração aberta remete a regulamentação do mesmo para diploma especial. «La transparence conduit l'administration a se *rapprocher* du milieu social, et donc à atténuer le principe de fermeture qui était la condition et la garantie de son éloignement.

Ce rapprochement se traduit d'abord par un effort permanent d'*explication* en direction du public. Partant de l'idée que ses décisions seront mieux acceptées et mieux appliquées si leur sens est connu et compris des administrés, l'administration en est venue à mettre sur pied une véritable politique d'information et de diffusion, passant par des cellules ou des services spécialisés, et utilisant une gamme très diversifiée de supports: documents écrits, information orale, médias. Si elle vise à réduire les obstacles résultant de l'ignorance ou de l'incompréhension des administrés, cette information *descendante* n'en est pas moins porteuse de potentialités différentes: en allant ainsi vers le public, afin de l'éclairer sur ses objectifs et sur ses intentions, l'administration accepte de se mettre à sa portée; elle réduit de son propre chef la distance matérielle et symbolique qui l'en sépare, et ce mouvement de rapprochement crée un autre contexte relationnel. D'autant que, pour se faire comprendre, l'administration est tenue de modifier et d'adapter son *langage*: l'information n'est efficace que si le récepteur parvient à recevoir et à interpréter correctement le message transmis; se pliant aux lois de la communication, l'administration est dès lors amenée à renoncer à l'hermétisme et à l'ésotérisme, à simplifier ses procédures, afin de se rendre accessible à tous. Ce souci *didactique* s'exprime aussi vis-à-vis de chacun des administrés: recherchant le contact direct et personnalisé avec l'administré, l'administration s'efforce de répondre à ses exigences spécifiques et à l'aider dans ses démerches; dans toutes les administrations, ont ainsi été créés des bureaux d'accueil et d'orientation, chargés de renseigner et d'assister le public.» (Jacques Chevallier, *idem*, págs. 50-51).

(205) Cf. art. 266.°, n.° 2, "*in fine*" – C.R.P.. Princípios da Imparcialidade: cf. D.L. n.° 442/91, 15-10 (C.P.A.), designadamente o art. 6.° (da imparcialidade como princípio geral) e os arts. 44.° e ss. (das garantias de imparcialidade).

legalidade-justiça e não só de uma *legalidade-legitimidade*. Aqui se compreende o *dever de fundamentação* dos actos administrativos (206). É relevante, para este efeito, a possibilidade de encontrar (ou não) um fundamento em princípios constitucionais (cf. art. 266.°, nº 2 – C.R.P. onde se consagram: o princípio da *igualdade*; o princípio da *proporcionalidade*; o princípio da *justiça*; o princípio da *imparcialidade*; quanto ao princípio do *bom andamento* julgamos ser possível fundamentá-lo jurídico-constitucionalmente por interpretação sistemática dos preceitos dos arts. 267.°, 1 ("A administração Pública será estruturada de modo a evitar a burocratização"), art. 267.°, 2 (desconcentração e descentralização adminstrativa, "sem prejuízo da necessária *eficácia*") e art. 267.°, 4). Adquire extraordinário relevo a consagração no art. 268.°, 2 – C.R.P. do *direito de acesso* aos *arquivos e registos administrativos*, tal como a consagração do direito de informação dos administrados (207) sobre o andamento dos processos em que sejam directamente interessados, bem como o *direito de conhecimento* da decisão final desse procedimento.

Por outro lado a transparência da Administração Pública adquire ainda relevo em face da efectiva tutela jurisdicional, a fim de evitar o *ónus* de impugnação dum procedimento de duvidosa configuração. Através dum comportamento transparente a Administração Pública vem a realizar afinal, também, a ideia de imparcialidade, de correcção da acção administrativa, beneficiando da possível composição da conflitualidade de interesses entre sujeitos participantes num determinado procedimento administrativo.

Ora, tudo isto que vimos de dizer nos leva afinal a ver como o princípio da transparência é diverso e mais amplo do que o da publicidade, existindo mesmo várias hipóteses de não-coincidência entre os dois princípios (208). Parecendo igualmente preferível substituir o conceito de *segredo* pelo de *reserva*, mais expressivo este da necessária

---

(206) Cf. art. 268.°, n.° 3, 2ª parte – C.R.P. e D.L. 256 – A/77. Dever de Fundamentação: cf. art. 124.° do C.P.A., art. 125.° (requisitos da fundamentação) e art. 126.° (actos orais).

(207) Cf. art. 268.°, 1 – C.R.P.. Direito de Informação: ver art. 61.° e ss. do C.P.A..

(208) ROBERTO MARRAMA, *idem*, págs. 417-421.

funcionalização do segredo aos interesses públicos e privados (209), até para realizar uma mais ampla democracia.

As situações de *ocultamento* na (e da) acção administrativa propiciam-se a vários titulos: desde a existência de interesses *obscuros* que levam à alteração da fisionomia normal do procedimento, a existência de órgãos com competências mal desenhadas (quer «de per se» quer na sua relação com outros órgãos; sendo esta uma situação bastante frequente no âmbito da tutela do ambiente...) (210), a omissão legislativa de «procedimentalizar» o segredo num determinado âmbito, deixando à autoridade administrativa uma discricionariedade *excessiva*, que vem depois a ser concretamente mal exercida na espécie (211). Como se compreenderá fácilmente a garantia da transparência passa indubitavelmente por uma adequada disciplina do segredo, sendo que a delimitação rigorosa de ambas contribuirá para o melhoramento da relação entre os cidadãos e a administração Pública no desenvolvimento e prossecução da actividade administrativa.

Há ainda que levar em conta que este princípio da transparência está tão estreitamente conexo com os princípios do *bom andamento* da Administração Pública e da sua imparcialidade, que algumas vezes fica como que na "sombra", com um carácter *instrumental* destes princípios. Assim sucede na atribuição de subsídios, incentivos, benefícios, em que aquela exigência de transparência é *instrumental* quanto à *imparcialidade* da Administração Pública; e ainda na *venda de bens públicos* em que aquela exigência de transparência é instrumental quanto ao princípio do *bom andamento* da Administração Pública (212).

---

(209) *Idem*, pág. 423.

(210) *Idem*, págs. 423-424.

(211) *Idem*, pág. 424. Cf. FRANCISCO SOUSA TAVARES, «O segredo de Estado e a administração pública», *in* Público (edição em 21-06-92, pág. 23).

(212) ROBERTO MARRAMA, *idem*, pág. 426. Atente-se, porém, naquilo que refere JACQUES CHEVALLIER (*ibidem*, págs. 51-52): «Derrière cet effort ponctuel d'explication se profile un objectif plus diffus et plus général de *sensibilisation* du public aux exigences de l'action administrative. L'information n'a pas seulement une fonction instrumentale: utilisée comme instrument latent de propagande, elle a aussi un but *promotionnel* et vise à renforcer le consensus autour de l'administration. En exposant aux administrés les raisons de ses décisions, en leur réservant un accueil personnalisé et chaleureux, l'administration cherche à dissiper leurs préventions et leurs réserves, et à les rendre plus réceptifs à ses problèmes et plus dociles à ses injonctions. Cette action

Mas o princípio da transparência tem uma outra valência relevante, qual é a de servir ainda de ponto de apoio a outros princípios jurídico-constitucionais no âmbito da garantia do pleno desenvolvimento da personalidade humana (âmbito em que esta exigência pode funcionar como princípio *auxiliar* duma eficaz e efectiva *tutela dos direitos fundamentais*, designadamente em matéria de direitos económicos, sociais e culturais como, por exemplo, o direito ao ambiente e qualidade de vida, à saúde e habitação, direitos dos consumidores...), a participação nas diferentes organizações do país, a soberania popular, a democraticidade da ordem constitucional, o princípio do contraditório (cf. o art. 32.°, 5 – C.R.P.), da efectividade da tutela jurisdicional, da igualdade perante a lei. Como afirma ROBERTO MARRAMA ([213]), *«da questi ultimi principi e da quelli di buon andamento e d'imparzialità si deduce invero l'esigenza di una pubblica Amministrazione paritaria,al servizio dei cittadini e, per cio stesso, caratterizzata da strutture ed attività lineari, accessibili, controllabili, chiare in primo luogo a se stessa e poi ai soggetti che con essa vengono a confronto.»*

No fundo a *transparência* acaba por advir como princípio geral que encontra realização em normas legislativas várias que não podem identificar-se apenas com a publicidade e o direito de acesso, como

---

permanente est prolongée par de véritables *campagnes publicitaires*, par lesquelles l'administration s'efforce de toucher directement le public afin d'améliorer l'image de marque de certains services ou l'accueil réservé à certaines décisions: l'administration est devenue un annonceur très important qui n'hésite pas à utiliser de manière intensive les médias pour valoriser son action, maximiser ses soutiens, en jouant de tous les registres possibles. La transparence devient dès lors indissociable de la stratégie de *séduction* et de *manipulation* des comportments décelée ailleurs; il s'agit, en donnant aux administrés l'impression qu'ils sont moins étrangers aux mécanismes administratifs, d'emporter leur adhésion. Mais cette stratégie publicitaire, ce «marketing public» met aussi implicitement en cause le modèle de relations distancié/autoritaire avec l'environnement: renonçant à se prévaloir de son statut de monopole, l'administration tient compte, à l'instar d'une entreprise privée, des réactions de sa clientèle; et elle s'efforce de la mobiliser et de la retenir, non par sa puissance de contrainte, mais par sa seule force de conviction et d'attirance. Voulant séduire, l'administration est obligée de tenir compte des désirs, des phantasmes et des interdits du corps social, et elle se place du même coup, par rapport à lui, en situation de *dépendance* relative: dominatrice, elle est aussi en retour dominée; et sa stratégie de séduction porte en elle un aveu de faiblesse, un signe de fragilité, un indice de vulnérabilité.».

([213]) *Idem*, pág. 426.

resulta claro se tivermos presente a conexão da transparência da Administração Pública com outras exigências tais como a *participação procedimental* e a articulação de fórmulas organizatórias (reforçando a transparência) ([214])([215]).

Em sede de procedimento administrativo a transparência significa também, como é evidente, *clareza*, *univocidade*, *compreensibilidade* do procedimento e idoneidade deste para dar conta do modo como nele são articulados os vários *momentos* e *fases*, os *critérios* seguidos no «accertamento» e *avaliação* dos factos e dos interesses, das razões que conduziram à opção expressa e contida no acto final o qual, por isso mesmo, resultará por sua vez *claro* e *inequívoco*. Assim se revela a insuficência do cumprimento do mero *dever de fundamentação* dos actos administrativos ([216]) porquanto o acatamento deste dever por parte da Administração se mostra muitas vezes numa fundamentação *sucinta, não necessariamente fiel na representação dos factos e das razões*, sendo que no fundo a sua função institucional limita-se a dar *aparência justificante* à decisão final sem constituir um trâmite representativo do iter *decisório* ([217]).

Condição necessária (*mas não suficiente*) da transparência em sede de procedimento administrativo é a *publicidade* (associada a uma ideia de *cognoscibilidade*): "La conoscibilità o, ancor più precisamente, la comprensibilità del procedimento costituiscono, ai nostri fini, un valore in sé, risultando idonee a consentire non solo ai diretti interessati al procedimento, ma più in generale alla comunità di rendersi conto del modo in cui se sta svolgendo la funzione pubblica e quindi di esercitare un controllo sociale" ([218]).

([214]) *Idem*, págs. 426-427.

([215]) *Idem*, pág. 427, onde refere o carácter limitado do direito de acesso em face do princípio da transparência: aquele refere-se a documentos e actos jurídicos "perfeitos", tem um carácter *episódico*. O carácter mais amplo do princípio da transparência: abrange a organização, actividade de direito público e actividade de direito privado da Administração.

([216]) Cf. art. 268.°, n.° 3 – C.R.P. (Ver, supra, nota 206).

([217]) Roberto Marrama, *idem*, pág. 439. Quanto ao funcionamento deste princípio no âmbito da organização administrativa ver idem, págs. 428-439. Sobre esta questão confronte-se Vieira Andrade, O Dever da Fundamentação Expressa de Actos Administrativos, Almedina, Coimbra, 1991.

([218]) Roberto Marrama, *idem*, pág. 440. Jacques Chevallier (*ibidem*, págs. 53-54) fez notar que: «En dépit de la densité et de l'importance incontestables des

A publicidade acaba por ser condição para que se realizem uma vasta gama de intervenções no procedimento sendo, além do mais, uma *premissa de uma participação deveras eficaz no procedimento*

---

mesures prises, la politique de transparence menée au cours des dernières années n'a pas suffi à transformer radicalement le modèle traditionnel de relations entre l'administration et la société. Cet *échec relatif* peut d'abord être imputé aux insuffisances et aux imperfections des réformes: non seulement chacune des grandes lois précitées assortissent le droit à l'information d'importantes exceptions, qui laissent à l'administration une marge non négligeable d'appréciation, mais encore les garanties procédurales, assez complexes, prévues pour la mise en œuvre de ce droit ne sauraient, en fin de compte, permettre de surmonter l'opposition résolue ou la mauvaise volonté des services; le dispositif mis en place comporte des *failles*, par lesquelles risquent de réapparaître les comportements anciens. Mais ces lacunes, pour importantes qu'elles soient, restent malgré tout secondaires au regard des innovations majeures introduites par ces lois.

L'échec s'explique surtout par les *limites intrinsèques* de la transparence qui, à elle seule, ne saurait faire passer l'administration de la fermeture à l'ouverture. Même si elle dote les administrés d'armes nouvelles, même si elle crée un contexte relationnel qui influe positivement sur le fonctionnement administratif, la transparence reste fondamentalement un instrument *au service de l'efficacité administrative*. Il est à cet égard significatif que l'administration ait été à l'origine de la politique de transparence, avant que le législateur ne prenne le relais: l'administration a désormais pleinement conscience de l'utilité des techniques modernes de communication pour améliorer son emprise sociale et renforcer le consensus autour de son action. La transparence est avant tout un moyen de dissiper les réticences et les réserves de l'administré; et cette stratégie de séduction ne donne que l'illusion ou le *simulacre* de l'ouverture.

(...)

L'administré se trouve aux prises avec un univers administratif de plus en plus complexe, dont la logique d'organisation et de fonctionnement lui échappe; et cette complexité tend à vider le principe de transparence d'une grande partie de sa signification: comment parler en effet de transparence alors que les organigrammes deviennent de moins en moins lisibles, que les textes prolifèrent, que les processus décisionnels éclatent dans de multiples directions? Pour pouvoir exploiter l'information administrative, il faut encore savoir où s'adresser et comment l'extraire. Comme la participation, la transparence ne donne que l'illusion de l'égal accès: seuls ont la possibilité d'en tirer réellement partie, ceux qui sont capables de saisir clairement l'articulation des rouages, de surmonter l'enchevêtrement des textes; et, bien entendu, les interlocuteurs attitrés de l'administration, ceux qui sont en relation constante avec elle disposent sur ce plan d'un avantage évident. L'information a un caractère cumulatif; elle va d'abord à ceux qui en sont déjà pourvus. Ces limites de la transparence, redoublant celles de la participation, expliquent que si les représentations du public ont évolué, l'image ancienne de l'administration n'ait pas pour autant été abandonnée.».

decisório: "A sua volta la partecipazione, nella misura in cui introduce interessi e fatti rilevanti ai fini di una più precisa individuazione e di una più completa ponderazione della problematica che si tratta di disciplinare, junge da ulteriore elemento e fattore di chiarificazione e di razionalizzazione" (219)(220). Merece aqui ser referida a lei alemã da construção civil, de 3 de Novembro de 1976, na qual vem consagrada a *participação preventiva* na formação dos planos reguladores gerais e particulares (221).

A *participação* é relevante para as finalidades da transparência da Administração Pública e, por isso mesmo, para o *bom andamento* e *imparcialidade* desta útima, em razão da *clarificação* e da *precisão* do quadro cognoscitivo à disposição da Administração Pública (222).

Mas, na sua organização, o Estado unitário respeita ainda um outro princípio: o da *descentralização democrática da Administração Pública* (art. 6.°, n° 1, 2ª parte – C.R.P.) (223). Mas, como ressalta do n.° 2 do art. 267.° – C.R.P., a lei estabelecerá adequadas formas de descentralização (democrática) na estrutura da Administração Pública para efeito do disposto no n° 1 do art. 267.° – C.R.P., isto é, de modo a evitar a burocratização, a aproximar os serviços das populações e a assegurar a *participação dos interessados* na sua gestão efectiva, devendo lei especial regular o processamento da actividade administrativa, assegurando a racionalização dos meios a utilizar pelos serviços e a *participação* dos cidadãos na formação das decisões ou deliberações que lhe disserem respeito (224).

Pese embora tudo o que vem sendo referido, não se pense, porém, que a participação é a panaceia que irá resolver todos os pro-

---

(219) ROBERTO MARRAMA, *idem*, pág. 440.

(220) *Idem*, pág. 440, onde refere a teorização desta finalidade na doutrina alemã.

(221) *Idem*, pág. 442.

(222) *Idem*, pág. 442.

(223) É assim que o *sistema de segurança social* que incumbe organizar, coordenar e subsidiar por parte do Estado, devendo ser unificado, deverá ser também descentralizado (art. 63.°, n.° 2 – C.R.P.), que o *serviço nacional de saúde* tem gestão descentralizada (art. 64.°, n.° 4 – C.R.P.), que a execução dos planos deve ser descentralizada (art. 94.° – C.R.P.), regional e sectorialmente, sem prejuízo da sua coordenação pelo Governo.

(224) Art. 267.°, n.° 4 – C.R.P.. Ver D.L. n.° 442/91 (C.P.A.).

blemas que no procedimento administrativo surgem por via das deficiências eventuais que uma decisão administrativa pode vir a comportar, sobretudo quando se tenha presente a extraordinária relevância do *perfil do decisor* numa matéria em que está em causa a prossecução do interesse público([225]).

Não só este aprofundamento da democracia participativa em sede de procedimento administrativo não é a tal panaceia, como, além do mais, se torna necessário ter presente que esta participação na vida administrativa comporta (ao menos potencialmente) alguns *riscos*.

Os **riscos** que esta participação comporta relacionam-se com o problema (já por nós referido — ver *supra*, Cap. I, ponto 2) da *extensão do campo de integração* na relação entre a Administração e a Sociedade. Não só porque a integração crescente das organizações representativas de interesses sociais no aparelho administrativo e o desenvolvimento do fenómeno associativo podem induzir o surgimento da tentação de o Estado ver estes grupos sociais como *úteis* à sua acção e os *instrumentos* necessários da sua influência sobre a instância social; mas também porque, na medida em que esta participação das instâncias sociais na vida administrativa contribua para pôr em causa a separação das instâncias sociais e das instâncias administrativas, tal pode conduzir (se é que não conduz necessáriamente) ao desaparecimento da separação entre Estado e Sociedade, desembo-

([225]) Barbosa de Melo, Curso de Ciência da Administração, págs. 41-42, sublinha que a racionalidade da decisão administrativa é uma *qualidade* eminentemente *subjectiva*, dependendo essencialmente do ponto de vista do decisor. Cada decisor situado é que pode ser o verdadeiro juíz da racionalidade da sua decisão. Segundo Barbosa de Melo, daqui resultam para a ordem jurídica duas consequências importantes: «A primeira é a de que a ordem jurídica não pode desinteressar-se em cada situação de *quem* é o decisor e de qual o processo *formal* que deve ser observado na formação da decisão. A esta luz compreende-se melhor a razão de ser dos dois princípios constitucionais do Estado-de-Direito Democrático — o princípio da competência pública e o princípio "procedural due process". A segunda consequência a salientar diz respeito ao problema do *controlo* da racionalidade da decisão administrativa: a entidade controlante, pela própria natureza das coisas, deve realizar um controlo com base apenas num *paradigma global* da decisão, submetendo-a a alguns testes considerados essenciais, mas sem a pretensão de, por meio deles, refazer completamente o iter decisório do agente.».

cando na construção jurídico-política de um Estado totalitário (ainda que "democrático-totalitário" (TALMON) ([226]).

Os *riscos* que a participação comporta decorrem da positivação constitucional vigente deste conceito em associação com o conceito de «democracia» na fórmula «aprofundamento da democracia participativa», mas serão mínimos quando a democracia participativa é entendida como uma forma de melhorar a qualidade da democracia liberal, reconduzindo-se o funcionamento dos mecanismos de participação aos quadros da teoria liberal e democrática. Só que, como já vem referido em THOMAS MANN, quando duas pessoas dizem a palavra democracia, é logo, à partida, altamente provável, que elas pensem coisas muito diferentes — asserção esta que se aplica igualmente ao uso (e abuso ...) do conceito de «democracia participativa». Sendo que, para uma determinada teorização da democracia participativa a mesma releva de uma crítica da teoria pluralista da democracia e apresenta-se como *alternativa* para o impasse do sistema representativo, advindo a teoria da participação como aspiração à realização da ideia de democracia como poder do povo, no contexto duma *teoria da democratização* que aponta para a realização do princípio democrático em todos os domínios da sociedade, com a consequência de este princípio aspirar a tornar-se o *impulso dirigente* de uma sociedade, no contexto da realização dum processo de *democratização da sociedade* (e da própria democracia) em que a democracia é afirmada como *concepção global da sociedade* que implica a transferência do princípio democrático (com as adaptações e limitações impostas pelo condicionalismo dos sectores) para os vários «subsistemas» sociais ([227]). Deste modo a participação aparece entendida num processo de democratização. Que riscos comporta uma tal situação? Claramente, quanto a nós, *o risco de a participação vir a ser instrumentalizada para a construção de uma democracia totalitária.*

Este risco é, quanto a nós, o que decorre desde logo da afirmação daquelas concepções que pretendendo associar a democracia a

---

([226]) Cf. BAPTISTA MACHADO, Participação e Descentralização Democratização e Neutralidade na Constituição de 76, Coimbra, Livraria Almedina, 1982, pág. 95 e ss. (designadamente págs. 102-104), pág. 121 e ss..

([227]) A este respeito veja-se o que afirma GOMES CANOTILHO, Direito Constitucional, Coimbra, 4ª edição, págs. 336, 342 e 367.

um determinado entendimento do conceito de socialismo (posições socialistas-radical-democratas e marxistas) entendem a *participação como uma forma de combate ao sistema*, quando contribua para a mudança de poder, a mudança das relações de domínio e a mudança de estilo de direcção[228]. O princípio de que a participação dos cida-

---

(228) Ver GOMES CANOTILHO, Direito Constitucional, Coimbra, 4ª edição, págs. 337-338. Como refere este autor, para estas posições «a democracia real implica a criação de igualdade e liberdade em todos os domínios e daí que a democratização seja um processo global da sociedade. Contra a crise provocada pela concentração económica e a burocratização (posição radical socialista) é necessário um movimento de democratização tendente a uma transformação multifrontal da sociedade). Com uma acentuação marxista, a participação é entendida como uma forma de combate ao sistema, discutindo-se, porém, se algumas formas de participação como a co-gestão, acções espontâneas, etc. serão instrumentos apropriados para esse combate».

Estas posições, radicalizando a perspectiva de que a participação se deve orientar para a distribuição e mudança do poder nos vários domínios sociais (perspectiva comungada por outras «sensibilidades» situadas nos quadrantes de «esquerda» — *idem*, pág. 337), são claramente anti-constitucionais. A participação na vida política é jurídica-constitucionalmente «condição e instrumento fundamental de *consolidação* do sistema democrático» (art. 112.° – C.R.P.). Deste modo, não só o direito constitucional vigente exclui técnicas de participação subjacentes às quais esteja o favorecimento do combate ao sistema, como daqui se há-de inferir que (e devolvendo a argumentação dos cultores destas posições radicais) o direito constitucional vigente não pretende que a participação directa e activa na vida pública venha a contribuir para a mudança de poder, das relações de domínio e/ou de estilo de direcção.

Mais: em face do que fica exposto, entendemos que o conceito de democracia participativa acolhido no direito constitucional português não é consagrado com vista a contribuir para a «abolição do domínio dos homens sobre os homens».

O empenho do Estado de Direito Democrático na construção de uma "Sociedade livre, justa e solidária" (Art. 1.° – C.R.P., "in fine") não tem como horizonte a construção de uma "Sociedade sem classes", "igualitária" e "fraterna". A *consolidação do sistema democrático* (objectivo ao qual é funcionalizado o reconhecimento da participação na vida política) aponta para uma teoria da *participação como meio de estabilidade* e não um meio de mudança do sistema, num quadro em que (embora valorada positivamente) a participação não conduz a uma "democratização" total da Sociedade. Note-se que nos domínios em que existe a participação vinculativa com influência no estilo e forma de direcção, estamos perante uma forma de participação que não levanta os problemas de transferência de poder e de domínio, como o reconhece GOMES CANOTILHO, (obra citada, 4ª ed., pág. 367).

Por outro lado, após a 2ª revisão constitucional (de 1989) os meios de produção comunitários integram-se no sector cooperativo e social dos meios de produção e não no sector público (ver art. 82.° – C.R.P.); o sector público autogerido foi sen-

dãos é um *instrumento* de *consolidação* do sistema democrático *evita (obsta) que a democratização e a participação conduzam à perda da autoridade do Estado e à dissolução do Estado de Direito*. E, de resto, se a ideia de que a participação directa e activa dos cidadãos na vida política se constitui em *condição* de *consolidação* do sistema democrático, de algum modo aponta para um conceito de participação política como *auto-determinação* (HABERMAS), há no entanto a notar que a participação sendo condição da consolidação do sistema, não é no entanto erigida em condição (*fundamentante* enquanto auto-determinação política) *do* sistema democrático; não é condição (fundamento) da sua existência, mas tão-só da sua consolidação — ora, uma vez que o sistema democrático esteja consolidado (229) qual virá a ser o destino desta participação na vida política? (230) Por outro lado, o alcance do princípio de que esta participação se constitui em condição de consolidação do sistema democrático, sofre ainda a limitação daquele outro princípio: o de que esta participação é *instrumento* da *consolidação* do sistema democrático; pois, na medida em que assim o é, tal vem a *excluir que esta participação venha a orientar-se para a distribuição e mudança do poder nos vários domínios sociais* (231). Mas, assim sendo, a autodeterminação dos indivíduos não vem a realizar-se *por esta via da participação* em todos os domínios sociais,

---

sivelmente reduzido, e quanto ao direito de participação atribuído às comissões de trabalhadores (art. 55.°), é o próprio GOMES CANOTILHO a afirmar que a mesma não opera uma mudança de poder e de domínio (*idem*, pág. 366).

(229) Há que não perder de vista o enquadramento histórico-político concreto desta preocupação do legislador constituinte com a consolidação do sistema democrático, instaurado após o golpe de Estado de 25 de Abril de 1974 e que chegou a estar ameaçado no tumultuoso processo revolucionário que se lhe seguiu e só veio a ser contido em 25 de Novembro de 1975.

(230) Uma questão interessante é esta: *quando*, *como*, *quem* (e *se*) virá a declarar ter sido atingida a consolidação do sistema democrático?

(231) Cf. GOMES CANOTILHO, Direito Constitucional, Coimbra, 4ª edição, pág. 337. Quanto a nós, somos de parecer que a existência das várias normas constitucionais que expressamente consagram a participação em vários domínios sociais é o resultado do carácter jurídico-político *excepcional* da consagração da participação nesses domínios sociais que o princípio geral dos arts. 48.° e 112.° - C.R.P. só por si não comporta. O interesse desta qualificação como normas *excepcionais* está em que tais normas não são susceptíveis de aplicação *analógica* - v.g. BAPTISTA MACHADO, Introdução ao Direito e ao Discurso Legitimador.

mas tão – só naqueles domínios da vida social em que (não afectando o funcionamento desta participação a organização do poder que lhe seja préviamente dada, enquanto quadro (enquadramento) jurídico-normativo cujo funcionamento não é substancialmente afectado pela existência desses mecanismos de participação) o reconhecimento de direitos de participação seja compatível com o *objectivo da consolidação* do sistema democrático. Esta situação não significa, porém, excluir a afirmação do princípio da auto-determinação dos indivíduos nesses tais domínios sociais, mas tão só inviabilizar a forma participativa como expressão dessa auto-determinação, a qual poderá ainda ser feita por outras vias reconhecidas pelo sistema e compatíveis com aquele objectivo.

Deste modo, e diversamente do que certas sensibilidades por certo desejariam obter positivamente consagrado no plano normativo jurídico-constitucional, resulta assim que *esta participação é visualizada como factor de integração do sistema político existente (e, portanto, da organização do poder político e das relações de poder em que ele assenta estrutural e funcionalmente)*, funcionando como mecanismo de *flexibilidade* do sistema (e, por aqui, como uma técnica que evita os inconvenientes de uma "rigidificação" dos mecanismos políticos da democracia representativa e parlamentar) mas não pretendendo operar qualquer redistribuição do poder político em favor de mudanças nas relações de poder (que, afinal, o sustentam na sua existência).

Tanto assim é que, no que se refere ao instituto do *referendo* (art. 118.° – C.R.P.), a C.R.P. (após a 2ª revisão em 1989) coenvolve no seu funcionamento (e, desde logo, no procedimento tendente à sua *convocação*) os vários órgãos da soberania estadual (postergando a possibilidade de este instituto do referendo ser instrumentalizado por um órgão ou poder do Estado soberano, por exemplo para numa utilização de tipo *plebiscitário* obter *desforço* político num conflito político e/ou político-institucional com outro(s) órgão(s) ou poder(es) do Estado); introduzem-se limitações muito relevantes quanto ao *objecto* do mesmo, impõe-se o respeito pela *singularidade* do referendo (apenas uma *matéria* a ser votada em cada referendo), sujeita-se o seu "modus operandi" a determinados condicionalismos *temporais* (art. 118.° – C.R.P.) e de *modo*, sendo o Presidente da República obrigado a submeter as propostas de referendo à apreciação do Tribunal

Constitucional, a fim de este realizar a fiscalização preventiva obrigatória da constitucionalidade e da legalidade de tais propostas.

Relativamente às disposições limitativas do objecto do referendo (cf. art. 118.°, 3 – C.R.P.) entendemos manifestar a nossa discordância com tais limitações, que nos parecem muito criticáveis (até, pela sua manifesta *incoerência* com o dogma da soberania popular consagrado na C.R.P.). Desde logo, manifestamos a nossa discordância com a *proibição do referendo constitucional*: as *alterações à Constituição* são precisamente um daqueles casos em que mais se justifica o recurso ao referendo, não só porque em tal caso o referendo se configuraria como uma "legitimação processual" (LUHMMAN) do sentido de tais alterações, como ainda porque através da adopção deste mecanismo jurídico-político para alterar o direito constitucional vigente se reforçaria o "consenso" (HABERMAS) social em torno das soluções positivamente consagradas na constituição, advindo daí um especial reforço da *força normativa* do direito constitucional na dialéctica estabelecida com a *realidade constitucional.*

Discordamos ainda da proibição do referendo sobre *os tratados de participação de Portugal em organizações internacionais*, de amizade, de paz, de defesa, de rectificação de fronteiras, tratados respeitantes a assuntos militares, bem como a proibição de referendos que tivessem por objecto *autorizar* o Presidente da República a *declarar a guerra* e a *fazer a paz*, as eleições dos titulares dos órgãos de soberania, o *regime do próprio referendo*, a organização da defesa nacional (incluindo, não só a definição dos deveres decorrentes de uma tal organização, mas também a definição das bases gerais da organização do funcionamento e da disciplina das Forças Armadas), os regimes do estado de sítio e do estado de emergência, a aquisição, perda e reaquisição da cidadania portuguesa, e as restantes matérias incluídas nas alíneas *g)* a *p)* do art. 167.° – C.R.P.. Como discordamos ainda da proibição do referendo que incida sobre as matérias das alíneas *b)*, *c)*, *i)* do art. 164.° – C.R.P. e da proibição do referendo sobre *questões* (mas, já não, os *actos)* de *conteúdo tributário* (p. ex., a criação de um novo imposto).

Parece-nos não haver qualquer inconveniente em consultar o povo sobre estas questões, até porque a consagração da possibilidade jurídico-constitucional de tais matérias virem a constituir-se objecto de um referendo não tem quaisquer implicações de tipo prático-social ou de tipo jurídico-político que a tornem desaconselhável ou inconveniente, pois sempre ficará na disposição, vontade política de quem detém legitimidade para accionar o funcionamento deste instituto do referendo que o mesmo venha a realizar-se ou não. Nem a consagração constitucional de uma tal possibilidade viria a afectar, minimamente que fosse, a separação dos órgãos e poderes soberanos, pois estes não passam de representantes no exercício do poder político da vontade presumida do *titular* do poder político e de poderes *constituídos* por via dos mecanismos representativos para exercerem as várias funções cometidas aos poderes do Estado. Radicando o poder constituinte originário na vontade popular (a qual, segundo o art. 1.° – C.R.P., é uma *base* da República Portuguesa, sendo que a soberania popular é uma *base* do Estado de Direito Democrático (cf. art. 2.° – C.R.P.) e residindo no *povo* a soberania (cf. art. 3.°, 1 – C.R.P.) e a titularidade do poder político (cf. art. 111.°, 1ª parte – C.R.P.), competindo ao Estado uma tarefa fundamental que é a de defender a democracia política, assegurar e incentivar a participação democrática dos cidadãos na resolução dos problemas nacionais (art. 9.°, *c)* – C.R.P.), até porque um dos objectivos do Estado de Direito democrático é o aprofundamento da democracia participativa (art. 2.°, "*in fine*" – C.R.P.), pois que a participação dos cidadãos na vida política é condição e instrumento *fundamental* de consolidação do sistema democrático (art. 112.° – C.R.P.), ainda *menos* compreensível são tais limitações quanto ao objecto do referendo.

A consagração positiva no direito constitucional do alargamento do objecto do referendo, contribuindo para aumentar as possibilidades jurídicas de participação directa e activa dos cidadãos na vida política (art. 48.° e 112.° – C.R.P.), é uma via perfeitamente aceitável para avalizar o aprofundamento da democracia participativa.

A recusa de alargar o objecto do referendo a matérias outras que não as actualmente previstas na C.R.P. não só é incoerente com o princípio da soberania popular, como serve para fundamentar com um mínimo de credibilidade a suspeita de que o legislador constituinte originário (Assembleia Constituinte) e os dirigentes político-partidários, em geral, apesar da consagração formal de tal princípio, não aderiram verdadeiramente à ideia de que a soberania reside no povo; por outras palavras, a "classe política" (para utilizarmos uma expressão corrente) não confia no juízo popular, não deposita confiança na vontade popular – daí as limitações quanto ao objecto do referendo: no fundo, os dirigentes políticos "olham" para o povo com a mesma desconfiança de raíz que levou as revoluções liberais triunfantes a adoptarem o *sufrágio censitário*, resistindo tanto quanto lhes foi possível ao alargamento do sufrágio e ao seu carácter *universal*, e, por outro lado, a restringirem significativamente a capacidade eleitoral passiva e o subsequente acesso a cargos políticos e a funções de direcção da vida pública nacional. É como se a mentalidade do iluminismo e do racionalismo persistisse, no actual quadro duma democracia de massas, a informar o posicionamento dos dirigentes políticos e partidários ao limitarem desta forma o alcance prático-jurídico da consagração constitucional do instituto do referendo([232]).

É com este sentido útil que o aprofundamento da democracia participativa ao nível político vem afinal a articular-se com o pluralismo político; e por aqui advém compreensível que sendo uma das tarefas fundamentais do Estado (português) a defesa da democracia política, esta mesma tarefa *fundamental* seja imposta em consonância com aquela outra de assegurar e incentivar a participação democrática dos cidadãos na resolução dos problemas nacionais (cf. art. 9.°, *b)* – C.R.P.).

Entretanto, também no âmbito da consagração de direitos de *participação no procedimento administrativo* deparamos com alguns riscos. Para lá do primeiro e muito importante risco já por nós anteriormente referido([233]), os outros riscos inerentes ao reconhecimento jurídico-normativo de direitos de participação no procedimento admi-

---

([232]) Cf. FRANCISCO LUCAS PIRES, Teoria da Constituição de 1976 – A transição Dualista, Coimbra, 1988, pág. 271 e ss. (e, designadamente, pág. 276 e ss). Ver ainda BARBOSA DE MELO/CARDOSO DA COSTA/VIEIRA DE ANDRADE, Estudo e Projecto de Revisão da Constituição, pág. 165. Em sentido diferente cf. GOMES CANOTILHO, Direito Constitucional, Coimbra, 4ª edição, págs. 385-386 e ss. E ainda, CARRÉ DE MALBERG, «Considérations sur la question de la combination dun referendum avec le parlamentarisme», *in* RDPSP, 1931, pág. 232 e ss.

([233]) Relativo à extensão do campo de integração na relação entre as instâncias administrativas e as instâncias sociais, que pode por um "efeito perverso" conduzir a que o desejo da "socialização" do Estado e da Administração degenere na realidade da "estatização" da sociedade. Cf. ainda BAPTISTA MACHADO, Administração, Estado e Sociedade, págs. 39-41.

nistrativo advêm ainda de a reivindicação de um tal reconhecimento surgir muitas vezes no contexto da vaga de *crítica ao pluralismo*, de uma quota-parte participativa no domínio da organização administrativa poder conduzir não a uma *legitimação* democrática, mas a um corporativismo decisório e, ainda, de através da participação pretender-se fazer a «*longa marcha*» através das instituições [234], riscos estes que onde se tornem efectivos podem originar a consequência de (a pretexto e no contexto do preenchimento do conceito de democracia através da mobilização e politização do povo) conduzirem à perda da autoridade do Estado e à dissolução do Estado de Direito [235].

---

(234) Cf. Gomes Canotilho, Direito Constitucional, Coimbra, 4ª edição, pág. 455. Este autor refere ainda que, no contexto da objecção à ideia de que através da participação nas organizações e processos de decisão, dos quais depende a realização dos direitos dos cidadãos, estes (mediante tal participação) estariam a garantir os seus próprios direitos, os quais adquiririam maior consistência se os próprios cidadãos participassem nas estruturas de decisão, alguns autores consideram no entanto constituir uma *degenerescência* inaceitável transformar os direitos fundamentais em modelo de ordenação organizatória.

(235) Cf. Gomes Canotilho, Direito Constitucional, Coimbra, 4ª edição, págs. 336-337.

Parecem-nos de subscrever as observações feitas por Baptista Machado, *in* Participação e Descentralização Democratização e Neutralidade na Constituição de 76, Coimbra, Livraria Almedina, 1982, págs. 112-114: «(...) Entre as palavras-ditos que se foram divulgando e ganharam curso entre nós estão as de «Democracia Participativa» e «Exercício da Autodeterminação através da Participação», subsumindo-se qualquer destas noções no conceito amplo de «Democratização».

«Quando se fala em democratização pensa-se logo em termos de aprofundamento e alargamento da democracia. Em termos de aprofundamento, quer dizer, em termos de *reforço da legitimação* do poder dos órgãos do Estado e da Administração. Em termos de alargamento, quer dizer, em termos de extensão dos processos democráticos a sectores sociais onde até aqui as decisões não obedeciam a tais processos. No primeiro sentido usa-se também a expressão «democratização da democracia» e «democratização do Estado». No segundo sentido vai ganhando voga a expressão «democratização da sociedade».

«A primeira modalidade de democratização suscita o problema dos limites da «mobilização do *Demos*» para efeitos de tomada de decisões por via plebiscitária, do limite da «ingovernabilidade» quando se vá até à «levée en masse» própria de uma guerra civil, a qual, seguindo este pendor de ideias, se deveria considerar a democratização por excelência; e suscita ainda o problema da coordenação entre a chamada legitimação assente na participação nas decisões dos vários grupos sociais e a legitimação assente no princípio representativo e proveniente do sufrágio universal.

É que, não se deve perder de vista que, e sobretudo (como refere BAPTISTA MACHADO), a participação traduz-se em concorrência entre

---

A segunda modalidade de democratização suscita o problema dos limites à intervenção do *Kratos* da democracia, isto é, o problema de saber se não cumpre justamente ao Estado também garantir e tutelar esferas de vida neutras, não sujeitas à intervenção determinante, juridicamente vinculante, do próprio poder do Estado democrático, de esferas de autonomia em que as decisões são da competência de outras entidades (singulares ou colectivas) e obedecem a princípios diferentes dos daquelas que são tomadas no exercício do *Kratos* da *publica potestas*.

Em geral podemos, pois, dizer que a «democratização» se traduz, ou na mobilização do *Demos* (na participação directa dos cidadãos ou dos grupos e associações de interesses, quer mediante processos plebiscitários de democracia directa, quer mediante a participação nas decisões do Executivo, quer ainda na «publicidade activa» através da qual os vários grupos de interesses trazem à luz da ribalta e vingam fazer reconhecer a relevância social dos interesses que representam), ou em alargamento do *Kratos* democrático a novos sectores da vida social (nacionalização ou socialização dos principais meios de produção e solos, intervenção nas empresas privadas, colectivização de processos de decisão até aqui sujeitos ao poder de disposição de determinadas pessoas detentoras de posições privilegiadas de poder). «Pluralização», participação, repartição do poder de decisão, colectivização, politização através de uma «publicidade activa» — seriam as palavras-chave da «democratização».

Devemos no entanto chamar a atenção para um fenómeno que se não confunde nem com a mobilização do *Demos* nem com o alargamento do *Kratos* da democracia. Queremos referir-nos à eliminação de posições de poder ou de domínio de dimensão supra-individual que implicam para certos cidadãos que a esse poder social de facto se acham submetidos uma situação de subordinação e, portanto, de iliberdade. Trata-se aqui evidentemente de criar esferas isentas de poder em áreas onde até aqui certas entidades exerciam um «imperium» de facto, dando àqueles que se achavam numa posição de subordinação a esse «imperium» de facto uma participação igual ou, pelo menos, um control efectivo sobre as decisões que até ali os atingiam como imperativos heterónomos. Neste caso, não se trata de avocar ao *Kratos* da democracia o poder de decidir em tais áreas (nacionalizações); mas de submeter essas decisões a um enquadramento normativo capaz de eliminar a dimensão supra-individual daquele poder de «imperium», já mediante o control operário pelas comissões de trabalhadores, já mediante o control de preços e de cláusulas negociais daquelas empresas que detêm uma posição preponderante no mercado. Aqui só se poderia falar de democratização da sociedade num sentido muito particular: no sentido de eliminação daqueles poderes de facto que atentam contra a liberdade do cidadão concreto. Porém, não se trata, nem de mobilizar o *Demos*, nem de alargar o *Kratos* — por isso que não é o poder político que chama a si novos poderes de decisão, substituindo-se o Estado ao antigo senhor, mas pura e simplesmente se estabelecem normas — normas de segundo grau — em que se fixam os procedimentos ou os termos a que as decisões têm de obedecer para serem aceites como válidas.

vários grupos e associações de interesses que actuam com vista a, directa ou indirectamente, exercerem influência sobre a repartição e aplicação do produto social, podendo contribuir fundamentalmente para pôr em evidência os vários interesses em jogo e permitir decisões melhor esclarecidas, mas também pode, *quando não controlada e em face de uma direcção política fraca*, entrar em conflito com o princípio da legitimidade derivada do sufrágio universal, sendo que o pluralismo social não pode ser introduzido sem mais no seio da própria Administração do Estado enquanto aparelho sujeito a uma direcção políticamente autorizada e legitimada, pois que de outro modo teria que admitir-se que fossem postos em causa as próprias opções e programas do Executivo chamado a governar e a imprimir ao aparelho do Estado o seu *indirizzo político*, o que esvaziaria de sentido qualquer mudança de Governo ou qualquer alternância no poder(236).

Já por aqui nos podemos aperceber de que a «democratização» no seu sentido mais genuíno pode (e deve) traduzir-se, não num alargamento do *Kratos* ou numa mobilização legitimante do *Demos*, mas pura e simplesmente na promoção ou propiciação e defesa de esferas de autonomia dentro das quais entidades autónomas se governem e tomem as suas decisões de acordo com regras de preferência da sua escolha, em conformidade com a sua cultura específica e com os valores a que aderem, por forma a o seu agir corresponder ao sentido que dão às suas vidas e por forma a libertarem-se do *status* de meros «portadores de funções» num sistema de imperativos e coacções heterónomas que os instrumentalizam. Esta forma de democratização merece a designação de «descentralização» em sentido amplo.

Diz-se que a «democratização» visa a um mais de *legitimação* democrática, a um mais de autodeterminação dos cidadãos e a um menos de *heterodeterminação* e de subordinação a relações de domínio. Logo, ela realizar-se-ia através do desmantelamento das relações de domínio, da repartição, colectivização, «pluralização» e ainda descentralização do poder. Deste modo, seriam principalmente dois os processos de «democratização»: a participação e a descentralização. Há quem acrescente aqui as formas de democracia directa. Perante esta noção ampla de «democratização» surge logo controvérsia sobre a questão de saber se a chamada «democratização através da participação» tem sequer alguma coisa a ver com a legitimação e com a autodeterminação. Há quem entenda que sim e afirme mesmo que o elemento participativo na democracia (designadamente na Constituição portuguesa de 76) vem suprir o déficit de legitimidade democrática inerente ao princípio representativo, fundado no sufrágio universal, acrescentando a isto que a autodeterminação se exerce justamente através da participação. Poderemos aceitar estas teses?».

(236) Assim, Baptista Machado, Participação e Descentralização Democratização e Neutralidade na Constituição de 76, Coimbra, Livraria Almedina, 1982, págs. 117-118, o qual refere ainda:

Como refere este autor:

«Daqui se conclui que a participação na vida administrativa dos agentes administrativos e dos actores sociais tem de ser concedida por forma a não pôr em causa o programa político do Governo. Todavia, certos sectores políticos propendem a servir-se da ideia de *democratização pela participação*, e da ideia de que esta reforça, afinal, a *legitimidade* das decisões, para tornar inviáveis, pela *agitação*, os programas do Governo. Aqui surge claramente o problema de saber como se compatibiliza a legitimidade democrática produzida pela via representativa e fundada no sufrágio universal com a chamada legitimidade criada pela participação dos interessados nas decisões do executivo. A ideia de *Democracia Participativa*, lançada em voo solto e sem indagar da sua racionalidade e da sua compatibilidade com o princípio da legitimidade representativa, é uma ideia propositadamente ambígua, destinada a criar confusão. Não é propriamente o limite da «ingovernabilidade» que está em causa: o que está em causa é a subordinação ilegítima e anti-democrática da legitimidade procedente do povo do Estado, e que a este confere a sua unidade, à vontade dos grupos mais activos e melhor organizados que pretendem fazer vingar os seus interesses contra as directivas emanadas do sufrágio universal, o que está em causa é a subversão da autoridade legítima instituida pelo povo e, portanto, em último termo, um atentado contra o poder do povo, contra o *Kratos* da Democracia. A maior organização e a maior força de certas fracções da sociedade não lhes confere maior legitimidade política, enquanto essas associações não conquistarem para os seus pontos de vista a adesão da maioria do povo do Estado, expressa através do sufrágio universal. De modo que a chamada *participação* activa desses grupos, na medida em que pretende fazer vingar na actuação política da Administração um ponto de vista diver-

---

«É claro que a Administração ou, em geral, o Executivo, não pode servir-se do poder que exerce para falsear o jogo da concorrência entre formações políticas ou para dominar o «mercado da opinião» (meios de comunicação social pertencentes ao Estado — cf. art. 39.° da Constituição). Neste aspecto, o Executivo tem que ser neutro ou imparcial. Em todo o caso, ele tem por missão executar o seu programa político, um programa sem dúvida assente em certa concepção da sociedade e dos factos sociais».

gente do consagrado pelo voto popular, se traduz necessariamente numa conduta antidemocrática» ([237]).

Até porque a verificarem-se efectivamente estes riscos, não seria apenas o bom andamento do procedimento administrativo a ficar prejudicado, mas seriam sobretudo os princípios da *imparcialidade* da Administração, da *justiça* e da *igualdade* ([238]) a serem (séria e profundamente) afectados, numa situação em que surge com uma certa gravidade o *risco* de afrontamento quanto ao entendimento constitucionalmente legitimado da prossecução do interesse público ([239]).

Ademais, e para lá destes riscos, a participação no procedimento administrativo apresenta-se-nos com *inconvenientes*, os quais revelam-se na *incomodidade* que pode representar para os Administrados («tomando-lhes tempo»), na *mobilidade* da população urbana (que, «não criando raízes», não chega a sentir-se comprometida, «engagée», na realização de objectivos comuns), na repercussão dos seus efeitos na *eficiência* dos serviços administrativos ([240]), bem como na possibilidade de surgirem fenómenos de *participação cooptativa* ou de *independência impotente* ([241]).

([237]) Ver Baptista Machado, Participação e Descentralização Democratização e Neutralidade na Constituição de 76, Coimbra, Livraria Almedina, 1982, págs. 118-119, o qual refere ainda:

«Coisa diferente se deverá dizer, porém, do empenhamento e da participação activa desses grupos na discussão e debate públicos da acção governamental, com vista, não a contestar a aplicação de um programa sufragado pela maioria, mas a conquistar a adesão dos cidadãos para um ponto de vista diferente nas próximas eleições. Também as tácticas obstrucionistas destinadas a fazer malograr o programa do Governo legitímo e a desautorizar este perante os eleitores é em princípio ilegítimo, mas caberá ao Governo opor a estes poderes de facto os poderes de autoridade de que é legítimo detentor.» (*idem*, págs. 119-120). Cf. ainda o autor e obra citada, págs. 136-139.

([238]) Cf. o seu acolhimento como princípios constitucionais no art. 266.°, 2 – C.R.P..

([239]) Cf. art. 266.°, 1 – C.R.P.. Veja-se ainda Rogério Soares, Interesse Público, Legalidade e Mérito, Coimbra.

([240]) Cf. art. 10.° do D.L. n.° 442/91 (C.P.A.) e art. 267.°, n.° 2 (2ª parte) – C.R.P. e art. 267.°, n.° 4 – C.R.P..

([241]) Cf. Baptista Machado, Participação e Descentralização Democratização e Neutralidade na Constituição de 76, Coimbra, Livraria Almedina, 1982, págs. 43-45.

4. A Problemática da Descentralização Administrativa

Mas a limitação jurídica do poder político estadual (242), no contexto da sua organização num Estado de *Direito*, e através desta técnica do pluralismo, não se confina à existência e afirmação actuante (como fenómeno comunicante) do pluralismo político e social (incluíndo o pluralismo económico: economia de mercado), antes se exprimindo com pujança enquanto pluralismo *jurídico*. O qual é visível no respeito pelo direito constitucional vigente da existência de sociedades primárias, que prosseguem fins próprios pelos seus meios, como sucede com a *família* e as *colectividades locais* (243). O Poder político resulta naturalmente limitado quando não pode atentar contra a liberdade essencial das pessoas nem contra a existência e autonomia disciplinar de realidades sociais primárias tais como a *família* e as *colectividades locais*. Ora, no direito constitucional vigente constatamos figurarem preceitos normativos cujo escopo é a protecção da instituição familiar (244), e das colectividades locais (245)(246).

---

(242) E, no novo contexto da integração europeia, também do poder político *supra-nacional*.

(243) Para o direito anterior à actual ordem jurídico-constitucional cf. MARCELLO CAETANO, Manual de Ciência Política e Direito Constitucional, Lisboa, 1967 (5ª edição), Coimbra Editora, Lda. (depositária), págs. 300-301.

(244) Cf. art. 67.° – C.R.P., bem como os arts. 68.° (visando a protecção da paternidade e maternidade), 69.° (protecção da infância), 70.° (protecção da juventude) e art. 72.°, 1 – C.R.P..

(245) Cf. art. 6.° – C.R.P..

(246) Na análise subsequente da actual realidade jurídico-pública portuguesa a referência ao pluralismo jurídico deve ser entendida num sentido diverso da referência que lhe fez MARCELLO CAETANO (cf. nota (118)) o qual identifica o pluralismo jurídico com a realidade normativo-jurídico-organizatória do corporativismo vigente no direito público anterior ao actual ordenamento jurídico-político vigente após o início de vigência da C.R.P. de 1976.

Para uma compreensão do fenómeno corporativo e das ideias que lhe foram associadas pode ver-se, no quadro da referência analítica ao Antigo Regime, JACQUES REVEL, A Invenção da Sociedade, pág. 185 e ss., o qual arranca da consideração de que os corpos e comunidades constituíram até ao final do Antigo Regime uma forma omnipresente de organização social, ao mesmo tempo que exprimiam uma das representações fundamentais que a sociedade tradicional produzia de si própria: os homens só existem no seio de colectividades orgânicas, cuja natureza e importância podem diferir, mas em que cada uma individualmente e todas na sua disposição geral garan

Mas existirá um fundamento jurídico-político para a existência autónoma destas colectividades locais (e de poderes regionais)? (247) Jurídico-políticamente o fundamento da autonomia das colectividades locais arranca de uma dada compreensão dos *interesses económicos*, das *relações de poder* e dos *valores fundamentais* da (e na) vida em comunidade.

Compreensão dos interesses económicos, pois na medida em que o Estado de Direito Social se viu na contingência de ser "forçado" a assumir com grande amplitude múltiplas *tarefas* de política económica e social, animado não só do intuito de corrigir os desvios aos mecanismos de concorrência perfeita numa economia de mercado, mas também do intuito de *mudança* das estruturas económicas e sociais em ordem à realização da *justiça social*, assiste-se à emergência de

---

tem a regulamentação, a conformidade e a harmonia das acções humanas (pág. 185), sendo portanto uma maneira de pensar e de construir o social («numa perspectiva que poderiamos chamar macrossocial»): servem para compreender a sociedade no seu conjunto e são apresentados como produto de um princípio de ordem geral — as suas características individuais contam menos do que a sua relação com o todo o qual é algo mais do que a soma das suas particularidades (pág. 186 e ss.). Note-se que nesta «sociedade de corpos», tal noção também abrange as *cidades* e as *comunidades territoriais* no seu conjunto (págs. 186-187 e ss.). JACQUES REVEL põe em evidência que um certo discurso da organização corporativa enraíza-se numa concepção medieval da sociedade destinada a durar até à Revolução Francesa (pág. 187 e ss.).

Este autor aborda ainda o tema da *manipulação da forma associativa* (que não é apenas um fenómeno de Estado, encontrando-se também no mundo do trabalho — pág. 193 e ss.) e a crítica «filosófica» da organização corporativa dos ofícios (pág. 197 e ss.) e respectivas sequelas políticas (crise de 1776: para JACQUES REVEL esta crise «marca, independentemente do seu desenlace, um ponto crítico sem regresso. Nada voltaria a ser como dantes», pág. 206 e ss.), culminando tais conflitos por virem a ser o lugar de uma transformação decisiva: a que vai fazer do trabalho um valor e um jogo de forças políticas», (pág. 215).

(247) Cf. JACQUES REVEL, A Invenção da Sociedade, pág. 159 e ss., designadamente quando refere que o projecto antropológico, enraízado no Iluminismo, está profundamente associado a um projecto político, o que virá a tornar-se patente com a Revolução Francesa e a sua construção voluntarista da nação («vontade explícita de *intervenção social* e de *eficácia prática*»), vontade de inovação que choca com as resistências da Nação que fundamenta (para lá de uma nova distribuição dos poderes) a afirmação da prioridade absoluta da unidade nacional: «A perspectiva não é aqui a de uma centralização que quisesse negar à partida as diferenças e as personalidades. É sim, a de uma uniformização jurídica que deveria ser a base de novas revoluções sociais» (pág. 173 e ss.).

instrumentos jurídicos desse *intervencionismo estatal*, alguns dos quais (como sucede com o Plano de desenvolvimento económico e social) requerem por vezes a descentralização administrativa com vista a uma maior *eficiência* no (e do) uso de tais instrumentos(248).

---

(248) Cf. BAPTISTA MACHADO, Participação e Descentralização Democratização e Neutralidade na Constituição de 76, Coimbra, Livraria Almedina, 1982, págs. 1-2, págs. 33-35. Ver ainda Constituição da República Portuguesa, art. 9.° (tarefas fundamentais do Estado), art. 58.°, n.° 3 (incumbências do Estado com vista a garantir o *direito ao trabalho*), art. 59.°, 2 (incumbências do Estado com vista a assegurar as condições de trabalho, retribuição e repouso a que os *trabalhadores* têm direito), art. 63.°, 2 (incumbência do Estado para organizar, coordenar e subsidiar um sistema de segurança social unificado e descentralizado), art. 64.°, 3 (incumbências prioritárias do Estado para assegurar o *direito à protecção da Saúde*), art. 65.°, 2 (incumbências do Estado para assegurar o direito à habitação), art. 62.°, 3 e 4, art. 66.°, 2 (incumbências do Estado em matéria de *ambiente e qualidade de vida*), art. 67.°, 2 (incumbências do Estado para protecção da família), art. 68.°, 1, art. 69.°, 1, art. 70.°, 3, art. 71.°, n.° 2 e 3, art. 72, n.° 2 e 3 (promoção pelo Estado da democratização da educação e da cultura) e 4; art. 74.°, 3 (incumbências do Estado na realização da política de ensino), art. 75.°, 1 (criação pelo Estado de uma rede de estabelecimentos públicos de ensino que cubra as necessidades de toda a população), art. 78.°, 2 (incumbências ao Estado no âmbito da fruição *e criação cultural*), art. 79.°, 2 (incumbências do Estado em matéria de cultura física e desporto); art. 81.° (*incumbências prioritárias* do Estado no âmbito económico e social), art. 82.°, 2 (existência de um sector público na propriedade dos meios de produção, o qual é constituido por aqueles cuja propriedade e gestão pertencem ao *Estado* ou a outras entidades públicas), art. 84.°, 2 (previsão da existência de bens que integram o domínio público do Estado), art. 87.°, 1 (fiscalização pelo Estado das empresas privadas), art. 87.°, 2 (possibilidade de intervenção do Estado na gestão de empresas privadas), art. 87.°, 3 (possibilidade de vedar às empresas privadas o exercício da actividade em sectores básicos da economia), art. 91.° e ss. (planos de desenvolvimento económico e social), art. 96.° e ss. (objectivos das políticas agrícola, comercial e industrial; designadamente, o art. 96.°, 2 (promoção pelo Estado de uma política de ordenamento e reconversão agrária — cf. arts. 97.° a 101.°), art. 106.°, 1 (sistema fiscal), art. 288.° (alíneas *e)*, *f)* e *g)*), art. 296.°, *b)*, *c)* e *d)*). Por aqui se vê da enorme amplitude das tarefas económicas e sociais a assumir pelo Estado no âmbito do programa jurídico-constitucional vigente em matéria de política e direito económicos e sociais, dos propósitos de mudança das estruturas económicas e sociais anteriores ao início de vigência do ordenamento jurídico-constitucional de 1976, e da consagração de alguns novos instrumentos jurídicos em ordem a atingir os desideratos constitucionalmente consagrados. Cf. art. 94.° – C.R.P..

Os objectivos de (por meio do planeamento económico e social) promover o desenvolvimento harmonioso de sectores e regiões, bem como a justa repartição indi-

Sendo certo que esta tendência quase generalizada para o intervencionismo económico e social do Estado vem a ser resultante da combinação de factores os mais diversos, mas que podem reconduzir-se à influência daquilo que JOHN KENNETH GALBRAITH refere como sendo as "três grandes mudanças neste século, três revoluções dignas desse nome"; as quais procuraram cada uma a seu modo lídar com o *ressentimento das massas* em relação às dificuldades originadas pelo capitalismo, e que são: a revolução associada aos nomes de Marx e Lenine (a qual reagiu de forma específica em relação ao papel da propriedade e na resultante desigualdade da distribuição do poder, transferindo a concentração de poder na propriedade das mãos do capitalistas para o Estado), a revolução associada aos nomes de Bismarck, Lloyd George e Franklin D. Roosevelt (revolução do Bem-Estar: aceitando a propriedade privada, esta revolução dirigiu-se de forma específica contra as injustíças e defeitos próprios do capitalismo, designadamente instituindo esquemas de segurança social e procurando minorar determinadas carências sociais) e a revolução associada ao nome de JOHN MAYNARD KEYNES (249).

Só que na actualidade somos confrontados com os bloqueios deste modelo de Estado – interventor, bloqueios esses que afectam a *eficiência* da Administração Pública concebida como uma espécie de "longa manus" deste Estado Social. Não só se constata que uma economia planificada não é capaz de realizar as *performances* requeridas pelas modernas sociedades de consumo (250) como o extenso aparelho organizacional da economia do bem-estar tende para o desenvolvimento duma rígidez burocrática prejudicial à eficiência do Estado e da sua Administração, como ainda a necessidade de resolver

---

vidual e regional do produto nacional, estão actualmente expressamente consagrados no art. 91.° – C.R.P., mantendo-se no n.° 2 do art. 240.° a exigência da justa repartição dos recursos públicos pelo Estado e pelas autarquias.

(249) Ver JOHN KENNETH GALBRAITH, *in* Balanço do Século (texto da conferência em 19-06-1987, Lisboa), pág. 61 e ss.. Cf. ainda ALVIN TOFFLER, Os Novos Poderes, pág. 454 e ss.: o choque do Socialismo com o futuro (designadamente pág. 458 e ss.: o paradoxo da propriedade). Cf. também JOHN KENNETH GALBRAITH, A Economia Política, págs. 175-182 (o nascimento do Estado-providência), págs. 183-195.

(250) Cf. JOHN KENNETH GALBRAITH, *idem*, pág. 66. E ainda: JOHN KENNETH GALBRAITH, A Economia Política, pág. 218 e ss. (designadamente pág. 221 e ss.: exposição das ideias de MILTON FRIEDMAN) e pág. 240 e ss..

o problema da inflacção aponta para a introdução de mudanças significativas nas prioridades e metodologias da política económica (251).

A descentralização da Administração económica e social surge como um dos processos a utilizar para combater a tendência para a *ineficiência* de uma tal Administração (252).

Para lá da compreensão destes interesses económicos que concorrem para favorecer a ideia de descentralização administrativa, esta resulta ainda impulsionada por uma dada compreensão das *relações de poder* no seio da comunidade política organizada sob a forma de Estado. É que, precisamente devido ao *desenvolvimento do intervencionismo estatal*, os cidadãos são confrontados com a tendência da Administração Pública para actuar segundo moldes que comprimem o *espaço de liberdade* dos cidadãos, quer pelas limitações e restrições impostas à *liberdade das pessoas* em nome da prossecução do *interesse público* (bem como em nome do interesse *geral*, do interesse *nacional*, eventualmente até em nome do(s) interesse(s) dos trabalhadores) (253), quer pelo aumento dos laços de *dependência* dos cidadãos, enquanto *utentes* e/ou *beneficiários* ou *destinatários* dos serviços públicos da Administração (instituídos com vista à satisfação pelo Estado-Administrador de *necessidades vitais* dos cidadãos) (254). A descentralização da Administração Pública surge assim como um mecanismo jurídico-político que, procedendo à criação de um novo espaço de participação dos cidadãos na vida pública administrativa, vem obviar ao acumular e exacerbar das tensões criadas pela actuação

---

(251) Cf. John Kenneth Galbraith, *idem*, pág. 67 e ss..

(252) Parece-nos que esta *eficiência* da Administração Pública em matéria económica e social tenderá a ser inversa da extensão do aparelho organizacional montado para realizar as diferentes tarefas económicas e sociais assumidas pelo Estado.

Assim consideramos que as reprivatizações (art. 85.° e 296.° – C.R.P.) da titularidade ou do direito de exploração de meios de produção e outros bens nacionalizados depois de 25 de Abril de 1974, bem como das pequenas e médias empresas indirectamente nacionalizadas situadas fora dos sectores básicos da economia, contribuem para uma maior eficiência da restante Administração Pública (económica e social).

(253) Cf., p. ex., o art. 61.°, 1 – C.R.P., art. 65.°, 2 *c)* – C.R.P., art. 65.°, 4 – C.R.P., art. 80.°, *c)*, art. 81.°, *c)*, art. 88.°.

(254) Cf. Baptista Machado, Participação e Descentralização Democratização e Neutralidade na Constituição de 76, Coimbra, Livraria Almedina, 1982, págs. 2-3.

"sufocante" do poder político, de tal modo que o vector de democraticidade representado pela base eleitoral dos órgãos do poder político no âmbito estadual vem a ser complementado pelo vector de democraticidade da forma de constituição e funcionamento dos órgãos do poder regional e local (255).

Já a compreensão dos *valores fundamentais* (256) duma (numa) determinada sociedade histórica nos leva a confrontarmo-nos com o *significado da descentralização administrativa* na clivagem jurídico-política entre *liberalismo* e *autoritarismo*.

Como refere JEAN RIVERO:

«A escolha entre os dois sistemas é função de dados múltiplos.»

«Do ponto de vista *histórico*, impõe-se ao Estado e orienta-o para a descentralização a existência de colectividades com uma longa tradição de autonomia, e muitas vezes anteriores a ele.»

«Do ponto de vista *político* (257), a divisão estabelece-se entre os regimes liberais, que respeitam as liberdades locais do mesmo modo que as outras liberdades, e os regimes autoritários, que, naturalmente,

---

(255) Cf. BAPTISTA MACHADO, *idem*, págs. 3-4 e ss.

(256) Ver ROGÉRIO SOARES, Direito Público e Sociedade Técnica, págs. 119--120: «Mas por outro lado a identidade Estado-Sociedade pode ter o significado de, a pretexto duma construção do Estado como a «auto-organização da sociedade», desejar submeter a princípios políticos a totalidade da vida económica e cultural. Ora só a distinção entre Estado e sociedade apresenta a garantia contra um sistema totalitário de existência, qualquer que ele seja», pág. 135: «Estado e sociedade identificam-se. Não no sentido de que o Estado seja a sociedade como grupo ou a sua personificação jurídica, mas no sentido de que o Estado é a dimensão política da sociedade», pág. 141: «Quer dizer: o acto constituinte, ao definir uma certa composição de forças políticas, apontou para os valores fundamentais sobre que se constrói o Estado e forneceu assim uma Constituição material, que é também a da sociedade enquanto ser político». Cf. BARBOSA DE MELO, estudo citado, pág. 23 e ss, pág. 26 e ss., pág. 30 e ss..

(257) No mesmo sentido é a posição expressa por ANDRÉ DE LAUBADERE, JEAN--CLAUDE VENEZIA, YVES GAUDEMENT, *in* Manuel de Droit Administratif, Librairie Générale de Droit Et de Jurisprudence, Paris, 1988, 13ª edição, págs. 174-175: «Elle constitue un mode de réalisation du *libéralisme en droit administratif*, à côté de ces formes du libéralisme administratif que nous avons déjà rencontrées (légalité, responsabilité). C'est ici le *libéralisme appliqué à la structure de l'administration*.», referindo ainda estes autores a relação entre sistema democrático e princípio da participação, advindo a descentralização como uma realidade que é a democracia aplicada à administração.

tendem para a centralização. Portanto não é exacto ligar, como muitas vezes se faz, descentralização e democracia: pois nem todas as democracias são liberais. A preocupação de fazer triunfar em todo o território nacional a vontade nacional, contra resistências locais, pode conduzir um regime democrático à centralização: a Convenção fez pesar sobre a França uma centralização rigorosa. Democracia e descentralização, todavia, têm em comum, do ponto de vista formal, o recurso à eleição; além do mais, a gestão dos negócios locais pelo povo e seus eleitos constitui uma escola de formação cívica e uma preparação para o exercício da democracia no quadro do Estado.»

«A preocupação *técnica*, o desejo da rentabilidade, são muitas vezes apresentadas como factores influentes no sentido da centralização; em regra os técnicos são centralizadores. A centralização seria mais económica, porque permitiria a racionalização e a supressão dos duplos empregos inerentes às administrações locais justapostos; concentra meios poderosos, que a descentralização fragmenta; sobretudo confia as tarefas administrativas a agentes especializados, e não aos amadores que são os eleitos locais. Mas estas vantagens têm pesadas contrapartidas: a lentidão, a sobrecarga da administração central, a uniformidade das soluções, que a desconcentração não conseguiria remediar.»

«Assim, a opção a favor ou contra a descentralização parece opôr os defensores da liberdade, que são os descentralizadores, aos técnicos centralizadores. Mas o problema é mais complexo: o que está em jogo no debate é o equilíbrio do corpo nacional. A centralização, privando de qualquer vida jurídica própria a massa desse corpo, em benefício do centro onde se elabora a decisão, destrói perigosamente este equilíbrio, e além do mais comporta o risco de exacerbar no administrado o sentimento de sujeição, ou mesmo de hostilidade, que lhe inspiram a enormidade e o anonimato do aparelho administrativo; e também o desprezo que quem decide manifesta pelos dados próprios da vida local. Por isso e pelas reacções que suscita pode, em casos extremos, conduzir a resultados exactamente opostos aos fins que prossegue, tanto do ponto de vista da eficácia administrativa como da unidade nacional.»

«A fim e ao cabo não se trata de uma escolha entre as duas tendências, mas apenas de um doseamento.» ([258]).

([258]) JEAN RIVERO, Direito Administrativo, tradução de ROGÉRIO SOARES, Almedina, Coimbra, 1981, págs. 364-365. Cf. BAPTISTA MACHADO, Participação e

Deste modo, uma das *vantagens* da descentralização administrativa é, do ponto de vista da adesão a determinados valores fundamentais (259), a que consiste em a descentralização, enquanto meio de garantia das liberdades locais, construir um sistema pluralista de Administração Pública, «que é por sua vez uma *forma de limitação do poder político* — o poder local é um *limite ao absolutismo, ou ao abuso do poder central*» (260), deparamos aqui com aquele pluralismo jurídico que permite evitar, na perspectiva da limitação do poder político estadual, e enquanto operador actuante no quadro de um *Estado de Direito democrático e social*, que «ao alastramento da acção e das intervenções do Estado corresponda um desmesurado e colossal aumento do poder de dominação estatal», conducente a uma «estatização» da sociedade «que sufocaria toda a vitalidade e iniciativa das forças sociais espontâneas» (261) aparecendo-nos a descentra-

---

Descentralização Democratização e Neutralidade na Constituição de 76, Coimbra, Livraria Almedina, 1982, págs. 30-35. Ver ainda BARBOSA DE MELO, Curso de Ciência da Administração (Sumários e notas), Porto, Universidade Católica Portuguesa, 1986, pág. 47-48 e ss. Cf. ainda DIOGO FREITAS DO AMARAL, obra citada, págs. 686--688; GOMES CANOTILHO, obra citada, pág. 372, págs. 496-498, págs. 897-907.

(259) Assim, o art. 1.° – C.R.P., define a República Portuguesa como soberana, baseada na *dignidade da pessoa humana* e na vontade popular e consagra o empenho desta República na construção de uma sociedade *livre, justa* e *solidária*. Não consideramos arbitrária a precedência do valor da *liberdade* em relação aos valores da justiça e da solidariedade, sobretudo quando se tenha presente que, como refere ROMEU DE MELO, a "liberdade" seria a ideia que maior relevância tem nos interesses e aspirações do pensamento lusíada, ao contrário do que se passa com outros povos e culturas, cujo pólo dinamizador é a justiça" (citado por FRANCISCO LUCAS PIRES, Teoria da Constituição de 1976 – A transição Dualista, Coimbra, 1988, pág. 370). Como refere CRISTIAN STARK: «a liberdade não é apenas protegida através dos Direitos Fundamentais, mas é também um *valor* fundamental no qual o Estado e a Constituição (...) se baseiam».

«Os valores fundamentais não se confundem (ou deixam absorver) pelos direitos fundamentais». (citado por FRANCISCO LUCAS PIRES, *idem*, pág. 342).

(260) Assim o refere FREITAS DO AMARAL, obra citada, págs. 688-689.

(261) BAPTISTA MACHADO, obra citada, pág. 57. Quanto ao problema das relações emtre a liberdade e o direito nos quadros de um Estado de direito democrático e social ver NUNO E SOUSA, «A Liberdade e o Direito», *in* Boletim da Faculdade de Direito da Universidade de Coimbra, Coimbra, 1984, número especial, Estudos em Homenagem ao Prof. Doutor Eduardo Correia (III), pág. 257, pág. 267-269, pág. 281--283.

lização administrativa (neste esforço de conter o "poder de domínio" estadual) a convergir com outros desenvolvimentos contemporâneos da ideia de Estado de Direito, tais como o respeito pelas minorias, pelas autonomias sociais, pela liberdade individual e pessoal, tudo isto conduzindo à relativização do princípio maioritário([262])([263]).

Este significado da descentralização administrativa torna-se mais explícito quando se tenham presentes as observações feitas por um autor como ALEXIS DE TOCQUEVILLE a respeito da *ausência* de centralização administrativa na democracia norte-americana:

([262]) Para uma compreensão das questões suscitadas no que se refere ao respeito pela liberdade individual ver NUNO E SOUSA, estudo citado, págs. 239-285. BAPTISTA MACHADO, *idem*, pág. 59. Ver ainda págs. 60-64 e págs. 65-70. A este respeito convém não perder de vista as *características jurídicas* das *modalidades* em que nos aparece a descentralização administrativa. Como refere JEAN RIVERO, obra citada, pág. 355 e ss..

([263]) Na *descentralização* contém-se a ideia de um *poder de auto-organização e autodeterminação* — a acção do ente descentralizado organiza-se segundo um princípio autónomo, directivas próprias, sem dependência do poder *de direcção* de qualquer autarquia de grau superior (veja-se o art. 257.° – CRP) ou do próprio Estado (ver no entanto art. 3.°, n.° 3 – CRP); com a descentralização e regionalização administrativa há uma repartição vertical do poder de decidir (o qual como que se torna «difuso»); e a antinomia entre o princípio da auto-determinação (fundamento da descentralização e da regionalização administrativa) e a atribuição de um poder político ilimitado ao soberano (o povo – cf. art. 111.°, 1ª parte) há-de acabar por conduzir à relativização e «funcionalização» da maioria, vindo a relacionar-se a descentralização com o valor fundamental da liberdade ou autonomia da pessoa humana – a construção jurídico-política de um *Estado descentralizado* no âmbito de um regime liberal, democrático e social de Direito, há-de significar que o Estado não funcionará como uma organização directa da sociedade (isto é, não funcionará como uma organização unificadora da acção de todos os cidadãos) mas antes como um *mecanismo regulador* (a dimensão *política* da sociedade organizada); sendo necessário ter presente a distinção entre desconcentração, descentralização técnica ou por serviços e descentralização em sentido próprio (em que o Estado cria pessoas colectivas de direito público às quais comete o exercício de uma atribuição ou de um conjunto de atribuições: veja-se o art. 237.°, 2 – CRP), sendo pressuposto da *descentralização territorial*:

– o reconhecimento pelo Estado de colectividades humanas baseadas numa solidariedade de interesses;

– a gestão desses interesses por órgãos eleitos, emanados das colectividades;

– o controlo administrativo sobre estes órgãos, exercido pelo Estado.

Cf BAPTISTA MACHADO, obra citada, págs. 4-22, págs. 27-30. Cf. ainda os arts. 227.° a 244.° – CRP e arts. 255.° a 262.° – C.R.P.. Ver ainda JORGE MIRANDA, obra citada, vol. III, pág. 169 e ss., pág. 172 e ss..

«Distingui precedentemente duas espécies de centralização: chamei a uma Governamental e a outra Administrativa. Só a primeira existe na América; a segunda é aí quase desconhecida.»

«Se o poder que dirige as sociedades encontrasse à sua disposição os meios de Governo, e juntasse ao direito de tudo comandar a faculdade e o hábito de tudo executar por si mesmo; se, depois de ter estabelecido os princípios gerais do Governo, penetrasse nos detalhes da aplicação, e, depois de ter regulamentado os grandes interesses do país, pudesse descer até ao limite dos interesses individuais, a liberdade seria em breve banida do Novo Mundo.»

«Mas, nos Estados Unidos, à maioria, que tem frequentemente os gostos e instintos de um déspota, faltam-lhe os instrumentos mais aperfeiçoados de uma tirania.»

«Em nenhuma das Repúblicas Americanas, o Governo central se ocupou de mais do que um pequeno número de objectivos, cuja importância atraía os seus olhares. Ele não empreendeu de modo nenhum a regulamentação das coisas secundárias da sociedade. Nada nos indica que ele tenha mesmo concebido o desejo de o fazer. A maioria, tornando-se cada vez mais absoluta, não acrescentou em nada as atribuições do poder central; ela não fez mais do que torná-lo «Todo-Poderoso» dentro da sua esfera. Assim, o Despotismo pode ser muito pesado sobre um aspecto, mas não poderá estender-se a todos.»

«Aliás, por muito sedutora que possa ser pelas suas paixões a maioria nacional; por mais ardente que ela seja nos seus projectos, não conseguiria fazer com que em todos os lugares, da mesma maneira e no mesmo momento, todos os cidadãos se submetessem aos seus desejos. Quando o Governo central que a representa ordena soberanamente, deve dirigir-se, para a execução do seu comando, a agentes que frequentemente não dependam de modo nenhum dele e que ele não possa dirigir a cada instante. Os corpos Municipais e os administradores dos condados constituem pois como que escolhos escondidos que retardam ou dividem a onda da vontade popular. Se a lei fosse opressiva, a liberdade encontraria ainda um abrigo no modo como se executaria a lei; e a maioria não saberia descer aos detalhes; e, se me atrevo a dizer, às puerilidades da tirania administrativa. Ela nem imagina o que pode fazer, porque ela não tem de maneira nenhuma a consciência plena do seu poder. Não conhece ainda as suas forças naturais, e ignora até onde a sua arte poderia estender os seus limites.»

«Isto merece ser pensado. Se se viesse a fundar uma República Democrática como a dos Estados Unidos num País onde o poder de um só tinha já feito passar tanto aos hábitos como às leis a centralização administrativa, não receio dizer que numa semelhante República o Despotismo se tornaria mais intolerável do que em alguma das Monarquias Absolutas da Europa. Seria preciso irmos à Ásia para encontrarmos algo de comparável a ela.» ([264]).

([264]) ALEXIS DE TOCQUEVILLE, Da Democracia na América (trad. portuguesa de Maria da Conceição Ferreira da Cunha), Rés-Editora Lda., Porto, págs. 115-116. Este autor, a propósito de qual seja a espécie de despotismo que têm a temer as nações democráticas, afirma a pág. 259 e ss.:

«Penso, portanto, que o género de opressão que ameaça os povos democráticos, não se assemelhará em nada às que a precederam no mundo. Os nossos contemporâneos não encontrarão na história a recordação de qualquer imagem semelhante. Eu próprio procuro em vão uma palavra que reproduza exactamente o conteúdo do meu pensamento; as palavras antigas de despotismo e tirania, não são nada adequadas. A coisa é nova e é necessário defini-la já que não consigo dar-lhe um nome.

Procuro imaginar com que novos aspectos o despotismo poderá reaparecer no mundo: vejo uma multidão imensa de homens parecidos e de igual condição, que giram sem descanso à volta de si próprios em busca de prazeres insignificantes e vulgares com que enchem a alma; cada um, retirado no seu canto, ignora o destino de todos os outros; a espécie humana resume-se, para eles, aos filhos e aos amigos particulares; quanto aos seus outros concidadãos, estão ao seu lado mas nem os vê; toca-os e nem os sente; só existe em si próprio e para si próprio; ainda tem uma família, mas a Pátria já não existe para ele.

Acima desta vasta multidão, ergue-se um poder imenso e tutelar que se encarrega, sem a ajuda de ninguém, de organizar os divertimentos e os prazeres de todos, e de velar pelo seu destino. É um poder absoluto, pormenorizado, ordenado, previdente e doce. Seria semelhante ao poder paternal se, como este, tivesse como objectivo preparar os homens para a idade adulta; mas, pelo contrário, o seu objectivo é mantê-los irrevogavelmente na infância. Gosta que os cidadãos sejam alegres, com a condição que só pensem em alegrias. Trabalha de boa vontade pela sua felicidade, mas com a condição de ser o único obreiro e árbitro dessa felicidade. Garante a segurança dos cidadãos, bem como a satisfação das suas necessidades, facilita-lhes os prazeres, organiza os seus principais assuntos, dirige a indústria, regulamenta as sucessões, partilha as heranças. Ser-lhe-á possível poupar completamente aos homens o trabalho de pensar e a dificuldade de viver?

De dia para dia torna-se menos útil o emprego do livre-arbítrio, o exercício da vontade limita-se a um quadro cada vez mais pequeno, e cada cidadão é privado pouco a pouco da faculdade de dispôr de si próprio. A igualdade preparou o homem para tudo isto, predispô-lo para o aceitar e até para o considerar como um benefício.

Após ter tomado cada indivíduo, um após outro, nas suas poderosas mãos, e o ter modelado a seu bel-prazer, o soberano estende os braços para abarcar a sociedade inteira, e cobre-a de uma rede de pequenas regras complicadas, minuciosas e uniformes, através da qual mesmo os espíritos mais originais e as almas mais fortes não conseguirão romper para se distinguirem da multidão; não quebra as vontades, mas amolece-as, verga-as e dirige-as; raramente obriga os cidadãos a agirem, mas opõe-se firmemente a quem aja por si próprio; nada destrói, limita-se a impedir que qualquer coisa seja criada; não tiraniza, mas incomoda, comprime, enerva, apaga, embrutece, e acaba por reduzir cada nação a um rebanho de animais tímidos e laboriosos, do qual o governo é o pastor. Sempre pensei que esta espécie de servidão, ordenada, calma e doce, de que acabo de traçar o retrato, poderia combinar—se melhor do que se imagina, com algumas formas exteriores da liberdade, e que não lhe seria até impossível subsistir à sombra da própria soberania do povo.

Os nossos contemporâneos são permanentemente solicitados por duas tendências opostas: sentem a necessidade de serem dirigidos e o desejo de continuarem livres. Como não lhes é possível abdicar de qualquer destes dois instintos contrários, esforçam-se por dar satisfação aos dois simultaneamente. Concebem então a imagem de um poder único, tutelar, e todo-poderoso, mas eleito pelos cidadãos. Julgam combinar, desta maneira, a centralização com a soberania do povo, e isso dá-lhes algum repouso. Consolam-se com o facto de ficarem sob tutela com a ideia de que escolheram eles próprios os seus tutores. Cada indivíduo consente que o prendam, porque vê que não é um homem nem uma classe, mas o próprio povo, que detém em suas mãos tais cadeias. Neste sistema, os cidadãos saem por um momento da dependência para indicarem o seu chefe, e depois nela tornam a entrar.

Há hoje muita gente que se conforma facilmente com esta espécie de compromisso entre o despotismo administrativo e a soberania do povo, e pensam que garantiram a liberdade dos indivíduos exactamente quando a entregaram ao poder nacional. Para mim, isto não basta. A natureza da soberania tem menos importância do que a obrigação de lhe obedecer.

Não nego, no entanto, que esta forma de poder seja infinitamente preferível a uma outra que, após ter concentrado todos os poderes, os confiaria a um único homem ou a um corpo social irresponsável. Esta seria, com certeza, a pior de todas as formas que poderia assumir o despotismo democrático. Sempre que o soberano é eleito ou controlado de perto por uma legislatura realmente electiva e independente, a opressão que exerce sobre os cidadãos é por vezes muito grande; mas ela é sempre menos degradante porque cada cidadão, nesse caso, quando o molestam ou o reduzem à impotência, pode ainda imaginar que, obedecendo, apenas a si próprio se submete, e que é a uma das suas vontades que sacrifica todas as outras. Compreendo igualmente que, quando o soberano representa a nação e depende dela, as forças e os direitos que se retiram a cada cidadão não servem apenas o chefe de estado, mas aproveitam ao próprio estado, e que os particulares retiram algum fruto do sacrifício que da sua independência fizeram ao público.

Criar uma representação nacional num país cujo poder seja muito centralizado, significa diminuir o mal que a extrema centralização pode provocar, mas não o elimina completamente. Vejo bem que, por este processo, mantém-se a intervenção do

Face a estas observações de ALEXIS DE TOCQUEVILLE([265]) há pois que precisar melhor o significado da descentralização administrativa,

---

indivíduo nos assuntos mais importantes, mas faz-se com que ela desapareça dos assuntos menos importantes e mais especiais. Esquece-se que é principalmente no que diz respeito aos pormenores que é mais perigoso escravizar os homens. Por meu lado, sentir-me-ia inclinado a pensar que a liberdade é menos necessária para a solução dos grandes problemas do que para os pequenos, se acreditasse ser possível conservar a segunda sem possuir a primeira.

A obediência em relação aos pequenos assuntos é um facto de todos os dias, que todos os cidadãos sentem indistintamente. Isso não provoca o seu desespero, mas contraria-os constantemente e acaba por levá-los a abdicarem da própria vontade. O espírito amolece pouco a pouco e a alma debilita-se. Por outro lado, quando a obediência só é exigida em certas circunstâncias muito graves e pouco frequentes, a servidão só aparece de longe a longe e só é suportada por um certo número de indivíduos. Será vão encarregar os mesmos cidadãos, que são tão dependentes do poder central, de escolherem, de tempos a tempos, os seus representantes nesse poder; este uso, importante mas curto e raro, do seu livre arbítrio, não impedirá que eles percam, pouco a pouco, a faculdade de pensar, bem como a de sentirem e de agirem por si próprios, e caiam gradualmente abaixo do nível da humanidade.

Acrescento que ficarão rapidamente incapazes de exercerem o único e grande privilégio que lhes resta. Os povos democráticos, introduzindo a liberdade na esfera política ao mesmo tempo que permitiam que aumentasse o despotismo administrativo, foram levados a situações bastante estranhas. Trata-se de dirigir os pequenos assuntos, para os quais bastaria um pouco de bom senso, e eles consideram que os cidadãos são incapazes de encontrar as soluções adequadas; trata-se, porém, do governo de todo um Estado, e eis que se confiam prerrogativas imensas aos cidadãos; os povos democráticos fazem dos cidadãos, alternadamente, os joguetes da soberania e os seus donos, umas vezes superiores aos reis e outras vezes menos do que homens. Depois de terem esgotado todos os sistemas de eleição possíveis sem encontrarem um que lhes convenha, confessam-se admirados e continuam a procurar sem compreenderem que o mal que querem debelar não se encontra no corpo eleitoral mas na própria estrutura do poder. Com efeito, é difícil imaginar como é que homens que perderam o hábito de se determinarem a si próprios poderão determinar com êxito quais de entre os seus semelhantes deverão escolher para os dirigirem; não se pode acreditar que um governo liberal, enérgico e hábil surja dos sufrágios de um povo de servidores. Uma constituição de que apenas a cabeça seja republicana e de que todas as outras partes constitutivas sejam ultra-monárquicas, sempre teve, para mim, o aspecto de um monstro efémero. Os defeitos dos governantes e a imbecilidade dos governados causariam a sua ruína a breve trecho; e o povo, cansado dos governantes e de si próprio, ou criaria instituições mais livres, ou voltaria a rojar-se aos pés de um único senhor.»

([265]) Cf. PEDRO VASCONCELOS, obra citada, págs. 29 a 43 (a crise do modelo original de separação de poderes), pág. 45 e ss., pág. 62 e ss., pág. 81 e ss. (designadamente a referência, na pág. 82, ao entendimento de PETER STRAUSS).

pois na democracia norte-americana a ausência da centralização administrativa insere-se no quadro jurídico-político do *federalismo*, o qual tendo de comum com a *mera descentralização administrativa* a *recusa de centralização da função administrativa*, vem a diferenciar-se desta última, pois que a mera descentralização administrativa é uma técnica de limitação juídica do poder político funcionando no âmbito de um Estado unitário (266).

A doutrina, porém, costuma apontar alguns *inconvenientes* à descentralização administrativa (267): «o primeiro é o de gerar alguma descoordenação no exercício da função administrativa, e o segundo é o de abrir a porta ao mau uso dos poderes discricionários da Administração por parte de pessoas nem sempre bem preparadas para os exercer».

---

(266) Assim o refere JEAN RIVERO, obra citada, pág. 357 e ss. BAPTISTA MACHADO, *idem*, pág. 55 (ver ainda págs. 56-65). A descentralização favorece a participação: «na verdade, a compartimentação do país em autarquias regionais e municipais, ao mesmo tempo que cria enquadramentos administrativos mais convizinhos da vida quotidiana dos cidadãos, facilita a institucionalização da participação destas na vida administrativa local. Os problemas da administração local estão mais ao alcance da compreensão e das possibilidades do cidadão comum. *A descentralização cria, pois, quadros adequados ao desenvolvimento de fórmulas de «participação» das populações na vida pública.*» Cf. MARCELLO CAETANO, Manual de Direito Administrativo, Coimbra, Livraria Almedina, 1980, 10ª edição (reimpressão), Volume I, págs. 248-251; ver GOMES CANOTILHO, obra citada, págs. 432-433. Falando das vantagens da descentralização administrativa refere FREITAS DO AMARAL, obra citada, págs. 688-689: «a descentralização proporciona a participação dos cidadãos na tomada das decisões públicas em matérias que concernem aos seus interesses, e a *participação* é um dos quadros objectivos do Estado moderno; depois, a descentralizacão permite aproveitar para a realização do bem comum a sensibilidade das populações locais relativamente aos seus problemas, e facilita a polarização das iniciativas e das energias locais para as tarefas de administração pública; por último, a descentralização tem a vantagem de proporcionar, em princípio, soluções mais vantajosas do que a centralização, em termos de custo-eficácia.». Mas a descentralização (autonomia) exige ainda que a pessoa colectiva territorial tenha *atribuições próprias e exlusivas*, de tal modo que na sua esfera de acção própria não tenha de compartilhar o seu poder de decisão com o Estado — o reconhecimento desta autonomia pelo Estado é suficiente para justificar um «ajustamento» na índole do princípio maioritário ao nível mais elevado. Cf. BAPTISTA MACHADO, obra citada, págs. 55-56 e ss.

(267) FREITAS DO AMARAL, obra citada, pág. 689. ANDRÉ DE LAUBADERE, JEAN-CLAUDE VENEZIA, YVES GAUDEMENT, obra citada, pág. 175, consideram riscos da descentralização o *diminuir a força do poder central* e o contribuir para dar predominância aos interesses locais em face dos interesses gerais.

Por outro lado, a descentralização e regionalização administrativas criam *problemas jurídico-políticos* relevantes no quadro da execução das *políticas de ordenamento do território* e de gestão dos espaços: é o problema da possível confusão na repartição de *competências* (com a tendência de algumas leis de descentralização e regionalização administrativa para substituirem a prioridade *estadual* no ordenamento do território pela prioridade *regional*: com a consequência de atribuição de um lugar *central* às regiões administrativas no processo de planificação, designadamente em matéria de procedimento dos *contratos-programa*; e as consequências jurídico-políticas que daqui podem derivar)([268]); é o problema dos *objectivos* mal definidos (multiplicação de leis que definem objectivos; multiplicação de actores intervenientes na política de ordenamento do território; possibilidade de existência de objectivos contrastantes;...)([269]); é o problema da existência de *instrumentos jurídicos de intervenção inadequados ou mal-adaptados* em função dos objectivos a atingir([270]). Problemas estes que podem originar movimentos no sentido contrário (para uma "re-centralização" administrativa, p. ex. em matéria de tutela do ambiente, como parece ser a recente tendência legislativa na Itália...)([271]).

Este movimento social tendente à descentralização e regionalização administrativa vem afinal a contribuir para *reforçar uma concepção organizatória da separação* (vertical) *de poderes do estado*. De facto, não é outro o sentido deste movimento social pois titular

---

([268]) Cf., com referência ao caso da França, Yves Madiot, «L'effacement de la politique d'aménagement du territoire», *in* L'Actualité Juridique, AIDA, Droit Administratif, 20 Dez., n.° 12, 1989, págs. 732-734.

([269]) *Idem*, págs. 734-735.

([270]) *Idem*, págs. 735-736. Cf. Jacques Moreau, «Les contrats de plan État-région, téchnique nouvelle d'aménagement du territoire», *in* L'Actualité Juridique, AJDA, Droit Administratif, 20 Dez, n.° 12, 1989, págs. 732-742; Jean-Marie Pontier, «Les contrats de plan État-région et l'ameenagement du territoire», *in* L'Actualité Juridique, AJDA, Droit Administratif, 20 Dez., n.° 12, 1989, págs. 743-746 (designadamente págs. 744 e 745).

([271]) Cf. José Maria Diaz Lema, «Fundamento Constitucional de la ley del Suelo de Galicia», *in* Revista de Estudios de la Administracion Local y Autonómica, Instituto Nacional de Administración Publica, Vert. Dez., n.° 240, 1988, págs. 1683-178; Vicente Maria Gonzalez-Harba Guisado, «La Funcion Publica Local in Europa: Caracteres y Tendencias», *idem*, pág. 1719 e ss.

único e exclusivo do poder político continua a ser o povo. Apenas, com este movimento de descentralização e regionalização administrativa se procuram resolver problemas inerentes à organização contemporânea do Estado, resultantes da assumpção por este de novas tarefas económico-sociais e da emergência dum novo modelo de Administração [272]. No fundo o que está aqui em causa é ainda o *bom andamento* da Administração Pública, conexa contemporâneamente com o respeito pelos princípios da *transparência*, da *imparcialidade*, da *igualdade*, da *justiça*, da *proporcionalidade*, o respeito dos quais se pensa conseguir obter através de um Estado descentralizado em que o poder de decisão (e as entidades competentes para a decisão final) estejam mais próximas dos directamente interessados [273].

Como refere BAPTISTA MACHADO: «Mobilização do *Demos*, extensão do *Kratos* e relação entre este e o Ethos – talvez se possam enunciar assim os problemas fundamentais da Democracia. *A «Subjectividade do homem na sociedade» (autodeterminação), a sua libertação de um anónimo sistema de relações entre papéis ou funções, só pode alcançar-se se o exercício do Kratos (da publica potestas do Estado) não se deixar inspirar apenas por critérios de mera racionalidade técnico-económica e funcional, mas também por valores e critérios normativos (Ethos). Doutro modo o próprio Kratos do Estado concorre a sufocar toda a possibilidade de autodeterminação, eliminando o espaço vital daquela subjectividade.* A análise atrás exposta mostra-nos que o *problema da limitação do poder político, o problema da relação entre o exercício deste e a auto-determinação*, o problema da neutralidade do Estado e o problema da Justiça se articulam tão intimamente entre si que surgem, afinal, como *diferentes aspectos de um mesmo e único problema*. Pelo que uma Constituição que, como a portuguesa de 76, reconheça a relevância própria de qual-

---

(272) Com a emergência duma Administração constitutiva, de índole mais «agressiva»: ver ROGÉRIO SOARES, Direito Público e Sociedade Técnica, designadamente, pág. 90 e ss., pág. 168, pág. 171 e ss. Ver ainda BARBOSA DE MELO, estudo citado.

(273) Ver ROBERTO MARRAMA, «La Pubblica Amministrazione Trasparenza e Riservatezza Nell'Organizzazione e Nel Procedimento Amministrativos, *in* Diritto Processuale Amministrativo, Milano, Giuffrè Editore, n.° 3, 1989, págs. 415-439.

quer dos referidos problemas não pode, sob pena de incoerência, deixar de reconhecer relevância aos demais (274).

4.1 *A Problemática da coordenação no modelo administrativo descentralizado*

Decorrendo da consideração de que a descentralização administrativa (diversamente do *federalismo*) se insere ainda no âmbito jurídico-normativo de um Estado Unitário, temos a consideração de que tanto a centralização como a descentralização *administrativa* implicam um certo *controlo* exercido *de cima* sobre as actividades administrativas subordinadas; sendo que as *formas* e as *modalidades* desse controlo é que, vindo a ser profundamente diferentes (à centralização administrativa corresponde o *controlo hierárquico*, à descentralização administrativa o *controlo de tutela*), acabam por caracterizar os dois regimes (275).

Deste modo a coordenação entre o Estado e os entes públicos menores exerce-se tanto por via administrativa (e estamos perante o controlo da tutela administrativa) como por via jurisdicional (e estamos perante o controlo jurisdicional da actividade dos entes da administração autónoma), de modo a que a autonomia destes entes administrativos seja coordenada com a necessidade de exercício dos poderes de direcção e superintendência do Estado.

Em sede de controlo dos entes autónomos por via administrativa surge-nos então este instituto da *tutela administrativa*, o qual tem o seu enquadramento jurídico-normativo fixado pelo *poder legislativo*. A necessidade desta tutela administrativa, enquanto controlo exercido

---

(274) Ver Baptista Machado, obra citada, págs. 76, 77, 79, 94-95, 97, 120-121, e ainda pág. 147. Veja-se ainda Nuno e Sousa, estudo citado, pág. 251 e ss, designadamente pág. 257, págs. 266-267, págs. 269-270, págs. 271-272, págs. 272-273, págs. 273-280.

(275) Assim o refere Jean Rivero, obra citada, pág. 359; Baptista Machado, obra citada, pág. 10 e ss., pág. 27 (no sentido de que o controlo administrativo sobre os órgãos eleitos é um dos pressupostos da descentralização territorial); Marcello Caetano, Manual de Ciência Política e Direito Constitucional, Lisboa, 1967 (5ª edição), Coimbra Editora, Lda. (depositária),pág. 125 e ss..

pelo Estado sobre um órgão descentralizado([276]), prende-se com duas ordens de considerações: por um lado o controlo da *tutela* é necessário no interesse do próprio Estado (o qual permanece com uma configuração jurídico-política de Estado *unitário*; isto é, em que há um só poder político no território nacional) que tem de salvaguardar a sua política e velar pelo respeito da legalidade([277]), mas também no interesse da pessoa descentralizada (a qual virá a ser a principal vítima da má gestão dos seus representantes)([278]), bem como no interesse dos cidadãos (que podem ter a necessidade de uma protecção contra a autoridade descentralizada)([279]). Sendo que *normalmente* o controlo de tutela só tem por objecto as *pessoas públicas*([280]), este controlo tem de ser conciliado — "sob pena de a aniquilar" — com a *liberdade* reconhecida à colectividade([281]).

([276]) Como refere JEAN RIVERO, obra citada, pág. 360, a tutela é normalmente uma *atribuição* do Estado, podendo no entanto encontrar-se ainda na relação que as colectividades locais mantêm com os estabelecimentos que delas dependem.

([277]) Assim, JEAN RIVERO, obra citada, pág. 360; BAPTISTA MACHADO, obra citada, pág. 16, afirma que no exercício da tutela sobre a autarquia local, o órgão do Estado define e representa um interesse (o interesse geral nacional) diferente do interesse que a esta cabe definir e prosseguir. Ao passo que, ao exercer a tutela sobre um instituto público, a autoridade de tutela incarna e define superiormente o mesmo interesse que ao instituto cabe prosseguir. Deste modo é porque no primeiro caso, não pertence ao Estado intervir na definição do interesse prosseguido pelo ente tutelado, nem, em regra, na determinação do modo de o prosseguir, ao contrário do que sucede no segundo caso (em que, pelo contrário, cabe ao Estado tal poder), que se vem a perceber a *radical diversidade* destas duas formas de tutela.

([278]) Assim o refere JEAN RIVERO, *ibidem*.

([279]) Cf. JEAN RIVERO, *ibidem*. Há que não perder de vista que também a Administração autónoma é obrigada a conformar-se com a directriz constitucional que determina, na prossecução do interesse público, o respeito pelos direitos e interesses legalmente protegidos dos cidadãos (art. 266.°, 1 – C.R.P.) e ainda com todos os princípios fundamentais consagrados constitucionalmente em matéria de Administração Pública e de direitos fundamentais.

([280]) Refere, no entanto, JEAN RIVERO (obra citada, pág. 360) que, todavia, a linguagem administrativa emprega o mesmo termo para o controlo exercido sobre certas pessoas de *direito privado* encarregadas de um serviço público.

([281]) Assim, JEAN RIVERO, *ibidem*, o qual afirma: «Desde logo opõe-se ponto por ponto ao controlo hierárquico. Na centralização, a subordinação, como vimos, é de princípio e o controlo exerce-se sem haver texto para o excluir é que será necessário um texto. Além do mais é total; o controlo estende-se a todos os aspectos dos actos, e pode levar à sua anulação ou modificação. No que toca à autoridade descen-

Quanto à questão dita da *autoridade de tutela*, a mesma é, em princípio uma autoridade *do Estado*, sendo que a tutela das autarquias locais é em geral desconcentrada e que, no âmbito da descentralização *técnica* ou por serviços, a autoridade de tutela neste âmbito pertence ao ministro competente (ministro da tutela), o qual pode exercer essa autoridade em conjunto com o Ministro das Finanças ou outro membro do governo; podendo suceder que, a título *excepcional*, a lei confie a um órgão descentralizado (mas que *então* age *por conta* do Estado) um certo poder de tutela sobre um outro órgão descentralizado de escalão inferior, sendo que, normalmente, a tutela sobre os serviços públicos de âmbito regional e local vem a ser exercida pelos órgãos descentralizados da colectividade territorial de que dependem (282).

No concernente aos procedimentos da tutela administrativa refere JEAN RIVERO que:

«A tutela pode exercer-se por meio de uma extensa gama de medidas de controlo; o legislador escolhe dentre elas as que julga mais adaptadas, consoante o grau de autonomia que deseja conferir à pessoa colectiva considerada. Estas medidas dizem respeito quer à própria pessoa das autoridades descentralizadas, quer às suas decisões, quer aos meios de execução dessas decisões:»

---

tralizada, pelo contrário, a liberdade é a regra, e o controlo a excepção; um texto tem de estabelecer o seu princípio, designar a autoridade que o exerce em nome do Estado, fixar a sua extensão (legalidade ou oportunidade), e os seus processos. Fora ou para além das prescrições legais, a tutela acaba e a liberdade retoma o seu domínio; donde a fórmula clássica: «Não há tutela sem texto, não há tutela para além dos textos».

(282) Assim: cf. JEAN RIVERO, obra citada, pág. 361; BAPTISTA MACHADO, Participação e Descentralização Democratização e Neutralidade na Constituição de 76, Coimbra, Livraria Almedina, 1982, pág. 8 e ss. e especificamente quanto a estes pontos págs. 10-13 (onde distingue entre os poderes de direcção do Governo (em relação à administração estadual, tanto directa como indirecta) e os poderes de superintendência do Governo (em relação à Administração autónoma). Ver Lei 87/89 (Lei da Tutela Administrativa); cf. C.R.P.: art. 202.°, *d)*: compete ao Governo, no exercício de funções administrativas, dirigir os serviços e a actividade da administração directa do Estado, civil e militar, superintender na administração indirecta e exercer a tutela sobre a administração autónoma); art. 229.°, n.° 1, *l)*: as regiões autónomas são pessoas colectivas de direito público e têm o poder, a definir nos respectivos estatutos, de tutela sobre as autarquias locais (as quais, de resto, podem ser criadas e extintas, bem como modificadas na respectiva área, nos termos da lei, pelas regiões autónomas).

«a) Em relação às *pessoas*, o Estado, apesar da sua designação por eleição, pode reservar um certo poder disciplinar, a título provisório (suspensão) ou mesmo definitivo (demissão de um «Maîre», dissolução de um conselho municipal). Mas esse poder é sempre estreitamente limitado; a medida deve ser tomada segundo um processo fixo, por vezes solene (decreto em Conselho de Ministros para a dissolução de um conselho municipal); quanto ao fundo, a lei fixa os motivos que podem justificá-la; finalmente, há garantias de que os eleitores possam substituir rapidamente o órgão que foi atingido, e de que no entretempo esteja assegurada a administração da pessoa colectiva.»

«b) A tutela sobre as *decisões*, durante muito tempo considerada essencial, pode ter por objecto, quanto ao fundo, quer a sua *oportunidade*, quer a sua *legalidade*.»

«Quanto à forma, podemos classificar por ordem decrescente de severidade os processos que ela pode utilizar:

– A decisão pode só se tornar executória depois da *aprovação* pela autoridade de tutela, quer expressa, quer tácita, tornando-se neste último caso executória a decisão se a autoridade de tutela não se tiver pronunciado durante um prazo determinado.

– A decisão, imediatamente executória, pode ser *anulada* pela autoridade de tutela, a todo o momento ou dentro de um certo prazo, por um qualquer motivo ou por motivos limitativamente enunciados.

– Numa situação extrema, a decisão só é *anulável por ilegalidade*, seja pela autoridade da tutela, seja pelo juiz administrativo para que esta recorreu; fala-se neste caso de jurisdicionalização da tutela.

– A tutela sobre as decisões pode estar combinada com uma sanção particularmente rigorosa, o poder de *substituição* (VIGNES, «Le pouvoir de substitution», R.D.P., 1960, p. 753). Se o órgão descentralizado não cumpre uma obrigação legal, quer recusando-se a tomar uma medida obrigatória, quer não observando as regras de fundo que regem a decisão (por exemplo, não equilibrando o seu orçamento), a autoridade de tutela pode ter a faculdade de agir em seu lugar, depois de o ter intimado, substitui-se-lhe e toma a medida em causa em nome e por conta da colectividade interessada.»

«c) A tutela sobre a execução das decisões, ou *tutela indirecta*. Com esta expressão designa-se muitas vezes o controlo que o Estado mantém pelo facto de dependerem exclusivamente dele os meios indispensáveis para as pessoas descentralizadas. Trata-se do financiamento de uma operação? Só junto de órgãos do Estado, ou por ele controlados, podem as colectividades contrair os empréstimos necessários, o que confere a quem empresta o mais eficaz controlo sobre a operação. A operação exige a aquisição de um imóvel? O processo de expropriação está nas mãos do Estado. O pessoal necessário é muitas vezes «emprestado» pelo Estado à colectividade. Poderíamos multiplicar os exemplos: por esta via transversa, a liberdade de decisão de que podem gozar os órgãos descentralizados corre o risco de ser mais teórica do que efectiva.»

4.1.1 *Os Recursos em matéria de Tutela Administrativa*

Num regime *centralizado*, o órgão inferior não tem qualquer processo para, recorrendo a um tribunal, defender os seus actos contra o exercício do poder hierárquico. Ao contrário, porque o poder de tutela está estreitamente limitado pela lei, é preciso sujeitar as eventuais ilegalidades cometidas pela autoridade de tutela à sanção de um recurso para o juiz administrativo. O acto de tutela, com efeito, é uma decisão administrativa; por esse motivo deve, como qualquer decisão administrativa, estar conforme às exigências do princípio de legalidade (283). Não sucede tal, porém, num regime *descentralizado*, no qual se deve, tanto sob o ponto de vista lógico como *político*, conferir-se ao ente descentralizado um recurso contencioso (perante os tribunais administrativos) a interpor do acto de tutela quando o mesmo enferme de vícios configurando a sua *ilegalidade*; a anulação (por via administrativa, no âmbito do poder hierárquico normal, num regime de tipo centralizado; por via jurisdicional, quando num regime de tipo descentralizado) restitui à decisão da autoridade descentralizada a sua força própria (isto é, a força de que tal decisão gozava *ab initio* quando surgiu na realidade jurídica e que só veio a ser coartada por um acto ilegal de tutela) (284).

---

(283) JEAN RIVERO, obra citada, págs. 363-364; cf. BAPTISTA MACHADO, Participação e Descentralização Democratização e Neutralidade na Constituição de 76, Coimbra, Livraria Almedina, 1982, pág. 22.

(284) Cf. JEAN RIVERO, obra citada, pág. 363; BAPTISTA MACHADO, *idem*, pág. 22, para quem «a anulação jurisdicional da medida de tutela ilegal teria por consequência, numa tal hipótese, o reconhecer ou restituir ao acto do órgão da autarquia o seu carácter executório».

Mas a ilegalidade da medida de tutela pode ainda constituir fundamento jurídico para a *responsabilidade do Estado* perante aqueles que prejudicou, constituindo a autoridade de tutela numa *obrigação de indemnização* pelos danos causados (tanto a *terceiros* como à colectividade territorial) quando tais danos possam ser-lhe imputados (285).

Há, no entanto, a ter em conta que sendo a tutela administrativa um mecanismo jurídico-político muito razoávelmente compatível com as necessidades da descentralização administrativa, nem todas as suas modalidades se articulam do mesmo modo com a liberdade e autonomia dos entes descentralizados, podendo a tutela *indirecta* (o reconhecimento às autoridades descentralizadas de largos poderes de decisão, designadamente por via de um constante alargamento das suas competências a novos domínios de intervenção, atribui-lhes uma autonomia só de fachada se elas não possuirem os meios materiais, nomeadamente receitas financeiras próprias, que qualquer actividade administrativa de envergadura exige) vir a limitar consideravelmente a autonomia dos entes descentralizados (286).

---

(285) JEAN RIVERO, obra citada, págs. 363-364: «(...) o Conselho de Estado aplicou à tutela os princípios gerais da *responsabilidade*: um facto danoso cometido no exercício da tutela pode implicar responsabilidade do Estado perante aqueles que prejudicou. O princípio, enunciado em relação a terceiros (C.E., 29 de Março de 1946, *Caise* départementale d'assurances sociales de Meurthe-et-Moselle, Gr. Ar., pág. 292), foi estendido à colectividade sob tutela, quando a frouxidão da autoridade de tutela permitiu a um dos órgãos locais lesar os interesses da colectividade (C.E., 27 de Dezembro de 1948, *Commune de Champigny-sur-Marne, D.*, 1949, pág. 408, concl. de Guionin).»; BAPTISTA MACHADO, obra citada, pág 22, o qual refere ainda: «Como processo de salvaguarda da autonomia dos órgãos da colectividade territorial, face aos eventuais excessos da autoridade de tutela, é ainda de considerar a possibilidade de subordinar o exercício desta, particularmente quando de grau mais intenso, ao parecer prévio e obrigatório de um órgão consultivo *independente*. Tal o que dispõe a nossa Constituição, no art. 243.°, 2». A C.R.P. no art. 243.°, 2 dispõe que as medidas tutelares restritivas da autonomia local são precedidas de *parecer* de um órgão autárquico, nos termos a definir por lei (cf. Lei da Tutela Administrativa, art. 13.°, 3).

(286) Ver JEAN RIVERO, obra citada, pág. 364; BAPTISTA MACHADO, Participação e Descentralização Democratização e Neutralidade na Constituição de 76, Coimbra, Livraria Almedina, 1982, afirma que a planificação «é, em último termo, centralizadora. Pois que, se a previsão das necessidades (ou a expressão das necessidades) deve, sob muitos aspectos, ser feita de um ponto de vista descentralizado, as escolhas económicas globais são feitas ou arbitradas pelo poder central. Ora uma política fundada na planificação e no recurso a incentivos de vária ordem deixa na

Esta problemática da descentralização administrativa tem um lugar privilegiado na discussão dos *novos modelos de Administração Pública*, os quais pretendem questionar os mitos da *instrumentalidade* da Administração Pública (em face do poder político), da *unidade* do aparelho administrativo, da *racionalidade* do sistema administrativo(287).

---

sombra certas formas de «tutela clássica», mas em seu lugar instaura meios de tutela «indirecta», bastante mais eficazes: tutela técnica do Estado sobre os projectos das autarquias, recusa ou concessão de subvenções ou comparticipações, recusa ou concessão de empréstimos ou de autorizações para contrair empréstimos, incentivos financeiros para a federação ou fusão de municípios, «contratos-plano» garantindo uma certa regularidade de recursos, sob a condição de a autarquia ou federação de autarquias executar os programas de equipamentos previstos, controlo exercido pela inspecção de finanças sobre as despesas locais, subordinação a parecer favorável dos serviços técnicos do Estado do financiamento dos projectos de equipamento, etc, etc.» (pág. 23 e ss.). Refere ainda este autor: «o controlo que o Estado detém pelo facto de dependerem dele os meios indispensáveis (subsídios, empréstimos, pessoal técnico, etc.) às autarquias locais quando estas pretendem executar as suas decisões sujeita de facto as ditas autarquias a uma «tutela indirecta» do Estado que torna a liberdade (autonomia) delas mais teórica do que efectiva. Pode mesmo dizer-se que uma tal tutela indirecta é susceptível de aproximar a tutela do poder hierárquico, por representar um poder, indirecto mas eficaz, de fazer respeitar ordens. Por isso mesmo, se se quer descentralizar a sério, há que pugnar pela independência financeira e técnica das autarquias» (págs. 26-27). Pela nossa parte, apenas dois reparos às posições de BAPTISTA MACHADO acima referidas: por um lado, em face do actual texto constitucional, parece-nos que esta tutela «*indirecta*» não aproxima a tutela do poder hierárquico, mas do poder de *superintendência* do Estado; por outro lado, não somos de opinião que a descentralização administrativa (isto é, a *autonomia* administrativa das colectividades locais) exija necessáriamente a independência financeira e técnica das autarquias: à autonomia administrativa é necessária (tão-só) a *autonomia* financeira e técnica das autarquias locais, mas *nunca* uma sua independência nestes domínios que pudesse vir a ter, por um «efeito de ricochete», consequências nefastas na unidade do Estado.

(287) GÉRARD TIMSIT, «Les Nouveaux Modèles D'Administration», *in* Théorie de l'Admnistration, págs. 169 e ss. Este autor considera que existe uma *dupla função* dos *modelos* de Administração: uma função *teórica:* («un modèle est un objet abstract, formel, sur lequel on puit raisonner et qui aide le chercheur à comprendre les objets concrets, réels, à établir des faits et à les expliquer en découvrant leurs rapports», JEAN-WILLIAM LAPIERRE, citado por TIMSIT, pág. 169), pela redução da realidade aos seus *elementos essenciais* (*idem*, pág. 170); e uma função *mítica* (*idem*, págs. 171-172).

O princípio da *instrumentalidade* da Administração Pública afirmado nos modelos (teóricos e políticos) fundadores das concepções quanto à organização dos poderes do Estado e à relação destes poderes uns perante os outros, e designadamente quanto à relação da Administração com o poder político([288]), é agora confrontado com a pretensão de *autonomia* da Administração, carreada pelos modelos das teorias neoliberais, neo-marxistas e da nova sociologia (CROZIER e FRIEDBERG)([289]).

([288]) No âmbito das teorias liberais (p. ex.: CARRÉ DE MALBERG: recusa da autonomia da Administração em nome do Estado de legalidade (princípio da legalidade da Administração); como nas teorias marxistas (KARL MARX e FRIEDRICH ENGELS), como no modelo de MAX WEBER, sempre está afirmada esta ideia de Administração Pública como um instrumento duma vontade *exógena* (o poder político, a classe social dominante ...) — assim GÉRARD TIMSIT, obra citada, págs. 173-175.

([289]) Cf. GÉRARD TIMSIT, artigo e obra citadas, págs. 175 e ss.: quanto aos teóricos *liberais*, esta ideia de uma autonomia da Administração esteia-se numa nova leitura de MONTESQUIEU, na qual assume especial importância RAYMOND ARON («l'idée essentielle de Montesquieu n'est pas la séparation des pouvoirs au sens juridique du terme, mais ce qu'on pouvrait appeler *équilibre des puissances sociales*, condition de la liberté politique», Les étapes de la pensée sociologique, Gallimard, 1967, pág. 40 (trad. port.: As Etapas do Pensamento Sociológico, Dom Quixote, Lisboa, 1991)) na esteira de CHARLES EISENMAN (L'Esprit des Lois et la séparation des pouvoirs. Mélanges Carré de Malberg, Paris, 1953, pág. 190 e ss.). Nestes novos modelos de inspiração liberal a preocupação em afirmar uma concepção da Constituição dos Estados «moderados e livres», subjacente à qual estará o equilibrio dos «poderes sociais» como condição de liberdade, caracterizadas as sociedades industriais não-socialistas pela dissociação, equilibrio e rivalidade permanente das suas categorias dirigentes (RAYMOND ARON), no seio das quais se distinguem particularmente os homens políticos e os funcionários da Administração Pública, vem a concorrer para afirmar a ideia de alguma *autonomia* da Administração.

Quanto às teorias neo-marxistas, estas tomam como ponto de partida a constatação já feita por MARX e LÉNINE da existência de *períodos de transição* que contribuem para dar a aparência de independência da Administração, mas no fundo tal aparência é falsa, resultante de um *impasse* na luta de classes, para (nestes novos modelos de inspiração marxista) formularem e amplificarem este tema da autonomia (relativa) da Administração, tomando como ponto de referência duas fontes doutrinais: GRAMSCI e LOUIS ALTHUSSER — cf. GÉRARD TIMSIT, obra citada, págs. 178-181.

No que respeita às teorias de MICHEL CROZIER e ERHARD FRIEDBERG (e, designadamente, a existência de uma margem de liberdade pessoal no interior dos sistemas organizados, liberdade essa que não é total nem absoluta, mas condicionada, operando e manifestando-se nas *folgas* (nas margens de indeterminação) existentes no interior do sistema; com a consequência de haver inelimináveis fontes de incerteza que subsistem no interior da organização, conduzindo ao desenvolvimento de rela-

Pretende-se ainda questionar o mito da *unidade* da Administração Pública, que traduz a ideia do monilitismo desta Administração, contrapondo-lhe o(s) novo(s) modelo(s) assente(s) na *poliarquia* (FRANÇOIS BOURRICAUD: no lugar de um bloco monolítico, a organização burocrática cinde-se numa colecção de *unidades distintas* dispondo cada uma de uma parcela de poder — *policentrismo*, isto é, relação entre um centro e uma periferia estabelecendo entre eles «des liens de dépendance mutueles et continus qui permettent de sortir de l'alternative entre la verticalité bureaucratique et l'émiettement féodal» (290), de tal modo que, como refere TIMSIT, esta noção de poliarquia aparece na referência a uma análise da Administração totalmente estranha à análise tradicional, conduzindo ao aparecimento de «sistemas diferenciados e descentralizados, mantendo ao nível do centro um poder de arbitragem e praticando o método dos conflitos limitados» (291); novos modelos estes que, para além de poliarquia, apresentam o tema da *segmentação* como pretexto para questionar o mito da unidade da Administração (292).

Questiona-se ainda o que alguns julgariam inquestionável: o mito da *racionalidade* da actividade administrativa (293). Abandona-se a ideia da racionalidade *absoluta* do sistema administrativo, preferindo afirmar-se a existência na organização administrativa duma racionalidade limitada (294).

E é quando, após estes novos modelos da Administração Pública terem questionado os velhos mitos que suportavam os modelos fundadores, nos defrontamos com os problemas que hoje confrontam a Administração Pública (a saber: o problema da *emancipação da sociedade* (progressivamente desapossada pelo Estado); o problema da *mudança* dum sistema paralisado por bloqueios institucionais e culturais; problema da *invasão* duma burocracia, *dominadora* e omnipotente) que vimos afirmarem-se (e apelarem à nossa adesão) os

---

ções de poder paralelas em torno destas fontes de incerteza). Cf. GÉRARD TIMSIT, obra citada, págs. 181-183.

(290) Esquisse d'une théorie de l'autorité, Plon, 1969, pág. 412.

(291) FRANÇOIS BOURRICAUD, obra citada, pág. 425; cf. GÉRARD TIMSIT, obra citada, págs. 183-185.

(292) GÉRARD TIMSIT, obra citada, págs. 185-190.

(293) Cf. GÉRARD TIMSIT, obra citada, págs. 190-193.

(294) Ver MICHEL CROZIER e E. FRIEDBERG, L'Acteur et le système, pág. 46.

novos mitos: da *auto-gestão*, da *emancipação da sociedade*, do *Estado-holding*, da *fiscalização* da burocracia, da *mudança do sistema* e, «last but not the least», da *descentralização administrativa* (295).

Para quem, como sucede com MICHEL CROZIER, entende que o bloqueamento do sistema administrativo tem na centralização da Administração Pública o seu factor fundamental, a descentralização administrativa é o remédio para os males de que padece a Administração Pública (296). MICHEL CROZIER adverte, porém, para a necessidade de que as estruturas da organização descentralizada não venham a ser nem muito *coerentes*, nem muito *integradas*, nem muito *racionais*, sob pena de virmos a assistir à reconstituição da *rígidez* característica das organizações centralizadas que se pretendia suprimir, entendendo que a *mudança* dos sistemas administrativos está ligada à existência de *margens*, de *espaços*, permitindo um movimento mais ágil na articulação das diferentes "peças" da organização, no quadro duma certa *liberdade de funcionamento das organizações*. O que resulta da perspectiva que CROZIER tem quanto ao modo como haja de entender-se a descentralização administrativa: esta, quanto a ele, não se justifica apenas por questões de *legitimidade política* ou de *fundamento técnico*, mas encontra uma justificação teórica acrescida por ser uma *condição de mudança*. Por assim dizer, mudança do sistema administrativo no quadro duma reforma do Estado, conduzindo a que a descentralização administrativa não seja encarada como uma mera *técnica* administrativa, mas vista como uma *esperança política* (297).

4.2 *Um outro desenvolvimento da problemática da descentralização administrativa: a regionalização administrativa* (298)

Convém não perdermos de vista que a problemática da regionalização administrativa é encarada diversamente quando referida no

---

(295) Cf. GÉRARD TIMSIT, obra citada, págs. 193-203.

(296) MICHEL CROZIER, Le phénomène bureaucratique; e ainda: La Societé bloquée, Seuil, 1970; e também: La centralisation, *in* M. CROZIER *et al.*, Oú va l'administration française, éd. d'Organisation, 1974; Cf. GÉRARD TIMSIT, obra citada, pág. 198 e ss.

(297) Cf. GÉRARD TIMSIT, obra citada, págs. 199-200.

(298) JEAN RIVERO, Direito Administrativo; BAPTISTA MACHADO, Participação e Descentralização Democratização e Neutralidade na Constituição de 76, Coimbra,

âmbito da descentralização administrativa ou no âmbito da centralização administrativa ("regionalização por desconcentração administrativa") e, por outro lado, sempre convirá ter presente que ambas se referem a algo de jurídico-políticamente (e tanto sob o ponto de vista formal e procedimental, como sob o ponto de vista "substancial") diferente do regionalismo político, o qual, por sua vez, ainda que "aparentado" com o federalismo, existe como realidade ainda distinta deste mesmo federalismo.

Acresce ainda que, na referência ao ordenamento jurídico-político português actualmente vigente, a discussão desta problemática vê a sua complexidade enriquecida com a existência dessa realidade jurídico-política que são as *regiões autónomas* dos arquipélagos dos Açores e Madeira e a subsistência da figura dos distritos no continente.

Desde logo a caracterização constitucional expressa do Estado português como Estado unitário (art. 6.° – C.R.P.) pretende resolver a controvérsia em torno da dicotomia Estado unitário – Estado federal (299). Questão diferente é, porém, a de saber se a caracterização

---

1982; MARCELLO CAETANO, Manual de Ciência Política e Direito Constitucional; JUAN FERNANDO BADIA, «El Estado Regional como Realidad Juridica Independente», *in* Rivista de Estudios Politicos, n.° 129-30, 1963; C. J. FRIEDRICH, Man and His Government, trad. espanhola, Madrid, 1978; JEAN-JACQUES SERVAN-SCHREIBER, «Le Manifeste Radical», Paris, 1970; ALDO M. SANDULLI, «I controlli Sugli Enti Territoriali», *in* Revista Trimestrale di Diretto Pubblico, Fasc. n.° 2; FELICIANO BENVENUTI, «I Controlli sulle Regioni», *idem*, 1972; FREDERICK GIBBERT, «La Région-cité», *in* Les Cahiers de la Revue Politique et Parlementaire, Outubro de 1972, Suplemento ao n.° 835; A. PASSARIN D'EN TREVES, The Notion of State, trad. espanhola, Madrid, 1970; PABLO LUCAS VERDU, Principios de Ciência Politica, Tomo II, Madrid, 1969; FRANCISCO LUCAS PIRES, «Soberania e Autonomia», *in* Boletim da Faculdade de Direito, Universidade de Coimbra, (1973, Vol. XLIX; e 1974, Vol. L).

(299) Cf. FAUSTO DE QUADROS, A descentralização das funções do Estado nas Províncias Ultramarinas Portuguesas, Braga, 1971, pág. 115, em que no contexto jurídico-político suscitado pela revisão constitucional de 1971 se interrogava sobre o Estado português, após esta revisão constitucional, continuará a ser *de facto* um Estado unitário ou se passaria a ser algo de diferente; cf. ainda: FERNANDO PACHECO DE AMORIM, Na Hora da Verdade, Coimbra, 1971, pág. 211: «É a estrutura do estado federal, o que ele tem de essencial, que se pretende pôr em prática»; MARCELLO CAETANO, Manual de Ciência Política e Direito Constitucional, Lisboa, 1972, págs. 539-540; FREITAS DO AMARAL, «A Revisão Constitucional», em revista «Prisma», n.° 49, Maio de 1971, pág. 9; Parecer n.° 22/X, *in* Actas da Câmara Corporativa de

como Estado *unitário e descentralizado* permite configurar o Estado português como um Estado unitário regional (ou, ao menos, *tendencialmente* regional)([300]), pelo menos naquela medida em que um tal Estado regional possa ainda ser visto como a forma mais descentralizada do Estado unitário([301]): portanto, já não como uma realidade jurídica independente, mas outrossim como uma realidade jurídica assimilada no contexto do Estado unitário([302]): não o *regionalismo político*, mas algo correpondente à ideia de uma (descentralizada) regionalização da função administrativa no âmbito do ordenamento dos poderes públicos.

4.2.1 *Da problemática da regionalização administrativa no Continente*

A instituição de regiões administrativas no Continente não aponta, todavia, para a consagração de um qualquer princípio de regionalismo político (ou mesmo de regionalização político-administrativa, a exemplo do que sucede nas regiões autónomas dos arquipélagos dos Acores e da Madeira — cf. art. 227.°, nº 1: C.R.P.) mas tão só para uma mera regionalização.

16-03-1971, págs. 623-624 e págs. 663-664 (relator do parecer: AFONSO QUEIRO); FRANCISCO LUCAS PIRES, «Soberania e Autonomia», *in* Boletim da Faculdade de Direito, Universidade de Coimbra, Vol. LXIX (1973), pág. 138 e ss.

([300]) Cf. JUAN FERNANDO BADIA, «El Estado Regional como Realidad Juridica Independente», *in* Revista de Estudios Políticos, n.° 129-130, Maio-Agosto de 1963, págs. 80-81, que coloca ao lado das concepções de Estado unitário e Estado federal, uma outra concepção: o Estado Regional como um autónomo tipo intermédio entre o Estado unitário e o Estado federal, como uma «realidade jurídica independente».

([301]) Cf. FRANCISCO LUCAS PIRES, «Soberania e Autonomia», *idem*, pág. 148.

([302]) Cf. MARCELLO CAETANO, Manual de Direito Administrativo, Vol. I, Coimbra, Almedina, 10ª edição (Reimpressão 1980), revista e actualizada pelo Prof. Doutor DIOGO FREITAS DO AMARAL, págs. 298-300; as antigas províncias ultramarinas eram consideradas por MARCELLO CAETANO, como regiões políticas, até por exercerem «as funções dominantes do Estado — função política e função legislativa — e não apenas a função administrativa.

Por outro lado, apesar da sua ampla autonomia regional, não constituem Estados - federados, porque Portugal é uma república unitária, com um poder político uno em todo o território nacional e, portanto, com um único grau de órgãos representativos desse poder político» (*idem*, pág. 299).

As regiões administrativas são incluídas na categoria das autarquias locais (art. 238.°, 1 – C.R.P.), o que tem desde logo o interesse de significar que as regiões administrativas são concebidas pelo direito constitucional vigente como pessoas colectivas territoriais dotadas de órgãos representativos, que visam a prossecução de interesses próprios das populações respectivas (cf. art. 237.°, 1 – C.R.P.). É esta uma primeira diferenciação quanto ao actual regime jurídico das Comissões de Coordenação Regional: as (futuras) regiões administrativas estão dotadas não só de *personalidade jurídica* e de um *território*, mas ainda prosseguem *interesses próprios* (e, portanto, interesses que se distinguem do interesse geral do Estado), cuja definição compete aos *seus* órgãos representativos (isto é, *directamente* representativos) e cuja prossecução é efectuada com *autonomia* de *decisão* em face do Estado (art. 239.° – C.R.P., na esfera do já anteriormente exposto no art. 6.° – C.R.P.). Em face do que fica dito, compreende-se que a instituição das regiões administrativas no continente, na medida em que se insere no contexto dos procedimentos de descentralização administrativa, nada tem a ver com aquela outra regionalização da Administração do Estado que opera por meio da técnica da desconcentração administrativa(303).

---

(303) Cf. Baptista Machado, Participação e Descentralização Democratização e Neutralidade na Constituição de 76, Coimbra, Livraria Almedina, 1982, págs. 4 e 5, o qual refere a este propósito:

"Diz-se concentrada a administração quando os problemas que se lhe deparam só podem ser decididos pela autoridade que se situa no topo da hierarquia, limitando-se os serviços subordinados a preparar e informar os processos que vão a despacho dessa autoridade e a transmitir e cumprir as ordens ou decisões emanadas da mesma. A administração diz-se desconcentrada quando certo ou certos poderes de decisão são delegados pelo superior hierárquico nos seus subordinados — nos chefes de serviços regionais, por exemplo. – A desconcentração assim configurada é uma desconcentração vertical. Mas também existe uma desconcentração horizontal: é o que se verifica logo a nível governamental, quando as diversas atribuições e competências da administração central são repartidas pelos vários departamentos ministeriais e pelas diversas direcções-gerais e inspecções-gerais dentro de cada ministério. Partindo desta desconcentração horizontal a nível superior, desenha-se depois uma desconcentração vertical para os níveis regional e local: os vários directores-gerais delegam poderes de decisão nos directores de serviço regionais ou locais, etc.

Haja ou não desconcentração dos poderes dos directores-gerais, o que se verifica é que da referida desconcentração em diversas direcções-gerais a nível da admi-

A regionalização da Administração do Estado, operando através do mecanismo da *delegação de poderes*, insere-se ainda no funcionamento do Estado centralizado administrativamente; aquilo para que aponta o direito constitucional posterior a 25 de Abril de 1976 é a instituição duma regionalização administrativa que, sem poder questionar o carácter unitário do Estado, é instituida como um outro nível (superior) na Administração territorial autónoma; encontramo-nos, assim, perante uma realidade jurídico-administrativa de tipo descentralizado.

Quanto aos *órgãos representativos* destas regiões administrativas a Constituição da República Portuguesa de 1976 institui dois: a *assembleia regional* (constituída por membros eleitos directamente pelos cidadãos recenseados na área da respectiva região e por membros, em número inferior ao daqueles, eleitos pelo sistema de representação proporcional e o método da média mais alta de Hondt, pelo colégio eleitoral constituído pelos membros das assembleias municipais da mesma área designados por eleição directa) (304) e a *junta*

---

nistração central vem a resultar, na regionalização da administração do Estado, um mosaico de serviços administrativos a nível regional estes independentes uns dos outros e ligados por uma série de linhas verticais *paralelas* de dependência hierárquica às respectivas direcções-gerais e aos ministros, secretários e subsecretários de Estado. Daí que se faça notar cada vez mais a necessidade de *reconcentrar* horizontalmente, a nível regional, os vários serviços da administração do Estado. Tal concentração a nível intermédio é postulada pelas exigências da unidade de acção administrativa dentro de cada região. Ora, para tanto, será preciso que os diversos ministérios (ou alguns deles) deleguem no *mesmo órgão* regional poderes de direcção dos serviços regionais do Estado. Deste modo, teremos uma desconcentração vertical e convergente dos vários departamentos ministeriais, da qual resultará uma reconcentração horizontal a nível da região (regionalização por desconcentração-reconcentração), vindo assim esta a transformar-se num verdadeiro «escalão de comando». Este órgão regional de direcção dos serviços do Estado ficará hierarquicamente subordinado ao Governo. Tal órgão, dotado de efectivos poderes de direcção sobre quase todos os serviços regionais do Estado, será uma peça fundamental não só para garantir a coordenação e unidade da administração regional do Estado, como também para efeitos de viabilizar uma coordenação da actividade desta com a actuação da administração autárquica. – Advirta-se que a «regionalização por desconcentração» carece, por si, de virtualidades descentralizadoras».

(304) Note-se que o art. 260.° – C.R.P. não diz qual seja o sistema eleitoral a utilizar para a escolha pelos eleitores dos membros eleitos directamente pelos cidadãos mas que não há aqui qualquer lacuna, em face do que está determinado no art. 241.°, 2 – C.R.P..

regional (eleita, por escrutínio secreto, pela assembleia regional de entre os seus membros) sendo aquela o órgão *deliberativo* e esta o órgão (colegial) executivo da região administrativa([305]). A Constituição não estabelece as respectivas competências (o que está de acordo com o disposto no art. 239.° – C.R.P.) nem prevê que haja qualquer *incompatibilidade* quanto ao exercício, em acumulação, das funções de membro da junta regional com o mandato de deputado à assembleia regional; até, pelo contrário, dá alguma "abertura" para que se possam vir a considerar compatíveis o exercício, em acumulação, de tais funções e mandato. Mais: na medida em que também hão-de vir a ser eleitos para exercer o mandato de deputados à assembleia regional alguns dos membros das assembleias municipais da área da região, pode vir a configurar-se uma situação em que um determinado sujeito acumule os cargos de membro das assembleias (municipal e regional) e da junta regional([306]).

Quanto às *atribuições* das regiões administrativas estas prendem-se com a prossecução de interesses próprios das populações respectivas (cf. art. 237.°, 2 – C.R.P.) e (na medida em que estas se inserem na organização democrática do Estado: cf. art. 237.°, 1 – C.R.P.) com a incumbência prioritária do Estado (no âmbito económico e social) de orientar o desenvolvimento económico e social no sentido de um crescimento equilibrado de todos os sectores e regiões e eliminar progressivamente as diferenças económico e sociais entre a cidade e o campo (art. 81.°, *d*) – C.R.P.)([307]) e com o *objectivo* dos *planos* de desenvolvimento económico e social de promover o desenvolvimento harmonioso das regiões e a justa repartição regional do produto nacional (cf. art. 91.° – C.R.P.)([308]), pelo que a instituição das regiões

---

([305]) Confrontem-se os arts. 241.°, 1 – C.R.P. e art. 261.° – C.R.P..

([306]) Como se sabe, a tradição europeia continental valoriza um entendimento da separação pessoal de funções, conducente a que a mesma pessoa não pertença em simultâneo a órgãos desempenhando funções diferentes.

([307]) Cf. ainda o art. 84.°, 2 – C.R.P. que remete para a lei a *definição* de quais os bens que integram o domínio público das autarquias locais, bem como o seu regime, condições de utilização e limites.

([308]) BAPTISTA MACHADO, Participação e Descentralização Democratização e Neutralidade na Constituição de 76, Coimbra, Livraria Almedina, 1982, págs. 33–35, a respeito deste problema, e depois de referir a necessidade de entrar em linha de conta com o disposto no art. 240.°, 2 quanto à «justa repartição dos recursos públicos

administrativas a quem é cometida a elaboração dos planos regionais e atribuído o direito de participação na elaboração dos planos

---

pelo Estado e pelas autarquias» e à «necessária correcção de desigualdades entre autarquias do mesmo grau», tece as seguintes considerações:

«Como lembra Debbasch, a descentralização, de «simples meio de afirmar os particularismos», pode tornar-se em «fonte de desigualdade». Daí que não seja censurável, do ponto de vista da democracia, a pressão do Estado sobre as colectividades locais. «A expansão da solidariedade nacional, a intervenção do Estado na economia pela planificação — diz o mesmo autor — puseram em evidência que a democracia leva, nos nossos dias, a uma repartição equitativa (perequação) dos recursos». Ora só o Estado pode realizar esta repartição necessária.

Retenhamos o seguinte: pelo facto de as colectividades serem, umas ricas, outras pobres, põe-se o problema de repartição entre elas dos recursos financeiros. Tanto mais que esta desigualdade é, por vezes, ao mesmo tempo uma injustiça, como acontece no caso das colectividades locais que servem de «dormitório» a uma população que trabalha noutras colectividades, colectividades estas que sendo economicamente mais favorecidas, beneficiam de recursos fiscais muito superiores. Mas a referida repartição equitativa supõe a instauração de um controlo estatal que, por seu turno, aumenta a pressão do poder central sobre as colectividades locais descentralizadas. Seja como for, incumbe ao Estado, através do planeamento, proceder a uma *justa* repartição regional do produto. Ora, como, segundo que critérios deve proceder-se a tal repartição regional, sem prejudicar no essencial a autonomia das regiões?

O vector democrático centrífugo que se traduz na participação democrática das populações na administração das autarquias regionais e, assim, institui a democracia no quadro regional, cria ao mesmo tempo centros de interesses autónomos. Estes centros autónomos, na medida da respectiva autonomia, limitam, queiramos ou não, a actuação do *princípio democrático nacional* (vector democrático centrípeto), por isso que este, na sua pureza, tenderia a conferir ao poder fundado na maioria política *nacional* um carácter ilimitado (*democracia totalitária*) que se não compadeceria com os particularismos expressos nas autonomias sociais locais. Numa verdadeira democracia totalitária não chegaria a pôr-se o problema de compatibilizar a justa repartição regional do produto com o respeito devido às autonomias regionais e locais — por isso que estas autonomias não poderiam existir.

Mas o reconhecimento dos referidos particularismos e das referidas autonomias põe com agudeza o difícil problema da repartição do produto nacional entre as várias colectividades regionais, sem prejudicar, no essencial, a autonomia das regiões. Segundo que critérios deve este problema ser resolvido?

O reconhecimento da autonomia regional implica, como vimos, o reconhecimento de certa liberdade à vontade regional ou local na prossecução de um interesse próprio (o interesse colectivo regional ou local). Esta liberdade de iniciativa e de actuação implica necessariamente que o produto resultante da iniciativa, empenho e diligência do agente redunde em benefício desse mesmo agente, isto é, que o produto ou parte do produto venha a ficar na livre disposição de quem o angariou. Logo, a

nacionais de desenvolvimento económico e social é também uma maneira de realizar a planificação democrática da economia (art. 80.°, *d*) – C.R.P.) ([309])([310]).

Explicitada a razão de ser (o fundamento) da disciplina jurídico–constitucional vigente quanto às *atribuições das regiões administrativas*, refira-se que as mesmas consistem, *designadamente*, na direcção de serviços públicos, nas tarefas de coordenação da acção dos municípios, nas tarefas de apoio à acção dos municípios (no respeito pela autonomia destes e sem limitação dos respectivos poderes: cf. art. 257.° – C.R.P.), na elaboração de planos regionais (gozando ainda do direito de participação na elaboração dos planos de desenvolvimento económico e social: cf. arts. 258.° e 92.°, ambos da C.R.P.) e na possibilidade de efectuarem consultas directas aos

---

questão atrás levantada pode verter-se também nestes termos: Em que medida, dentro de que limites, deve ser reconhecida a autonomia (a liberdade) da entidade regional ou local na prossecução dos seus interesses próprios? E então a resposta parece-nos que terá de ser esta: o interesse, o egoismo regional ou local, terá que ceder pelo menos na medida do necessário para assegurar a satisfação das *necessidades vitais* dos outros membros do Estado e da comunidade nacional no seu conjunto. Quer isto dizer: pelo menos na medida em que as necessidades vitais do Estado e de todos os membros do Estado o exijam, a solidariedade nacional sobrepõe-se à solidariedade regional ou local.

A dificuldade está em definir o que são necessidades *vitais* da comunidade nacional e dos seus vários membros, tanto mais que o conceito de necessidades vitais é susceptível de variar com o progresso técnico e social. De todo o modo, a repartição tem de ser feita. Mas não através duma igualização-rasoira capaz de eliminar por sistema todos os ganhos duma gestão regional eficiente e, em último termo, a própria autonomia da gestão regional».

([309]) Note-se que esta ideia de uma *planificação democrática da economia* é erigida pelo direito constitucional vigente desde 1976 em um dos *princípios fundamentais* nos quais assenta a organização económico-social. Cf. art. 80.° – C.R.P..

O carácter *democrático* do planeamento há-de advir-lhe, segundo nos parece, de nos seus procedimentos serem chamados a intervir os vários níveis da organização democrática do Estado *legitimados* pelo voto dos cidadãos.

([310]) Note-se ainda que, de acordo com o disposto no art. 95.°, 2 – C.R.P., integram a composição do Conselho Económico e social, órgão de consulta e concertação no dominio das políticas económica e social, que participa na elaboração destes planos de desenvolvimento económico e social (para lá de exercer as demais funções que lhe sejam atribuídas por lei: art. 95.°, 1 – C.R.P.), representantes das autarquias locais.

cidadãos eleitores recenseados na respectiva área, por voto secreto, sobre matérias incluídas na sua competência exclusiva, nos casos, nos termos e com a eficácia que a lei estabelecer(311).

A disciplina jurídico-constitucional, porém, e segundo nos parece, nesta matéria das *atribuições das regiões administrativas* presta-se mais a suscitar uma reflexão crítica, permitindo colocar interrogações e suscitar dúvidas (metódicas que sejam), mais do que fornece certezas. Designadamente:

a) quanto à *direcção de serviços públicos*.

Neste ponto, parece não haver dúvidas quanto a esta atribuição das regiões administrativas: no âmbito da prossecução dos interesses próprios das populações respectivas, compreende-se que as regiões administrativas venham a ter como atribuição sua a direcção de serviços públicos de *âmbito* e ou *natureza* estritamente regional.

Porém, como sói dizer-se, "daqui para a frente só há dragões", isto é, várias questões podem suscitar-se em matéria de direcção de serviços públicos pelos órgãos das regiões administrativas. Assim: a direcção de serviços públicos circunscreve-se apenas aos serviços de âmbito e ou natureza regional?(312) Como proceder-se-á quanto à articulação da actividade destes serviços públicos da região administrativa com os serviços públicos de âmbito e ou natureza municipal, quando prossigam actividades idênticas (e eventualmente concor-

---

(311) Ver art. 241.°, 3 – C.R.P.. Actualmente esta matéria é disciplinada pela Lei n.° 49/90, de 24 de Agosto, publicada no D. R., 1ª Série, n.° 195, pág. 3459 e ss.. Assim: não podem ser objecto de consultas locais questões financeiras nem quaisquer outras que, nos termos da lei, devam ser resolvidas *vinculadamente* pelos órgãos autárquicos ou que já tenham sido objecto de decisão irrevogável (art. 2.°, 2, Lei n.° 49/90: L.C.D.): as consultas locais têm eficácia *deliberativa* (art. 5.°, L.C.D.). As consultas locais podem realizar-se ao nível de freguesia, de município ou de região administrativa, mas não se realizam consultas locais nas freguesias em que a assembleia é substituída pelo plenário dos cidadãos eleitores (art. 3° L.C.D., n.° 1 e 2), tendo direito de voto os cidadãos eleitores recenseados na área da autarquia onde se realiza a consulta (art. 4.°, L.C.D.), sendo que a deliberação sobre a realização de consultas locais compete à assembleia de freguesia, à assembleia municipal ou à assembleia regional, consoante incidam sobre matérias da competência dos órgãos da freguesia, do municipio ou da região administrativa (art. 6.°, 1 – L.C.D.).

(312) E, no fundo, o que vem a ser a natureza regional de um serviço público? Terá algum préstimo (algum *sentido útil* sob o ponto de vista jurídico-normativo) esta conceituação de uma *natureza regional*?

rentes num mesmo espaço físico e social)? E quanto à articulação funcional entre as actividades idênticas prosseguidas por serviços públicos regionais e os serviços públicos de âmbito supra-municipal (eventualmente sob a direcção das associações de municípios e das federações de municípios existentes *adentro* ("inside") da área geográfica da região administrativa?

b) quanto às *tarefas de coordenação da acção dos municípios*.

Parece não oferecer dúvidas que sendo as regiões administrativas autarquias de grau superior aos municípios lhes deve ser cometida a coordenação da acção dos municípios incluídos na sua esfera jurídica de influência. Até porque tal inferência está normativamente consagrada (e encontra aqui o seu apoio expresso) no art. 242.° – C.R.P.. ([313]) Só que um dos *limites da Constituição* ao poder regulamentar próprio das regiões administrativas encontra-se expresso no normativo do art. 257.°, *in fine* – C.R.P., nos termos do qual estas tarefas de coordenação da acção dos municípios são levados a efeito com respeito da autonomia destes e sem limitação dos respectivos poderes. ([314]) Em face desta disposição constitucional qual virá a ser o *sentido útil* desta atribuição das regiões administrativas de tarefas de coordenação da acção dos municípios?

Quanto a nós o *sentido útil* desta atribuição das regiões administrativas será o de reconduzir esta coordenação aos *projectos de âmbito inter-municipal e ou supra-municipal* (assumindo-se aqui como uma coordenação mais de tipo técnico-administrativo (optimização dos meios e dos recursos, aproveitamento das *sinergias* resultantes da concertação de interesses e da conjugação de esforços entre vários municípios, eventualmente até todos eles), em detrimento do outro tipo de coordenação político-administrativa a que nos referimos seguidamente); mas também é possível, segundo nos parece, assinalar uma outra vertente a contribuir para dar um *sentido útil* a esta mesma atribuição.

([313]) Art. 242.° – C.R.P.: «As autarquias locais dispõem de poder regulamentar próprio nos limites da Constituição, das leis e dos *regulamentos emanados das autarquias de grau superior* ou das autoridades com poder tutelar».

([314]) Deste modo o art. 257.° – C.R.P. parece configurar normativamente uma situação (no âmbito da coordenação da acção dos municípios por parte das regiões administrativas) que na linguagem popular encontra expressão corrente na ideia de "dar com uma mão, o que se tira com a outra".

Esta outra vertente apontará para uma coordenação (tendencialmente mais forte) da acção dos municípios em matérias situadas para lá da esfera da autonomia dos municípios porque não compreendidas nos poderes dos municípios. Onde se nos depare uma tal situação jurídica a coordenação da acção dos municípios tenderá a ser uma coordenação de tipo mais directivo e já não restrita a uma mera função de tipo "tecnocrático". ([315])

Ocorre ainda questionar de que modo virá a ser possível a articulação da coordenação da acção dos municípios por parte destas regiões administrativas com a actividade desenvolvidas pelas associações de municípios e pelas federações de municípios. ([316])([317])

c) quanto às *tarefas de apoio à acção dos municípios*

Só aparentemente é mais simples a problemática suscitada por esta atribuição às regiões administrativas de tarefas de apoio à acção dos municípios. Desde logo se todas as *modalidades* de apoio parecem aqui estar compreendidas (apoio técnico, material, financeiro, de recursos humanos, etc.), já quanto ao *grau* e *intensidade* do apoio à acção dos municípios há que entrar em linha de conta com a consideração de que só os apoios à acção dos municípios que não colidam com a autonomia destes (e sejam prestados sem limitação dos respectivos poderes) é que são constitucionalmente admissíveis (art. 257.°, "*in fine*"). ([318])

([315]) Assim dir-se-á que enquanto no primeiro caso (projectos de tipo intermunicipal e ou supra-municipal) estas tarefas de coordenação apontam para o execercício de uma coordenação técnico-administrativa, agora nesta segunda situação jurídica estamos perante uma coordenação de tipo administrativo (a que nos referimos anteriormente como coordenação "político"-administrativa, embora em rigor só no caso das regiões autónomas tenha cabimento a referência à existência de um regime político-administrativo).

([316]) Ver art. 253.° – C.R.P..

([317]) Mais: a complexidade desta problemática resulta acrescida pela consideração de que a uma mesma associação de municípios (ou federação de municípios) podem vir a pertencer municípios inseridos em diversas regiões administrativas.

([318]) Não nos oferece dúvidas que um dos *modos* porque se poderá apoiar a acção dos municípios venha a consistir no apoio à acção das associações e federações de municípios. Mas, e quando dessas associações e federações, para lá de municípios integrados na área da região administrativa em causa, façam ainda parte municípios inseridos noutras regiões administrativas?

d) *Limites ao desempenho destas tarefas* (de coordenação e apoio à acção dos municípios): necessidade do *respeito pela autonomia dos municípios* e de que o desempenho destas tarefas se processe *sem limitação dos poderes* dos municípios (art. 257.° – C.R.P.). Mas a inserção de um ente territorial menor no território que pertence à jurisdição administrativa de um ente territorial maior, e a "pertença" dos cidadãos daquele ente menor neste ente territorial maior, não implicam uma *relação de dependência hierárquica* (a famosa «cadeia de comando» das Administrações de tipo centralizado e feição autoritária ...) do ente territorial menor (menor no nível/âmbito do seu poder, menor por dimensão geográfica do território) com aquele ente maior, nem tão pouco implicam uma *posição de supremacia* destes sobre aqueles — como resulta claramente do disposto no artigo 6.°, 1 – C.R.P. (supra-citado) e no artigo 257.° – C.R.P. que confere às regiões administrativas, *designadamente*, a direcção de serviços públicos e tarefas de coordenação e apoio à acção dos municípios *no respeito da autonomia destes e sem limitação dos respectivos poderes* (319). No entanto como conciliar isto com o art. 258.° – C.R.P., que na sua primeira parte prevê que «as regiões administrativas elaboram planos regionais»?

Quanto a nós uma interpretação conjugada destes dois preceitos (arts. 257.° e 258.° – C.R.P.) bem como do disposto no art. 242.° quanto aos limites que os regulamentos emanados pelas autarquias de grau superior constituem para o poder regulamentar próprio das autarquias locais, levará a aceitar que as regiões administrativas elaboram planos regionais no âmbito do *exercício da direcção de serviços públicos* e das tarefas de *coordenação* e apoio à acção dos municípios. No que se refere a estas tarefas de coordenação parece-nos de interesse relevante que o art. 239.° – C.R.P. erija o *princípio da descentralização administrativa* em «pedra de toque» da concretização legal da matéria relativa às atribuições e organização das autarquias locais (bem como da competência dos seus órgãos).

E isto porque todos eles são reconhecidos (quando não mesmo "criados" — é o caso por exemplo das regiões autónomas dos Açores

---

(319) Em sentido concordante com o do texto ver ALDO BARDUSCO, «Organizzazione del Territorio e Stato degli enti territoriali», *in* Território e Ambiente, Milano, Dott. A. Giuffrè Editore, 1986, págs. 4-5.

e Madeira, das regiões administrativas do continente) pelo *ordenamento jurídico* geral, todos os entes territoriais derivam, em última instância do ordenamento estadual ("suprema potestas"), cada um deles possuindo uma *peculiar* e *própria esfera de acção* e uma distinta *autonomia*. Autonomia esta que se funda em via directa no reconhecimento do ordenamento estadual, enquanto é este último ordenamento que reparte as atribuições pelas diferentes autarquias territoriais e as competências pelos seus órgãos (320).

e) *Elaboração de planos regionais e direito de participação nos procedimentos de elaboração dos planos nacionais de desenvolvimento económico e social (art. 258.° – C.R.P.).*

A atribuição às regiões administrativas do continente europeu de um *direito de participação* nos procedimentos de elaboração dos planos nacionais de desenvolvimento económico e social fundamenta-se claramente na consagração jurídico-constitucional como *objectivo* dos planos de desenvolvimento económico e social o de promover o desenvolvimento harmonioso das regiões e a justa repartição regional do produto nacional (321); mas, por outro lado, a atribuição deste direito de participação vai ainda fundamentar-se na consagração jurídico-constitucional da existência de uma incumbência (prioritária) do Estado de orientar um tal desenvolvimento económico e social no sentido de um crescimento equilibrado de todas as regiões (do Continente) e da eliminação progressiva das diferenças económicas e sociais entre a cidade e o campo (322), configurando-se a participação das regiões administrativas nos procedimentos de elaboração dos planos nacionais de desenvolvimento económico e social como um meio de auxiliar o Estado no desempenho de uma tal incumbência.

Já quanto à *elaboração de planos regionais* pelas próprias regiões administrativas, e como já tivemos oportunidade de referir, se podem suscitar alguns problemas delicados.

Nos termos do art. 6.°, 1 do D.L. nº 77/84, de 2 de Março (estabelece o regime da delimitação e da coordenação das actuações da administração central e local em matéria de investimentos públi-

---

(320) Ver Baptista Machado, obra citada, págs. 4-10.

(321) Art. 91.° – C.R.P..

(322) Art. 81.°, *d*) – C.R.P..

cos) ([323]) é da competência da administração central a elaboração dos planos nacionais de desenvolvimento económico-social e dos *planos regionais de ordenamento* e a definição das políticas nacionais para os diversos sectores da Administração Pública ([324]).

Dispõe ainda o art. 7.° deste D.L. que compete ao Governo a aprovacão de normas e regulamentos gerais relativos à realização de investimentos públicos e respectiva fiscalização, sem prejuízo do exercício da competência regulamentar própria das autarquias locais.

f) *Possibilidade de realização de consultas directas aos cidadãos eleitores recenseados na respectiva área.*

Esta é uma *atribuição* comum a todas as autarquias locais. As consultas que venham a incidir sobre matérias da competência dos órgãos das regiões administrativas são submetidas a deliberação da assembleia regional (art. 6.°, 1 – L. 49/90 – L.C.D.): esta deliberação é obrigatoriamente tomada, em sessão ordinária ou extraordinária, no prazo de 15 dias a contar da data da recepção da proposta para realização da consulta (art. 6.°, 2 – L.C.D.) ([325]). As propostas apresentadas nos termos do art. 8.° devem conter as perguntas a submeter aos cidadãos eleitores, num máximo de três (art. 9.°, 1 – L.C.D.), devendo estas perguntas ser formuladas em termos que permitam uma resposta inequívoca pela simples afirmativa ou negativa (art. 7.°, 1 – L.C.D.) ([326]). A redacção dos textos das propostas pode ser alterada,

---

([323]) Cf. art. 1.° de D.L. 77/84, 8 de Março.

([324]) Não se configurará aqui a inconstitucionalidade material e orgânica desta norma? Na verdade, e na parte deste dispositivo normativo que contende com a matéria dos planos regionais de ordenamento, configura-se uma violação dos princípios constitucionais em matéria de organização administrativa do Estado e até, das normas sobre repartição das competências pelos diferentes órgãos do poder central, regional e local.

([325]) Nos termos do art. 8.° da Lei n.° 49/90, podem apresentar propostas sobre a realização de consultas locais aos órgãos autárquicos referidos no art. 6.°:

a) As assembleias ou os órgãos executivos da autarquia;

b) Um terço dos membros das assembleias ou dos órgãos executivos da autarquia em efectividade de funções.

([326]) Segundo o art. 7.°, 2 – L.C.D. as perguntas não podem ser formuladas em termos que sugiram, explícita ou implícitamente, uma resposta, quer de concordância quer de discordância, com a deliberação de um órgão que não seja aquele que determina a realização da consulta.

até ao termo do debate, pelo órgão com competência para o aprovar (a assembleia regional, p. ex.). (Art. 9.°, 2 – L.C.D.). As deliberações das assembleias regionais sobre a realização de consultas locais são tomadas à *pluralidade de votos*, tendo o presidente voto de qualidade (art. 10.° – L.C.D.) sendo que no prazo de oito dias a contar da deliberação o seu Presidente envia ao Tribunal Constitucional, dirigido ao respectivo presidente, requerimento de apreciação da constitucionalidade e da legalidade da consulta, para o que deve tal requerimento ser acompanhado do texto da deliberação e da cópia da acta da sessão em que tiver sido tomada (art. 11.° – L.C.D., nº 1 e 2) ([327]).

4.2.2 *Criação legal e instituição em concreto das regiões admi nistrativas*

A Constituição da República Portuguesa dispõe que as regiões administrativas são criadas *simultâneamente*, por lei, a qual define os respectivos *poderes*, a *composição*, a competência e o funcionamento dos seus órgãos, *podendo estabelecer diferenciação quanto ao regime aplicável a cada uma* (art. 255.°); sendo que a instituição *em concreto* de cada região administrativa, que será feita por lei, depende da lei prevista neste art. 255.° e do voto favorável da maioria das assembleias municipais que representem a maior parte da população da área regional (art. 256.°) ([328]).

Parece-nos passível de crítica a disciplina jurídico-constitucional vigente nesta problemática.

Não questionamos que a definição dos poderes, composição, competência e funcionamento dos órgãos das regiões administrativas se processe através de aprovação duma lei-quadro; mas não nos parece que a Constituição deva impor a criação simultânea de todas as regiões administrativas e, sobretudo, questionamos que tal lei tenha a possibilidade de estabelecer *diferenciações* quanto ao regime aplicável a cada uma.

([327]) Nos termos do art. 25.°, L.C.D., têm capacidade de voto nas consultas locais os cidadãos eleitores que possam votar nas eleições para os órgãos da autarquia em cujo âmbito se realiza a consulta.

([328]) Dispõe o art. 262.° – C.R.P. que junto da região haverá um *representante do Governo*, nomeado em Conselho de Ministros, cuja competência se exerce igualmente junto das autarquias existentes na área respectiva.

Antes pelo contrário: parece-nos não haver inconveniente relevante para que a criação das regiões administrativas venha a processar-se através de procedimentos desfasados no tempo, ao invés do que impõe o actual art. 255.° – C.R.P.. De resto, qual o fundamento para a disciplina normativa do art. 255.°, 1ª parte? É que tal disciplina normativa nem sequer pode ir buscar o seu fundamento a uma qualquer pretensão de uniformizar o regime jurídico das regiões administrativas no Continente. Além de que seria perfeitamente concebível aprovar a nova lei-quadro (relativa à definição dos poderes, etc.) antes do desencadeamento do processo de instituição em concreto, e de modo faseado no tempo, de cada região administrativa, sucede ainda que é o próprio art. 255.°, na sua 2ª parte a prever a possibilidade desta lei estabelecer diferenciações quanto ao regime aplicável a cada uma. A expressa consagração constitucional de uma tal possibilidade jurídica é, quanto a nós, manifestamente *incongruente* com a restante disciplina constitucional e legal da organização do Estado português.

As restantes autarquias locais (freguesias, municípios) têm um *regime jurídico uniforme* na Constituição e na lei, o que, de resto, ainda vai buscar a sua razão de ser mais última à necessidade de afirmar ao nível normativo e de um modo explícito o *carácter unitário* do Estado (e da sua organização administrativa: compreendendo esta a existência de pessoas colectivas territoriais descentralizadas, a ideia do carácter unitário do Estado-Administrativo põe como limite à descentralização (da organização) administrativa a exigência de um *regime jurídico uniforme* para todas as autarquias locais do mesmo tipo (um idêntico regime jurídico-legal para todas as freguesias, um idêntico regime jurídico-legal para todos os municípios). Pensamos que também as regiões administrativas do continente devem possuir um regime jurídico (constitucional e legal) uniforme, pelo que é extremamente criticável a disciplina jurídica do art. 255.°, 2ª parte (esta deveria pura e simplesmente ser suprimida) ([329]).

([329]) Talvez que a expressa consagração constitucional da possibilidade de estabelecer diferenciações quanto ao regime aplicável a cada uma das regiões administrativas, resulte de se ter o legislador constituinte deixado sugestionar com o que se passa nas regiões autónomas dos Açores e da Madeira, que dispõem de diferentes Estatutos Político-Administrativos.

Se assim foi, tal revelar-se-á muito grave: porque a *regionalização administrativa do continente é algo de substancialmente diferente da autonomia regional dos*

Açores e da Madeira. Aliás, tenha-se presente que o fundamental do regime político-administrativo, aquilo que este tem de mais essencial e característico, nos arquipélagos dos Açores e Madeira está expressamente disciplinado no ordenamento jurídico-constitucional (cf. art. 227.° e ss., designadamente os arts. 229.° e 230.°, da C.R.P.) e em termos *uniformes* para ambas as regiões autónomas. Note-se, porém, que as regiões autónomas não estão compreendidas em nenhuma das *categorias de autarquias locais* (freguesias, municípios, regiões administrativas): cf. art. 238.°, 1 – C.R.P.. Discutindo a problemática jurídica desta figura jurídico-política (Regiões Autónomas) num contexto normativo idêntico (isto é, no âmbito de um Estado unitário), pode ver-se FRANCISCO LUCAS PIRES, «Soberania e Autonomia», revista citada, pág. 155 e ss., pág. 180 e ss..

"O que está hoje a morrer não é a noção de homem, mas sim a noção insular do homem, separado da natureza; o que deve morrer é a auto-idolatria do homem, a maravilhar-se com a imagem pretensiosa da sua própria racionalidade."

EDGAR MORIN, O Paradigma Perdido: a Natureza Humana.

"Nenhum homem é uma ilha isolada; cada homem é uma partícula do CONTINENTE, uma parte da TERRA; se um TORRÃO é arrastado para o MAR, a EUROPA fica diminuída, como se fosse um PROMONTÓRIO, como se fosse a CASA dos teus amigos ou a TUA PRÓPRIA; a MORTE de qualquer homem diminui-me, porque sou parte do GÉNERO HUMANO.

E por isso não perguntes por quem os sinos dobram; eles dobram por TI."

JOHN DONNE, citado por ERNEST HEMINGWAY, Por quem os sinos dobram.

CAPÍTULO III

A TUTELA ADMINISTRATIVA DO AMBIENTE E O ORDENAMENTO DOS PODERES PÚBLICOS

Se é verdade que todo o Direito existe enraízado numa cultura e encarnado numa sociedade, de tal modo que compreender o Direito exige a compreensão da cultura e da sociedade no seio das quais ele se move (não é menos verdade que a esfera jurídica dispõe hoje de um grau razoável de autonomia na sua relação com o sistema social e cultural), é de modo particular verdade para o Direito Administrativo, e ainda mais hoje que se assiste à emergência e afirmação (pujante) de uma Administração constitutiva ou de prestações (330).

Porém a sociedade técnico-industrial em que vivemos está em constante mutação — seria um erro pensar que estamos na situação «confortável» de, assistindo ao desmoronar do Leste Europeu das últimas quatro décadas e meio, «a oeste nada de novo». Sobretudo a Ocidente (diremos nós) é que estamos a assistir ao «cair de muros» sucessivos, derivados dos enormes progressos científicos e técnicos do capitalismo contemporâneo (331). O que, tudo isto, tem de ter con-

---

(330) Ver ROGÉRIO SOARES, Administração, Direito Administrativo e Sujeito Privado, e O Princípio da Legalidade e a Administração Constitutiva.

(331) Quanto à discussão dos modelos de crescimento económico veja-se MICHEL ALBERT, Capitalismo contra Capitalismo (trad. port.) (edição original: Paris, Éditions du Seuil, 1991), Edição «Livros do Brasil», Lisboa, 1992. E ainda: JOHN KENNETH GALBRAITH, A Economia Política (uma História Crítica), Lisboa, 1989, Publicações Europa-América, Col. Economia e Gestão. Veja-se ainda a obra de ROBERT CLARKE, O Homem Mutante (trad. portuguesa), Bertrand Editora, 1990, que

sequências inevitáveis no mundo do Direito — e é a essa reflexão que hoje assistimos, por parte dos juristas mais esclarecidos e mais disponíveis para a investigação científica, sobre temas tão candentes como a bio-ética e as ciências da vida, a responsabilidade do produtor por produtos defeituosos, a utilização da informática e acesso aos bancos de dados.

A tutela do ambiente é um dos múltiplos desafios que se colocam à nossa sociedade técnico-industrial. Mas, para o bem estar das gerações vindouras, este é um desafio decisivo.

1. As exigências de tutela do ambiente

a) *Os Impasses e as ameaças do crescimento selvagem: a crise de um modelo*

Como tem sido referido por vários autores a preocupação da sociedade e do Estado com a tutela do ambiente é relativamente recente(332). De facto, no período de 180 anos que decorre desde a

---

arrancando da consideração de que *o Homem não só está a mudar o mundo, como a transformar-se a si próprio*, tenta desvendar cenários possíveis de evolução futura da Humanidade (designadamente nos domínios da genética, da informática, da exploração do espaço; assim, por exemplo, refere-se à possibilidade da detecção pré-natal de anomalias e aos problemas que ela pode originar: «O pai é sifilítico, a mãe tuberculosa; dos quatro filhos, o primeiro é cego, o segundo nado-morto, o terceiro surdo-mudo, o quarto tuberculoso. Aconselha a interrupção da gravidez no quinto? Nesse caso, você teria suprimido Beethoven... Deveria ter-se negado a vida a um Dostoievski epiléptico, a um Toulouse-Lautrec disforme, a um Van Gogh manifestamente perturbado mental?»).

(332) Para Bruno, o jovem operário protagonista do romance de VASCO PRATOLINI, no seu horizonte «Há sempre um céu azul ou cinza para lá do peitoril, árvores sempre verdes, chaminés vermelhas, barracões de zinco e o canavial que brilha quando lhe dá o vento» (pág. 20), mas ele não se interroga, como os outros jovens da sua geração não se interrogam nem tão-pouco os adultos, sobre os problemas do ambiente — para essa geração, aquela do pós-guerra, finais dos anos 50/transição e início dos anos 60, os problemas relevantes são outros — trata-se de angariar meios de subsistência, deseja-se o crescimento económico como meio para obter o (pleno) emprego. E nem se pense que Bruno, o jovem protagonista deste romance de VASCO PRATOLINI, *Com Amor e Raiva*, Lisboa, Edições Livros do Brasil, é um alie-

Tomada da Bastilha em 14 de Julho de 1789 (facto geralmente assinalado como o triunfo do fenómeno que ficou conhecido por REVO-

---

nado — não, Bruno é um jovem políticamente empenhado, que reflecte sobre os acontecimentos da sua época (as invasões da Hungria e da RDA em 1953, da Polónia em 1956, as revelações feitas por Krutschev sobre Staline no XX.° Congresso do PCUS em 1957, a guerra da Coreia, a guerra fria entre EUA e URSS, a marginalização dos comunistas nos governos da Europa Ocidental, a construção do "muro de Berlim" ...), ainda que algo confusamente: «Fazemos parte duma sociedade antagónica colocada entre as energias, ainda potentes, do capital, a que a burguesia em todos os seus estágios serve de protecção, e a pujança do proletariado, contida, nas suas investidas, dentro da camisa de força do sistema democrático que fatalmente a oprime;(...)» (pág. 65).

É impressivo o retrato que este romance nos dá da Itália do pós-guerra. Veja-se por exemplo o modo como Bruno, jovem operário que acabará por aderir ao Partido Comunista Italiano, reflecte sobre as suas discussões políticas com Benito, um jovem fascista: «Contra eles estamos unidos. Não há meio termo, não adiantam socialistas nem liberais, o mundo é das ditaduras, ou a dos burgueses ou a dos proletários. (...)

(...) O importante é que ambos queríamos o carro e a praia, uma viagem de avião, visitar o Texas e a Sibéria, ir a Bombaim ou à Austrália.(...)

Mas nós dois, apesar de termos ideias contrárias, entendemo-nos.

Entendemo-nos porque queremos as mesmas coisas. (...)» (obra citada, págs. 121-122). E ainda: «(...) Porque devemos ter medo de destruir quando temos a certeza de poder reconstruir? (...)

Tal era então o estado das minhas ideias: uma União Soviética, no âmbito dos Estados Unidos e transportada para a Itália, segundo a fórmula elaborada com Benito.(...)» (*Idem*, págs. 169-170).

Por aqui se vê como a sociedade europeia ocidental do pós-guerra era dominada por um conjunto de preocupações, aspirações, interesses, problemas, relações e situações onde não avultavam as considerações ambientais.

De resto, não deixa de ser paradigmático (desta sociedade, da sua mentalidade e preocupações) o último parágrafo do romance que temos vindo a citar:

«A noite está muito fria, a névoa paira sobre o rio e os vidros estão embaciados, como há um ano atrás.

Amanhã entro na Gali.» (pág. 297)

A Gali é a fábrica onde este jovem ambicionava empregar-se – depois de todas as vicissitudes por que o herói passa ao longo do romance, está apesar de tudo reservado ao protagonista um «happy end»: a obtenção do emprego desejado...

Eram outros tempos, outras preocupações... Pode confrontar-se com esta obra aquela de BAPTISTA BASTOS, Um homem parado no Inverno, Edições O Jornal, 1991. Cf. ainda ALBERT CAMUS, O Avesso e o Direito (trad. port.), págs. 129-130. Daí que como refere RICCARDO CACCIN, Ambiente e sua Protezione, Pádova, 1988, página 5, remonta há apenas vinte anos a tomada de consciência dos problemas relacionados com o ambiente. Veja-se ainda a obra de JEAN-MARIE PELT, A Natureza Reencontrada

LUÇÃO FRANCESA, com o seu ideal de «Liberdade, Igualdade, Fraternidade») até que um homem pousa e se movimenta no solo da Lua em 20 de Julho de 1969, os homens, individualmente ou em grupo, não cessam de se maravilhar com o *Homem*, visto como ser Supremo do Universo, destinado a reger o destino de todas as coisas existentes no mundo, capaz por si mesmo ou em associação com outros de *dominar, subjugar, alterar as forças da Natureza* encarada como algo "hostil" e "agreste" com a qual é preciso lutar – e "vencer ou morrer" (333). A partir do momento em que a revolução científica e tecnológica põe ao nosso alcance o espaço exterior entramos no apogeu do modelo de crescimento económico que vem sustentando (e sendo sustentado) pelos progressos científicos e tecnológicos a que a Humanidade vem assistindo.

Mas, como tantas vezes sucede ao longo da breve História da Humanidade, o momento do apogeu é também o momento em que se inicia o declínio daquele modelo de crescimento económico (que, na sua configuração essencial, ainda é o actual modelo de crescimento económico).

Apenas cinco anos depois deste feito tecnológico extraordinário, o Clube de Roma elaborou um relatório intitulado "Quelles limites? Le Club de Roma répond" (Editions du Seuil, 1979); nesse relatório, como refere RENÉ DUMONT (334), o grupo de economistas e de sábios que elaborou o mesmo procurou entrar em linha de conta com as

---

(trad. port.), Gradiva, 1991 (em cujo prefácio o autor exprime a convicção de que as causas da "doença da Terra" são de natureza *ética*, considerando ainda que «as preocupações com a ecologia e a qualidade de vida não são um luxo apenas acessível aos países de forte crescimento», pois que JEAN-MARIE PELT entende afirmar que «a ecologia não é um apêndice facultativo das economias sãs».

(333) Um exemplo deste tipo de mentalidade, ainda que literariamente sublimado, encontramo-lo no drama individual do protagonista de A um Deus Desconhecido, de JOHN STEINBECK. Uma crítica deste racionalismo construtivista pode ver-se em FRIEDRICH HAYEK, Fatal Concepts: The Errors of Socialism; uma perpectiva mais radical na crítica ao racionalismo e cientismo pode ver-se em PAUL FEYERBEND, Adeus à Razão. Cf. EDGAR MORIN, O Paradigma Perdido: e ainda O Método (trad. port.), Publicações Europa-América, Biblioteca Universitária, 3 volumes, designadamente o vol. 2 (2ª ed., 1989).

(334) RENÉ DUMONT, Utopia ou Morte, Lisboa, Livraria Sá da Costa Editora, 1ª edição, 1975, tradução de Henrique de Barros (edição original: Éditions du Seuil, 1975), págs. 14-15.

implicações, para o futuro do ecossistema mundial, «de cinco tendências fundamentais que apresentam interesse universal: a industrialização acelerada, o crescimento rápido da população, a muito grande extensão da má nutrição, o esgotamento dos recursos naturais não renováveis *e a degradação do ambiente*». Mais, o Clube de Roma não hesita em afirmar que: «Podemos, sem hesitar, imputar ao crescimento... desvios sociais tais como a toxicomania, o aumento da criminalidade, os desvios de aviões, os genocídios e a ameaça de uma terceira guerra mundial» (335).

Continuando a seguir a exposição de RENÉ DUMONT, temos que entre as conclusões do Clube de Roma «a essencial é que o *crescimento ilimitado, exponencial*, e por isso cada vez mais rápido, da *população* e da *produção industrial*, se tornará em breve *impossível*, no nosso planeta, que é um mundo finito» e que «nas hipóteses de crescimento contínuo, todas as curvas do clube de Roma levam a uma derrocada do sistema no *decurso do próximo século*: ao mesmo tempo por esgotamento das reservas minerais, insuficiência dramática da produção alimentar e acima de tudo sobrepopulação e *poluição* tornadas insustentáveis» (336).

A *tomada de consciência* da crise do modelo de crescimento económico vigente começa a ganhar terreno e é assim que um autor como ROGER GARAUDY inicia uma obra como O Projecto Esperança com um parágrafo que não deixa margens para dúvidas quanto aos termos em que coloca a questão:

«*O crescimento é o deus escondido das nossas sociedades. Este deus escondido é um deus cruel: exige sacrifícios humanos. Hoje pesa sobre nós a angústia mais grave que jamais se abateu sobre os homens ao longo da sua história: a sobrevivência do planeta e dos*

---

(335) Citado por ROGER GARAUDY, O Projecto Esperança, Lisboa, Publicações D. Quixote (2ª edição), 1976, tradução de Manuel Lopes (Edição original: «Le Projet Espérance», Éditions Robert Lafont, Paris, 1976), pág. 41.

(336) RENÉ DUMONT, obra citada, página 15. Aconselhamos ainda, para o que concerne as poluições das águas e do ar, a leitura das páginas 32 a 36; para as poluições devidas às recaídas nucleares, a leitura das páginas 36 a 40. Para ALVIN TOFFLER, *in* Powershift (Os Novos Poderes), pág. 279, «muitos dos nossos problemas ambientais mais graves — da poluição atmosférica aos lixos tóxicos — são subprodutos dos velhos métodos industriais de criar riquezas».

que o habitam» ([337]). Embora discordemos das propostas deste autor bem como, globalmente, das propostas avançadas por RENÉ DUMONT, julgamos importante realçar a *lucidez da crítica da sociedade de consumo e do modelo de crescimento económico com ela profundamente interconexionado.*

Gostaríamos assim de pôr em realce na crítica que ROGER GARAUDY faz a este modelo de crescimento económico, as diversas denúncias a que procede na obra citada: a denúncia da "corrida para a criação de centrais atómicas" (sendo que, no fundo, e em nossa opinião esta corrida para a criação de centrais atómicas assenta num "mito": o mito de que a energia nuclear só é perigosa para o homem quando aplicada a fins bélicos/militares — ora, o que hoje se torna cada vez mais evidente é que o uso pacífico da energia nuclear não dispõe ainda da necessária segurança para que possamos fundadamente continuar a alimentar este mito ilusório ([338]) —) a denúncia do abuso da utilização do automóvel particular e do caos dos transportes urbanos, a necessitarem de reconversão (interessante, sob este ponto de vista, é a citação que o autor faz de declarações do falecido ENRICO BERLINGUER: «Ninguém está a propor que se deixem de produzir e de utilizar automóveis particulares mas, numa sociedade civil bem organizada, a sua quantidade não poderá continuar a ser a que é hoje», transcritas no suplemento do jornal «UNITÁ» de 11 de Dezembro de 1974) ([339]); a denúncia do armamento, com referência à denúncia efec-

---

([337]) ROGER GARAUDY, obra citada, página 9. Situação esta que tende a projectar-se nos mais variados domínios como se dava já conta um artista como RICHARD WAGNER, *in* A Arte e a Revolução (trad. port.), (edição original de 1849), (Editorial Antígona, 1990) quando, na pág. 78 (no âmbito da crítica do espírito decorativo, submisso e comercial que afecta certa arte contemporânea) afirmava: «Tudo tende para o deus que lhe é próprio, e o deus do nosso tempo é o dinheiro». Consideração esta que está em consonância com o espírito global desta obra de RICHARD WAGNER de crítica da decadência como forma de recusa dos fundamentos da ordem burguesa, que já o levara a referir-se anteriormente (pág. 50) à «decadência profunda e geral do homem civilizado». Cf. esta perspectiva com a de ALBERT CAMUS, *in* O Avesso e o Direito, designadamente págs. 146-147 e ss..

([338]) Confronte-se ainda sobre esta matéria a obra de LORENZA VIOLINI, Le Questioni Scientifiche Controverse nel Procedimento Amministrativo, Milano, Giuffré Editore, 1986, e a obra de WERNER HEISENBERG, A Imagem da Natureza na Física Moderna, Lisboa, Edição Livros do Brasil, nas págs 10-18.

([339]) ROGER GARAUDY, obra citada, págs. 21-32.

tuada muitos anos antes pelo Presidente dos Estados Unidos da América – EISENHOWER dos interesses ligados ao complexo militar--industrial [340].

Importante ainda nos parece ser a denúncia das *consequências morais* desta sociedade de crescimento e do homem que tende a formar — «...a uma religião que ensinava a resignação sucede um estímulo sistemático do desejo». Com a consequência de que «Este estímulo, que é hoje a alma da sociedade ocidental de crescimento cego, inverteu, neste fim do século XX, a ordem milenária das sociedades de penúria. Já não se trata de produzir para poder satisfazer as nossas necessidades, mas, pelo contrário, levam—nos a consumir e a malbaratar a fim de poder produzir. Tudo se passa como se estivéssemos sujeitos a uma máquina que produz mercadorias, cria mercados e fabrica ou condiciona os consumidores, antes de mais nada, para satisfazer as necessidades dessa máquina omnipotente» [341]; denúncia esta à qual há que ligar a denúncia relativa à publicidade comercial [342].

Igualmente impressiva se nos afigura a afirmação deste autor de que «a sociedade de crescimento é uma sociedade criminogénea» [343] procedendo ainda à denúncia da nova criminalidade, ligada ao crescimento [344] e da osmose do crime, da política e dos negócios nas sociedades de crescimento [345] e associando o consumo e tráfico de estupefacientes à sociedade de crescimento [346], a mesma cuja lógica está na origem das «doenças de civilização» (designadamente, mas não só, o "stress") geradas pelo conjunto do modo de vida das nossas sociedades [347].

Como refere ROGER GARAUDY [348]: *«O crescimento é essencialmente crescimento da agressividade. Contra a natureza. Contra o homem. Uma implica o outro: não se pode travar essa batalha selva-*

---

(340) ROGER GARAUDY, obra citada, págs. 35-36.

(341) ROGER GARAUDY, obra citada, pág. 37.

(342) ROGER GARAUDY, obra citada, págs. 38-40.

(343) ROGER GARAUDY, obra citada, pág. 40.

(344) ROGER GARAUDY, obra citada, pág. 41.

(345) ROGER GARAUDY, obra citada, pág. 42.

(346) ROGER GARAUDY, obra citada, págs. 42-43.

(347) ROGER GARAUDY, obra citada, págs. 43-44.

(348) Obra citada, pág. 43.

gem, cega, contra a natureza, sem organizar os homens segundo uma disciplina e uma brutalidade à escala de um tal assalto» (349).

De todas as denúncias e críticas a que este autor procede na sua obra há no entanto uma que (tocando-nos mais sob o ponto de vista da adesão pessoal) toca fundo na problemática envolvente e/ou conexa com a tutela do ambiente. Referimo-nos *á denúncia da urbanização cancerosa que decorre do «livre jogo» da especulação de terrenos e de imóveis*:

"A especulação imobiliária impede qualquer desenvolvimento orgânico e humano do urbanismo, isto é, qualquer criação de um meio humano para os homens: é o resumo e o símbolo dos malefícios de uma concepção brutalmente individualista da propriedade. Neste campo, talvez ainda mais que em qualquer outro, a função do investimento não pode ser uma função individual, mas uma função social. Por isso, importa que qualquer transacção de terrenos passe por um serviço imobiliário municipal ou nacional, gerido pelos utentes, que, *primeiro, publique os planos de urbanismo e as condições técnicas e financeiras da sua realização, sendo os preços dos terrenos fixados fora do mercado, em função dos interesses da comunidade dos utentes e da sociedade global*" (350).

Tudo isto concorre para que permaneça plenamente válido e actual o veredicto de Einstein, segundo o qual «*precisaremos de uma forma substancialmente nova de pensar, se a humanidade quiser sobreviver*» (351).

b) *O surgir de um desafio à Sociedade técnico-industrial: exigências de tutela do ambiente*

Antes das modernas e contemporâneas aquisições do Direito Político (designadamente ao nível dos textos constitucionais da

(349) ROGER GARAUDY, obra citada, pág. 43.

(350) ROGER GARAUDY, obra citada, pág. 32-35.

(351) Citado por JESSICA TUCHMAN MATHEWS, «Segurança Nacional Redefinida», *in* Diálogo, volume 23, n.° 2, 1990, pág. 8 (tradução de José Livio Dantas). Veja-se ainda KONRAD LORENZ, Os Oito Pecados Mortais da Civilização, Litoral Edições, col. «Estudo 10», 1992, em que o autor procede a um apelo à mudança radical dos nossos modos de viver e estar no mundo.

República Italiana, da República Federal Alemã, da República Francesa, da República Portuguesa, do Reino de Espanha, entre outros)(352) a intervenção do Estado em matéria de ambiente era encarado como uma actuação de carácter *excepcional*(353); havendo autores que não hesitam mesmo em afirmar que nas estreitas malhas do direito, o ambiente é um facto histórico(354), sendo este interesse pela tutela do

---

(352) Não pretendemos com isto induzir o leitor a pensar que em todas estas constituições existem normas sobre a matéria do ambiente, porque não é isso que manifestamente sucede. Mas as contemporâneas aquisições do Direito Político, nomeadamente em matéria de tutela dos direitos fundamentais (ver GOMES CANOTILHO, Direito Constitucional, Coimbra, Livraria Almedina, 1983 (3ª edição, totalmente refundida), págs. 421-521, e, designadamente, págs. 437-445 e págs. 512--521) mas não só (veja-se a ampla "constituição económica, social e cultural" na C.R.P.) possibilitam hoje a existência de "aberturas" de carácter constitucional para acolher determinado tipo de preocupações socialmente relevantes (ver, no que concerne a esta ideia de constituição como ordem jurídica fundamental, material e aberta de uma comunidade, o autor e obra citados, págs. 63-64). No sentido do texto ver, com referência à Italia, SALVATORE PATTI, La Tutela Civile dell'Ambiente, Pádova, CEDAM, 1979, pág. 16; ALBERTO ZUCCHETI, «Difesa Ambientale e Tutela della Salute», *in* Territorio e Ambiente, A.A.V.V., Milano, Dott. A. Giuffrè Editore, 1986, págs. 210-211; FRANCESCO NOVARESE, «Introduzione "Minima" Al Diritto Ambientale», *in* Rivista Giuridica Dell'Edilizia, ano XXXII, Fascículo 3, Maio-Junho, 1989, Milano, Dott. A. Giuffrè Editore; com referência a Espanha ver JOSÉ MARIA DIAZ LEMA, «Fundamento Constitucional de la Ley del Suelo de Galicia», *in* Revista de Estudios de la Administración Local y Autonómica, Instituto Nacional de Administración Publica, n.° 240, Outubro-Dezembro, 1988, pág. 1684 e ss.; e ainda o art.° 45 da Constituição (de 1978) do Reino da Espanha.

Com referência ao Brasil ver HÉLITA BARREIRA CUSTODIO, «Meio Ambiente e Normas Juridicas Protecionais», *in* Rivista trimestrale di diritto pubblico, Milano, Dott. A. Giuffrè Edotore, n.° 2, 1989, págs. 491-495.

(353) Neste sentido e referindo-se ao caso da Itália é a posição adotada por FRANCESCO NOVARESE, «Introduzione "Minima" Al Diritto Ambientale», *in* Rivista Giuridica dell'Edilizia, Ano XXXII, Fascículo 3, Maio-Junho, Milano, Dott. A. Giuffrè Editore, 1989. Refere este autor que «L'approvazione della Costituzione repubblicana ed il mutato regime político avrebe dovuto costituire un *elemento di rottura* con la precedente normativa, tanto più che numerose erano le disposizioni della Carta a tutela dell'ambiente e di valori primari (art.° 9, 32, 41, 42, e 44 cost.)».

(354) É esta a posição de um EUGENIO MELE, «L'Ambiente, Le Direttive Comunitarie e L'Ordinamento Interno», *in* Il Foro Amministrativo, Milano, Giuffrè Editore, Ano LXV – Maio, 1989, pág. 1655.

Para a concepção deste autor, que nos aparece fundamentada numa análise de raiz marxiana, «..."ambiente" é un fatto storico di tipo procedimentale, nel senso

ambiente atribuído ao desenvolvimento da sociedade industrial, ao progressivo empobrecimento dos meios naturais, aos abusos possíveis na ausência de *dispositivos* jurídicos de tutela(355). Mas, se assim é, ao Direito e aos juristas está contemporâneamente lançado *um novo desafio*: e a sua capacidade de resposta a este desafio condicionará em muito o nosso futuro e o das gerações vindouras, pois se num Estado de Direito Democrático(356) é assinalada ao Direito uma função de limitação do poder(357), seria mesquinho e/ou destituído de realismo pretender reduzir o âmbito dessa função à limitação do poder político estadual, ignorando a contemporânea emergência, talvez informal mas nem por isso menos real, dos poderes sociais, económicos, morais, culturais que condicionam, a nossa vida quotidiana de modo tão, se não mais, decisivo que o poder político estadual(358).

---

dell'evoluzione dei tempi, che non può non manifestarsi e si manifesta soltanto in un determinato momento dell sviluppo sociale» (*idem*, pág. 1656).

(355) É neste sentido a posicão de SALVATORE PATTI, La Tutela Civile dell'Ambiente, Pádova, CEDAM, 1979, pág. 3.

(356) Confrontar a Constituição da República Portuguesa (texto fixado após a 2ª Revisão – 1989): A alínea *b*) do art. 9.° – C.R.P., na sua 2ª parte, define como tarefa fundamental do Estado garantir o respeito pelos princípios do Estado de Direito Democrático. Confronte-se ainda JORGE MIRANDA, Manual de Direito Constitucional, Tomo IV (Direitos Fundamentais), Coimbra, Coimbra Editora, 1988, págs. 176-188.

(357) Como refere JORGE MIRANDA, obra citada, pág. 177. Veja-se ainda CASTANHEIRA NEVES, O papel do jurista no nosso tempo, Coimbra, Boletim da Faculdade de Direito da Universidade de Coimbra, Vol. XLIV (1968) (Separata deste boletim) e, designadamente as págs. 51-52 (ponto 4, *b)*, onde se refere ao direito como algo de essencialmente histórico – mas não só... e págs.54-55 (onde afirma o Direito como medida de poder e releva a função do jurista: "a de assumir criticamente a Ideia de Direito e de a realizar histórico-concretamente, na explicitação constituinte do próprio Direito"). Ainda deste autor confronte-se A Revolução e o Direito, Lisboa, (depositário Livraria Almedina), Separata da Revista da Ordem dos Advogados, 1976; Lições de Introdução ao Estudo do Direito.

(358) Como refere o Prof. Doutor ROGÉRIO SOARES, Direito Público e Sociedade Técnica, Coimbra, Atlântida Editora, 1969, pág. 92: «O indiscutível pluralismo social põe em novos termos o problema das relações entre Estado e Sociedade». Ainda a pág. 93, refere que: «O problema é nos nossos dias o duma nova comprensão da sociedade, uma vez que a sua representação como um mundo do não político e da necessidade económica está definitivamente colocada no museu das experiências burguesas. Agora que esta sociedade se polariza em centros de explosão de interesses que pela sua dimensão podem atingir todo o agregado político, ela é já um material político», sublinhando de igual modo a pág. 111: «À tradicional oposição entre

É assim perante esta situação de "Carenza di strumenti non solo operativi ma anche teorici che aderiscono alle nuove esigenze e ai particolari problemi della società contemporanea pubblica e privata" é exigível aos *juristas*, que não aos meros "técnicos do Direito", que contribuam para a emergência *duma nova cultura jurídico-política* apta a responder positivamente aos múltiplos desafios que coloca uma efectiva e eficaz tutela do ambiente([359]).

Estado e indivíduo substitui-se hoje um sistema triangular Estado-grupo-indivíduo. (...) Resta ainda fazer um juízo definitivo sobre o sentido dessas transformações para uma teoria do Estado actual». Também indiscutívelmente actual e pertinente nos parece o reparo feito por ROGÉRIO SOARES, obra citada, págs. 111-112: «Em muitos sectores refere-se ainda, com maior ou menor intenção crítica um "neo-feudalismo" ou uma "refeudalização da sociedade"; esquece-se, todavia, que a sociedade pluralista não assenta em estruturas integradas num esquema unificante da coisa pública de base vertical, como era suposto no mundo medieval».

([359]) No sentido do texto SALVATORE IMPINNA, «Per una nuova cultura», *in* Unità della Giurisdizione e Tutela dell'Ambiente, Milano, Dott. A. Giuffrè Editore, Atti del Seminario di Studio Latina, 1-3 Março, 1985, pág. 188.

SALVATORE IMPINNA, na obra citada, na pág. 190 cita ainda uma declaração de GIANNI MILHER, segundo o qual: «*La nostra domanda oggi non è e non vuole essere la petizione nostalgica di una dimensione umana perduta ma, al contrario, la proposizione di una coscienza che ha da misurarsi appunto con la dimensione concreta dei problemi. È domanda di regolamentazione equilibrata del territorio antropizzato, è domanda di tutela dei beni culturali, dei centri storici, del paesaggio naturale; è la riproposizione del concetto-valore-territorialità, nella duplice e convergente accezione: la continuità del valore ambiente siceome difesa e garanzia dell'identità culturale dell'uomo e della rimozione dei delle violenze territoriali sull'uomo siceome attuazione di giustizia e di libertà per l'uomo*».

Realçando igualmente o papel da cultura como novo factor ecológico veja-se RICCARDO CACCIN, Ambiente e sua Protezione, Pádova, CEDAM, 1988, pág. 4. Consideramos ainda relevante a afirmação deste autor de que: «Si deve concludere i termini del nuovo rapporto tra la natura e l'uomo sono idonei a forci uscire dal vecchio tipo, appiattito sui moduli del profito secondo i parametri, elevati a mito, del *produttivismo industriale e del consumismo di massa*. Ma essi sono anche capaci, a seconda del grado di elevazione e di fissazione delle condizione ambientali socio-economiche, di imporci *una diversa concezione della vita materiale e spirituale, vale a dire una diferente morale del mondo.*». (*Idem*, pág. 23 e ss.). Note-se que esta afirmação vem na sequência da recusa deste autor em proceder à dissociação entre ambiente natural e condições sócio-económicas. Lamentando um certo carácter de "marginalidade" da reflexão ecológica na cultura, em geral, na cultura jurídica, em particular, AMEDEO POSTIGLIONE, «Ambiente e sui effetti sul sistema giuridico», *in* Unità della Giurisdizione e Tutela dell'Ambiente, Milano, Dott. A. Giuffrè Editore, pág. 65.

E são múltiplas as exigências que estes desafios conexionados com a tutela do ambiente colocam aos juristas, pois, em ordem a atingir este objectivo, devem eles trilhar um «árduo caminho»: não só valorizar as normas já presentes no sistema jurídico, mas também apontar as insuficiências dessas normas, sugerir as necessárias alterações legislativas, e, fundamentalmente (em nossa opinião), elaborar os instrumentos jurídicos idóneos para disciplinar as actividades danosas para o ambiente, ponderando os conflitos de interesses em presença no tecido social (dos quais começa a emergir como cada vez mais relevante o «potencial» conflito entre a geração presente e as futuras quanto ao modo como se deva lidar com o bem jurídico «ambiente») (360)(361).

Alguns passos já foram dados na longa caminhada que os juristas têm pela sua frente nesta matéria, e não terá sido dos menos significativos a assimilação do direito ao ambiente como um **direito fundamental** da pessoa humana (362), de tal modo que já há quem se

---

(360) No sentido do texto SALVATORE PATTI, obra citada, pág. 3. O mesmo autor, nesta obra, pág. 4, refere o facto de que o papel do jurista é complicado pela *incerteza* dos dados que provém de outros sectores da ciência; por exemplo, como refere logo na pág. seguinte, a dificuldade que existe por vezes em estabelecer o *nexo de causalidade* entre o dano e o acto que lhe deu origem (problema da concausa), tornando-se difícil individualizar o responsável pelo acto danoso (por exemplo, para efeitos de aplicação do princípio do "poluidor-pagador"). Quanto áquela incerteza ver WERNER HEISENBERG, obra citada, pág. 38 e ss., ainda pág. 49, pág. 200. Cf. LORENZA VIOLINI, obra citada.

(361) Parece-nos patente o atraso da cultura jurídica portuguesa na abordagem desta matéria: desde o carácter limitado no ensino universitário do direito ambiental, a ausência de revistas jurídico-ambientais, a carência de manuais do direito do Ambiente; os poucos estudos de direito comparado nesta matéria, a necessidade de um novo fôlego para o debate sobre os interesses difusos, a carência de progressos na reforma do sistema processual em atenção a esta matéria. Apesar de tudo, não é isto motivo para o nosso tradicional "miserabilismo"... outras culturas jurídicas defrontam problemas idênticos aos referidos: assim, para a cultura jurídica italiana o afirma AMEDEO POSTIGLIONE, «Ambiente e sui effetti sul sistema giuridico», *in* Unità della Giurisdizione e Tutela dell'Ambiente, Milano, Dott. A. Giuffrè Editore, págs. 64-65. O qual, além do mais, critica ainda a cultura jurídica italiana pela lentidão do tratamento informático desta questão.

(362) Neste sentido, defendendo o carácter de direito de personalidade do direito ao ambiente veja-se AMEDEO POSTIGLIONE, artigo citado, obra cit., pág. 63. Em sentido idêntico ver SALVATORE PATTI, La Tutela dell'Ambiente, Pádova, CEDAM,

interrogue se não deverá conceber-se o direito ao ambiente das gerações futuras como *direito da Humanidade* (363), postulando-se a exigência de uma ordem pública ecológica nacional e internacional e, neste último caso, reflectindo-se sobre o papel do direito internacional na tutela do ambiente (364). Vai-se mesmo ao ponto de postular o alargamento do direito à vida do homem para o reconhecimento de um *direito à existência* de todos os seres vivos bem como da diversidade ecológica e afirmando-se o carácter de "direito-dever" deste direito fundamental (365).

Constata-se deste modo que, embora sejam recentes as preocupações da sociedade e do Estado com a tutela do ambiente, a progressiva generalização duma tomada de consciência da existência de um problema ambiental, tem conduzido nos útimos anos, e de modo cada vez mais impressivo, a uma «aceleração dos timings» a nível jurídico-político.

1979, pág. 2, e, sobretudo, págs. 29 e ss. (onde refere ser igualmente *neste sentido a doutrina alemã*); RICCARDO CACCIN, obra citada, págs. 22-23; ALBERTO ZUCCHETI, obra citada, pág. 203.

(363) AMEDEO POSTIGLIONE, *idem*, pág. 62.

(364) AMEDEO POSTIGLIONE, *idem*, pág.63. A este respeito veja-se EUGÉNIO MELE, artigo citado, obra citada; FRANCESCO NOVARESE, artigo citado, obra citada, pág. 23 e ss.; RICCARDO CACCIN, obra citada, pág. 1, págs. 7-8, págs. 9-10 e ss.; LUIS FILIPE COLAÇO ANTUNES, «Tutela do Ambiente e Procedimento Administrativo: Do modelo Francês dos "Études d'Impact" à solução da CEE», *in* Economia e Sociologia, Évora, Instituto Superior Económico de Évora, separata ao n.° 48, 1989, págs. 67; GUY CORCELLE, «La dimension "environnement" du marché unique», *in* Revue du Marché Commun, Fevereiro, n.° 334, 1990, pág. 125-137; JESSICA TUCHMAN MATHEWS, «Segurança Nacional Redefinida», *in* Diálogo, volume 23, n.° 2, 1990, pág. 2 e ss.; ALEXANDRE CHARLES KISS, «La Protection de L'Atmosphère: un exemple de la mondialisation des problèmes», *in* Annuaire Français de Droit International, Éditions du CNRS, Paris, XXIV, 1988, pág. 701-708; TULLIO SCOVAZZI, «Considerazioni sulle norme Internazionali in Materia di Ambiente», *in* Rivista di Diritto Internazionale, volume LXXII, Fascículo 3, Milano, Giuffrè Editore, 1989, pág. 591 e ss.

(365) AMEDEO POSTIGLIONE, *idem*, pág. 63.

c) *Tutela do ambiente: conexão com a gestão dos espaços (físicos e sociais)*

É iniludível que a tutela do ambiente relaciona-se com a problemática da gestão dos espaços. ALDO BARDUSCO([366]) refere como um problema muito importante em matéria de *território* a definição de quais as áreas do território nacional destinadas a receber *grandes projectos industriais* com aspectos fortemente negativos em matéria de *ambiente* e população. ALBERTO ZUCCHETI([367]), refere a necessidade de abrir o conceito de desenvolvimento à inclusão nele dos valores sociais e culturais e o uso adequado dos recursos. Este autor([368]), refere como um dos dois âmbitos fundamentais de tutela normativa do ambiente a disciplina do urbanismo (o outro âmbito seria o da luta contra as poluições). PAOLO URBANI([369]), critica a dispersão da intervenção governamental nesta área, defendendo a existência de um único departamento governamental que coordene a intervenção nas matérias da planificação urbanística, construção civil e defesa do meio ambiente, com ligação à problemática do ordenamento do território. AMEDEO POSTIGLIONE([370]), considera como uma das características comuns do direito ambiental a dimensão espacial ligada (conexa) ao território([371]). A Tutela do Ambiente acaba, de algum modo, por encontrar o seu enquadramento no *direito do ordenamento do território* dado o estreito nexo existente entre urbanismo, construção civil, ordenamento do território (com a elaboração dos planos de ordenamento e a necessidade de os planos reguladores terem em conta as exigências ambientais), justificando-se uma *abordagem unitária* deste conjunto de questões e interesses pela sua profunda *interpenetração*, de tal modo que hoje já não é possivel considerar isoladamente nenhuma destas questões (urbanismo, construção civil,

---

([366]) ALDO BARDUSCO, «Organizzazione del Território e Stato degli enti territoriali», *in* Territorio e Ambiente, Milano, Dott. A. Giuffrè Editore, 1986, pág. 19.

([367]) Artigo citado, na pág. 208.

([368]) Págs. 214-216.

([369]) Obra citada, págs. 6-7.

([370]) Artigo citado, pág. 61.

([371]) Ver FERNANDO ALVES CORREIA, O Plano Urbanístico e o Princípio da Igualdade, págs. 73-74 (e ainda: pág. 74 e ss., designadamente págs. 85-88), bem como págs. 88-91.

ordenamento do território, tutela do ambiente) abstraindo de cada uma das outras(372).

O **direito do ordenamento do território** integra nas suas preocupações e objectivos para lá daquelas relativas à tutela do ambiente e qualidade de vida, protecção do património cultural e defesa do(s) consumidor(es), muitas outras e importantes valências tais como as que contendem com o direito de edificação urbana (o "ius aedificandi") e respectivos loteamentos, a política de ocupação de solos, a problemática do desenvolvimento económico e social **integrado** (com a inerente preocupação de correcção das assimetrias regionais), a política de obras públicas, transportes e comunicações (também dita política de "equipamentos sociais", embora o sentido não seja exactamente coincidente — basta pensar que uma instalação cultural ou desportiva pode ser considerada "equipamento social" mas pode não caber naquela política de "obras"); lida ainda com o problema da repartição de competências entre os orgãos da Administração pública central, regional e local, a definição do modelo político-organizativo de Estado, a articulação e coordenação dos diferentes processos jurídicos de intervenção na Administração do território. Sendo de tal

---

(372) No sentido do texto Alberto Zuccheti, «Difesa dell'Ambiente e Tutela della Salute», *in* Território e Ambiente, Milano, Dott. A. Giuffrè Editore, 1986, pág. 214-216. E ainda Paolo Urbani, «Pianificazione Urbanistica Edilizia Residenziale E Interessi Ambientali», Milano, Dott. A. Giuffrè Editore, 1988, pág. V, que afirma: «L'intreccio – se cosi si puó dire, usando uno termine non strettamente giuridico – emerge sotto vari profili.

Il primo è dato dalla legislazione (...).

Il secondo è dovuto alla regionalizzazione che ha teso a riunificare nella sfera dei poteri substatali la gran parte delle funzioni attinenti all'urbanistica, all'edilizia residenziale e alla difesa dell'ambiente.

Il terzo profilo risiede nella moltiplicazione dagli interessi publici e privati che si ricollegano di tre settori dell'intervento pubblico la cui ponderazione ed il cui soddisfacimento non possono più essere isolatamente considarati, pena la censurabilità dei provvedimenti adottati.

Il quarto si ricollega più specificamente alle"politiche" poste in essere dai pubblici poteri centrali e locali che trovano negli strumenti e nel metodo della programmazione uno ulteriore elemento di complessità.

L'ultimo in fine – anche se giuridicamente meno rilevanti – attiene all'elemento "territorio" inteso come dimensione spaziale e come assetto nel quale devono concretamente collocarsi le molteplici azioni umane e i relativi interessi – spesso confliggenti – riguardo alle materie prese in esame (...)».

modo complexo e amplo este direito que, como afirma ANDRÉ DE LAUBADÉRE(373), «o que podemos fixar é que a acção de ordenamento do território, como o Plano, corresponde a uma ideia de planificação da repartição dos homens no espaço».

A *complexidade* do direito do ordenamento do território na ordem jurídico-política portuguesa é denunciada logo na definição jurídico-constitucional do Estado português: "O Estado é *unitário* e respeita na sua organização os princípios da *autonomia das autarquias locais* e da *descentralização democrática da administração pública*(374), sendo que «os arquipélagos dos Açores e da Madeira constituem *regiões autónomas* dotadas de estatutos político-administrativos próprios»(375).

2. Fundamento normativo para as exigências de tutela do ambiente no direito constitucional português

Mas, para uma compreensão unitária(376) destas problemáticas, afigura-se-nos útil alargar agora o âmbito da nossa análise jurídico-

(373) ANDRÉ DE LAUBADÉRE, Direito Público Económico, Coimbra, Livraria Almedina, 3ª edição, pág. 312, 1985.

Para uma reflexão crítica sobre a realidade actual da política de ordenamento do território ver YVES MADIOT, «L'effacement de la politique d'aménagement du territore», *in* AJDA, Droit Administratif, n.° 12, 20, Dezembro 1989, págs. 731-736, que refere como sintomas de uma certa crise desta política as competências mal repartidas (um dos óbices da descentralização operada em 1982...), uma má definição dos objectivos (derivada da multiplicidade de estruturas de intervenção, da crise económica, do "retraimento" do voluntarismo...), instrumentos de intervenção mal adaptados. Noutra perspectiva ver JACQUES MOREAU, «Les contrats de plan État–région, technique nouvelle d'aménagement du territorre», *idem*, pág. 737-742. Ainda sobre esta questão ver JEAN-MARIE PONTIER, «Les contrats de plan État-région et l'aménagement du territorre», *idem*, págs. 743-746.

(374) Art. 6.°, n.°1 – C.R.P.. Confrontar BAPTISTA MACHADO, Participação e Descentralização Democratização e Neutralidade na Constituição de 76, Coimbra, Livraria Almedina, 1982, págs. 1-107.

(375) Art. 6.°, n.° 2 – C.R.P..

(376) Pensamos já não haver hoje dúvidas quanto à profunda imbricação entre o direito constitucional e o direito administrativo. Como refere o Prof. Doutor ROGÉRIO SOARES, Direito Público e Sociedade Técnica, Coimbra, Atlântida Editora, 1969, pág. 6:

-normativa e fazer um breve escorço pelas normas e princípios constitucionais portugueses em matéria de ordenamento do território, urbanismo, habitação, protecção do património e defesa do consumidor nas suas múltiplas conexões com a matéria do ambiente e qualidade de vida([377]).

a) *Princípios Fundamentais*

Desde logo, nesta matéria, a Constituição da República Portuguesa de 1976 (2ª Revisão – 1989) consagra como *tarefas fundamentais do Estado* não só, *em geral*, "garantir os direitos e liberdades fundamentais e o respeito pelos princípios do Estado de Direito democrático" (art. 9.°, *b)* – C.R.P.) mas ainda especificamente "promover o bem-estar

---

"Até à nova época, o cultor do direito administrativo, se alguma vez tinha consciência de que a sua disciplina assentava em pressupostos de direito constitucional, já poucas vezes se representava claramente que, além disso, as suas soluções estavam condicionadas por uma determinada política", e pág. 9: "Agora é numa região de condomínio entre o direito constitucional e o direito administrativo que este último vai procurar a sua razão de ser e as possibilidades do cumprimento da sua missão de defesa do sujeito privado, uma vez que ganha dia a dia arreigada consciência de que os quadros tradicionais deixam escapar uma administração cada vez mais complexa e agressiva. Todo o seu instrumental, dirigido ao domínio duma administração de polícia confiada a uma organização definida por séculos de experiência, claudica quando se lhe põe diante um novo mundo de tarefas e para as desempenhar uma estrutura inquietantemente desarticulada e assimétrica".

([377]) A título de curiosidade refira-se que a Constituição de 1822 no seu Título VI, Do Governo Administrativo e Económico, Capítulo II, Das Câmaras, artigo 223.°, II, refere entre as incumbências destas «Promover a (...) Saúde pública, (...)» e no mesmo artigo 223.°, V «...; e promover a plantação de árvores nos baldios, e nas terras dos concelhos.». Cf. a Collecção de Leis e Subsídios para o estudo do Direito Constitucional Portugues, por J.J. Lopes Praça, Coimbra, Imprensa da Universidade 1894, Vol. II, pág. 57. Já a Carta Constitucional de 1826, seguindo uma tendência para a «desregulamentação» constitucional, suprime aqueles preceitos; limita-se no Título VIII, Das Disposições Gerais e garantias dos direitos civis e políticos dos cidadãos portugueses, a incluir no seu artigo 145.°, parágrafo 23, a seguinte referência «... e saúde dos cidadãos». (*Idem*, pág. 101). Para o conhecimento das diferentes formas de tutela jurídica do ambiente e matérias conexas no direito português *anterior* à Constituição da República Portuguesa ver de A.A.V.V., O Direito do Ambiente, Lisboa, Comissão Nacional do Ambiente, 1978, págs. 37 e ss.

e a qualidade de vida do povo (...), bem como a efectivação dos direitos económicos, sociais e culturais (...)" (art. 9.°, *d)* – C.R.P.) e "*proteger e valorizar o património cultural do povo português, defender a natureza e o ambiente, preservar os recursos naturais e assegurar um correcto ordenamento do território*" (art. 9.°, *c)* – C.R.P.). A fim de viabilizar a realização destas (e doutras) tarefas fundamentais do Estado, a nossa Constituição consagra um *catálogo de direitos e deveres fundamentais* ([378]), um *modelo de organização económico-social*, um modelo de *organização político-administrativa* e *mecanismos de garantia da sua própria força normativa* ([379]).

([378]) Pondo em relevo a não-existência de uma cláusula geral de deveres fundamentais, um autor como o Prof. Doutor JORGE MIRANDA faz várias considerações, ainda que esparsas, sobre esta matéria, que nos parecem bastante pertinentes. Nomeadamente quando considera (apesar da não existência daquela cláusula geral de deveres fundamentais, matéria em que a nossa C.R.P. não perfilhou a solução adoptada no art. 29.°, 1 da Declaração Universal dos Direitos do Homem — e fazemos notar que o art. 16.°, 2 – C.R.P. não consagra expressamente, nem quanto a nós implicitamente, a ideia de que os preceitos constitucionais relativos aos *deveres* fundamentais devam ser interpretados de harmonia com aquela Declaração; o que, de resto, nos parece que iria subverter a filosofia subjacente ao art. 29.°, 1 da DUDH), que não obstante os direitos, liberdades e garantias podem fundamentar-se num *dever geral de respeito* e os direitos económicos, sociais e culturais podem fundamentar-se num *dever geral de solidariedade social.* Ver JORGE MIRANDA, Manual de Direito Constitucional, Tomo IV – Direitos Fundamentais, Coimbra, Coimbra Editora, 1988, págs. 66-72, pág. 92 e ss., pág. 99 e ss., pág. 131 e ss., pág. 153 e ss., págs 251-271, e ainda págs. 336-345.

([379]) De resto, as exigências de tutela do ambiente, enquanto intersectam os sub-sistemas (catálogo de direitos e deveres fundamentais, modelo económico-social, modelo político-administrativo) do sistema jurídico-constitucional português, concorrem ainda para acentuar a *interdependência do exercício dos poderes do Estado*, cuja *titularidade* reside no povo (Art. 111.°, 1ª parte – C.R.P.; cf. ainda art. 1.°, art. 2.°, art. 3.°, art. 48.°, n.° 1, art. 111.°, 2ª parte; e art. 114.°, todos da C.R.P.). Em face do modelo económico-social consagrado na C.R.P., a planificação democrática da economia vai implicar que a Assembleia da República aprove as leis das grandes opções do plano, o qual é depois elaborado pelo Governo (ao qual compete respeitar a lei das grandes opções e fazer os regulamentos necessários à boa execução das leis); ora se as exigências de tutela do ambiente vêm a contender com esta actividade planificadora (Veja-se art. 81.°, alínea *a*), *d*), *h*), *j*), *l*), *h*) – C.R.P.; cf. ainda arts. 97.°, 98.°, 102.°, *c*) – C.R.P.) como, de resto, expressamente o consagra o art. 91.° – C.R.P., ao incluir entre os objectivos dos planos de desenvolvimento económico e social «a preservação do equílibrio ecológico, a defesa do ambiente e a qualidade de vida do

b) *Direitos e Deveres Fundamentais*

Antes de mais cumpre referir como limite a (potenciais) políticas de gestão dos espaços o disposto no artigo 44.° – C.R.P., que consagra o *direito de deslocação e de emigração* ("1. A todos os cidadãos é garantido o direito de se deslocarem e fixarem livremente em qualquer parte do território nacional. 2. A todos é garantido o direito de emigrar ou de sair do território nacional e o direito de regressar") (380)(381).

---

povo português», então *é nítida a interdependência dos poderes do Estado para realizar as exigências de tutela do ambiente.* Como de resto sucede quando se fixam como *objectivos da política agrícola* a racionalização das estruturas fundiárias e assegurar o uso e a gestão racionais dos solos e dos restantes recursos naturais bem como a manutenção da sua capacidade de regeneração e se impõe ao Estado uma política de ordenamento e reconversão agrária, de acordo com os condicionalismos ecológicos e sociais do país: sendo que é à Assembleia da República que compete legislar sobre bases da política agrícola, incluindo a fixação dos limites máximos e mínimos das unidades de exploração agrícola *privadas* (Cf. arts. 61.° e 62.° – C.R.P.) (Veja-se o disposto na alínea *h)* do art. 168.° – C.R.P.), regime dos meios de produção integrados no sector cooperativo e social de propriedade (Alínea *a.a*), *idem*), regime geral do arrendamento rural (Alínea *h*), *idem*), etc.; mas podendo autorizar o governo a legislar sobre estas matérias (Art. 168.°, 1 e 2 – C.R.P.). A consagração para estas e outras matérias (por exemplo, as bases do sistema de protecção da natureza, do equilíbrio ecológico e do património cultural – cf. alínea *g)* do art. 168.° – C.R.P.) de uma reserva *relativa* de competência legislativa, aparecendo hoje o Governo, a par de funções políticas e administrativas (Ver arts. 200.° e 202.° – C.R.P.), a desempenhar uma função legislativa (Ver art. 201.° – C.R.P.), concorre para acentuar ainda mais a *dimensão de interdependência dos poderes do Estado*: não só não há correspondência entre poderes e órgãos (no Poder Executivo incluem-se dois órgãos de soberania: o Presidente da República e o Governo, dependente do qual está a Administração Pública – cf. art. 185.° – C.R.P; no Poder Judicial sempre foi evidente a multiplicidade dos seus órgãos, a que acresce hoje um novo órgão o Tribunal Constitucional; o poder legislativo é *exercitado* pela Assembleia da República e pelo Governo), como também não existe a correspondência entre poder e função ou entre órgão e função (Ver FRANCO BASSI, artigo citado, págs. 109-113.).

(380) Note-se a deficiente redacção do n.° 2 deste artigo 44.° – C.R.P.. Em rigor, ele deveria garantir este direito *nos termos da Lei* (que é aquilo que sucede afinal na nossa vida de todos os dias, com os *vistos* e *autorizações* que um simples particular necessita de obter para realizar efectivamente este direito). Não fazendo, certamente por *lapso* do legislador constituinte (e "reconstituinte") poder-se-ia (poder-se-á?) ser induzido a pensar que, em face da redacção actual do art. 44.° – C.R.P., e entrando em linha de conta com o regime jurídico dos direitos, liberdades, garantias, designadamente da *aplicabilidade directa* consagrada no art. 18.° (n.° 1) C.R.P., estará legiti-

Entrando agora em matéria de direitos económicos, sociais e culturais, deparamos logo com um *direito económico* relevantíssimo: o direito dos consumidores «à qualidade dos bens e serviços consumidos, à formação e à informação, à protecção da saúde, da segurança e dos seus interesses económicos, bem como à reparação de danos» (art. 60.°, n.° 1 – C.R.P.) ([382]).

Nos *direitos sociais*, entre outros, temos consagrado o *direito à saúde* em relação ao qual referiremos que se a 1ª parte do art. 64.°, 1 – C.R.P. afirma que «todos têm direito à protecção da saúde» a sua 2ª parte consagra como *dever fundamental específico* para todos os cidadãos «o dever de a defender e promover», sendo que, no que toca àquela 1ª parte do art. 64.°, 1 – C.R.P., o n.° 2 do art. 64.° – C.R.P. dispõe que "o direito à protecção da saúde é realizado:(...)

...

b) (...) pela melhoria sistemática das condições de vida e de trabalho, (...)." ([383]), sendo que o *n.° 3 do art. 64.°* cria para o Estado o dever de:

"...

b) garantir a racional e eficiente cobertura médica e hospitalar de todo o país ([384]);

---

mado a emigrar ou sair do território nacional e a ele regressar um cidadão português que não obtenha (por os considerar inconstitucionais) tais *vistos* e autorizações...

Parece-nos aconselhável que uma futura revisão da Constituição cuide de melhorar a redacção do n.° 2 do art. 44.° – C.R.P..

([381]) Igualmente relevante para a matéria de que nos ocupamos no presente trabalho é ainda a *liberdade de associação* consagrada no art. 46.° – C.R.P..

([382]) A este respeito julgamos relevante que, em face do n.° 3 do art. 52.° – C.R.P., seja possível à lei conferir o direito de acção popular para tutela deste direito. De facto, este preceito constitucional é meramente *exemplificativo* quanto aos casos em que é possível, *nos termos e casos previstos na Lei*, o exercício do direito de acção popular. Por outro lado ainda quando a lei não consagra expressamente o direito de acção popular para tutela deste direito, sempre haverá a possibilidade de reconduzir a violação no caso concreto a uma infracção contra a saúde pública ou degradação do ambiente e da qualidade de vida.

([383]) Veja-se Francesco Novarese, artigo citado, pág. 20, para quem a noção de ambiente é o mais ampla possível, incluíndo a prevenção dos acidentes de trabalho, higiene e segurança das condições de trabalho.

([384]) O que, implicando uma actividade de planificação da repartição dos homens no espaço, manifestamente contende com as acções de ordenamento do ter-

...

c) Disciplinar e controlar a produção, a comercialização e o uso dos produtos químicos, biológicos e farmacêuticos e outros meios de tratamento e diagnóstico (385).

Já no que concerne ao *direito à habitação*, o art. 65.°, n.° 2, *a)* – C.R.P., dispõe que para assegurar este direito, "incumbe ao Estado:

a) Programar e executar uma política de habitação *inserida em planos de reordenamento geral do território e* apoiada em *planos de urbanização* que garantam a existência de uma rede adequada de transportes e de equipamento social:

...

c) Estimular a construção privada, com subordinação ao interesse geral (...)."; sendo que o n.° 4 do art. 65.° – C.R.P. expressamente determina que «o estado e as autarquias locais, procederão às expropriações dos solos urbanos que se revelem necessárias e definirão o respectivo direito de utilização» (386)(387).

---

ritório. Cf. Carlos de Almeida, Portugal Arquitectura e Sociedade, Lisboa, Edições Terra Livre, 1978, pág. 111 e ss.

(385) A título exemplificativo confrontem-se: o D.L. n.° 138/88, de 22 de Abril (proibição e limitação da comercialização do amianto e da utilização do amianto e dos produtos que o contenham), D.L. n.° 3/90, de 3 de Janeiro, Portaria n.° 226/90, de 26 de Março (níveis de resíduos no pescado), Portaria n.° 488/90, de 29 de Junho (que dá execução ao D.L. 160/90, de 18 de Maio) (controle dos resíduos de produtos fitofarmacêuticos); e Despacho Normativo n.° 63/90, de 13 de Agosto; D.L. n.° 230/90, de 11 de Julho (produtos da pesca congelados e ultracongelados); D.L. n.° 8/90, de 4 de Janeiro, Portaria n.° 89/90 e Portaria n.° 90/90, de 5 de Fevereiro (biodegrabilidade dos detergentes); D.L. n.° 93/89, de 28 de Março, Portaria n.° 833/89, de 22 de Setembro, Portaria n.° 27/90, de 12 de Janeiro, Portaria n.° 620/90, de 3 de Agosto (que aplicam o D.L. n.° 192/89, de 8 de Junho – adictivos alimentares); D.L. n.° 280-A/87, de 17 de Julho, D.L. n.° 47/90, de 9 de Fevereiro, D.L. n.° 247/90, de 30 de Julho.

(386) A título meramente exemplificativo, vejam-se os seguintes diplomas: D.L. n.° 343/75, de 3 de Julho, D.L. n.° 356/75, de 8 de Julho, D.L. n.° 400/84, de 31 de Dezembro, D.L. n.° 139/89, de 28 de Abril, D.L. n.° 196/89, de 14 de Junho, D.L. n.° 19/90, de 11 de Janeiro, D.L. n.° 27/90, de 27 de Janeiro, D.L. n.° 64/90, de 21 de Fevereiro, D.L. n.° 77/90 de 12 de Março, D.L. n.° 93/90 de 19 de Março, D.L. n.° 133/90 de 23 de Abril e D.L. n.° 186/90 de 6 de Junho.

(387) Veja-se o n.° 1 do art.° 72 – C.R.P. que consagra o direito das pessoas idosas a condições de habitação.

Em matéria de *ambiente e qualidade de vida*, o n.° 1 do art. 66.° – C.R.P. consagra, na sua 1ª parte, que "todos têm direito a um ambiente de vida humano, sadio e ecológicamente equilibrado" e, na sua 2ª parte, um dever fundamental especial que é o "dever de o defender" (ao ambiente de vida humano, sadio e ecológicamente equilibrado entenda-se...). O n.° 2 do art. 66.° – C.R.P. cria para o Estado a incumbência de, "por meio de organismos próprios e por apelo e apoio a iniciativas populares":

" a) *Prevenir* e controlar a poluição e os seus efeitos e as formas prejudiciais de erosão;

b) *Ordenar e promover o ordenamento do território*, tendo em vista uma correcta *localização* das actividades, um *equilibrado desenvolvimento sócio-económico* e paisagens biológicamente equilibradas;

c) Criar e desenvolver reservas e parques naturais e de recreio, bem como classificar e proteger paisagens e sítios, de modo a garantir a *conservação da natureza e preservação de valores culturais* e de interesse histórico ou artístico;

d) *Promover o aproveitamento racional dos recursos naturais, salvaguardando a sua capacidade de renovação e a estabilidade ecológica*" ([388]).

Já em matéria de património cultural, a 1ª parte do n.° 1 do art. 78.° consagra um *direito cultural* («todos têm direito à fruição e criação cultural») sendo que a 2ª parte do n.° 1 do art. 78.° – C.R.P. cria para *todos* os cidadãos o dever fundamental *específico* de «preservar, defender e valorizar o património cultural», impondo o n.° 2 do art. 78.° – C.R.P. como incumbência ao Estado, "em colaboração com todos os agentes culturais", designadamente:

"...

c) Promover a salvaguarda e a valorização do património cultural, tornando-o elemento vivificador da identidade cultural comum;

d) (...), e assegurar a defesa e a promoção da cultura portuguesa no estrangeiro;

([388]) Da interpretação conjugada dos n.° 1 e 2 do art.° 66 – C.R.P. resulta, em nosso entender, um *conceito unitário de ambiente*. Na doutrina, a favor de um conceito unitário de ambiente, ver: FRANCESCO NOVARESE, art. cit., pág. 20; SALVATORE PATTI, obra citada, pág. 1; AMADEO POSTIGLIONE, art. cit., pág.58; ALBERTO ZUCCHETI, art. cit., pág. 247.

c) *Articular* a política cultural e as demais políticas sectoriais" ([389]).

c) *Modelo Constitucional de organização económico-social do Estado Português*

Um dos *princípios fundamentais* em que assenta a organização económica é o da "planificação democrática da economia" (art. 80.°, *d)* – C.R.P.) ([390]), sendo que "incumbe prioritariamente ao Estado no âmbito económico e social" (art. 81.° – C.R.P.):

"a) Promover o aumento do bem-estar social e económico *e da qualidade de vida* do povo (...):

...

d) *Orientar o desenvolvimento económico e social no sentido de um crescimento equilibrado de todos os sectores e regiões e eliminar*

([389]) Ver PEDRO GOMES BARBOSA, Património Cultural, Fundo de Apoio aos Organismos Juvenis, Cadernos F.A.O.J., série A, n.° 20, Julho 1982. Ver igualmente JEAN-MARIE PONTIER, «La protection du patrimoine monumental», *in* Revue Française de Droit Administratif, ano 5.°, n.° 5, Set./Out.,1989, págs. 757 a 775.

Ver ainda D.L. n.° 349/87, de 5 de Novembro, e D.L. n.° 216/90, de 3 de Junho.

([390]) A respeito destas questões de planeamento da actividade económica ROGER GARAUDY, obra citada, Cap.III. A luta de cima contra o mercado, (págs. 57-75), procede a uma rigorosa denúncia do fracasso do sistema soviético de economia planificada (logo após a crítica vigorosa do capitalismo ocidental no capítulo anterior), citamos (pág. 62):

"Por isso, o modelo soviético de planificação centralizada e autoritária não constitui uma alternativa para o modelo capitalista do "mercado" (também ele cada vez mais ilusório);

1. Porque o sistema soviético acabou por adoptar *os mesmos objectivos de crescimento* (com frequência não os atingindo tão bem) que o sistema capitalista e que levaram este último ao impasse e à perspectiva do suícidio planetário.

O plano centralizado e autoritário é concebido pelos dirigentes soviéticos como outro método para alcançar os objectivos do mercado dito «liberal»: o crescimento económico. De facto, *estamos hoje em presença de um duplo fracasso: não há «livre empresa» no Ocidente nem socialismo no Leste.*

2. Ambos os sistemas se fundam na *exterioridade* e na *opacidade* dos mecanismos do poder real, seja ele económico ou político. (...)". Cf. ainda ANDRÉ DE LAUBADÉRE, Direito Público Económico, 3ª edição, pág. 318, pág. 319 e ss..

progressivamente as diferenças económicas e sociais entre a cidade e o campo ([391]);

...

h) Eliminar os latifúndios e *reordenar* o minifúndio ([392]);

...

j) Proteger o consumidor ([393]);

l) Criar as estruturas jurídicas e técnicas necessárias à instauração de um sistema de planeamento democrático da economia ([394]);

...

n) Adoptar uma *política nacional de energia*, com *preservação dos recursos naturais e do equilibrio ecológico*, promovendo neste domínio a cooperação internacional" ([395]).

Como vemos há aqui um conjunto de matérias (*designadamente* as das alíneas *d), h), l), n)* do art. 81.° – C.R.P. e da alínea *d)* do art. 80.° – C.R.P.) que contendem com e implicam uma actividade planifi-

---

([391]) Veja-se GONÇALO SANTA-RITA, Portugal Agricultura e Problemas Humanos, Lisboa, Edições Terra Livre, 1979, nomeadamente a pág. 60: «No entanto, como salienta um geógrafo (Pierre George), a cidade nunca constitui uma realidade geográfica total: é inseparável dum meio regional e dum estado de desenvolvimento. É como eixo duma série de relações que ela define os limites regionais em que incidem as suas actividades. As concentrações consecutivas à revolução industrial localizaram nas cidades mais importantes alguns mecanismos essenciais da vida regional, deslocando-se dos centros locais determinadas formas de iniciativa; estes porém mantém a sua autonomia noutros sectores e servem de elementos intermediários para os restantes. Assim se constituem e evoluem as redes urbanas, que são a verdadeira armadura regional de cada país. O carácter frouxo dessas redes, a diferenciação das diversas regiões geográficas e administrativas na dependência dum panorama agrário ditado pelas imposições do solo e do clima ou pelas contingências da história, contribuíram para acentuar entre nós as assimetrias regionais».

([392]) Vejam-se os arts. 97.°–C.R.P. (Eliminação dos latifúndios) e art. 98.° C.R.P. (Redimensionamento do minifúndio).

([393]) Veja-se o art. 102.°, alínea *c)* – C.R.P. (objectivos da política comercial), o que em nosso entender implica, para além do mais, que sejam realizados *todos* os objectivos da política comercial referidos nas restantes alíneas deste artigo.

([394]) Ver ANDRÉ DE LAUBADÉRE, obra citada, págs. 310-315 e págs. 316-328.

([395]) Ver HELITA BARREIRA CUSTODIO, artigo citado, págs. 515-519, e ainda pág. 520 (ponto 4). E ainda JESSICA TUCHMAN MATHEWS, artigo citado, pág. 7: «Atingir um crescimento económico sustentável demandará a remodelação da agricultura, *do uso da energia* e da produção industrial — de fato, uma verdadeira reinvenção.».

cadora (os ditos "*procedimentos de fixação de planos*")(396) ao nível da gestão dos espaços, com reflexos previsíveis ao nível do ambiente e qualidade de vida, tutela dos consumidores e da saúde pública, salvaguarda do património cultural, políticas de habitação e urbanismo.

Daí que nos pareça ser muito relevante, ainda neste contexto da organização económica-social do Estado português, o art. 91.° – C.R.P. (objectivos dos planos de desenvolvimento económico e social) quando inclui no seu âmbito normativo, não apenas «o desenvolvimento harmonioso de sectores e regiões, a justa repartição individual e regional do produto nacional, a coordenação da política económica com as políticas social, educacional e cultural» (o que apoiamos e aplaudimos) mas *também «a preservação do equilíbrio ecológico, a defesa do ambiente e a qualidade de vida do povo português»* (397)(398).

---

(396) O regime da delimitação e da coordenação das actuações da administração central e local em matéria de investimentos públicos foi definido pelo D.L. n.° 77/84, de 8 de Março. Veja-se o D.L. n.° 69/90, de 2 de Março, que regula a elaboração, aprovação e ratificação dos planos municipais de ordenamento do território (cf. arts. 8.° a 11.° do D.L. n.° 77/84).

(397) Ver Lei n.° 10/87, de 4 de Abril que define os direitos de participação e de intervenção das associações de defesa do ambiente junto da administração central, regional e local com vista à promoção de um ambiente de vida humano, sadio e ecológicamente equilibrado (cf. 1ª parte do n.° 1 do art. 66.° – C.R.P. e n.° 3 do art. 52.° – C.R.P.). Em face do disposto no n.° 2 do art. 4.°, as associações de defesa do ambiente com representatividade genérica (ver art. 3.°) gozam do estatuto de parceiro social para o efeito de representação directa ou indirecta no Conselho Económico e Social (substituto do Conselho Nacional do Plano). Ver ainda Lei n.° 11/87, de 7 de Abril, que define as bases da política de ambiente. A alínea *b)* do art. 27.° consagra o *plano nacional* como instrumento da política de ambiente e ordenamento do território; são também definidos como instrumento da referida política os planos regionais de ordenamento do território, os planos directores municipais e outros instrumentos de intervenção urbanística (alínea *c)* do art. 27.° – L.B.A.), a avaliação prévia do impacte ambiental (alínea *g)* do art. 27 — ver D.L. n.° 186/90, de 6 de Junho —, e arts. 30.° e 31.° – L.B.A.). Vejam-se ainda os arts. 37.° e 38.° – L.B.A.. Cf. ainda FERNANDO ALVES CORREIA, obra citada.

(398) Parece-nos que, e algo paradoxalmente, a inclusão do «crescimento económico» entre os objectivos do plano é errónea. É que das duas uma: ou o Estado vive em época de desafogo económico e financeiro, e então é algo estultícia a inclusão nos objectivos do plano deste objectivo, que resulta do jogo das forças presentes na economia (incluíndo o próprio Estado); ou a época é de recessão, depressão, austeridade económica e financeira (com a sua «corte» de aumento do número de desempregados, quebra do investimento privado, redução do consumo dos particulares,

Assim se o Governo ao elaborar estes planos, de acordo com o seu programa (art. 92.° – C.R.P., "*in fine*"), não especificar como objectivos dos mesmos planos os supra-citados (e, designadamente, os referentes à preservação do equilíbrio ecológico, a defesa do ambiente e a qualidade de vida), em tal hipótese estaremos perante uma violação clara do conteúdo deste artigo 91.° – C.R.P. ([399]). A este respeito, pensamos ainda que é o mais correcto o entendimento de que a referência a estes objectivos deve constar já da *lei* que aprova as grandes opções correspondentes a cada plano (art. 93.° – C.R.P.) e art. 164.°, *h* – C.R.P.) ([400]).

Mas, ainda relevante em matéria de modelo de organização económico-social do Estado português (no aspecto que mais nos toca da tutela do ambiente e matérias conexas) é a definição jurídico-constitucional dos *objectivos da política agrícola*, constante do art. 97.° – C.R.P.:

"1. ...

b) (...), a racionalização das estruturas fundiárias (...);

...

d) *Assegurar o uso e a gestão racionais dos solos e dos restantes recursos naturais, bem como a manutenção da sua capacidade de regeneração* ([401]);

...

---

redução do investimento público e do consumo público, ...) e então os planos que consubstanciem a aplicação de tais políticas de austeridade, recessão e/ou depressão, estão a violar materialmente a Constituição da República Portuguesa.

([399]) Estamos perante um daqueles casos de *ilegalidade* (dado que estes planos são elaborados com base nas *leis* das grandes opções correspondentes a cada um dos planos; sendo que, em nosso entender a *lei* das grandes opções tem de mencionar os objectivos deste art. 91.° – C.R.P.), em que, acolhendo a lei uma norma constitucional, se poderá configurar um caso de violação *directa* da Constituição.

([400]) Caso a lei das grandes opções do plano não faça referência a qualquer um dos objectivos consignados no art. 91. – C.R.P. estaremos então em face de uma *lei ferida de inconstitucionalidade material.*

([401]) Confrontem-se: art. 6.°, *d)* (o solo como um dos componentes naturais do ambiente), art. 13.° (defesa e valorização do solo como recurso natural), art. 27.°, *d)* (reserva agrícola nacional e reserva ecológica nacional), art. 27.°, *k)*, todos da Lei de Bases do Ambiente.

2. O Estado promoverá uma política de *ordenamento* e reconversão agrária, *de acordo com os condicionalismos ecológicos e sociais do país*" ([402]).

Em síntese parece-nos que o modelo económico-social consagrado na Constituição da República Portuguesa é um modelo de transição ou de compromisso, *quando encarado sob um ponto de vista da tutela ambiental e da qualidade de vida*, entre, pelo menos, duas diferentes tendências. De um lado, a Constituição da República Portuguesa acolhe as preocupações com a elevação do nível de vida e o crescimento económico, filiada na tradicional concepção de economia e de produção: é assim que vemos a iniciativa económica privada consagrada como um direito económico (art. 61.°, 1 – C.R.P.) e garantido como direito económico o direito à propriedade privada (art. 62.°, 1 – C.R.P.), na esteira das tradicionais «liberdades de comércio e indústria» (cf. ANDRÉ LAUBADÉRE, obra citada, pág. 232 e ss.), mas sobretudo esta concepção produtivista é marcante nos vários princípios e normas relativos à organização económica, de que já referimos a inclusão do crescimento económico como um dos objectivos dos planos (art. 91.° – C.R.P.). Mas se pode afirmar-se que a Constituição da República Portuguesa ainda se filia no modelo de crescimento económico actualmente dominante (e tão acerbamente criticado por um autor como ROGER GARAUDY), por outro lado, tal como vimos de demonstrar, a Constituição da República Portuguesa está atenta à problemática da necessidade de tutela do ambiente e da qualidade de vida (ou, como diz um autor como RICCARDO CACCIN, obra citada, pág. 3: «Peraltro e perció, allo stesso uomo si deve negare il diritto di *uso arbitrário* e quandi nocivo delle medesime realtá in maniera tale che, violando o per ignoranza o per disprezzo o per tornaconto egoistico le loro leggi e il loro ordine naturale, determina il disastro ecológico».).

Este modelo de «transição dualista» (como, a outro respeito, designa FRANCISCO LUCAS PIRES o nosso modelo jurídico-constitucional) contém, quanto a nós, virtualidades para se conceber um *modelo*

([402]) Coerentemente (permita-se-nos a ironia) entre os objectivos da política industrial referidos no art. 103.° – C.R.P. não há qualquer disposição análoga ás que referimos em matéria de objectivos da política agrícola e da política comercial.

de desenvolvimento económico-social integrado, comportando num esforço de tensão dialéctica e criadora plúrimas valências.

A compreensão do modelo constitucional de organização económico-social do Estado português não se deve deter exclusivamente a discutir a "Constituição Económico—Social" mas, numa perspectiva mais ampla e, de algum modo, mais dinâmica, a *dimensão económico-social do modelo* constitucional no *seu todo*, entrando a considerar também as refracções desta problemática noutros sectores e vertentes do nosso ordenamento jurídico-constitucional. Até porque consideramos ser esta uma das mais significativas e complexas "*dimensões críticas*" da problemática relação entre os princípios da liberdade e da Organização; é que, como refere um Autor (403) "o "sistema" social pode ser perigoso para a "liberdade", mas não quando se trate do próprio "sistema" da liberdade", ideia esta que nós desejariamos complementar com a consideração de que, em nosso entender, o "problema" social pode ser perigoso para a liberdade, *ainda quando se trate do próprio sistema da liberdade*, se esta liberdade for demasiado abstracta e ignorar as solicitações do "problema" social, dado o perigo da redução da liberdade a um conjunto de direitos negativos (404). Só que, por mais atento que o Estado se pretenda a este "problema" social, não abdicamos do entendimento de que a pessoa e a sua liberdade têm que se conservar como a entidade central dominante do pensamento do Estado de Direito (e do próprio ideal participativo) e isso tanto mais quanto mais o "poder" se transfere para os grupos e para o Estado (405); até porque, tal como KARL POPPER, também nós pensamos que "a pretensão de produzir o céu na terra produz sempre o inferno" (406) — a ideia de construir uma democracia "avançada", "perfeita" ou "total" pode afinal vir a traduzir-se na realização duma "democracia totalitária", esvaziando de tal modo a matriz *liberal* do pensamento democrático e comprimindo tanto as manifestações da liberdade individual que, no limite, uma tal "democracia" possa vir a revelar-se apenas como a "fachada", a "mera aparência

---

(403) Ver FRANCISCO LUCAS PIRES, Teoria da Constituição Portuguesa de 1976 – A Transição Dualista, pág. 363.

(404) Ver FRANCISCO LUCAS PIRES, *ob. cit.*, pág. 364.

(405) Ver FRANCISCO LUCAS PIRES, *ob. cit.*, págs. 363-364.

(406) Ver FRANCISCO LUCAS PIRES, *ob. cit.*, pág. 366.

formal", de um edifício jurídico-político totalitário, construído na base de pilares de organização social que ignorem a individualidade enquanto uma das dimensões mais *essenciais* à ideia da *dignidade da pessoa humana*.

A pertinência das considerações anteriores em face da actual Constituição do Estado português é flagrante, mesmo (se não sobretudo) nesta matéria da organização económico-social, em face da afirmação de uma "vocação dirigente" do actual ordenamento jurídico-constitucional; considerando nós que é por isso mesmo, por estarmos em face dum modelo Constitucional de organização económico-social vocacionado para que o Estado venha a realizar uma "função dirigente" em face da Sociedade (e na Economia), que vêm a ser *também* objecto da disciplina normativa aí expressa as novas temáticas sociais (tão candentes, de resto) como as de tutela de ambiente e do património, do ordenamento do território e do urbanismo, da construção civil, habitação e equipamentos sociais.

Nesta discussão facilmente se entende que a disparidade das posições na doutrina se situa entre a perspectiva dos que consideram que o princípio da democracia económica e social (entendido como princípio jurídico fundamental objectivo) *exclui* o princípio da subsidiariedade como princípio constitucional (GOMES CANOTILHO) ([407]), e a perspectiva daqueles autores que entendem que o princípio da subsidiariedade se ergueu justamente para evitar o absolutismo do Estado que pode campear mais desinibidamente sempre que o nível dos "poderes sociais" é expropriado ou relegado para esferas inferiores de acção ([408]) e que criticando a não existência de uma construção autónoma do "social", com base na liberdade e pela liberdade ([409]), afirmam que um tal princípio da subsidiariedade implicaria um parapeito de *autonomia* na zona intermédia entre o Estado e os cidadãos e uma *divisão vertical de poderes* com a própria sociedade ([410]), até porque "a separação de poderes é uma ideia ordenada e abrangente para lá do puro nível da decisão soberana" ([411]).

([407]) Direito Constitucional, 5ª edição, 1991, pág. 476.
([408]) Ver FRANCISCO LUCAS PIRES, *ob. cit.*, pág. 317.
([409]) Ver FRANCISCO LUCAS PIRES, *ob. cit.*, pág. 292.
([410]) Ver FRANCISCO LUCAS PIRES, *ob. cit.*, pág. 316.
([411]) Ver FRANCISCO LUCAS PIRES, *ob. cit.*, pág. 318.

Importa, assim, ter presente que a existência de um ordenamento jurídico-constitucional com uma *estrutura* (como tem sido defendido na doutrina que seja esse o caso do conceito normativo constitucional actualmente vigente na ordem jurídica portuguesa) pensada em vista da (inicialmente prevista para um *futuro próximo* pelo legislador constituinte originário nos anos de 1975-1976) *efectiva* realização de uma função *dirigente*, conduzindo ao (traduzindo-se no) alargamento de competências do Estado Social, concorre para que se pretenda desencadear um processo que, a pretexto da "Socialização do Estado" (o que quer que isso seja), se vem a traduzir na pretensão de conferir legitimidade (no duplo plano da legitimidade *formal* e da legitimidade *material*) a procedimentos dos poderes públicos que (ao invés da *proclamada* Socialização do Estado) contêm virtualmente (quando, não mesmo, de um modo efectivo e actual) um programa (sub-reptício que seja...) de "*estatização da Sociedade*". ([412])

Francisco Lucas Pires considera mesmo que a Sociedade é *objecto* de consideração directa, sujeita a certos princípios e enquadrada por uma *teia institucional* concreta e modelada ([413]), sendo chocante a *restrição* das formas de "autonomia" social e económica nos vários planos ([414]). Tudo isto que vimos de referir, este *efeito perverso* de o projecto assumido de uma "Socialização do Estado" tender a degenerar num programa dissimulado de "estatização da Sociedade", é uma situação perceptível na consolidação e crescimento do Direito Público da Economia, enquanto as *novas formas de intervenção* são inequivocamente formas de alargamento da regulação

---

([412]) Cf. Francisco Lucas Pires, *in* Teoria da Constituição Portuguesa de 1976 – A Transição Dualista, pág 287.

([413]) Cf. Francisco Lucas Pires, *in* Teoria da Constituição Portuguesa de 1976 – A Transição Dualista, pág. 294, nota 2; *idem*, ver as referências ao pensamento de António Gramsci (a lógica da integração da Sociedade e do Estado). Note-se que, segundo o nosso entendimento, as *reprivatizações* da *titularidade* ou do direito de exploração de meios de produção e outros bens nacionalizados depois de 25 de Abril de 1974, a efectuar-se nos termos da Lei-quadro entretanto aprovada (cf. os arts. 85.°, n.° 1 - C.R.P. e 296.° - C.R.P., bem como a Lei n.°11/90, de 5 de Abril), bem como das pequenas e médias empresas indirectamente nacionalizadas situadas fora dos sectores básicos da economia (ver art. 85.°, n.° 2 - C.R.P.), contribuem para reforçar o carácter *liberal-democrático* do nosso direito público da economia.

([414]) *Idem*, pág. 294.

pública([415]), comportando importantes e complexas repercussões no plano das relações entre Estado e Sociedade — é que, não se tendo extinguido ou perdido completamente o valor a relação de contrastação entre Estado e Sociedade (sendo que a própria fórmula *Estado Social* acaba por a reflectir nos seus dois termos como responsabilidade do primeiro em relação ao segundo)([416]), uma tal "vocação dirigente" da Constituição em matéria económico- social acaba por induzir à consagração de um determinado modelo jurídico-político quanto ao entendimento em sede da vigente normatividade político-constitucional das relações a estabelecerem-se entre as esferas do *público* e do *privado*([417]), do *geral* e do *particular*([418]), da *intervenção* e da *autonomia*([419]). Há que não perder de vista que a Constituição veio reforçar o papel do Direito Público([420]), bem como que nela (Constituição) é *tendencialmente* maior o número de funções privadas confiadas a meios de direito público do que o inverso (o que constitui um afastamento do princípio da *subsidiariedade*), o que vem reforçar a tendência do Estado Social para a "ampliação" e "proeminência" da acção administrativa ("administrativização" do direito público; crescimento dos actos administrativos de feição interventora)([421]), o que é tanto mais preocupante quanto a integração jurídica pública das relações privadas não é necessáriamente protectora e apenas releva de uma visão pessimista sobre o conflito e as competências arbitrais e jurisdicionais assim como da vontade de, por isso, jugular tais conflitos à nascença([422]). Neste domínio (*a dimensão económico-social do modelo constitucional vigente*), e a nosso ver, a Consti-

---

([415]) *Idem*, pág. 289.

([416]) Cf. FRANCISCO LUCAS PIRES, *in* Teoria da Constituição Portuguesa de 1976 – A Transição Dualista, pág. 291, o qual refere ainda a propósito da "unidade dialéctica" destes dois conceitos que «a contraposição é hoje uma *cooperação* e uma interpenetração, mas a preservação desses dois modos e esferas de agir em comunidade continua a ser tão real como fundamental no plano do Estado de Direito e da Sociedade aberta», entendimento este que nós subscrevemos igualmente.

([417]) Ver FRANCISCO LUCAS PIRES, *in* Teoria da Constituição Portuguesa de 1976 – A Transição Dualista, págs. 292-305.

([418]) *Idem*, págs. 305-318.

([419]) *Idem*, págs. 319-340.

([420]) *Idem*, pág. 300.

([421]) *Idem*, pág. 301.

([422]) *Idem*, pág. 302.

tuição da República Portuguesa de 1976 acentua nitídamente e em demasia a tendência para a constitucionalização de muitas das principais *controvérsias políticas*, da qual decorre o perigo da "jurídicização da política" (mas também, *por isso mesmo* e no sentido inverso (como que num "efeito-boomerangue") da "politização da justiça constitucional" — com o consequente encurtamento (quando não mesmo "afunilamento") do processo político, o que de algum modo debilita a própria normatividade jurídico-constitucional e torna ainda mais complexa a tarefa do direito constitucional enquanto direito que *explica*, *descreve*, *compreende* e *crítica* a organização do poder([423]).

([423]) Cf. Gomes Canotilho, Direito Constitucional, 4ª edição, 1986, pág. 5 e ss.

Entendemos por *afunilamento* do processo político aquela situação que, resultando da existência de uma Constituição-Dirigente vinculando o Legislador, eliminasse a possibilidade de confronto político entre *modelos alternativos* de Estado e de Sociedade, reduzindo o pluralismo político a um simulacro de si mesmo que consistiria na discussão "plural" entre as "diferentes" variantes de um *modelo único* — assim, por hipótese: supondo que a interpretação da norma constitucional apontasse para a consagração do modelo de Socialismo de *inspiração marxista*, o simulacro do "pluralismo" político resultaria na "abertura" constitucional para que os diferentes actores do processo político pudessem confrontar as "variantes" deste modelo inspirados, respectivamente, no sistema do Socialismo Soviético, do Socialismo chinês, ou cubano, ou jugoslavo, das "democracias-populares" do Leste Europeu, etc... Certamente que a possibilidade de "conflito" público e aberto entre a "pluralidade de opções Socialistas" exprimiria uma *abertura* do normativo constitucional em causa significativamente maior do que aquilo que se verificava no "mundo socialista" antes da derrocada recente do comunismo (e significativamente maior do que ainda sucede em Cuba e no Vietname do Norte e na Coreia do Norte, por exemplo). Não duvidamos que esta "pluralidade na unidade" possa ser confundida por algumas consciências como sendo uma situação de "pluralismo político", quando se confronta tal perspectiva com a "praxis" política caracterizada pelo *monolitismo* dos regimes comunistas e pela *opacidade* dos processos decisórios nos partidos-guia (marxistas-leninistas) em tais regimes. Mas uma tal "abertura" e uma tal "pluralidade" de projectos políticos não têm nada (*absolutamente* nada) a ver com o nosso entendimento do que são a "abertura" do actual normativo constitucional vigente na ordem jurídica portuguesa, como também é profundamente diferente do nosso entendimento quanto ao pluralismo político (e não só) no tecido social e nacional do Estado português.

Este "afunilamento" do processo político era mais visível (e mais ofensivo, quanto a nós, da consciência liberal-democrática) na versão originária do texto constitucional vigente, quando ainda era aceite pelas forças políticas dominantes (as participantes nos Governos Provisórios, ás quais couberam a esmagadora maioria dos deputados eleitos à Assembleia Constituinte em 25 de Abril de 1976) a perspectiva da

Os *dilemas da reforma do espaço público* situam-se, entre a consideração de que é necessário tornar o espaço público *mais aberto, diversificado e participado* (BRAGA DE MACEDO), designadamente privilegiando *formas contratuais de intervenção* ([424]) e formas mais maleáveis de autoridade pública (p. ex: concessões, autorizações) ([425]), uma realidade jurídico-política na qual «a própria "lei" está condicionada na sua autonomia entre a Constituição e a Administração" ([426]) e a advertência feita por HANAH ARENDT de que o avanço do público sobre o privado conduz à privatização do público ([427]). Assim como não se pode perder de vista que, por via da dialéctica entre Constituição formal e Constituição informal (BOAVENTURA SOUSA SANTOS) ([428]) o processo jurídico-político da integração europeia venha a assumir uma importância crucial nesta reforma do espaço público ([429]).

3. Uma nova legalidade procedimental na tutela do interesse difuso ambiental

As considerações preliminares de carácter genérico sobre a tutela do ambiente e as suas conexões numa sociedade técnico-industrial em constante mutação, como é a dos nossos dias ([430]), permiti-

---

adopção de uma "via original portuguesa" na "transição para o Socialismo". Não temos dúvidas de que a *originalidade* da via portuguesa para o Socialismo, caso tal tivesse obtido uma concretização prática, residiria na adopção dos acima referidos *simulacros* de "abertura" e de "pluralidade na unidade" confundida/travestida de "pluralismo político".

([424]) LUCAS PIRES, Teoria da Constituição de 1976 A Transição Dualista, pág. 302 e ss.

([425]) LUCAS PIRES, *idem*, pág. 303.

([426]) LUCAS PIRES, *idem*, pág. 302.

([427]) LUCAS PIRES, *idem*, pág. 296.

([428]) LUCAS PIRES, *idem*, pág. 304.

([429]) LUCAS PIRES, *idem*, pág. 303.

([430]) Como refere ROGÉRIO SOARES, Direito Público e Sociedade Técnica, pág. 28: «Depois da segunda guerra, porém, toma-se consciência de que a construção do Estado só pode ser empreendida a partir duma compreensão das transformações profundas da sociedade actual».

Ver ainda BARBOSA DE MELO, Introdução ás Formas de Concertação Social, pág. 23 (Separata do volume LIX (1983) do Boletim da Faculdade de Direito da Universidade de Coimbra, Coimbra, 1984).

ram-nos relevar a crise do modelo tradicional de crescimento económico (cujas valências vêm sendo repensadas nas últimas décadas pelas mais díspares perspectivas políticas, sociais e culturais, mas com a consciência comum da falência do modelo tradicional e de que estamos numa época de transição), o modo como progressivamente foi surgindo e se está afirmando uma consciência da necessidade de tutela do ambiente, sendo que essa reflexão cultural produz (tem produzido) efeitos sobre o sistema jurídico. A este respeito o modo como a Constituição da República Portuguesa de 1976 acolhe esta nova dimensão socialmente relevante de tutela do ambiente e da qualidade de vida é paradigmática: não só esta preocupação é acolhida em matéria de Direitos e Deveres Fundamentais (parte I) como penetra noutros conjuntos de matérias: Princípios Fundamentais, modelo económico-social do Estado (parte II), modelo-político —administrativo (parte III).

Deste modo, por força das normas e princípios constitucionais, uma nova legalidade procedimental na tutela do interesse difuso ambiental vem fazendo o seu caminho, emergindo hoje com um novo «rosto» institutos jurídicos como o direito de acção popular (art. 52.°, 3 – C.R.P.) ou configurando-se mesmo novos procedimentos como o de avaliação do impacto ambiental (D.L. n.° 186/90, de 6 de Junho), utilizando-se para este fim mecanismos jurídicos já existentes como o procedimento de embargo administrativo (art. 42.° – L.B.A.) ou o exercício do direito de petição, representação, reclamação, queixa (art. 52.°, 1 – C.R.P. — ver lei n.° 43/90, de 10 de Agosto) (431).

No seio desta nova legalidade procedimental na tutela do interesse difuso ambiental vem ganhando relevo crescente o Princípio da Prevenção (432), subjacente ao qual se encontra uma ideia de avaliação do impacto ambiental pressupondo uma tutela administrativa procedimental do bem «ambiente» no âmbito das autorizações de determina-

---

(431) Ver art. 1.°, 2.°, *a)* que remete para lei especial (a lei do procedimento administrativo) a impugnação dos actos administrativos, através de *reclamação* ou de *recursos hierárquicos*. O qual não prejudica a possibilidade de os cidadãos apresentarem *petições*, fazerem *representações*, apresentarem *queixas*, perante os órgãos de Administração activa.

(432) Ver art. 130.° – R, n.° 2, do Tratado – CEE, art. 52.°, n.° 3 – C.R.P., art. 66.°, 2, *a)* – C.R.P.. Cf. art. 3.°, *a)*, 1ª parte, da Lei n.° 11/87, de 7 de Abril e art. 27.°, *g)*, *idem*.

dos projectos, públicos ou privados([433]). Neste âmbito, da tutela do interesse difuso ambiental em via de procedimento administrativo, avultam ainda os direitos de participação e de intervenção das associações de defesa do ambiente junto da administração central, regional e local (Lei n.° 10/87, de 4 de Abril)([434]).

3.1 **A política de Prevenção na base dos novos procedimentos administrativos**

a) *A pluridimensionalidade da prevenção do dano ambiental*

Uma política de prevenção do dano ambiental resulta vantajosa, designadamente em sede de tutela administrativa, quando, como refere PAOLO DELL'ANNO([435]), «*sono risultati evidenti i limiti di un approcio prevalentemente repressivo e sanzionatorio per ottenere una efficace e soddisfacente tutela dell'ambiente, specie quando la repressione resta sulla "Gazzetta Ufficiale", si generaliza l'istituto della sanatoria continuata*». Daí que, como refere o mesmo autor([436]), «*va emergendo sempre più l' esigenza di affrontare le problematiche connesse con la tutella dell'ambiente e la gestione ottimale delle sul risorse medianti istituti giuridici e procedimenti che siano idonei a prevedere/prevenire gli impatti dannosi delle attivitá umane, prima che esse siaho realizzate.*

Si tratta, come è evidenti, di un profilo nuovo e diverso dell'intervento di pubblici poteri, volto a determinare non soltanto un quadro normativo o organizzatorio capace di garantire la fruibilitá dell ambiente e dei suoi beni collettivi, ma anche inserire le scelte pubbliche e private in un contesto di compatibilità attuali e prospettiche.»

([433]) Ver D.L. n.° 186/90, de 6 de Junho. Cf. (além do art. 27.°, *g)*) os arts. 30.° e 31.° da Lei n.° 11/87 (L.B.A.).

([434]) Cf. art. 4.° da L.A.D.A. (Lei n.° 10/87).

([435]) «Riflessioni Critiche sulla Valutazione di Impatto Ambientale», *in* Unità della Giurisdizione e Tutela dell'Ambiente, Milano, Dott. A. Giuffrè Editore, pág. 83.

([436]) *Idem*, pág. 84.

Também um autor como AMEDEO POSTIGLIONE(437) defende a necessidade de novos modelos institucionais, abrindo os procedimentos legislativos e administrativos à *participação, informação e acção dos cidadãos e dos grupos* (requisitos essenciais ao *bom funcionamento* dos novos modelos institucionais)(438), realçando que o atraso na introdução de procedimentos de avaliação do impacto ambiental no âmbito das autorizações de novos projectos, públicos ou privados, não obstante a existência da directiva n.° 85/337/CEE (e se é verdade que aquele autor fala com os olhos postos na Itália em 1985, não é menos verdade que as suas considerações são extremamente pertinentes quanto ao caso de Portugal — dado que esta directiva deveria ter sido transposta para a nossa ordem jurídica até 3 de Julho de 1988, mas tal não sucedeu; só em 6 de Junho de 1990 tal transposição é efectuada pelo D.L. n.° 186/90) tem relação com a configuração de um tal procedimento que contém *espaços de informação e participação preventiva* que a Administração pública não está pronta a conceder ou que está impreparada para verificar(439).

Mas ainda antes de entrarmos na análise do procedimento de avaliação do impacto ambiental de determinados projectos, públicos ou privados, gostaríamos de abordar algumas questões que se prendem com este PRINCÍPIO DA PREVENÇÃO:

a) Trata-se de um princípio *multidimensional* situado no âmbito da tutela de interesses difusos ambientais, a qual se move no seio de uma teia de relações pluri-individuais(440).

a.1) Deste modo o princípio da prevenção tem uma *dimensão política* (ver art. 3.°, *a)*, Lei n.° 11/87, de 7 de Abril — Bases da Política de Ambiente; note-se que apenas na 1ª parte está em causa o princípio da prevenção — a 2ª parte do art. e alínea citados referem-se ao princípio do "poluidor-pagador". Temos aqui um exemplo da deficiente técnica legislativa em matéria de ambiente: repare-se no

---

(437) «Ambiente E Sui Effetti sul sistema giuridico», *in* Unità della Giurisdizione e Tutela dell'Ambiente, Milano, Dott. A. Giuffrè Editore, págs. 65-69.

(438) *Idem*, pág. 67.

(439) Autor cit., artigo citado, pág. 90.

(440) Neste sentido COLAÇO ANTUNES, «Tutela do Ambiente e Procedimento Administrativo ...», *in* Economia e Sociologia (Separata), Évora, Instituto de Estudos Superiores de Évora, 1989, pág. 104, refere-se ao direito ao ambiente como direito pluri-individual.

desconchavo de incluir no art. 3.°, *a)* – L.B.A. dois princípios que obedecem a filosofias de raíz diferente, pois enquanto na 1ª parte se postula uma tutela preventiva do ambiente, já na 2ª parte, com o princípio do "poluidor-pagador", nos encontramos perante uma tutela repressiva e sancionatória dos danos provocados no ambiente). O que releva aqui nesta dimensão é que sendo um *princípio estruturante* da Política de Ambiente (como do Direito do Ambiente) ele constitui-se numa *linha geral de orientação*, de tal modo que ainda quando não seja aplicável directamente (por força de preceitos jurídicos) ele deve informar o conteúdo material de todas as relações jurídicas e da organização da Administração Pública(441). Parece-nos até que é esta dimensão política do princípio, porventura mais flexivel a entrar em linha de conta com a «luta política» situada ao nível da realidade constitucional(442), que acaba por influenciar determinadas opções do modelo económico-social constitucionalmente consagrado: assim pense-se na determinação constitucional que impõe ao Estado adoptar uma política nacional de energia, com *preservação* dos recursos naturais e do equilíbrio ecológico (art. 81.°, *h)* C.R.P.) (sendo que a preservação dos recursos naturais e do equílibrio ecológico não é possível com uma tutela que funcione apenas "a posteriori" – reprimindo, sancionando, punindo, mas não conseguindo evitar a delapidação dos recursos materiais e a alteração do equílibrio ecológico resultantes da adopção de determinados projectos, resultantes da execução de determinados programas e políticas, em matéria de energia; donde, também neste domínio, e em obediência aquela determinante constitucional, se impõe o respeito pela preocupação de *garantir o mínimo*

---

(441) Neste sentido, referindo as inclinações dominantes da doutrina alemã (e francesa) ver SALVATORE PATTI, obra citada, pág. 120 e ss., pág. 135. Cf. ainda ROGÉRIO SOARES, obra citada, pág. 118: «o problema que se põe hoje a uma teoria constitucional é o de aceitar a existência de grupos e reconhecer que eles desempenham funções indispensáveis, compreender que eles podem influir sobre o estado, e integrar esses dados numa concepção adequada do fenómeno político».

(442) Até porque não existe uma *única política* do ambiente possível, mas várias opções possíveis em matéria de política do ambiente, consoante o modo como é encarado por cada linha política e corrente de opinião a necessária articulação entre o crescimento económico-social e a tutela do ambiente. Cf. SOVERAL MARTINS, Legislação anotada sobre Associações de Defesa e Ambiente, Coimbra, Fora do Texto, 1988.

impacte ambiental, o que nos vem a remeter para a prevenção do dano ambiental.).

Mas a influência do princípio da prevenção, enquanto princípio com dimensão política, em matéria do modelo económico-social constitucional é ainda patente se tivermos presente que entre os objectivos dos planos de desenvolvimento económico e social se encontram a preservação do equilíbrio ecológico (sendo que, de acordo com o art. 3.°, *b)* L.B.A. (Lei n.° 11/87) o significado do *princípio do equilíbrio* é o de que devem criar-se os meios adequados para assegurar a integração das políticas de crescimento económico e social e de conservação da Natureza, (tendo como finalidade o desenvolvimento integrado, harmónico e sustentável), a defesa do ambiente (que, já vimos, exige hoje instrumentos de tutela preventiva, como por exemplo os procedimentos de avaliação do impacte ambiental de determinados projectos) e da qualidade de vida (art. 91.° – C.R.P.)(443)(444).

É enquanto princípio político estruturante das acções em matéria de ambiente e ordenamento do território (com reflexos inevitáveis no urbanismo e construção civil) que este princípio de prevenção implica a *adopção de medidas que visem garantir o mínimo impacte ambiental*, através de uma correcta instalação em termos territoriais das actividades produtivas (art. 4.°, *c)* – L.B.A.), a promoção de acções de investigação quanto aos factores naturais e ao estudo do impacte das acções humanas sobre o ambiente, visando impedir no futuro ou minimizar e corrigir no presente as disfunções existentes e orientar as acções a empreender segundo normas e valores que garantam a efectiva criação de um novo quadro de vida, *compatível* com a perenidade dos sistemas naturais (art. 4.°, *j)* – L.B.A.), a promoção da participação das populações na formulação e execução da política de ambiente e qualidade de vida, bem como o estabelecimento de fluxos contínuos de informação entre os órgãos da Administração por ela responsáveis e os cidadãos a quem se dirige (art. 4.°, *i)* – L.B.A.) e a

(443) Nas interacções possíveis de estabelecer entre o sistema de direitos fundamentais, o modelo económico-social e o modelo político-administrativo o princípio da prevenção em tutela do ambiente como que intersecta horizontalmente estes subsistemas do sistema jurídico-constitucional.

(444) Há já quem fale num «direito á qualidade de vida» distinto do direito ao ambiente: veja-se ALBERTO ZUCCHETI, artigo citado, pág. 206 e ss.

inclusão da componente ambiental e dos valores herdados na educação básica e na formação profissional (art. 4.°, *l)* – L.B.A.)([445]).

b) *A dimensão normativa do princípio da prevenção*

O Princípio da Prevenção tem uma **dimensão normativa**, possui densidade jurídica, é norma jurídica, constitui uma regra de comportamentos sociais a ser observada porque juridicamente vinculante.

1) *Fundamento jurídico-constitucional do princípio da prevenção em matéria de tutela do ambiente.* Este fundamento resulta da interpretação e conjugação sistemática de várias normas constitucionais, como por exemplo: o art. 66.°, 2 *a)* que determina incumbir ao Estado, por meio de organismos próprios e por apelo e apoio a iniciativas populares *prevenir* a poluição e as formas prejudiciais de erosão; no mesmo sentido apontam as alíneas *b)* e *c)* deste artigo 66.° – C.R.P., bem como a incumbência de salvaguardar a capacidade de renovação dos recursos naturais e a estabilidade ecológica (alínea *d), idem). A importância da prevenção da degradação do ambiente e da qualidade de vida é ainda consagrada no n.° 3 do art. 52.° – C.R.P., o qual não hesita em conferir a todos, pessoalmente ou através de associações de defesa do interesse ambiental, o direito de acção popular nos casos e termos previstos na lei.*

Deste modo, podemos afirmar que o princípio da prevenção na tutela do ambiente é, desde logo, um princípio com densidade jurídico - constitucional, a ser tido em linha de conta pelo Legislador, em matéria de concretização do direito constitucional, e pela Administração Pública que, visando a prossecução do interesse público, no respeito pelos direitos e interesses legalmente protegidos dos cidadãos, tem os seus órgãos e agentes administrativos subordinados à Constituição e à lei. (art. 266.°, n.° 1 e 2 – C.R.P.)([446]).

([445]) Cf. arts. 9.°, 10.° e 11.° da L.A.D.A..

([446]) Um dos aspectos, em nosso entender, relevantes desta subordinação da Administração à Constituição e à Lei, consiste em que o Governo, enquanto órgão superior de Administração Pública, está obrigado a emitir os regulamentos necessários à boa execução das leis, e de um modo muito especial quando essas leis concretizam direito constitucional, pelo que *não é desculpável* a falta de regulamentação de preceitos fundamentais.

2) *Fundamento jurídico-internacional do princípio da prevenção em matéria de tutela do ambiente.* Também no ordenamento jurídico-internacional se manifestam, com cada vez maior acuidade, preocupações e exigências de tutela do ambiente, mormente quanto à necessidade de uma *efectiva prevenção* do dano ambiental; suscitam-se até alguns *problemas de coordenação* entre o sistema jurídico interno e o sistema jurídico internacional e ocorrem *riscos de sobreposição* de ambos os ordenamentos nesta matéria da tutela jurídica do ambiente.

Regista-se, porém, que vários Estados demonstram já uma apreciável propensão para adequar o seu direito interno a este objectivo, mesmo quando perante *actos internacionais* de natureza não imediatamente preceptiva (como sucede, por exemplo, com a *Carta Mundial da Natureza*: resolução da Assembleia-Geral das Nações Unidas, adoptada em 29 de Outubro de 1982 ([447]).

([447]) Assim TULLIO SCOVAZZI, «Considerazioni Sulle Norme Internazionali In Matéria Di Ambiente», *in* Rivista Di Diritto Internazionale, 1989, volume LXXII, Fascículo 3, Giuffrè Editore, págs. 591/592.

Mais recentemente, passaram a integrar esta categoria de actos internacionais não-preceptivos a Declaração da Nações Unidas sobre Ambiente e Desenvolvimento (vulgo *Declaração do Rio*) e a Agenda 21.

Esta Declaração do Rio sobre Ambiente e Desenvolvimento consiste numa série de princípios delineando os direitos e as responsabilidades dos países em relação ao ambiente: originàriamente concebida para ser uma Carta da Terra, tal não veio porém a suceder, tendo menos força jurídica do que uma (eventual) Carta que viesse a gozar de um estatuto idêntico à Carta Universal dos Direitos do Homem. Apesar disso merece realce a consagração por esta Declaração de principios tais como os de que «os seres humanos encontram-se no centro dos objectivos do desenvolvimento sustentável. Todos têm direito a uma vida saudável e produtiva, em harmonia com a Natureza» (Princípio 1), e de que «de forma a alcançar o desenvolvimento sustentável, a protecção do ambiente deve constituir uma parte integrante do processo de desenvolvimento e não deve ser considerada de forma isolada deste» (Princípio 3), bem como de que «de forma a proteger o ambiente, uma *abordagem preventiva* deve ser largamente adoptada pelos Estados de acordo com as suas capacidades. Quando existam ameaças de danos graves ou irreversíveis, a ausência de certezas científicas não deve ser usada como razão para adiar medidas com uma boa relação custo-eficácia para *prevenir a degradação ambiental*» (Princípio 16). Relevante é ainda a consagração (no Princípio 17) de que «a avaliação de impacto ambiental, como instrumento nacional, deve ser utilizada para actividades que possam ter um impacto adverso significativo no ambiente e estejam sujeitos a decisão de uma autoridade nacional competente».

Já nos suscitam, porém, algumas reservas os princípios 20 («As mulheres têm um papel vital no desenvolvimento e na gestão ambiental. A sua participação plena é,

Apesar da complexidade da formação de normas internacionais consuetudinárias em matéria de tutela do ambiente algo parece já ter sido conseguido neste domínio: por um lado parece poder dar-se como assente a formação de uma nova norma consuetudinária que consente ao Estado costeiro o exercício, nos limites de uma zona económica exclusiva até 200 milhas da costa, também de uma «jurisdição» em matéria de «protecção e preservação do ambiente

---

por isso, essencial para atingir um desenvolvimento sustentável»), 22 («Os povos indígenas e as suas comunidades, e outras comunidades locais, têm um papel vital no desenvolvimento e gestão ambiental devido ao seu conhecimento e práticas ancestrais. Os Estados devem reconhecer e apoiar devidamente a sua identidade, a sua cultura e os seus interesses, e possibilitar a sua participação para alcançar o desenvolvimento sustentável»), e 23 («O ambiente e os recursos naturais dos povos oprimidos, dominados e ocupados deve ser protegido»).

Não questionamos se está ou não correcta a ideia consagrada no Princípio 20 — a nossa crítica incide apenas num ponto: o qual é o de considerarmos abusiva a recepção da ideologia do *feminismo* num documento sobre tutela do ambiente. São duas problemáticas completamente distintas e, quanto a nós, separadas — não descortinamos qualquer relação entre o problema da discriminação sexual e a degradação ambiental. A menos que na esteira de alguns autores se pretenda associá-los como sendo ambos fenómenos de contra-cultura. Note-se, porém, que a problemática do ambiente já não é hoje encarada como *contra-cultura*, antes pelo contrário: esta problemática tem vindo a ser recebida no discurso cultural hoje dominante, contribuindo para a emergência nesta última década de uma nova cultura, tanto em geral, como ao nível das ciências jurídico-públicas.

Mutatis mutandis, quanto aos princípios 22 e 23, sendo que em ambos se está a receber a ideologia do «terceiro mundismo», parecendo-nos além disso que o princípio 23 é manifestamente retrógado — ao adoptar uma "lógica de classes" no seio das relações internacionais este princípio 23 aparece como manifestação de uma tendência para perpetuar os esquemas mentais e sociais típicos do período de "Guerra-fria" e, logo, advém um importante obstáculo à construção de uma *nova ordem internacional*, que deverá assentar em bases (profundamente) diferentes da lógica dos confrontos entre blocos (Norte/Sul, neste caso, anteriormente era ainda o que se passava com os conflitos Leste/Oeste e blocos NATO/Pacto de Varsóvia). Para uma compreensão desta ideologia do «terceiro mundismo» ver ADRIANO MOREIRA, A Comunidade Internacional em Mudança, págs. 137-142, pág. 167 e ss.. Quanto à Agenda 21, a mesma consiste num extenso documento (perto de 800 páginas) onde se estabelece um *programa de acção* a ser adoptado pelos diversos países em todas as áreas que dizem respeito ao desenvolvimento sustentável do planeta. Assim, estão nele incluídos temas tão variados como: o combate à probreza, a protecção da saúde, da atmosfera, a conservação dos solos, a biotecnologia, os recursos oceânicos, os resíduos perigosos ou a educação ambiental.

marinho» ([448]); por outro lado parece igualmente estarmos perante a formação de uma nova norma internacional consuetudinária quanto à *proibição da poluição transfronteiriça* ([449]); e ainda a norma consuetudinária que obriga os Estados a cooperarem na protecção do ambiente ([450]).

([448]) Cf. TULLIO SCOVAZZI, «Considerazioni Sulle Norme Internazionali In Matéria Di Ambiente», *in* Rivista Di Diritto Internazionale, 1989, volume LXXII, Fascículo 3, Giuffrè Editore, que refere na pág. 593 e ss: "Il settore della protezione dell'ambiente è molto significativo per acertare l'effetto dei progressi scientifici e tecnologici (e dei relativi rischi) sulla formazioni di nuove norme giuridiche. Una simile indagine presenta un particolare interesse nel quadro dell'ordinamento internazionale, che è privo di un legislatore sovraordinato agli stati e che attribuisse un suolo fondamentale alle norme di origine spontanea, derivanti dalla consuetudine e non da processi formali di produzione normativas», exemplificando com o caso do *Canada's Artic Waters in International Law*, cujas vicissitudes e desenvolvimento jurídico estariam na origem da nova norma consuetudinária referida no texto. Esta norma consuetudinária veio ainda a inspirar a redacção do art. 56.° da Convenção das Nações Unidas sobre Direito do Mar, conclusa em Montego Bay a 10 de Dezembro de 1982: veja-se, porém, quanto ás diferenças entre as duas normas (o costume e a convenção) *idem*, pág. 594, nota 11.

([449]) Cf. TULLIO SCOVAZZI, «Considerazioni Sulle Norme Internazionali In Matéria Di Ambiente», *in* Rivista Di Diritto Internazionale, 1989, volume LXXII, Fascículo 3, Guffré Editore, págs. 595-596 e pág. 597. TULLIO SCOVAZZI refere-se à existência para os Estados de um *dever* de se absterem de comportamentos que, por intermédio da actividade desenvolvida pelos seus órgãos, venham a poluir o ambiente de outros Estados, sendo que este dever tanto pode ser violado por uma conduta *comissiva* como por uma conduta *omissiva*. Por outro lado, devem os Estados fiscalizar ainda os sujeitos privados que desenvolvam actividades perigosas sem as devidas cautelas. Avulta aqui a *importância da prevenção* como elemento de primordial importância em matéria ambiental. Note-se que, quanto ao *âmbito espacial* desta proibição de poluição transfronteiriça, a mesma abrange não apenas o espaço submetido à soberania de um outro Estado, mas também inclui a proibição de poluir o *alto-mar*, o espaço *extra-atmosfera*, a Antártida. Este Autor refere igualmente (*idem*, pág. 600) que a liberdade de utilização dos espaços não submetidos à soberania nacional é acompanhada do dever de fazer esse uso de um modo razoável, evitando os abusos que prejudiquem a integridade desses espaços e limitem os correspondentes direitos de outrém.

Confronte-se ainda alguns dos princípios consagrados na Declaração das Nações Unidas sobre o Ambiente e o Desenvolvimento (adoptada pela Conferência das Nações Unidas sobre o Ambiente e o Desenvolvimento, (realizada no Rio de Janeiro de 3 a 14 de Junho de 1992), designadamente os princípios 12, 13, 14, 18 e 19.

([450]) Cf. a Declaração do Rio sobre Ambiente e Desenvolvimento, princípio 7: «Os Estados devem cooperar num espírito de parceria global, de forma a conservar,

Quanto à formação de novas normas internacionais *convencionais* em matéria de tutela do ambiente, deparam-se-nos as Convenções relativas à notificação tempestiva de um incidente nuclear e à assistência no caso de incidente nuclear ou de emergência radiológica (Viena, 26 de Setembro de 1986), a Convenção sobre *controlo dos movimentos transfronteiriços de resíduos perigosos e o seu escoamento* (Basileia, 22 de Março 1989) e, em matéria de *proibição de poluição transfronteiriça*, o art. 25.°, 1 da Convenção sobre o Alto-Mar (Genebra, 29 de Abril de 1958): dispõe que todos os Estados devem tomar medidas para evitar a poluição marítima devida à inversão de resíduos radioactivos, tomando em conta as normas elaboradas em rede internacional (p. ex., a Convenção sobre a *Prevenção* da Poluição Marítima por imersão de resíduos; Cidade do México, Londres, Moscovo e Washington, em 29 Dezembro 1972)([451]).

---

proteger e restaurar a saúde e integridade do ecossistema terrestre. (...)»; ver ainda os princípios 9, 12 e 27.

([451]) Maguelonne Dejeant-Pons, «Les Conventions du Programme des Nations Unies pour L'environnement Relatives Aux Mers Régionales», *in* Annuaire Français de Droit International, XXXIII, 1987, Éditions du Centre National de la Recherche Scientifique (CNRS), Paris, pág. 690 e ss. procede ao elenco das várias convenções, do acordo e protocolos adicionais, num total de vinte e três (23) *instrumentos jurídicos* adoptados no quadro do Programa das Nações Unidas para o ambiente no que respeita a oito zonas marítimas e costeiras do mundo; referindo-se a estes espaços como sendo espaços vulneráveis (*idem*, págs. 694-695), e após outros desenvolvimentos requeridos pela análise desta temática específica, Maguelonne Dejeant-Pons refere-se às medidas preventivas cuja adopção é recomendada nas convenções e, a respeito das medidas de *conhecimento*, afirma: «Fondamental au niveau de l'acquisition des connaissances, le principe de l'intensification des activités de recherche scientifique et tachnique, de surveillance continue et d'evaluation de l'environnement est formulé par chaque Convention et les divers protocoles, et mis en aplication dans le cadre des éléments «évaluation» et «gestion» des plans d'action. La nécessité d'encourager la recherche est désormais unanimement reconnue. La Déclaration de stockholm du 16 Juin 1972 sur l'environnement et la convention sur le droit de la mer du 10 Décembre 1982 consacrent notamment plusieurs dispositions à cette obligation. La surveillance et l'évaluation permettent de déceler en amont toute dégradation ou menace afin de faciliter les interventions en temps utile.

Excepté la Convention de Barcelone, les conventions pour les mers régionales consacrent un article à une téchnique d'évaluation particuliére: *l'évaluation de l'impact sur l'environnement*. Créée par la loi américaine sur la protection de l'environnement de 1969, cette procédure a rapidement été introduite dans le droit de

O art. 194.°, 2 da Convenção de Montego Bay obriga os Estado a tomarem todas as medidas necessárias para que as actividades sujeitas à sua jurisdição ou controlo não causem prejuízo por poluição aos outros Estados e ao seu ambiente e para que a poluição resultante de incidentes ou de actividades sujeitas à sua jurisdição ou controlo não se estendam para lá das zonas onde exercem direitos soberanos (452).

O art. IX do Tratado sobre Princípios reguladores das actividades dos Estados em matéria de exploração e de utilização do espaço exterior (Londres, Moscovo, Washington, 27 Janeiro de 1967) estabelece que as Partes efectuarão o estudo do espaço extra-atmosférico, compreendida a Lua e vários outros corpos celestes, e procederão à sua exploração de modo a evitar os vários efeitos danosos da sua contaminação, assim como as modificações nocivas sobre o ambiente terrestre resultante da introdução nele de substâncias extra-terrestres.

---

plusieurs pays, puis dans le droit international (Artigo 206.° da Convenção de Montego Bay). Instrument technique de connaissance du service du processus de prise de décision, elle tend à devenir un véritable principe du droit international de l'envirinnement. Apliquée dans le cache des relations internationales, elle implique qu'avant d'entreprendre une activité pouvant avoir des effets sur l'environnement d'un autre Etat, l'Etat, sous la juridiction ou le contrôle duquel cette activité doit avoir lieu évalue ses incidences sur l'environnement. Les conventions pour les mers régionales indiquent ainsi que les Parties contractantes évaluent, dans les limites de leurs possibilités, les effets potentiels des grands projets sur l'environnement marin dans la zone d'application des diverses conventions. Elles formulent en outre des directives techniques en vue de les aider à elaborer leurs projets importants de développement, de maniére à empêcher ou minimiser les effets néfastes de ces projets» (*idem*, págs. 712-713).

(452) Cf. a Declaração do Rio sobre Ambiente e Desenvolvimento, princípio 2: «Os Estados, de acordo com a Carta das Nações Unidas e com os princípios da lei internacional, possuem o direito soberano de explorar os seus próprios recursos, em consonância com as suas próprias políticas ambientais e de desenvolvimento, assim como a responsabilidade de garantir que as actividades sob o seu controlo ou jurisdição não causam danos ao ambiente dos outros Estados nem de áreas para além da sua jurisdição nacional»; também o princípio 18: «Os Estados devem notificar imediatamente outros Estados de quaisquer desastres naturais ou emergências que possam produzir efeitos negativos súbitos no ambiente desses outros Estados. Todos os esforços deverão ser feitos pela comunidade internacional para ajudar os Estados atingidos»; e ainda o princípio 19: «Os Estados devem providenciar, a tempo e "a priori", notificações ou informações relevantes a Estados potencialmente afectados sobre

Esta necessidade de protecção do ambiente encontra-se ainda consagrada no Tratado sobre Antártida (Washington, 01-12-1959) e nos numerosos actos posteriores a este tratado.

Por *poluição transfronteiriça* refere-se a *situação em que uma substância poluente transponha os limites de um Estado (e independentemente da circunstância de que para lá destes limites se encontre o território de um outro Estado ou apenas um espaço não susceptível de qualquer soberania nacional*) ([453]).

Para lá do que está dito, note-se que se vem afirmando igualmente no ordenamento jurídico internacional uma exigência de tutela dos bens ambientais impregnados de significado global, entendendo--se o conceito de poluição num sentido mais amplo: possível lesão de

---

as actividades que possam ter um efeito ambiental transfronteiriço adverso e significativo e devem reunir-se com esses Estados numa fase inicial e de boa fé».

([453]) Cf. TULLIO SCOVAZZI, «Considerazioni Sulle Norme Internazionali In Matéria Di Ambiente», *in* Rivista Di Diritto Internazionale, 1989, volume LXXII, Fascículo 3, Giuffrè Editore, pág. 601. Esta noção é a que resulta claramente, no entender deste Autor, de duas importantes *declarações de princípio* das Nações Unidas em matéria de direito ambiental (a saber: a Declaração adoptada em Estocolmo a 16 Junho 1972 pela Conferência sobre Ambiente Humano (princípio 21) e a Carta Mundial da Natureza (art. 21.°). TULLIO SCOVAZZI chama ainda a atenção para que «nell caso in cui risulti dannegiato uno spazio non sottoposto a sovranitá nazionale, si può configurare l'ipotesi della violarione di un obbligo *erga omnes*, non essendovi uno stato direttamente leso, ma risultando pregiudicato un diritto spettante indistintamente a qualsiasi stato» (*idem*; veja-se particularmente a nota 27). Refere ainda este Autor:

«Observa-se, porém, que o carácter transfronteiriço dos fenómenos ambientais pode ainda ligar-se a uma situação de *exportação de um risco*: situação esta que se verifica quando uma sociedade estrangeira «– spesso una società transnazionale che opera tramite sussidiarie costituite secondo il dirito locale — colloca, tenuto conto della sua strategia globale, in certi paesi determinati stabilimenti, destinati a produzioni particolarmente rischiose (ad esempio, impianti chimici che producono tetraclorodibenzoparadiossina o isocianato di metile).

In tali casi si è chiesto se lo Stato di origine della società transnazionale abbia l'obbligo di impedire, se realizzate all'estero da parte di filiali del gruppo, le attività suscettibili di provocare danni alla salute umana e all'ambiente nello Stato ove esse sono svolte. Malgrado alcune interessanti tesi avanzate in dottrina e malgrado la tendenza verso una certa attenuazione del "velo" giuridico-formale che protegge le società transnazionali, la risposta sembra tuttora negativa, come confermano le perduranti difficoltà nei lavori delle Nazioni Unite per la redazione di un codice di condotta sulle società transnazionali».

interesses fundamentais para a Humanidade, decorrendo de eventos com uma origem indistinta e que são devidos quer ao desenvolvimento das actividades industriais quer ao incremento dos consumos (454).

A este respeito o «RELATÓRIO BRUNDTLAND» baseia-se em dois pressupostos fundamentais:

a) a existência de tendências ambientais globais que ameaçam alterar radicalmente o planeta inteiro (a desertificação, a desflorestação, as chuvas ácidas, o aquecimento global, o alargamento do buraco do ozono, a introdução de substâncias tóxicas na cadeia alimentar, a extinção de espécies da fauna e da flora e a destruição dos ecossistemas);

b) a estreita ligação entre os problemas do desenvolvimento económico e segurança política e os problemas do ambiente. («Não só é verdadeiro que um desenvolvimento, que exceda os limites naturais, danifica o ambiente: é também verdadeiro que um ambiente degradado impede o desenvolvimento. Não só é verdadeiro que os conflitos, internacionais ou internos, destroem o ambiente; é também verdadeiro que um ambiente deteriorado gera conflitos») (455).

Em matéria destes riscos ambientais globais já existem vários *tratados multilaterais*, designadamente: a convenção sobre a pro-

---

(454) TULLIO SCOVAZZI, «Considerazioni Sulle Norme Internazionali In Matéria Di Ambiente», *in* Rivista Di Diritto Internazionale, 1989, volume LXXII, Fascículo 3, Giuffrè Editore, págs. 602-603.

(455) Segundo a Declaração do Rio sobre Ambiente e Desenvolvimento, Princípio 12: «*Os Estados devem cooperar na promoção de um sistema económico internacional aberto e apoiado, que promova o crescimento económico e o desenvolvimento sustentável em todos os países, enfrentando os problemas da degradação ambiental.* As medidas de política comercial com objectivos ambientais não devem constituir um meio arbitrário de discriminação injustificável ou uma restrição disfarçada ao comércio internacional. As acções unilaterais destinadas a enfrentar desafios ambientais situados fora da jurisdição do país importador devem ser evitadas. As medidas ambientais destinadas a tratar problemas globais ou transfronteiriços devem, na medida do possível, ser baseadas num consenso internacional». Cf. ainda o Princípio 13, 2ª parte: «Os Estados devem também cooperar de forma mais expedita e determinada para desenvolver futuras leis internacionais sobre responsabilidade e compensações por danos ambientais de efeitos adversos, causados pelas actividades sob a sua jurisdição ou controlo em áreas para além da sua jurisdição».

tecção do património mundial (1972), a convenção sobre a prevenção da poluição do mar (1972), a convenção sobre o Comércio Internacional de espécies ameaçadas de extinção (1973), a convenção sobre a interdição de utilizar técnicas de modificação do ambiente com fins militares ou hostis (1977)([456]), a Convenção sobre as espécies migradoras da fauna selvagem (1979), a Convenção sobre o Direito do Mar (Montego Bay, 1982), a Convenção sobre a transferência de resíduos perigosos (1989), a Convenção sobre a interdição de exploração da Antártida durante os próximos 50 anos (1991).

Em matéria de clima e das suas alterações, há ainda a registar: a Convenção sobre a Poluição Atmosférica Transfronteiriça de Longa Distância (Genebra, 13 de Novembro de 1979), a Convenção para a protecção da camada de ozono (Viena, 22 de Março de 1985)([457]), seguida do Protocolo sobre as substâncias exaurientes da camada de ozono (Montreal, 16 de Setembro de 1987).

Instrumentos jurídicos internacionais mais recentes nestas matérias, como resultado da realização da conferência da Nações Unidas sobre o Ambiente e o Desenvolvimento (vulgo, ECO-92), são a Convenção sobre a Diversidade Biológica, onde se estabelecem os princípios sobre a convenção da flora e da fauna da terra([458]); a Convenção sobre as Alterações Climáticas([459]) que tem como objec-

---

([456]) Cf. a Declaração do Rio, Princípios 24 («A guerra é inerentemente destruidora do desenvolvimento sustentável. Os Estados devem, por isso, respeitar as leis internacionais que protegem o ambiente em tempo de conflito armado e cooperar no seu desenvolvimento futuro, se necessário») e 25 («A paz,o desenvolvimento e a protecção ambiental são interdependentes e indissociáveis»).

([457]) O texto desta convenção pode ver-se em Revista di Diretto Internazionale, volume LXX, 1988, Fascículo 4, Giuffrè Editore, págs. 933-951.

([458]) Assinada por cerca de 150 países, incluíndo Portugal, esta convenção deverá ainda ser *ratificada* por pelo menos trinta (30) países, para que possa entrar em vigor.

([459]) Assinada por cerca de 150 países, Portugal incluído, não contém, porém, *explicitamente* as *metas* e *limites* das emissões de dióxido de carbono, principal gás responsável pelo "efeito de estufa" (problemática do *aquecimento global*). MICHAEL OPPENHEIMER (em declarações publicadas no jornal "Expresso" (*Revista*, pág. 47-R) em 27-6-92) considera que «ou reduzimos as emissões responsáveis pelo efeito de estufa, já e de uma forma consistente, ou das duas uma: ou teremos de as reduzir de repente muito mais drásticamente, o que será uma catástrofe económica, ou não o fazemos e termos uma catástrofe ambiental». Para este especialista «o essencial é diminuir o recurso aos combustíveis fósseis», até porque «se conseguirmos reduzir

tivo a redução progressiva das emissões de gases que contribuem para o efeito de estufa, o principal dos quais é o dióxido de carbono (460); e uma (eventual) futura Convenção sobre a Desertificação (461).

Configura-se assim uma tendência crescente para que, quanto à força jurídica destas normas internacionais em matéria de tutela do ambiente, a protecção deste bem se confirme em termos *absolutos* (isto é, uma protecção do ambiente que funciona «di per si» e independentemente da existência de outros requisitos) (462). Mas o carácter problemático desta tutela internacional do ambiente permanece como uma «evidência» (463). Por outro lado, quanto mais se considera o

---

substancialmente a dependência dos combustíveis fósseis nos próximos 30 anos, estaremos a evitar a catástrofe, catástrofe essa que pode não ser meramente ambiental, uma vez que «a perspectiva de mudanças climáticas reduz a segurança internacional. Há países que, amanhã, se poderão sentir ameaçados pelo aquecimento global e reagir agressivamente em função disso».

(460) O *efeito de estufa* é provocado por uma acumulação de gases na atmosfera que deixam o calor do sol chegar até à superfície terrestre, mas o impedem de ser libertado normalmente, funcionando assim como os vidros de uma estufa — este facto provoca um aumento de temperatura global. Um estudo do Instituto de Economia Internacional (E.U.A.) relativo às consequências económicas do efeito de estufa procura avaliar o impacto negativo deste fenómeno (ver jornal "Público", número editado em 12-7-92, pág. 33). Cf. ainda o artigo de MICHAEL WEISSKOPF, «A ameaça do ozono», *in* "Público", edição de 5 Novembro 1991, pág. 29, sobre o desaparecimento da camada de ozono. Sobre os efeitos das mudanças climáticas globais nos recursos hídricos pode ver-se a análise de LUISA SCHMIDT (com LUIS SCARRA), «Nem água cai, nem água fica», *in* "Expresso–Revista" (edição de 13 de Junho de 1992, págs. 74-R a 76-R).

(461) A Conferência das Nações Unidas sobre Ambiente e Desenvolvimento, num total de 178 países presentes, decidiram inscrever na Agenda 21 uma menção clara à próxima Convenção sobre Desertificação. A Assembleia-Geral das Nações Unidas deverá criar um comité intergovernamental de negociação para que, até Junho de 1994, seja preparada e assinada esta Convenção (a qual deverá vir a incluir capítulos sobre a gestão florestal, gestão de água e práticas agrícolas — matérias que, para muitos países, constituem assuntos do foro soberano de cada Estado).

(462) Cf. TULLIO SCOVAZZI, pág. 605 e ss.

(463) Veja-se o conteúdo do "Apelo de Heidelberg" ("Apelo aos chefes de Estado e de Governo presentes na Conferência do Rio de Janeiro"), documento assinado por algumas centenas de cientistas onde os signatários se declaram a favor de todos os objectivos de preservação da natureza, mas declaram fazê-lo em nome de uma "ecologia científica" e não de uma ideologia irracional que se opõe ao progresso científico e industrial e que prejudica o desenvolvimento económico e social, que

ambiente num contexto não apenas transfronteiriço, mas também global e absoluto, mais emerge o significado da cooperação entre os vários Estados, sendo que esta obrigação de cooperação se configura, desde logo, como um típico dever de agir com boa-fé ([464]).

3) *Fundamento jurídico-europeu comunitário do princípio da prevenção em matéria de tutela do ambiente*. Actualmente ([465]), e

---

consideram existir no seio do movimento ecologista. ALVIN TOFFLER, *in* Powershift (Os Novos Poderes), depois de referir que a Sociedade industrial «atingiu os seus limites máximos, tornando impossível continuar a despejar lixos tóxicos nos nossos quintais, a despojar a Terra de florestas, a lançar restos de espuma de plástico e abrir buracos na camada de ozono. O movimento mundial para a protecção do ambiente é, portanto, uma reacção do instinto de sobrevivência a uma crise de amplitude planetária», adverte, no entanto, que «esse movimento tem, igualmente, uma franja anti-democrática, os seus próprios paladinos de um retorno às trevas. Alguns deles estão mesmo dispostos a apoderar-se do movimento ambientalista para perseguirem os seus próprios desígnios políticos ou religiosos.» (pág. 417 e ss.).

([464]) Assim, TULLIO SCOVAZZI, «Considerazioni Sulle Norme Internazionali In Matéria Di Ambiente», *in* Rivista Di Diritto Internazionale, 1989, volume LXXII, Fascículo 3, Giuffrè Editore, págs. 607-608. Esta ideia da existência de um dever de cooperação entre os estados na tutela do ambiente percorre a Declaração do Rio sobre Ambiente e Desenvolvimento (cf. os Princípios 5, 7, 9, 12, 13, 14, 18, 19, 21, 27 («Os Estados e os povos *devem cooperar de boa-fé* e num espírito de parceria no cumprimento dos princípios desta declaração e no desenvolvimento futuro das leis internacionais no campo do desenvolvimento»). Por sua vez, MAGUELONNE DEJEANT-PONS, artigo citado, pág. 700 e ss, refere como modalidades de cooperação a informação, a consulta, a concertação e a negociação e a cooperação institucional. Há, porém, uma outra questão a tomar em consideração: tal questão prende-se com o alerta feito por ALVIN TOFFLER, *in* Powershift (Os Novos Poderes), págs. 347-348 para a eventualidade de virmos assistir ao eclodir de «eco-guerras».

([465]) Antes do Acto Único Europeu, não existindo no Tratado – CEE quaisquer normas específicas em matéria de meio ambiente, tomavam-se como bases jurídicas gerais para a intervenção dos órgãos comunitários nesta matéria os arts. 100.° e 235.° do Tratado – CEE. O recurso a estas bases jurídicas gerais tinha, porém, o grave inconveniente de o processo decisório em Conselho de Ministros exigir a unanimidade relativamente a quaisquer projectos do meio ambiente. Não obstante tal situação, a partir da Conferência Intergovernamental em Outubro de 1972 que confirmou a necessidade de adopção de uma política comum em matéria de ambiente, foram aprovados 105 actos jurídicos comunitários nesta matéria, enquadrados por três programas de acção, até 1 de Janeiro de 1986, tendo decorrido um quarto programa de

desde Julho de 1987, o Tratado – C.E.E. incorpora normas específicas em matéria de ambiente, resultantes do aditamento de um Título VII à

---

acção a partir de 1987. O Artigo G (T.U.E.), no seu n.° 37, aditou ao Tratado-C.E.E. os seguintes Artigos 130.°-R, 130.°-S e 130.°-T.:

«Artigo 130.°-R

1. A política da Comunidade no domínio do ambiente contribuirá para a prossecução dos seguintes objectivos:

– a preservação, a protecção e a melhoria da qualidade do ambiente;

– a protecção da saúde das pessoas;

– a utilização prudente e racional dos recursos naturais;

– a promoção, no plano internacional, de medidas destinadas a enfrentar os problemas regionais ou mundiais do ambiente.

2. A política da Comunidade no domínio do ambiente visará a um nível de protecção elevado, tendo em conta a diversidade das situações existentes nas diferentes regiões da Comunidade. Basear-se-á nos princípios da precaução e da acção preventiva, da correcção, prioritariamente na fonte, dos danos causados ao ambiente, e do poluidor-pagador. As exigências em matéria de protecção do ambiente devem ser integradas na definição e aplicação das demais políticas comunitárias.

Neste contexto, as medidas de harmonização destinadas a satisfazer essas exigências incluirão, nos casos adequados, uma cláusula de salvaguarda autorizando os Estados-membros a tomar, por razões ambientais não económicas, medidas provisórias sujeitas a um processo comunitário de controlo.

3. Na elaboração da sua política no domínio do ambiente, a Comunidade terá em conta:

– os dados científicos e técnicos disponíveis;

– as condições do ambiente nas diversas regiões da Comunidade;

– as vantagens e os encargos que podem resultar da actuação ou da ausência de actuação;

– o desenvolvimento económico e social da Comunidade no seu conjunto e o desenvolvimento equilibrado das suas regiões.

4. A Comunidade e os Estados-membros cooperarão, no âmbito das respectivas atribuições, com os países terceiros e as organizações internacionais competentes. As formas de cooperação da Comunidade podem ser objecto de acordos entre esta e as partes terceiras interessadas, os quais serão negociados e celebrados nos termos do artigo 228.°.

O disposto no parágrafo anterior não prejudica a capacidade dos Estados-membros para negociar nas instâncias internacionais e celebrar acordos internacionais.

Artigo 130.°-S

1. O Conselho, deliberando de acordo com o procedimento previsto no artigo 189.°-C, e após consulta do Comité Económico e Social, adoptará as acções a empreender pela Comunidade para realizar os objectivos previstos no artigo 130.°-R.

2. Em derrogação do procedimento decisório previsto do número anterior e sem prejuízo do disposto no artigo 100.°-A, o Conselho, deliberando por unanimi-

Parte III deste tratado e constantes dos arts. 130.° – R a 130.° – T, sendo um dos aspectos mais relevantes do novo normativo europeu comunitário a consagração do *princípio da acção preventiva* (art. 130.° – R, n.° 2, 1ª parte) e o *princípio da componente ambiental* das outras políticas comunitárias (art. 130.° – R, n.° 2, *in fine*: «As exigências em matéria de protecção do ambiente são uma componente das outras políticas da Comunidade».). A C.E.E. continua a privilegiar a estratégia de *prevenção* (sendo que se consideram prioritárias a promoção de projectos em matéria de meio ambiente por recurso a meios financeiros dos fundos comunitários e do Banco Europeu de

---

dade, sob proposta da Comissão e após consulta do Parlamento Europeu e do Comité Económico e Social, adoptará:

– disposições de natureza fundamentalmente fiscal;

– as medidas relativas ao ordenamento do território, à afectação dos solos, com excepção da gestão dos lixos e das medidas de carácter geral, e à gestão dos recursos hídricos;

– as medidas que afectem consideravelmente a escolha de um Estado-membro entre diferentes fontes de energia e a estrutura geral do seu aprovisionamento energético.

O Conselho, deliberando nas condições previstas no primeiro parágrafo, pode definir quais os domínios referidos no presente número que devem ser objecto de decisões a tomar por maioria qualificada.

3. Noutros domínios, o Conselho deliberando de acordo com o procedimento previsto no artigo 189.°-B, e após consulta do Comité Económico e Social, adoptará programas gerais de acção que fixarão os objectivos prioritários a atingir.

O Conselho, deliberando nas condições previstas no n.° 1 ou no n.° 2, consoante o caso, adoptará as medidas necessárias para a execução desses programas.

4. Sem prejuízo de certas medidas de carácter comunitário, os Estados-membros assegurarão o financiamento e a execucnao da política em matéria de ambiente.

5. Sem prejuízo do princípio do poluidor-pagador, nos casos em que uma medida adoptada nos termos do n.° 1 implique custos considerados desproporcionados para as autoridades públicas de um Estado-membro, o Conselho, ao adoptar essa medida, tomará as disposições apropriadas sob a forma de:

– derrogações de carácter temporário e/ou,

– um apoio financeiro proveniente do Fundo de Coesão que será criado até 31 de Dezembro de 1993 nos termos do artigo 130.°-D.

Artigo 130.°-T

As medidas de protecção adoptadas por força do artigo 130.°-S não obstam a que cada Estado-membro mantenha ou introduza medidas de protecção reforçadas. Essas medidas devem ser compatíveis com o presente Tratado e serão notificadas à Comissão.».

Investimentos, *a melhoria da informação e o reforço do controlo da transposição das directivas comunitárias para as legislações nacionais*).

Em 1985 (JOL 175/40, de 5-7-1985) foi aprovada a Directiva n.° 85/337/C.E.E., do Conselho, relativa à avaliação dos efeitos de determinados projectos, públicos ou privados, no ambiente, tendo entrado em vigor a 3 de Julho de 1988. O objectivo desta directiva comunitária é que nos procedimentos de autorização de grandes projectos (públicos ou privados) o *ambiente* seja obrigatóriamente tido em consideração, já que até ao momento os *procedimentos autorizativos* deste tipo de projectos são decididos (e preparados) entrando em linha de consideração apenas com aspectos de planificação e económicos, ignorando-se os aspectos relativos à política do meio ambiente ([466]).

4) *Fundamento legal do princípio da prevenção em matéria de tutela do ambiente.* Já no *Decreto-Lei n.° 130/86*, de 7 de Junho, que aprovou a Lei Orgânica do Ministério do Planeamento e da Administração do Território, se encontravam, embora esparsas, algumas normas jurídicas que apontavam para a consagração legal no direito português do princípio da prevenção.

Assim ao Gabinete de Estudos e Planeamento da Administração do Território (organismo especialmente incumbido do estudo, coorde-

---

([466]) Sobre esta directiva comunitária cf. COLAÇO ANTUNES, artigo citado, pág. 78 e ss. Os signatários do Tratado da União Europeia incluíram na Acta Final da Conferência onde o mesmo foi aprovado uma Declaração Relativa À Avaliação do Impacto Ambiental das Medidas Comunitárias, com o seguinte teor:

"*A conferência toma nota do compromisso da Comissão, no âmbito das suas propostas, e dos Estados-membros, no âmbito da aplicação daquelas, de terem plenamente em conta os efeitos sobre o ambiente, bem como o princípio do crescimento sustentável.*"

Bem como outras duas Declarações relevantes nesta matéria: a Declaração Relativa ao Artigo 109.°, ao Artigo 130.°-R e ao Artigo 130.°-Y do Tratado-C.E.E. (teor: "*A Conferência considera que o disposro no n.° 5 do artigo 109.°, no n.° 4, segundo parágrafo, do artigo 130.°-R e no artigo 130.°-Y não afecta os princípios decorrentes do acórdão proferido pelo Tribunal de Justiça no processo AETR*) e a Declaração Relativa À Directiva de 24 de Novembro de 1988 (Emissões) (teor: "A Conferência declara que as alterações introduzidas na legislação comunitária não podem atingir as derrogações concedidas a Espanha e a Portugal até 31 de Dezembro de 1999 pela directiva do Conselho, de 24 de Novewmbro de 1988, relativa à limitação das emissões para a atmosfera de certos poluentes provenientes de grandes instalações de combustão.").

nação e apoio técnico aos respectivos membros do Governo e do planeamento e programação nos sectores do ordenamento do território, recursos naturais e ambiente) é cometido como atribuição *avaliar o impacte* das políticas globais, sectoriais e regionais no ordenamento do território e *no ambiente* (art. 9.°, *j)*), para além de acompanhar as acções de cooperação técnica e financeira externa no âmbito dos sectores do ordenamento do território, recursos naturais e ambiente e *compatibilizá-las* com as prioridades da política sectorial (art. 9.°, *j)*). Quanto ao Departamento de Acompanhamento e Avaliação (organismo incumbido de realizar a supervisão e a apreciação dos programas e projectos incluídos no Plano) são cometidas atribuições como recolher e organizar toda a informação necessária ao acompanhamento físico e avaliação de programas e projectos previstos no Plano (art. 24.°, *a)*) e avaliar o impacte e os efeitos dos projectos em curso sobre o desenvolvimento económico e social (art. 24.°, *c)*) do qual o ambiente é necessariamente uma das componentes.

Quanto à Direcção - Geral do Ordenamento do Território (organismo a quem compete a formulação da política de ordenamento do território, a elaboração dos correspondentes planos de ocupação e a coordenação das acções de execução e renovação de equipamentos de utilização colectiva, em articulação com as autarquias locais) notem-se em especial a elaboração de *soluções alternativas* da ocupação do território (no âmbito da formulação das bases gerais da política de ordenamento do território – art. 30.°, *a)*), a elaboração de estudos relativos ao ordenamento do território com vista à *compatibilização* das componentes população, *recursos naturais*, emprego, habitação e equipamentos (art. 30.°, *b)*), *a avaliação do impacte e dos efeitos dos projectos de desenvolvimento no ordenamento do território* (art. 30.°, *j)*). Por último mas não menos importante («the last but not the least») à Direcção-Geral da Qualidade do Ambiente eram cometidas atribuições para propor a adopção e divulgar *medidas preventivas da degradação do ambiente* e da recuperação da paisagem (art. 36.°, *c)*), fazer cumprir as normas em vigor relativas ao licenciamento e funcionamento das fontes poluidoras (art. 36.°, *j)*) e incentivar o desenvolvimento de tecnologias alternativas de carácter pouco poluente (art. 36.°, *h)*) ([467]).

([467]) Actualmente a Direcção Geral de Qualidade do Ambiente possui Lei Orgânica própria — cf. Decreto Regulamentar n.° 19/88, de 22 de Abril.

Mas a consagração legal relevante em termos de tutela preventiva do ambiente foi obtida com a Lei n.° 10/87, de 4 de Abril (Lei das Associações de Defesa do Ambiente) e a Lei n.° 11/87, de 7 de Abril (Lei de Bases do Ambiente).

O artigo 7.° da L.A.D.A. (Lei n.° 10/87) confere legitimidade às associações de defesa do ambiente para proporem acções necessárias à *prevenção* de actos ou omissões de entidades públicas ou privadas que constituam factor de degradação do ambiente.

O art. 3.°, *a)* – L.B.A. (Lei n.° 11/87), na sua primeira parte, consagra o princípio da prevenção; mas, para que as actuações com efeitos imediatos ou a prazo no ambiente possam ser consideradas de forma antecipativa (isto é, para que possa haver uma avaliação do impacto ambiental de novos projectos), os diferentes grupos sociais devem intervir na formulação e execução da política de ambiente e ordenamento do território (art. 3.°, *c)* – L.B.A.) pelo que afinal o princípio da prevenção vem a postular a consagração de *direitos de participação*, o que nos reconduz à *legitimação procedimental* e processual das associações de defesa do ambiente. Por outro lado, a prevenção para ser eficaz requere a unidade de gestão e acção (cf. art. 3.°, *j)* – L.B.A.) sem esquecer que, a este nível, há problemas que exigem a cooperação internacional (cf. art. 3.°, *c)* – L.B.A.), sem o que não será possível observar o princípio do equilíbrio (art. 32.° – L.B.A.) (isto é, a integração das políticas de crescimento económico e social e de conservação da Natureza tendo como finalidade o desenvolvimento integrado — cf. art. 3.°, *b)* – L.B.A.). O que tudo isto vem a concorrer para a necessidade da adopção de medidas que visem garantir o *mínimo impacte ambiental*, através de uma correcta instalação em termos territoriais das actividades produtivas (e não só produtivas, acrescentaremos nós; cf. art. 4.°, *c)* – L.B.A. e cotejá-lo com as alíneas *f)* e *i)* do mesmo artigo) pelo que não surpreende que a *avaliação prévia do impacte* provocado por obras, pela construção de infra-estruturas, introdução de novas actividades tecnológicas e de produtos susceptíveis de afectarem o ambiente e a paisagem (ver art. 27.°, *g)* – L.B.A.) seja consagrado como *instrumento da política de ambiente e do ordenamento do território* ([468]).

([468]) Mais uma vez se torna patente a estreita relação entre as questões do ambiente e do ordenamento do território.

5) *Fundamento regulamentar do princípio da prevenção em matéria de tutela do ambiente* (469). O mais relevante instrumento normativo de natureza regulamentar onde se acolhe o princípio da prevenção em matéria de tutela do ambiente é o Decreto Regulamentar n.° 38/90, de 27 de Novembro: regulamenta a avaliação de impacte ambiental (A.I.A.) dos projectos referidos no anexo I do Decreto-Lei n.° 186/90, de 6 de Junho, e dos projectos agrícolas, industriais, habitacionais e turísticos ou de infra-estruturas listados no anexo III do mesmo diploma, quando, verificada a sua ocorrência (real ou potencial) em território português, esta exceda os limites ou dimensões descritos no *anexo* do Decreto Regulamentar n.° 38/90, que dele faz parte integrante (art. 1.°, n.° 1 deste D. Reg.). Sempre que não sejam ultrapassados os limites ou dimensões dos projectos referidos no anexo deste Decreto Regulamentar n.° 38/90, *as incidências sobre o ambiente são **obrigatoriamente** salvaguardas no procedimento de licenciamento ou autorização respectiva*, sem prejuízo da realização de um estudo de impacto ambiental (E.I.A.) quando tal resulte de *específica* exigência da lei (art.1.°, n.° 2, *idem*).

Assiste-se igualmente a uma tendência crescente para acolher as exigências de tutela do ambiente na emissão de regulamentos administrativos atinentes às mais variadas temáticas, conexas destas exigências, particularmente através da utilização das portarias como instrumento jurídico de regulamentação geral e abstracta.

3.2 Procedimentos Administrativos Preventivos em matéria de Tutela do Ambiente

Nos termos do art. 7.° da L.B.A., em ordem a assegurar a defesa da *qualidade* apropriada dos componentes ambientais (referidos no

(469) Em matéria de *resíduos urbanos*, a Portaria 768/88 veio obrigar as Câmaras Municipais a informarem sobre as características e destino final dos respectivos resíduos urbanos. Já quanto *à prevenção e combate ao ruído* deparamos com a Portaria n.° 301/88, de 12 de Maio, que regula a concessão de certificados de ruído relativos a material aeronáutico, a Portaria n.° 555/90, de 17 de Julho, relativa ao ruído emitido por aeronaves, a Portaria n.° 879/90, de 20 de Setembro, que refere a exigência de certificados de homologação para equipamentos com nível de potência sonora superior a 80 DB.

art. 6.°: o ar; a luz; a água; o solo vivo e o subsolo; a flora; a fauna) poderá o Estado, através do *ministro da tutela competente proibir* ou *condicionar* o exercício de actividades e desenvolver acções necessárias à prossecução dos mesmos fins, nomeadamente a adopção de medidas de *contenção* e *fiscalização* que levem em conta, para além do mais, os custos económicos, sociais e culturais da *degradação do ambiente* em termos de obrigatoriedade de *análise prévia de custos--benefícios*. Deste modo a tutela administrativa *preventiva* do ambiente recorre a duas modalidades de procedimento: a *proibição sob reserva de autorização* e, por outro lado, a *autorização sob reserva de proibição*.

A tutela administrativa (de tipo preventivo) do ambiente recorre à proibição sob reserva de autorização, no âmbito da defesa da qualidade dos componentes ambientais naturais: *proibindo* que se ponha em *funcionamento novos* empreendimentos ou se *desenvolva* empreendimentos já *existentes* e que, pela sua *actividade*, possam constituir *fontes* de *poluição do ar* sem serem dotados de instalações e dispositivos (*em estado de funcionamento adequado*) para *reter* e *neutralizar* as *substâncias poluentes* ou sem se terem tomado medidas para respeitar as condições de protecção da qualidade do ar estabelecidas por organismos responsáveis ([470]); *interditando* dar em exploração novos empreendimentos ou desenvolver aqueles que já existem e que pela sua actividade, possam constituir *fontes de poluição das águas*, sem que uns ou outros estejam dotados de *instalações de depuração* (em estado de funcionamento *adequado*) ou sem outros trabalhos ou medidas que permitam respeitar as condições legais e de *protecção da qualidade da água* ([471]).

([470]) Veja-se o D.L. 352/90, que regula a qualidade do ar.

([471]) Quanto a estas proibições sob reserva de autorização cf., respectivamente, os arts. 8.°, n.° 3 e 10.°, n.° 4, ambos da L.B.A.. O D.L. 74/90 estabeleceu as Normas de Qualidade da Água.

Diferentes destas proibições sob reserva de autorização (que, são, por assim dizer, proibições mais fracas ou relativas, uma vez que podem ser afastadas ou evitadas pelo seu destinatário, desde que este adopte uma conduta conforme as exigências legais de protecção da qualidade do ar e da água) são outras proibições a que se refere esta Lei de Bases do Ambiente. Assim: a) proibições *absolutas*: no que concerne à eliminação dos montados de sobro e azinho e outras árvores dispersas nas folhas de cultura, com *excepção* dos solos das classes A e B, nas paisagens de características

Esta tutela administrativa preventiva do ambiente reveste ainda a modalidade da autorização sob reserva de proibição, tanto no âmbito da defesa da qualidade dos componentes ambientais naturais como dos componentes ambientais humanos (a paisagem; o património natural e construído; a poluição, ver art. 17.°, 3 – L.B.A.) (472)(473).

---

mediterrânicas e continentais; no que concerne à eliminação da vegetação nas margens dos cursos de água; no que concerne à eliminação da compartimentação, sebes vivas, uveiras e muros, para além da dimensão da folha de cultura considerada mínima regionalmente; proibição dos processos que impeçam o desenvolvimento normal ou a recuperação da flora e da vegetação espontânea que apresentem interesses científicos, económicos ou paisagísticos, designadamente da flora silvestre, que é essencial para a manutenção da fertilidade do espaço rural e do equilíbrio biológico das paisagens e à diversidade dos recursos genéticos; proibição de lançar, depositar ou, *por qualquer outra forma*, introduzir nas águas, no solo, no subsolo, ou na atmosfera efluentes, resíduos radioactivos e outros e produtos que contenham substâncias ou microrganismos que possam alterar as características ou tornar impróprios para as suas aplicações aqueles componentes ambientais e contribuam para a degradação do ambiente (cf. arts. 9.°, n.° 5 (*a*), *b*), *c*) e *d*)), 15.° (n.° 2) e 26.°, 1 (todos da L.B.A.).

b) proibições eventuais (ou virtuais): em matéria de protecção da fauna autóctone (cf. art. 16.°, n.° 3 – L.B.A.), de definição dos limites de tolerância admissível da presença de elementos poluentes na atmosfera, água, solo e seres vivos, quando os diplomas regulamentares apropriados estabeleçam proibições necessárias à defesa e melhoria da qualidade do ambiente (ver art. 26.°, 3 – L.B.A.).

(472) Como é referido na doutrina, e de entre os *actos que desencadeiam benefícios para terceiros* um vasto conjunto de actos administrativos «apresenta o denominador comum de se referir a actividades *excepcionalmente* retiradas à disponibilidade dum sujeito (privado ou público), mas que se tornam possíveis depois duma manifestação dum agente administrativo. Considera-se aqui que o *exercício* de certos poderes por um sujeito privado vai potencialmente entrar em conflito com um interesse público e que se torna indispensável que uma autoridade pese os dois termos da contraposição para garantir que a satisfação do interesse privado só possa ter lugar se for possível equilibrá-lo com a realização das finalidades públicas. Ou então que surjam dois interesses públicos de grau diverso, cuja possibilidade concreta de conciliação deve ser averiguada por um certo órgão administrativo. Isto dá lugar à figura geral das *autorizações*. Deve notar-se que o âmbito da figura tem sido alargado de modo a abranger categorias que primitivamente se procurava contrapor ao núcleo central das autorizações, criando problemas que eram dificilmente solúveis» (Assim ROGÉRIO SOARES, Direito Administrativo, Coimbra 1978, págs. 111-112). São modalidades desta figura: as *dispensas*, as autorizações constitutivas (da legitimação da capacidade de agir, umas; autorizações constitutivas de direitos, outras) e as autorizações permissivas (*idem*, pág. 112 e ss., 114 e ss., 118 e ss.). Cf. ainda FERNANDO ALVES CORREIA, O Plano Urbanístico e o Princípio da Igualdade.

Assim: os organismos estatais que, de acordo com a Lei([474]), *autorizam* o funcionamento de empresas construídas *sobre as águas* e suas zonas de protecção *só autorizarão* a entrada em exploração e funcionamento destas empresas desde que se constate o respeito pelas normas legais concernentes à protecção das águas (ver art. 10.°, n.° 5 – L.B.A.)([475]).

Mas a tutela preventiva do ambiente em sede de procedimentos administrativos *autorizativos*([476]) não se esgota aqui, antes pelo contrário: deparam-se-nos ainda os regimes de autorização condicionados, as exigências de *autorização prévia* e de *avaliação do impacto ambiental*([477]).

([473]) Os componentes ambientais humanos definem, *no seu conjunto*, o quadro *específico* de vida, onde se insere e de que depende a actividade do homem, que, de acordo com a Lei de Bases do Ambiente, é objecto de medidas disciplinadoras com vista à obtenção de uma melhoria de qualidade devida: art. 17.°, n.°1 – L.B.A.. Assim se compreende que o n.° 2 deste art. 17.° – L.B.A. disponha que *o ordenamento do território e a gestão urbanística* terão em conta a Lei de Bases do Ambiente, o sistema e orgânica do planeamento económico e social e ainda as atribuições e competências da administração central, regional e local.

([474]) Ver o D.L. n.° 70/90 sobre a gestão da água.

([475]) Parece ser ainda o caso dos procedimentos autorizativos no âmbito da protecção da fauna autóctene, quando não sejam estabelecidas desde logo proibições mas quer aquele objectivo de protecção quer a necessidade de proteger a saúde pública venham a implicar a adopção de medidas de controle efectivo *severamente restritivas* — assim, por exemplo, o recurso a esta modalidade das autorizações sob reserva de proibição.

([476]) Quanto à questão da tipologia dos procedimentos administrativos v.g. PAULO FERREIRA DA CUNHA, *in* O Procedimento Administrativo, pág. 98 e ss., nomeadamente págs. 101-107.

([477]) A respeito destes regimes de autorização prévia afirma ANDRÉ DE LAUBADERE, Direito Público Económico, trad. port.: «Na teoria geral das liberdades públicas, os regimes de autorização prévia são considerados como devendo, em princípio, ser afastados porque constituem regimes «preventivos», isto é, que subordinam o exercício da liberdade à aceitação da autoridade pública. Todavia, no domínio económico, tais regimes sempre foram admitidos sem que se objectasse com uma contradição entre a sua instituição e o próprio princípio da liberdade económica. Isso explica-se pelo facto de que, como dissemos mais atrás, o princípio da liberdade de comércio e indústria deve ser considerado como tendo um efeito de protecção global, sem proibir o poder público de estabelecer restrições, mesmo as mais severas, para esta ou aquela actividade económica particular.

Mas, naturalmente, mesmo no que se refere a uma actividade determinada, as restrições relativas às «garantias fundamentais» não podem ser proferidas a não ser

Assim, por exemplo, *a descarga de resíduos e efluentes* só pode ser efectuada em locais determinados para o efeito pelas entidades competentes e nas *condições previstas* na autorização concedida (ver art. 24.°, n.° 1 – L.B.A.) (478).

Por outro lado: *todas as utilizações da água* carecem de *autorização prévia* de entidade competente, devendo essa autorização ser acompanhada da definição dos respectivos condicionamentos (art. 11.°, n.° 1 – L.B.A.), sendo que (e desde logo) os organismos responsáveis devem *impor* às fábricas e estabelecimentos que utilizam águas a sua descarga a jusante da captação depois de convenientemente tratadas (art. 10.°, n.° 6 – L.B.A.); a emissão, transporte e destino final de resíduos e efluentes ficam condicionados a autorização prévia (art. 24.°, n.° 2 – L.B.A.); a *construção, ampliação, instalação* e *funcionamento* de estabelecimentos e o exercício de actividades efectivamente poluidoras dependerão do *prévio licenciamento* pelo serviço do Estado

---

pela lei e o mesmo acontece com a instituição de regimes de autorização prévia. Um regime de autorização prévia, com efeito, mexe necessáriamente com as garantias fundamentais da liberdade.» (pág. 242-243 e ss.). Isto para lá de *outros* procedimentos administrativos na tutela preventiva do ambiente: assim, por exemplo, os *programas de acção*, os *planos*, as *estratégias*, os *prémios*, os subsídios, os benefícios e isenções fiscais.

(478) Em todos os procedimentos autorizativos que devem decidir sobre as matérias do n.° 4 do art. 9.° – L.B.A., as autorizações devem definir as *condições* necessárias à preservação do *direito* de todos os cidadãos a um nível de luminosidade conveniente à sua saúde, bem-estar e conforto na habitação, no local de trabalho e nos espaços livres públicos de recreio, lazer e circulação, sendo que o nível de luminosidade para qualquer lugar *deve* ser o mais consentâneo com vista ao equilíbrio dos ecossistemas transformados de que depende a qualidade de vida das populações (ver n.° 1 e 2 do art. 9.° – L.B.A.).

Em todos os procedimentos autorizativos que devem decidir sobre a *utilização de solos* agrícolas de elevada fertilidade para fins não agrícolas, bem como plantação, obras e operações agrícolas que provoquem erosão e degradação do solo, o desprendimento de terras, incharcamentos, inundações, excesso de salinidade e outros efeitos permiciosos, as autorizações que venham a ter lugar devem determinar as *condições* (art. 13.°, 2 – L.B.A.) conducentes à racional utilização do solo, a evitar a sua degradação e a promover a melhoria da sua fertilidade ou regeneração, no contexto da defesa e valorização do solo como recurso natural (art. 13.°, 1 – L.B.A.), o mesmo sucedendo nos procedimentos autorizativos *atinentes* à utilização e à ocupação do solo para fins urbanos e industriais ou aprovação do Estudo de Impacte Ambiental (E.I.A.).

responsável pelo ambiente e ordenamento do território, sem prejuízo de outras licenças exigíveis (art. 34.°, 1 – L.B.A.)([479]); a autorização para *funcionamento* exige o *licenciamento prévio* (e a *vistoria* das obras e instalações) realizadas em cumprimento do projecto aprovado e demais legislação em vigor (art. 33.°, n.° 3 – L.B.A.)([480]).

Quanto a nós a exigência de autorização prévia tem a sua razão de ser no *efeito constitutivo de direitos* de certas autorizações. Como refere ROGÉRIO SOARES: «Frequentemente uma norma de carácter público estabelece uma derrogação ao sistema comum que confere aos particulares certos direitos ou o exercício de faculdades que se contêm nos seus direitos. Entendeu o legislador que a atribuição de tais poderes aos particulares põe em perigo a realização de interesses públicos. Admite, porém, que, depois duma ponderação das especiais circunstâncias do caso, possa o agente atribuir ao sujeito privado o poder que lhe foi retirado, em termos de não suscitar ofensa ao inte-

---

([479]) Cf. o n.° 2 deste art. 34.° – L.B.A. — este pedido de licenciamento tem de incluir o estudo de impacte ambiental, não podendo ser definitivamente licenciadas as obras e trabalhos em causa caso não se verifique a aprovação do estudo de impacte ambiental (E.I.A.).

([480]) Por exemplo: o Decreto-Lei n.° 445/91, de 20 de Novembro, no seu art. 48.°, 1, e quanto ao processo de licenciamento de obras cujo projecto carece de aprovação da administração central, dispõe que as obras referidas no n.° 1 do artigo 1.° (e são estas: *a*) *todas* as obras de *construção civil*, designadamente novos edifícios e reconstrução, ampliação, alteração, reparação ou demolição *de edificações*, e ainda os trabalhos que impliquem alteração da topografia local; a *utilização* de edifícios ou de suas fracções autónomas, bem como as respectivas alterações), cujo projecto, nos termos da legislação especial aplicável, carece de *aprovação* da administração central, *nomeadamente* os estabelecimentos industriais, hoteleiros, grandes superfícies comerciais e recintos de espectáculos e divertimentos públicos, estão também sujeitos a licenciamento municipal, nos termos do D.L. 445/91 — porém, a câmara municipal não pode deferir pedidos de informação prévia nem licenciar as obras aí previstas sem que o requerente apresente documento comprovativo da aprovação da administração central (art. 48.°, 2 – D.L. 445/91). No entanto, sempre que as obras se localizem em área abrangida por plano de urbanização, plano de pormenor ou alvará de loteamento, *válido* nos termos da lei, e com eles se conformem, é *dispensada* a autorização prévia de *localização* da administração central, sem prejuízo das demais autorizações ou aprovações exigidas por lei, referentes a servidões administrativas e *restrições de utilidade pública* (art. 49.° — D.L. 445/91). A licença de *funcionamento* prevista em legislação especial só pode ser emitida mediante exibição do alvará de *licença de utilização* emitido pela câmara municipal (art. 50.°, 1 – D.L. 445/91).

resse público. Estas autorizações são frequentemente designadas por *autorizações-licenças*.

Devem incluir-se nesta categoria as autorizações para obras em bens considerados monumentos, ou nas respectivas zonas de protecção.

Sustenta-se modernamente que tal é também o caso das chamadas licenças de construção. Primitivamente as licenças camarárias da construção eram consideradas de carácter simplesmente permissivo — traduzia-se numa permissão de exercitar o *ius edificandi*, compreendido no direito de propriedade, sobre terrenos situadas nas áreas dentro dos perímetros urbanos. As modificações importantes operadas nas necessidades de urbanização, que se traduzem na adequação da construção privada a valores gerais e unitários parece que legitimam a deslocação da chamada licença de contrução dum domínio em que apenas importa assegurar o não contraste entre o direito privado com modestos valores públicos de salubridade e estética para um outro em que a presença de interesses públicos muito mais complexos (planificação, construção de vias de acesso, estabelecimento das redes de distribuição de água ou energia, constituição de serviços de transportes, etc.) aponta para uma negação dum direito originário à construção. Tal direito só decorrerá duma autorização constitutiva. Repare-se em que o problema não tem sentido meramente académico. Efectivamente, a jurisprudência italiana tem recusado atribuir uma indemnização ao proprietário se a recusa da "licença" é anulada. Tal decorreria da circunstância de o *ius edificandi* só nascer com a autorização».

Deste modo, parece-nos que se deve concluir pelo carácter jurídico constitutivo das *autorizações-licenças* referidas no art. 33.°, n.° 1 – L.B.A., quando respeitem à *construção*, *ampliação* e *instalação* de estabelecimentos; mas já não quanto à autorização de funcionamento destes estabelecimentos nem quanto ao *exercício* de actividades efectivamente poluidoras que, embora sujeitas a licenciamento prévio, são possibilitadas por meio de autorizações com efeito permissivo: isto é, nestas situações já deparamos com a existência de um direito cujo exercício, todavia, pode importar em sacrifícios especiais para um quadro de interesses públicos (exigências de tutela do ambiente) que convém acautelar([481]). Nestes casos o que vai suceder é que com a autorização o agente cria uma situação que se manifesta

---

([481]) Ver Rogério Soares, Direito Administrativo, págs. 114-115.

num *poder de controle ou direcção* (através da inclusão de condicionamentos vários nestas autorizações, a violação dos quais dá ao agente a possibilidade de revogar a autorização concedida)([482]).

a) *Legitimidade Procedimental das Associações de Defesa do Ambiente*

A Legitimação procedimental das associações de defesa do ambiente surge como um dos «remédios» possíveis em face da insuficiência da acção dos particulares. Como refere SALVATORE PATTI([483]) há que não perder de vista «*il forte dislivello economico esistente tra il soggeto danneggiato e l'impresa responsabile dell'inquinamento, e le conseguenze che da esso derivano*», a que acrescem muitas vezes as *dificuldades probatórias* do particular (por exemplo devido à necessidade de juízos de carácter técnico), as elevadas *custas* de um processo judicial... Daqui o interesse da intervenção dos grupos: «*L'intervento e la legittimazione dei grupi sono sembrati alla dotrina uno strumento indispensabile per la tutella dell'ambiente.*»([484]). Na opinião deste autor mesmo os instrumentos privatísticos existentes na actual ordem jurídica podem conduzir a resultados mais satisfatórios se, em vez de utilizados do modo tradicional, individualísticamente, forem usados mediante a iniciativa e acção dos grupos de tal modo que resulte evidenciado o *carácter colectivo* da problemática ambiental e possa assegurar uma eficaz *participação* dos particulares([485]).

SALVATORE PATTI([486]) é da opinião de que existe a convicção difusa de que a experiência americana constitui um modelo([487]) difi-

---

([482]) Outros procedimentos administrativos relevantes na tutela preventiva do ambiente são a *declaração de zonas críticas* quando se preveja vir a atingir determinados valores que possam pôr em causa a saúde humana ou o ambiente (art. 34.°, 1 – L.B.A.), a celebração de *contrato-programa* (art. 34.°, n.° 2 e 3 – L.B.A.).

([483]) Obra citada, pág. 93.

([484]) *Idem*, pág. 93.

([485]) *Idem*, pág. 94.

([486]) *Idem*, pág. 119.

([487]) Para o conhecimento deste modelo veja-se LORENZA VIOLINI, «Le Questione Scientifiche Controverse nel Procedimento Amministrativo», Milano, Giuffrè Editore, 1986; e ainda MARIPINA TERRASI, «Dalla Natural Justice alla Fairness: Il

cílmente recebível nos ordenamentos jurídicos continentais, para isso concorrendo as profundas diferenças estruturais dos respectivos sistemas processuais, como: os tipos de procedimentos, a formação dos tribunais, a representação das partes, as custas processuais, a disciplina das despesas, e até razões de carácter psicológico e social. Sendo as técnicas alternativas mais frequentemente sugeridas na doutrina as que consistem no recurso à *acção popular* e nas *intervenções das associações*. Salienta a este propósito a tendência reconhecida do ordenamento jurídico alemão para privilegiar as acções dos grupos que preencham determinados requisitos, com o fim da tutela dos interesses colectivos e *difusos*; fundamentando-se nas vantagens da capacidade representativa e de mediação dos grupos organizados ([488]) a legislação alemã faz duas exigências fundamentais: a exigência de capacidade jurídica (cf. art. 2.°, n.° 1 – 1ª parte, L.A.D.A.) e a exigência de que a tutela do interesse em causa se encontre nos fins estatutários da associação (cf. art. 2.°, n.° 1 – 2ª parte, L.A.D.A.). As associações que preencham estes requisitos estão legitimadas para promover acções de defesa do interesse em causa ([489]). A tendência reconhecida no ordenamento jurídico alemão é, em definitivo, aquela de superar – ou, pelo menos, de conceber de um modo diverso – a tradicional regra do direito processual, segundo a qual a faculdade de agir em juízo pertence apenas a quem seja titular do direito deduzido em juízo, resultando assim ampliado o conceito de "interesse em agir" ([490]). Assim, a solução que favorece as intervenções das associações parece sem dúvida de convir, até pelas suas possibilidades — financeiras e de controle — para enfrentar os responsáveis pelas actividades que lesam os interesses da colectividade (uma outra reflexão deste autor é a que aponta a ideia de que o dano produzido à colectividade é maior do que aquele produzido ao singular) ([491]).

Outros autores põem igualmente em relevo o papel das associações de defesa dos interesses difusos (designadamente interesses

---

Privato nel Procedimento Amministrativo» *in* Il foro Amministrativo, Milano, Giuffrè Editore, Setembro, 1989, pág. 2337 e ss.

([488]) Salvatore Patti, *idem*, págs. 120-121.

([489]) *Idem*, págs. 124-125.

([490]) *Idem*, págs. 125-126.

([491]) *Idem*, pág. 126.

ambientais)([492]), relevando que a legitimação das associações de defesa do ambiente acaba por recolocar a actualidade de um debate sobre as relações entre o direito e a sociologia (no fundo, dizemos nós, tanto o juíz como o administrador da coisa pública devem viver no seu «tempo social»)([493]), ainda que essa legitimação jurídica das associações de defesa do interesse difuso ambiental (derivada também da necessidade de atribuir personalidade jurídica às associações para que elas possam advir como um sujeito jurídico com uma posição diferenciada)([494]) não seja isenta de problemas. Um desses problemas é o da *representatividade*, o qual tem a ver com a possibilidade da presença no tecido social de interesses difusos contrastantes (mesmo contrários, eventualmente antagónicos) e ainda com a possibilidade de uma *pluralidade* de associações a pretenderem representar um mesmo interesse difuso([495]). Problema este que acaba por não ter gravidade na medida em que é resolúvel, para além do plano político, no plano processual([496]). "*En passant*", note-se que a nossa lei portuguesa sobre associações de defesa do ambiente (L.A.D.A. – Lei n.° 10/87, de 4 de Abril) não consagra qualquer critério (político) para a resolução de um eventual conflito deste tipo([497]).

Mas a legitimação (procedimental e processual) das associações de defesa do ambiente surge-nos ainda como um meio de superar o desfasamento entre o momento *objectivo* (direito *do* ambiente — heteronomia da tutela do ambiente enquanto objecto de normas jurídicas) e o momento *subjectivo* (direito ao ambiente — autonomia do «livre desenvolvimento da personalidade» a reivindicar o reconhecimento do direito *subjectivo* dos cidadãos, quer enquanto simples particulares individualizados quer enquanto membros de uma comunidade socialmente organizada e reconhecida pela ordem jurídica, *ao* ambiente enquanto o reconhecimento deste direito é visto como um *atributo fun-*

([492]) Ver SALVATORE IMPINNA, artigo citado, pág. 189.

([493]) Ver FRANCESCO MARIA AGNOLI, «Interessi Diffusi Ambientali E Unitarietá della Giurisdizione», *in* Unitá della Giurisdizione e Tutela dell'Ambiente, Milano, Dott. A. Giuffrè Editore, pág. 327.

([494]) *Idem*, págs. 314-315.

([495]) *Idem*, pág. 315.

([496]) *Idem*, págs. 325-326.

([497]) O qual pode (ao menos potencialmente) vir a verificar-se...

damental da personalidade humana e ponto de referência *indispensável* para a *informação, participação e acção* em matéria ambiental)([498]).

Em face de tudo quanto fica exposto parece-nos que, de algum modo, a legitimação jurídica da intervenção das associações de defesa do ambiente em sede de procedimento administrativo acaba por estar no cerne da nova legalidade procedimental para tutela do interesse difuso ambiental. A profunda imbricação desta legitimação procedimental da intervencão de associações com o princípio da prevenção, a problemática da participação, informação e acção em matéria ambiental, a questão da exigência de um novo estilo de administrar que realize o princípio da transparência; as várias dimensões de cada um destes princípios e problemáticas, o modo como se conexiam entre si e ainda com outros princípios e normas jurídicas, são outros tantos argumentos no sentido de afirmar a ideia que acima expusemos.

Mas o objectivo que nos propusemos com este trabalho não ficaria cumprido se não procedessemos a uma análise de um instrumento de tutela preventiva procedimental recentemente (6 de Junho de 1990) introduzido na nossa ordem jurídica-administrativa: o procedimento de avaliação do impacte ambiental de determinados projectos([499]).

b) *O procedimento de avaliação do impacto ambiental*

1) *Relevância deste procedimento*

A Avaliação do Impacto Ambiental refere-se ao *específico* procedimento administrativo que permite, *preventivamente*, uma avaliação de todas as consequências e alterações ambientais, a médio e

---

([498]) Referindo este desfasamento temos AMEDEO POSTIGLIONI, artigo citado, pág. 70.

([499]) Ver D.L. n.° 186/90, de 6 de Junho e Lei n.° 11/87, de 7 de Abril. Cf. o art. 5.°, *d)* da Lei n.° 10/87, de 4 de Abril.

Existem outros meios de tutela administrativa dos cidadãos: temos procedimentos administrativos cautelares (art. 42.° – L.B.A. — embargos administrativos; e o regime legal da suspensão de eficácia dos actos administrativos, Lei n.° 12/86 de 21 de Maio). Existem procedimentos impugnadores: a *reclamação* e o *recurso hierárquico*. E existem procedimentos como o direito de petição, direito de representação, direito de queixa.

longo prazo, provocadas por acção humana e susceptíveis de produzir um impacto.

Um primeiro momento nesta avaliação é aquela que consiste na realização do *estudo de impacto ambiental*: complexo de alterações, qualitativas e/ou quantitativas, dos factores e do sistema ambientais (mas também dos recursos naturais), resultantes de uma qualquer *transformação* do uso do *território*([500]).

O urbanismo é um dos domínios mais relevantes para actuação de um procedimento deste tipo enquanto ele permite verificar da *compatibilidade* dos planos urbanísticos com as exigências de tutela do ambiente([501]). A urbanística é uma disciplina (sob o ponto de vista jurídico) essencialmente procedimental que tem vocação para reassumir, através da planificação territorial, todos os interesses que incidem sobre a preferência de uso do território([502]).

Mas, antes de prosseguirmos, façamos um esforço de precisão de alguns conceitos([503]):

– *Estudo de Impacto Ambiental.* É o conjunto das análises e das pesquisas, apresentado pelo responsável público ou privado da obra e desenvolvido por peritos por ele prescritos, necessários à avaliação das repercussões sobre o ambiente conexas com a construção e o funcionamento da obra prevista. É uma fase essencialmente *técnica.*

– *Avaliação do Impacto Ambiental.* É o processo do "confronto" técnico-científico entre o responsável pela obra e a autoridade competente, que comporta o consequente juízo complexivo, sobre a *compatibilidade* da obra com o ambiente envolvente, dos efeitos de curto, médio e longo prazo conexos com a sua realização e o seu funcionamento. É ainda uma fase de carácter técnico.

– *Relatório de Impacto Ambiental.* É um *acto* com o qual se sintetizam as consultas (das administrações interessadas, das associações de defesa do ambiente, das organizações e dos cidadãos particulares) sobre a *coerência* e a *admissibilidade* dos resultados da avaliação.

([500]) RICCARDO CACCIN, obra citada, pág. 11.

([501]) ALBERTO ZUCCHETI, artigo citado, pág. 266.

([502]) *Idem*, pág. 267. Veja-se ainda FERNANDO ALVES CORREIA, O Plano Urbanístico e o Princípio da Igualdade, págs. 300-301.

([503]) Cf. BRUNO F. LAPADULA, «Alcune Riflessioni Tecniche sulla Procedura di V.I.A.», *in* Unità della Giurisdizione e Tutela dell'Ambiente, Milano, Dott. A. Giuffrè Editore, págs. 81-82.

Pressupõe formas de participação e «contratualização» a fim de influir no conteúdo do acto administrativo decidente da autorização.

Este procedimento de avaliação do impacto ambiental faz relevar a necessidade de um *sistema de informação ambiental* (designadamente aproveitando os progressos tecnológicos da electrónica e da informática): "Lo studio d'impatto si basa, infatti, essenzialmente se non esclusivamente sulla conoscenza delle attività e degli elementi del progetto (consumo di risorse, emissione di inquinanti, da un lato, e, dall'altro,delle componenti dell'ambienti (in termini di condizione assolute e soprattutto relative alle modificazioni ed agli usi che venanno introdotti). Se la disponibilità dei dati di progetto pone non pochi problemi — si pensi al «segreto industriale» ed alle possibili «varianti in corso d'opera» — altrettanti derivano della possibilità di avere informazioni sulle condizioni di un determinato ambiente che siano «attendibili» e/o «ufficiali» ([504])([505]). Esta conexão entre informação ambiental e procedimento de avaliação do impacto ambiental tem estado presente, por exemplo, no direito internacional de tutela do ambiente ([506]). A informação ambiental advém, assim, um instrumento *fundamental* de tutela do ambiente e é importante que aqueles que conhecem as matérias científico-técnicas se disponham a desempenhar uma função *didáctica* e de *informação científica segura*, expressa num modo *compreensível* por amplos estratos da população (por exemplo, promovendo colóquios e debates públicos, integrando-se e/ou colaborando no âmbito de equipas multi-disciplinares que operem elaborando "dossiers" sobre temas concretos, colaborando na criação de centros de estudo, editando revistas, recorrendo à utilização dos "mass-media", hoje em dia mais sensíveis às questões ambientais, para amplo esclarecimento do público, apoiando com informação técnico-científica a acção das associações de defesa do ambiente, etc). Tudo isto porque «*la difesa dell'ambiente è um alto impegno morale ma anche un grande impegno político*» ([507]).

([504]) *Idem*, pág. 82.

([505]) Ver TITO ZULIAN, «L'Informazione Ecologica: Strumento Fondamentale della Tutela Ambientale», *idem*, págs. 97-98.

([506]) Ver MAGUELONNE DEJEANT-PONS, «Les Conventions du Programme des Nations Unies Pour L'Environnement Relatives aux mers régionales», *in* Annuaire Français de Droit International, XXXIII, Paris, Éditions du CNRS, 1987, págs. 712-713.

([507]) TITO ZULIAN, artigo citado, pág. 98.

Por outro lado existem *problemas jurídicos-institucionais* conexos funcionalmente com o desenvolvimento do procedimento de avaliação do impacto ambiental. Sucede assim com a problemática da *difusão do conhecimento em matéria de riscos industriais, a participação dos cidadãos e das suas associações* (designadamente para quanto concerne à indagação sobre os *aspectos técnicos* do *estudo de impacto ambiental*), a *técnica* e os *instrumentos* de tutela dos *interesses difusos*, o *direito de acesso à documentação administrativa* (ou, como referimos acima, mais amplamente a exigência de *transparência* da Administração Pública). Neste âmbito registe-se ainda a necessidade de evitar *controlos burocráticos* sobre *obras de menor relevo* ou incidência *ambiental* ([508]).

2) *Consequências e implicações jurídicas*

Suscita-se ainda a discussão de algumas questões relativas à *natureza jurídica* e à eficácia do *acto final* do procedimento de avaliação do impacto ambiental:

a) Alguns autores sustentaram que a avaliação do impacto ambiental deveria substituir, nas obras e actividades a ela sujeitos, *todos* os outros *procedimentos de aprovação ou autorização* (com uma consequente *reestruturação* de todo o sistema administrativo de garantia e de controlo). Estaríamos aqui em face de um *efeito de concentração.*

Esta tese, apesar da sua força sugestiva, é pouco praticável, obstando ao acolhimento de tal solução não só as disposições da Directiva 85/377/CEE relativa à avaliação do impacto ambiental mas a *radical transformação que esta solução comportaria no consolidado ordenamento dos poderes públicos* ([509]).

([508]) Paolo Dell'Anno, artigo citado, págs. 86-87.

([509]) Esta proposta tenderia a afirmar uma vocação dirigente da ideia de tutela do ambiente, o que levou à defesa de um quadro jurídico-político em que o ambientalismo potenciaria a construção de uma democracia totalitária, se não mesmo de uma "ditadura *ecológica*". A este respeito Alvin Toffler, *in* Powershift (Os Novos Poderes), pág. 420, alerta para que «a retórica teo-ecológica contém em si mais do que uma simples insinuação de castigo ou recompensa» e considera que importa chamar a atenção para «a concordância entre as opiniões dos eco-teólogos e as do revivalismo fundamentalista, com a sua profunda hostilidade à democracia laica.

«Uma ênfase partilhada em absolutos e a convicção de que podem ser necessárias restrições drásticas à escolha individual (para tornar as pessoas «morais»

b) O procedimento de Avaliação do Impacto Ambiental assumiria uma *relevância autónoma*, seria um procedimento autónomo, *em face do procedimento autorizativo*; inserido no procedimento administrativo (de autorização) principal, no momento em que se realiza a *fase instrutória*. Estaríamos aqui em face de um *efeito de dupla autorização* ([510]).

c) O procedimento de avaliação do impacto ambiental insere-se no procedimento autorizativo principal, relevando jurídicamente como *parecer obrigatório (procedimento por actos de procedimento)* ([511]).

d) Configuração da avaliação de impacto ambiental como um *sub-procedimento*, inserto no procedimento administrativo principal, em que o acto *final* do subprocedimento (concluído como verdadeiro e próprio procedimento) é um acto administrativo susceptível de impugnação contenciosa (tal como o acto do procedimento principal): seria, por exemplo, o caso dos procedimentos de aprovação dos instrumentos urbanísticos ([512]).

---

ou para «proteger o ambiente»), apontam em última análise para um ataque comum aos direitos humanos.», referindo-se ALVIN TOFFLER às implicações profundamente antidemocráticas na busca do absoluto, do constante, do estático, do Sagrado, citando o sociólogo francês ALAIN TOURAINE ("se rejeitarmos a razão em nome da salvação da camada de ozono, estaremos a expor-nos a um fundamentalismo verde, a uma ecoteocracia do tipo ayatollah Khomeini."), e interrogando:

«Podemos realmente imaginar um Partido Neo-Verde, com braçadeiras, cinturões e botas de cano alto, preparando-se para impor as suas próprias opiniões sobre a natureza ao resto da Sociedade?»

«Claro que não, em circunstâncias normais. E se as circunstâncias não forem normais?» (*idem*, págs. 420-421).

([510]) PAOLO DELL'ANNO, artigo citado, págs. 87-88.

([511]) PAOLO DELL'ANNO, artigo citado, pág. 88, o qual fala em procedimento permissivo, antecipando deste modo o juízo quanto à natureza jurídica (efeito constitutivo ou efeito permissivo) das autorizações.

([512]) PAOLO DELL'ANNO, artigo citado, pág. 88. Esta conceituação de subprocedimento é radicalmente diversa daquela que encontramos noutros autores: v.g. PAULO FERREIRA DA CUNHA, O Procedimento Administrativo, para quem os subprocedimentos são não-autónomos (não devendo ser confundidos com os procedimentos administrativos incidentais, subsidiários ou acessórios — pág. 105), sendo que o subprocedimento de elaboração de um *parecer* nos surge na *subfase instrutória* (momento de fixação dos interesses a valorar) da *fase preparatória* do Procedimento Administrativo (*idem*, pág. 159).

e) *Procedimento coligado (Gianinni)*: aqui desenvolve-se o procedimento normal, ao lado do qual se desenvolve um outro procedimento de avaliação do impacto ambiental ([513]).

f) *Procedimento «concertado»* (também dito *consular* ou de *co-decisão*), mediante o entendimento ou "concerto" entre diversas autoridades públicas (as responsáveis pela administração e gestão do uso do território e aquelas a quem seja cometido o exercício da avaliação do impacto) com a instauração de um *vínculo de solidariedade necessária* para a emanação do acto final. Há aqui um efeito de coordenação inter-subjectiva dos entes públicos ([514]).

g) *Procedimento quase-judicial*: em que é uma entidade independente que promove o *inquérito público* e faz a avaliação do impacto ambiental ([515]).

([513]) Neste ponto estamos perante o problema da tipologia do Procedimento Administrativo — quanto ao sentido do problema v.g. Paulo Ferreira da Cunha, O Procedimento Administrativo, pág. 98 e ss. ("o multimodo de ser do Procedimento Administrativo"), o qual na arrumação dos critérios tipológicos a que procede, expondo o critério *estrutural* sob o ponto de vista duma análise das *relações inter/intraprocedimentais*, e quanto ao *grau de complexidade e à interligação procedimental*, se refere aos procedimentos administrativos *complexos* (apontando para o seu cf. com os procedimentos administrativos de *segundo grau*, quanto à *imediação* na tutela de interesses públicos). No âmbito dos procedimentos *complexos* Paulo Ferreira da Cunha propõe uma arrumação destes em P.A. lineares ou sucessivos, convergentes e divergentes, mas não deixa de referir que os critérios tipológicos quanto ao grau de complexidade e à interligação procedimental parecem duplicar-se, mas têm matizes não descuráveis, pois se tanto Gasparri como Gianinni falam em P.A. simples e complexos, no entanto Gianinni específica melhor com a distinção cumulativa entre procedimentos *homogéneos* e heterogéneos (quanto à complexidade dos interesses públicos em jogo — critério *estrutural-funcional*) — *idem*, pág. 105, nota 36; Paulo Ferreira da Cunha refere ainda a questão do confronto entre os procedimentos administrativos complexos e os *coligados* (Gianinni), «parecendo que a solução do problema reside sempre na consideração ou não da categoria da complexidade como *Oberbegriff* apto a várias incidências (o que parece decorrer de Gasparri), ou conceito restrito a certos âmbitos, o que implica novos conceitos (similares) para áreas diversas (o que será a posição de Gianinni).» (*idem*, nota 37, págs. 105-106).

([514]) Paolo Dell'Anno, artigo citado, pág. 88.

([515]) Ver Maripina Terrasi, artigo citado, págs. 2358-2360. Cf. ainda Lorenza Violini, obra citada, págs. 21-32.

Uma noção aproximada de procedimento de avaliação do impacto ambiental contém-se na ideia de que estamos em face de um procedimento *jurídicamente ordenado, transparente e operacional que se destina à identificação, descrição e valoração, em tempo adequado, dos efeitos, directos e indirectos, de um projecto sobre elementos ambientalmente relevantes.*

Assim entendido este procedimento refira-se ainda que em nossa opinião, é ele um *procedimento funcionalmente polivalente e pluridimensional*, enquanto realiza as seguintes funções:

a) de *Prevenção*, quer nos refiramos à prevenção negativa (impedir que determinados empreendimentos avancem), à prevencão *positiva* (exigência da adopção de medidas cautelares) ou a *prevenção-previsão* (prognose) (descrição e previsão antecipada de um determinado fenómeno antes de ele verificar-se: apelo a um juízo «ex ante»).

b) de *Programação*, enquanto entra a conformar jurídicamente leis do urbanismo e do ordenamento do território (com reflexos ao nível do plano de desenvolvimento económico-social), obrigando como que a uma «recomposição do interesse público» (516).

c) de *Participação*: a filosofia do procedimento de avaliação do impacto ambiental é *biunívoca* ou, se o preferirmos, *bidireccional*, apontando em dois sentidos, duas direcções que se configuram contemporâneamente como cada vez mais relevantes. Por um lado impõe à Administração Pública (por exemplo, mediante a realização de inquéritos, estudos, recolha de pareceres especializados) a obtenção de todos os dados informativos sobre a obra proposta (conexionando-se com uma crescente exigência de "profissionalização" da Administração Pública). Por outro lado é necessário que esse processo de obtenção de informação seja realizado mediante a participação dos cidadãos interessados. Como refere PAOLO DELL'ANNO (517):

"La tutela ecológica, infatti, non può realizzarsi in modo pieno ed efficace senza il consenso dei cittadini. Anche strumenti tecnici sofisticati come la V.I.A. possono produne risultati positivi solo se divengono di pubblico dominio.

---

(516) Cf. BRUNO F. LAPADULA, artigo citado, pág. 80.

(517) Artigo citado, págs. 88-89.

É per questo che le iniziative per l'introduzione nel nostro ordinamento di questo istituto non devono trascurare adeguate azioni di informazioni, promozione e sensibilizzazione dell'opinione pubblica e dell'autorità amministrativa (tecnici e amministratori)".

A participação advém como um mecanismo jurídicamente relevante para a realização da exigência de *transparência* da Administração Pública (518). Exigência que se nos afigura *incontornável* quando constatamos que "projectando-se sobre o indivíduo e comprimindo-o, desenvolve-se um novo direito da Administração, muito mais agressivo que o de épocas passadas" (519) sendo que muitas das vezes "na Administração constitutiva ou de prestações, o destinatário aparece reduzido ao denominador comum dum consumidor final" (520) assistindo-se com frequência a uma *compressão dos ingredientes éticos*, à transformação do direito em recepção de simples regras técnico-científicas (que exigem cada vez mais uma presença de conhecimentos especializados) (521).

Ou seja estamos hoje, como refere ROGER GARAUDY (522) em face da necessidade de "fazer emergir uma nova concepção da política: a política não pode, sem degradação, definir-se apenas como técnica de acesso ao poder ou de manutenção do poder. Entendemos por política:

1. *Uma reflexão sobre os fins da sociedade global e sobre a gestão dos seus diversos órgãos.*

2. A organização dos meios que permita estimular, na base, a tomada de consciência crítica e criadora da necessidade dessa reflexão sobre os fins e da responsabilidade pessoal de cada um na gestão de todas as actividades sociais" (523).

É que quando nos damos conta de que «a sociedade técnica fornece uma multidão de substitutos para a necessidade de liber-

---

(518) Cf. ROBERTO MARRAMA, artigo citado, pág. 446 e ss. Como refere FRANÇOIS RANGEON, «Le Public Face A L'Administration», *idem*, pág. 89, «le désir d'une plus grande transparence de l'administration s'accompagne d'un souhait d'ouverture vers le public; celui-ci devrait pouvoir donner son avis sur le fonctionnement de l'administration estime une majorité importante des personnes interrogées.».

(519) Ver ROGÉRIO SOARES, obra citada, pág. 168.

(520) *Idem*, pág. 171.

(521) *Idem*, pág. 171 e ss.

(522) *In* O Projecto Esperança (trad. port.).

(523) *Idem*, pág. 109.

dade» ([524]) a tomada de consciência de que «a ciência e a técnica produtivas podem fornecer *meios* extremamente poderosos, mas não *fins* e um sentido para a nossa vida e para a nossa história» ([525]) impõe-se aos homens mais esclarecidos e aos juristas.

E, no domínio do jurídico, afirma-se progressivamente a ideia de que o *público* está em condições de fornecer à Administração Pública sugestões válidas sobre o seguimento a dar a um determinado projecto que pode ter incidências relevantes no ambiente, vindo a participação do público nas decisões *em matéria ambiental* a perspectivar-se, nas suas várias formas, como um procedimento que tutela quer os interesses (e direitos) dos cidadãos (sobretudo, *mas não exclusivamente*, daqueles que têm uma ligação com o espaço previsto para o projecto) quer os interesses da administração competente para a tomada de decisão, que deste modo fica em condições de conhecer elementos que lhe faltariam se tivesse de decidir «a solo» ([526])([527]).

Refira-se ainda que, em matéria de participação, a Directiva n.° 85/377, de 27 de Julho de 1985, do Conselho, consagra um conceito de participação do público que comporta alguns elementos substanciais irrenunciáveis:

– o *direito a ser informado*: 1) o público deve conhecer quanto possa suceder no âmbito do projecto previsto (p.ex. a instalação e funcionamento de uma central nuclear). 2) o público deve ser informado do teor da decisão e sua fundamentação. Este direito liga-se a uma exigência de *transparência do procedimento administrativo.*

– o *direito a ser consultado*: o público deve poder exprimir a sua opinião sobre o projecto em causa e suas incidências.

([524]) ROGÉRIO SOARES, obra citada, *idem.*

([525]) ROGER GARAUDY, obra citada, pág. 161.

([526]) TULLIO SCOVAZZI, «La Partecipazione del Pubblico Alle Decisioni sui Progetti Che Incidono sull'Ambiente», *in* Rivista Giuridica Dell'Ambiente, Milano, Giuffrè Editore, n.° 3, Setembro, ano IV, 1989, pág. 485.

([527]) *Idem*, pág 485 e ss., onde igualmente se refere que a participação do público está prevista em diversos documentos internacionais: assim, a Carta Mundial da Natureza (29-10-82, adoptada pela Assembleia-Geral das Nações Unidas), princípio 23: «Todas as pessoas terão a possibilidade, em conformidade com a legislação do seu país, de participar, individualmente ou com outras pessoas, na elaboração das decisões que concernem directamente ao ambiente».

– o *direito a ser tomado em consideração*: o público tem o direito de que a sua opinião seja avaliada por quem tem de decidir([528]).

Especial relevância adquire neste âmbito a consagração de direitos de participação e intervenção das associações de defesa do ambiente, como já tivemos oportunidade de referir, as quais são assim chamadas (consoante o seu âmbito) a participar e intervir na *definição da política do ambiente* (direitos de participação na vida política – cf. art. 112.° – C.R.P. e art. 4.°, 1 – L.A.D.A.) e na *definição das grandes linhas de orientação legislativa* (*direito de participação no procedimento legislativo* – cf. art. 4.°, 1, *in fine* – L.A.D.A.), gozam do estatuto de parceiro social (art. 4.°, 2 – L.A.D.A.) e dos direitos de consulta, informação, promoção de *meios administrativos de defesa do ambiente*, de prevenção e controle, etc. (cf. Lei n.° 10/87, de 4 de Abril – L.A.D.A.).

d) de *Cooperação e Coordenação*: não só o procedimento de avaliação do impacto ambiental, na sua conexão com o procedimento de aprovação ou autorização principal, postula uma *cooperação inter-subjectiva referida a entidades administrativas*, como é de admitir que a Administração Pública possa recorrer a entidades externas (p. ex. laboratórios de investigação científica, universidades) para a realização de uma correcta e fundada avaliação do impacto ambiental. (confronte-se o art. 8.° L.A.D.A., art. 7.° L.A.D.A.; e ainda as alíneas *b), d), c)*, do art. 3.° da Lei n.° 11/87; o art. 37.°, n.° 2, *idem*; art. 38.°, *idem*; art. 40.°, n.° 1 e 2, *idem*).

e) de *garantia*: enquanto o procedimento de avaliação do impacto ambiental se constitui num instrumento *conformador* do procedimento administrativo, concorrendo para uma *melhor* decisão da Administração (garantia em sede de *mérito* da decisão final) e de defesa do cidadão lesado no seu direito ao ambiente e/ou interessado no respeito das garantias constitucionais do procedimento administrativo([529]).

([528]) *Idem*, págs. 486-487.

Para uma reflexão sobre o conceito de público cf. COLAÇO ANTUNES, artigo citado, pág. 88; *idem*, págs. 90-95; *idem*, págs. 95-100.

Cf. ainda ROGÉRIO SOARES, obra citada, pág. 74 e ss. (e, designadamente, pág. 80) para uma reflexão sobre a dimensão desta *publicidade*.

([529]) Ver GOMES CANOTILHO, Direito Constitucional, 3ª edição, 1983, págs. 318-320, onde não só são referidas várias das garantias constitucionais do procedi-

f) de *eficiência*: enquanto concorre para a realização do princípio do bom andamento da Administração Pública. Por outro lado, na medida em que este princípio do bom andamento se articule com aqueles de *imparcialidade, justiça, transparência* da Administração Pública, estamos perante um procedimento que tende a *prevenir* e *resolver* em sede procedimental potenciais conflitos que pudessem originar-se em torno da realização da obra prevista.

3.3 A Estrutura do Procedimento de Avaliação do Impacto Ambiental no direito português

Dispõe o art. 30.°, n.° 1 da Lei de Bases do Ambiente que os *planos, projectos, trabalhos e acções que possam afectar o ambiente, o território e a qualidade de vida dos cidadãos, quer sejam da responsabilidade e iniciativa de um organismo da administração central, regional ou local, quer de instituições públicas ou privadas, devem respeitar as normas e preocupações desta lei e terão de ser acompanhados de um* ***estudo de impacte ambiental***, sendo que, de acordo com o art. 31.° – L.B.A., o *conteúdo* deste estudo de impacte ambiental compreenderá, no *mínimo*: a) uma *análise* do estado do local e do ambiente; b) o *estudo* das modificações que o projecto provocará; c) as *medidas* previstas para suprimir e reduzir as normas aprovadas e, se possível, compensar as eventuais incidências sobre a qualidade do ambiente. Sendo que (veja-se o art. 32.° – L.B.A.) *nas intervenções sobre componentes ambientais, naturais ou humanos, haverá que ter sempre em conta as consequências que qualquer dessas intervenções, efectivadas ao nível de cada um dos compo-*

---

mento administrativo, considerando-se a exigência de um procedimento jurídicamente adequado para o desenvolvimento da actividade administrativa como dimensão insubstituível da administração do Estado de Direito Democrático, enquanto este princípio do Estado de Direito permite dele deduzir a exigência de um procedimento justo e adequado de acesso ao direito e de realização do direito (a qual é determinada pela conformação jurídica do procedimento e do processo; e daí a inclusão na Constituição de alguns princípios e normas designadas por *garantias gerais de procedimento e processo*); *idem*, pág. 454 e ss., págs. 458-459, págs. 765-774. Ver ainda, JOÃO LOUREIRO, O Procedimento Administrativo entre a eficiência e a garantia dos particulares, Coimbra, 1990.

nentes, possa ter sobre as restantes ou sobre as respectivas ***inter-acções***.

A *aprovação* do estudo de impacte ambiental é *condição essencial* para o *licenciamento* final das obras e trabalhos pelos serviços competentes, nos termos da lei (art. 30.°, n.° 3 – L.B.A. — cf. art. 33.° (licenciamento), art. 34.° (declaração de zonas críticas e situações de emergência), art. 35.° (redução e suspensão de laboração) e art. 36.° (transferência de estabelecimentos)).

O n.° 2 do art. 30.° – L.B.A. remete para lei posterior a regulamentação das condições em que será efectuado o estudo de impacte ambiental, o seu conteúdo, bem como as entidades responsáveis pela análise das suas conclusões e pela autorização e licenciamento de obras ou trabalhos previstos. Tal acabou por suceder com o Decreto-Lei n.° 186/90, de 6 de Junho, que introduziu no direito interno as normas constantes da Directiva n.° 85/337/CEE, do Conselho, de 27 de Junho de 1985, relativa à avaliação dos efeitos de determinados projectos públicos e privados no ambiente, para além de dar concretização às normas já referidas da Lei de Bases do Ambiente (cf. o preâmbulo do Decreto-Lei n.° 186/90, de 6 de Junho – L.A.I.A. e o Decreto Regulamentar n.° 38/90, de 27 de Novembro).

a) *Âmbito do Procedimento de Avaliação do Impacto Ambiental*

A aprovação de projectos que, pela sua *natureza*, *dimensão* ou *localização*, se considerem susceptíveis de provocar *incidências significativas* no ambiente fica sujeita a um *processo prévio* de *avaliação* do impacte ambiental (A.I.A.), como *formalidade essencial*, da *competência* do membro do Governo responsável pela área do ambiente (actualmente, o Ministro do Ambiente e Recursos Naturais) (ver art. 2.°, n.° 1 – L.A.I.A.). Por *projecto* (e para efeitos do Decreto-Lei n.° 186/90) entende-se a realização de obras de construção ou de outras instalações ou obras, ou outras intervenções no meio natural ou na paisagem, incluindo as intervenções destinadas à exploração de recursos do solo (art. 1.°, n.° 2, *a)* – L.A.I.A.); e por *aprovação* a decisão da autoridade ou das autoridades competentes que confere ao dono da obra o direito de realizar o projecto (art. 1.°, 2.°, *c)* – L.A.I.A.) — considera-se como *dono da obra* o autor do pedido de aprovação de um projecto privado ou a entidade pública que toma a iniciativa relativa a um projecto (art. 1.°, 2.°, *b)* – L.A.I.A.).

Consideram-se abrangidos pelo disposto no art. 2.°, n.° 1, do Decreto-Lei n.° 186/90, os projectos constantes do anexo I ao referido Decreto-Lei, do qual faz parte integrante (cf. n.° 3 do art. 2.° do Decreto-Lei 186/90), a saber:

1 – Refinarias de petróleo bruto (excluindo as empresas que produzem *únicamente* lubrificantes a partir do petróleo bruto) e instalações de gasificação e de liquefacção de, pelo menos, 500t de carvão ou de xisto betuminoso por dia.

2 – Centrais térmicas e outras instalações de combustão com uma calorífica de, pelo menos, 300 MW e Centrais nucleares e outros reactores nucleares (excluindo as instalações de pesquisa para a produção e transformação de matérias cindiveis e férteis, cuja potência máxima não ultrapasse 1 kW de carga térmica contínua).

3 – Instalações *exclusivamente* destinadas à armazenagem permanente ou à eliminação definitiva de resíduos radioactivos.

4 – Fábricas integradas para a primeira fusão de ferro fundido e de aço.

5 – Instalações destinadas à extracção de amianto e transformação do amianto e de produtos que contêm amianto: em relação aos produtos de amianto-cimento, uma produção anual de mais de 20 000t de produtos acabados; em relação ao material de atrito, uma produção anual de mais de 50 t de produtos acabados; em relação às outras utilizações do amianto, uma utilização de mais de 200t por ano.

6 – Instalações químicas integradas.

7 – Construção de auto-estradas, de vias rápidas, de vias para o tráfego de longa distância dos caminhos-de-ferro e de aeroporto cuja pista de descolagem e de aterragem tenha um comprimento de 2100m ou mais. Entende-se por «via rápida» uma estrada que corresponda à definição do Acordo Europeu de 15 de Novembro de 1975 sobre as Grandes Vias do Tráfego Internacional; entende-se por «aeroporto» um aeroporto que corresponda à definição da Convenção de Chicago de 1944 relativa à criação da Organização da Aviação Civil Internacional (anexo n.° 14).

8 – Portos de comércio marítimos e vias navegáveis e portos de navegação interna que permitam o acesso a barcos com mais de 1350 t.

9 – Instalações de eliminação nos resíduos tóxicos e perigosos por incineração, tratamento químico ou armazenagem em terra.

Em *casos excepcionais* os projectos referidos podem ser *isentos* da Avaliação do Impacto Ambiental, por *decisão conjunta* do membro do Governo competente na área do projecto (responsável pela «tutela») e do membro do Governo responsável pela área do ambiente (ver art. 2.°, n.° 4 – L.A.I.A.), sendo que o Governo (através *destes* membros) decidirá se é *conveniente* uma outra forma de avaliação e facultará *informações* sobre a isenção concedida, nos termos do n.° 3 do artigo 2.° da Directiva n.° 85/337/CEE.

São ainda *incluídos* no âmbito do procedimento de avaliação do impacto ambiental os projectos constantes do anexo III ao D.L. n.° 186/90, do qual faz parte integrante, *nos termos e de de acordo com os critérios e limites a definir mediante decreto regulamentar* (ver art. 7.°, n.° 1 – L.A.I.A.) (530). Mas são *excluídos* deste âmbito os

---

(530) Actividades do anexo III, considerando o disposto no n.° 1 do artigo 7.° do Decreto-Lei n.° 186/90, de 6 de Junho:

«1 – Agricultura:

1.1 – Projectos de emparcelamento rural em áreas de regadio abrangendo uma área superior a 350 ha;

1.2 – Projectos de reconversão para exploração agrícola intensiva de áreas não cultivadas ou áreas seminaturais superiores a 100 ha;

1.3 – Projectos de arborização com espécies de crescimento rápido que incidam sobre áreas superiores a 350 ha ou de que resultem áreas de idêntica ordem de grandeza na continuidade de povoamentos preexistentes das mesmas espécies;

1.4 – Projectos de hidráulica agrícola, associados à regularização de cursos de água permanentes, beneficiando mais de 2500 ha;

1.5 – Exploração de suiniculturas com capacidade igual ou superior a 4000 animais ou 400 porcas reprodutoras;

1.6 – Instalações para exploração intensiva de espécies bovinas com capacidade igual ou superior a 500 cabeças;

1.7 – Instalações para criação de aves de capoeira de acordo com o seguinte:

a) Galinhas reprodutoras e galinhas poedeiras – instalações com capacidade superior a 75 000 animais;

b) Frangos – instalações com capacidade superior a 150 000 animais;

c) Patos – instalações com capacidade superior a 75 000 animais;

d) Perus – instalações com capacidade superior a 75 000 animais;

1.8 – Instalações agro-industriais com capacidade de laboração igual ou superior a 10 000 t de matéria-prima por ano;

empreendimentos considerados pelo Governo como de interesse para a defesa e segurança nacionais (ver art. 8.° – L.A.I.A.).

1.9 – Instalações de abate e ou integradas, destinadas à preparação e transformação de produtos e subprodutos da carne, que processem uma quantidade bruta de carcaça abatida superior a 30 000 t por ano.

2 – Indústrias extractivas:

2.1 – Extracção de minerais não metálicos, nem produtores de energia, como o mármore, a areia, o cascalho, o xisto, o sal, os fosfatos e a potassa, cuja área seja superior a 5 ha e ou a produção anual ultrapasse 150 000 t;

2.2 – Extracção de minerais energéticos, nas suas diversas formas, em explorações subterrâneas ou a céu aberto, cuja área seja superior a 5 ha e ou a produção anual ultrapasse 150 000 t;

2.3 – Extracção de minerais metálicos cuja área seja superior a 5 ha e ou a produção anual ultrapasse 150 000 t.

3 – Instalações industriais:

3.1 – Instalações destinadas ao fabrico de cimento;

3.2 – Instalações para a produção ou enriquecimento de combustíveis nucleares;

3.3 – Instalações para a recolha e processamento de resíduos radioactivos;

3.4 – Instalações destinadas à armazenagem de gases inflamáveis com mais de 300 t e de líquidos com mais de 100 000 t. Para efeitos de obrigatoriedade do processo de A.I.A., duas ou mais instalações são consideradas como uma só, desde que os seus perímetros se encontrem a uma distância inferior a 500 m, independentemente de terem ou não o mesmo proprietário;

3.5 – Fabrico de pasta de papel e de papel.

4 – Infra-estruturas:

4.1 – Barragens com altura superior a 15 m contados da base até ao coroamento, ou com volume de armazenamento superior a 100 000m^3, ou área da albufeira superior a 5 ha, ou desenvolvimento do coroamento superior a 500 m, ou ainda, cuja importância e dimensão da obra sejam susceptíveis de ter condições especiais de fundações ou possam pôr em risco populações a jusante;

4.2 – Linhas de transporte de electricidade com tensão superior a 200 kV;

4.3 – Projectos de desenvolvimento urbano que ocupem uma área superior a 10 ha;

4.4 – Oleodutos, gasodutos e outros sistemas similares destinados ao transporte de substâncias inflamáveis, explosivas e corrosivas;

4.5 – Marinas, portos de recreio e docas de recreio.

4.5.1 – Localizados em estuários de rios:

4.5.1.1 – Todos os localizados em áreas protegidas;

4.5.1.2 – Quando não localizados em áreas protegidas, desde que prevejam mais de 100 postos de amarração destinados a embarcações com comprimento fora a fora até 12 m, admitindo-se que até 7% dos postos de amarração se destinem a embarcações com comprimento superior;

b) *Objecto do procedimento de avaliação do Impacto Ambiental*

A Avaliação do Impacto Ambiental é um procedimento que tem por *objecto* a determinação dos *efeitos directos e indirectos* sobre o homem, a fauna, a flora, o solo, a água, o ar, o clima, a paisagem, a *interacção* entre todos os factores, os bens materiais e o património cultural (art. 2.°, n.° 2, alíneas *a)* a *d)* – L.A.I.A.).

c) *Início do procedimento de avaliação do Impacto Ambiental*

Para os efeitos da avaliação do Impacto Ambiental os donos da obra devem apresentar, no início do procedimento conducente à autorização ou licenciamento do projecto, um estudo de impacte ambiental (E.I.A.). A apresentação é feita perante a entidade pública competente para a autorização ou licenciamento do projecto. (Ver art. 3.°, 1 –

4.5.2 – Localizados em rios (com exclusão dos estuários), lagos e albufeiras que prevejam mais de 25 postos de amarração para embarcações com comprimento fora a fora inferior a 6 m, admitindo-se que até 7% desses postos de amarração se destinem a embarcações com comprimento superior;

4.5.3 – Localizados na costa marítima, desde que prevejam mais de 250 postos de amarração destinados a embarcações com comprimento fora a fora inferior a 12m, admitindo-se que até 7% desses postos de amarração se destinem a embarcações de comprimento superior;

4.6 – Aldeamentos turísticos não incluídos em planos regionais do ordenamento do território, planos directores municipais ou planos de urbanização plenamente eficazes, que ocupem uma área superior a 50 ha ou que prevejam uma ocupação superior a 70 habitantes por hectare ou um índice de construção superior a 0,6 m^3/m^2;

4.7 – Complexos de instalações hoteleiras e ou meios complementares de alojamento turístico ou outras formas de alojamento turístico não incluídos em planos regionais de ordenamento do território, planos directores municipais ou planos de urbanização plenamente eficazes ou que prevejam o alojamento de mais de 1000 pessoas.»

Note-se que, ainda nos termos do art. 1.°, 1 R. L.A.I.A., sempre que não sejam ultrapassados os limites ou dimensões dos projectos referidos neste anexo, as incidências sobre o ambiente são *obrigatóriamente* salvaguardadas no processo de licenciamento ou autorização respectivo, sem prejuízo da realização de um estudo de impacte ambiental quando tal resultar de específica exigência de Lei».

Veja-se ainda a Lei de Bases do Ambiente.

L.A.I.A. e art. 32.° – L.B.A.), a qual enviará, de imediato, ao membro do Governo responsável pela área do ambiente o projecto em causa, o estudo de impacte ambiental e outros elementos que considere *relevantes* para a correcta apreciação do projecto (ver art. 3.°, n.° 2 – L.A.I.A.). Esta apresentação do estudo de impacte ambiental é efectuada *préviamente* a qualquer licenciamento ou autorização (Art. 2.°, 1 – R. L.A.I.A.).

d) *Conteúdo do Estudo de Impacte Ambiental*

Para efeitos de avaliação do impacte ambiental dos projectos do anexo I do Decreto-Lei n.° 186/90, o estudo de impacte ambiental (E.I.A.), consoante as circunstâncias do projecto, deve ser elaborado atendendo aos seguintes aspectos:

a) Descrição do projecto, referindo:
Localização;
Características funcionais relativas às fases de construção e operação, bem como, se for caso disso, descrição dos processos de fabrico;
Exigências de utilização de recursos, incluindo a ocupação do solo, matérias-primas e meios humanos.

b) Situação de referência actual e perspectivas de evolução do local da zona envolvente nos seguintes aspectos susceptíveis de serem operados pela actividade:
Factores físicos, nomeadamente topografia, geologia, hidrologia, climatologia e solos;
Factores bióticos e ecológicos, nomeadamente fauna e flora, *habitats* e ecossistemas, em particular a sua importância, raridade, espécies protegidas, património arqueológico e arquitectónico;
Qualidade do ambiente e seus componentes (água, ar, solo, níveis de ruído, odores e luminosidade);
População e actividade — quadro demográfico, sócio-económico e cultural;
Uso do solo e sua relação com figuras de ordenamento, nomeadamente áreas protegidas, sítios classificados, reserva ecológica nacional, reserva agrícola nacional, planos urbanís-

ticos e de ordenamento do território, servidões e outros condicionamentos.

c) Incidências sobre o ambiente e medidas mitigadoras:
Incidência sobre o sistema de drenagem e características hidrológicas e hidrodinâmicas em geral, designadamente no que respeita a aquíferos, cursos de água, albufeiras, zonas ribeirinhas e sistemas estuarinos e costeiros;
Incidência de emissão de resíduos líquidos e gasosos e ruído sobre os parâmetros de qualidade do meio receptor, nomeadamente o solo, água e ar;
Alterações profundas ou irreversíveis na estrutura do ecossistema e factores de desequilíbrio ecológico;
Alteração do património cultural e ou dos patrimónios construído e arqueológico e qualquer acção que afecte os usos e costumes locais e regionais;
Implicações na utilização de recursos naturais afectos ao projecto e alterações no uso do solo e dos recursos;
Alterações nos parâmetros demográficos e sócio-económicos da população;
Análise dos riscos para o ambiente e população decorrentes de acidentes graves e respectivas medidas de prevenção e planos de emergência;
Medidas mitigadoras das incidências negativas sobre o ambiente.

Já quanto aos projectos enumerados no anexo III do Decreto-Lei n.° 186/90, e especificados no anexo do Dec. Reg. n.° 38/90, deve o Estudo de Impacte Ambiental (E.I.A.) a apresentar pelo dono da obra salvaguardar a análise dos seguintes aspectos principais:

– Localização, descrição e características funcionais do projecto;
– Incidência sobre o sistema de drenagem, zonas ribeirinhas e sistemas costeiros e estuarinos;
– Incidência da emissão de resíduos ou efluentes sobre os parâmetros de qualidade do solo, água e ar;
– Factores de desequilíbrio na estrutura do ecossistema;
– Medidas mitigadoras das incidências negativas sobre o ambiente.

– Se for caso disso, um esboço das principais soluções da substituição examinadas pelo dono da obra e a indicação das principais razões dessa escolha, atendendo aos efeitos no ambiente (Ver anexo II do Decreto-Lei n.° 186/90).
– Um *resumo não técnico* das informações transmitidas com base nas rubricas mencionadas.
– Um resumo das eventuais dificuldades (lacunas técnicas ou nos conhecimentos) encontradas pelo dono da obra na compilação das informações requeridas (ver art. 3.°, n.° 3 – L.A.I.A.).

e) *Desenvolvimento do procedimento de avaliação do impacto ambiental*

O membro do Governo responsável pela área do ambiente determinará através de despacho, qual a entidade encarregue da *instrução* do procedimento de avaliação do impacto ambiental. Esta competência é exercida conjuntamente com o ministro responsável pelo ordenamento do território, nos casos de projectos situados dentro de perímetros urbanos ou que atravessem povoações (art. 3.°, 2 – R. L.A.I.A.)([531]).

À entidade competente para realizar a instrução deste procedimento (A.I.A.) cabe apreciar e emitir o parecer sobre o projecto; na apreciação do Estudo de Impacte Ambiental (E.I.A.) ter-se-ão em conta os efeitos cumulativos ou sinérgicos do empreendimento sobre os componentes ambientais (art. 2.°, 3 – R. L.A.I.A.). Compete ainda a esta entidade promover uma *consulta do público interessado*, de molde a permitir uma alargada participação das entidades interessadas (e, desde logo, das associações de defesa do ambiente) e dos cidadãos na apreciação do projecto (art. 4.°, 1 – L.A.I.A.).

Esta *consulta do público interessado* pressupõe uma *divulgação prévia* dos estudos efectuados e respectivos resultados, bem como

---

([531]) Quando o projecto se localize numa região autónoma a entidade competente para a instrução do procedimento de avaliação do impacte ambiental (A.I.A.) é designada pelos respectivos órgãos de governo próprio — art. 3.°, 3 do D.R. n.° 38/90.

uma *explicitação* dos elementos *mais caracterizadores* do empreendimento em análise, sem prejuízo da observância das normas legais que protegem os conhecimentos técnicos não patenteados (art. 4.°, n.° 2 – L.A.I.A.). Consoante a natureza e extensão dos impactes previsíveis, esta consulta do público interessado deve realizar-se por um período de tempo: a) não inferior a 40 nem superior a 60 dias, nos projectos do anexo I do Decreto-Lei n.° 186/90, de 6 de Junho; b) não inferior a 20 nem superior a 30 dias, nos projectos do anexo III do Decreto-Lei n.° 186/90, de 6 de Junho (art. 4.°, 1 – R. L.A.I.A.).

Para efeitos de *acesso* e *participação* dispõe o art. 4.°, 2 – R. L.A.I.A. que se considera como público interessado: a) os cidadãos, as suas organizações representativas, nomeadamente as associações de defesa do ambiente, bem como as autarquias locais da região abrangida relativamente a empreendimentos em cujo processo não tenham já participado, nos projectos do anexo I do Decreto-Lei n.° 186/90, de 6 de Junho; b) as freguesias onde se localize o empreendimento ou por onde ele passe, bem como as que lhes sejam limítrofes se por ele possam ser afectadas, os cidadãos nelas residentes e suas organizações representativas, nomeadamente as associações locais de defesa do ambiente, nos projectos do anexo III do Decreto-Lei n.° 186/90, de 6 de Junho.

No âmbito do processo de consulta do público interessado serão consideradas e apreciadas as exposições e reclamações que, apresentadas por escrito, especificamente se relacionem com o projecto (art. 4.°, 4 – R. L.A.I.A.); quando, pelas circunstâncias do projecto, tal se mostre necessário, são promovidas *audiências públicas abertas* aos interessados, com vista à discussão e debate de aspectos específicos do projecto (previamente divulgado) (art. 4.°, 5 – *idem*). Findo o prazo fixado para a consulta do público, é elaborado, nos cinco dias subsequentes, um *relatório* sucinto especificando as diligências efectuadas, a participação registada e as conclusões a extrair (art. 4.°, 6 – *idem*).

Registe-se a inexistência de consagração expressa de *mecanismos de acompanhamento* deste procedimento e respectiva tramitação ([532]), sendo que quanto à *fiscalização* da disciplina estabelecida na regulamentação da avaliação do impacte ambiental a mesma é

([532]) Ver art. 7.°, 2 – L.A.I.A., confrontar o art. 5.°, *d*) da L.A.D.A..

cometida aos serviços competentes do Ministério do Ambiente e Recursos Naturais (art. 7.° – R. L.A.I.A.).

f) *Conclusão do procedimento de avaliação do impacto ambiental*

No prazo máximo de 120 dias contados a partir da data de recepção da documentação referida no n.° 2 do artigo 3.° do D.L. 186/90, o membro do governo responsável pela área do ambiente enviará à tutela e à entidade competente para licenciar ou autorizar o projecto o respectivo *parecer*, acompanhado do *relatório da consulta pública* que tenha promovido e da análise do mesmo. Este prazo pode ser prorrogado por 30 dias, mediante *despacho conjunto* dos membros do Governo responsáveis pela área do ambiente e da tutela (ver art. 5.°, n.° 1 e 2 da L.A.I.A.).

g) *Incidências do Procedimento de Avaliação do Impacto Ambiental no procedimento autorizativo principal*

1. O art. 30.°, n.° 3 – L.B.A. determina que a aprovação do estudo de impacto ambiental é condição essencial para o licenciamento final das obras e trabalhos pelos serviços competentes, nos termos da lei (cf. art. 33.° – L.B.A.); o n.° 3 do art. 5.° do D.L. n.° 186/90 determina que se considera favorável o parecer se, decorridos os prazos estabelecidos nos números anteriores, nada for comunicado à entidade competente para licenciar ou autorizar o projecto.

2. A entidade competente para a aprovação do projecto deve ter em consideração o parecer a que se refere o artigo 5.°, 1 – L.A.I.A.. Com a consequência de, em caso da sua não adopção, incorporar na decisão as razões *de facto* e *de direito* que para tal forem determinantes (art. 6.° – L.A.I.A.). A não adopção do *parecer* emitido pela entidade competente sobre impacte ambiental de um projecto implica a inclusão, no licenciamento, de obrigações de controlo sobre os impactes negativos sobre o ambiente e de mecanismos de acompanhamento, realização de auditorias, controlos e monitorizações que permitam avaliar os efeitos sobre o estado do ambiente decorrentes da realização do projecto, por forma a permitir a sua compensação atem-

pada (art. 6.°, 1 – Dec. Reg. n.° 38/90), sendo este acompanhamento e controlo da responsabilidade dos serviços competentes do Ministério do Ambiente e Recursos Naturais (art. 6.°, 2 – *idem*).

As *decisões finais* tomadas sobre os projectos apreciados no âmbito da avaliação do impacto ambiental, *bem como os respectivos processos*, devem ser objecto de *divulgação pública*.

3. A execução de projectos sujeitos a avaliação do impacto ambiental *sem* a necessária *aprovação* ou em violação do conteúdo dessa decisão constitui *contra-ordenação* punível com coima de 500 a 600 contos (art. 10.°, 1 – L.A.I.A.) sendo a *entidade competente* para a aplicação da coima o membro do Governo responsável pela área do ambiente (art. 10.°, 3 – L.A.I.A.), o qual pode ainda, a título de *sanção acessória* e nos termos da lei geral, nas situações aí previstas, determinar:

a) A aprensão de máquinas ou utensílios.

b) O encerramento de instalações.

c) A interdição de exercer a profissão ou actividade.

d) A privação do direito de participação em arrematações e concursos promovidos por entidades ou serviços públicos, de obras públicas, de fornecimento de obras e serviços ou concessão de serviços, licenças ou alvarás (cf. art. 10.°, 4 – L.A.I.A.) ([533]).

Sempre que a ordem de demolição ou o dever de reposição da situação no estado anterior não sejam *voluntariamente* cumpridos, os serviços do Estado actuarão directamente por *conta do infractor*, sendo as despesas cobradas coercivamente, através do processo previsto para as execuções fiscais (ver art. 10.°, 6 – L.A.I.A.) ([534]).

([533]) *A negligência é punível* (art. 10.°, 2 – L.A.I.A.). Aplica-se ainda o disposto no artigo 48.° da Lei n.° 11/87, de 7 de Abril (cf. art. 10.°, 5 – L.A.I.A.) Art. 5.° do D.R. n.° 38/90: «Indemnizações: 1 – Para efeitos do disposto no n.° 3 do artigo 48.° da Lei n.° 11/87, de 7 de Abril, o montante de indemnização é calculado com base na estimativa do custo das acções e estudos alternativos à situação antes existente e necessários à minimização dos impactes provocados. 2 – Na total impossibilidade de fixar o montante da indemnização por recurso à caracterização de alternativas à situação antes existente, são os danos ao ambiente indemnizados como danos não patrimoniais de montante a fixar equitativamente pelo tribunal.»

([534]) *Carência de regulamentação*: as normas *processuais* relativas á execução do disposto no artigo 10.° do D.L. n.° 186/90 são aprovadas por *decreto regulamentar*. O D.L. n.° 186/90, de 6 de Junho, entrou em vigor no dia 7 de Junho de 1990

Em matéria de tutela administrativa do ambiente a nova legalidade procedimental que se vem afirmando e emergindo, fundada no relevo crescente do Princípio da Prevenção do dano ambiental, subjacente ao qual encontra-se uma ideia de avaliação do impacto ambiental de determinados projectos susceptíveis de produzirem incidências significativas no ambiente, faz apelo a dimensões irrecusáveis de participação, informação, acção ambiental, transparência da Administração Pública.

Um dos mecanismos mais relevantes desta nova legalidade procedimental é a legitimação procedimental da intervenção das associações de defesa do ambiente.

Por outro lado, a estrutura do procedimento de avaliação do impacto ambiental configurada no D.L. 186/90 e no Decreto Regulamentar 38/90 afigura-se-nos *deficiente* para a realização das plúrimas funções que assinalámos a este procedimento administrativo.

A legislação portuguesa não é muito clara quanto a outra questão: a da *natureza jurídica deste* procedimento de avaliação do impacto ambiental.

a) Não perfilhamos (em face dos dados normativos) a opinião de que se trate de um *sub-procedimento*, pois que no seu termo não deparamos com um acto administrativo, antes se nos depara um *parecer*: isto é, um acto instrumental com conteúdo declarativo que exprime uma *avaliação* (isto é: que traduz uma apreciação do "sentido" duma certa situação de facto), consistindo (o parecer) numa apreciação de carácter jurídico ou relativo à *conveniência* administrativa ou técnica, emitida por um órgão consultivo, a propósito de um acto em preparação ou de realização eventual; no caso deste procedimento (A.I.A.) trata-se de um parecer *obrigatório*, incluído no número de *formalidades* a cumprir na fase de preparação num acto (a autorização), cuja falta ou invalidade vai acarretar uma invalidade deste acto (a autorização) que ele serve ([535]).

b) A estrutura em causa (na legislação portuguesa) também não consagra um *procedimento quase-judicial*: não é uma entidade inde-

---

(art. 11.°, 1); mas o seu regime não se aplica aos projectos cujo procedimento de aprovação *estava em curso* à data da entrada em vigor deste D.L..

([535]) Assim, ver: ROGÉRIO SOARES, Direito Administrativo, págs. 136-137 e págs. 158-159.

pendente a promover o inquérito público e a fazer a avaliação do impacto ambiental, antes é a uma entidade da Administracão Pública que compete a instrução do processo de A.I.A..

c) Não estamos perante um procedimento «concertado» (também dito *consular* ou de *co-decisão*), pois não deparamos com um entendimento ou concerto entre diversas autoridades públicas (as responsáveis pela administração e gestão do uso do território e aquelas a quem seja cometido o exercício da avaliação do impacto) com a instauração de um *vínculo de solidariedade necessária* para a emanação do acto final (*neste* não há qualquer efeito de coordenação intersubjectiva dos entes públicos); mas também não estamos perante um *procedimento coligado* (GIANINNI: aqui desenvolve-se o procedimento normal, ao lado do qual se desenvolve um outro procedimento de avaliacão do impacto ambiental) e, muito menos, perante um *efeito de concentração*, excluído pelo actual *ordenamento dos poderes públicos* — a tutela do ambiente está incluída no quadro dos interesses públicos a serem apreciados pela entidade competente para decidir da autorização, mas não é o único interesse público a ser considerado nem faz precludir a consideração pelo decisor administrativo dos outros interesses públicos. De resto, a legislação portuguesa nem tão-pouco consagra um *efeito de dupla autorização*: o procedimento de avaliação do impacto ambiental não tem relevância autónoma, *não* é um procedimento autónomo em face do procedimento autorizativo — inserido no procedimento autorizativo, nos momentos instrutórios da fase preparatória de tal procedimento administrativo, este procedimento de A.I.A. não tem relevância jurídica autónoma mas apenas como parecer obrigatório.

d) Concluímos assim que o procedimento de avaliação do impacto ambiental (tal como está estruturado no actual direito português) insere-se no procedimento autorizativo principal, relevando jurídicamente como *parecer obrigatório*, cuja falta ou invalidade vai acarretar a invalidade da *autorização* que ele serve (*procedimento por actos de procedimento*). Sendo um parecer obrigatório não é, porém, um parecer vinculativo: fornece apenas uma sugestão que a Administração activa aceita ou não, muito embora tenha de a considerar(536).

---

(536) ROGÉRIO SOARES, Direito Administrativo, pág. 137. Nos termos do art. 124.°, n.° 1, alínea *a*) do Dec.-Lei n.° 442/91 (C.P.A.) *devem ser fundamentados* os actos

A consequência da *não adopção do parecer* consiste em a entidade competente para a aprovação do projecto *dever* incorporar na decisão as *razões de facto e de direito* que para tal forem determinantes (veja-se os arts. 5.° e 6.° – L.A.I.A.), para além de implicar a inclusão no licenciamento dos condicionamentos previstos no art. 6.°, n.° 1 do Direito Regulamentar n.° 38/90.

A *falta* deste parecer (porque não tenha havido lugar no procedimento como *falta* duma *formalidade essencial* no procedimento autorizativo (art. 2.°, n.° 1 – L.A.I.A.), pelo que a impugnação judicial da não realização deste procedimento de avaliação do impacto ambiental só é possível mediante a interposição de recurso contencioso, com fundamento em ilegalidade (por vício de forma) do acto administrativo autorizativo (Art. 268.°, n.° 4 – C.R.P.) (537).

---

administrativos que, *total ou parcialmente*, decidam em contrário de parecer. (Cf. art. 123.°, 2. j., *idem*).

(537) Um entendimento muito corrente na doutrina, na jurisprudência e na legislação considera que o pressuposto jurídico-material da interposição do recurso contencioso é que se esteja perante um acto administrativo definitivo e executório: v.g. PAULO FERREIRA DA CUNHA, O Procedimento Administrativo, págs. 205-206 (em especial, as notas 11 e 12), BARBOSA DE MELO, Direito Administrativo, págs. 95. Criticando este entendimento pode ver-se ROGÉRIO SOARES, *in* Direito Administrativo, págs. 58-65 e pág. 191 e ss., e ainda: «O Acto Administrativo», *in* Scientia Juridica, Tomo XXXIX, 1990, págs. 25-35, acabando por concluir quanto às dúvidas suscitadas pela nova redação do art. 268.°, n.° 4 – C.R.P.: «Repare-se quando se pergunta se um acto jurídico da Administração é um daqueles que se enquadram no tipo dos que produzem lesões de situações jurídicas, estamos a esperar uma resposta sobre a qualidade dos actos, ou seja que são actos administrativos ou que não são actos administrativos (porventura actos instrumentais). Quando, porém, nos interrogamos sobre se um acto tem os seus efeitos actuais ou comprimidos, o que queremos saber é outra coisa, queremos saber da sua situação ou do seu estado, não da sua natureza; isto é, saber se aquele acto, que se apresenta ali como acto administrativo, estará na posição de ser operativo, eficaz, ou se pelo contrário, ficou sujeito a conservar os seus efeitos comprimidos até um certo momento.

Reatando com o que dissemos atrás: o nosso sistema jurídico administrativo, impõe, como os outros sistemas jurídicos administrativos de tipo, europeu continental modernos, que se garanta que qualquer acto que produza uma ofensa de situações jurídicamente reconhecidas tenha a possibilidade de ser sindicado judicialmente; por outras palavras, que se exija que um acto administrativo não possa ser subtraído ao contencioso; tal é o que se exprime na garantia constitucional da accionabilidade. Mas isto também significa que há-de excluir-se do domínio do contencioso de anu-

Desde logo têm legitimidade processual activa para interpôr recurso contencioso dos actos administrativos que violam as dis-

---

lação todo e qualquer acto que não esteja a concretizar lesões, todo o acto que no procedimento serve apenas actos de primeira grandeza.

Foi justamente isto que o artigo 268.° quis consagrar, tanto na versão actual como na versão anterior. Dizer-se no n.° 4 da redacção actual que é garantido o recurso contra quaisquer actos administrativos tem de significar apenas que é contra *actos administrativos* que há um recurso, isto é contra aquela figura típica no conjunto de actividades da Administração que traduz uma directa produção de efeitos jurídicos externos. Não pode perceber-se a angústia de quem receie ver entrar no contencioso, numa espécie de rebelião das massas, as requisições, as propostas, as informações, os pareceres, etc. Nada disso são actos administrativos, e não faz falta nenhuma, para os esconjurar, o qualificativo de definitivo. Quando o legislador fez desaparecer, e muito bem, esse qualificativo na nova redacção, ele já dispunha duma expressão suficientemente esclarecedora para banir toda esta ganga do processo contencioso. Referiu-se aos actos administrativos e, ao fazê-lo, imediatamente significou que tudo que não fosse acto administrativo não entrava no contencioso. Na redacção anterior falava-se em actos administrativos definitivos. Se esse atributo da definitividade tivesse o sentido que ainda hoje se lhe dá no nosso país, isto é o primitivo, o de acto que produz estatuição, então o que teriamos era que "os actos administrativos que fossem actos administrativos" estavam ao alcance dos tribunais do contencioso. Era isso, era essa enormidade que significava em termos precisos a fórmula que estava recebida na anterior redacção do texto constitucional.

Mas, dir-me-ão: está bem, mas a definitividade, como vimos, tem um outro sentido, que é o que está relacionado com a competência exclusiva, e então a mudança de redacção do n.° 3 para o n.° 4 iria fazer com que agora o recurso contencioso tivesse de ser imediatamente admitido nos casos em que existe um recurso hierárquico necessário. Quer dizer, então dos actos não definitivos no sentido moderno poderá interpôr-se agora recurso contencioso?

É evidente que não haveria qualquer oposição de princípio a que tal acontecesse, mas não é violação do princípio da accionabilidade se o legislador vier a estabelecer um recurso hierárquico prévio. É que, repare-se, o princípio não impõe a abertura de um recurso contencioso imediato; apenas determina que não pode recusar-se a garantia contenciosa quando há um acto administrativo. Não nos diz que voltas é que esse recurso contencioso pode ser obrigado a dar para defesa de outros valores, caso não se ponha em perigo a garantia da accionabilidade. Sendo assim, não há nada que impeça que por boas razões (e parece-me que são boas razões) o interessado tenha, antes de exercitar a defesa jurisdicional, de vir esgotar as vias administrativas. Não é seguramente o art. 268.° n.°4 que o impede.

Recorde-se, e todos nós temos notícia disso, que era uma solução processual deste tipo que o Dec.-Lei n.° 256-A/77 impunha quando determinou que o recurso contencioso fosse apresentado perante a autoridade recorrida, para que ela no prazo de 30 dias revogasse ou sustentasse o acto. É uma forma atenuada do sistema do

posições legais que, nos termos do art. 66.° da Constituição da República, protegem o ambiente e a qualidade de vida, as associações

---

processo administrativo prévio que outras legislações conhecem, sem que alguém tivesse ficado aterrado, preocupado, aflito, com receio de que isso fosse pôr em perigo o princípio da accionabilidade dos actos administrativos. Quer dizer, também não é por aqui que se justificam as angústias: nos casos cada vez mais raros de concorrência de competências, os recursos hierárquicos continuam a ser necessários e contínuam a ser úteis.

Perguntar-me-ão, porém: e o resto, e a executoriedade? A executoriedade também desapareceu do texto constitucional!

Em primeiro lugar, como vimos, não era executoriedade o que estava aí em causa, era pura e simplesmente um problema de eficácia.

Mas, dado isso de barato, a supressão da fórmula executoriedade (eficácia) com todos os esforços de tradução que possamos fazer, mesmo assim não irá agora abrir um recurso contra actos ineficazes? Mais uma vez nos parecem infundados os receios: repetimos que o artigo 268.° n.° 4 garantiu que contra os actos jurídicos que assumam a natureza de actos administrativos tenha de haver um recurso contencioso, mas não implica de forma alguma que esse recurso deva ser actual, qualquer que seja a situação do acto. Se a situação do acto é a da ineficácia e enquanto o fôr, a lesão é simplesmente potencial, e não se justifica que os tribunais, que têm mais que fazer, estejam a ser assoberbados com um recurso; é isto mesmo, parece-me, que o legislador pretendeu dizer quando, com mais uma fórmula cautelosa, acrescentou ao n.° 4 qualquer coisa que não existia no artigo n.° 3: "*que lesem os seus direitos ou interesses legalmente protegidos*". Não basta assim que o acto seja um daqueles que pela sua natureza concretiza um comando perturbador da ordem jurídica, é preciso que o seu estado de virulência seja actual, não apenas potencial.

Já se tem perguntado, por fim, uma outra coisa: porque é que o legislador constitucional foi mexer no que estava, quando parece que mais ou menos nos entendiamos com o que os textos dispunham? Se foi mexer, é porque pretendeu estabelecer um regime que é substancialmente diferente do anterior!

(...). Em primeiro lugar suponho que o legislador constitucional foi sensível a razões de correcção jurídica. Obviamente que o legislador não tem obrigação de fazer doutrina, mas tem obrigação de não dizer coisas manifestamente incorrectas, e aqui remeto-me para a paciência dos ouvintes, pedindo-lhes que pensem no que se disse atrás. Já não é sem tempo de enterrar as velhas fórmulas caducas que ficaram na moda como a bengala ou os chapéus de côco.

Mas há outra razão possível e talvez muito mais importante do que essa: é que a formulação anterior definia a garantia da accionabilidade de um modo manifestamente defeituoso, no sentido de que poderia pôr em causa o alcance desse princípio. O que se quer é que seja impossível negar um recurso contencioso contra um acto administrativo. Ora o n.° 3 da antiga redacção quando parecia restringir o recurso contencioso àquilo que chamava actos definitivos e executórios, (ou seja, ineficazes), se bem virmos, permitia que o legislador fosse para um acto praticado no uso de com-

de defesa do ambiente (art. 7.°, n.° 1, *b*) — L.A.D.A.) ([538]). Mas também o Ministério Público tem legitimidade activa para interpôr recurso da autorização que não tenha sido *precedida* de um procedimento de avaliação do impacto ambiental (vejam-se os arts. 821.° do Código Administrativo, e arts. 27.° e 28.° da Lei de Processo nos Tribunais Administrativos), através duma acção pública dirigida à defesa da legalidade: na medida em que deparamos nestes procedimentos autorizativos com a fixação na lei da tramitação a adoptar, a *falta* deste *parecer* (A.I.A.) traduz uma ofensa directa à Lei, enquanto apresenta uma tramitação que não preenche o quadro expressamente imposto: vício de procedimento (englobando no *vício de forma* em sentido amplo) ([539]).

A existência deste *vício de forma* será então a *causa de pedir* — mas o que é que se vem a pedir? Entendemos que o *pedido* deve ser o da *anulação* do acto administrativo. A invalidade do acto deve ser sancionada com a *anulabilidade*, afastando-se a possibilidade da declaração judicial de nulidade da autorização em *causa* ([540]).

---

petência concorrente (portanto, não definitivo) obstar ao recurso contencioso, dizendo, por exemplo, que as decisões do recurso hierárquico não admitiam qualquer recurso. Ao lesado pelo acto da autoridade inferior ficava vedado o recurso contencioso: isto quer dizer que o princípio de que a toda a lesão corresponde sempre um recurso contencioso conhecia aqui uma compressão extremamente grave, consentida pela redacção do anterior texto.

Ou então poderia um legislador malévolo privar de recurso potencial um acto ineficaz, por exemplo, dizendo que os actos ineficazes durante um certo período não poderiam mais ser sujeitos a recurso contencioso, por homenagem a uma ideia de estabilidade jurídica, escondendo ou fazendo esquecer que o acto poderia eventualmente vir a adquirir eficácia: e então nessa altura o princípio de accionabilidade sofria mais outra grave e dolorossísima compressão.».

([538]) As associações de defesa do ambiente agem na veste de "actor popular", exercem um direito de acção popular nos termos do art. 52.°, 3 – C.R.P. e do art. 7.° – L.A.D.A.. Esta acção popular para evitar a degradação do ambiente é distinta do conceito (mais restrito) de acção popular adoptado no art. 822.° do Código Administrativo, o qual veio restringir significativamente o tradicional direito de acção popular existente no direito português *antes* deste Código Administrativo.

([539]) Cf. ROGÉRIO SOARES, Direito Administrativo, pág. 152.

([540]) Por um lado, se é certo que a *aprovação* do E.I.A. é *condição* essencial para o licenciamento *final* das obras e trabalhos pelos serviços competentes, nos termos da lei (Art. 30.°, n.° 3 da L.B.A.) tal aprovação não é *elemento essencial* dos actos administrativos para os efeitos do Art. 133.°, n.° 1 do Código do P.A.; por outro

As exigências de tutela do ambiente, enquanto concorrem para acentuar a interdependência dos poderes do Estado, mas também a interpenetração entre os poderes do Estado, designadamente a Administração Pública, e as forças sociais actuantes no contexto normativo pluralista dum Estado de Direito, vêm a concorrer afinal para questionar o entendimento tradicional do princípio da separação de Poderes; a tutela do ambiente exige um novo estilo de administrar (uma Administração Pública flexível, maleável, susceptível de atender as preocupações do meio social ...) que não se compadece com uma concepção meramente instrumental de Administração em face do poder político, antes aponta para a necessidade de autonomia da Administração Pública (cf. *infra* Cap. V, 2) ([541]).

lado, embora o art. 2.°, n.° 1 – L.A.I.A. se refira à A.I.A. como *formalidade essencial* não nos parece que a falta deste *parecer* possa ser reconduzida ao âmbito normativo do art. 123.°, n.° 2, alínea *f*) (o qual tem a ver, segundo o nosso entendimento, com a dimensão da forma enquanto *externação do acto*, diferente da dimensão da forma, enquanto *tramitação* do acto. A não observância da *tramitação* prescrita para a emanação do acto constitui-se num vício de procedimento a ser reconduzido ao âmbito normativo do Artigo 135.° do C.P.A., ficando sob o regime do Art. 136.°).

([541]) Cf. André Laubadére, Direito Público da Economia, pág. 360, págs. 361-362 e ss.

"Por vitalidade de uma nação não se pode entender nem a sua força militar, nem a sua prosperidade comercial, coisas secundárias e, por assim dizer, físicas nas nações, tem de se entender a sua exuberância de alma, isto é, a sua capacidade de criar não simples ciência, o que é restrito e mecânico, mas novos moldes, novas ideias gerais para o movimento civilizacional a que pertence."

FERNANDO PESSOA, *in* "O rosto e as máscaras".

"A Europa como cultura só merecerá esse nome se se converter no espaço de intercomunicação que reactiva em permanência o que houve e o que há de mais exigente, enigmático, inventivo e grandioso na cultura europeia concebida como cultura das diferenças ao longo da sua História e vivendo da busca do conhecimento de qualquer coisa que possa chamar-se «sabedoria». Em suma, da invenção de um caminho e de uma saída que ninguém nos deve nem pode descobrir em vez de nós."

EDUARDO LOURENÇO, Nós e a Europa ou as duas razões.

CAPÍTULO IV

O DIREITO PÚBLICO NACIONAL E A UNIÃO EUROPEIA

1. Generalidades: os reflexos constitucionais da integração Europeia

"Porque a existência, repetimos, não é obra feita, mas sim obra a fazer."

CABRAL DE MONCADA, Filosofia do Direito e do Estado.

Como já foi referido por um autor, para além da questão mais geral da «transferência» ou «partilha» da soberania numa futura Europa federal, um dos aspectos mais descurados no processo de integração europeia é o dos seus efeitos sobre o nosso sistema político e constitucional (542). Desde logo porque a situação decorrente do maior

---

(542) FRANCISCO LUCAS PIRES, «Reflexos Constitucionais da integração», *in* "Expresso-Revista", edição de 15 de Dezembro de 1990, pág. 15-R, o qual refere não ser este um tema fácil. Para este autor nas eleições presidenciais de 1991 um fenómeno patente seria o de a questão constitucional ter passado para segundo plano, não só por se ter atingido um patamar de consenso a seu respeito, mas também pela prioridade dada à adaptação externa. Refere ainda FRANCISCO LUCAS PIRES, *ibidem*: «Tem, por exemplo, inevitáveis consequências o Governo e o Presidente da República serem, respectivamente, os órgãos de soberania com mais e com menos competências em matéria de integração. O Governo é mesmo parte do órgão mais importante da C.E.E., o Conselho Europeu. O Presidente da República, ao invés, não só não participa de qualquer mecanismo de decisão comunitária, como não tem, também ao contrário do Governo, qualquer competência de execução ou transposição interna das directivas e outras decisões comunitárias. O primeiro-ministro, por sua

envolvimento do Governo da República nos complexos mecanismos de decisão comunitária reforça substancialmente os poderes *reais* do Governo e valoriza-o ainda mais na balança constitucional de poderes, podendo mesmo afirmar-se que esta é uma das causas da «governamentalização» da nossa separação de poderes(543). É certo

---

vez, tem ocasião de ombrear, não apenas com outros Chefes de Governo, mas com outros Chefes de Estado, sempre que têm lugar as, cada vez mais frequentes e importantes, cimeiras dos Doze.».

(543) Assim, FRANCISCO LUCAS PIRES, *ibidem*, que refere ainda: «O Governo, além disso, comanda e supervisiona a Administração que age como o prolongamento executivo da Administração comunitária em Portugal».

«A expectativa é, aliás, de crescimento dos poderes do Conselho Europeu e, portanto, do Governo. Em suma: quanto mais avançar a «união europeia» mais crescerão os poderes do Governo, assim como as dificuldades do seu controlo no plano interno. A par disto, mais se ofuscará externamente a visibilidade dos próprios poderes de representação do Presidente da República. (...) Recorde-se, de resto, que é nesses domínios (políticas externa e de defesa comuns) que a Comunidade e, com ela, os governos se preparam para dar os maiores saltos.». Note-se que a Constituição da República Portuguesa de 1976 não consagra expressamente a ideia da *separação dos poderes do Estado* (ao contrário do que sucede com a ideia de *separação das Igrejas do Estado*, princípio este que constitui um limite constitucional expresso às leis de revisão constitucional, nos termos do actual Art. 288.°, *b*) – C.R.P., e o qual se pode considerar um afloramento duma ideia ordenadora (mais vasta no seu âmbito) de separação Estado-Sociedade); *expressamente* consagrada pela C.R.P. (de 1976) é a separação dos órgãos de soberania (art. 114.°, 1 e art. 288.°, *j*) – C.R.P.), a qual não exclui a interdependência entre esses órgãos (*idem*), mas que é ainda sustentada pelos *limites* a essa interdependência consagrados no art. 114.°, n.° 2 – C.R.P. («Nenhum órgão de Soberania, (...) pode delegar os seus poderes noutros órgãos, a não ser nos casos e nos termos expressamente previstos na Constituição e na lei.»). A consagração da separação dos poderes tem assim carácter *tácito*. Interrogamo-nos, porém, se a ausência de uma *expressa* e inequívoca separação dos poderes do Estado, não resultará das filosofias revolucionárias inspiradas no marxismo (e variantes) e da denúncia feita pelos autores clássicos da "teoria" marxista-leninista do direito e do Estado quanto ao carácter ilusório desta ideia de separação dos poderes, uma vez que consideram ser o Estado um aparelho de repressão ao serviço dos interesses da classe dominante?

Note-se, ainda, que a actual C.R.P. não consagrou expressamente nenhuma fórmula onde se explicite qual o arranjo da organização do Estado pretendido pelo legislador constituinte (isto é, não existe qualquer norma que expressamente consagre aquela "trindade mítica" da divisão em Poder Legislativo, Executivo e Judicial). Este *silêncio* do legislador constituinte significa, quanto a nós, ter ele tido a consciência de que a separação dos poderes do Estado depende das particulares opções que a sua

que uma tal situação pode vir a ser compensada caso se entenda satisfazer o que já foi designado como uma nova *demanda* do sistema constitucional, a saber: *evitar que o avanço da integração externa produza desintegrações internas*(544). Deste modo a integração euro-

---

construção quer exprimir (ROGÉRIO SOARES, Direito Administrativo I, pág. 37) e de que são possíveis diferentes arranjos na organização do Estado.

Assim, por exemplo, podemos colocar a questão de, na actual C.R.P., estar consagrado um *poder governamental* (já entrevisto por JOHN LOCKE a respeito da *prerrogativa real*, conforme refere ROGÉRIO SOARES, *idem*, págs. 37-38). Como se sabe, a concepção de um poder governamental foi efectuada por H. AHRENS. Como refere MARCELLO CAETANO (Manual de Ciência Política e Direito Constitucional, 6ª edição, 1972, págs. 198-199), AHRENS distingue dois aspectos a considerar «no organismo do Estado»: a *constituição* que o apresenta na persistência das instituições e das leis fundamentais e a *administração* que corresponde ao movimento regulado por essas leis. A *constituição* é o conjunto das instituições e das leis fundamentais destinadas a regular a acção da administração e de todos os cidadãos; a *administração* (tomada a palavra no seu mais amplo sentido) é o exercício dos poderes políticos dentro dos limites da constituição para o desempenho dos fins do Estado. Esses poderes são três: o poder governamental, *o poder legislativo e o poder executivo*. O poder governamental é aquele que vela pelos interesses gerais e permanentes do Estado e superintende na política interna e externa, em contacto e de acordo com as necessidades e os interesses nacionais. O poder legislativo faz as leis. O poder executivo, finalmente, executa as leis através de dois ramos ou funções: a função judiciária e a função administrativa própriamente dita. Como refere ainda MARCELLO CAETANO (*idem*) a novidade desta teoria está, portanto, na admissão de um *poder governamental* a par dos poderes legislativo e executivo.

A existência de um *poder governamental* na C.R.P. de 1976, mais do que apoiar-se na consagração expressa do Governo como órgão de Soberania (art. 113.°, n.° 1 – C.R.P.), o que (sendo embora relevante) não seria suficiente para apoiar uma tal tese, parece poder deduzir-se da *extensão das competências* atribuídas ao Governo (competência política (art. 200.° – C.R.P.), competência *legislativa* (art. 201.° – C.R.P.) e competência administrativa (art. 202.° – C.R.P.)), de resto na linha de um *desenvolvimento jurídico-constitucional* iniciado pela Constituição Política de 1933 (mas, com afloramentos tímidos em períodos anteriores, p. ex.: no caso dos *decretos com força de lei* ...).

(544) FRANCISCO LUCAS PIRES, *ibidem*. Note-se que os resultados dos referendos tanto na Dinamarca como em França tornam visível (para lá das diferenças entre ambos) a emergência de factores de crise que, não só podem potenciar desintegrações no plano interno, como também são susceptíveis de poderem vir a repecutir-se sobre o próprio processo de integração europeia. Por outro lado o recrudescimento de fenómenos como a xenofobia e o racismo não só no Leste da Alemanha Federal (segundo parece como resultado de alguns erros, de resto já reconhecidos pelo Chanceler

peia enquanto potencia uma *revisão deslizante* do *sistema de governo* (agora que a confrontação fundamental do país é "mais *externa* e menos *interna*", como ainda mais *estratégica* e menos ideológica, por repercutir *mais* os diferentes tipos de *inserção exterior* da sociedade e do Estado portugueses) torna necessário ponderar o tipo de participação da Assembleia da República no novo processo decisório, seja conferindo-lhe meios acrescidos de *controlo* da política europeia do Governo seja envolvendo-a mais nas deliberações comunitárias (545).

HELMUT KHOL, cometidos no processo de unificação da Alemanha ...) mas também noutros países da Europa Ocidental torna visível a existência deste risco de (virtuais, por enquanto) desintegrações internas. A este respeito v.g.: JOSÉ PEDRO CASTANHEIRA, «Novos muros» (*in* "Expresso-Revista", 14.12.91, pág. 7-R a 12-R); NICOLE GUARDIOLA, «As fronteiras do ódio» (*idem*, pág. 10-R e 11-R); D.R., «O agudizar das contradições» (*idem*, pág. 14-R e 15-R); LUISA MEIRELES, «Mundos paralelos» (*idem*, 11.07.92, pág. 22-R a 24-R); ANTÓNIO COSTA PINTO, «Os Vizinhos emigrantes» (*idem*, 25.01.92, pág. 21-R); JOSÉ ALVES, «A hora das Milicias» (*in* "Expresso-Revista", 14.12.91, pág. 21-R), DANIEL RIBEIRO, «Um peso na Consciência» (*idem*, 14.12.91, pág. 17-R e 18-R), JOAQUIM VIEIRA, «Tempos Difíceis» (*ibidem*, pág. 6-R), JOSÉ GIL, «A nuvem negra» (*idem*, 26.05.90, pág. 85-R), JOSÉ MANUEL FERNANDES, «Racista? Eu?» (*in* jornal "Público", em 11.05.92, págs. 2-3); VASCO PULIDO VALENTE, «Desintegração» (*in* jornal "Independente", em 08.05.92, pág. 10).

(545) Assim: FRANCISCO LUCAS PIRES, *ibidem*: «A primeira alternativa é a do Parlamento inglês que, antes, fixa ao seu Governo os parâmetros dentro dos quais se poderá comprometer em Bruxelas e, depois, examina o cumprimento do mandato. A segunda alternativa consistiria na participação dos parlamentos nacionais no processo de decisão comunitária. Fora destas hipóteses, a componente parlamentar do Regime também se enfraquecerá como, aliás, está a acontecer.». Foi esta uma questão não descurada no âmbito do Tratado da União Europeia (07.02.92), em cuja Acta Final se inclui uma Declaração Relativa ao Papel dos Parlamentos Nacionais na União Europeia; cujo teor é o seguinte:

"*A Conferência considera importante incentivar uma maior participação dos parlamentos nacionais nas actividades da União Europeia.*

É conveniente, para esse efeito, intensificar o intercâmbio de informações entre os parlamentos nacionais e o Parlamento Europeu. Neste contexto, os governos dos Estados-membros diligenciarão nomeadamente para que os Parlamentos nacionais possam dispor das propostas legislativas da Comissão em tempo útil para sua informação ou para eventual análise.

A Conferência considera igualmente importante que sejam intensificados os contactos entre os Parlamentos nacionais e o Parlamento Europeu, nomeadamente através da concessão de facilidades recíprocas adequadas e de encontros regulares entre os deputados que se interessam pelas mesmas questões".

Na Acta Final da Conferência intergovernamental que aprovou o Tratado da

Atente-se, porém, que a integração europeia, para lá dos seus efeitos (directos e indirectos) sobre o sistema político e constitucional ([546]) advém ainda como a *inter-face* mais funda e global de todos os problemas nacionais ([547]).

União Europeia, foi ainda inclusa uma outra Declaração Relativa À Conferência dos Parlamentos, com o teor seguinte:

"*A Conferência convida o Parlamento Europeu e os parlamentos nacionais a reunir-se, na medida do necessário, em formação de Conferência dos Parlamentos (ou «Assises»). A Conferência dos Parlamentos será consultada sobre as grandes orientações da União Europeia, sem prejuízo das atribuições do Parlamento Europeu e dos direitos dos parlamentos nacionais. O presidente do Conselho Europeu e o presidente da Comissão apresentarão um relatório a cada sessão da Conferência dos Parlamentos sobre o estado da União*".

([546]) Cf. FRANCISCO LUCAS PIRES, *ibidem*, para quem a integração «força ou a políticas cada vez mais semelhantes dos partidos que lhe são favoráveis ou à contestação da união europeia. Quer dizer, os partidos reflectirão, também as novas correlações de forças «pró» e «anti» integração em toda a Europa, e os que favorecem o progresso da europeização tenderão a reforçar a sua própria integração através das grandes federações partidárias europeias. (...) Entre nós, os reflexos serão mais lentos, mas não deixarão de se repercutir tanto na superação das formas de periferia política partidária como na organização da contestação à união europeia. O advento de um mercado único eleitoral, através de uma futura lei eleitoral uniforme para o Parlamento Europeu, espevitará ainda mais esse resultado.

«Em suma, a Comunidade também é fonte de distribuição de poder ao nível da organização nacional dos mesmos, pois o princípio da subsidiariedade não obsta à sinergia entre esses dois patamares. E quanto mais se avançar na união mais isso será manifesto ...».

([547]) FRANCISCO LUCAS PIRES, *ibidem*. Para este autor, a integração europeia não só implica uma *transferência* de *poderes* ("uma velada transferência de soberania"), "aliás de tendência crescente", como um "confronto" também significativo interpretativamente em quase todas as matérias constitucionais (Teoria da Constituição de 1976 – A transição Dualista, Coimbra, 1988, pág. 57 (texto e nota 4)).

Não só o processo de integração europeia pode determinar uma evolução constitucional mais vasta do que fora suposto no momento da elaboração do Tratado de Adesão (assinado por Portugal em 12 de Junho de 1985), funcionando como o oposto complementar da "descolonização", no sentido de abrir um novo ciclo de compromissos no plano externo da soberania democrática (*in* Teoria da Constituição de 1976 – A transição Dualista, Coimbra, 1988, pág. 130 e ss.), configurando um *pólo liberal* na acção dos vários actores políticos (DURÃO BARROSO); e mesmo na interpretação dos limites materiais da revisão constitucional (FRANCISCO LUCAS PIRES, *idem*, págs. 177-178). A integração europeia, pelos seus efeitos, poderá ainda reforçar o movimento para a *reforma interna do espaço público*: «Neste caso o problema não será tanto o de

Daí que, na exposição subsequente, centremos a nossa dissertação na questão da articulação do direito público nacional com o direito europeu comunitário([548]) (designadamente quanto à tutela dos

---

"compatibilidade jurídica" como o de "adaptabilidade real" (JOSÉ LUIS DA CRUZ VILAÇA). Essa compatibilidade real não poderá ignorar princípios estruturantes do mercado europeu, como o da livre concorrência, livre iniciativa, livre empresa e propriedade privada dos meios de produção (...) e os mecanismos de integração não apenas negativos, sem dúvida capazes de provocar a liberalização do biótipo do nosso sistema. É curioso que tanto a "revolução" como a "integração" avançam segundo uma lógica de "acquis" sucessivos o que torna a contradição mais simétrica, embora também mais gradual. (...) A eliminação das barreiras alfandegárias, o reforço de política de concorrência e competitividade, a promoção da convergência das políticas, de coesão a criação de uma comunidade de tecnologia, o reforço do sistema monetário europeu (...), requerendo uma harmonização, em muitos casos susceptível de ser obtida por maioria qualificada (...), forçarão a adaptações muito rápidas das nossas estruturas, no sentido das metas enunciadas.» (cf. FRANCISCO LUCAS PIRES, Teoria da Constituição de 1976 – A transição Dualista, Coimbra, 1988, págs. 303-304 (texto e nota 4)); bem como a relevância da via da *harmonização social* no seio da Comunidade Europeia para reforçar a tendência para valorizar mais fenómenos de *participação* e *concertação* do que de *controlo externo* (de que permanecem resquicios após a 2ª revisão constitucional em 1989) no âmbito do sistema económico e social (*ibidem*, págs. 343-344, texto e nota 1) e ss.); e ainda a integração europeia como uma *ameaça* para aqueles processos de "democratização" que pretendam socorrer-se da intervenção do Estado na economia e na sociedade para criar uma autarcia económica que, a pretexto de manter a "independência nacional", evite a dependência do sistema de relações "capitalistas", próprias do mundo ocidental (cf. FRANCISCO LUCAS PIRES, Teoria da Constituição de 1976 – A transição Dualista, Coimbra, 1988, págs. 359-360 e ss.).

([548]) Na Acta Final da Conferência que aprovou o Tratado da União Europeia, foi inclusa a seguinte Declaração Relativa à Hierarquia dos Actos Comunitários:

"*A Conferência acorda em que a Conferência Intergovernamental que será convocada em 1996 analise em que medida será possível rever a classificação dos actos comunitários de modo a estabelecer uma hierarquia adequada das diferentes categorias de normas.*"

E ainda uma outra Declaração Relativa à Aplicação do Direito Comunitário, com o seguinte teor:

"1. *A Conferência salienta que, para a coerência e unidade do processo de construção europeia, é essencial que cada Estado-membro transponha integral e fielmente para o seu direito nacional as directivas comunitárias de que é destinatário, nos prazos fixados por essas directivas.*

Além disso, a Conferência — reconhecendo embora que pertence a cada Estado-membro determinar a melhor maneira de aplicar as disposições do direito comunitário, em função das suas instituições, sistema jurídico e de outras condições

direitos fundamentais), para o que faremos uma abordagem retrospectiva desta temática na fase anterior à União Europeia, de modo a esclarecer o sentido da abordagem prospectiva quanto às perspectivas jurídico-políticas abertas pelo Tratado que institui a União Europeia, na sequência das deliberações adoptadas pela cimeira realizada em Maastricht, bem como quanto ao nosso entendimento do sentido útil desta instituição da União Europeia como sucessora da Comunidade Europeia.

Sobre a problemática geral das relações entre o direito constitucional e o direito supranacional (como é, indiscutivelmente, o direito europeu Comunitário) escreve o Prof. Doutor GOMES CANOTILHO que «o direito das comunidades europeias (desde os tratados que as instituíram, e que alguns autores designam como *constituições*, até aos *actos* — normativos, judiciários, executivos) pressupõe uma limitação da competência das autoridades nacionais a favor dos órgãos comunitários. Ora, o primeiro problema que se nos depara é o de saber qual o fundamento ou *autorização* constitucional para esta limitação de soberania, conducente a uma *partilha* ou *transferência* de funções soberanas dos órgãos estaduais para os órgãos das organizações supranacionais.

Em relação a algumas Constituições, o problema encontra solução inequívoca no diploma Constitucional. O art. 24/1 da Grundgesetz estabelece que «A Federação pode transferir, por via legislativa, direitos de soberania para as instituições internacionais»; o art. 11.° da Constituição italiana preceitua, por sua vez, que a Itália «consente, em condições de reciprocidade com outros Estados, nas limitações de soberania necessárias a uma ordem, asseguradora da paz e da justiça entre as nações» ([549]).

---

que lhe são próprias, mas sempre na observância do artigo 189.° do Tratado que institui a Comunidade Europeia — considera essencial, para o bom funcionamento da Comunidade, que das medidas tomadas pelos diferentes Estados-membros resulte que o direito comunitário neles seja aplicado com eficácia e rigor equivalentes aos empregues na aplicação do seu direito nacional.

2. *A Conferência convida a Comissão a que, no exercício das atribuições que lhe confere o artigo 155.° do Tratado que institui a Comunidade Europeia, zele pela observância, pelos Estados-membros, das suas obrigações. A Conferência convida a Comissão, a publicar periódicamente um relatório completo destinado aos Estados-membros e ao Parlamento Europeu".*

([549]) Direito Constitucional, 4ª ed., pág. 914.

«A Lei Constitucional n.° 1/82 (Lei de Revisão) ponderou o problema do valor das normas de organizações internacionais de que Portugal faz parte, estabelecendo que elas «vigoram directamente na ordem interna desde que tal se encontre expressamente ([550]) estabelecido nos respectivos tratados constitucionais (cf. art. 8.°/3), mas não consente qualquer restrição de soberania nos termos semelhantes aos das Constituições acabadas de citar».

A este respeito, porém, há a referir que um dos *princípios por que se rege Portugal nas relações internacionais* é o da «cooperação com todos os outros povos para a emancipação e o progresso da humanidade» (art. 7.°, n.° 1, *in fine*). **Não se vê porque se há-de pretender limitar o âmbito deste princípio à mera cooperação inter-governamental**. Antes pelo contrário, a consagração deste princípio de cooperação parece legitimamente possibilitar (até pela base de reciprocidade que está subjacente à ideia de cooperação entre os povos, e respectivos Estados, como correctamente o compreendeu o legislador constituinte italiano) a possibilidade de Portugal consentir nas restrições dos seus direitos de soberania que sejam necessárias a uma cooperação eficaz com vista à realização destes objectivos.

Ademais, um outro princípio, porque se rege Portugal nas relações internacionais é o de estabelecimento de um sistema de segurança colectiva, com vista à criação de uma ordem internacional capaz de assegurar a paz e a justiça nas relações entre os povos» (*cf. art. 7.°, n.° 2, in fine*), sendo que é hoje comummente entendido que tal objectivo só pode ser realizado se os Estados consentirem em recíprocas limitações de soberania no quadro das organizações internacionais existentes e a criar, por forma a dotar o direito internacional público de um carácter de *efectividade* e *sancionador reforçados* ([551]).

([550]) A revisão Constitucional de 1989 eliminou o termo «expressamente».

([551]) Quanto aos princípios constitucionais em matéria de relações internacionais o nosso entendimento é o de que deveriam ser *suprimidas* as referências constantes do n.° 2 do Art. 7.° quanto à «abolição de todas as formas de imperialismo, colonialismo» (reminiscência do processo revolucionário em curso nos primeiros anos após o 25 de Abril de 1974; a este respeito, e para compreender o "espírito da época" que animou o legislador constituinte de 1976, afigura-se-nos útil v.g. ÁLVARO CUNHAL, obra citada, págs. 49 e ss. (p.ex. na pág. 55: «A questão colonial foi um dos factores essenciais para agravar a crise do regime fascista, para desenvolver o movimento revolucionário, para criar as condições necessárias para o derrubamento da

Por outro lado, quanto ao problema específico da limitação da soberania do Estado português no quadro do direito europeu comunitário, às ilações que extraímos destes dois princípios acrescem as decorrentes da revisão constitucional de 1989. Não só esta revisão aboliu o termo *expressamente* no n.° 3 do art. 8.° ([552]) mas ainda tendo presente a evolução política entretanto ocorrida na Europa, designadamente a «aceleração dos timings» com vista a uma mais estreita união económica e monetária e a preparação da união política europeia, aditou um novo n.° 5 ao artigo 7.° cujo teor é o de que «Portugal empenha-se no *reforço da identidade europeia* e no *fortalecimnento*

---

ditadura.»), pág. 104 e ss. (designadamente; pág. 106: «No processo de descolonização estiveram sempre presentes as lutas internas e o curso acidentado da Revolução portuguesa.», e pág. 107: «A luta entre estas várias concepções iria dar-se incessantemente num processo muito irregular.»), pág. 113 e ss. (designadamente); pág. 116: «A Revolução portuguesa despertou porém os sentimentos nacionais e patrióticos da população, a sua resistência à ingerência externa, a sua vontade de decidir do seu próprio destino.»), pág. 122 («Tendo contribuído para a liquidacão da exploração colonialista, Portugal deixou de ser um país dominante, um império colonial.»), pág. 189 («A Constituição consagra o processo de descolonização»), pág. 215 (crítica à política externa do I Governo Constitucional), pág. 253 e ss., pág. 260 e ss., págs. 323-324, págs. 421-422 (Confronte-se ainda a introdução desta obra, designadamente quanto aos factores internacionais favoráveis ao PREC em Portugal)). Retomando a discussão do art. 7.° – C.R.P., entendemos que deveria ainda *suprimir-se* (e por idênticos motivos) a *2ª parte* do n.° 3 do art. 7.° (nomeadamente, contra o colonialismo e o imperalismo); sendo que a 1ª parte do n.° 3 do art. 7.° – C.R.P. tanto pode constituir um artigo autónomo como vir a ser inserida noutro dispositivo (p. ex. no n.° 2 do art. 7.° – C.R.P.).

Por outro lado, ainda em matéria de direito internacional, entendemos que seria vantajoso eliminar a *parte final* do n.° 1 do art. 293.° – C.R.P., reformulando em consonância a epígrafe deste art., quando se refere à "*independência* de Timor—Leste". Enquanto não puder consultar-se o povo de Timor-Leste sobre a solução política que deseja para o governo do território de Timor-Leste, não pode nem deve cometer-se neste território o erro cometido no processo de descolonização dos PALOP's, o qual consistiu em entregar o poder aos detentores da força armada sem prévia consulta às populações (quer para decidirem do seu estatuto político, quer para proceder a eleições prévias à mudança de poder e que servissem para legitimar política e eleitoralmente os "novos senhores do poder"). Sobre o tema do colonialismo ver ainda: Adriano Moreira, A Comunidade Internacional em Mudança, págs. 84-86, pág. 95 e ss., págs. 119-136.

([552]) Sobre os problemas que se levantavam com a anterior redacção veja-se Albino de Azevedo Soares, obra citada, págs. 92-94.

da acção dos Estados europeus a favor da paz, do progresso económico e da justiça nas relações entre os povos», sendo que deste princípio se podem legitimamente extrair as consequências de uma tácita autorização às limitações da soberania estadual decorrentes do quadro jurídico-político europeu comunitário.

Entrando na abordagem da questão específica da situação do direito comunitário no plano da hierarquia das fontes do direito, GOMES CANOTILHO refere(553) que «independentemente da controvérsia entre «europeístas» e «nacionalistas», interessa salientar os pontos mais relevantes do direito comunitário no plano da hierarquia das fontes de direito:

1) Os tratados institutivos das comunidades europeias e as disposições comunitárias dotadas de aplicabilidade directa (*self-executing*) constituem, com a adesão de Portugal à ordem jurídica comunitária, uma nova fonte normativa da ordem jurídico-constitucional portuguesa, em posição análoga mas separada em relação aos actos legislativos internos, podendo impôr-se relativamente a estes com base no *princípio da especialidade*(554).

2) A posição das normas Comunitárias na hierarquia das fontes é sempre *infraconstitucional*, porque: (a) a supremacia do direito comunitário perante a Constituição tornaria supérfluas as próprias Constituições; (b) a eficácia derrogatória, modificativa ou revogatória das normas da CEE sobre as normas da C.R.P. equivalia ao reconheci-

---

(553) Obra citada, págs. 667-668.

(554) Cf. ALBINO DE AZEVEDO SOARES, obra citada, págs. 101-102, onde se refere a primazia do direito comunitário sobre as leis internas; MOTA DE CAMPOS, obra citada. Ver ainda ROBERTO BARATTA, «Norme Contenute In Direttive Comunitarie Inattuate E Loro Opponibilità Ai Singoli», *in* Rivista di Diritto Internazionale, Giuffrè Editore, Vol. LXXII, Fascículo 2, 1989, págs. 253-281; JACQUES DEHAUSSY, «La supériorité des normes internationales sur les normes internes: à propos de l'arrêt du Consuil d'État du 20 Octobre 1989, Nicolo», *in* Journal Du Droit International, Paris, Éditions Techniques S. A., n.° 1, 1990, págs. 5-33; JOHN O'CONNOR, «L'Acte Unique Européen Et la Cour Suprême Irlandaise (L'Affaire Crotty)», *in* Annuaire Français de Droit International, Paris, CNRS, XXXIII, 1987, págs. 762-783; PATRICK FRYDMAN, «Le juge administratif, le traité et la loi postérieure», *in* Revue française de Droit Administratif, n.° 5, Set./Out., 1989, pág. 813-823; BRUNO GENEVOIS, *idem*, págs. 824-833; LOUIS DUBOUIS, «Un exemple de coopération entre le juge administratif français et la Cour de Justice des Communautés européennes: l'affaire de la centrale de Cattenom», *in idem*, págs. 857-861.

mento de um processo apócrifo de revisão contra as próprias normas constitucionais; (c) a supremacia do direito comunitário sobre o direito constitucional justificaria, em último caso, a possibilidade de superação dos limites materiais da revisão, violando abertamente o art. 290.° da C.R.P.».

Parece-nos que o argumento mais relevante é o que visa garantir a Constituição contra um processo apócrifo de revisão. E isto por dois motivos: um é o de que o argumento de que a supremacia do direito comunitário sobre as Constituições nacionais tornaria estas supérfluas não convence — e isto porque, quanto a nós, o que afasta aquela supremacia do direito comunitário é o facto de *ainda* não haver uma estrutura europeia de tipo federal. *Se* chegar a haver uma estrutura federal da e na Europa comunitária tal não implicará a superfluidade das constituições estaduais, antes apontará para um relacionamento análogo ao que se verifica actualmente nos quadros jurídicos-políticos dos actuais Estados dotados de estrutura Federal. Não existindo, porém, ainda uma Constituição europeia não se justifica pretender uma supremacia do direito comunitário sobre o direito constitucional. O outro motivo prende-se com o *figurino constitucional após a revisão constitucional de 1989* — sendo que o art. 288.° (corresponde ao anterior art. 290.°) não contém qualquer elemento susceptível de configurar-se um conflito entre o direito europeu comunitário e os limites materiais da revisão aí consagrados...

Quanto ao problema do controlo da constitucionalidade das normas comunitárias refere GOMES CANOTILHO que «mau grado a existência de um Tribunal das Comunidades para apreciar as questões suscitadas pelo direito comunitário, e não obstante a eventual inexistência de um controlo preventivo da inconstitucionalidade e consequente não-dependência de ratificação dada a natureza *self-executing* das normas legislativas comunitárias (cf., porém, art. 278.° no que respeita às normas de direito internacional), parece-nos que os tribunais portugueses poderão sempre suscitar o incidente da inconstitucionalidade em face do direito português. As normas comunitárias são «normas» para efeitos do art. 280.°, não estando previsto na Constituição qualquer regime privilegiado quanto ao controlo (ao contrário do que, de resto, acontece quanto ao direito internacional convencional nos termos do art. 277.°/2). Este controlo pode não significar a aniquilação das normas comunitárias: os juízes portugueses conhecem e julgam inaplicáveis as normas comunitárias eventualmente desconformes com as normas e princípios constitucionais ([555]).

2. O Direito público Nacional e o Direito Comunitário Europeu na fase da integração Europeia anterior à União Política

> *"O reconhecimento da dignidade inerente a todos os membros da família humana e dos seus direitos iguais e inalienáveis constitui o fundamento da liberdade, da justiça e da paz no mundo."*
>
> DECLARAÇÃO UNIVERSAL DOS DIREITOS DO HOMEM.

A problemática da tutela dos direitos fundamentais no espaço jurídico-europeu é uma dimensão relevante da problemática mais geral da tutela dos direitos fundamentais no espaço jurídico-europeu global, de tal modo que podemos figurar nesta matéria como que a existência de «três Europas»: a de Helsínquia (CSCE) ([556]), o Conselho da Europa ([557]) e a Comunidade Económica Europeia (CEE) ([558]).

([555]) Em sentido diferente ver ENZO CANNIZZARO, «Un nuovo Indirizzo Della Corte Costituzionale Tedesca sui rapporti pra Ordinamento Interno E Norma Comunitarie Derivate», *in* Rivista di Diritto Internazionale, Giuffrè Editore, volume LXXI, Fascículo 1, 1988, onde se comenta a sentença do Tribunal Constitucional Federal Alemão de 22 de Outubro de 1986.

([556]) Ver GIAN PIERO ORSELLO, «La Tutela dei Diritti Umani dalla Dichiarazione Universale Dei Diritti dell'Uomo alle riunioni sulla dimensione Umana nell'ambito dei seguitá della Conferenza per la Sicurezza E la Cooperazione Europea», *in* Annuário di Diritto Comparato E Di Studi Legislativi, 1989, 4ª Série, Volume 57, págs. 69-111; N. RONZITI, «Un nuovo strumento di protezione dei diritti umani?», *in* Rivista di Diritto Internazionale, Giuffré Editore, 1989, Volume LXXII, Fascículo 1, págs. 59-61.

([557]) Ver RUI MOURA RAMOS, «A Convenção Europeia dos Direitos do Homem (Sua Posição Face ao Ordenamento Jurídico Português)», *in* Boletim do Gabinete de Documentação e Direito Comparado da Procuradoria Geral da República, Lisboa, pág. 97 e ss.; SIR JAMES FAWCETT, «Quelques Lumiéres Sur les Droits de L'Homme», Conselho da Europa, 1987; A Protecção dos Direitos do Homem na Europa, Conselho da Europa, 1983, (brochura preparada em colaboração com o Gabinete de Documentação e Direito Comparado da Procuradoria-Geral da

Quanto a esta última a discussão anda em torno de saber se deverá haver um catálogo de direitos fundamentais ([559]), na ordem jurídica comunitária ou se será suficiente (e desejável) a adesão á Convenção Europeia dos Direitos do Homem ([560]). Para os adeptos daquela primeira

---

República e a Direcção-Geral da Divulgação do Ministério da Cultura); PATRICE ROLLAND e PAUL TAVERNIER, La Protection internationale des Droits de l'Homme (TEXTES), Presses Universitaires de France, 1989, págs. 78-106; JORGE MIRANDA, Manual de Direito Constitucional, 1988, Coimbra Editora, págs.214-215. Ver ainda FRÉDÉRIC SUDRE, Droit international et européen des droits de l'homme, PUF, 1991, 5ª edição, págs. 913-917.

([558]) Sobre a CEE em geral ver ALBINO DE AZEVEDO SOARES, Lições de Direito Internacional Público, Coimbra, Coimbra Editora, 1988, págs. 388-396; GOMES CANOTILHO, Manual de Direito Constitucional, Coimbra, Livraria Almedina, 1986 (4ª edição), págs. 665-668; M. CONCEIÇÃO LOPES, DAVID PINA, GUILHERME H. R. SILVA, O Acto Único Europeu, Coimbra, Livraria Almedina, 1987; MARIA ISABEL JALLES, Implicações Jurídico-Constitucionais da Adesão de Portugal às Comunidades Europeias (Alguns Aspectos), Centro de Estudos Fiscais da Direcção-Geral das Contribuições e Impostos, Cadernos de Ciência e Técnica Fiscal (116), Lisboa, 1980. Ver ainda PIERRE PESCATORE, L'Ordre Juridique des Communautés Européennes, Liége, Presses Universitaires de Liége, 1975; GEORGES-HENRI BEAUTHIER, Les droits du citoyen européen, Luxemburgo, Comissão das Comunidades Europeias, 1990.

([559]) Ver estudo do Prof. RUDOLF BERNHARDT, *in* Bulletin des Communantés Européennes, Suplément 5/76, Comissão das Comunidades Europeias, pág. 26 e ss.; ver ainda autores citados na nota seguinte.

([560]) Ver ANTONIO F. FERNANDEZ TOMAS, «La Adhesion de las Comunidades Europeas Al Convenio Europeo Para La Protection de Los Derechos Humanos (CEDH): Un Intento De Solucion Al Problema De La Proteccion De Los Derechos Fundamentales En El Ambito Comunitario», *in* Revista de Instituciones Europeas, Centro de Estudios Constitucionales, Madrid, 1985, Volume 12, n.° 3, págs. 701-719; LAURENT MARCOUX, JR., «Le Concept de Droits Fondamentaux Dans Le Droit De La Communauté Économique Européenne», *in* Revue internationale de droit comparé, 1983, n.° 1, págs. 725-729; MANFRED A. DAUSES, «La Protection des droits fondamentaux dans l'ordre juridique communautaire», *in idem*, n.° 3, 1984, págs. 415-417; GIORGIO GAJA, «Aspetti Problematici Della Tutela Dei Diritti Fondamentali Nell'Ordinamento Comunitario», *in* Rivista di Diritto Internazionale, Giuffré Editore, 1988, Vol. LXXI - Fascículo 3, págs. 581-586; GIAN PIERO ORSELLO, artigo citado, pág. 86 e ss.; ROBERT LECOURT, «Cour europénne des Droits de l'Homme et Cour de Justice des Communautés européennes», *in* Protection des droits de l'homme: la dimension européenne, Carl Heymanns Verlag KG, 1988, págs. 339-341; PIERRE PESCATORE, «La Cour de Justice des Communautés européennes et la Convention européenne des Droits de l'Homme», *idem*, págs. 441-455; MARIA ISABEL JALLES,«Os direitos da pessoa na Comunidade Europeia», *in* Boletim do Gabinete de Documentação e Direito Comparado da P. G. R. , n.° 2, 1990.

posição resultam evidentes os limites da protecção dos direitos fundamentais por via do Tribunal Europeu dos Direitos do Homem(561). A elaboração de um *catálogo de direitos fundamentais* andaria de par com uma maior integração política, resultando evidente a necessidade de um «eixo constitucional» que compreenda a tutela dos direitos fundamentais na ordem jurídica-europeia comunitária. Até porque a desvantagem da não-existência de um catálogo de direitos fundamentais tem consistido (e subsistiria, ainda que houvesse adesão à Convenção) na *funcionalização* da observância e da tutela dos direitos fundamentais na ordem jurídica comunitária(562).

Nesta perspectiva assume um importante relevo a Declaração dos Direitos e Liberdades Fundamentais, adoptada por resolução do Parlamento Europeu em 12 de Abril de 1989(563) onde se afirma (retomando, de resto, o Preâmbulo do Acto Único Europeu) a *necessidade de promover a democracia com base nos direitos fundamentais*, constituindo o respeito pelos direitos fundamentais uma *condição indispensável da legitimidade comunitária*, sendo que se entende que a *identidade* comunitária pressupõe a expressão dos *valores comuns* aos cidadãos europeus e que só poderá existir uma *cidadania europeia* se todo e qualquer cidadão beneficiar de uma igual protecção dos seus direitos e liberdades no âmbito de aplicação do direito comunitário(564). Para o que o Parlamento Europeu, do mesmo modo que refere a sua firme vontade de prosseguir a sua acção com vista à realização da *União Europeia*(565), afirma a sua determinação em conseguir um *instrumento comunitário de base, com carácter jurídico vinculativo,*

---

(561) Sobre o papel do Tribunal Europeu dos Direitos do Homem ver a bibliografia citada na nota 557 e ainda MICHEL DE SALVIA, «L'élaboration d'un «ius commune» des droits de l'homme et des libertés fondamentales dans la perspective de l'unité européene: l'ouvre accomplie par la comission et la Cour europénnes des Droits de l'homme», *in* Protection des Droits de l'Homme: La Dimension Européenne, Carl Heymans Verlag KG, 1988, págs. 519-565.

(562) Como veremos adiante o Tribunal de Justiça protege os direitos fundamentais no quadro dos princípios gerais de direito, no âmbito da *estrutura* e das *finalidades* da Comunidade Europeia. Esta aparente funcionalização resulta porém menos preocupante do que poderia, «prima facie», pensar-se. Sobretudo tendo em vista que se perspectiva a transição da dimensão económica para uma união política.

(563) Jornal Oficial das Comunidades 120/51, em 16-5-1989.

(564) *Idem*, 120/52. Cf. n.° 5 do art. 7.° - C.R.P..

(565) *Idem*.

que garanta os direitos fundamentais (566) (sendo que, enquanto esse instrumento não tiver sido ratificado, o Parlamento reitera os princípios jurídicos já aceites pela comunidade) (567). É ainda de realçar a consideração feita pelo Parlamento Europeu de que «*a realização do mercado único previsto para 1993 torna mais urgente a adopção de uma declaração dos direitos e liberdades garantidos no e pelo direito comunitário*».

Já no Preâmbulo desta *Declaração dos Direitos e Liberdades Fundamentais* afirma-se que «*na perspectiva da prossecução e do relançamento da obra de unificação democrática da Europa (...), é indispensável que a Europa afirme a existência de uma comunidade de direito fundada no respeito pela dignidade humana e pelos direitos fundamentais*» e se considera que «*as medidas incompatíveis com os direitos fundamentais não poderão ser permitidas*» e reafirma-se que «*tais direitos derivam, quer dos Tratados que instituem as Comunidades Europeias quer das tradições constitucionais comuns aos Estados-membros, da Convenção Europeia de Salvaguarda dos Direitos do Homem e das Liberdades Fundamentais e dos instrumentos jurídicos internacionais em vigor e são desenvolvidos pela jurisprudência do Tribunal de Justiça das Comunidades Europeias*» (568).

Daqui resulta a **dimensão problemática** da tutela dos direitos fundamentais na ordem jurídica comunitária, enquanto a evolução de uma tal tutela tem implicações, conexões e inter-acções com questões tais como a problemática em torno de um «poder constituinte europeu» (conexionada com a questão da alteração dos mecanismos decisórios a nível europeu comunitário), a tutela dos direitos sociais no quadro dos direitos fundamentais, o «défice democrático» da CEE (a nível dos mecanismos de decisão), o «défice do poder de iniciativa», o «défice de controlo», a construção do mercado único e a necessidade de um controlo político, a afirmação de novos direitos fundamentais colectivos na Comunidade Europeia (por exemplo o direito de cada povo falar a sua própria língua), o reconhecimento de acções colectivas para defesa de certos direitos fundamentais (por exemplo o ambiente).

---

(566) *Idem.*

(567) *Idem.*

(568) *Idem.*

A *actualidade* da problemática dos Direitos Fundamentais na Comunidade Europeia resulta ainda evidente quando se atenta nos acontecimentos políticos no Leste europeu, se tem presente a consagração da protecção dos Direitos do Homem consagrada na Acta Final da Conferência sobre Segurança e Cooperação na Europa em Helsínquia (1975) e os desenvolvimentos posteriores na Conferência de Viena ([569]), a Carta Comunitária dos Direitos Fundamentais Sociais dos trabalhadores ([570]), a incorporação de um artigo sobre a protecção dos direitos do Homem no projecto da Convenção de Lomé IV e a importância da tutela dos direitos fundamentais no *quadro europeu comunitário*.

Esta importância deriva do carácter de organização *supranacional* ([571]) da CEE (com transferência de competências, por parte dos Estados nacionais para os órgão comunitários e vice-versa) e da

---

([569]) Ver GIAN PIERO ORSELLO, artigo citado.

([570]) Aprovada em 9 de Dezembro de 1989 pelo Conselho Europeu realizado em Estrasburgo esta carta consagra como direitos sociais fundamentais dos trabalhadores a *livre circulação*, o emprego e remuneração, a melhoria das condições de vida e de trabalho, a protecção social ("*de acordo com as regras próprias de cada país*"), a liberdade de associação e negociação colectiva, à formação profissional, igualdade de tratamento entre homens e mulheres; consagram-se ainda os direitos de informação, consulta e participação dos trabalhadores, a protecção da saúde e da segurança no meio laboral, a protecção das crianças e dos adolescentes, das pessoas idosas, dos deficientes. Quanto à *aplicação* da Carta Comunitária dos Direitos Sociais Fundamentais dos trabalhadores, no Titulo II, § 27 considera-se que a *garantia* destes direitos sociais fundamentais é "mais particularmente da *responsabilidade dos Estados-membros*, em conformidade com as práticas nacionais, designadamente por meio da legislação e das convenções colectivas" e o § 28 consagra que "o Conselho Europeu convida a Comissão a tomar, o mais rapidamente possível, as iniciativas que fazem parte das suas competências previstas no Tratado, com vista à adopção de instrumentos jurídicos para a efectiva aplicação dos direitos que são da competência da Comunidade, por forma a acompanhar a realização do mercado interno". Ver Boletim CE–11–1989, ponto 2.1.80. Cf. Comissão das Comunidades Europeias, «Nouvelles technologies et changement social», *in* Europe Sociale, n.° 2, 1989, págs. 32-50; HUNTER, «L'Europe et la Santé», *in idem*, págs. 103-113; MANUEL JOSÉ MORAN GARCIA, «A Nova Regulación do Fondo Social Europeo (FSE)», *in* Boletin do Centro de Documentacion Europea de Galicia, n.° 3, 1989, págs. 39-48.

([571]) Ver MOTA DE CAMPOS, Direito Comunitário, Lisboa, Fundação Calouste Gulbenkian, 1983; ALBINO DE AZEVEDO SOARES, obra citada; GOMES CANOTILHO, obra citada; JORGE MIRANDA, obra citada; MARIA ISABEL JALLES, obra citada.

construção do mercado interno (que levou à afirmação de uma *dimensão social* do mercado interno) e dos esforços tendentes à *união política* europeia(572).

2.1 **As vicissitudes da afirmação da tutela dos direitos fundamentais na ordem jurídica comunitária**

A tutela dos direitos fundamentais na ordem jurídica comunitária tem evoluido a par com os progressos na integração económica e as perspectivas de superação desta por um novo modelo de integração política, relevando deste modo a incontornável dimensão histórico-concreta da tutela dos direitos fundamentais no âmbito do direito europeu comunitário(573).

a) O Tratado de Roma e a tutela dos direitos fundamentais

É um lugar-comum na doutrina referir a carência da ordem jurídica comunitária em matéria de direitos fundamentais(574) pre-

(572) Ver CESARE PINELLI, «Ipotesi Sulla Forma Di Governo Dell'Unione Europea», *in* Rivista trimestrale di diritto pubblico, Milano, Giuffré Editore, n.° 2, 1989, págs. 315-338; EMILIO COLOMBO, «Relatório preliminar sobre as orientações do Parlamento Europeu relativas a um projecto de Constituição para a União Europeia», Parlamento Europeu, Documentos de Sessão (edição em língua portuguesa, 1989/90), 25-6-1990; DAVID MARTIN, Relatório Preliminar sobre a Conferência Intergovernamental no âmbito da estratégia do Parlamento para a União Europeia, Parlamento Europeu, *idem*, 27-2-1990; MAURICE DUVERGER, «Relatório Preliminar sobre a preparação do encontro com os Parlamentos Nacionais sobre o futuro da Comunidade ("Assises")», *idem*, *idem*, 26-6-1990; VALÉRY GISCARD D'ESTAING, «Relatório Preliminar sobre o princípio da subsidiariedade», *idem*, *idem*, 22-6-1990; M. CONCEIÇÃO LOPES, DAVID PINA, GUILHERME M. R. SILVA, obra citada, págs. 203-246; A. BARBOSA DE MELO, «Portugal e a ideia da Europa» *in* A integração Europeia, Coimbra, 1990, págs. 15-25.

(573) Ver GIAN PIERO ORSELLO, artigo citado, págs. 98-99; pág. 103, pág. 104; GIORGIO GAJA, artigo citado, pág. 174; MANFRED A. DAUSES, artigo citado, pág. 402; ROBERT LECOURT, artigo citado, pág. 335; ANTONIO F. FERNANDEZ TOMAS, artigo citado, pág. 702 e ss.; LAURENT MARCOUX, JR., artigo citado, pág. 693 e ss.

(574) *Idem.*

tendendo-se com isto salientar a ausência de um catálogo de direitos e liberdades fundamentais no Tratado de Roma e, bem assim, a ausência de mecanismos expressamente destinados à tutela destes direitos.

Existem no entanto várias disposições no Tratado de Roma que se reportam à tutela de direitos fundamentais no que se refere ao direito a um *nível de vida suficiente* (arts. 2.°, 3.° (i), 39.° (l), 51.°, 117.°, 123.° – todos do Tratado de Roma), direito à *livre circulação* das pessoas, serviços e capitais (arts. 3.° (c), 48.°, 51.°, 52.°, 57.° (l), 123.°)(575), direito ao *emprego* (arts. 3.° (i), 118.°, 123.°), direito à *não-discriminação* (arts. 7.°, 37.° (l), 48.° (2), 52.°, 119.°, 120.°, todos do Tratado de Roma; e ainda art. 76.° do Regulamento de processo do Tribunal de Justiça das Comunidades Europeias, e arts. 4.° e 5.° do Regulamento adicional deste Tribunal), o direito à *reparação* (art. 215.° do Tratado de Roma). Merecem ainda ser aqui referidas as disposições do Tratado de Roma que consagram o *respeito do direito (arts. 164.°, 173.°, 179.°)*(576), *controlos democráticos* (arts. 137.°, 138.° (3) e 144.°) e *garantias processuais* (arts. 167.° e 170.°; e ainda os arts. 3.°, 4.°, 6.°, 17.°, 28.°, 33.° do Estatuto do Tribunal de Justiça das Comunidades Europeias, e os arts. 39.°, 40.°, 63.° do Regulamento de Processo deste Tribunal)(577).

---

(575) Ver MANFRED A. DAUSES, «La Libre Circulation Des Marchandises Dans La Communauté Européenne à La Lumiére de La Jurisprudence Recente De La Cour de Justice des Comminautés Européennes», *in* Boletim do Gabinete de Documentação e Direito Comparado da Procuradoria Geral da República, Lisboa, 1987, pág. 253 e ss.; IVO E. SCHWARTZ, «Le rôle du Rapprochement des Legislations afin de faciliter Le Droit D'Établissement et La libre Circulation des Services», *idem*, Lisboa, 1979, pág. 3 e ss.; JÖRG VOLKER KETELSEN, «Proposition de consolidation du droit à la libre circilation des travailleurs migrants», *in* Europe Sociale, n.° 2, 1989, págs. 59-62; MARIA ISABEL JALLES, «Os direitos da pessoa na Comunidade Europeia», *in* Boletim do Gabinete de Documentação e Direito Comparado da P. G. R. , n.° 2 1980, pág. 46 e ss

(576) Ver MARIA ISABEL JALLES «Os direitos da pessoa na Comunidade Europeia», *in* Boletim do Gabinete de Documentação e Direito Comparado da P. G. R. , n.° 2 1980, pág. 43 e ss. ; MANFRED A. DAUSES, «La Protection des droits fondamentaux dans l'ordre juridique communautaire», *in idem*, n.° 3, 1984, pág. 401, págs. 403-404, pág. 410.

(577) Ver LAURENT MARCOUX, JR., «Le concept de Droits Fondamentaux dans le droit de la Communauté Économique Européene», *in* Revue Internationale de droit comparé, n.° 1, 1983, págs. 695-703.

Mas o Tratado de Roma contém ainda *cláusulas limitativas* destes direitos fundamentais, apontando para uma concepção de *relatividade* dos direitos fundamentais. Estas *cláusulas limitativas* determinam, pelo menos, o domínio (quando não mesmo o *conteúdo*) dos direitos fundamentais e consistem principalmente em limitações por motivos de moralidade pública, ordem pública, segurança pública, tutela da saúde e vida das pessoas e dos animais, ou preservação dos vegetais, protecção dos tesouros nacionais que detenham valor artístico, histórico ou arqueológico ou de protecção de propriedade industrial e comercial ([578]).

b) *O papel do Tribunal de Justiça das Comunidades Europeias na tutela dos direitos fundamentais no âmbito da ordem jurídica comunitária* ([579])

Temos assim que os Tratados que instituíram as Comunidades Europeias, tutelando embora algumas liberdades individuais e direitos fundamentais, não afirmavam *expressamente* a exigência de que as normas comunitárias respeitem as liberdades fundamentais; esta exigência de tutela dos direitos e liberdades fundamentais foi-se afirmando por obra do Tribunal de Justiça das Comunidades Europeias, o qual considerou aquela tutela implícita nos princípios gerais do ordenamento comunitário ([580]).

([578]) *Idem*, págs. 703-706.

([579]) Veja-se MAIDANI/POMMIES/COMBREXELLE/BONICHOT, «Chronique Générale de Jurisprudence Communautare (Juillet 1987 - Juillet 1989)», *in* Revue du Marché Commun, n.° 333, 1990, págs. 47-54; MARIE-FRANÇOISE LABOUZ, «Le Principe D'Égalité Homme/Femme Dans la Jurisprudence Récente de la Cour de Justice des Communautés Europénnes», *in* Annuaire Français de Droit International, Paris, Éditions du CNRS, 1986, XXXII, págs. 823-836; ANDRÉ NAYER, «La Communauté Européenne et les Réfugiés», *in* Revue belge de droit international, Bruxelas, 1989-1, vol. XXII, págs. 133-149; JOEL RIDEAU, «Le Rôle de la Cour de Justice des Communautés Européennes Techniques de Protection», *in* Revue Internationale de Droit Comparé, Paris, Librairies Techniques, 1981, págs. 583-599; JEAN BOULOUIS, «Cour de Justice des Communautés Européennes», *in* Annuaire Français de Droit International, Éditions du CNRS, XXXII, 1986, págs. 329-344; JEAN BOULOUIS, *idem*, XXXIII, 1987, págs. 281--293; JEAN BOULOUIS, *idem*, XXXIV, 1988, págs. 217-233.

([580]) Ver GIORGIO GAJA, «Aspetti Problematici della Tutela Dei Diritti Fondamentali Nell'Ordenamento Comunitário», *in* Rivista di Diritto Internazionale,

Mas a acção do Tribunal de Justiça das Comunidades Europeias nesta matéria não tem sido uniforme:

a) *Posição inicial* adoptada pelo Tribunal de Justiça das Comunidades Europeias: recusa de considerar outros direitos fundamentais que não os mencionados no tratado de Roma, a qual tem subjacente a preocupação da salvaguarda do *princípio da uniformidade do direito comunitário* (é a fase dos ditos «pecados de juventude» do TJCE — sentença do caso Stock versus Haute Autorité (1959), sentença do caso Ruhrkohlenverkaufs-gellschaften versus Haute Autorité (1960), sentença do caso Sgarlatta versus Commission CEE (1965) — nestes casos o Tribunal de Justiça recusa-se a proteger os particulares com recurso no fundamento em disposições constitucionais relativas aos direitos fundamentais, as quais diferem de um Estado para o outro). Só que, deste modo, o Tribunal de Justiça nada fazia para atenuar a falta de protecção dos direitos fundamentais na ordem jurídica comunitária([581]).

b) *Posição sucessiva* adoptada pelo TJCE: *desenvolvimento duma abordagem dinâmica* da matéria relativa à tutela dos direitos fundamentais na ordem jurídica comunitária.

1. No caso Stauder c. City of Ulm (12-11-1969) o Tribunal de Justiça refere-se a «les droits fondamentaux de la personne compris dans les *principes généraux du droit communautaire*, dont la cour *assure le respect.*» ([582]). Este caso representa uma primeira etapa na evolução da jurisprudência do Tribunal de Justiça, iniciando-se aqui a

---

Giuffrè Editore, vol. LXXI, Fasc. 3, 1988, pág. 574. Ver ainda MANFRED A. DAUSES, «La Protection des droits fondamentaux dans l'ordre juridique communautaire», *in* Revue Trimestrelle de droit européen, n.° 3, ano 20, 1984, pág. 404 e ss; ROBERT LECOURT, «Cour européene des Droits de l'homme et Cour de Justice des communautés européenes», *in* Protection des Droits de l'Homme: la dimension européene, Carl Heymanns Verlag KG, 1988, págs. 335-341; PIERRE PESCATORE, «La Cour de Justice des Communautés européenes et la Convention européenne des Doits de l'Homme», *in idem*, págs. 441-455; LAURENT MARCOUX, JR., artigo citado, pág. 706 e ss.; ALBINO SOARES, Lições de Direito Internacional Público, Coimbra, Coimbra Editora, 4ª edição, 1988, págs. 393-396.

([581]) Ver LAURENT MARCOUX, JR., artigo citado, págs. 706-707.

([582]) Ver MANFRED A. DAUSES, artigo citado, pág. 409; LAURENT MARCOUX, JR., artigo citado, págs. 709-710; PIERRE PESCATORE, artigo citado, pág. 442.

protecção comunitária autónoma dos direitos fundamentais: estes fazem parte integrante da ordem jurídica comunitária, a qual é *autónoma* pelas suas *fontes de direito* e pelas suas *estruturas*.

2. Na *sentença do caso Internationale Handelsgesellschaft (17-12-1970)* ([583]) a **justificação de validade** dos *direitos fundamentais no interior da ordem jurídica comunitária* e as *relações* entre estes direitos fundamentais e os correspondentes direitos e garantias tutelados nas ordens jurídicas nacionais ocupam uma posição central. Aqui o Tribunal de Justiça afirma o *respeito pelas normas constitucionais* dos Estados membros *em matéria de direitos fundamentais*, mas afirmando que a *tutela dos direitos fundamentais constitui parte integrante dos princípios gerais de direito de que o Tribunal garante a observância quando haja violação das garantias comunitárias dos mesmos* ([584]).

Deste modo, *procede o Tribunal à confirmação da existência na ordem jurídica comunitária de princípios gerais para a protecção dos direitos fundamentais* e, no mesmo passo, à introdução de uma precisão: a salvaguarda dos direitos fundamentais, inspirada nas *tradições constitucionais comuns* dos Estados membros, deve ser assegurada no quadro da *estrutura* e dos *objectivos* da Comunidade Europeia. Reconhecendo o *carácter autónomo* da fonte de direito (comunitário) e da justificação da protecção concedida aos direitos fundamentais *contra os actos do poder comunitário*, o Tribunal declara que é no entanto possível recorrer aos princípios fundamentais das ordens jurídicas nacionais como fontes de conhecimento do direito (*fontes cognoscendi*) ([585]). A este respeito PIERRE PESCATORE salienta a evolução da inclusão da tutela dos direitos fundamentais do âmbito dos «princípios gerais do direito comunitário» para o âmbito dos «princípios gerais de direito» — mas esta evolução, em nosso entender, é *mais aparente do que real* pois o Tribunal não deixa de referir que a tutela dos direitos fundamentais se exerce no quadro da *estru-*

([583]) Ver GIORGIO GAJA, artigo citado, págs. 574-576; MANFRED A. DAUSES, artigo citado, págs. 404-405; PIERRE PESCATORE, artigo citado, págs. 441-442; LAURENT MARCOUX, JR., artigo citado, págs. 710-711.

([584]) Assim o refere GIORGIO GAJA, artigo citado, págs. 574-575.

([585]) Ver MANFRED A. DAUSES, artigo citado, págs. 404-405.

tura e dos *objectivos* da Comunidade Europeia(586). Estamos assim, quanto à *substância*, reconduzidos à sentença anterior — a evolução aparece-nos mais a *nível terminológico* que substancial.

3. Na *sentença do caso Nold* (14-5-74)(587) salienta-se a primeira menção expressa à Convenção Europeia dos Direitos do Homem(588). Mantém-se a referência às tradições constitucionais

---

(586) Refere GIORGIO GAJA, artigo citado, pág. 576, a este respeito que esta especificação tem o objectivo de indicar que a tutela dos direitos fundamentais deve ser reconstruída no ordenamento comunitário de um modo autónomo no que respeita à tutela acolhida no ordenamento interno: é expressamente excluído que a violação de um direito fundamental segundo as garantias próprias do sistema constitucional de um Estado membro possa incidir na legitimidade de uma norma comunitária. Cf. MANFRED A. DAUSES, artigo citado, págs. 404-405. Ver ainda PIERRE PESCATORE, artigo citado, págs. 441-442.

(587) Ver GIORGIO GAJA, artigo citado, pág. 576; MANFRED A. DAUSES, artigo citado, págs. 405-406; PIERRE PESCATORE, artigo citado, pág. 442; LAURENT MARCOUX, JR., artigo citado, págs. 711-712.

(588) PIERRE PESCATORE, no artigo citado, pág. 441 e ss., é de opinião que no estado actual do direito comunitário pode dizer-se sem exagero que o Tribunal de Justiça trata a Convenção Europeia dos Direitos do Homem como parte integrante do direito cujo respeito ela deve garantir no quadro comunitário. A pág. 444 e ss., expressa a opinião de que a sentença do TJCE relativa ao caso Hauer (13-12-1979) terá posto fim ás discussões teóricas, ficando o princípio da protecção dos direitos fundamentais no quadro comunitário adquirido. Refere ainda que a CEDH passa a ser tida em conta como elemento de referência no quadro comunitário e, para o comprovar, passa em revista as sentenças relativas aos casos Pécastang (05-03-1980), Panasonic (26-06-1980), Heinz Van Landewick e. a. (29-10-1980), Pioneer (07-06--1983), Regina c. Kent Kant (10-07-1984), Cinéthèque (11-07-1985), Marguerite Johnson c. Royal Ulster Constabulary (15-05-1986), CFDT (17-21-1977).

Este autor, na pág. 450, acaba por defender o entendimento de que a comunidade está ligada à Convenção em virtude da doutrina da sucessão de Estados (quanto ao significado deste instituto em direito internacional público v.g. ALBINO SOARES, obra citada, pág. 352 e ss.). Entendimento este que, pela nossa parte, não perfilhamos pois não se verifica aqui o pressuposto deste instituto que consiste na extinção de um Estado. E isto embora estejamos de acordo com este autor quando ele refere que a Convenção Europeia dos Direitos do Homem é a *expressão duma forma de cultura política e jurídica comum aos Estados criadores da Comunidade Europeia, uma forma de vida em sociedade que comporta como vectores fundamentais o respeito da democracia, o respeito dos direitos e liberdades individuais, o respeito do princípio do «Estado de Direito»*. Não subscrevemos porém o entendimento deste autor quanto ao efeito de sucessão e a sua posição de considerar que este é um falso problema. A este respeito cf. ROBERT LECOURT, artigo citado, que não só

comuns e a afirmação de que os direitos fundamentais são parte integrante dos princípios gerais de direito, cuja observância é garantida pelo Tribunal de Justiça das Comunidades Europeias.

Afirma-se ainda que *os tratados internacionais relativos à tutela dos direitos fundamentais*, aos quais os Estados membros hajam aderido (ou nos quais hajam cooperado) podem fornecer elementos relevantes a ser tidos em conta no âmbito do direito comunitário ([589]). É posto em realce a relação entre as garantias comunitárias dos direitos fundamentais e os princípios estruturais das ordens constitucionais nacionais em matéria de direitos fundamentais, o *Tribunal não considera admissíveis medidas incompatíveis com os direitos fundamentais reconhecidos e garantidos pelas constituições dos Estados membros* ([590]).

4. Na sentença do caso Hauer (13-12-1979) ([591]) é retomada a ideia (expressa na sentença de 17-12-1970, relativa ao caso Internationale Handelgesellschaft) de que a tutela dos direitos fundamentais opera no âmbito da estrutura e das finalidades da Comunidade Europeia, considerando que a aplicação de um critério de avaliação nacional retardaria inevitavelmente a unidade do mercado comum e comprometeria a coesão da Comunidade. Deste modo quando deparamos com a existência no ordenamento comunitário de um direito fundamental também tutelado no ordenamento estadual interno de um membro das comunidades uma *diversidade* de *conteúdos de tutela* pode depender da circunstância que os interesses públicos correlativos devam ser reportados à dimensão comunitária — assim, por exemplo, a **proporcionalidade** *deve ser avaliada em relação às exigências não já de um Estado mas de toda a Comunidade Europeia* ([592]). Reafirma-se, porém, a jurisprudência do caso Nold quanto à relação entre as garantias comunitárias dos direitos fundamentais e os princípios estruturais das ordens jurídico-constitu-

---

tem um entendimento diferente como propõe algumas soluções pragmáticas para esta questão.

([589]) Ver Giorgio Gaja, artigo citado, pág. 575.

([590]) *Idem.*

([591]) Ver Giorgio Gaja, artigo citado, págs. 575-577; Pierre Pescatore, obra citada, pág. 444; Manfred A. Dauses, artigo citado, pág. 405; Laurent Marcoux, Jr., págs. 713-714.

([592]) Ver Giorgio Gaja, artigo citado, págs. 576-577.

cionais dos Estados membros em matéria de direitos fundamentais e a *inadmissibilidade de procedimentos incompatíveis com os direitos fundamentais reconhecidos e garantidos pelas Constituições dos Estados membros* (593).

Tanto no caso Nold como no caso Hauer a jurisprudência do Tribunal vai ainda no sentido de reafirmar o papel dos tratados internacionais como fonte de inspiração; desenvolvendo-se a *teoria dos limites imanentes dos direitos fundamentais* (já expressa, de resto, na sentença do caso Internationale Handelgesellschaft), com referência à função social dos bens e actividades protegidos, sendo condições exigidas para as intervenções sobre os limites que protegem posições características de direitos fundamentais (sentença do caso Hauer):

1) justificação da intervenção pelos *objectivos de interesse geral* prosseguidos pela Comunidade Europeia (594).

2) *proporcionalidade* da intervenção em face do fim visado pela mesma (595).

3) garantia da substância (preservação do sentido útil, do *núcleo essencial*) do direito protegido (596).

De referir ainda a menção que a sentença do caso Hauer faz à *Declaração comum dos órgãos comunitários de 5 de Abril de 1977, sobre a salvaguarda dos direitos do Homem e Liberdades Fundamentais* (597).

---

(593) Ver MANFRED A. DAUSES, artigo citado, pág. 405.

(594) Para a problemática dos limites aos direitos fundamentais no direito constitucional português, de algum modo análoga a esta problemática, ver GOMES CANOTILHO, Direito Constitucional, Coimbra, Livraria Almedina, 5ª Edição, 1991, pág. 613 e ss (designadamente, pág. 617 e ss.); VIEIRA ANDRADE, Os Direitos Fundamentais na Constituição Portuguesa de 1976, págs. 213-251 (designadamente págs. 215-219); JORGE MIRANDA, Manual de Direito Constitucional, Tomo IV – Direitos Fundamentais, pág. 282 e ss.

(595) Ver GOMES CANOTILHO, obra citada, págs. 628-630; VIEIRA ANDRADE, obra citada, pág. 234 e ss.; JORGE MIRANDA, obra citada, págs. citadas.

(596) Ver GOMES CANOTILHO, obra citada, págs. 630-633; VIEIRA ANDRADE, obra citada,.pág. 233 e ss.; JORGE MIRANDA, obra citada, págs. citadas.

(597) É o seguinte o texto integral:

DECLARAÇÃO COMUM

do Parlamento Europeu, do Conselho e da Comissão

2.2 Os Horizontes da Problemática da Tutela dos Direitos Fundamentais na Ordem Jurídica-Europeia Comunitária

2.2.1 *A "Carência" de Tutela dos Direitos Fundamentais na Ordem Jurídica Europeia Comunitária*

"E puseram-se a caminho, pela estrada sem fim, para o lado donde nasce o Sol."

NIKOS KAZANTZAKIS, Cristo Recrucificado.

a) *Enquadramento desta problemática no âmbito mais vasto da protecção jurídica internacional dos Direitos Fundamentais do Homem*

A protecção jurídica internacional dos direitos fundamentais da pessoa humana concreta constitui contemporâneamente uma das grandes inovações do direito internacional ([598]), é como que uma das

---

O PARLAMENTO EUROPEU, O CONSELHO E A COMISSÃO,

Considerando que os Tratados que instituem as Comunidades Europeias se fundam no princípio do respeito do direito;

Considerando que, tal como o reconheceu o Tribunal de Justiça, este direito compreende, para além das regras dos tratados e do direito comunitário derivado, os princípios gerais de direito e em especial os direitos fundamentais, princípios e direitos no quais assenta o direito constitucional dos Estados-membros;

Considerando em particular que todos os Estados-membros são partes contratantes da Convenção Europeia de Salvaguarda dos Direitos do Homem e das Liberdades Fundamentais, assinada em Roma em 4 de Novembro de 1950,

ADOPTARAM A SEGUINTE DECLARAÇÃO:

1. O Parlamento Europeu, o Conselho e a Comissão sublinham a importância primordial que concedem ao respeito dos direitos fundamentais tal como resultam nomeadamente das constituições dos Estados-membros bem como da Convenção Europeia de Salvaguarda dos Direitos do Homem e das Liberdades Fundamentais.

2. No exercício dos seus poderes e prosseguindo os objectivos das Comunidades Europeias, respeitam e continuarão a respeitar estes direitos.

([598]) Ver GIORGIO GAJA, artigo citado, pág. 575. Este autor crítica a jurisprudência do Tribunal de Justiça, considerando que a mesma apresenta aspectos contraditórios, incertezas quanto aos critérios que informa a tutela dos direitos fundamentais, incerteza (indefinição) quanto ao âmbito de operatividade desta tutela dos direitos fundamentais (artigo citado, pág. 574). Em sentido diferente ver MANFRED A. DAUSES, artigo citado, pág. 404 e ss. Para este autor a jurisprudência do Tribunal

«testas de ponte» da reconstrução do direito internacional público moderno, após o termo da Segunda Grande Guerra (599).

De facto está-se a penetrar no coração do «santuário» da soberania estadual: as relações entre o aparelho de Estado e a população, dois dos elementos constitutivos do Estado tal como é tradicionalmente concebido (600), o que é tanto mais relevante quanto a estrutura estadual continua a dominar ainda a sociedade internacional (601).

A evolução da tutela dos direitos fundamentais do Homem no direito internacional contemporâneo faz ressaltar uma dupla tendência: a) a internacionalização dos direitos a respeitar; b) a criação de mecanismos específicos e institucionalizados de protecção e salvaguarda dos direitos reconhecidos, cujo respeito se pretende *universal* e *efectivo*. Na prática, porém, deparamos com limites à tutela com eficácia geral e valor universal dos direitos fundamentais da pessoa humana — por um lado, assiste-se à *regionalização da tutela dos direitos fundamentais*; por outro lado, deparamos com o *carácter facultativo dos mecanismos de controlo* (602).

---

de Justiça tem-se mantido constante na protecção dos direitos fundamentais como sendo princípios gerais do direito comunitário — princípios estes que teriam o seu fundamento, nas tradições constitucionais comuns dos Estados membros, nos quais se pratica a democracia e rege o primado do direito, e ainda nos tratados internacionais para protecção dos Direitos do Homem (artigo citado, pág. 404).

(599) Ver JUAN ANTONIO CARRILLO SALCEDO, «Souveraineté des États et droits de l'homme en droit international contemporain», *in* Protection des droits de l'homme: la dimension européenne, Carl Heymanns Verlag KG, 1988, págs. 335-341.

(600) Ver ANTONIO CASSESE, Le Droit international dans un monde divisé, págs. 335 e ss.

(601) Ver JUAN ANTONIO CARRILLO SALCEDO, artigo citado, págs. 91-92; GIAN PIERO ORSELLO, «La Tutela dei Diritti Umani dalla Dichiarazione Universale Dei Diritti dell'Uomo alle riunioni sulla dimensione Umana nell'ambito dei seguiti della Conferenza per la Sicurezza e la Cooperazione Europea», *in* Annuário di Diritto Comparato e di Studi Legislativi, 1989, volume 57, 4ª série, pág. 69 e ss.; ALBINO DE AZEVEDO SOARES, Lições de Direito Internacional Público, Coimbra, Coimbra Editora, 1988, págs. 59-60, págs. 275-304, pág. 373 e ss., págs. 400-402. Cf. STELIOS PERRAKIS, «L'incidence de L'Acte Unique Européen sur la Coopération des Douze en matière de Politique Étrangère», *in* Annuaire Français de Droit International, XXXIV, Paris, Éditions du CNRS, 1988, págs. 807-822. Cf. ADRIANO MOREIRA, A Comunidade Internacional em Mudança, págs. 162-163.

(602) JUAN ANTONIO CARRILO SALCEDO, artigo citado, pág. 92.

Apesar de tudo, estamos hoje em condições de afirmar, como o faz JUAN ANTONIO CARRILLO SALCEDO que «*la communauté internationale reconnâit dans les droits fondamentaux de la personne humaine un de ses intérêts fondamentaux*».

b) *A Declaração Universal dos Direitos do Homem*

A Declaração Universal dos Direitos do Homem, aprovada em 10 de Dezembro de 1948 pela Assembleia-Geral das Nações Unidas, deu uma forma concreta e articulada ao *desenvolvimento do reconhecimento da dignidade inerente à pessoa humana*.

Afirmando que é da competência do ordenamento jurídico estadual e soberano *salvaguardar* os Direitos Fundamentais do indivíduo (cf. arts. 1.°, 2.°, 7.°, n.° 1, 9.°, *b*), art. 16.°, n.° 1 – todos da C.R.P.), cuja tutela se constitui num dos *princípios fundamentais* do ordenamento jurídico que os reconhece (inclusivé como princípios supra-ordenadores relativamente ao ordenamento constitucional do Estado), esta Declaração Universal constitui ainda um indispensável ponto de referência para o «Forum» sobre a Dimensão Humana no âmbito dos trabalhos da Conferência para a Segurança e Cooperação na Europa (CSCE) ([603]).

c) *As Comunidades Europeias*

No projecto do tratado institutivo da União Política Europeia mereciam destaque, por um lado, as referências do preâmbulo quanto à *adesão aos princípios de democracia pluralista, do respeito pelos Direitos do Homem e do primado do direito*, bem como os vários números do ponto 4, designadamente o seu n.° 1: «A União protege a dignidade do indivíduo e reconhece a qualquer pessoa sob a sua jurisdição os direitos e as liberdades fundamentais, resultantes, nomeadamente, dos princípios comuns das Constituições dos Estados-membros, bem como da Convenção Europeia de Salvaguarda dos Direitos do Homem e das Liberdades Fundamentais».

([603]) GIAN PIERO ORSELLO, artigo citado.

Sendo que os mais recentes desenvolvimentos apontam para uma dinâmica da legislação comunitária em ordem a que a tutela dos direitos fundamentais venha a resultar na criação de uma normativa de tutela destes no âmbito do direito europeu comunitário (604).

Está-se assim em vias de superar a questão dita de «carência das Comunidades Europeias em matéria de Direitos Fundamentais», satisfazendo mais capazmente a exigência de tutela destes direitos.

Exigência esta cuja *relevância actual* decorre, não só da evolução da discussão sobre esta temática na própria doutrina mas também dos *perigos da inserção do indivíduo na actual sociedade técnico-industrial* de massas e ainda da variedade de manifestações das inter-faces entre poder comunitário e direitos individuais (é o caso das interdições de importação, de exportação, de comercialização, a regulamentação dos preços, a organização dos mercados agrícolas, as regras da concorrência, ...). Além de que a *transferência de poderes soberanos para a Comunidade Europeia não pode ter como consequência a redução do nível de protecção dos direitos fundamentais garantidos pelas normas jurídicas nacionais.*

Merece aqui especial referência a sentença do caso Testa, Maggio e Vitale (19-6-1980), no âmbito da *protecção dos direitos sociais* pelas Comunidades Europeias, assinalando a passagem da concepção clássica e liberal de propriedade à concepção social da propriedade (subjacente à qual está a ideia de *Solidariedade*) e a tendência do Tribunal de Justiça das Comunidades para alargar o âmbito de protecção dos direitos fundamentais aos direitos sociais. De referir que, neste domínio, o *princípio da igualdade* deriva, como *princípio jurídico geral*, das diversas *proibições de discriminação* consagradas nos Tratados comunitários, sendo que se trata aqui de um conceito de *igualdade em sentido material.*

As sanções para a violação deste princípio da igualdade têm consistido em declarar que a medida é «nula», «não válida» ou «inaplicável», segundo o tipo de procedimento considerado. De notar, no entanto, que este mecanismo de sanção não é apropriado para os casos em que a discriminação reside na recusa de uma vantagem (605).

---

(604) *Idem*, págs. 98-99.

(605) MANFRED A. DAUSES, artigo citado, págs. 407-408.

2.3 A problemática específica da articulação do direito constitucional português com o direito Europeu comunitário na tutela dos direitos fundamentais

Havendo um fundamento jurídico-constitucional (art. 8.°, 3) para a vigência no ordenamento jurídico português das normas emitidas pelos órgãos comunitários, assente igualmente a situação infra-constitucional de tais normas na hierarquia das fontes do direito português, coloca-se o problema de saber *como* proceder à articulação do direito constitucional português com o direito europeu comunitário em sede de tutela dos direitos fundamentais do Homem.

A) Uma *primeira dimensão crítica* desta articulação tem a ver com a *definição constitucional do reenvio prejudicial* ao Tribunal de Justiça das Comunidades Europeias, no âmbito do art. 177.° do Tratado CEE, e da *colocação do órgão de justiça* comunitário no âmbito do sistema jurisdicional interno.

Os tribunais portugueses podem apresentar ao Tribunal de Justiça das Comunidades Europeias questões prejudiciais, solicitando-lhe que se pronuncie sobre a interpretação ou sobre a apreciação de validade das disposições do direito comunitário, sendo este reenvio obrigatório quando a necessidade de interpretação ou da apreciação da validade dum acto comunitário se fizer sentir num tribunal de última instância (o qual conhece sempre da matéria de direito) e facultativo quando tal necessidade se fizer sentir num tribunal cujas decisões admitam recursos ordinários; a recusa de reenvio por uma jurisdição a tal obrigada faz o respectivo Estado incorrer em violação das disposições do direito comunitário.

Quanto a esta questão parece-nos que o problema da coordenação do art. 177.° – Tratado CEE, com as normas constitucionais relativas à função jurisdicional deve comportar duas vertentes: uma é a de assinalar o carácter jurisdicional do Tribunal de Justiça, a outra é a de coordenar esta norma comunitária com as outras normas do ordenamento jurídico português relativas à tutela jurisdicional dos direitos fundamentais.

Afirmado o carácter jurisdicional do Tribunal de Justiça, ao qual o Tratado CEE atribui a competência para interpretar o direito comunitário e decidir sobre a sua *validade*, tal tem como efeito imediato tornar admissíveis os recursos (individuais e do Ministério Público) perante o Tribunal Constitucional contra sentenças do tribunal de última instância, por violação da obrigação do art. 177.° – Tratado CEE. Assim, se o tribunal não cumprir esta obrigação de reenvio prejudicial ao Tribunal de Justiça, por exemplo com fundamento na inconstitucionalidade desta obrigação, as partes a quem seja admitido recorrer e o Ministério Público podem interpôr recurso perante o Tribunal Constitucional desta decisão, dado que a norma do art. 177.° faz parte do Tratado CEE (o qual é abrangido pelo conceito de convenção internacional do art. 280.° – C.R.P.) (cf. art. 280.°, n.° 3/C.R.P.).

Por via desta norma do art. 280.° – C.R.P. vem afinal a verificar-se a aplicação interna do direito comunitário através dos mecanismos de recurso constitucional ([606]).

B) Já não é admissível a interposição deste *recurso* perante o Tribunal de Justiça das Comunidades Europeias. É que o reconhecimento do carácter jurisdicional do Tribunal de Justiça, e da força jurídica vinculativa das suas decisões no âmbito interno, remete-nos para o âmbito das relações entre direito interno e direito comunitário — isto é, este reconhecimento atém-se à protecção constitucional do direito comunitário enquanto regras jurídicas aplicáveis no ordenamento jurídico nacional (cf. art. 8.°, *n.° 2 (Tratados)* e n.° 3 (direito comunitário derivado) e o que, supra, referimos acerca dos princípios consignados no art. 7.°, n.° 1, 2, e 5 – C.R.P.).

Esta *protecção constitucional da jurisdição comunitária* contribui para uma mais maleável, flexível e ágil integração desta no sistema constitucional português — o que é relevante em matéria da legitimidade do dever imposto aos tribunais portugueses na observância das sentenças do Tribunal de Justiça... ([607]).

C) Quanto a nós, deve ainda concluir-se pela *compatibilidade* do processo jurisdicional do Tribunal de Justiça das Comunidades Europeias com as garantias constitucionais portuguesas. Tal compatibilidade deriva do art. 8.° – C.R.P., do art. 7.° C.R.P. e das normas relativas à função jurisdicional na C.R.P. (designadamente o n.° 2 do art. 205.° – C.R.P.) pois deve entender-se que, *cabendo aos tribunais*

([606]) Quanto a estas questões que vimos de analisar, confronte-se ENZO CANNIZZARO, artigo citado, págs 24-28.

([607]) *Idem* pág. 29. Ver ALBINO SOARES, obra citada, pág. 395.

portugueses garantir a legalidade democrática, fazendo parte de tal legalidade o direito comunitário, sendo a este cometido o exercício da função jurisdicional no âmbito do direito comunitário, tal função por parte do Tribunal de Justiça contribui para fomentar, em via jurisdicional, o respeito e garantia da legalidade democrática na ordem jurídica portuguesa (608).

A afirmação do carácter jurisdicional do Tribunal de Justiça e a consequência do seu englobamento no exercício da função jurisdicional por via da protecção que o direito constitucional português concede ao direito europeu comunitário, leva-nos ao âmago do problema: a saber, *que* relações podem estabelecer-se entre o ordenamento jurídico comunitário e o ordenamento jurídico interno, ao qual já nos referimos anteriormente e sobre o qual faremos agora mais alguns desenvolvimentos, designadamente em sede de tutela dos direitos fundamentais.

D) O primeiro ponto a reter é o de que *a Comunidade Europeia é ainda*, no momento presente (e tal como em sentença de 18 de Setembro de 1967 o releva já o Tribunal Constitucional Federal Alemão), *uma estrutura em curso de progressiva integração*, para a qual os Estados-membros transferiram *determinados* direitos de soberania. É com este sentido que se pode legitimamente afirmar (como o fazia esta sentença) que «o direito comunitário e o direito dos Estados membros são dois ordenamentos jurídicos **autónomos e distintos**», o que não impede que entre eles exista uma inter-penetração, interdependência — por um lado a Comunidade não é pensável sem os Estados (nem sem o seu direito — veja-se a relevância atribuída pelo Tribunal de Justiça às «tradições constitucionais comuns» e aos «tratados internacionais de protecção dos direitos do Homem» (subscritos pelos Estados membros) em matéria de protecção dos direitos fundamentais), por outro lado as fontes comunitárias produzem direito vigente na ordem interna dos Estados membros e gozam de primazia sobre as normas ordinárias internas. A singularidade desta situação (primazia do direito comunitário) consiste em que a norma ordinária interna não é abrogada, mas tão só desaplicada pelo juíz interno (609). É esta uma consequência do *valor supra-legal* das normas comu-

(608) Ver ENZO CANNIZZARO, artigo citado, págs. 30-31.
(609) *Idem*, págs 31-33.

nitárias derivadas, como decorre do art. 8.°, n.° 3 – C.R.P. (quanto à primazia dos Tratados das Comunidades Europeias sobre o direito ordinário interno, e seu valor supra-legal, veja-se o art. 8.°, n.° 2 – C.R.P. – de acordo com o qual o direito comunitário originário vigora na ordem jurídica portuguesa *enquanto* estes tratados vincularem internacionalmente o Estado Português). O problema da *integração* entre os dois ordenamentos jurídicos faz apelo a *normas constitucionais de coordenação* (n.° 2 e 3 do art. 8.° – C.R.P.) *mas também a princípios constitucionais de articulação* (em nosso entender, o **princípio da cooperação** referido no art. 7.°, n.° 1, *in fine* tem aqui cabimento, enquanto o reforço da integração comunitária europeia é um caso particular de aplicação deste princípio como resulta do confronto dos sentidos deste princípio e do consagrado no art. 7.°, n.° 5 – C.R.P.; pelos mesmos motivos, entendemos ter cabimento o princípio relativo ao estabelecimento de um sistema de segurança colectiva, com *vista à criação de uma ordem internacional capaz de assegurar a paz e a justiça nas relações entre os povos*, enquanto as alterações introduzidas pelo Tratado da União Europeia (na sequência do desenvolvimento da integração europeia impulsionado pelo antecedente Acto Único Europeu)(610) indiciam uma vontade de reforço da cooperação em matéria de defesa, retomando de algum modo uma ideia já antiga mas ainda não viabilizada, e política externa — uma maior integração europeia nos dominíos da defesa e da cooperação política favorecerá o progresso dos esforços realizados pela comunidade internacional para efectivar este princípio) como o princípio consagrado no n.° 5 do art. 7.° — que, em rigor, são dois princípios: o de que Portugal se empenha no *reforço da identidade europeia*; o de que Portugal se empenha no *fortalecimento da acção dos Estados Europeus* a **favor da paz** (o que, em nossa opinião, aponta para o reforço em matéria de integração política europeia Comunitária, embora comporte igualmente outras valências: por exemplo a nossa participação no Conselho da Europa e na Conferência de Segurança e

(610) Sobre a importância do Acto Único Europeu no relançamento da Comunidade pode ver-se António Goucha Soares, «Um acto único» (*in* "Expresso-Revista", em 15 de Fevereiro 92, pág. 7-R. Cf. ainda Dusan Sidjanski, «Do projecto de Tratado de União do Parlamento Europeu ao Acto Único Europeu», *in* Revista de Ciência Política, n.° 5, 1.° Semestre de 1987, Lisboa, págs. 41-60.

Cooperação Europeia), do **progresso económico** (o que, em nosso entender, aponta para o reforço da integração económica no quadro europeu comunitário — embora possa comportar igualmente outras valências: por exemplo a participação na OCDE) e **da justiça nas relações entre os povos** (o que, no âmbito do direito europeu comunitário, diremos nós, aponta para uma maior integração entre os dois ordenamentos jurídicos: o europeu comunitário e o dos Estados membros, por forma a realizar a coesão social e cultural e a uniformidade da interpretação e aplicação do direito comunitário). A solução para este problema é fornecida pelo recurso a uma *repartição funcional de competências* entre normas comunitárias e normas internas (de algum modo deparamos aqui com uma nova dimensão do princípio da separação dos poderes) ([611]).

E) Por via desta *repartição funcional de competências* fica excluído que o conflito entre norma ordinária e o Tratado – CEE possa ser visto como um caso de ilegitimidade constitucional — não só o Tratado tem *valor infra-constitucional*, como ainda a protecção que a Constituição confere ao Tratado – CEE com a consequência da vigência directa das suas normas no ordenamento jurídico português aponta antes para que, surgindo um conflito deste tipo, do que se trata não é de uma *invalidade* da norma interna (cf. art. 3.°, n.° 3 – C.R.P.), mas antes de uma *prevalência* de norma comunitária — prevalência essa jurídico-constitucionalmente fundamentada (sendo a norma constitucional de coordenação entre os dois ordenamentos jurídicos como que uma norma de *resolução de conflitos de competência* e que parece ainda decorrer do conceito de aplicabilidade directa) ([612]).

F) Neste âmbito ocorre ainda referir que, sendo o Tribunal de Justiça um órgão integrado no sistema jurisdicional português por força do art. 280.° – C.R.P. (confrontem – se o n.° 3 deste artigo); veja-se ainda o art. 281.°, 1, a) conjugado com o art. 8.° – C.R.P. (cf. n.° 2 e 3; ver ainda art. 7.°, n.° 5) ([613]), a transferência de poderes dos órgãos de soberania portugueses para os órgãos comunitários abrange os órgãos do Poder Judicial (ver arts. 205.° a 216.° – C.R.P.). E sendo

---

([611]) Enzo Cannizzaro, *idem*, pág. 33.

([612]) Enzo Cannizzaro, *idem*, págs. 33-34.

([613]) Ver Albino Soares, obra citada, pág. 8. Cf. Enzo Cannizzaro, artigo citado, págs. 1-35.

o direito europeu comunitário um direito comum aos Estados membros, o Tribunal de Justiça o «juiz» encarregue de decidir sobre a sua validade, o problema do conflito entre normas internas e normas comunitárias derivadas directamente aplicáveis vem a salientar a função do Tratado – CEE como norma de repartição (funcional) de competência entre as normas internas e as normas comunitárias derivadas, à qual repartição há-de ainda corresponder uma *adequada* repartição funcional das garantias jurisdicionais.

Compete assim ao Tribunal de Justiça da CEE conhecer da *validade* do direito comunitário *derivado* — sendo a jurisprudência recente do Tribunal de Justiça no sentido da *rejeição* da possibilidade de o juiz nacional poder ter competência para conhecer da validade do direito comunitário. Mas, em contrapartida, este Tribunal não pode controlar a validade das normas *internas* conflituantes com normas comunitárias derivadas. Só que ao juiz interno também é subtraído esta possibilidade; se assim não fosse estaria a admitir-se uma competência indirecta deste juiz interno em matéria de invalidade das normas comunitárias com a consequência de emergir um possível conflito entre as duas esferas de jurisdição. Ao juiz interno, perante uma situação deste tipo, fica a **alternativa**: *proceder à desaplicação da lei interna, aplicando a norma comunitária ou reenviar a questão da legitimidade da norma comunitária ao Tribunal de Justiça das Comunidades Europeias* (614).

Uma *segunda dimensão crítica* da articulação do direito constitucional português com o direito europeu comunitário em sede de tutela dos direitos fundamentais tem a ver com o problema do *controle da constitucionalidade dos actos comunitários* (a que supra, já fizemos referência).

1. Desde logo, quanto a nós, é de *excluir* a supremacia das normas comunitárias secundárias sobre as normas constitucionais — de facto, o art. 8.°, n.° 3 – C.R.P. não fundamenta uma pretensa supremacia desta normas comunitárias sobre as normas constitucionais.

Além de que, não podendo a transferência de poderes soberanos dos Estados para os órgãos comunitários operar-se sem limites, *um*

(614) Enzo Cannizzaro, artigo citado, págs. 35-36.

dos limites a esta transferência é constituído pela protecção constitucional dos direitos fundamentais.

2. *As normas constitucionais portuguesas sobre direitos fundamentais constituem um dos limites à transferência de poderes soberanos para os órgãos comunitários.* Nem outra solução nos parece ser admissível enquanto, para além da já referida carência de um catálogo de direitos fundamentais no âmbito europeu comunitário, o funcionamento dos órgãos *produtores* do direito comunitário padece de uma *falta de legitimação democrática* ([615]).

Enquanto esta *falta de legitimação democrática* dos órgãos comunitários produtores de direito e esta ausência de um catálogo de direitos fundamentais na Comunidade Europeia se mantiverem há-de entender-se que não só as normas constitucionais portuguesas constituem um limite à transferência de poderes soberanos como ainda *a jurisdição constitucional portuguesa tem competência para controlar a constitucionalidade das normas comunitárias derivadas relativas à tutela dos direitos fundamentais do homem.* É o que resulta, desde logo, do regime jurídico dos direitos fundamentais no ordenamento constitucional português (designadamente do art. 18.° em matéria de direitos, liberdades e garantias). Em matéria de direitos, liberdades e garantias, o art. 18.° – C.R.P. tem consequências e implicações várias quanto ao limite das normas comunitárias derivadas em matéria de direitos fundamentais:

1) Vinculando as entidades públicas (n.° 1 do art. 18.°) os preceitos constitucionais respeitantes aos direitos, liberdades e garantias interditam ao Estado português a transferência de poderes soberanos nesta matéria da qual resulte uma menor protecção destes direitos do que a protecção constitucional portuguesa.

2) A necessidade de autorização constitucional expressa para restrições a estes direitos (art. 18.°, n.° 2) aponta no mesmo sentido ([616]).

A demonstração da congruência da protecção comunitária dos direitos fundamentais com a protecção constitucional portuguesa pode no entanto ser articulada com o recurso aos seguintes elementos:

([615]) Situação esta que, embora atenuada, permanece nos documentos visando instituir a União Europeia aprovados na conferência de Maastricht (ver, infra, 3.2).

([616]) Ver ainda JORGE MIRANDA, pág. 282 e ss.; GOMES CANOTILHO, obra citada; ENZO CANNIZZARO, artigo citado, págs. 36-41.

1) protecção concedida, na base de uma jurisprudência constante, pelo Tribunal de Justiça([617]).

2) as declarações do Parlamento Europeu e do Conselho das Comunidades.

3) a relevância, no âmbito comunitário, dos princípios gerais do direito constitucional português.

4) a relevância da Convenção Europeia dos Direitos do Homem.

5) a referência comum à Declaração Universal dos Direitos do Homem.

A relevância das declarações do Parlamento e do Conselho consiste em serem a expressão de um *património jurídico comum* aos Estados e à Comunidade Europeia. Como inequivocamente resulta da Declaração dos Direitos e Liberdades Fundamentais, aprovada por Resolução do Parlamento Europeu em 12 de Abril de 1989, a qual expressamente as refere bem como à Declaração Universal dos Direitos do Homem e aos princípios gerais comuns do direito dos Estados-membros([618]).

Por outro lado esta situação contribui para o reforço da função jurisdicional comunitária enquanto consente que esta possa assumir a tutela dos direitos fundamentais entre os parâmetros de avaliação da validade dos actos e normas comunitárias([619]).

A **dimensão jurídico-política das Comunidades Europeias** é hoje um dado inelutável do fenómeno da integração europeia e contribui para tornar as Comunidades Europeias no «eixo estratégico» em torno do qual será possível, num futuro talvez não tão distante como nos possa parecer hoje, construir a Casa Comum Europeia, evitando que mais dramas individuais e colectivos tenham o triste epílogo da obra «Cristo Recrucificado», de NIKOS KAZANTZAKIS([620]).

([617]) Sobre o papel dos restantes orgãos comunitários v.g. GUY ISAAC, «L'Insertion du Parlement Européen dans le Systéme Juridictionnel des Communautés Européennes», *in* Annuaire Français de Droit International, Paris, CNRS, 1986, XXXII, págs. 794-809; CHARLES REICH, «Le Rôle de la Commission des Communautés Européennes dans la Cooperation Politique Européenne», *in* Revue du Marché Commun, n.° 331, 1989, págs. 560-569.

([618]) ENZO CANNIZZARO, artigo citado, pág. 40.

([619]) *Idem*, págs. 42-43 e ss.

([620]) Veja-se: ANTÓNIO BARRETO, «O alargamento inevitável» (*in* Jornal "Público", em 19.02.92, pág. 7); FRANCISCO LUCAS PIRES, «Federação, Confederação

Mas, como resultado de uma longa evolução histórica pontuada por múltiplas vicissitudes, a cultura jurídico-política europeia afirma hoje como **elemento irrecusável** da dimensão jurídico-política das comunidades politicamente organizadas a tutela dos direitos fundamentais da pessoa humana. Esta exigência, que se vem afirmando com um carácter de *progressiva* e *crescente efectividade* nas várias ordens jurídicas nacionais e na ordem jurídica internacional, é hoje assumida por inteiro nas Comunidades Europeias.

Na ausência de um catálogo de direitos fundamentais nem por isso o espaço jurídico europeu comunitário deixou de encontrar as formas possíveis e histórico-concretamente adequadas para atender esta exigência.

A articulação do direito constitucional português com o direito europeu comunitário em sede de tutela dos direitos fundamentais é auxiliada pela referência de ambos a matrizes comuns: a Carta da Organização das Nações Unidas, a Declaração Universal dos Direitos do Homem, a Convenção Europeia para Salvaguarda dos Direitos do Homem e das Liberdades Fundamentais, a participação na Conferência para Segurança e Cooperação na Europa e no Conselho da Europa, as declarações do Parlamento Europeu e do Conselho das Comunidades. A que acresce a relevância atribuída pela jurisprudência europeia comunitária aos princípios gerais comuns aos direitos constitucionais dos diferentes Estados-membros.

De algum modo, as Comunidades Europeias estão a aproximar-se do fim do seu «período de adolescência» (de *afirmação* da sua «personalidade» própria, ...) e prestes a iniciar a entrada na maturidade — é o horizonte da União Política Europeia, num quadro de *respeito pela diversidade* de Estados soberanos (ainda que dotados de uma soberania «reformulada»).

---

ou simples Mercado Único?», *in* "Expresso-Revista" (em 10.12.1988, págs. 49-R a 52-R) e João Carlos Espada, «Jeffrey Sachs em Londres», *in* Jornal "Público", em 06.07.92, pág. 19.

3. A problemática Jurídico-Política da instituição da União Europeia: alguns problemas recentes, vários desafios no futuro

3.1 Em busca de um sentido útil para a União Europeia como sucessora da Comunidade Económica Europeia

Toda a discussão que recentemente se vem gerando em torno do Tratado que institui a União Europeia (aprovado na cimeira de Maastricht, em Dezembro de 1991) tem o mérito inegável de relançar a discussão pública generalizada (pelo menos, tão generalizada quanto possível nos actuais quadros de funcionamento das democracias europeias ocidentais ...) em torno do ideal Europeu, obrigando a retomar a busca de um sentido útil para a instituição desta União Europeia como um **novo** espaço público supra-nacional (e, tendencialmente supra-estadual, ao assumir a feição progressivamente mais nítida de uma ordem jurídica de tipo *confederal*) como sucessora de um anterior espaço público supra-nacional (mas não supra-estadual) com provas já dadas (a Comunidade Económica Europeia).

Mas um aspecto relevante (quiçá até decisivo para a futura configuração da nova União Europeia) prende-se com a situação de, em nossa opinião, estarmos a assistir à *emergência dum **novo tempo*** do ideal europeu, conduzindo à necessidade de "repouso do guerreiro".

Tenham-se presentes as considerações feitas por RALF DAHRENDOF, ao constatar que: «O PULSO da Europa está a alterar-se. De modo imperceptível ao princípio, mas agora de forma cada vez mais evidente, dirigentes e pessoas comuns expressam o seu cepticismo em relação a Maastricht e aos planos da união política e económica.

«Com isto não me refiro ao último arrebatamento da senhora Thatcher, que é irrelevante; Major é, à partida, um dos poucos dirigentes europeus que podem prometer a ratificação incondicional dos tratados de Maastricht. Ao contrário dos outros, o Reino Unido tem de debater as coisas primeiro e decidir depois. A Alemanha, de facto, nunca debateu a Europa, limitou-se simplesmente a pagar e a confiar em que não lhe adviria mal nenhum; agora, a realidade, incluindo a realidade económica, impôs-se a essa hipocrisia.»

«Em França, as pessoas começam a perguntar se a leve esperança de conter a Alemanha merece, de facto, o sacrifício da sua soberania, que é o que parecem exigir os próximos passos da união europeia. Em Itália, Espanha e talvez em muitos outros sítios, as pessoas perguntam-se se estes tratados, tão anunciados, não estarão mais destinados a dividir a Europa do que a uni-la; existem poucos indícios de "coesão". E, na Dinamarca, o povo decidiu, a 2 de Junho, que os tratados não lhe agradam de todo. É óbvio que o entusiamo pela Europa de Maastricht é nulo.»

«O que não é difícil de compreender, para lá de todas as razões particulares. Ao fim e ao cabo, Maastricht foi uma cimeira de governos cansados. Sete dos 25 rostos que aparecem na fotografia da reunião abandonaram o respectivo cargo. Outros dois, os chefes de governo da França e da Alemanha, estão claramente em curva descendente. O presidente da Comissão tem o pensamento posto na França, tanto quanto na Europa. Afinal, terá sido a Europa de ontem que se manifestou em Maastricht?»

«Neste momento, é importante fazer algumas distinções. Existem dois tipos de objecções aos planos actuais da União Europeia, e não devem ser confundidos. O primeiro é que a Comunidade Europeia, tal como a conhecemos, perdeu o rumo. O seu "inchado" orçamento continuará a desaparecer, em grande parte, nos canais subterrâneos da Política Agrícola Comum. Continua a preocupar-se mais em proteger a improdutividade que em promover a inovação. Continua a tentar impor o seu próprio calendário a um mundo que começou a seguir uma agenda totalmente distinta. A própria Europa guia-se por uma agenda diferente.»

«O seu objectivo principal é a estabilização da democracia nos países que recentemente a redescobriram. O seu objectivo secundário consiste em garantir os direitos de cidadania a todos os europeus, mediante normas — e decretos — que sejam apoiados por todos, em toda a parte. Muita gente considera que a CE fracassou, quando se tratou de encarar estas novas questões, deixando-se ficar presa ao mundo de ontem.»

«O outro tipo de objecção revela-se muito mais problemático. Tem que ver com o ressurgimento, em muitos sítios, de nacionalismos condenados. Abusa-se, inclusive, da ideia de uma "Europa das regiões" para justificar o novo amor pela homogeneidade. Porque é um erro pensar que se pode defender simultaneamente a Europa e a independência escocesa, flamenga, basca ou siciliana.»

«A Europa é tão-só um espaço comum para cidadãos com diferentes lealdades étnicas, religiosas ou culturais. Virar as costas a este espaço comum significa, internamente, chegar à intolerância e, externamente, à hostilidade, caminhar para a supressão das minorias e para o ressurgimento da inimizade entre as nações.»

«Precisamos de uma Europa de que nos possamos orgulhar.»

«A ressalva é importante. Hoje em dia, sinto-me, demasiadas vezes, envergonhado de ser cidadão da Comunidade Europeia; de uma Comunidade que reduz a exportação de cogumelos da Polónia porque está mais preocupada com os cogumelos do que com a democracia; de uma Comunidade que sacrifica o Uruguay Round aos interesses dos agricultores sazonais da Baviera. Maastricht está bem, mas faz muito pouco para aliviar esta sensação de vergonha.»

«Ratifiquemos, por tudo aquilo que contêm, os tratados de Maastricht, mas procedamos de forma a conseguir a Europa que muitos de nós realmente queremos: uma Europa completamente democrática, uma Europa que se concentre nos temas políticos de interesse comum, uma Europa que enfrente os desafios históricos, em vez de tentar impor o seu próprio calendário à realidade.»

«A Alemanha é um tema importante neste contexto. A ideia de que se pode "amarrar" o país unificado graças à união europeia — ideia defendida dentro e fora da Alemanha — sempre foi absurda. Se a Alemanha constitui um perigo para os restantes países, nenhum tratado europeu poderá evitá-lo. Se não queremos que a Alemanha se converta num perigo, são mais importantes os interesses reais das partes implicadas do que ensaiar e inventar truques.»

«É altura de começar de novo. Lembram-se de Altiero Spinelli? Eu sim. Exigiu uma assembleia constitutiva quando isso parecia absurdo a muita gente. É concebível que o Parlamento Europeu reúna a coragem suficiente para se afirmar como organismo que reflicta sobre as políticas e as instituições futuras de uma verdadeira união europeia? Provavelmente não, mas há que levar a cabo esse trabalho.»

«De outro modo, a Europa converter-se-á primeiro numa questão portadora de divisões; depois, em fonte de novos conflitos e, finalmente, em algo de irrelevante. Se quisermos evitar o regresso das guerras civis europeias, é preferível pormo-nos a trabalhar na base essencial da cooperação, deixando de a confundir com Maastricht — e Bruxelas.» ([621]).

Sendo a Europa uma invenção ([622]), este novo tempo que emerge para possibilitar o repouso do guerreiro a que aludimos, deverá vir a

---

([621]) RALF DAHRENDORF, «O cansaço dos governos», *in* Jornal "Público" (edição de 15 de Junho de 1992, pág. 5). Veja-se ainda o artigo de ANTÓNIO GUERREIRO, «A Europa, por favor ...», *in* "Expresso-Revista", em 16.11.91, págs. 87-R e 88-R.

([622]) NUNO SEVERIANO TEIXEIRA, «A invenção da Europa», *in* "Expresso--Revista" (edição de 18 de Janeiro de 1992, pág. 27-R), afirma a este propósito: «A Europa nunca existiu. É uma invenção, constantemente reinventada. Projecto inacabado, sempre em construção. Só uma geografia que ignorasse a história poderia conferir à Europa uma fronteira fixa e definida. E só uma história que se ignorasse a si mesma lhe poderia conferir uma identidade única e invariável, fosse ela cultural, económica ou religiosa. A Europa sempre foi investida de sentidos múltiplos e contraditórios que a transformaram no tempo e deslocaram no espaço.

A história da Europa é a de duas tensões. Uma externa, a da fronteira oriental. Outra interna, a do conflito entre duas tendências: para a unidade e para a dispersão. Por isso a união, quando se tentou, foi sempre uma construção política. Para a Antiguidade, que nos legou a palavra Europa, esta era uma noção geográfica; nunca a pensou em termos políticos. Quer na Grécia clássica quer no mundo romano, o centro político não era a Europa, mas o Mediterrâneo. A Idade Média operou o deslocamento. A queda do Império Romano do Ocidente e o Islão provocaram uma dupla ruptura: Ocidente/Oriente e Norte/Sul, fazendo coincidir a Europa com o Ocidente. Deste movimento nasce a primeira tentativa de unificação europeia, o Império de Carlos Magno — unificação sob o princípio religioso, tentativa de uma Respublica Christiana. Mas nem o Império nem o Papado resistem à força centrífuga da dispersão que modificará radicalmente a ideia da Europa. Contra uma Europa cristã una proliferam reinos bárbaros, poderes feudais e, enfim, a construção dos Estados. No século XVI, com a Reforma e a divisão entre católicos e protestantes, o sonho universalista da Cristandade sucumbe ao jogo frio do poder dos Estados.

Força e razão de Estado serão doravante os princípios reguladores da política europeia. Maquiavel teorizou-os para a República florentina, mas estender-se-ão a toda a Europa, dando origem à balança de poderes a que se chamou equilíbrio europeu. A Europa oscilará a partir de então entre dois pólos, segundo o bom ou mau funcionamento da balança: a hegemonia ou o equilíbrio. O século das Luzes assiste ao triunfo da Europa na hierarquia dos valores políticos. Se, até então, o valor da união era a Cristandade, a partir de agora a laicização do pensamento faz desse valor a própria Europa. Mas a Europa das Luzes não passará disso mesmo, a ideia de um cosmopolitismo intelectual que cederá de novo à força centrífuga dos nacionalismos nascentes. Legitimada pela vontade popular e investida pela paixão nacional, a razão de Estado torna-se mais forte. E o ideal da Europa, ainda que exista, apaga-se no turbilhão dos Estados, agora ditos nacionais.

Entre a Revolução Francesa e a Restauração nascem as três ideias modernas da Europa. A Europa tradicionalista de Burke e Maîstre, da legitimidade dinástica e do

ser aproveitado para precisar com mais rigor e precisão os contornos desta nova invenção do ideal europeu, permitindo esconjurar os "fantasmas" que assombram a tentativa de dar existência a uma nova realidade jurídica e política.

Desde logo, entendemos que não pode ser ignorado pelo processo de construção da União Europeia o *desafio* que é colocado ao conjunto dos países da Europa Ocidental (que a nosso ver, e até ao momento presente, têm constítuido a "espinha dorsal" das Comunidades Europeias) pelo *regresso dos nacionalismos*. É que, como refere ALBERTO MELUCCI, «ao lado de velhas questões nacionais que têm raízes históricas multi-seculares, surgem-nos hoje novos problemas. E certas questões históricas aparecem hoje reactivadas por transformações importantes tanto de ordem política como cultural. A retomada deste tipo de conflitos de base étnica ou territorial está relacionada com um problema de identidade.»

«É um problema que se põe nas nossas Sociedades, complexas e muito diferenciadas. Nestas sociedades, o critério tradicional de identificação associativa, familiar, partidária, de classe, enfraqueceu e tornou-se mais difícil responder ao que os indivíduos ou os grupos lhes pedem. Deste ponto de vista, a identidade étnica ou de base territorial fornece um contentor, um invólucro com raízes históricas muito

---

equilíbrio das monarquias — a Europa do Congresso de Viena. A Europa dos nacionalismos, de Herder e do Romantismo, do princípio da nacionalidade e da democracia — a Europa dos Estados nacionais do último século. Por fim, a Europa da hegemonia é a da força, tentada por Napoleão e reeditada por Hitler. Todas estas foram Europas em que a Europa era o centro do Mundo. Mas há outra — a que saiu dos escombros da II Guerra, em que a união não significava um projecto de poder mundial mas a solução para a ruína económica e quiçá para o risco de absorção política pelos novos centros de decisão mundial, agora fora do seu território. É a Europa da supranacionalidade, a da Comunidade Europeia a cuja construção assistimos hoje, uma vez mais dividida entre as suas próprias tensões: a da fronteira — alargamento, quando e a quem? — e a do conflito entre unidade e dispersão — supranacionalidade, regionalismo, retorno de nacionalismos. Entre a internacionalização da economia e a afirmação regionalista, a Europa carece de uma mediação política. Se a não tiver, arrisca-se a confundir sociedade com mercado. Será uma vasta zona comercial, rica sem dúvida, mas não será uma sociedade. Esta precisa de identidade política. Pela religião, pela força ou pelo equilíbrio, a Europa foi sempre uma construção política. A Europa da supranacionalidade será política ou não será Europa».

profundas, um património simbólico tão importante como a língua, e que por isso constitui uma espécie de reservatório de identificação, que permite a estabilidade, a permanência e a capacidade de memória características da identidade. Sobretudo numa situação em que a identidade é cada vez mais mutável, mais frágil e exposta à diferenciação e à mudança social.» ([623]).

([623]) Ver entrevista concedida por ALBERTO MELUCCI, publicada no suplemento "Fim de Semana" do Jornal "Público" (em 27 de Setembro de 1991, págs. 2-3). Confrontado com a questão de podermos estar fundamentalmente perante *arcaísmos* e *regressões* ALBERTO MELUCCI considera que «o paradoxo destes conflitos é que são os mais tradicionais e arcaicos e, neste sentido, até regressivos e reaccionários, para usar os termos clássicos. E, ao mesmo tempo, os mais modernos, ou se preferirmos, o mais pós-modernos que podemos imaginar. O problema está nas dificuldades que levantam aos Estados nacionais e à comunidade internacional, à sua capacidade de absorver politicamente esta combinação explosiva, de um máximo de modernismo e um máximo de arcaismo.» (*idem*, página 3). Para este Autor «ao longo dos últimos trinta anos, na Europa e nos países ocidentais em geral, porque também estou a pensar nos Estados Unidos, assistiu-se ao renascer de uma série de conflitos de base étnica e territorial. O fenómeno nacionalista é a combinação de uma identidade étnica e da reivindicação de um território. Há conflitos de base étnica como os clássicos conflitos raciais nos Estados Unidos, conflitos de base territorial como as questões de autonomia regional, conflitos que combinam de modo muito peculiar estas duas dimensões, conflitos internos e por vezes violentos e que explodiram na Europa nos últimos 30 anos e também nos EUA, pois devemos incluir nesta categoria a revolta dos índios americanos».

«Neste tipo de conflitos, o apelo a uma identidade étnica combina-se com reivindicações de controlo sobre um território específico. A identidade étnica radica-se então num lugar preciso, um território para o qual se reivindica a autonomia ou a independência, assumindo formas diversas de separatismo em relação ao Estado nacional ou central. Há múltiplas dimensões neste conflito. Inclusivé, a herança histórica da formação dos Estados nacionais modernos que englobaram na forma centralizada de governo, culturas, pertenças ou identidades que não coincidiam necessariamente com as fronteiras geográficas do Estado».

«Os processos de modernização são factores conjunturais da activização destes conflitos e aceleram esta combinação, a dimensão regressiva, ou reacionária, um tipo de fundamentalismo, a defesa da pertença a uma identidade tradicional que está ameaçada. Mas por outro lado há necessidades novas de identificacão criadas precisamente pelos processos de modernização. E por isso os países mais modernos e avançados se encontram nesta condição. E estas necessidades novas encontram na identificação étnica, ou na religiosa no caso dos fundamentalismos, um instrumento simbólico de representação, de expressão enfim, uma linguagem, até uma cultura.

Este regresso dos nacionalismos torna necessária uma reflexão profunda sobre o futuro papel dos Estados nacionais no quadro da nova União Europeia — perfilhamos a este respeito a opinião daqueles que consideram *perigoso* ignorar as preferências nacionais e ainda mais sonhar em aboli-las, por considerarem que o nacionalismo é um pouco como o poder (que, não podendo ser abolido, só pode ser "domesticado"), na medida em que os que sonham abolir as nações (em vez de simplesmente as "domesticar" através da troca livre e da lei internacional) acabam sempre por reforçá-las na sua pior versão: o tribalismo nacionalista[624].

Na verdade, ao dar um passo tão decisivo como da transformação das Comunidades Europeias em União Europeia convém não proceder de modo a que possa aplicar-se a este processo de construção da União Europeia a metáfora utilizada por OSKAR LAFONTAINE a respeito da unificação alemã: «um mergulho no mar sem que se

---

Um instrumento para exprimir coisas novas e que é difícil exprimir doutra maneira porque não existe uma linguagem já disponível».

«Então, a linguagem, as práticas, as formas de solidariedade da tradição tornam-se o canal de expressão daquelas necessidades. Estes movimentos ou formas de mobilização podem assumir muitas faces. Há categorias sociais diversas. O lado mais moderno, mais progressista, e em certas circunstâncias mais radical, pode aparecer ligado a um nova classe média de carácter intelectual, uma inteligência progressista. E, ao mesmo tempo, no interior do mesmo movimento podemos encontrar representantes das velhas categorias marginais ou em declínio, ameaçadas pelo processo de modernização. E, conjunturalmente, em convergência com outras forças contra o Estado central, contra o imperialismo estrangeiro, e assim por diante».

«Há ainda uma outra dimensão a ter em conta, a cultural. Se olharmos para os movimentos da França nos anos 70, há uma dimensão contra-cultural, digamos assim, muito forte. No renascimento de conflitos como o occitano ou o bretão há uma combinação de ex-militantes do movimento estudantil, de 68, e de questões étnicas latentes, que estavam num relativo esquecimento.» (*idem*, pág. 3).

Neste mesmo *Suplemento* "Fim de Semana", nas págs. 6-8 e 12-15 são feitas referências aos casos de Galiza, Catalunha, País Basco, Córsega, Escócia, Gales, Irlanda do Norte, Tirol italiano. Veja-se ainda a entrevista concedida por ZBIGNIEW BRZEZINSKI ao Jornal "Público" (publicada em 27.04.92, pág. 14) e MILOVAN DJILAS (entrevista concedida ao "Expresso-Revista", em 11.07.92, págs. 26-R e 28-R).

(624) Veja-se JOÃO CARLOS ESPADA, «Que Europa?», *in* Jornal "Público" (em 25 de Maio de 1992, pág. 28), o qual retoma ainda esta ideia noutro artigo, «Há "males" que vêm por bem», *idem* (em 8 de Junho de 1992, pág. 21).

saiba qual a temperatura da água, a altura das ondas ou sequer a distância a que se está da terra» ([625]).

No ponto em que a discussão está actualmente (a busca, por partidários e adversários do Tratado da União Europeia aprovado na cimeira de Maastricht, de um *sentido útil* para a União Europeia como sucessora das Comunidades Europeias), entendemos que *não é suficiente* afirmar que «é possível uma união política que salvaguarde a gestão eficaz e legitimada de uma Comunidade alargada e aprofundada e que, a par de uma lógica de aplicação gradual e prudente dos princípios da cidadania europeia, não sacrifique as parcelas essenciais da soberania nacional, nomeadamente a *decisão autónoma* de defesa, a representação externa, a língua (questão escaldante do próximo século), a liberdade efectiva de separação da União» ([626]), sem se acompanhar uma tal afirmação duma suficiente explicitação e demonstração da congruência afirmada entre ideias (eventualmente) com pendor antinómico ([627]).

Uma tal explicitação dos mecanismos que tornam possível a conciliação *de todos aqueles objectivos* é ainda mais necessária para quem tenha a consciência de que não se pode deixar sem uma resposta *clara* (sem subterfúgios políticos nem malabarismos intelec-

---

([625]) Citado por BASILIO HORTA, «A Europa reinventada» ("Expresso-Revista", edição de 30 de Junho de 1990, pág. 38-R), o qual refere ainda: «Acredita-se em que a física do Poder não voltará a sobrepor-se às normas da moral e do direito e vive-se o ambiente puro e virginal de todos os começos». Note-se, porém, que o resultado do referendo na Dinamarca veio alterar um tal estado de espírito.

([626]) Ver ANTÓNIO PINTO LEITE, «Onde estávamos nós?», *in* "Expresso--Revista" (edição de 20 de Junho de 1992, pág. 24-R).

([627]) Assim, por exemplo, quanto às perspectivas de conciliação do *alargamento da Comunidade* (objectivo que, para ser atingido, pode vir a exigir um ritmo mais lento e um grau menor de profundidade no *aprofundamento da organização* interna da Comunidade Europeia) com o objectivo do *aprofundamento* da democracia interna no funcionamento jurídico-político das Comunidades Europeias (objectivo que, para ser atingido, pode vir a exigir um ritmo mais lento e um âmbito menor no *alargamento do espaço* abrangido pela Comunidade Europeia). A ausência de uma suficiente explicitação e demonstração de quais os mecanismos júridicos-políticos que permitem realizar (*consequentemente*) a conciliação de ideias tão dispares como as referidas por ANTÓNIO PINTO LEITE e *supra-citados* no texto, é que (quanto a nós, e salvo melhor opinião) permite compreender os resultados do referendo na Dinamarca e, sobretudo, em França.

tuais) a questão colocada por MARGARET THATCHER: «Que tipo de decisão deve tomar a Europa? A de se converter num Estado super-regulado, centralizado, enfim, num Estado federal e burocratizado que impõe standarts por todo o continente? Ou, pelo contrário, deve constituir um mercado livre e descentralizado composto por diversos Estados soberanos, baseado na competição entre os diferentes sistemas nacionais de impostos dentro de uma área de comércio livre?» ([628]). É que não basta afirmar a "necessidade de se tentar criar *maiores* agrupamentos de Estado" e que «o tempo do velho Estado

---

([628]) MARGARET THATCHER, Declaração transcrita pelo jornal "Independente" na edição de 22 de Maio de 1992, pág. 35. Refere ainda MARGARET THATCHER: «Parece não haver dúvidas sobre o caminho que os federalistas europeus pretendem seguir — em direcção a uma Europa federalista.»

«Uma meia Europa imposta pela tirania Soviética era uma coisa, uma meia Europa imposta por Bruxelas constituirá uma catástrofe moral que retirará à comunidade a sua legitimidade europeia. (...)»

«(...) Todos eles partem do princípio de que o modelo para um futuro governo será uma burocracia centralizada ... (...)»

«Porém, é este modelo de organização remota, centralizada e burocrática que a Comissão Europeia e os federalistas pretendem impor a uma Comunidade que, como eles muito bem sabem, cedo poderá envolver mais países com níveis muito diferentes de desenvolvimento político e económico e falando cerca de 15 línguas diferentes.»

«C'est magnifique, mais ce n'est pas la politique.»

«Quanto mais a Europa crescer, mais diversas devem ser as formas de cooperação requeridas. Em vez de uma burocracia centralizada, o modelo deve ser um mercado — não só um mercado de indivíduos e companhias, mas um mercado cujos protagonistas sejam também os governos. (...)»

«Trata-se, na verdade, de uma Europa que combina todos os maiores falhanços dos nossos tempos — a construção artificial de um mega-estado, do modelo sueco de Estado Providência e de uma emigração em larga escala que irá estimular o crescimento de partidos extremistas.»

«Se a Europa progredir na direcção que a maioria dos Estados membros e a Comissão parecem querer, será criada uma estrutura que trará consigo a insegurança, o desemprego, o ressentimento nacional e os conflitos étnicos.

«No entanto, se o futuro que estamos a construir contém tantos riscos e tão poucos benefícios, porque é que mostra ser irresístivel? A resposta está no facto de a maioria dos Estados terem até agora evitado o debate das questões que deveras importam. Questionar esta União, é parecer desacreditar o processo ou, pior, cair no ridículo. Este entendimento silencioso — este euro-snobismo — entre políticos, burocratas, académicos, jornalistas e homens de negócios é destrutivo de um debate honesto.».

clássico, com fronteiras rígidas, acabou definitivamente» (629) (ideias estas que, no entanto, também perfilhamos); é fundamental assumir a percepção (com todas as consequências a retirar da mesma) que "a construção europeia pode e deve tornar-se mais uma questão de povos e não apenas de Estados" e que "o debate a favor e contra o progresso da construção europeia é agora o de toda a Europa" (630).

E para tal, segundo o nosso entendimento, não basta ainda ter a consciência de que ser membro da Comunidade, hoje, é ter o privilégio de pertencer a um Estado e a uma Organização que são sinónimo de respeito pelos direitos do homem, de progresso económico e científico (631), quando podemos estar (já) numa situação em que o que se

---

(629) Assim, BJORN ENGHOLM, em entrevista concedida ao Jornal "Público" (edição de 24 de Maio de 1992, pág. 21), para quem «A CE, a União Europeia do futuro, é a resposta certa. Primeiro, a CE tem que se abrir aos países da EFTA. Numa segunda fase, tem de ajudar a construção das novas democracias e da economia de mercado no Leste. Isso não pode ser conseguido, de modo algum, por um estado sózinho. Os fortes alemães têm já muito que fazer com a sua união interna. O terceiro passo será depois fazer o mesmo a nível mundial. (...) A transformação das Nações Unidas numa instância de direito mundial que tenha o monopólio da força para resolver questões que o Estado nacional ou as pequenas unidades de Estados nacionais não consigam resolver. Uma "ordem mundial" é uma meta muito longínqua, mas eu acho que depois das etapas que nós fizemos, do Estado nacional à Europa comunitária, esta é a etapa lógica seguinte.». Entendemos nós, porém, que são coisas diferentes falar da superação do Estado clássico com este sentido (mantendo ainda a existência de Estados nacionais) ou pretender rejeitar o conceito de Estado-Nação afirmando que «ou o rejeitamos ou se recupera e poderão registar-se confrontos terríveis» (ROBERT BADINTER), conforme notícia do Jornal "Público" (edição de 15 de Fevereiro de 1992, pág. 8) relativa ao colóquio da SEDES "Reflexões sobre a Nova Carta Política Europeia".

(630) FRANCISCO LUCAS PIRES, «A Europa também não partirá pelo elo mais fraco», *in* Jornal "Público" (edição de 7 de Junho de 1992, pág. 14). Cf. JOÃO CARLOS ESPADA, «Uma oportunidade a não perder», *in* Jornal "Público" (em 22 de Junho de 1992, pág. 26).

(631) Como o refere MIGUEL SOUSA TAVARES, «O privilégio europeu», *in* "Semanário" (edição de 12 de Junho de 1992, página 15), para quem Maatricht representa apenas uma sequência lógica da Comunidade que se foi construindo e um movimento de autodefesa dos Doze («contra a América, contra o Japão, contra os próprios demónios europeus, que, de tantas vezes exorcizados, regressam sempre como se imunes aos tratamentos»), considerando este articulista que «se a Europa quer existir como força própria e independente no mundo de hoje, não lhe basta uma política económica e social comum; precisa também de uma política externa e de uma política de defesa comuns».

trata é da ultrapassagem do estado-nação à federação política e económica das nações (632).

São variadas (e, de algum modo, em *inter-face* umas com as outras) as questões suscitadas pelo projecto da União Europeia constante do Tratado aprovado na cimeira de Maastricht em Dezembro de 1990 (633).

---

(632) Assim o entende, p. ex., FRANCISCO SOUSA TAVARES, «Ser ou não ser da Europa eis a questão ...», *in* "Público" (edição de 7 de Junho de 1992, pág. 31). Ver ANTÓNIO GOUCHA SOARES, «Em mudança», *in* "Expresso-Revista", 11.02.92, pág. 27-R, para quem o debate de ideias sobre a Europa actual tem permanecido, no essencial, ausente das preocupações da opinião pública portuguesa, ainda que acontecimentos recentes tenham alterado radicalmente o sentido e o alcance da Europa política tal como vinha sendo concebida desde o após-guerra: a nova geografia política do continente, resultante das revoluções ocorridas em 89 nos chamados países do Leste (que na realidade integram a zona central da Europa); «a nova «Alemanha europeia», o seu papel no âmbito dos novos mecanismos de integração e a generalização gradual dos receios quanto à sua hegemonia; as aspirações nacionais à soberania nos Balcãs e a guerra civil na Jugoslávia; o desmoronamento da antiga URSS e as novas formas de organização do poder político nesse enorme espaço. Que Europa política?». Cf. ainda AUGUSTO ABELAIRA, «Europa» (*in* "O Jornal", em 6.12.91).

(633) Como refere JOSÉ MANUEL PUREZA, «A Chave do Segredo» (*in* "Expresso-Revista", em 8 de Fevereiro de 1992, pág. 27-R: «A última década deste século inicia-se envolta no que Edgar Morin chamou uma profunda crise de futuro. A fé no progresso irreversível da História, no sentido sempre ascensional dos avanços científicos, no aperfeiçoamento contínuo dos modelos políticos, foi abalada por sucessivos momentos de denúncia (a instrumentalização armamentista da indústria e da pesquisa, a tragédia ecológica, o desvelar do pesadelo estalinista...).»

«As verdades que tinhamos por adquiridas, os modelos de pensar e agir sobre a realidade, tudo parece ter ruído. De um modo mais ou menos doloroso, todos experimentamos hoje este inédito clima de incerteza de horizontes e de raízes.»

«Esta perda das referências tidas por certas é ampliada pelo fenómeno da globalização. A mundialização e o estreitamento dos espaços económicos arrastou consigo uma deslocalização-desterritorialização de comportamentos e valores, potenciada pelas macrocadeias mediáticas. De alguma maneira, a proliferação de pólos de actividade económica «off-shore» tem o seu prolongamento lógico num acentuado desenraizamento cultural das pessoas e dos povos, até ao canto mais recôndito do Planeta. Na aldeia global, os critérios ancestrais da identidade aparecem, também eles, seriamente questionados.»

«Compreende-se, neste quadro, a atracção que geram as propostas «fortes» de recuperação das origens, de regresso a uma espécie de paraíso perdido, de retorno à previsibilidade e aos sistemas de valores alegadamente garantidos contra a corrosão

3.2 Perspectivas Jurídico-Políticas abertas pela Cimeira de Maastricht (Dez. 91) com vista à instituição da União Europeia

A primeira nota a que nos referiremos é a, de no Preâmbulo do *Tratado da União Europeia*, os doze signatários do mesmo expressa-

---

do tempo. Elas aparecem sob rostos diferentes, desde o nacionalismo exacerbado até ao integralismo religioso de todos os matizes, passando por formas mais ou menos institucionalizadas de racismo.»

«É claro que nesta busca nostálgica de recentragem das vidas pessoais e colectivas vai transportada muita ilusão e superficialidade. É também verdade que, como lembra Scarpetta, o dispositivo ideológico do enraizamento segue uma lógica armadilhada.»

«Mas é perigosa a cegueira que menoriza estes fenómenos e que pretende ignorar os importantes ensinamentos políticos que eles impõem.»

«Muitos têm sido, com efeito, os prognósticos de falência do Estado-nação. Manifestamente incapaz de responder à globalização dos problemas e à transnacionalização das economias e das culturas, o Estado-nação seria afinal uma forma política ultrapassada, cujos mecanismos de poder não iriam muito além de meros rituais de ficção, tanto interna como externamente. A tendência, marcante no nosso tempo, para a constituição de macro-unidades económicas e políticas por todo o Planeta, assentes na fluidificação das soberanias nacionais, aí estaria a confirmá-lo plenamente.»

«É uma visão míope esta, que capta o Estado e esquece a nação, que valoriza a componente política e jurídica e põe na sombra a comunidade humana, reduto de integração e sentido, hoje como nunca expressão de resistência à padronização imposta pelos processos macro.»

«A construção política da Europa não pode ser indiferente a este aviso, sem no entanto fazer dele uma interpretação receosa e inibidora da criatividade necessária.»

«Na aparente contradição de dinâmicas que hoje atravessam o continente europeu — o reforço da integração comunitária de um lado, a dissolução do império soviético de outro — há afinal um horizonte de convergência que se traduz na busca de uma alternativa ao isolamento dos Estados que não acarrete o esmagamento da sua especificidade. Em ambos os casos, é a proposta confederal, com a flexibilidade institucional que a caracteriza, que se mostra mais fecunda.»

«Mau será, porém, se a adopção de um tal modelo não corresponder à abertura a uma prática muito diversificada (e até informal, por que não?) da ideia de subsidiariedade, compondo cenários múltiplos de conjugação dos níveis local, regional, estatal e confederal.»

«O mosaico europeu não se compadece com um novo simplismo centralista camuflado de federalismo, nem com a explosão centrífuga das pátrias, das etnias e dos chauvinismos. É na coragem de aceitar fórmulas heterodoxas e novas subjectividades internacionais que reside, porventura, a chave do segredo.».

mente *confirmarem* **o seu apego aos princípios da liberdade, da democracia, do respeito pelos direitos do homem e liberdades fundamentais e do Estado de Direito**.

Quanto à segunda nota que entendemos referir é a de, nesse mesmo *Preâmbulo*, os signatários do Tratado da União Europeia manifestarem expressamente o desejo de aprofundar a solidariedade entre os seus povos, *respeitando a sua história, cultura e tradições*, bem como o desejo de *reforçar o carácter democrático* e a eficácia do funcionamento *das instituições* e a *determinação* de *promover* o progresso económico e social dos seus povos, no contexto da realização do mercado interno e do *reforço da coesão e da protecção do ambiente*, e a aplicar políticas que garantam que os progressos na *integração económica* sejam acompanhados de progressos paralelos noutras áreas, afirmando-se (os signatários do Tratado) *resolvidos* a continuar o processo de criação de uma união cada vez mais estreita entre os povos da Europa, *em que as decisões sejam tomadas ao nível mais próximo possível dos cidadãos, de acordo com o princípio da subsidiariedade*(634).

Nos termos do Artigo B (Título I) a União Europeia atribui-se os seguintes **objectivos**:

– **a promoção de um progresso económico e social equilibrado e sustentável**, *nomeadamente* mediante a criação de um espaço sem fronteiras internas, o reforço da coesão económica e social, e o estabelecimento de uma *União Económica e Monetária*, que incluirá, a prazo, a adopção de uma *moeda única*, de acordo com as disposições do Tratado da União Europeia(635);

---

(634) Esta ideia foi retomada e consagrada no 2.° parágrafo do Artigo A, ainda que sem mencionar expressamente o conceito da subsidiariedade.

(635) Note-se que esta União Económica e Monetária é *federal*, pois que implica a criação de um sistema bancário europeu com um Banco Central (B.C.E.). Nos termos do *Artigo* **G** do Tratado da União Europeia, o anterior Tratado que institui a Comunidade Económica Europeia é *alterado*, nos termos aí previstos. *Designadamente*: Na Parte I («Os Princípios») do anterior *Tratado - C.E.E.*, o *Artigo* 2.° passa a ter a seguinte redacção: «A Comunidade tem como missão, através da criação de um mercado comum e de uma União Económica e Monetária e da aplicação das políticas ou acções comuns a que se referem os artigos 3.° e 3.°-A, promover, em toda a Comunidade, o desenvolvimento harmonioso e equilibrado das actividades

– **a afirmação da sua identidade na cena internacional**, nomeadamente através da execução de uma *política externa e de segurança comum*, que inclua a definição, a *prazo*, de uma *política de defesa comum*, que poderá conduzir, no momento próprio, a uma *defesa comum* (636).

---

económicas, um crescimento sustentável e não inflacionista que respeite o ambiente, um alto grau de convergência dos comportamentos das economias, um elevado nível de emprego e de protecção social, o aumento do nível e da qualidade de vida, a coesão económica e social e a solidariedade entre os Estados-membros». Em consonância com o novo enunciado do Artigo 2.° do Tratado-C.E.E., o Artigo G (do Tratado da União Europeia) procede à *alteração* do Artigo 3.° do Tratado-C.E.E., que prevê as implicações para a acção das comunidades dos fins enunciados no Artigo 2.°, bem como ao *aditamento* de um novo Artigo 3.°-A, cujo n.° 2 expressamente consagra que a acção dos Estados-membros e da Comunidade implica a *fixação irrevogável das taxas de câmbio conducente à criação de uma moeda única, o ECU*. Daqui decorre a *alteração* introduzida por este Artigo G (T.U.E.) nos artigos 102.°-A, 103.° (em cujo n.° 1 se consagra que «Os Estados-membros consideram as suas políticas económicas uma questão de interesse comum (...)»), 103.°-A, Artigo 104.°, 104.°-A, 104.°-B, 104.°-C (em cujo n.° 1 se dispõe que «Os Estados-membros devem evitar défices orçamentais excessivos.»), o artigo 105.° (cujo n.° 2 define as atribuições fundamentais do S.E.B.C.) e o Artigo 105.°-A, cujo n.° 1 dispõe que: «O B.C.E. tem o direito *exclusivo* de *autorizar* a emissão de notas de banco na Comunidade. O B.C.E. e os bancos centrais nacionais podem emitir essas notas. As notas de banco emitidas pelo B.C.E. e pelos bancos centrais nacionais são as únicas com curso legal na Comunidade.». Nos termos do n.° 2 deste Artigo 105.°-A os Estados-membros podem emitir moedas metálicas, *sem prejuízo da aprovação pelo B.C.E. do volume da respectiva emissão.*

O Artigo G do T.U.E. (Tratado da União Europeia) *alterou* ainda a redacção dos Artigos 106.° a 109.°-M. Nos termos do n.° 3 do Artigo 109.°-J, o Conselho Europeu, reunido a nível de Chefes de Estado ou de Governo, *deliberando por maioria qualificada*, com base nos relatórios previstos no n.° 1 deste Artigo e o *parecer* do Parlamento Europeu a que se refere o n.° 2 (*idem*), *decidirá* se a maioria dos Estados-membros satisfaz as condições necessárias para adopção de uma moeda única, se é conveniente que a Comunidade passe para a terceira fase e, *em caso afirmativo*, fixará a data para o início da terceira fase. (Veja-se ainda o n.° 4 deste Artigo 109.°-J).

(636) O *Artigo* J (Título V do Tratado da União Europeia) *institui* uma política externa e de segurança comum, regida pelas disposições constantes dos vários números deste Artigo J e *extensiva a todos os domínios da política externa e de segurança* (nos termos do *n.° 1 do Artigo J, 1*). A Acta Final da Conferência (T.U.E.) induiu uma *Declaração Relativa à Votação no Domínio da Política Externa e de Segurança Comum*, com o seguinte teor:

"A Conferência acorda em que, para as decisões do Conselho que requeiram unanimidade, os Estados-membros evitarão em toda a medida do possível impedir

Assim, nos termos das disposições do Tratado da União Europeia relativas à Política Externa e de Segurança Comum, os *objectivos* desta política incluem (entre vários outros: veja-se o n.° 2 do Artigo J.1) a *manutenção da paz e o reforço da segurança internacional*, de acordo com os *princípios da Carta das Nações Unidas* e da *Acta Final de Helsínquia* e com os objectivos da *Carta de Paris*, o fomento da cooperação internacional e o *desenvolvimento e o reforço da democracia e do Estado de direito, bem como o respeito dos direitos do homem e das liberdades fundamentais* (*idem*) ([637]).

---

que haja unanimidade sempre que uma maioria qualificada for favorável à decisão." E ainda: uma *Declaração Relativa às Modalidades Práticas no Domínio da Política Externa e de Segurança Comum*:

"*A Conferência acorda em que a articulação dos trabalhos entre o Comité Político e o Comité de Representantes Permanentes será analisada posteriormente, assim como as modalidades práticas da fusão do secretariado da Coperação Política com o Secretariado-Geral do Conselho e da colaboração entre este último e a Comissão.*" Também foi incluída na Acta Final desta Conferência (T.U.E.) uma *Declaração Relativa ao Regime Linguístico no Domínio da Política Externa e de Segurança Comum*:

"*A Conferência acorda em que o regime linguístico aplicável no domínio da política externa e de segurança comum é o das Comunidades Europeias.*

Para as comunicações COREU, a prática actual da Cooperação Política Europeia servirá, por enquanto, de modelo.

Todos os textos relativos à política externa e de segurança comum que sejam apresentados ou aprovados nas reuniões do Conselho Europeu ou do Conselho, bem como todos os textos para publicação, são traduzidos imediata e simultâneamente para todas as línguas oficiais da Comunidade."

([637]) Quanto à prossecução destes objectivos, mediante a instituição de uma cooperação sistemática entre os Estados-membros na condução da sua política (n.° 3 do Artigo J.1) veja-se o Artigo J.2.

O *procedimento* de adopção de uma acção comum nestas áreas (P.E.S.C.) está regulamentado no Artigo J.3. Não estão sujeitas aos procedimentos previstos no Artigo J.3 *as questões com repercussões no domínio da defesa* reguladas no Artigo J.4 (assim: n.° 3 do Artigo J.4). Dado que a política externa e de segurança comum (P.E.S.C.) abrange *todas* as questões relativas à segurança da União Europeia (n.° 1 do Artigo J.4), a União Europeia solicitará à União da Europa Ocidental (U.E.O.), "que faz parte integrante do desenvolvimento da União Europeia", que *prepare* e *execute* as *decisões* e acções da União que tenham repercussões no domínio da defesa, sendo o Conselho, em acordo com as instituições da U.E.O., quem adoptará as disposições práticas necessárias (n.° 2 do Artigo J.4; em face do disposto no n.° 3 do Artigo J.4, as decisões sobre *defesa* são adoptadas segundo a *regra da unanimidade*).

– o reforço da defesa dos direitos e dos interesses dos nacionais dos seus Estados-membros, mediante a instituição de uma cidadania da União.

Assim, nos termos do *Artigo G* do Tratado da União Europeia, foi *aditada* uma *Parte II* (A Cidadania da União) ao Tratado-C.E.E., da qual constam os Artigos 8.°, 8.°-A a 8.°-E (638)(639).

A política da União (na acepção do Artigo J.4) *não* afectará o *carácter específico* da política de *segurança* e de *defesa* de *determinados* Estados-membros, respeitará as obrigações decorrentes, para certos Estados-membros, do Tratado do Atlântico Norte e será compatível com a política de segurança e de defesa comum adoptada nesse âmbito (n.° 4 do Artigo J.4) assim como o disposto no Artigo J.4 não obsta ao desenvolvimento de uma cooperação mais estreita entre dois ou mais Estados-membros, ao nível bilateral, no âmbito da U.E.O. e da Aliança Atlântica, *na medida em que essa cooperação não contrarie nem dificulte a cooperação prevista no título V do Tratado da União Europeia* (n.° 5 do Artigo J.4). (Veja-se ainda o n.° 6 deste Artigo J.4). É esta mesma ideia de cooperação que informa os n.° 3 e 4 do Artigo J.5 e o Artigo J.6. Veja-se ainda: MALCOLM RIFKIND, «Defesa europeia: progredir através da U.E.O.», *in* Jornal "Público" (em 17 de Junho de 1992, pág. 7). E ainda: JOSÉ MEDEIROS FERREIRA, «Defesa europeia: nova era, velhas soluções» *in* Jornal "Público" (em 22 de Junho de 1992, págs. 26-27).

(638) «Artigo 8.°

1. É instituída a cidadania da União.

É cidadão da União qualquer pessoa que tenha a nacionalidade de um Estado-membro.

2. Os cidadãos da União gozam dos direitos e estão sujeitos aos deveres previstos no presente Tratado.

Artigo 8.°-A

1. Qualquer cidadão da União goza do direito de circular e permanecer livremente no território dos Estados-membros, sem prejuízo das limitações e condições previstas no presente Tratado e nas disposições adoptadas em sua aplicação.

2. O Conselho pode adoptar disposições destinadas a facilitar o exercício dos direitos a que se refere o número anterior; salvo disposição em contrário do presente Tratado, o Conselho delibera por unanimidade, sob proposta da Comissão, e após parecer favorável do Parlamento Europeu.

Artigo 8.°-B

1. Qualquer cidadão da União residente num Estado-membro que não seja o da sua nacionalidade goza do direito de eleger e de ser eleito nas eleições municipais do Estado-membro de residência, nas mesmas condições que os nacionais desse Estado. Esse direito será exercido sem prejuízo das modalidades a adoptar, até 31 de Dezembro de 1994, pelo Conselho, deliberando por unanimidade, sob proposta da Comissão, e após consulta do Parlamento Europeu; essas regras podem prever disposições derrogatórias sempre que problemas específicos de um Estado-membro o justifiquem.

– o desenvolvimento de uma estreita cooperação no domínio da justiça e dos assuntos internos.

---

2. Sem prejuízo do disposto no n.°3 do artigo 138.° e das disposições adoptadas em sua aplicação, qualquer cidadão da União, residente num Estado-membro que não seja o da sua nacionalidade, goza do direito de eleger e de ser eleito nas eleições para o Parlamento Europeu no Estado-membro de residência, nas mesmas condições que os nacionais desse Estado. Esse direito será exercido sem prejuízo das modalidades a adoptar, até 31 de Dezembro de 1993, pelo Conselho, deliberando por unanimidade, sob proposta da Comissão, e após consulta do Parlamento Europeu; essas regras podem prever disposições derrogatórias sempre que problemas específicos de um Estado-membro o justifiquem.

Artigo 8.°-C

Qualquer cidadão da União beneficia, no território de países terceiros em que o Estado-membro de que é nacional não se encontre representado, de protecção por parte das autoridades diplomáticas e consulares de qualquer Estado-membro, nas mesmas condições que os nacionais desse Estado. Até 31 de Dezembro de 1993, os Estados-membros estabelecerão entre si as regras necessárias e encetarão as negociações internacionais requeridas para garantir essa protecção.

Artigo 8.°-D

Qualquer cidadão da União goza do direito de petição ao Parlamento Europeu nos termos do disposto no artigo 138.°-D.

Qualquer cidadão da União se pode dirigir ao provedor de Justiça instituído nos termos do disposto no artigo 138.°-E.

Artigo 8.°-E

A Comissão apresentará ao Parlamento Europeu, ao Conselho e ao Comité Económico e Social, até 31 de Dezembro de 1993, e posteriormente de três em três anos, um relatório sobre a aplicação das disposições da presente parte. Esse relatório terá em conta o desenvolvimento da União.

Com base nesses relatórios, e sem prejuízo das demais disposições do presente Tratado, o Conselho, deliberando por unanimidade, sob proposta da Comissão após consulta do Parlamento Europeu, pode aprovar disposições destinadas a aprofundar os direitos previstos na presente parte, cuja adopção recomendará aos Estados-membros, nos termos das respectivas normas constitucionais.».

([639]) Sobre a dinâmica regional no contexto da cidadania europeia, afirma MÁRIO BAPTISTA COELHO, «Regiões e Cidadania» (*in* "Expresso-Revista", 29.02.92, pág. 26-R): «O Tratado de União Europeia aprovado em Maastricht em finais de 1991, ao prever a criação de um Comité das Regiões, que integrará representantes das regiões e cidades comunitárias, abre uma dinâmica cívica e institucional de repercussões profundas no domínio da construção europeia.

Representa, por um lado, uma tímida admissão formal de um facto que, por tão óbvio, é talvez por isso tão esquecido — que a governamentalização e a via intergovernamental não são, nem poderão ser, a única e muito menos a exclusiva forma de

Esta matéria é regulada pelos *Artigos K* (Título VI do Tratado da União Europeia), sendo que as questões a que se refere o Artigo K.1 serão tratadas *no âmbito da Convenção Europeia de Salvaguarda dos Direitos do Homem e das Liberdades Fundamentais*, assinada em Roma em 4 de Novembro de 1950, *e da Convenção relativa ao Estatuto dos Refugiados*, assinada em Genebra em 28 de Julho de

---

intervenção política e institucional neste processo de integração. O cidadão, a cidade e a região são nele, igualmente, peças fundamentais.

Por outro lado, significa uma tardia consciência de que na base da União Europeia de 1993 terá necessariamente de estar uma forte identidade europeia — não una mas plúrima, para além de complexa, contraditória e partilhada, mas também solidária, voluntarista e sensível às mil especificidades e diversidades nacionais e regionais, valorizando, contudo, uma inestimável herança cultural comum. À consciência dessa identidade europeia, valiosa porque rica e difícil, terá de corresponder uma cidadania, também ela europeia, que lhe garanta, a nível individual, um real e específico conteúdo normativo e uma via democrática de expressão política.

O crescente, mas tantas vezes nada linear e coerente, fluxo supranacional desencadeado pelo Projecto Spinelli de 83 teria inevitavelmente de gerar, mais tarde ou mais cedo, o reconhecimento comunitário do papel e relevância da região e da cidade, como resposta infranacional às aspirações de uma maior e melhor cidadania efectivamente exercida. Aliadas e simétricas que são, ambas estas dinâmicas se afiguram profundamente complementares.

A inexplicável apatia face a um défice democrático que entretanto se foi tornando patente e notório no seio das instâncias comunitárias, e que Maastricht se deu ao luxo de ignorar, leva a que uma simbólica atribuição de meras funções consultivas às regiões e cidades — como é o caso da referida criação do Comité das Regiões — se torne, só por si, um acto de democracia. Assim, cabe à secular e democrática tradição municipalista europeia contribuir para a legitimação democrática do processo de integração em curso.

Uma tal dinâmica participativa mais não é, porém, que a aplicação consequente do princípio da subsidiariedade — princípio esse, hoje tornado norma básica da futura União Europeia, pelo qual se afirma algo de muito simples e prosaico: só deverão transferir-se para um nível superior as funções que a esse nível possam vir a ser mais eficazmente resolvidas, e apenas essas. Da aplicação cabal deste princípio básico irá resultar um acréscimo do duplo esvaziamento do Estado-Nação — quer por transferência para as instâncias comunitárias, quer por «devolução» às regiões e cidades de funções desde há séculos centralizadas.

Tanto a retoma da soberania cultural e linguística das regiões como o reassumir de um exercício dinâmico e participado da democracia a nível local apontam, de um modo muito particular, para uma imagem sugestiva e estimulante: a do tigre de Walter Benjamin, saltando sobre o passado para melhor dominar o futuro — abrindo-o às suas próprias potencialidades, e assim libertando-o.».

1951, *e tendo em conta a protecção concedida pelos Estados-membros às pessoas perseguidas por motivos políticos* (n.° 1 do Artigo K.2); além de que as disposições constantes do Título VI do Tratado da União Europeia *não* prejudicam o exercício das responsabilidades que *incumbem aos Estados-membros* em matéria de *manutenção da ordem pública* e de garantia da *segurança interna* (n.° 2 do Artigo K.2) ([640]).

Assim, nos domínios a que se refere o artigo K.1, os Estados-membros *devem informar-se* e consultar-se mutúamente no âmbito do Conselho, de modo a *coordenarem* a sua acção (para este efeito *devem* instituir uma colaboração entre os competentes serviços das respectivas administrações), segundo dispõe o n.° 1 do Artigo K.3 ([641]).

([640]) «Artigo K.1

Para a realização dos objectivos da União, nomeadamente o da livre circulação de pessoas, e sem prejuízo das atribuições e competências da Comunidade Europeia, os Estados-membros consideram questões de interesse comum os seguintes domínios:

1. A política de asilo;

2. As regras aplicáveis à passagem de pessoas nas fronteiras externas dos Estados-membros e ao exercício do controlo dessa passagem;

3. A política de imigração e a política em relação aos nacionais de países terceiros:

a) As condições de entrada e de circulação dos nacionais de países terceiros no território dos Estados-membros;

b) As condições de residência dos nacionais de países terceiros no território dos Estados-membros, incluindo o reagrupamento familiar e o acesso ao emprego;

c) A luta contra a imigração, permanência e trabalho irregulares de nacionais de países terceiros no território dos Estados-membros;

4. A luta contra a toxicomania, na medida em que esse domínio não esteja abrangido pelos pontos 7, 8 e 9 do presente artigo;

5. A luta contra a fraude de dimensão internacional, na medida em que esse domínio não esteja abrangido pelos pontos 7, 8 e 9 do presente artigo;

6. A cooperação judiciária em matéria civil;

7. A cooperação judiciária em matéria penal;

8. A cooperação aduaneira;

9. A cooperação policial tendo em vista a prevenção e a luta contra o terrorismo, o tráfico ilícito de droga e outras formas graves de criminalidade internacional, incluindo, se necessário, determinados aspectos de cooperação aduaneira, em ligação com a organização, à escala da União, de um sistema de intercâmbio de informações no âmbito de uma Unidade Europeia de Polícia (Europol).»

([641]) Nos termos do n.° 2 do Artigo K.3, o **Conselho** pode por *iniciativa de qualquer Estado-membro* (em todos os domínios a que se refere o Artigo K.1) ou por

O Artigo K.4, no seu *n.° 1*, institui um Comité de Coordenação, constituído por altos funcionários, ao qual (para além do seu papel de

---

iniciativa da Comissão (apenas nos domínios a que se referem os pontos 1 a 6 do Artigo K.1):

a) Adoptar posições comuns e promover, sob a forma e de acordo com os procedimentos adequados, qualquer cooperação útil à prossecução dos objectivos da União;

b) Adoptar acções comuns, na medida em que os objectivos da União possam ser melhor realizados por meio de uma acção comum que pelos Estados-membros actuando isoladamente, atendendo à dimensão ou aos efeitos da acção prevista; o Conselho pode decidir que as medidas de execução de uma acção comum sejam adoptadas por maioria qualificada;

c) Sem prejuízo do disposto no artigo 220.° do Tratado que institui a Comunidade Europeia, elaborar convenções e recomendar a sua adopção pelos Estados--membros, nos termos das respectivas normas constitucionais.

Salvo se essas convenções previrem disposições em contrário, as eventuais medidas de aplicação dessas convenções serão adoptadas no Conselho, por maioria de dois terços das Altas Partes Contratantes.

Essas convenções podem prever a competência do Tribunal de Justiça para interpretar as respectivas disposições e decidir sobre todos os diferendos relativos à sua aplicação, de acordo com as modalidades que essas convenções possam especificar.

Vejam-se ainda os Artigos K.6 (informação ao Parlamento Europeu), K.8 (regulação das despesas com esta política de cooperação no domínio da justiça e dos assuntos internos) e K.9 («O Conselho, *deliberando por unanimidade*, por iniciativa da Comissão ou de um Estado-membro, pode decidir tornar aplicável o *artigo 100.°-C* do Tratado que institui a Comunidade Europeia a acções que se inscrevam nos domínios a que se referem os n.° 1 a 6 do artigo K.1, determinando simultâneamente as correspondentes condições de votação. O Conselho *recomendará* a adopção dessa decisão pelos Estados-membros, *de acordo com as respectivas normas constitucionais.*»). O **Artigo 100.°-C** do Tratado-C.E.E. foi *aditado* pelo *Artigo G* do Tratado da União Europeia e consta do seguinte:

1. O Conselho, *deliberando por unanimidade*, sob proposta da Comissão e após consulta do Parlamento Europeu, determinará quais os países terceiros cujos nacionais devem ser detentores de visto para transporem as fronteiras externas dos Estados-membros.

2. Todavia, na eventualidade de se verificar, num país terceiro, uma situação de emergência de que resulte uma ameaça de súbito afluxo de nacionais desse país à Comunidade, o Conselho pode, *deliberando por maioria qualificada*, sob recomendação da Comissão, tornar obrigatória, por um período não superior a seis meses, a obtenção de vistos pelos nacionais do país em questão. A obrigação de visto instituída pelo presente número pode ser prorrogada de acordo com o procedimento a que se refere o n.° 1.

3. A partir de *1 de Janeiro de 1996*, o Conselho adopta por *maioria qualificada* as decisões a que se refere o n.° 1. Antes dessa data, o Conselho, *deliberando por*

coordenação) é cometida a *missão* de formular *pareceres* destinados ao Conselho (quer a pedido deste, quer por sua própria iniciativa) e *contribuir* (sem prejuízo do disposto no artigo 151.° do Tratado-C.E.E.) para a *preparação dos trabalhos do Conselho* nos domínios a que se refere o artigo K.1, bem como, de acordo com as condições previstas no artigo 100.°-D do Tratado-C.E.E., nos domínios a que se refere o artigo 100.°-C do Tratado-C.E.E. (642). O Conselho *delibera por unanimidade*, *excepto* sobre as questões *processuais* e nos casos em que o artigo K.3 prevê *expressamente* outras regras de votação; se as deliberações do Conselho exigirem maioria *qualificada*, os votos

---

maioria qualificada, sob proposta da Comissão e após consulta do Parlamento Europeu, adopta as medidas relativas à criação de um modelo-tipo de visto.

4. Nos domínios a que se refere o presente artigo, a Comissão *deve instruir* qualquer pedido formulado por um Estado-membro destinado a constituir uma proposta da Comissão ao Conselho.

5. O presente artigo *não* prejudica o exercício das *responsabilidades dos Estados-membros* na manutenção da ordem pública e na salvaguarda da segurança interna.

6. As disposições do presente artigo são *aplicáveis a outras matérias*, **se** assim for decidido nos termos do artigo K.9 das disposições do Tratado da União Europeia relativas à cooperação nos domínios da justiça e dos assuntos internos, sem prejuízo das condições de votação simultâneamente determinadas.

7. As disposições das *convenções em vigor* entre os Estados-membros que regem matérias abrangidas pelo presente artigo permanecem em vigor *enquanto o respectivo conteúdo* não for substituído por directivas ou medidas tomadas por força do presente artigo.

(642) O **Artigo 151.°** do *Tratado-C.E.E.*, *aditado* pelo Artigo *G* do Tratado da União Europeia, dispõe o seguinte:

«1. Um comité, composto por representantes dos Estados-membros, prepara os trabalhos do Conselho e exerce os mandatos que este lhe confia.

2. O Conselho é assistido por um Secretariado-Geral, colocado sob a direcção de um secretário-geral. O Secretário-Geral é nomeado pelo Conselho, deliberando por *unanimidade*.

O Conselho decide sobre a organização do Secretariado-Geral.

3. O Conselho estabelece o seu regulamento interno.»

Já quanto ao **Artigo 100.°-D** do Tratado-C.E.E., *aditado* pelo Artigo *G* do Tratado da União Europeia, é o seguinte o seu conteúdo:

«O Comité de Coordenação composto por altos funcionários, instituído pelo artigo K.4 do Tratado da União Europeia, contribuirá, sem prejuízo do disposto no artigo 151.°, para a preparação dos trabalhos do conselho nos domínios a que se refere o artigo 100.°-C.».

dos membros serão *ponderados* nos termos do *n.° 2 do artigo 148.°* do Tratado-C.E.E., e as deliberações consideram-se adoptadas se recolherem, no mínimo, cinquenta e quatro votos a favor de pelo menos oito membros (*n.° 3 do artigo K.4*). Por outro lado, se é certo que os Estados-membros expressarão, nas *organizações internacionais* e nas *conferências internacionais* em que participem, as posições *comuns* adoptadas em aplicação das disposições relativas à cooperação no domínio da Justiça e dos assuntos internos (Título VI do Tratado da União Europeia), tal como previsto no *Artigo K.5*, não é menos certo que tais disposições *não* impedem a instituição ou o desenvolvimento de uma cooperação mais estreita entre dois ou mais Estados-membros, *na medida em que essa cooperação não contrarie nem dificulte* a que é prevista no Título VI do Tratado da União Europeia[643].

---

(643) Sobre este ponto convém ainda ter presente o texto da *Declaração Relativa ao Asilo*, a saber:

"1. *A conferência acorda em que,* **no âmbito dos procedimentos previstos nos artigos K.1 e K.3** *das disposições sobre a cooperação no domínio da justiça e dos assuntos internos, o Conselho analisará* **prioritáriamente** *as questões respeitantes à política de* **asilo** *dos Estados-membros, com o objectivo de adoptar,* **no início de 1993**, *uma* **acção comum** *destinada a* **harmonizar** *determinados aspectos desta, em função do programa de trabalho e do calendário constantes do relatório sobre o asilo, elaborado a pedido do Conselho Europeu do Luxemburgo de 28 e 29 de Junho de 1991.*

2. *Neste contexto, o Conselho,* **antes do final de 1993**, *analisará igualmente, com base em relatório, a questão da* **eventual** *aplicação do artigo* **K.9** *a essas matérias.*"

Ainda neste âmbito, convém também ter presente o conteúdo da *Declaração Relativa à Cooperação Policial*:

"A Conferência confirma o *acordo dos Estados-membros* sobre os *objectivos* das propostas feitas pela delegação alemã na reunião do Conselho Europeu do Luxemburgo de 28 e 29 de Junho de 1991.

No imediato, *os Estados-membros acordam* em analisar *prioritáriamente* os projectos que lhes sejam apresentados com base no programa de trabalho e no calendário estabelecidos no relatório elaborado a pedido do Conselho Europeu do Luxemburgo e estão dispostos a *considerar* a adopção de medidas concretas em domínios como os sugeridos por aquela delegação, no que se refere às seguintes funções de intercâmbio de informações e experiências:

– *assistência às autoridades nacionais* encarregadas dos processos criminais e da segurança, nomeadamente em matéria de coordenação de inquéritos e de investigações;

Pelo que fica exposto pensamos que pode concluir-se por a cooperação nestes domínios ser ainda fundamentalmente uma *cooperação inter-estadual* e de, apesar da criação de estruturas de coordenação, não se vislumbrar *neste domínio* da integração europeia qualquer estrutura integracionista do *tipo federal*. Nota-se, é certo, a existência de um propósito: o de reforçar a cooperação entre os Estados-membros por forma a criar as bases de uma *coordenação supra-nacional*. Assim se compreende a possibilidade de o Conselho adoptar posições comuns (cf. artigo K.3, n.° 2, alínea *a*) do T.U.E.) ou mesmo *acções comuns* (cf. artigo K.3, n.° 2, alínea *b*), *idem*), e até de elaborar convenções e recomendar a sua adopção pelos Estados-membros, nos termos das respectivas normas constitucionais (cf. art. K.3, n.° 2, alínea *c*), *idem*), sendo que (se essas convenções *nada* previrem em contrário ...) as *eventuais medidas de aplicação* de tais convenções serão adoptadas no Conselho por *maioria qualificada* (2/3 das Partes Contratantes); além de que tais convenções *podem* prever a competência do tribunal de Justiça para *interpretar* as respectivas disposições e *decidir* sobre *todos* os diferendos relativos à sua aplicação (de acordo com as modalidades que essas convenções possam especificar). Naturalmente que também concorre para a criação de uma (futura?) coordenação supra-nacional neste âmbito o dispositivo instituído no Artigo K.4 (Comité de Coordenação), bem como a adopção da regra da maioria qualificada nas *questões processuais* e nos casos em que o artigo K.3 prevê *expressamente* regras de votação que não por *unanimidade* (cf. n.° 3 do Artigo K.4, *idem*); e ainda a disposição do Artigo K.5 e o Artigo K.9. Mas o que, quanto a nós, é patente

---

– constituição de *bases de dados*;

– avaliação e tratamento centralizados das informações, com o objectivo de fazer um balanço da situação e determinar as diferentes abordagens em matéria de inquéritos;

– recolha e tratamento de informações relativas às abordagens nacionais em matéria de prevenção, com o objectivo de *as transmitir aos Estados-membros* e de definir estratégias *preventivas* à escala europeia;

– medidas relativas à formação complementar, à investigação, à criminalística e à antropometria judiciária.

Os Estados-membros acordam em analisar, com base em relatório e o mais tardar *durante o ano de 1994*, a questão do *eventual* alargamento do âmbito desta cooperação".

neste domínio é que o conjunto das disposições referidas estabelecem as *fases* do que *poderá vir a ser* (*mas ainda não é*, quanto a nós) uma *coordenação supra-nacional*, nem de longe se aproximando da instituição de estruturas de tipo *federal* nesta matéria. E, de resto, sempre haverá que não menosprezar a margem de autonomia da acção dos Estados-membros nestas matérias (cf. os já citados: Artigos K.2 (n.° 1, "*in fine*", e n.° 2), K.3 (n.° 1) e K.7. E ainda : cf. o artigo K.9, "*in fine*" ("nos termos das respectivas normas constitucionais"), não sendo despiciendo que a decisão em causa apenas seja *recomendada* e não imposta. No mesmo sentido concorre a existência da regra da *unanimidade*.

– **a manutenção da integralidade do acervo comunitário e o seu desenvolvimento**, a fim de analisar, nos termos do procedimento previsto no *n.° 2 do artigo N*, em que medida pode ser necessário rever as políticas e formas de cooperação instituídas pelo Tratado da União Europeia, com o objectivo de garantir a eficácia dos mecanismos e das Instituições da Comunidade (644).

Dispõe por último o Artigo B do Tratado da União Europeia que os objectivos da União Europeia serão alcançados de acordo com as disposições do Tratado (da União Europeia - T.U.E.) e nas *condições* e segundo o *calendário* nele previstos, respeitando o *princípio da subsidiariedade*, tal como definido no *artigo 3.°-B* do Tratado-C.E.E..

Aditado pelo Artigo *G* do Tratado da União Europeia, dispõe o artigo 3.°-B do Tratado-C.E.E.:

---

(644) Dispõe o n.° 2 do Artigo N (do Tratado da União Europeia):

"Em 1996 será convocada uma conferência de representantes dos governos dos Estados-membros para analisar, de acordo com os objectivos enunciados nos Artigos A e B das Disposições Comuns, as disposições do presente Tratado em relação às quais está prevista a revisão". Importante é a inclusão, na Acta Final desta Conferência (T.U.E.), da Declaração Relativa Ao Direito de Acesso À Informação:

"*A Conferência considera que a transparência do processo decisório reforça o carácter democrático das instituições e a confiança do público na administração. Por conseguinte, a Conferência recomenda que a Comissão apresente ao Conselho, o mais tardar até 1993, um relatório sobre medidas destinadas a facilitar o acesso do público à informação de que dispõem as instituições*". Veja-se a este respeito, a notícia intitulada «Curto Segredo», publicada no Jornal "Independente", em 24.07.92, pág. 19, quanto à preparação pela Comissão Europeia de um regulamento sobre segredo comunitário.

"A Comunidade actuará nos limites das atribuições que lhe são conferidas e dos objectivos que lhe são cometidos pelo presente Tratado.

Nos domínios que não sejam das suas atribuições exclusivas, a Comunidade intervém apenas, de acordo com o princípio da subsidiariedade, se e na medida em que os objectivos da acção encarada não possam ser suficientemente realizados pelos Estados-membros, e possam, pois, devido à dimensão ou aos efeitos da acção prevista, ser melhor alcançados ao nível comunitário.

A acção da Comunidade não deve exceder o necessário para atingir os objectivos do presente Tratado."

A União Europeia dispõe de um *quadro institucional único* (645), que assegura a coerência e a continuidade das acções empreendidas para atingir os seus objectivos, respeitando e desenvolvendo simultâneamente o acervo comunitário (Artigo C do T.U.E.) (646); sendo que o Parlamento Europeu, o Conselho, a Comissão e o Tribu-

---

(645) O Tratado da União Europeia *reforça* os poderes do Parlamento Europeu através de um novo *direito de veto* sobre algumas decisões do Conselho de Ministros, nas matérias relativas ao *mercado interno*, programas-quadro de *investigação científica* e *ambiental*, orientações gerais no campo das redes transeuropeias, acções de desenvolvimento da saúde, da cultura e da protecção dos consumidores; sendo que o Parlamento Europeu passa também a participar no procedimento de criação de *novos fundos estruturais* (através de *parecer conforme*) e na nomeação da comissão, adquirindo ainda o direito de ser *informado* sobre questões no quadro da União Económica e Monetária e das Política Externa e de Segurança Comum..

(646) Do qual consta ainda que a União Europeia assegurará, em especial, a coerência do conjunto da sua acção externa no âmbito das políticas por si adoptadas em matéria de relações externas, de segurança, de economia e de desenvolvimento, cabendo ao Conselho e à Comissão a responsabilidade de assegurar essa coerência e a execução dessas políticas de acordo com as respectivas atribuições.

Nos termos do *Artigo D* do T.U.E. o Conselho Europeu (que reúne os Chefes de Estado ou de Governo dos Estados-membros, bem como o presidente da Comissão, assistidos pelos ministros dos Negócios Estrangeiros dos Estados-membros e por um membro da Comissão, funcionando pelo menos duas vezes por ano, sob a presidência do Chefe de Estado ou de Governo do Estado-membro que exercer a presidência do Conselho) dará à União Europeia os impulsos necessários ao seu *desenvolvimento* e definirá as respectivas orientações políticas gerais, apresentando ao Parlamento Europeu um *relatório* na sequência de cada uma das suas reuniões, bem como um *relatório escrito anual* sobre os progressos realizados pela União Europeia.

nal de Justiça exercem as suas atribuições e competências nas condições e de acordo com os objectivos previstos, por um lado, nas disposições dos Tratados que instituem as Comunidades Europeias e dos tratados e actos subsequentes que os alteraram ou completaram e, por outro, nas demais disposições do Tratado da União Europeia (Artigo *E* do T.U.E.) (647).

Até porque, sem prejuízo das disposições que alteram os Tratados originários (da C.E.E., C.E.C.A., EURATOM), *nenhuma disposição do Tratado da União Europeia afecta os Tratados que instituem as Comunidades Europeias nem os Tratados e actos subsequentes que os alteraram ou completaram* (Artigo *M* do T.U.E.) (648).

Muito relevante para a compreensão da *actual* natureza da Comunidade Europeia é o que vem consagrado no Artigo *F* do Tratado da União Europeia:

"1. *A União respeitará a identidade nacional dos Estados-membros, cujos sistemas de governo se fundam nos princípios democráticos* (649).

---

(647) O Artigo *G* do Tratado da União Europeia (Título II) contém as disposições que alteram o Tratado-C.E.E. tendo em vista a instituição da Comunidade Europeia; o Artigo *H* do T.U.E. (Título III) contém as disposições que alteram o Tratado-C.E.C.A. e o Artigo I do T.U.E. (Título IV) contém as disposições que alteram o Tratado-EURATOM.

Quanto às disposições desses Tratados (C.E.E.; C.E.C.A.; EURATOM) relativas à competência do Tribunal de Justiça das Comunidades e ao exercício dessa competência dispõe o Artigo *L* do Tratado da União Europeia que tais disposições apenas serão aplicáveis às disposições do Tratado da União Europeia que alteram aqueles Tratados (alínea a) do Artigo L, *idem*), *ao n.° 2,alínea c), terceiro parágrafo, do artigo K.3*, e aos Artigos L e S (do T.U.E.).

(648) Cf. o Artigo P do T.U.E. quanto à revogação de certas disposições dos Tratados anteriores e do Acto Único Europeu.

(649) Por aqui se vê como a União Europeia é ainda a "Europa das Nações" (De Gaulle) e não uma "Nação" Europeia. Confronte-se o texto da Declaração Relativa À Nacionalidade de um Estado-membro:

"*A Conferência declara que, sempre que no Tratado que institui a Comunidade Europeia é feita referência aos nacionais dos Estados-membros, a questão de saber se uma pessoa tem a nacionalidade de determinado Estado-membro é exclusivamente regida pelo direito nacional desse Estado-membro. Os Estados-membros podem indicar, a título informativo, mediante declaração a depositar junto da Presidência, quais as pessoas que devem ser consideradas como seus nacionais para efeitos comunitários; podem, se for caso disso, alterar esta última declaração.*".

2. *A União respeitará os direitos fundamentais tal como os garante a Convenção Europeia de Salvaguarda dos Direitos do*

Cf. ANTÓNIO BARRETO, «A Europa e a soberania nacional» (*in* Jornal "Público", em 21.10.91, pág. 23) para quem «O problema central reside nas relações entre as soberanias dos Estados nacionais e a soberania emergente da Comunidade, ou do Estado Europa, para simplificar. Já se falou de coordenação e de interdependências; depois utilizou-se o conceito de partilha de soberanias; agora fala-se mais de transferência, mas começa já a referir-se a perda de soberania do Estado-nação. Todos estes fenómenos foram ou são reais, correspondem a situações criadas e designam processos políticos e jurídicos que realmente ocorreram ou estão a verificar-se sob os nossos olhos, mesmo se especialistas em dissimulação persistem em afirmar o contrário.»

«Quero com isto dizer que a Comunidade Europeia, desde o seu estado embrionário até ao ponto pré-federal em que se encontra hoje, representa sempre uma alteração da soberania estatal tradicional. Nesse processo, o âmbito e a dimensão dessas alterações foram sempre crescentes. Por mais forte razão, a União Política será, evidentemente, uma transformação profunda da soberania nacional. Uns dirão mesmo um "atentado".»

(...)

«O Estado-nação ainda é, por enquanto, a melhor garantia dos direitos humanos. O Estado-nação ainda é o melhor quadro de funcionamento da democracia. O Estado-nação ainda é a melhor salvaguarda dos direitos das minorias. Estas são as principais razões pelas quais se deve travar o caminho que leva à União Europeia.»

«A Comunidade não oferece as garantias acima referidas, nem tem os meios para as pôr em prática. O enquadramento geral comunitário, incluindo a Declaração europeia dos Direitos do Homem e a sua organização judicial, pode ser favorável à democracia, aos direitos dos cidadãos e aos das minorias. A pressão comunitária e a opinião internacional podem contribuir nesse sentido. Mas a eficácia dessas garantias depende sempre do Estado-nação, das constituições e da cidadania nacional.»

«A razão por que se não deve aceitar o estabelecimento da regra de voto maioritário na Comunidade é essencialmente esta: contraria o princípio da democraticidade dos sistemas políticos e atenta contra os direitos das minorias. É, além disso, um passo decisivo na direcção da União Europeia, como primeira forma de um novo Estado. Ainda por cima, antes mesmo de ser União, já a Comunidade exibe um longo rol de falhas, entorses e omissões às regras democráticas. Também por isso o voto maioritário deve ser recusado.»

«A oposição à União Política ou à criação de um Estado supranacional não é um argumento contra a Europa. A ideia europeia pode, com efeito, ser realizada de diversas maneiras. A união dos Doze é mesmo, actualmente, o menos europeu de todos os projectos possíveis. Em contrapartida, o alargamento da Comunidade a outras nações europeias é, sem dúvida, a orientação mais fiel ao espírito europeu.».

Para JACQUES LE GOFF, a Europa deve ser uma Europa das Nações, «embora deva haver uma certa dose de supranacionalidade, sem a qual não se poderá falar de Europa», considerando este historiador que a nação é um fenómeno que persiste tão

Homem e das Liberdades Fundamentais, assinada em Roma em 4 de Novembro de 1950, e tal como resultam das tradições constitucionais comuns aos Estados-membros, enquanto princípios gerais do direito comunitário.

3. *A União dotar-se-á dos meios necessários para atingir os seus objectivos e realizar com êxito as suas políticas.*"

Qualquer Estado Europeu pode pedir para se tornar membro da União Europeia, dirigindo o respectivo pedido ao Conselho, que se pronunciará por *unanimidade*, após ter consultado a Comissão e após *parecer favorável* do Parlamento Europeu (que se pronunciará por *maioria absoluta* dos membros que o compõem); as condições de admissão e as adaptações dos Tratados em que se funda a União, decorrentes dessa admissão, serão objecto de *acordo* entre os Estados-membros e o Estado peticionário, sendo tal acordo submetido à ratificação de *todos os Estados contratantes*, de acordo com as *respectivas normas constitucionais* (Artigo *O* do T.U.E.) (650).

---

enraízado no espírito dos povos da Europa que estes não podem abandonar a sua personalidade nacional: «É possível encontrarem-se instrumentos comuns de acção (...). A Europa deve funcionar como um espaço único em relação aos estrangeiros, e devem ser adoptadas as mesmas regras em relação aos vistos por exemplo. Pode criar-se uma autoridade política dotada de certos poderes, mas é preciso que cada nação conserve a sua personalidade» (declarações constantes da entrevista publicada *in* "Expresso-Revista", em 01 de Agosto de 1992, pág. 51-R). Cf. ainda Francis Fukuyama, «Os Estados passam, a democracia avança», *in* Jornal "Público", em 10 de Maio de 1992, pág. 29, para quem se é verdade que o nacionalismo se comportou frequentemente no passado como um inimigo da democracia, é preciso lembrar que ele foi por vezes o seu obreiro, como aconteceu com frequência desde a Revolução Francesa — «De facto, o nacionalismo pode ser um meio crucial do qual dispõem as comunidades humanas para retomar o controlo do seu próprio destino e para se libertarem da tirania de formas não-democráticas de governo». Ver também Jacques Lesourne, Bernard Lecomte, *in* O Pós-Comunismo (trad. port.), pág. 295 e ss..

(650) É da competência *política* do Governo *negociar* e *ajustar convenções* internacionais (Art. 200.°, 1, *b*) – C.R.P.) mas é da competência *política* da Assembleia da República aprovar os **tratados** de participação de Portugal em organizações internacionais (Art. 164.°, alínea *j*) – C.R.P.); a inconstitucionalidade *orgânica* ou *formal* de *tratados* internacionais regularmente ratificados *não* impede a aplicação das suas normas na ordem jurídica portuguesa, desde que tais normas sejam aplicadas na ordem jurídica da outra parte, *salvo se tal inconstitucionalidade resultar de violação de uma disposição fundamental* (Art. 277.°, n.° 2 – C.R.P.), sendo que as normas constantes de tratados internacionais podem vir a ser objecto de uma apreciação

Quanto à própria *ratificação* do actual Tratado da União Europeia, dispõe o Artigo *R* (T.U.E.) que o mesmo será ratificado pelas Altas Partes Contratantes, *de acordo com as respectivas normas constitucionais* (n.° 1), sendo que entrará em vigor no dia 1 de Janeiro de 1993, *se tiverem sido depositados todos os instrumentos de ratificação* ou, na falta desse depósito, no primeiro dia do mês seguinte ao do depósito do instrumento de ratificação do Estado signatário que proceder a esta formalidade em último lugar (n.° 2, *idem*).

O Tratado da União Europeia resultante da cimeira de Maastricht, veio recolocar com uma certa agudeza o já aludido *problema da compatibilidade jurídica* entre o direito constitucional português e a integração europeia. No momento actual parece prevalecer a dinâmica tendente à reconstituição do "arco constitucional" que viabilizou a revisão Constitucional de 1989, estando já em funcionamento uma Comissão Eventual para a Revisão Constitucional na Assembleia da República, tendo sido presentes vários projectos de revisão da C.R.P. (no essencial centrados na questão dos reflexos constitucionais da integração europeia, designadamente quanto às forças parlamentares (PSD, PS, CDS) integrantes do referido "arco constitucional" de 1989). Pela nossa parte, e em consonância com o que adiante referiremos, não entendemos necessário proceder a qualquer alteração no *n.° 5 do Artigo 7.° – C.R.P.*, sobretudo se a mesma for para explicitar o conceito de «identidade europeia», preocupação essa que a concretizar-se na revisão em curso pode vir a ter mais efeitos contra-producentes do que benefícios para o desejado reforço da identidade europeia. Também não nos parece necessária a alteração do *n.° 4 do Artigo 15.° – C.R.P.* quanto ao problema da capacidade eleitoral (activa e passiva) para as autarquias locais. Quanto a idêntico problema suscitado quanto às eleições *para o Parlamento Europeu* subscrevemos a argumentação daquelas posições que entendem que o facto de a C.R.P. apenas prever a capacidade eleitoral dos estrangeiros

preventiva da sua constitucionalidade (Art. 278.°, n.° 1 – C.R.P.). Caso o Tribunal Constitucional se pronunciar pela inconstitucionalidade de norma constante de *tratado*, este só poderá ser ratificado se a Assembleia da República o vier a aprovar por maioria de dois terços dos deputados presentes, desde que superior à maioria *absoluta* dos deputados em efectividade de funções (Art. 279.°, 4 – C.R.P.). Veja-se ainda o disposto no Artigo 139.°, n.° 3 alínea *a*).

residentes em território nacional nas eleições para as autarquias locais não implica, necessáriamente, que os cidadãos *comunitários* residentes no país não tenham capacidade eleitoral nas eleições para o Parlamento Europeu([651])([652]).

([651]) Como faz notar ANTÓNIO GOUCHA SOARES, «Maastricht e a revisão constitucional», *in* Jornal "Público" (14.05.1992, pág. 5) em defesa desta interpretação poder-se-á dizer, em primeiro lugar, que a Constituição da República estabelece o quadro fundamental do sistema político-institucional português, o seu modo de designação, definindo quais os órgãos electivos e enunciando os princípios do direito de sufrágio. Deve atender-se, porém, como o faz notar este autor, ao facto de que «o Parlamento Europeu, porém, não é uma instituição política nacional, não estando sequer prevista na Constituição, mas sim uma instituição política de uma organização internacional da qual Portugal é membro, a Comunidade Europeia — futuramente, com a entrada em vigor do acordo de Maastricht, a União Europeia». Em face disto, tal como refere ANTÓNIO GOUCHA SOARES (*idem*): «Resulta não ser absolutamente automática a conclusão de que, pelo facto de a C.R.P. não prever a capacidade eleitoral, para este acto, dos estrangeiros residentes em território nacional, a Constituição a tenha forçosamente de interditar.

Mais correcto será considerar que se a C.R.P. não refere a capacidade eleitoral, nas eleições europeias, dos residentes comunitários será porque o Parlamento Europeu, bem como o processo eleitoral que lhe está associado, devem ter a sua regulamentação em sede própria, ou seja, no âmbito comunitário.

«2. É neste plano, aliás, que a questão deverá ser colocada. Assim, cabe desde logo perguntarmo-nos qual a amplitude dos poderes do legislador nacional, quer ao nível constitucional, quer no plano da legislação ordinária, em matéria de definição da capacidade eleitoral no sufrágio para o Parlamento Europeu.»

«Como se sabe, a Comunidade assenta a sua actuação no princípio das competências de atribuição, ou seja, a sua capacidade de intervenção em determinadas áreas depende de os Estados lhe terem, ou não, transferido as respectivas competências.»

«No que toca às eleições para o Parlamento Europeu, através do Acto relativo à eleição dos representantes ao PE por sufrágio universal directo, os Estados tinham já atribuído à Comunidade competências para a elaboração de um processo eleitoral uniforme — abrangendo este conceito a questão do direito de voto dos cidadãos comunitários residentes fora do país de que são nacionais, como resulta "a contrario" do artigo oitavo desse Acto —, deixando, porém, aos Estados-membros a regulamentação deste aspecto até que o mesmo fosse objecto da atenção das autoridades comunitárias. Ou seja, os Estados aplicariam, a título subsidiário, a sua regulamentação nacional do processo eleitoral, compreendendo-se nesta expressão o sistema eleitoral aplicável e a questão da capacidade eleitoral, até que a Comunidade chamasse a si essas competências, de que está legalmente investida, através do exercício das mesmas.»

«Com o Tratado da União os Estados decidiram exercer um aspecto do processo eleitoral uniforme, aquele que se refere à definição da capacidade eleitoral,

Quanto a nós, entendemos que a solução jurídica deste problema depende necessáriamente de uma prévia decisão política dos onze

---

tendo-lhe mesmo conferido dignidade constitucional ao inscrevê-lo, simbolicamente, na esfera dos direitos de cidadania da União. E isto não implica a alteração das normas constitucionais relativas ao direito de sufrágio que já antes coexistiam com as competências atribuídas à Comunidade, as quais, porém, permaneciam em suspenso.»

«Do mesmo modo, não faria sentido alterar-se a Constituição da República no momento em que se avançasse com o outro aspecto do processo eleitoral uniforme — onde decerto será mais difícil encontrar-se uma solução de consenso —, aquele que respeita ao sistema eleitoral comum. Imagine-se que um tal consenso se estabelecia em torno de um sistema eleitoral de base maioritário. Tal não implicaria, minimamente, a alteração do princípio constitucional da representação proporcional.».

Pelo que vem a compreender-se que manifestemos a nossa concordância com a conclusão de ANTÓNIO GOUCHA SOARES, quanto a este problema para quem não parece, pois existir uma situação de conflitualidade entre o texto constitucional e o preceito da cidadania da União que atribui o direito de voto aos residentes comunitários nas eleições europeias.

Parece não oferecer dúvidas a *incompatibilidade* do actual art. 105.° – C.R.P. com o Tratado da União Europeia, embora haja quem entenda que mesmo nesta matéria, não seria necessária uma revisão *imediata* da Constituição da República Portuguesa (é esta a posição adoptada por VICTOR CALVETE, «Maastricht e o referendo: o triplo R», *in* Jornal "Público" (12.05.91, pág. 29).

Entendemos, porém, que o Tratado da União Europeia é perfeitamente compatível com os actuais Artigos 2.°, 8.° (n.° 3) e 49.° da Constituição da República Portuguesa.

Assim: a) quanto ao artigo 2.° – C.R.P., fazemos notar que o Tratado da União Europeia não aboliu os Estados, pelo que é compreensível que, continuando a existir o Estado português (tal como os outros) como entidade soberana, o ordenamento jurídico-constitucional entenda baseá-lo na soberania popular (ou na soberania nacional, para o caso tanto faz — note-se que, caso viesse a prevalecer um entendimento diferente deste por nós adoptado, não só estariam em causa os limites materiais da revisão constitucional no que respeita à independência nacional, como teria que ser forçosamente revisto o artigo 11.°, n.° 1, onde são expressamente consagrados como *valores constitucionais* — a "*independência*, unidade e integridade de Portugal).

b) quanto ao artigo 8.°, n.° 3 ("*As normas emanadas dos órgãos competentes das organizações internacionais de que Portugal seja parte vigoram directamente na ordem interna, desde que tal se encontre estabelecido nos respectivos tratados constitutivos*") entendemos que possibilitando a recepção automática do direito europeu comunitário na ordem jurídica portuguesa, mais não é necessário. Note-se que o Tratado da União Europeia *não constitui* uma nova organização internacional, antes é um Tratado que vem introduzir *alterações* no direito comunitário *originário* (os Tratados CECA, EURATOM e CEE) e que, embora contenha disposições (em novos

signatários quanto à "companhia" da "incómoda" Dinamarca. Assim: pretende-se manter a Dinamarca no espaço comunitário europeu, ainda que para tal seja necessário sacrificar os resultados obtidos na

---

domínios da integração europeia) que não se circunscrevem a alterar as partes originárias do direito comunitário no entanto tais disposições situam-se no âmbito de funcionamento duma organização internacional pré-existente. Alargar o âmbito de acção (a novos domínios) ou aprofundar mecanismos de cooperação entre os Estados-membros de uma organização internacional é completamente diferente de *constituir* uma nova organização internacional.

c) quanto ao art. 49.°, relativamente ao qual se parece ter levantado a questão de saber se o conceito de *cidadania* engloba (ou não) os cidadãos de outros Estados-membros da C.E.E., é nosso entendimento que uma tal explicitação não se constitui necessária. Tudo depende de nos confrontarmos, perante cada eleição em concreto, com o regime jurídico que a regulamenta; uma vez que esteja definido o universo eleitoral (questão já aludida, *supra*) a *todos* os indivíduos nele compreendidos se há-de entender como aplicável o disposto no art. 49.° (N.° 1 e 2) da C.R.P..

(652) A este respeito, tem sido notória a divergência de opiniões quanto aos efeitos jurídico-políticos do resultado do referendo na Dinamarca, até porque, como refere Francisco Lucas Pires («A Europa também não partirá pelo elo mais fraco», *in* Jornal "Público", em 7 de Junho de 1992, pág. 14) juridicamente o problema não é simples: «Por um lado, não está prevista no Tratado a possibilidade de um dos signatários não o vir a ratificar — uma Europa que só pensava no "alargamento" estava até a olhar para o lado oposto ... Por outro lado, uma das disposições convencionadas prevê mesmo — embora apontando para a data de 1 de Janeiro de 1993 — que o Tratado só entrará em vigor depois de depositados todos os instrumentos de ratificação. O Tratado traduz aliás um laborioso equilíbrio de interesses que só poderia ser aceite como um todo e por todos. As obrigações contraídas têm como que carácter sinalagmático e a desvinculação de um só equivaleria a derreter o cimento do edifício. A ser aceite esta lógica, o Tratado não poderia ser aprovado e posto em vigor apenas por onze dos signatários e a rejeição de um só tornaria inútil a própria ratificação pelos restantes. Por outro lado, a ideia de uma renegociação a onze seria inviável porque, na parte da revisão do Tratado de Roma que Maastricht consubstancia, tal só poderia ser feito por unanimidade, isto é a Doze. (...). Francisco Lucas Pires (*idem*, pág. 14 e 15) refere ainda as outras hipóteses já suscitadas públicamente após o resultado deste referendo (novo referendo dinamarquês; abandono do T.U.E. (Maastricht); adopção dos dois "patamares" (construção "à la carte"; "expulsão" da Dinamarca; denúncia do Tratado fundador pelos outros onze, que o reassumiriam tal como revisto em Maastricht). Por outro lado, refere alguns efeitos positivos da rebeldia dinamarquesa (abandono do relatório Hansch, que punha em causa o princípio da rotatividade das presidências numa Europa de mais de 20 membros; maior atenção ao processo de "alargamento" da Comunidade Europeia; reacção contra o centralismo e a burocracia).

cimeira de Maastricht, renegociando o Tratado da União Europeia? Ou pretende-se manter o Tratado da União Europeia "ta quale" como aprovado na cimeira de Maastricht, ainda que para tal seja necessário prescindir da participação da Dinamarca na Comunidade Europeia? A resposta a este dilema encerra em si mesma a solução jurídico--política que vier a ser encontrada.

Há ainda uma outra hipótese (mais sob o ponto de vista técnico--jurídico, do que sob o ponto de vista político ...) que consistiria em tentar explorar uma "terceira via" na resposta a este dilema — consistindo tal no "desdobramento" do Tratado da União Europeia em dois Tratados (da União Económica e Monetária, um; da União Política, outro), *formalmente distintos* mas *substancialmente* idênticos ao actual T.U.E.. A *identidade substancial* permitiria aproveitar as ratificações já ocorridas; a *diferença formal* permitiria recolocar ao eleitorado dinamarquês (ou colocar a qualquer outro eleitorado) a questão de saber qual das Uniões rejeita (se ainda se mantiver a vontade de rejeição) e qual das Uniões aprova?

Claro que temos a consciência das objecções de alguns dos adeptos do *federalismo europeu* a esta solução, pois a tese federalista pretende que cada uma delas implica a outra (assim, para os federalistas, não é possível avançar na União Económica sem avançar na União Política e vice-versa). Só que uma tal argumentação, quanto a nós, "prova" de mais — não só é possível avançar para uma destas vertentes da União sem avançar na outra, como é a própria história do processo de integração europeia a sustenter a viabilidade da dissociação das vertentes económica e política de uma tal integração. Poucos anos depois do Tratado-C.E.E. fracassou a tentativa de criar a Comunidade Política Europeia e a Comunidade Europeia de Defesa e no entanto as Comunidades Económicas Europeias subsistiram, desenvolveram-se e aprofundaram-se até ao nível actual da integração europeia ... (Aliás, até poderia suceder que ambas as uniões viessem finalmente a merecer a concordância do eleitorado a quem se colocasse a questão ...).

Uma outra hipótese (uma "quarta via") consiste numa variante daquela atitude de denúncia do Tratado fundador pelos onze signatários (que, assim, excluiriam a Dinamaca do espaço comunitário europeu) "reassumindo" esse Tratado tal como revisto em Maastricht. A variante a que nos referimos consistiria em atribuir à Dinamarca uma "cláusula de preferência" no novo processo de alargamento, possibilitando que a negociação de uma nova adesão pela Dinamarca obtivesse um acordo capaz de "reintegrar" a Dinamarca no espaço comunitário europeu. (Cf. o Artigo *O*, designadamente o seu 2.° parágrafo, 1.° período).

Independentemente desta questão, e como já deixámos entrever ao longo desta explicação, a nossa compreensão é a de que existe uma "*décalage*" entre as perspectivas jurídico-políticas abertas pela Cimeira de Maastricht, entre o (mais que) *federalismo* da União Económica e Monetária e o nível de integração política de carácter supranacional mas *aquém* do federalismo no plano da União Política Europeia.

"(...) mas alguma coisa e a todos deve importar que se distinga o que estava confundido, se aproxima o que por erro estava separado, e haja menos nevoeiro nas ideias, ainda que não seja por elas que haja de se esperar D. Sebastião."

FERNANDO PESSOA, *in* "O rosto e as máscaras".

"– Afinal, comandante, na sua opinião, que pode um homem fazer de mais satisfatório com a própria vida?

Um uivar de ambulância aproximou-se a toda a velocidade, como se fosse uma sereia de alerta, passou e extinguiu-se. Garcia reflectia.

– Transformar em consciência uma experiência tão ampla quanto possível, meu caro amigo."

ANDRÉ MALRAUX, L'Espoir.

"Não há pior conservador do que um revolucionário no poder."

ANDRÉ GIDE, Retour de l'URSS.

"A vida resiste a toda e qualquer uniformidade."

VACLAV HAVEL, Ensaios Políticos.

CAPÍTULO V

A ADMINISTRAÇÃO PÚBLICA NA NOVA COMPREENSÃO DO ESTADO MODERNO: CENÁRIOS E PERSPECTIVAS DE EVOLUÇÃO DO DIREITO PÚBLICO

1. Tópicos para uma outra juridicidade constitucional no ordenamento público

> *"Para um homem que pensa, a revolução é trágica. Para um pensador, a própria vida é trágica. E se conta com a revolução para suprimir a sua tragédia, pensa errôneamente, nada mais."*
>
> ANDRÉ MALRAUX, L'Espoir.

Explicitamos, desde já, que a compreensão que nos vai animar nas considerações subsequentes sobre o *problema da Constituição* é a de uma *perspectiva* (clara e inequívocamente) *contra-revolucionária*: não temos qualquer desejo, aspiração, interesse ou vontade de que venha a existir uma *revolução social* na sociedade portuguesa, nem perfilhamos qualquer expectativa que aponte para *transformações sociais profundas* de feição revolucionária; pelo que fácil se torna compreender a nossa *frontal* e *liminar* recusa daquelas compreensões da Constituição que, reivindicando a inspiração da doutrina marxista, afirmam que a Constituição é (deve ser) uma ordem-quadro de compromisso democrático, aberta à possibilidade de «transferência social», isto é, um *forum* (SEIFERT) no qual possa haver espaço para as confrontações políticas e sociais e para uma política alternativa de desenvolvimento da Sociedade ou que reduzem a Constituição a um compromisso político entre os grupos sociais que participaram na sua feitura (surgindo a constituição como um armísticio entre classes sociais com o fim de possibilitar uma luta sem confrontações físicas violentas; «no que respeita ao movimento operário, a lei fundamental oferece um espaço de acção política e a consequente possibilidade de transformação da Sociedade classista, sem recurso à violência. Daí a contradição de qualquer constituição burguesa: é, simultâneamente, um dos meios mais importantes para a estabilização da sociedade e um instrumento da sua própria transformação» (ABENDROTH)) [653]. Como também não podemos deixar de recusar a compreensão que entende a Constituição como um conjunto de normas constitutivas para a identidade de uma ordem política e social e do seu processo de realização (BAUMLIN), apontando para o carácter de *tarefa* e *projecto* da lei constitucional, a qual ordena o processo da vida política e fixa limites às tarefas do Estado e da comunidade (mas é *também* um documento *prospectivo* na medida em que formula os fins sociais mais significativos e identifica o programa da acção constitucional) [654].

Pela nossa parte subscrevemos antes aquela compreensão material da Constituição como *ordem jurídica fundamental, material e aberta de uma comunidade (HESSE)*, isto é, uma concepção que pretende conciliar a ideia de Constituição com as exigências fundamentais (num Estado Democrático-Constitucional) da *legitimidade material* (a qual aponta para a necessidade de a lei fundamental transportar os princípios materiais caracterizadores do Estado e da Sociedade) e da *abertura constitucional* (a qual aponta para que, não obstante a constituição ser uma ordem material, ela deva possibilitar o confronto e a luta política dos partidos e das forças políticas, portadoras de projectos alternativos de realização dos fins constitucionais): daí que se não se restringe a um «instrumento de governo» ou a uma simples «lei do Estado», também não deve arrogar-se ser uma lei da «totalidade social», «codificando» exageradamente os problemas constitu-

---

[653] GOMES CANOTILHO, *in* Direito Constitucional, 4ª edição, págs. 83-84.

[654] Ver GOMES CANOTILHO, *idem*, págs. 85-86. Cf. J. L. TALMON, Les Origines de la démocratie totalitaire, pág. 309 e ss.. Ver ainda VACLAV HAVEL, obra citada, pág. 181 e ss. (o papel da regulamentação jurídica na Sociedade totalitária).

cionais, até porque se a constituição se destina à regulamentação de relações de vida (*históricamente cambiantes*) ela deve ter um conteúdo temporalmente adequado (isto é, um conteúdo apto a permanecer «dentro do tempo») pois, caso contrário, *põe* em perigo a sua «força normativa» (sujeitando-se a constantes alterações). Na medida em que esta exigência de abertura em nome da democracia pode conduzir a um *relativo* esvaziamento da função material de *tarefa* da constituição e conduzir à «desconstitucionalização» de certos elementos materiais da ordem constitucional (p. ex. a constituição económica, do trabalho, social, cultural ...), tal advém uma razão adicional para subscrevermos esta orientação teorético-dogmática, até porque o nosso entendimento da abertura constitucional aponta tendencialmente (ao menos) para uma teoria normativa aberta que acentue a dimensão *predominantemente* (mas não exclusivamente, quanto a nós) processual da constituição (HABERLE) ([655])([656]).

Deste modo, na nossa compreensão da Constituição perfilhamos uma orientação teorético-dogmática que valorizando a unidade política do Estado e a dimensão ordenadora da democracia, acolhe

---

([655]) Veja-se GOMES CANOTILHO, *idem*, págs. 84-85. Ver VACLAV HAVEL, Ensaios Políticos, pág. 230 e ss..

([656]) Recusamos deste modo subscrever as orientações teorético-dogmáticas de FORSTHOFF (a constituição como um «sistema de artifícios técnico-jurídicos» do «status quo», reduzindo a mero *instrumento formal de garantia*, despida de qualquer conteúdo social e económico, pois que esta tese, como o refere GOMES CANOTILHO (*idem*, pág 80) significa o regresso ao Estado de Direito formal) e LUHMANN (a constituição como um «conjunto de convergências negativas» — veja-se GOMES CANOTILHO, *idem*, págs. 82-83); já quanto à ideia de «desmaterialização da constituição» através da sua redução a «instrument of government» (HENNIS), e embora estejamos de acordo com algumas das suas preocupações fundamentais, a nossa divergência funda-se na consideração de que, como refere GOMES CANOTILHO, ser necessário não «esquecer quer a existência de poderes fácticos de domínio a nível da sociedade civil, quer o facto de o Estado mínimo e a constituição que o conforma não serem necessáriamente os mais livres» (*idem*, pág. 81). Note-se, porém, que as *aberturas* dinâmico-processuais de HÄBERLE, situando-se *ainda* no âmbito duma compreensão material, permitem (quanto a nós) corrigir os *excessos de materialização* da ordem constitucional (tal como compreendida por HESSE) que pudessem (eventualmente) vir a comprometer a ideia de liberdade e o funcionamento da democracia pluralista. Em sentido diferente pode ver-se GOMES CANOTILHO, Constituição Dirigente e Vinculação do Legislador, Coimbra Editora, 1982, págs. 90-100 (designadamente nas críticas formuladas nas págs. 97-100).

positivamente a existência de conflitos e reconhece a sua indissociabilidade da vida humana comunitária (657) e que, atenta às exigências da democracia, salienta a necessidade de a constituição assegurar um amplo espaço de conformação para as decisões políticas e a necessidade de ela fornecer os *processos* para a confrontação livre dos grupos na cena política, pretendendo reflectir a realidade do *pluralismo* social e político e da estrutura conflitual (no sentido de RALF DAHRENDORF) da Sociedade, atenta à necessidade de captar os fenómenos da *socialidade* e da *interpenetração* e *interdependência* entre o Estado e a sociedade (658); trata-se ainda duma compreensão que caracterizando a constituição como a «ordem jurídica fundamental de uma comunidade» ou como o «plano estrutural para a conformação jurídica de uma comunidade segundo certos princípios fundamentais» (659) e, deste modo, *a*) determina os princípios directores (*Leitprinzipen*) segundo os quais se deve formar a *unidade política* e prosseguir a actividade estadual, *b*) regula o processo da solução de conflitos dentro da comunidade, *c*) ordena a organização e o processo de formação da unidade política e da acção estadual, *d*) cria os fundamentos e normativiza os princípios da ordem jurídica global (660). Assim, e deste modo, a constituição não se restringe a uma «ordem da vida estadual», mas, enquanto ordem jurídica da comunidade, a lei fundamental estende-se a domínios não-estaduais: todavia, ainda que fixando mesmo os fundamentos de certas ordenações não estaduais, *ela não pode arrogar-se a uma normação completa e perfeita da socie-*

(657) K. HESSE, GRUNDZÜGE, pág. 6 e ss., *apud.* GOMES CANOTILHO, Constituição Dirigente e Vinculação do Legislador, Coimbra Editora, 1982, págs. 118-119, o qual critica HESSE por os conflitos serem dimensionados, «não na sua «estrutura de tensão», mas como garantia da criação e manutenção da «unidade política», embora venha a reconhecer (*idem*, pág. 119, nota 125) que K. HESSE acentua que não se trata de uma unidade estática de pessoa jurídica «estado» ou de uma unidade pressuposta de natureza substancial, ou até de uma «unidade funcional, baseada no «consenso», «respeito» e «compromisso».

(658) Ver GOMES CANOTILHO, Constituição Dirigente e Vinculação do Legislador, Coimbra Editora, 1982, págs. 117-118, citando K. HESSE (GRUNDZÜGE, pág. 8 e ss.; Bemerkungen Zur Heutigen Problematik, pág. 437 e ss.).

(659) K. HESSE, GRUNDZÜGE, pág. 11 (referindo-se ao conceito de HOLLERBACH, *in* Ideologie und Verfassung, pág. 46), *apud.* GOMES CANOTILHO, *idem*, págs. 114-115.

(660) K. HESSE, GRUNDZÜGE, pág. 11 (*apud.* GOMES CANOTILHO, *ibidem*).

*dade, **pelo que a ideia de constituição como «ordem de totalidade social» deve afastar-se**.*(661)

Assim temos que, por um lado, a constituição deixa intencionalmente «abertas» certas questões (ex.: *constituição económica*), renunciando à sua normativização, ***porque aqui deve haver espaço para a confrontação e decisão políticas***, e, por outro lado, há questões que a constituição «regula mas não codifica», o que conduz, muitas vezes, a uma deliberada parcimónia de regulamentação e à consciente limitação dos preceitos constitucionais aos aspectos *nucleares* do problema (isto não só porque alguns assuntos não carecem de regulamentação detalhada, mas também porque, dada a sua natureza, eles não são particularmente adequados a uma configuração normativo-constitucional precisa (ex.: actividade dos partidos políticos, política externa)(662). Deste modo, característico de uma constituição é o ela oferecer-se-nos *aberta*, *incompleta* e *imperfeita*, do que resultará que, sob o ponto de vista jurídico-constitucional, muitas das normas têm um conteúdo vago e *indeterminado*, insusceptível de fundamentar uma doutrina de aplicação da constituição entendida sob o estreito prisma de «execução constitucional»(663); dirigida à regulamentação de relações de vida (históricamente cambiantes) ou a constituição tem um conteúdo temporalmente adaptado de modo a permanecer «dentro do tempo» (*In die Zeit hinein offen*) ou sujeita-se a constantes alterações(664). O que não vem a significar que a Constituição se dissolva numa dinâmica total: *a constituição é uma ordem conscientemente aberta ao mesmo tempo que fixa vinculativamente o que não deve permanecer aberto*(665). Sendo que "não abertos" devem permanecer, em primeiro lugar, os *fundamentos* da ordem da comunidade (*princípios directores* segundo os quais se deve formar a unidade política e exercer as tarefas estaduais, os princípios vinculantes da ordem

(661) Mas tal não impede que só como unidade e ordem comum possa ser correctamente compreendida e interpretada: cf. K. HESSE *idem* (*apud.* FRANCISCO LUCAS PIRES, *in* Teoria da Constituição de 1976 – A transição Dualista, Coimbra, 1988, pág. 63).

(662) GOMES CANOTILHO, Constituição Dirigente e Vinculação do Legislador, Coimbra Editora, 1982, pág. 115.

(663) K. HESSE, GRUNDZÜGE, pág. 11, *apud.* GOMES CANOTILHO, *idem*, pág. 116.

(664) K. HESSE, GRUNDZÜGE, pág. 12, *apud.* GOMES CANOTILHO, *idem*, págs. 115-116.

(665) K. HESSE, GRUNDZÜGE, pág. 13, *apud.* GOMES CANOTILHO, *idem*, pág. 116.

jurídico-global, os princípios directivos da luta permanente dos grupos, a fixação do que deve considerar-se constitucionalmente «adquirido» e não necessita de nova «compreensão» ou «decisão»), bem como a «construção estadual» e ainda os *processos* segundo os quais se devem decidir as questões deixadas em aberto pela constituição (criação de órgãos, definição de competências, funções e interdependência recíprocas, responsabilidade e controlo)([666]). Sendo que, para além dos *processos* relacionados com a organização estadual, a constituição vem ainda a estabelecer os processos que possibilitam a solução dos conflitos políticos, de acordo com o processo de formação da unidade política, os quais conduzem a um *resultado* justo, *na medida do possível*, para as questões *intencionalmente* deixadas em aberto; sendo da conciliação entre *domínios abertos* e *domínios não abertos* que se vem a retirar a especificidade da constituição e do direito constitucional: *este* cria *regras* para a actuação e decisão políticas, fornece os pontos de direcção da *política mas não a substitui*, aquela (a constituição) tem como função *racionalizar* e *estabilizar*, *garantir* e *possibilitar*, *construir* e *limitar* um *processo político livre* e assegurar a liberdade individual([667]).

([666]) Cf. GOMES CANOTILHO, Constituição Dirigente e Vinculação do Legislador, Coimbra Editora, pág. 116.

([667]) K. HESSE, GRUNDZÜGE, pág. 14 (*apud.* GOMES CANOTILHO, Constituição Dirigente e Vinculação do Legislador, Coimbra Editora, págs. 116-117) e FRANCISCO LUCAS PIRES, Teoria da Constituição de 1976 – A transição Dualista, Coimbra, pág. 53. Cf. KARL POPPER e KONRAD LORENZ, Die Zukunft ist offen (trad. port.: O Futuro está Aberto), 2ª edição, Fragmentos, Colecção Problemas, Lisboa, págs. 94-95: «Exactamente do mesmo modo como na ciência a concorrência de teorias é imprescindível para o avanço do conhecimento, também a competição entre os ideais políticos é indispensável para o aperfeiçoamento das instituições. (...) À tradição dominante na história da filosofia, da filosofia da fundamentação no sentido do racionalismo clássico é então contraposto o racionalismo crítico, que acentua que não somos obrigados a dogmatizar qualquer posição que seja. O critério valorativo que subjaz à sociedade aberta, no sentido de Karl Popper, repousa numa imagem do homem que, a par da falibilidade, reconhece também a individualidade da pessoa, e num ideal humano em que a liberdade individual é considerada como valor fundamental. Se partirmos deste critério de valoração e analisarmos diversos sistemas, a questão decisiva é a seguinte: quantos espaços de liberdade são concedidos ao indivíduo? Ou, formulada de outro modo: em quantos domínios da vida interfere o Estado? A distinção mais importante será então entre Estados de direito liberais com separação de poderes, por um lado, e ditaduras monocráticas, por outro lado. A filosofia

Continuando a explicitar esta (nossa) compreensão da Constituição cabe ainda referir que força normativa da Constitituição (*"normative Kraft der Verfassung"*)([668]) é um conceito com o qual se pretende exprimir uma exigência de congruência da «normatividade constitucional» e da «facticidade política» e que a eficácia real da força normativa da constituição se obtém no quadro de uma *correlação ordenadora* entre constituição e realidade, a traduzir-se no facto de a «constituição ser apta a actuar determinante e regulativamente na realidade da vida histórica»([669]), entendendo-se que a força normativa de uma constituição não pode fundamentar-se apenas na vontade do poder constituinte (que criou a constituição), dado que têm de ponderar-se as *possibilidades de realização do seu conteúdo* e confiar-se na «vontade actual» dos participantes da vida política de dar *efectividade* aos preceitos *materiais* da Constituição([670]), embora se recuse a ideia de uma realidade constitucional (*verfassungswirklichkeit*) contra a constituição («(...) *es gibt keine verfassungswirklichkeit contra constitutionem*»)([671]) pelo que o princípio da força normativa da constituição concorre para afirmar que *na solução dos problemas jurídico-constitucionais* deve dar-se prevalência aos pontos de vista que, tendo em conta os pressupostos da constituição (normativa), contribuem para uma eficácia óptima da lei fundamental, devendo dar-se primazia às soluções hermenêuticas que, compreendendo a historicidade das estruturas constitucionais, possibilitam a «actualização» normativa, garantindo, do mesmo pé, a sua eficácia e permanência([672]).

---

do racionalismo crítico é uma das bases da filosofia da Sociedade aberta, do Estado de direito liberal.».

([668]) Cf. K. HESSE, *idem*, 17 (*apud.* FRANCISCO LUCAS PIRES, Teoria da Constituição de 1976 – A transição Dualista, Coimbra, pág. 51).

([669]) K. HESSE, GRUNDZÜGE, pág. 18; Die Normative Kraft der Verfassung, pág. 6 e ss. (*apud.* GOMES CANOTILHO, Constituição Dirigente e Vinculação do legislador, pág. 119).

([670]) Cf. K. HESSE, GRUNDZÜGE, pág. 18 (*apud.* GOMES CANOTILHO, *idem*, pág. 120).

([671]) Cf. K. HESSE, GRUNDZÜGE, pág. 20 (*apud.* GOMES CANOTILHO, Constituição Dirigente e Vinculação do Legislador, Coimbra Editora, pág. 120; e FRANCISCO LUCAS PIRES, Teoria da Constituição de 1976 – A transição Dualista, Coimbra, pág. 62).

([672]) Cf. K. HESSE, GRUNDZÜGE, pág. 26 e ss. (*apud.* GOMES CANOTILHO, Direito Constitucional, 4ª ed., pág. 164).

A abertura da constituição (ordem jurídica *aberta*) ([673]) recomendaria que a Constituição se limite a ser a *ordem jurídica fundamental* da comunidade, de modo a ressalvar a responsabilidade própria dos orgãos que a executam e a evitar até a suspeita de que o seu detalhe corresponda a interesses determinados ([674]), até porque só essa *abertura* permitirá vencer os desafios hodiernos e futuros, por aqui se vindo a considerar que tanto no pensamento constitucional orientado para a mera garantia do "statu quo", como no que (estribado na *cláusula social*) pretende apenas fixar programas de futuro, se aliena a capacidade "de adaptação e desenvolvimento do Direito" ([675]).

Por aqui se vem a compreender que, procurando desenvolver a compreensão da constituição como ordem jurídica aberta, integramos na nossa compreensão considerações tecidas por um autor como P. HÄBERLE na sua concepção da constituição como *um processo*

([673]) K. HESSE, GRUNDZÜGE, pág. 19 (*apud.* FRANCISCO LUCAS PIRES, Teoria da Constituição de 1976 – A transição Dualista, Coimbra, pág. 860).

([674]) Cf. K. HESSE, GRUNDZÜGE, pág. 26 (*apud.* FRANCISCO LUCAS PIRES, Teoria da Constituição de 1976 – A transição Dualista, Coimbra, pág. 86).

([675]) Cf. K. HESSE, *idem*, pág. 27 (*apud.* FRANCISCO LUCAS PIRES, *idem*). Afirma KARL POPPER, *in* Um Mundo de Propensões (trad. port.): «Independentemente do facto de que não *conhecemos* o futuro, este é *objectivamente não determinado.* O futuro é *aberto, objectivamente aberto.* Só o passado é fixo; foi actualizado e passou. O presente pode-se definir como um processo contínuo de actualização de propensões; ou, mais metafóricamente, de congelamento ou cristalização de propensões. (...) Esta visão das propensões permite-nos encarar de uma nova forma os fenómenos que constituem o nosso mundo. O mundo já não é uma máquina causal — pode ser visto agora como um mundo de propensões, como um processo de possibilidades que se vão concretizando e de novas possibilidades que se revelam.« (págs. 30-31). PEDRO VASCONCELOS, *in* A Separação dos Poderes na Constituição Americana Alguns Problemas Recentes, págs. 93-94, expressa o entendimento de que «O grande mérito da Constituição Americana é que ela transpôs para o seu interior, institucionalizou, implantou no terreno jurídico-constitucional, o dinamismo da própria realidade constitucional. Convidou os protagonistas que elegeu a lutar, cada um, pela extensão máxima dos seus poderes, impondo-lhes apenas alguns princípios fundamentais e vagas ou ambíguas limitações. Convidou-os a fazê-lo na orla da sua esfera de atribuições e esperou-se de cada um deles suficiente ambição.»

«Em vez de encerrar os titulares do poder em compartimentos rigídos, minuciosamente definidos, em vez de procurar delimitar definitivamente a autoridade e o âmbito de acção de cada um, sujeitando-os a uma dada compreensão do mundo, sempre perfeita e sempre desmentida pela história, armou-os com o "poder das armas" e o "poder da bolsa" e lançou-os na arena.».

público aberto. Estão neste caso a consideração da constituição como constituição em movimento ([676]), da ideia de posicionalidade temporal da constituição visualizando a teoria da constituição no quadro duma *sociedade aberta*, sendo a constituição escrita (enquanto *ordem-quadro*) uma lei necessária, mas *fragmentária*, *indeterminada* e *carecida de interpretação* (sendo que a interpretação constitucional, como sucede de resto com a *legislação* constitucional, *acontece* numa sociedade aberta e pluralista como obra de *todos* os participantes (homens concretos ou grupos), nela se encontrando momentos de *diálogo* e de *conflito*, de *continuidade* e *descontinuidade*, de *tese* e *antítese*, a contribuirem para que a constituição (ordem jurídica fundamental do Estado e da sociedade) advenha *aberta* no contexto de uma «sociedade aberta», na forma de uma democracia pluralista. A implicar (este *modelo pluralista*) uma *pluralidade* de ideias e interesses na comunidade política, não sendo compatível com o recurso a uma vontade «homogénea» e «unitária» do povo nem consentâneo com a pretensão de verdade absoluta, devendo o pluralismo refletir-se em todos os domínios (político, económico, cultural, científico e artístico, etc...) ([677]).

([676]) P. HABERLE, verfassungstheorie ohne Naturrecht, *in* Verfassung, Herg. Manfred Dietrich, Darmstadt 1978, pág. 425 e ss. (*apud*. FRANCISCO LUCAS PIRES, *idem*, pág. 52). Afirma KARL POPPER, *in* Um Mundo de Propensões (trad. port.): «Tudo isto significa que as possibilidades que ainda não se concretizaram são de certa forma reais. As propensões numéricas que atribuímos às possibilidades podem ser interpretadas como a medida deste estado de uma realidade ainda não concretizada, uma realidade em construção. E na medida em que estas possibilidades se podem concretizar, e em parte se concretizarão no tempo, o futuro está, de certa maneira, já presente, com as suas possibilidades concorrentes, quase como uma promessa, ou uma tentação, ou um apelo ... O futuro desta forma está *activamente* presente em qualquer momento. (...) Não são os empurrões de trás, do passado que nos *impelem*, mas sim a atracção, o apelo do futuro e das suas possibilidades concorrentes, que nos *atraem* e nos *seduzem*.» (*idem*, pág. 33).

([677]) Veja-se GOMES CANOTILHO, Constituição Dirigente e Vinculação do Legislador, Coimbra Editora, págs. 90-93, onde este Autor traça o quadro esquemático dos tópicos essenciais da teoria haberliana, bem como as referências feitas por FRANCISCO LUCAS PIRES, Teoria da Constituição de 1976 – A transição Dualista, Coimbra, págs. 17 (quanto à teoria da constituição em face da teoria do Estado e das teorias da sociedade), 48; 52 (a constituição como constituição em movimento), 58 (quanto à afirmação de P. HABERLE de que o balanço ideológico entre as soluções liberais e as socialistas é hoje mais significativo no terreno constitucional do que a

Para a nossa compreensão do problema da Constituição, a atenção dispensada a algumas das preocupações de P. HÄBERLE (segundo uma ideia-força de *constituição do pluralismo*) prendem-se com a nossa compreensão de que, sendo a Constituição uma ordem jurídica material, fundamental e aberta, a acentuação do seu carácter *aberto* permite aproximá-la *mais* duma ideia de instrumento de governo (e, do mesmo passo, distanciá-la das ideias de tarefa e projecto (*Bäumlin*) enquanto «programa de acção conformador»), até porque o nosso entendimento é que, advindo a Constituição uma ordem jurídica *material*, no entanto tal dimensão material deve ser reduzida ao mínimo indispensável ([678]).

Sintéticamente delimitado o quadro de referências das nossas «pré-compreensão» e «compreensão» da problemática da Constituição e questões conexas (direito constitucional, teoria da Constituição ...), estamos agora em condições de explicitar mais detalhamente a *reflexão crítica* que (nos) é suscitada pela Constituição da República Portuguesa de 1976 (e objecto de revisão em 1982 e 1989, para lá da perspectiva de uma revisão "*minimal*" em 1992) ([679]), reflexão crítica essa que já foi sendo introduzida em pontos vários da presente dissertação. Como já foi referido por um Autor, também nós pensamos que

---

inspiração do chamado direito natural); 66 (a teoria constitucional é também um modo de intervir no debate e na vida da Constituição. Reforçar a abertura desta é também recusar qualquer absolutismo teórico e fazer da teoria constitucional uma *instância crítica*, ou *forum* de *confrontação* e integração da Sociedade, ela própria parte da História,); pág. 79 (o problema da internacionalização) e 80 (o problema das tendências para uma *federalização* das estruturas do Estado unitário); pág. 98 e pág. 128.

([678]) Como refere ROGÉRIO SOARES, «O conceito ocidental de Constituição», *in* Revista de Legislação e de Jurisprudência, n.° 3744, pág. 72: «Do modo como o texto constitucional conheça os seus limites, assim se salvará ou danará. Pode adquirir toda a *força normativa* de que necessita para ordenar realmente as tensões sociais, ou pode aparecer como uma imposição espúria, que se cumpre só até onde funciona a força de constrangimento.

Além disso, não deve a constituição transformar-se num código de vida da comunidade, animado do desejo de tudo regular até à minúcia. Cada constituição deve preservar aquela *abertura* que lhe garanta, sob o domínio dos princípios fundamentais que colheu na experiência histórica do povo, a possibilidade de se ir adaptando às mudanças técnicas, económicas e sociais que o processo político da comunidade venha a manifestar.».

([679]) Esta revisão *minimal* é-o enquanto se limita às alterações e adaptação do texto constitucional, *sob o pretexto* da compatibilidade com o Tratado da União Europeia, aprovado na cimeira de Maastricht em Dezembro de 1991.

«uma coisa é a liberdade precisar de uma base real, outra é a construção desse real obscurecer o objectivo fundamental» ([680]).

Começaremos por retomar a discussão em torno da *dimensão económico-social* da Constituição da República Portuguesa de 1976, pois consideramos que se é importante preservar a *abertura* da Constituição no que toca ao quadro institucional do sistema dos órgãos políticos, tal abertura (isto é, uma ordem jurídica *aberta*) é indispensável naquela parte das constituições modernas que se destina a ordenar a vida económica e social ([681]).

([680]) Assim FRANCISCO LUCAS PIRES, *in* Teoria da Constituição de 1976 – A transição Dualista, Coimbra, 1988, pág. 199. Manifestamos ainda o nosso acordo com a opinião deste autor (e de outros, referidos na *nota* 2) de que «em rigor, a prefixação de uma orientação ideológica global à decisão democrática, transforma esta em mera escolha "tecnocrática" de meios e prazos, desnaturando assim a ideia "política" de "alternativa" e o campo da discussão democrática» (*idem*) e aplaudimos a decisão do legislador constituinte de (na revisão de 1989) ter suprimido as referências ao socialismo no "campus" das normas constitucionais; porém, consideramos manifestamente infeliz o *Preâmbulo* da C.R.P. e deploramos que o mesmo ainda não tenha sido *globalmente* substituido por um texto mais consentâneo com os pressupostos duma filosofia política democrática – liberal. Afigura-se-nos de resto que já deveria ter sido *suprimida* neste Preâmbulo a expressão «abrir caminho para uma sociedade socialista». Assim como nos merecem reservas alguns dos juízos de valor constantes dos primeiro e segundo parágrafos deste Preâmbulo (p. ex.: é discutível que Portugal tenha sido libertado do colonialismo, dado ser o nosso país a potência colonial ... parece-nos mais correcto afirmar que os povos africanos de expressão oficial portuguesa se *libertaram* do colonialismo). É que entendemos (também nós), tal como o afirma FRANCISCO LUCAS PIRES (*idem*, pág. 200) que assim como não pode haver monopólio de qualquer grupo na definição da verdade política (BEYNE), assim não pode haver monopólio ideológico correspondente. Num outro contexto, mas com um sentido análogo a este, refere ALBERT CAMUS: «a supressão da liberdade criadora não é talvez o bom caminho para triunfar da servidão e que, enquanto se espera que se possa falar por todos, é estúpido roubar-se a si mesmo o poder de falar ao menos por alguns» (*in* O Avesso e o Direito, trad. port., pág. 162).

([681]) Assim ROGÉRIO SOARES, «O conceito ocidental de Constituição», *in* Revista de Legislação e Jurisprudência, n.° 3744, pág. 72. O qual afirma ainda: «Pretender fazer da parte económica e social da constituição um repositório acabado e definitivo de soluções dos conflitos significa condenar o corpo colectivo ao imobilismo, impedindo-o de dar vasão para as suas tensões, as quais, numa sociedade dinâmica, em cada momento devem encontrar o seu ponto de equilíbrio.

Mas — ironia das coisas! — quantas vezes serão aqueles que, por força da sua concepção do mundo e da vida, mais completamente dessacralizaram e relativizaram a constituição, até fazerem dela, como dizia Lassalle, «uma simples folha de papel»,

Ora, o que se nos depara desde logo é que o facto de a Constituição aparecer no seu conjunto como o grande compêndio da vida pública (embora explicável na perspectiva da mudança revolucionária — cf. o Preâmbulo da C.R.P. de 1976), vai entregar ao Direito Público uma maior parte das relações sociais (privadas inclusivamente), indo para além do que seria o constitucionalizar princípios fundamentais da ordem jurídica privada e da ordem económica vigente ([682]), o que não deixa de ser preocupante para quem, como nós, entenda que, por um lado as liberdades jurídicas e políticas só podem ser efectivas onde houver liberdades económicas, e, por outro lado, porque tem de reconhecer-se que a expressão dos direitos e liberdades individuais é tanto mais asfixiada quanto menos a própria sociedade civil puder respirar ou ginasticar-se, até porque entre o direito da sociedade no seu conjunto e os direitos dos sócios há uma óbvia conexão e dependência ([683]). No âmbito dos direitos *económicos, sociais* e *culturais* é acentuada a tendência para a *institucionalização, objectivação, estadualização* e *funcionalização* dos direitos e liberdades, na medida em que tais *direitos sociais* estão organizados como *tarefas* dominantes e quase exclusivas do Estado, às vezes através de serviços nacionais de alcance permanente e geral (em especial nos casos da Saúde, do Ensino e da Habitação) ([684]), num contexto jurídico-norma-

---

justamente os que, obtida uma vitória constitucional, arrebatadamente se transformam em corifeus dos coros laudatórios da santidade do texto».

([682]) Francisco Lucas Pires, *in* Teoria da Constituição de 1976 – A transição Dualista, Coimbra, 1988, pág. 300 e ss..

([683]) Como refere Francisco Lucas Pires, *in* Teoria da Constituição de 1976 – A transição Dualista, Coimbra, 1988, págs. 308-309, segundo o qual «tanto a posição no processo público depende das possibilidades de participação e conformação conquistadas em vários planos numa sociedade aberta e livre, como a própria segurança da vida privada é visada pelo reconhecimento do significado dos direitos fundamentais para a vida política (Häberle) ou a auto-determinação pode ser considerada um meio de auto-realização (Ellwein).»; e ainda: «É difícil expandir ou sequer realizar as liberdades civis previstas e garantidas, quando o campo de acção da sociedade civil — sem espaço ou oxigénio suficiente — regride e se atrofia, ou encontra limites intransponíveis ao seu desenvolvimento natural» (*idem*, pág. 309 e ss.).

([684]) Assim o refere Francisco Lucas Pires, *in* Teoria da Constituição de 1976 – A transição Dualista, Coimbra, 1988, págs. 314-315, para quem uma tal situação «óbviamente, legitima formas de intervenção, burocratização e disciplina social muito ampla e potencialmente sempre crescente».

tivo que reduz a própria escolha das políticas que, em cada momento, melhor poderiam satisfazer tais desideratos, segundo o funcionamento da forma democrática de governo baseada nos princípios da *maioria* e da *alternância* ([685]).

Deste modo vem a ressaltar a necessidade de introduzir na Constituição material uma disciplina jurídica nova que venha a possibilitar uma *construção autónoma do social*, apontando para uma *zona intermédia* entre o Estado e os cidadãos, numa lógica normativa de "divisão vertical de poderes" com a própria sociedade (ADOLPH SUSTERHENN), funcionando como zona de *coordenação* e *cooperação* público-privada (RINKEN) à qual as entidades privadas ("vindas de baixo") chegam para se inserirem no espaço público alargado de entendimento e "confrontação" político-social (RINKEN, PREUSS), estruturando-se como zona de *conflitualidade* ordenada e construtiva entre grupos ([686]). É que sem uma tal zona intermédia perde-se, não só

([685]) Ver FRANCISCO LUCAS PIRES, *in* Teoria da Constituição de 1976 – A transição Dualista, Coimbra, 1988, pág. 315, o qual refere ainda que um tal contexto jurídico-normativo «reduz a liberdade negocial pela tendência "tipificadora" que, nesta área, sempre é animada pelo intervencionismo.

«A Constituição não se contentou pois com dar ênfase ao *financiamento público* dos meios sociais — mas alargou essa ênfase, ou até prioridade, à respectiva *provisão pública.* O Estado aparece como o maior educador, o maior informador, o maior produtor, o maior prestador de serviços de saúde e de cultura. A rigidez, anomia e dependência que este processo provoca na sociedade civil são, por isso mesmo, causa de atrofiamento e esterilidade.» Note-se, porém, que a situação na área da informação e comunicação apresentou significativas melhorias após a revisão de 1989, o que é tanto mais relevante quanto o alargamento das oportunidades de comunicação e de diferenciação é uma *garantia da liberdade* e integração na construção da sociedade moderna (assim NIKLAS LUHMAN, Grundrechte Als Institution, Berlim, 1965, *apud.* FRANCISCO LUCAS PIRES, *idem*, pág. 314).

([686]) Ver FRANCISCO LUCAS PIRES, *in* Teoria da Constituição de 1976 – A transição Dualista, Coimbra, 1988, pág. 316, onde este Autor afirma ainda: «trata-se de o mesmo conflito que o ideal da "sociedade sem classes" e outras indicações identitárias repudiam como negativo. Tentar eliminá-la é afrontar "o pluralismo como *elemento estrutural* da Democracia no Estado de Direito liberal. É perigosa, em qualquer caso, a situação em que se deixa, sem um terceiro, diante das autonomias jurídicas, ainda que fortemente garantidas, de indivíduos, igualmente sózinhos"; refere ainda FRANCISCO LUCAS PIRES (*idem*, nota 4) que o carácter político do "conflito" na sociedade democrática foi particularmente sublinhado por R. DAHRENDORF, segundo o qual reside no "conflito" o núcleo de força criadora de uma sociedade livre.

um mecanismo de formação livre do interesse público, como uma primeira garantia fundamental; o Estado "alongado", face aos indivíduos e interesses mais remotos e desencontrados fica à beira de representar não apenas uma desigualdade como uma hostilidade de princípio ("que às vezes se torna quase quotidiana, mesmo nos sectores mais sensíveis como os da justiça") ([687]).

Já quanto às relações entre as dinâmicas de *intervenção* e de *autonomia* o carácter *dirigente* da Constituição (com a decorrente vinculação do legislador em matéria de "concretização" do normativo constitucional) analisa-se na organização de um encadeamento sistemático, coerente e orgânico de princípios e meios que "tende a cobrir todos os aspectos da economia" (MOTA PINTO), estabelecendo um princípio de intervenção e organização económicas (ambos globais) e dirigidos ao objectivo de "abrir caminho a uma sociedade socialista" (cf. Preâmbulo da Constituição), objectivo esse, porém, que no actual normativo jurídico-constitucional, após a eliminação da "decisão Socialista" do texto constitucional pela revisão de 1989, aparece *enfraquecido* pela substituição das referências à construção do socialismo (ou "transição para o socialismo") por uma ideia vaga, imprecisa, indefinida (mas, talvez por isso mesmo, mais "consensual" entre os diferentes *operadores* político-partidários do procedimento de revisão constitucional em 1989) de "construção de uma sociedade livre, justa e solidária" (Art. 1.°, "*in fine*" – C.R.P.). Mantêm-se ainda, no entanto, a superioridade e precedência objectiva da "constituição económico-social" no quadro da Constituição ([688]); resta saber até que ponto o "controlo público do poder económico privado" (GOMES CANOTILHO/VITAL MOREIRA), traduzindo uma "primazia dos fenómenos políticos em relação aos fenómenos económicos", configurando uma "constituição estatutária" (MOTA PINTO) não vem a afectar o funcionamento da democracia (pela redução das possibilidades de *escolha entre alternativas*), como consequência da origem revolu-

---

([687]) Ver FRANCISCO LUCAS PIRES, *in* Teoria da Constituição de 1976 – A transição Dualista, Coimbra, 1988, págs. 317-318.

([688]) Ver FRANCISCO LUCAS PIRES, *in* Teoria da Constituição de 1976 – A transição Dualista, Coimbra, 1988, pág. 319 e ss.. Note-se que, tal como este autor, também nós entendemos que os direitos económicos, sociais e culturais devem ser englobados na Constituição económico-social.

cionária desta vocação dirigente da Constituição nos domínios económicos e sociais(689). Por via das alterações introduzidas no texto constitucional pela revisão de 1989, já não estamos perante um processo de Socialização e de intervenção do Estado com um "carácter potencialmente ilimitado", no entanto um tal processo tem ainda uma amplitude excessiva no texto constitucional, pese embora a brecha provocada na *rigidez* desta Constituição económico-social(690),

---

(689) Ver FRANCISCO LUCAS PIRES, *in* Teoria da Constituição de 1976 – A transição Dualista, Coimbra, 1988, págs. 320-321 e ss.. A este propósito pode ver-se ÁLVARO CUNHAL, *in* A Revolução Portuguesa, O Passado e o Futuro, Edições Avante, Documentos Políticos do Partido Comunista Português, Série Especial, Lisboa, 1976, para quem «o regime democrático saíu da situação democrática criada e defendida pela luta das forças revolucionárias. Não se pode opor, como fazem alguns, o regime constitucional à situação democrática existente anteriormente, pois é o seu continuador.», até porque, como refere mais adiante (na mesma pág. 183), «as características fundamentais da democracia portuguesa tornaram-se realidades irreversíveis antes de terem consagração constitucional». E ainda (a propósito da análise sobre a Constituição como consagração das vitórias da Revolução): «A Constituinte viveu ela própria a irregularidade do processo revolucionário e teve de ter em conta as novas realidades que transformaram completamente o quadro político, económico e social do País. A Constituição acabou por ser a consagração das vitórias da Revolução portuguesa e por reflectir o estádio de desenvolvimento do processo revolucionário.»

«A Assembleia Constituinte não decidiu nem definiu transformações revolucinárias como a Reforma Agrária, as nacionalizações, o *contrôle* operário. Mas teve a virtude de reconhecê-las e consagrá-las.» (*idem*, pág. 184 e ss); «Além da lei fundamental, a Constituição tornou-se, numa situação política muito instável, uma plataforma para a reunificação das forças da democracia e do progresso social» (*idem*, pág. 190). Cf. JORGE MIRANDA, Manual de Direito Constitucional, vol. I, tomo I, 1981, Coimbra Editora, págs. 300-311 (quanto às vicissitudes da elaboração da Constituição) e págs. 311-315 (quanto às relações entre Constituição e Revolução), designadamente pág. 312 («... na Constituição a institucionalização da Revolução ...») e pág. 315: «Não terá havido contradição entre Constituição e Revolução».

(690) Cf. FRANCISCO LUCAS PIRES, Teoria da Constituição de 1976 – A transição Dualista, Coimbra, pág. 323 e ss.. A "brecha" a que nos referimos no texto tem a ver com a alteração dos *limites materiais da revisão constitucional* (constantes agora do art. 288, correspondente ao anterior art. 290.° – C.R.P.), dos quais deixam de constar o "princípio da aprovação colectiva dos principais meios de produção e solos, bem como dos recursos naturais e a eliminação dos monopólios e latífundios" (alínea *f*) do art. 290.°, antes da revisão de 1989). Cf., porém o art. 83.° – C.R.P.. Cf. ainda JORGE MIRANDA, Manual de Direito Constitucional, vol. I, tomo II, 1981, Coimbra Editora, págs. 428-447 (modificações da Constituição, em tese geral) e págs. 472-518

pois que pode afirmar-se permanecer uma preocupação global de "democratização" do "poder económico" (de tal modo que muitas das incumbências do Estado implicam a criação ou especialização de estruturas administrativas próprias); permanecendo ainda a discussão em torno da *natureza jurídica* do *direito de iniciativa económica privada* (cf. art. 61.° – C.R.P.) (691) e do *direito de propriedade privada* sem o qual não há "nenhuma liberdade e nenhum direito privado" (NIPPERDEY" (692).

Mantém-se como um dos principios da organização económica a "*planificação democrática* da economia", embora o princípio do planeamento se possa considerar, após a revisão de 1989, de algum modo mais "enfraquecido", o que contribuirá para que no sistema de economia mista (cf. art. 288.°, alínea *g*) – C.R.P.) a orientação para o princípio oposto do "mercado" venha recobrando "ânimo" no seio do

---

(limites materiais de revisão da Constituição). E ainda: GOMES CANOTILHO, Direito Constitucional, 5ª ed., págs. 1134-1139 e págs. 1145-1146.

(691) Ver FRANCISCO LUCAS PIRES (bem como os autores por ele citados), *in* Teoria da Constituição de 1976 – A transição Dualista, Coimbra, 1988, pág. 325 e ss.. Cf. JORGE MIRANDA, Manual de Direito Constitucional, tomo IV, 1988, págs. 416--429. A situação jurídico-normativa da iniciativa económica privada conheceu melhorias significativas com a revisão de 1989, a qual, p. ex., eliminou a inversibilidade das nacionalizações (consagrada na versão originária e mantida após a primeira revisão (1982) – cf. os arts. 85.° (n.° 1 e 2) – C.R.P. e art. 296 – C.R.P..

(692) Ver FRANCISCO LUCAS PIRES, *in* Teoria da Constituição de 1976 – A transição Dualista, Coimbra, 1988, pág. 327 e ss., para quem, «no entanto, a expressão "nos termos da Constituição" que se acrescenta a esse reconhecimento (art. 62.° – C.R.P.), para não ser supérflua só pode ser limitativa e remissiva». Cf. JORGE MIRANDA, *idem*, pág. 430 e ss.. Em face do n.° 2 deste art. 62.° ("A requisição e a expropriação por utilidade pública só podem ser efectuadas com base na lei e mediante o pagamento de justa indemnização") é de assinalar o progresso introduzido pelo novo Código das Expropriações, que em aspectos significativos veio dar uma nova feição a este instituto. Por outro lado, não deve ser menosprezado o alcance do art. 16.°, n.° 2 – C.R.P. ao estabelecer que "os preceitos constitucionais e legais relativos aos direitos fundamentais devem ser interpretados e integrados de harmonia com a Declaração Universal dos Direitos do Homem". Ver ainda FREITAS DO AMARAL, «Opções Políticas e Ideológicas Subjacentes à Legislação Urbanística», *in* Direito do Urbanismo (coord. de FREITAS DO AMARAL), Instituto Nacional de Administração, 1989, pág. 93 e ss.; FERNANDO ALVES CORREIA, O Plano Urbanístico e o Princípio da Igualdade, pág. 301 e ss., pág. 307 e ss., pág. 312 e ss., págs. 320-321 e ss..

direito constitucional vigente([693]). Sobrevivem no entanto várias expressões normativas de uma análise colectivizante das relações sociais e económicas e do "objectivo de transformar a iniciativa económica numa função política"([694]) pelo que permanece a necessidade de enfrentar o desafio que consiste em *potenciar* valores de *autonomia*, "no que seria, ao contrário do constitucionalismo do séc. XIX e XX, a demanda de uma *nova fronteira* para a liberdade e o controlo democrático e não para o Estado"([695]).

([693]) Para o que sucedia neste domínio antes da revisão de 1989, v.g. FRANCISCO LUCAS PIRES, *in* Teoria da Constituição de 1976 – A transição Dualista, Coimbra, 1988, pág. 329 e ss.. O Princípio do mercado continua sem menção expressa no direito constitucional formal, mas se já anteriormente se podia defender a caracterização do sistema económico como "economia de mercado" (SOUSA FRANCO, MOTA PINTO, JOSÉ LUIS VILAÇA), a revisão de 1989 veio reforçar tal caracterização, ainda que por via *oblíqua* ou *indirecta*: assim, por exemplo, através da consagração expressa do conceito de "concorrência" (*cf. art. 81.°, alíneas e) e f)*): incumbe no Estado *prioritariamente* no âmbito económico e social eliminar e impedir a formação de monopólios privados e assegurar a equilibrada concorrência entre as empresas; *art. 102.°, alínea a)*: é um dos objectivos da política comercial (assegurar) a concorrência salutar dos agentes mercantis; e ainda, tácitamente, o *art. 103.°, alínea c)*, ao consagrar como um dos objectivos de política industrial o aumento da *competitividade* das empresas (o que é um outro *nomem* para a ideia de *concorrência*). Ora, esta e outras circunstâncias já referidas e a referir, *infra*, quanto às modificações no direito constitucional vigente, acompanhadas da eliminação do "decisionismo socialista" (nitidamente de inspiração marxista em várias das suas formulações normativas ...) e do objectivo de realizar a "transição para o socialismo", contribuem para reforçar o pendor de economia livre (por oposição à economia de direcção central) do nosso sistema económico.

([694]) Ver FRANCISCO LUCAS PIRES, *in* Teoria da Constituição de 1976 – A transição Dualista, Coimbra, 1988, pág. 338 (a propósito da "subordinação do poder económico ao poder político) e pág. 339, onde refere: «A verdade é que a dependência do poder económico, em relação ao poder político, está em princípio sempre assegurada em Democracia, precisando-se, quanto muito, de cautelas acessórias e positivas, como a das leis de concorrência.».

([695]) Ver FRANCISCO LUCAS PIRES, *in* Teoria da Constituição de 1976 – A transição Dualista, Coimbra, 1988, pág. 339, onde afirma também: «Seria demasiado perigoso, pelo menos, que a liberdade continuasse a ser apenas o limite do poder e à beira de tornar-se apenas o viático da sua boa-consciência.»; este autor (a propósito das relações entre "público e privado", "geral e particular", intervenção e autonomia") considera ainda (*idem*, pág. 340) estarmos perante "a pretensão de reduzir a autonomia dos valores sociais e económicos perante os valores políticos". E continua: «Como já lembrou Rogério Soares é essa autonomia que está suposta na "separação

Ainda neste âmbito, afigura-se útil problematizar o relacionamento entre o princípio da liberdade e o princípio da igualdade, até porque aquela (liberdade) era o valor próprio e característico da *autonomia social*, "no seu primeiro e mais geral movimento emancipatório" (LUCAS PIRES)([696]). Neste contexto de discussão, não se nega

---

Estado-Sociedade" com a qual se conexiona, por sua vez, a própria "separação de poderes". Ora, como também recorda o mesmo autor, o separador entre Estado e Sociedade, embora desactualizado no seu radical figurino liberal, tem que ser reconstruído no novo quadro da sociedade técnica, como garantia contra um "novo totalitarismo", de modo a assegurar o papel do Estado "como sistema regulador *na* sociedade", mas "não *da* sociedade".».

([696]) Ver FRANCISCO LUCAS PIRES, *in* Teoria da Constituição de 1976 – A transição Dualista, Coimbra, 1988, pág. 341 e ss.: aí se refere a fundamental *anterioridade* ético-política dos direitos fundamentais (BARBOSA DE MELO, Democracia e Utopia, Porto, 1980, pág. 29), fazendo-se referência à consideração de CRISTIAN STARK (*in* Von Grund der Grundgesetzs, Zurique, 1979, pág. 8) de que «a liberdade não é apenas protegida através dos Direitos Fundamentais, mas é também um *valor* fundamental na qual o Estado e a Constituição (...) se baseiam", sendo que "valores fundamentais não se confundem (ou deixam absorver) pelos direitos fundamentais" (C. SARK, *idem*, pág. 7), considerando ainda LUCAS PIRES que está em causa uma "ideia" ou uma "imagem do homem" e do cidadão que depende do reconhecer-se-lhe ou não a primazia e a plenitude positiva da sua capacidade de autonomia e responsabilização (*idem*, pág. 342); a análise das relações entre a igualdade e a liberdade a que este autor procede, leva-nos a afirmar que na C.R.P. de 1976 a liberdade é um valor relativizado ou funcionalizado, em relação a diferentes posições de partida na luta social, com os perigos inerentes (o que, porém, fazemos notar nós, é menos sensível após a revisão de 1989, até pelo desaparecimento da consagração normativa do ideal "socialista" ...); perfilhamos a recusa da tese "igualitária" (enquanto busca de "igualdade de resultados", segundo a ideia de a todos igualar, de fazer de todos iguais, tendo como horizonte o projecto do "homem total" ...) (*idem*, pág. 346) e a crítica à tendência para uma certa "colectivização" dos direitos fundamentais (*idem*, pág. 347). Assim como se tem presente a consideração de JOHN RAWLS de que sempre as liberdades básicas terão de ser avaliadas como um todo, como um sistema único" pois o valor de cada uma destas depende da especificação das outras" (*idem*, pág. 349).

FRANCISCO LUCAS PIRES considera ainda que o coeficiente "objectivo" dos direitos fundamentais é hoje reconhecido em toda a doutrina e interpretação deste tipo de direitos e que há nele, de certo modo, o verso e o reverso da recuperação positiva e democrática do sentido anti-feudalizante que HOBBES dera a liberdade; mas recusa a "dupla natureza" dos direitos fundamentais, na esteira das considerações de VIEIRA ANDRADE (*in* Os Direitos Fundamentais na Constituição Portuguesa de 1976, págs. 147-148) para quem tal não se verifica com os direitos fundamentais na C.R.P. de 1976, alegando nomeadamente não haver nela um dever recíproco de cada direito fundamental

a insuficiência de uma noção puramente jurídica da liberdade, da mera consideração do indivíduo em vez do cidadão (SCHEUNER) nem se ignora o perigo de esgotar o significado do Estado de Direito numa colecção de garantias, "ainda que cada vez mais amplas", de carácter formal e tem-se a consciência de que a liberdade tornou-se um *problema* e um problema *complexo* carecido (por isso mesmo) de integração e de que a liberdade tem uma forte dimensão colectiva, além de que os direitos sociais não são meras adendas ou remendos do elenco liberal, até porque a *dimensão pública tanto da liberdade como do poder* já não é a puramente jurídico-política, sendo até possivelmente a qualificação e resguardo "social" uma particularidade da consciência do "homem europeu" (DAHRENDORF)([697]) mas isso não evita que surja uma dimensão crítica e problemática quando tem de decidir-se da colocação e medição respectiva das posições da igualdade e da liberdade, do objectivo e do subjectivo, dos direitos económico-sociais e dos direitos, liberdades e garantias([698]) até pelo contraste (incontornável) entre os princípios da igualdade e da liberdade([699]).

---

e que os deveres previstos não constituem uma unidade (FRANCISCO LUCAS PIRES, *idem*, pág. 350 e ss.). Porém, considera FRANCISCO LUCAS PIRES que «o peso da posição subjectiva é, além disso, gravemente contrapesado com a excepcional extensão dos direitos económicos, sociais e culturais (...)» (*idem*, pág. 351 e ss.).

([697]) Pode ver-se a explicitação desta compreensão em FRANCISCO LUCAS PIRES, *in* Teoria da Constituição de 1976 – A transição Dualista, Coimbra, 1988, pág. 352, com referência ao pensamento de vários autores aí citados.

([698]) Cf. FRANCISCO LUCAS PIRES, *in* Teoria da Constituição de 1976 – A transição Dualista, Coimbra, 1988, pág. 353, o qual parece restringir o conceito dos direitos "fundamentais" a estes direitos, liberdades e garantias.

([699]) Cf. FRANCISCO LUCAS PIRES, *in* Teoria da Constituição de 1976 – A transição Dualista, Coimbra, 1988, págs. 353, 354 e ss.. A ideia de "sociedade sem classes" foi suprimida do normativo jurídico-constitucional pela revisão de 1989, a qual mais modestamente (e mais "pragmáticamente") aponta para uma *sociedade livre, justa* e *solidária* (art. 1.° – C.R.P.). Não é despiciente que o valor *Liberdade* anteceda os valores da *Justiça* e da *Solidariedade*; tal como que vem a significar que uma ideia de justiça social não pode ser realizada proscrevendo o mínimo essencial à afirmação do valor da liberdade. Ou, dito de outro modo, e como o refere MARTIN KRIELE (Freiheit und Gleichheit in Handbuch des Verfassungsrechts, obra citada por FRANCISCO LUCAS PIRES, *in* Teoria da Constituição de 1976 – A transição Dualista, Coimbra, 1988, pág. 141) as limitações da liberdade não podem estar fora de uma relação com o seu fim que é, ainda, o da própria liberdade — nomeadamente a dos outros (*apud.* FRANCISCO LUCAS PIRES,*in* Teoria da Constituição de 1976 – A transição Dualista, Coimbra, 1988, pág. 357).

Tomando em conta que, após a revisão de 1989, o Estado Social e Democrático viu reforçada a sua vertente de Estado de Direito (enquanto e na exacta medida em que se ainda se pode caracterizar o Estado português, na actualidade, como Estado Social no entanto tal é agora mera *qualificação* do Estado de Direito, compatível com a assumpção pelos poderes políticos de *orientações alternativas* de pendor mais liberal) e tendo presente a consideração de que a liberdade económica é indispensável como meio de obter a liberdade política([700]) compreender-se-á o nosso entendimento de que é a própria consideração do valor da *igualdade* no direito constitucional vigente que deverá ver-se objecto de uma "reapreciação" (uma reinterpretação") que o reoriente num sentido mais compatível com o valor da liberdade([701]). Não só porque a função do Estado Social não é consumar a revolução social, mas impedi-la (CHRISTIAN STARK), criando uma base ética de solidariedade e não uma mera "distribuição" de felicidade e poder (BADURA), mas também porque um tal Estado Social "nasce" no interior do Estado liberal com a passagem duma Administração de *polícia* para uma Administração *conformadora*; além de que importa não perder de vista que, como refere FRIEDRICH HAYEK, a diferença entre *liberdade e liberdades é a que existe entre a condição na qual tudo é permitido a não ser o que é proibido pelas regras e a condição para a qual tudo é proibido a não ser o que é explicitamente permitido*([702]). Na perspectiva da reconciliação entre a igualdade e a liberdade não se deve perder de vista ainda que, como refere JOHN RAWLS, a capacidade que têm os membros menos afortu-

---

([700]) Ver MILTON FRIEDMAN, "Capitalisme et Liberté" (*apud.* FRANCISCO LUCAS PIRES, Teoria da Constituição de 1976 – A transição Dualista, Coimbra, pág. 361).

([701]) Tenha-se presente a consideração de ERNST RUDOLF HUBER de que é possível, ainda que problemática, a unidade do Estado de Direito e do Estado Social e que o Estado Social não é o mero Estado assistencial, nem o mero Estado de Providência ou de bem-estar, pois tem o seu desiderato num processo de *integração social* para vencer as tensões, oposições e conflitos na sociedade industrial (*apud.* FRANCISCO LUCAS PIRES, *ibidem*) e aquela outra consideração de BADURA de o que distingue o Estado Social de Direito do Socialismo é o facto de as liberdades económicas e de empreendimento serem ou não transformadas numa função política (*apud.* FRANCISCO LUCAS PIRES, *idem*).

([702]) Ver FRANCISCO LUCAS PIRES, *in* Teoria da Constituição de 1976 – A transição Dualista, Coimbra, 1988, págs. 362-363 e ss.

nados da sociedade para alcançar os seus objectivos seria ainda menor se não se aceitarem nenhumas desigualdades. Para este autor a condição da compatibilidade dos valores em causa seria uma *estrutura básica* que *maximize* para os menos avantajados o valor que tem o esquema global da liberdade equitativa compartilhada por todos; assim deveriam ser permitidas as *desigualdades* que permitam melhorar a situação de todos, incluindo os menos avantajados, contando que estas desigualdades vão de par com uma distribuição equitativa das oportunidades e uma liberdade igual([703]). Sempre, porém, será necessário ter presente que a reconciliação dos valores da igualdade e da liberdade só pode ser construída democráticamente([704]).

Como de resto há-de suceder com a relação entre a justiça e a eficiência([705]). Quando se considera que "o problema da organização económica é encarado como um *problema de poder*" (AVELÃS NUNES) é o próprio problema da garantia democrática que vem a colocar-se([706]). Tem-se presente que o "gigantismo" do Estado ameaça a sua eficácia, dificultando a sua capacidade para ditar e realizar políticas, conduzindo a uma "ineficiência geral" cujos custos hão-de vir a recair sobre alguém, até pela falta de coerência global de uma tal intervenção([707]). A racionalidade económica mínima supõe básicos

---

([703]) Ver FRANCISCO LUCAS PIRES, *in* Teoria da Constituição de 1976 – A transição Dualista, Coimbra, 1988, pág. 367 e ss.

([704]) Assim FRANCISCO LUCAS PIRES, *in* Teoria da Constituição de 1976 – A transição Dualista, Coimbra, 1988, pág. 370.

([705]) Referindo-se, neste âmbito, a uma possível contradição entre a Constituição Económica e a Constituição Política (antes da revisão de 1989) pode ver-se FRANCISCO LUCAS PIRES, *in* Teoria da Constituição de 1976 – A transição Dualista, Coimbra, 1988, pág. 371 e ss.

([706]) Ver FRANCISCO LUCAS PIRES, *in* Teoria da Constituição de 1976 – A transição Dualista, Coimbra, 1988, págs. 372-373.

([707]) Cf. FRANCISCO LUCAS PIRES, *in* Teoria da Constituição de 1976 – A transição Dualista, Coimbra, 1988, pág. 373, o qual afirma ainda: «Pode compartilhar-se, é certo, com J. RAWLS que a Justiça tem prioridade sobre a eficácia e que a liberdade goza também da mesma prioridade sobre as vantagens económicas e socais, mas ninguém rejeitará, por igual, que a ineficiência equivale a uma espécie de "exploração", no sentido marxiano, de todos os recursos humanos e naturais disponíveis. A "eficiência" tem, pelo menos, um mínimo juridicamente inultrapassável — é a que resulta do respeito da "natureza das coisas" ou da sua racionalidade intrínseca, a qual não depende do mero programa jurídico-normativo. Além disso, ela pode funcionar

critérios de eficiência e, além do mais, um sistema de mercado corresponde, também, a uma eficaz garantia democrática e de justiça no sentido de assegurar liberdades justas e igualdade de oportunidades, assim como a descentralização as garante face ao exercício do poder, pois que, *em geral*, um tal sistema de mercado satisfaz o maior número de escolhas possível e não implica a perda de autonomia humana (JOHN RAWLS)([708]). Até porque uma situação que inviabilizasse o funcionamento do sistema de mercado poderia vir a reper-

---

como garantia dos tipos de valores que lhe compete servir, como a Justiça, a Liberdade e a Segurança, em primeiro lugar. Há provávelmente mesmo uma eficiência da Justiça e da Segurança do Estado de Direito e, sobretudo de um Estado Social que, como o nosso, requer "o aumento do bem-estar social e económico", (alínea *a*) do art. 81.°), a "*eficiente* utilização das forças produtivas" (art. 91.°, n.° 2) e o aumento da "produção" e da "produtividade da agricultura" (art. 96.°, alínea *b*)).» (*idem*, págs. 373-374 e ss.).

Note-se, a este respeito, que o art. 9.°, alínea *d*) refere como uma das *tarefas* fundamentais do Estado promover o bem-estar e a qualidade de vida (...) mediante a transformação e *modernização* das estruturas *económicas* e sociais; que o art. 59.°, n.° 2, alínea *a*) se refere ao "desenvolvimento das forças produtivas", às exigências da "*estabilidade* económica e financeira" e à "*acumulação* para o desenvolvimento"; que o art. 66.°, n.° 2, alínea *d*) fala em "aproveitamento *racional* dos recursos naturais"; que o art. 67.°, n.° 2, alínea *a*) estabelece como incumbência do Estado a promoção da "independência económica" dos agregados familiares; que o actual art. 81.°, alínea *c*) estabelece como incumbência prioritária do Estado (entre outras), no domínio económico e social, "assegurar a plena utilização das forças produtivas, designadamente zelando pela *eficiência* do sector público"; que o art. 87.°, n.° 1 estabelece a protecção (pelo Estado) *apenas* das pequenas e médias empresas *economicamente viáveis*; que o art. 91.° consagra o *crescimento económico* entre os objectivos dos planos de desenvolvimento económico e social; que o art. 96.°, n.° 1, alínea *b*) estabelece como objectivo a promoção da "*racionalização* das estruturas fundiárias", e na alínea *d*) o objectivo de assegurar o uso e a gestão *racionais* dos solos e dos restantes recursos naturais"; que o art. 97.°, n.° 2 prevê a possibilidade de estipulação de um período probatório da efectividade e da *racionalidade* da exploração agrícola; que o art. 102.°, alínea *b*) estabelece como objectivo a "*racionalização* dos circuitos de distribuição"; que o art. 103.°, alínea *a*) estabelece como objectivo o "aumento da produção industrial num quadro de modernização e ajustamento dos interesses sociais e económicos e de integração internacional da economia portuguesa" e que o mesmo art. 103.°, alínea *b*) estabelece como objectivo "o reforço da *inovação* industrial e tecnológica", e ainda, na alínea *c*) "o aumento da *competitividade* e da *produtividade* das empresas industriais".

([708]) Cf. FRANCISCO LUCAS PIRES, *in* Teoria da Constituição de 1976 – A transição Dualista, Coimbra, 1988, págs. 374 e 375 e ss.

cutir-se negativamente nos mecanismos de *representação* e de *separação de poderes*, não sendo tão-pouco susceptível de demonstração que a diminuição do mercado eliminasse os grupos de interesse, moralizasse a sua acção ou impedisse a sua capacidade de pressão sobre o processo de decisão e execução política([709]); de resto, neste processo em que o crescimento do Estado e dos grupos parece fazer-se ao mesmo tempo, a situação advém mais difícil porque esta aparição, "potencialmente explosiva", dos grupos não está ainda organizada e em parte é revel às actuais formas de organização constitucional([710]). Perfilha-se, assim, o entendimento de que o Estado Social tem como pressuposto o crescimento económico (CHRISTIAN STARK)([711]).

Perante um tal quadro jurídico-normativo ocorre-nos considerar que a dimensão económico-social da actual ordem jurídico-constitucional vigente configura não só uma grande complexidade estrutural como ainda, no plano funcional, extravasa em muito a dimensão material necessária a uma Constituição que se pretenda assumir como ordem jurídica *aberta* (que se pretenda assumir com verosimilhança o fundamento normativo dum Estado Social de Direito no contexto jurídico-político duma democracia pluralista, situada plenamente no espaço próprio duma modernidade europeia e ocidental-liberal)([712]).

([709]) Cf. FRANCISCO LUCAS PIRES, *in* Teoria da Constituição de 1976 – A transição Dualista, Coimbra, 1988, pág. 377 e ss.

([710]) Cf. FRANCISCO LUCAS PIRES, *in* Teoria da Constituição de 1976 – A transição Dualista, Coimbra, 1988, pág. 378 e ss. pág. 381 e ss.. Note-se, porém, que a revisão de 1989 veio a instituir o Conselho Económico e Social (art. 95.° – C.R.P.), parecendo apontar no sentido da primeira tendência. Para este autor, «esta lógica dos grupos faz com que não seja também segura a compatibilidade da "constituição económica" com os objectivos mais gerais de equidade que a "Constituição Social" deveria supor — e não obstante a coordenação entre estas políticas a que a Constituição obriga (art. 91.°, n.° 2 nomeadamente). De facto, tal lógica significa que o benefício não é para entregar aos pobres ou aos ricos, mas para ser conquistado pelas organizações, incluídas as estatais, tal como os sindicatos defendem melhor os empregados do que os desempregados.» (*idem*, págs. 381-382 e ss.).

([711]) Ver Cf. FRANCISCO LUCAS PIRES, *in* Teoria da Constituição de 1976 – A transição Dualista, Coimbra, 1988, pág. 385 e ss.

([712]) Referindo-se ao conceito de «abertura» da Constituição como um dos *topoi categoriais* de uma teoria da Constituição GOMES CANOTILHO, em *Constituição Dirigente e Vinculação do Legislador*, págs. 146-149, afirma o seguinte:

«Abertura» material, «abertura ao tempo», é um dos *topoi centrais* da moderna teoria da constituição. Produto convergente e diferenciado das correntes antro-

A nossa compreensão deste concreto problema da Constituição vigente é a de que seria necessário, conveniente e desejável reduzir ao

---

pológico-filosóficas («o homem aberto ao mundo»), da historicidade hermenêutica («abertura ao tempo»), do racionalismo crítico, («sociedade aberta») e da linguística estrutural («obra aberta»), a «abertura» da constituição pretende salientar a necessidade de a constituição se furtar a uma espécie de «totalitarismo constitucional», traduzido na codificação global e detalhada das matérias constitucionais e na rigidez absoluta do clausulado constitucional. Ao deixar conscientemente por regular certas tarefas (incompletude material), ao optar por uma técnica normativa de normas abertas, princípios e cláusulas (estrutura aberta das normas constitucionais) e ao aceitar a mudança ou mutação constitucional como fenómeno inerente à própria historicidade da vida constitucional (abertura ao tempo), a constituição converter-se-ia em «instrumento democrático», possibilitador de confrontações e decisões políticas.

A «abertura» da constituição não resolve os problemas de uma constituição democrática, nem pode erguer-se em «panaceia» da teoria da constituição. Como irá ver-se, ao discutir-se o problema da discricionariedade legislativa e da liberdade de conformação do legislador, muitas das conclusões do presente trabalho acabam, nos seus resultados práticos, por se mostrar concordantes com uma das ideias centrais da «abertura» constitucional: a impossibilidade teórica, metódica e prática de reduzir a legislação a uma contínua e reiterada tarefa de «execução constitucional». Mas, por outro lado, não se vislumbra, na tese da «abertura» constitucional, o aprofundamento de um ponto, verdadeiramente nuclear, numa teoria material de constituição. Se a constituição não se deve reduzir a um simples *«instrument of government»* ou a uma «optimização processual do pluralismo político, também não se deve restringir à alternativa «aberta não aberta», mas sim determinar a dimensão material do projecto constitucional. Não se trata de libertar a constituição, o mais possível, da fixação de conteúdos intrínsecos, mas de encontrar a justa medida entre a «formalidade» e o «excesso programático». A constituição não pode ser apenas «tema»; deve tornar-se «premissa» da política. A liberdade de «decisão política» é compatível com a fixação de linhas materiais de direcção política. Nesta perspectiva, a teoria da constituição «aberta» ou avança para uma teoria material temporalmente adequada — quer quanto à extensão da sua legitimidade quer quanto à consciência dos seus limites — ou corre o risco de, no fundo, estar a defender a perda da legitimidade normativo-constitucional em proveito de uma função de direcção fáctico-política. Os «limites de prestação» de uma lei constitucional, postos em relevo pela teoria da «constituição aberta», são indiscutíveis: (1) a constituição não é nem deve considerar-se um sistema logicamente fechado; (2) a constituição pressupõe, em larga medida, uma «mediação política», situando-se os «comandos» normativos dentro de uma certa «reserva do possível»; (3) uma constituição democrática oferece espaço para diferentes «variáveis» de conformação política, embora esta conformação não se possa entender normativo-constitucionalmente desvinculada.

Mas — e com isto visa-se salientar o problema da perda de legitimidade normativo-constitucional — o preço da redução do espaço de «conformação política»

minímo indispensável a dimensão material desta Constituição formal, para o que sugerimos uma tarefa de reconstrução do direito constitucional que passa por *suprimir* muitos dos normativos jurídico--constitucionais, *reformular* ainda muitos outros destes normativos e *substituir* vários deles.

Passando a explicitar este nosso entendimento, sugerimos assim que em futura *alteração constitucional* se proceda à *supressão* dos normativos seguintes:

a) quanto à disciplina jurídico-constitucional dos *direitos, liberdades* e *garantias*, entendemos que deveriam ser *suprimidos* os n.° 2, 3 e 5 do artigo 54.° – C.R.P. (*Comissões de trabalhadores*) pois uma tal matéria deveria ser remetida para o âmbito da legislação ordinária — entendemos que seria suficiente quanto a esta matéria (a qual é: reconhecimento normativo do direito dos trabalhadores criarem comissões para *defesa dos seus interesses* e intervenção *democrática* na vida da empresa) uma protecção jurídico-constitucional limitada a manter os normativos actualmente constantes dos n.° 1 e 4 (equiparação dos membros das comissões aos delegados sindicais, *para efeitos de protecção legal*). Entendemos ainda que seria de *suprimir* a *parte final* do n.° 4 do art. 55.° – C.R.P. («fundamento da unidade das classes trabalhadoras») — militam a favor desta supressão não só todas as considerações susceptíveis de fundamentar a recusa da *unidade sindical* (que, *subrepticiamente*, poderia por esta via da referência constitucional à unidade das classes trabalhadoras,

---

das instâncias decisórias, deriva do enriquecimento material e programático de uma lei fundamental, é o preço do próprio fundamento jurídico-constitucional da política. Directivas materiais, fins e programas de acção, constituem exigências de uma constituição «aberta» aos problemas políticos, sociais e económicos: a constituição perderia a sua legitimidade se importantes domínios sociais e económicos continuassem «esquecidos» ou fossem deixados conscientemente abertos à «evolução» da política e dos «tempos». O Estado de Direito Democrático, materialmente «cunhado», voltaria a ser «casca vazia» de conteúdos alternantes e arbitrários da «política». Chegados aqui, o problema que se põe não é o de optar entre «abertura» e «programa», «abertura» e «imposições», «abertura» e «rigidez», mas em saber qual a *forma* e *grau* que se devem escolher para dotar a constituição de um conteúdo normativo-material». Cf. KARL POPPER, Em busca de um mundo melhor, editado por Fragmentos, Lisboa, 1989.

vir a reintroduzir-se num outro quadro político-social como *horizonte de possibilidade* ...) mas também por considerarmos que a *independência das associações sindicais* é o fundamento necessário da própria *liberdade sindical* como condição e garantia da defesa dos direitos e interesses dos trabalhadores. De resto a *unidade das classes trabalhadoras* é um *mito* sem aderência na realidade do movimento sindical dos países onde exista a liberdade de organização de sindicatos independentes em face do patronato, do Estado, das confissões religiosas, dos partidos e outras associações políticas; a supressão da expressão «fundamento da *unidade* das classes trabalhadoras» tem ainda um outro mérito — o qual é o de reforçar a independência das associações sindicais, na medida em que uma tal independência não é posta em relação directa com outros valores, antes se basta a si mesma como expressão da *liberdade sindical dos trabalhadores* (713). Pelas mesmas razões aduzidas quanto à supressão dos n.° 2, 3 e 5 do art. 54.°, entendemos que deveria ser *suprimido* o art. 56.° (direitos das associações sindicais e contratação colectiva) (714). Parece-nos ainda que deve ser suprimido o n.° 3 do art. 57.° (proibição do «*lock-out*»), com fundamento na já referida necessidade de *reequilibrio* entre os poderes sociais (actuantes na economia e ou na sociedade, em geral) e de

(713) Quanto a este ponto entendemos que, ainda em matéria de direitos, liberdades e garantias deveria haver um preceito idêntico a consagrar a liberdade de associação dos empresários e a reconhecer o valor do associativismo empresarial em termos idênticos aos do associativismo sindical dos trabalhadores; ou, num outro arranjo normativo, talvez fosse de considerar o englobamento de ambos os associativismos num mesmo normativo jurídico-constitucional. Seja qual for, porém, o arranjo normativo que viesse de ser adoptado, o que interessa aqui é reduzir o pendor excessivo da *ideologia «trabalhista»* em matéria social, criando mecanismos constitucionais de *reequilíbrio entre os poderes sociais* e reforçando o *pluralismo social* (e, por aqui também, o pluralismo político).

(714) Eventualmente, seria de considerar a deslocação dos n.° 3 e 4 deste art. 56.° para o art. 54.°. Já quanto aos n.° 1 e 2 do art. 56.° não vemos que uma tal matéria tenha dignidade jurídico-material para ser elevada a norma constitucional, pois é matéria que *pode* e *deve* ser cometida à função legislativa ordinária, além de ser uma matéria que deve poder estar sujeita às *alterações* no domínio da direcção política e dos assuntos de governo — é este um dos domínios em que deve poder exprimir-se a conflitualidade político-social, através da apresentação de propostas diferentes pelos diferentes partidos político-sociais quanto ao âmbito, e extensão, procedimentos a observar na realização dos direitos das associações sindicais.

reforço do *pluralismo social*, eliminando mais este resquício duma ideologia «trabalhista» em matéria de relações sociais(715).

---

(715) Cf. ROBERT MOSS, O Colapso da Democracia, págs. 115-144, a respeito do desenvolvimento do poder sindical na Grã-Bretanha, e onde se tecem considerações que exerceram profunda influência na legislação sindical adoptada pelos governos de MARGARET THATCHER. Muito relevantes nos parecem as considerações deste autor quando se refere, designadamente, ao problema dos monopólios («Os monopólios subvertem o princípio do mercado, que é a base para a produção eficiente, para a inovação tecnológica e para a democracia económica no seu genuíno sentido: a escolha do consumidor.», pág. 119 e ss.) e à *existência de sindicatos numa sociedade livre*: «A existência de sindicatos é uma das condições para a existência de uma sociedade livre. Mas ela pode, do mesmo modo, provar ser uma condição para uma sociedade não livre e ingovernável, se o poder sindical não for exercido dentro da comum estrutura da lei e não for mantido dentro dos limites que se aplicam a outros grupos de interesses económicos.» (*idem*, pág. 120 e ss.). E ainda: «(...) a opinião pública de um modo geral é a favor da imposição de limitações legais sobre os sindicatos.» (*idem*, pág. 127 e ss.) e a referência à «extraordinária doutrina de que o direito à greve é ilimitado» (*ibidem*).

Para ROBERT MOSS (*idem*, pág. 128 e ss.) o poder dos sindicatos é compatível com uma sociedade livre apenas se for sujeito às seguintes limitações:

«1 – Se os sindicatos exercerem os mesmos direitos e responsabilidades que os outros grupos e indivíduos de acordo com as leis comuns do país — o que significaria, *inter alia*, que os acordos colectivos, tal como outros contratos deveriam ter vinculação legal.

2 – Se os direitos dos empregados de pertencer ou *não* pertencer a um sindicato forem plenamente garantidos — o que significaria uma salvaguarda contra os sindicatos restritos do género das que existem na maior parte dos países da Europa Ocidental, com excepção da Grã-Bretanha.

3 – Se a acção de greve for sujeita a um procedimento acordado e a protecção legal contra tácticas de intimidação. O direito a fazer greve não deve ser considerado universal; há razão para o suspender no caso de paralisações em serviços de importância vital que constituam uma ameaça à vida e à saúde, e no caso de greves políticas que nada têm a ver com disputas de natureza comercial.

4 – Se houver garantias de democracia interna no seio dos sindicatos, o que muito provavelmente seria encorajado na Grã-Bretanha por meio da utilização do voto postal — sujeito a fiscalização imparcial — na eleição de dirigentes e como condição para ser decretada uma greve.»

Segundo ROBERT MOSS, «deixou-se que os sindicatos funcionassem no estado que DURKHEIM classificou como *anomie*, ou sem normas, no qual as normas da sociedade como um todo não são aplicadas e o código segundo o qual vivemos é separado e independente» (*idem*, pág. 129 e ss.).

Este autor desmonta ainta o *mito da greve geral revolucionária* («da qual nunca houve na História um exemplo que tivesse tido êxito», *idem*, pág. 139 e ss.) e

b) quanto à disciplina jurídico-constitucional dos *direitos económicos, sociais e culturais*, entendemos que deveriam ser *suprimidos* os seguintes normativos constitucionais: desde logo, no âmbito jurídico-normativo do *direito ao trabalho*, afigura-se-nos pertinente a *supressão* do *n.° 3 do artigo 58.°* e ainda, quanto aos *direitos dos trabalhadores*, o *n.° 2 do artigo 59.°*; quanto à disciplina normativa da *segurança social* propõe-se a supressão dos *n.° 2, 4 e 5 do artigo 63.°*, bem como, no que respeita ao *direito à saúde*, dos *n.° 2, 3 e 4 do artigo 64.°*; quanto à matéria da *habitação* sugere-se a supressão dos *n.° 2, 3 e 4 do artigo 65.°*; já quanto à matéria da *protecção à família* aponta-se para a supressão do *n.° 2 do artigo 67.°* e em matéria de *protecção da paternidade e maternidade* sugere-se a inclusão da disciplina normativa do *artigo 68.°* no actual artigo 67.°; no âmbito normativo da *protecção dos deficientes* perspectiva-se a supressão dos *n.° 2 e 3 do artigo 71.°*.

Já quanto ao âmbito normativo das matérias relativas à *educação, cultura* e *ciência*, entendemos que seriam de suprimir os *n.° 2 e 3 do artigo 73.°*, o *n.° 3 do artigo 74.°*, o *n.° 2 do artigo 78.°* e o *n.° 2 do artigo 79.°*.

c) quanto à disciplina jurídico-constitucional da *ordem económica* e *financeira* (a Constituição Económica, *Stricto sensu*), o nosso entendimento é o de que deveria ser *substituído* o artigo 80.° (relativo aos princípios fundamentais da organização económica) por um outro normativo mais conforme ao ideal de uma *economia de*

---

fornece algumas *pistas* para a compreensão da atitude dos governos liderados por THATCHER quando afirma, a determinado passo: «O poder sindical é a principal questão política na Grã-Bretanha, e o modo como se permitiu que ele se desenvolvesse quase sem inibições por parte da lei ou por forças sociais de sinal contrário é um tributo à falta de visão de sucessivas gerações de políticos que não conseguiram compreender que um dos deveres essenciais dos governos é limitar a coerção privada. O problema parece não poder ser resolvido sem um confronto de poder» (*idem*, pág. 141 e ss.), cujo resultado na Grã-Bretanha foi claramente favorável ao Governo liderado por MARGARET THATCHER. Note-se que para ROBERT MOSS, «o argumento de que os sindicatos desempenharam um papel crucial na defesa dos interesses dos trabalhadores e na melhoria dos padrões de vida após a Revolução Industrial é prontamente aceite.» (*idem*, pág. 142 e ss.). Só que a comunidade nacional «não deve ser governada com receio das greves» (*idem*, pág. 143), até porque «um governo decidido pode sobreviver mesmo a uma greve geral.» (*idem*, págs. 143-144).

mercado livre e aberto, e no qual não figurassem as referências constantes das alíneas *a*), *c*), *d*), *e*) e *f*) do actual artigo 80.°.

Em consonância com este entendimento, e na sequência lógica da compreensão por nós já explicitada quanto a estas questões, entendemos que será de *suprimir* o artigo 81.°, relativo às incumbências prioritárias do Estado no âmbito económico e social. Ainda que, quanto às alíneas *f*) ("assegurar a equilibrada concorrência entre as empresas"), *g*) ("Desenvolver as relações económicas com todos os povos, salvaguardando sempre a independência nacional e os interesses dos Portugueses e da economia do País") e *n*) ("Adoptar uma política nacional de energia, com preservação dos recursos naturais e do equilíbrio ecológico, promovendo, neste domínio, a cooperação internacional") do actual art. 81.° – C.R.P., tais princípios pudessem vir a obter reconhecimento e expressa consagração no âmbito do (novo) artigo 80.° (ou do normativo sucedâneo a este art. 80.° em matéria de princípios fundamentais da organização económica). Entende-se ainda que poderiam ser *suprimidos*, sem que daí resultassem inconvenientes de maior para o funcionamento do sistema económico, os *artigos 82.°* (tornada desnecessária a sua manutenção, a partir do momento em que a coexistência dos três sectores de propriedade dos meios de produção continuasse como princípio fundamental da organização económica), *83.°* (até porque este princípio da apropriação colectiva dos meios de produção e solos, devendo ser eliminado do texto constitucional como princípio *fundamental* desta organização económica(716), deve ser remetido para o contexto nor-

(716) Pois não é, *claramente não é*, um dos fundamentos nem da economia de mercado nem duma economia mista mas tão só duma economia colectivista, de direcção central, de planeamento autoritário e dirigista. Perfilha-se o entendimento de MILTON e ROSE FRIEDMAN, *in* Liberdade para Escolher (trad. port.), Publicações Europa-América, Colecção Estudos e Documentos, 1980, pág. 31, de que a liberdade económica é um requisito essencial para a liberdade política («Permitindo às pessoas cooperar umas com as outras sem coacção ou direcção central, é reduzida a área sobre a qual o poder político é exercido. Em suma: pela dispersão do poder consegue-se que o mercado livre, forneça uma compensação para qualquer concentração de poder que apareça. A combinação de poder económico e político nas mesmas mãos é uma receita certa de tirania.»). Referem ainda estes autores: «Já Smith e Jefferson tinham concluído que o poder governamental concentrado era um grande perigo para o homem comum; viram que a protecção do cidadão contra a tirania do Governo era uma necessidade constante. Esta era a meta da Declaração de Direitos da Virgínia (1776) e

mativo duma ordem económica e social que, *baseando-se na propriedade privada dos meios de produção e solos como um dos fundamentos do sistema económico*, aceita no entanto que possam existir *outras formas jurídicas de propriedade* (como, por exemplo, esta propriedade colectiva) [717]; e 84.° (domínio público) [718].

Entende-se ainda como conveniente *suprimir* o artigo 86.° (cooperativas e experiências de auto-gestão; entende-se que o normativo do artigo 61.° é suficiente para a constitucionalização desta temática, no que respeita a conferir-lhe relevância jurídico-normativa), a *supressão* dos n.° 1 e 3 do artigo 87.° (*empresas privadas*; entende-se que o normativo do artigo 61.°, n.° 1 – C.R.P., conjugado com o artigo 62.° – C.R.P. já acolhem *suficientemente* as preocupações expressas no actual artigo 87.°) [719] e ainda da parte final ("interesses dos trabalhadores") do artigo 88.° (Actividade económica e

---

da Declaração de Direitos dos Estados Unidos (1791); o propósito da separação de poderes na Constituição norte-americana; a força que se movia por trás das mudanças na estrutura legal britânica desde a Magna Carta, do século XIII até ao fim do século. Para Smith e Jefferson, o papel do Governo era de árbitro, não de participante.» (*idem*, pág. 32).

[717] Cf. MANUEL DE ANDRADE, Teoria Geral da Relação Jurídica, vol. I, págs. 225-226. Subscrevemos o entendimento de MILTON e ROSE FRIEDMAN, *in* Liberdade para Escolher (trad. port.), Publicações Europa-América, Colecção Estudos e Documentos, 1980, de que a liberdade de propriedade privada é outra constituinte essencial da liberdade económica (pág. 102) e de que as restrições na liberdade económica afectam inevitávelmente a liberdade em geral, mesmo em áreas como as da liberdade de expressão e de imprensa (pág. 103), de acordo com a proposição fundamental segundo a qual a liberdade é um todo, que tudo o que reduz a liberdade num sector das nossas vidas é provável que afecte a liberdade noutros sectores («A liberdade não pode ser absoluta. Vivemos, de facto, numa sociedade de interdependência. Algumas restricções à nossa liberdade são necessárias para evitar outras restrições ainda piores. Contudo fomos muito além desse ponto. A necessidade urgente, hoje em dia, é eliminar as restrições, não acrescentá-las.»).

[718] Podendo a disciplina constitucional desta matéria do domínio público limitar-se à manutenção da disciplina constante do *n.° 2 deste artigo 84.°* («A lei define quais os bens que integram o domínio público do Estado, o domínio público das regiões autónomas e o domínio público das autarquias locais, bem como o seu regime, condições de utilização e limites»), e isto quer tal matéria figurasse em artigo próprio quer, como é nosso entendimento, viesse a ser incluída no normativo respeitante aos princípios fundamentais da organização económica (correspondente ao actual artigo 80.°).

[719] Quanto ao n.° 2 do artigo 87.°, entendemos que deveria ser incluído no normativo do actual artigo 61.° (direito de iniciativa económica privada).

investimentos estrangeiros), bem como de todo o artigo 89.° (meios de produção em abandono) e o artigo 90.° (participação dos trabalhadores na gestão). Perfilha-se ainda o entendimento de que, no âmbito desta disciplina jurídico-constitucional da organização económica, poderiam (e deveriam) suprimir-se vários outros normativos actualmente vigentes: assim, defende-se a *supressão* dos artigos 96.°, 97.°, 98.°, 99.°, 100.°, 101.°, 102.° e 103.° (720); bem como quanto ao artigo 107.° (Impostos) que, reduzindo considerávelmente a liberdade de conformação do legislador ordinário em matéria de impostos, também nos parece que deveria ser *suprimido* (721).

---

(720) O nosso entendimento é que todas estas matérias, respeitantes a questões tão sensíveis como os objectivos da política agrícola (e, no âmbito desta, a questões tão susceptíveis de controvérsia político-social como sejam a *eliminação dos latifúndios*, o *redimensionamento do minifúndio*, as *formas de exploração de terra alheia*, o *auxílio do Estado aos agricultores*, a *participação dos trabalhadores rurais e dos agricultores*, através das suas organizações representativas, na definição de uma tal política), da *política comercial* e da *política industrial*, não devem estar detalhadamente regulamentadas numa Constituição (como sucede actualmente, de uma forma que claramente configura uma *vocação dirigente* do normativo constitucional em matéria de organização e funcionamento da actividade económica).

Aliás, e no que respeita à política agrícola, não se percebe muito bem qual possa ser o sentido útil da participação consagrada no art. 101.°, quando os *objectivos* de uma tal política já estão *rigidamente* pré-fixados (pré-determinados) no art. 96.° ...

(721) Quanto à ordem económica e social plasmada na Constituição da República Portuguesa de 1976 (revista em 1982 e 1989), e para lá das sugestões que apresentámos no texto, entendemos ainda que deveriam ser *reformulados* vários outros normativos constitucionais. Assim, por exemplo: no n.° 1 do art. 54.° (Comissões de trabalhadores) acrescentar-se-ia a expressão "*nos termos da lei*", o que, em nosso entender, contribuiria para reconduzir a disciplina jurídica deste direito ao normal funcionamento duma democracia pluralista numa sociedade aberta, cometendo à função legislativa ordinária a regulamentação das comissões de trabalhadores e "dispensando" o texto constitucional da regulamentação de uma matéria que é objecto de controvérsia político-social. Também o artigo 70.°, segundo o nosso entendimento, deveria sofrer uma reformulação do seu enunciado normativo, eliminando-se a expressão "sobretudo os jovens trabalhadores"; o enunciado do n.° 1 deste artigo 70.° (sendo que este n.° 1 passaria a ser o corpo único do art. 70.°, no qual deveriam *suprimir-se* os n.° 2 e 3) terminaria em "efectivação dos seus direitos económicos, sociais e culturais", *eliminando-se* a expressão "nomeadamente" e as alíneas *a*) e *d*) deste actual n.° 1 do art. 70.°. Entendemos ainda que deveria reformular-se o artigo 104.°, o qual se limitaria a consagrar o princípio da reserva de lei na estruturação do sistema fiscal, *eliminando-se* a 2ª parte do artigo 104.° ("de modo a garantir (...)").

Por último mas não menos importante (ou, como soí dizer-se, "the last, but not the least") importa referir o normativo constitucional do artigo 9.° (tarefas fundamentais do Estado), questão esta que contende directamente, não só com a compreensão da Constituição e do direito constitucional, mas também (e sobretudo) com a compreensão do papel e função do Estado nas sociedades modernas(722).

Ora, mesmo quando se pretenda perfilhar uma *teoria integral das funções do Estado*(723) (o que, de resto, já não é tão *indiscutível* como isso no tempo contemporâneo), aquilo que nos surge consagrado como tarefas fundamentais do Estado no artigo 9.° da Constituição da República Portuguesa de 1976 extravasa (no nosso entendimento, *em demasia*) o quadro normal (habitual) das funções do Estado Social de Direito (democrático), configurando um programa de acção conformadora situado num sistema normativo com vocação dirigente do funcionamento da economia e da sociedade (estando plasmada neste artigo 9.° uma inequívoca lógica *conformadora* do *tecido social e nacional*).

Assim, pensamos que seria conveniente (para o reforço da *abertura* do nosso ordenamento jurídico-constitucional vigente) *substituir* o enunciado normativo deste artigo 9.° – C.R.P., por um outro enunciado normativo que (com propósitos mais modestos) se limitasse à

---

(722) V.g. MARCELLO CAETANO, Manual de Ciência Política e Direito Constitucional, 5ª ed., pág. 132 e ss., quanto aos *fins do Estado*, designadamente págs. 133-134 (A *Segurança* como fim do Estado), págs. 134-135 (A *Justiça* como fim do Estado) e págs. 135-136 (O *Bem-estar social* como fim do Estado). Refere este autor que o Estado «converteu-se, em todos os países, numa empresa gigantesca: produz bens, fornece energia, domina a circulação de produtos e das ideias através dos transportes e das comunicações, controla a moeda, orienta o crédito, regula a repartição dos rendimentos e nos períodos críticos intervém no consumo, ao mesmo tempo que ministra a instrução e se ocupa cada vez mais de todos os graus de cultura», caracterizando tal situação como de «hipertrofia do fim económico e cultural do Estado» (*idem*, pág. 136).

É na referência ao que sejam os fins do Estado que nós enquadramos a problemática do *papel* e *função do Estado* na Sociedade — enquanto o Estado tem a sua razão de ser na necessidade de realização permanente de certos fins essenciais da colectividade política (ver autor e obra citados, pág. 136). O que é *diferente* de falar em *funções do Estado* (ver MARCELLO CAETANO, *idem*, pág. 137 e ss.).

(723) Cf. MARCELLO CAETANO, Manual de Ciência Política e Direito Constitucional, *idem*, pág. 145 e ss.

enunciação dos *fins do Estado* (e evitasse de entrar em detalhes quanto às tarefas, ainda que a pretexto de serem tarefas "fundamentais", do Estado).

Aquilo que se pensa é que o conjunto das alterações propostas, bem como de outras que foram sugeridas noutros pontos da presente dissertação, concorrem para todo um resultado (sob o ponto de vista jurídico-político) o qual é o de reforçar o *carácter aberto do sistema normativo jurídico-constitucional*, enquanto remetem a regulamentação jurídico-pública de muitas matérias controversas para o âmbito dos procedimentos legislativos (e/ou administrativos) no contexto de funcionamento (e organização dos poderes políticos e sociais) duma democracia pluralista, que se deseja tributária da modernidade ocidental e liberal; *carácter aberto* que advém ainda de admitir-se a possibilidade de *estratégias alternativas* para os procedimentos que tendam a perspectivar a efectivação dos *direitos fundamentais sociais*, a qual de resto deixaria de potenciar (sob a "capa" dos procedimentos de "democratização" ...) uma virtual estatização da sociedade (enquanto *efeito perverso* dum proclamado objectivo de socialização do Estado, segundo a lógica duma progressiva integração tendente a uma final identificação entre Estado e Sociedade); *carácter aberto* (do sistema normativo da Constituição) que será ainda reforçado , quanto à *organização económica,* pela passagem de um sistema normativo dirigente (ao menos *tendencialmente* com vocação dirigente) para um sistema normativo de *regulação aberta* e flexível: o que tem a vantagem suplementar de reforçar a força normativa da Constituição, evitando que as controvérsias políticas concernentes a determinadas matérias tenham como palco a própria Constituição (transformada em terreno "privilegiado" de luta e confrontação das correntes de opinião e forças político-sociais).

Fazemos notar que as alterações propostas estão em *conformidade com os actuais limites materiais de revisão da Constituição* (artigo 288.°), designadamente os que mais contendem com a dimensão económico-social da C.R.P. de 1976 (ver alínea *e*), *f*) e *g*) do artigo 288.°): pois que nenhuma das alterações sugeridas desrespeita os direitos dos trabalhadores, das comissões de trabalhadores e das associações sindicais (pois estes direitos continuariam consagrados na Constituição, apenas se reduzindo a extensão da regulamentação respectiva, mas sem que esta redução afecte o conteúdo essencial dos direitos, liberdades e garantias em questão: cf. art. 18.°, 3 – C.R.P.) ([724]), bem como não afectam a manutenção da coexistência do sector público, do sector privado e do sector cooperativo e social de propriedade dos meios de produção (cf. alínea *e*) do art. 288.°) nem a existência dos planos económicos no âmbito de uma economia mista (cf. alínea *f*) do art. 288.°) ([725]).

([724]) Pode, no entanto, suscitar-se a questão de saber se a supressão do n.° 5 do artigo 54.° e do n.° 2 do art. 56.° não colide com a alínea *e*) do art. 288.° – C.R.P.. Quanto a esta questão, ocorrem-nos várias considerações: 1) são estas as únicas alterações propostas relativamente às quais se pode suscitar o problema da conformidade com os limites materiais de revisão *expressamente* consagrados no art. 288.°; 2) deve ou não considerar-se que o *conteúdo essencial* é, respectivamente para os arts. 54.° e 56.°, o direito dos trabalhadores criarem comissões de trabalhadores para defesa dos seus interesses e intervenção democrática na vida da empresa (n.° 1 do art. 54.°) e o direito dos trabalhadores constituirem associações sindicais (art. 55.°), às quais compete *defender* e *promover* a defesa dos direitos e interesses dos trabalhadores que representam (n.° 1 do art. 56.°): a ter-se este entendimento então, desde que respeitando tais *conteúdos essenciais*, a supressão dos n.° 2 do art. 54.° e do n.° 2 do art. 56.°, sendo ainda *restrição* de direitos, não teria qualquer sentido de eliminação de direitos, liberdades e garantias. Caso tal não suceda (e se considere que os direitos constantes dos normativos dos n.° 2 do art. 54.° e do n.° 2 do art. 54.° têm um âmbito normativo próprio, ainda que conexo com aqueles direitos mais "essenciais") então a questão seria transferida para a discussão em torno da possibilidade do legislador constituinte constituído (como *poder de revisão constitucional*) poder (ou não) alterar o elenco dos limites materiais da revisão constitucional; 3) a supressão do n.° 3 do art. 58.° (proibição do "lock-out") não desrespeita a alínea *e*) do art. 288.°, pois que este artigo dirige-se à consagração normativa do *direito à greve* — ora, o âmbito do direito à greve não inclui *necessáriamente* a exigência da *proibição do lock-out.* Ainda que viesse a reconhecer-se aos empresários a possibilidade jurídica de recorrerem ao *lock-out*, tal não afectaria a possibilidade jurídica de exercício do direito à greve, a qual permaneceria intacta (apenas enquadrada por um novo contexto de reequilibrio entre os poderes sociais envolvidos nos procedimentos laborais); 4) é criticável a opção do legislador constituinte em incluir os direitos referidos nos n.° 2 do art. 54.° e no n.° 2 do art. 56.° no elenco dos direitos, liberdades e garantias — quando muito alguns dos direitos aí previstos deveriam qualificar-se como direitos sociais (p. ex.: o direito (das comissões dos trabalhadores) de exercer o controlo de gestão na empresa — cf. art. 54.°, n.° 5, *b*), *idem* quanto aos direitos consagrados nas alíneas *d*), *e*), *f*) deste n.° 5 do art. 54.°).

([725]) Note-se que o legislador constituinte de 1989, como que em sede de interpretação autência dos limites *materiais* de revisão da Constituição, entendeu poder *alterar* o elenco destes limites, tendo suprimido o princípio da apropriação colectiva dos principais meios de produção e solos do elenco dos limites materiais; em con

Tem-se a consciência, porém, e pese embora o que fica referido quanto à questão da compatibilidade destas propostas com os actuais limites *materiais* de revisão constitucional consagrados no art. 288.°, de que virá o tempo em que as diferentes forças político-sociais acordarão no reconhecimento da necessidade de uma *nova* Constituição da República Portuguesa, da qual esteja expurgado o projecto revolucionário que condicionou os trabalhos da Assembleia Constituinte plasmando-se no texto constitucional vigente como programa normativo de feição dirigente. Uma nova Constituição deve afirmar inequivocamente o seu carácter de ordenamento jurídico fundamental, material e aberto, não consagrando qualquer projecto dirigente da economia e da sociedade civil.

Não será assim tão difícil (desde que, naturalmente, exista uma real vontade política para tal) desencadear os procedimentos jurídico-políticos tendentes à *elaboração de uma* **nova** Constituição da República Portuguesa, numa dinâmica jurídico-constitucional que vise *substituir* a Constituição actualmente vigente; atente-se em que a *substituição* decorre no âmbito de um *novo procedimento constituinte* (por assim dizer, no contexto de uma nova manifestação de vontade do *poder constituinte originário*, o qual reside no(s) titular(es) da soberania e não no(s) órgão(s) em quem tal titular delegue (transferindo o exercício) tal poder, pelo que não se confunde, nem sob o ponto de vista político nem sob o ponto de vista jurídico-constitucional, com os procedimentos de *revisão* da Constituição (por mais profunda e global que seja uma tal revisão — sempre ela se realiza no respeito pelos limites temporais, circunstânciais, formais e materiais da Constituição objecto de revisão, pelo que há uma *matriz* originária que se vai mantendo). *Substituir não é rever, rever não é substituir*[726].

---

sonância com uma tal interpretação dos poderes de revisão constitucional sugere-se que sejam suprimidas as alíneas *e*) (resquício da ideologia trabalhista do processo revolucionário em curso ao tempo da elaboração da Constituição) e alínea *g*) do actual art. 288.°.

[726] Veja-se: AFONSO RODRIGUES QUEIRÓ, Da licitude de uma reforma profunda da Constituição, Instituto Democracia e Liberdade, 1980 (texto a partir do qual se extraíu ainda um outro: ver AFONSO RODRIGUES QUEIRÓ, Uma Constituição Democrática Hoje – Como?, Coimbra, 1980, Atlântida Editora, Colecção Pequenos Estudos e Documentos. Considerando os limites materiais de revisão como limites

Pela nossa parte entendemos que existem ainda outras possibilidades para proceder a esta "ruptura" constitucional: assim, por exemplo, e *após* (*prévia*) alteração do regime jurídico-constitucional relativo ao instituto do *referendo*, teria sentido útil *realizar um referendo para saber se os cidadãos (eleitores) aprovam a possibilidade de* **eleição de uma nova Assembleia Constituinte.**

2. Um cenário em discussão: uma nova juridicidade da Administração Pública na "reconstituição paradigmática" do modelo ocidental-liberal

No momento presente encontramo-nos já no limiar de uma nova juridicidade da Administração Pública na reconstituição paradigmática do modelo ocidental-liberal, a resultar duma nova afinação dos materiais que constituem o objecto da ciência do direito administrativo mas com fortes implicações a nível da compreensão da ciência do direito constitucional.

O conflito (significando a existência de *antinomias* para uns, e, para outros, a expressão de uma tensão dialéctica) entre as exigências que decorrem do respeito devido à *liberdade pessoal* e as contrapostas exigências que decorrem do atendimento às necessidades da *organização social*, não pode ser solucionado através do aniquilamento de

---

absolutos, uma vez que «o poder constituinte é «mais forte» e está acima do poder de revisão, o qual tem naquele a sua fonte ou origem, a sua justificação ou o seu fundamento. Ora a norma de hierarquia superior impõe-se à norma de hierarquia inferior, sob pena de quebra do princípio da unidade da ordem jurídica.»

«Assim, o poder de revisão de hoje não pode validamente sobrepor-se ao poder constituinte de ontem.» (in Uma Constituição Democrática Hoje – Como?, pág. 27). AFONSO QUEIRÓ defende a possibilidade de manifestação de um novo poder constituinte (*idem*, págs. 32-33), pois que «o Povo tem o direito absoluto de modificar as suas instituições» (*idem*, pág. 34 e ss.), entendimento este que também nós perfilhamos.

Quanto ao *modo* como haja de proceder-se para atingir um tal desiderato, AFONSO QUEIRÓ refere-se: à *eleição de uma assembleia constituinte* por sufrágio universal e secreto (*idem*, pág. 39 e ss.), em *eleição legislativa normal* (*idem*, pág. 45 e ss.), pela adopção do *referendum constituinte de ratificação* (*idem*, pág. 48) ou através de *referendum constituinte deliberativo* (*idem*, pág. 48 e ss.).

qualquer dos pólos, a menos que estejamos dispostos a pagar o preço da existência nos quadros do *totalitarismo* (qualquer que ele seja) ou da *anomia*([727]). O desejo de evitar qualquer uma dessas situações, a convicção da impossibilidade da utopia anarquista, a consciência de ser possível encontrar (sucessivos e tendencialmente, senão mesmo, em face do dinamismo social, instáveis e precários) pontos de equilíbrio entre aquele princípio de liberdade e aquele outro princípio de organização, é que vêm a constituir-se na razão de ser (no fundamento racional e moral) do Estado, modernamente perspectivado como Estado de Direito e, mais perto de nós no tempo e na mentalidade, como realidade jurídico-política que não aceita conter-se nos quadros estritamente formais dum mero Estado de legalidade mas assume uma nova e constitutiva dimensão de *Estado de Direito material.*

Sendo o princípio da separação de poderes indissociável dos esquemas racionais e morais que fundamentam o Estado de Direito, traduzindo uma determinada concepção do *sentido e limites da Administração Pública*, quando afirmamos encontrar-nos no limiar da reconstituição do paradigma do modelo ocidental-liberal de Administração Pública, mais não fazemos do que explicitar a consciência do jurista-político dos tempos actuais do inevitável (e inelutável) reflexo nos critérios da organização do Estado e no tema fundamental da liberdade, nas relações daquele com a Administração Pública e a sociedade civil, das profundas transformações operadas nas últimas décadas nos quadros do direito público pela actual sociedade técnica-industrial.

Por um lado deparamos com o impacto dessas transformações no sentido e limites da função legislativa no Estado contemporâneo, tornando necessária uma revisão do princípio da legalidade em face da emergência duma Administração constitutiva, com exigências novas à ciência do direito administrativo e ao modo como esta venha agora a entender a defesa da autonomia dos sujeitos privados em face da actuação dos poderes públicos e não só (também em face de outros

---

([727]) Note-se que nos referimos à situação de *anomia social*, distinta da *anarquia* porquanto esta última postula ainda uma organização social, ainda que sem poder coercitivo a sustentá-la (porque fundada em princípios diferentes). Já no estado de *anomia*, o que deparamos é com a ausência de um funcionamento da sociedade em moldes organizados, há como que uma *desintegração* da vida social.

poderes particulares, e ainda em face da emergência de *novos poderes* sociais) ([728]).

A revisão do princípio da legalidade decorre da incontornável constatação de que as construções tradicionais estão claudicantes no contexto da actual sociedade de massas em que, muito mais que noutras épocas, se impõe garantir uma defesa do particular («Dum particular que sempre e sempre reclama um aumento das prestações públicas e acrescenta a sua dependência material. Mas que não quer deixar de ser tratado como pessoa», ROGÉRIO SOARES) tornando premente a questão de encontrar, num Estado que abandonou há muito a dimensão liberal, uma fórmula que realize ainda as intenções da garantia da liberdade da pessoa ([729]).

Desde logo tem-se a consciência de que a própria função legislativa no estado contemporâneo foi alterada no seu *sentido e limites* pela emergência da democracia de massas. É o sentido *político* da função legislativa que se confronta agora com a *emergência dos grupos*, cada um dos quais com interesses próprios, que procuram fazer triunfar numa luta permanente, configurando a existência de uma nação *descentralizada* e *proteiforme* no seio da qual todos estes grupos sociais são *novos protagonistas da luta política*, «titulares legiti-

---

([728]) Ver: ROGÉRIO SOARES, «Princípio da Legalidade e Administração Constitutiva», *in* Boletim da Faculdade de Direito, Vol. LVII, (Universidade de Coimbra), pág. 169 e ss.; *idem*, Direito Administrativo, pág. 21 e ss., pág. 28 e ss., pág. 31 e ss.; *idem*, Sentido e Limites da Função Legislativa no Estado contemporâneo, *in* Feitura das Leis, Vol. II, págs. 431-440; *idem*, «Administração Pública, Direito Administrativo e Sujeito Privado», *in* Boletim da Faculdade de Direito, (Universidade de Coimbra), Vol. XXXVII (1961), pág. 120 e ss.; *idem*, «A propósito dum projecto legislativo: o chamado Código do Processo Administrativo Gracioso», *in* Revista de Legislação e de Jurisprudência, n.° 3694, págs. 17-18; *idem*, Direito Público e Sociedade Técnica, Coimbra, 1969; BAPTISTA MACHADO, Administração, Estado e Sociedade, Porto, 1980, págs. 3-5; MARCELLO CAETANO, Manual de Ciência Política e Direito Constitucional, Lisboa, 1967, 5ª edição, págs. 293-296 e pág. 170 e ss.; JEAN RIVERO, Direito Administrativo, págs. 30-32.

([729]) Ver ROGÉRIO SOARES, «Princípio da Legalidade e Administração Constitutiva», *in* Boletim da Faculdade de Direito, Universidade de Coimbra, 1981, Vol. LXVII. A exposição (sintética mas nem por isso menos profunda) do quadro clássico de entendimento e afirmação do princípio da legalidade e das vicissitudes porque passaram as construções tradicionais do direito administrativo europeu até à emergência da mentalidade intervencionista do Estado pode ver-se *idem*, pág. 168 e ss.

mados daquele poder da comunidade que antigamente se suponha estar todo centralizado num determinado sistema que era o sistema legislativo» [730]; é o sentido *material* desta função legislativa a ser "perturbado" pela falência progressiva do quadro de compreensão racionalista da existência, pelo alargamento do sufrágio (que, conduzindo à extensão do protagonista político, dissolve a homogeneidade do legislativo que, em planos diferentes, representa agora interesses fortemente conflituantes da sociedade), pela nova construção da teoria da reserva de lei, pelas modificações nas concepções do Estado (e a subsequente «extensão da reserva de lei») [731]; é ainda o *ponto de vista organizatório* do poder legislativo a sofrer o embate do alargamento do sufrágio, conduzindo à aceitação do *partido político* como mediador entre o poder legislativo e o eleitorado (massificado), mediação essa que o partido político procura realizar através da preparação de um programa, onde se reduzem esquemáticamente os problemas e é suposto apresentarem-se soluções (tipificadas, plausíveis, verosímeis ...) a propor ao eleitorado — introduz-se aqui um elemento de escolha plebiscitária, através do voto nos programas partidários, com a consequência do "desconhecimento" do deputado pelo eleitor, afastamento entre eles, conduzindo a minar a relação de confiança entre cidadão eleitor e deputado que tradicionalmente andava associada ao parlamentarismo liberal e individualista. O parlamento transforma-se numa câmara de compensação dos partidos políticos, desvalorizando as iniciativas e a consciência individual dos deputados, o novo relevo do trabalho em sede das comissões parlamentares [732], o próprio prestígio da instituição parlamentar sofre os efeitos desta nova situação. Mais: as *necessidades funcionais* do sistema legislativo, com toda a evolução verificada e as vicissitudes inerentes ao novo quadro da democracia de massas, vêm a exigir uma *regulamentação do procedimento legislativo*, necessária por forma a canalizar todo o "sistema de tensões" que se descarregam sobre o

---

(730) Ver ROGÉRIO SOARES, «Sentido e Limites da Função Legislativa no Estado contemporâneo», *in* Feitura das Leis, Vol. II, págs. 432-436.

(731) Ver ROGÉRIO SOARES, «Sentido e Limites da Função Legislativa no Estado contemporâneo», *in* Feitura das Leis, Vol. II, págs. 436-438.

(732) Ver ROGÉRIO SOARES, «Sentido e Limites da Função Legislativa no Estado contemporâneo», *in* Feitura das Leis, Vol. II, págs. 439-441.

órgão parlamentar e sobre a função legislativa (sendo que uma tal regulamentação deverá atender à necessidade de o procedimento legislativo se dotar de meios que lhe permitam a recolha de informações, a captação de um leque de perspectivas tendencialmente plural, a publicidade das deliberações e o "feed-back" das mesmas)(733). Ora, toda esta situação (que, só por si, já seria suficiente para "incomodar" o espírito dos juristas-públicos formados nos quadros tradicionais do direito público) vê a complexidade do novo quadro jurídico-político no contexto da sociedade técnica de massas acrescida pela emergência(734) duma Administração constitutiva ou conformadora, a pretender impulsionar uma revisão do princípio da legalidade da Administração. E aqui estamos confrontados, mais uma vez (e quando parecia que esse problema já estaria, de algum modo, resolvido) com o problema da *definição da própria Administração no quadro do Estado*. Será que todo o complexo organizatório de serviços que dá pelo nome de Administração Pública corresponde à ideia dum poder auxiliar do legislativo, isto é, «executivo» das suas decisões?(735)

Estamos aqui perante uma *concepção do sentido e limites da Administração Pública*, correspondendo às intenções dum Estado de Direito *formal*, assente na ideia (ainda muito difundida) de que a Administração é exclusivamente execução da lei, o administrativo desenvolvendo uma função «acessória da lei», ideia esta que põe todas as complacências na obra do legislador como «inventor do direito» e que descura que as reivindicações originárias dum Estado de Direito foram animadas por um conceito material de lei (entendida como acto de captação do direito), expressão «autêntica e irrecusável do direito», mas que um tal conceito material de lei foi abandonado pelo *positivismo novecentista*, o qual faz emerger o conceito formal de lei ("produto que vale apenas por exprimir o poder ou a vontade dum

(733) Assim: ROGÉRIO SOARES, «Sentido e Limites da Função Legislativa no Estado contemporâneo», *in* Feitura das Leis, Vol. II, págs. 442-444.

(734) Ver ROGÉRIO SOARES, «Princípio da Legalidade e Administração Constitutiva», *in* Boletim da Faculdade de Direito, Vol. LVII, (Universidade de Coimbra), págs. 168-174 e 175-178.

(735) Ver ROGÉRIO SOARES, «Princípio da Legalidade e Administração Constitutiva», *in* Boletim da Faculdade de Direito, Vol. LVII, (Universidade de Coimbra), pág. 178.

legislador") mas manteve (um tal positivismo) a concepção de que dos três poderes clássicos só um é soberano (o legislativo), volvendo-se a Administração e a Jurisdição em dois modos de desenvolver a mesma tarefa de executar as palavras da lei, por tal forma que as diferenças que apresentam entre si exprimem apenas a separação de arranjos técnico-organizatórios([736]). É ainda nesta linha de raciocínio que uma certa corrente (muito numerosa) defende com ardor a tese que, na Alemanha (desde JESCH), se designa pela *«reserva total»*, a significar que cada acto da Administração tivesse de encontrar a sua prefiguração numa lei existente([737]).

Só que, como a doutrina se vem dando conta, é inegável que hoje o Estado de Direito volta cada vez mais a ser pensado como um Estado de Direito material, um Estado cujo fim é a criação e manutenção duma situação jurídica materialmente justa([738]), vindo isto a significar a imposição duma tarefa *criadora* a todos os poderes do

---

([736]) ROGÉRIO SOARES, «A propósito dum projecto legislativo: o chamado Código do Processo Administrativo Gracioso», *in* Revista de Legislação e de Jurisprudência, *in* RLJ, n.° 3694, pág. 17 e 18, o qual refere ainda: «Quando continua a pensar-se nos quadros do Estado liberal-burguês, quando é esse Estado de Direito que se pretende — isto é, quando se aceita sem qualquer justificação material que o direito, apesar de só formalmente o ser, é o fundamento e limite da actividade do Estado — então se compreende que se suponha ser a ideia de Estado de Direito tanto mais perfeitamente realizada quanto mais preceitos positivos se criarem para definir a conduta da Administração (e da jurisdição). O ideal, para essa corrente, seria o legislador-programador e o administrador-computador. Este modo de pensar, que naturalmente não se manifesta só no problema que nos ocupa (veja-se, por exemplo, toda a teoria da discricionaridade concebida como um defeito de regulamentação), responde a muitas determinantes de padrões culturais ou atavismos intelectuais, de louvável desejo de segurança ou de justiça formal, de ingenuidade e até às vezes dalguma hipocrisia. Dá alguma coisa para meditar o facto de alguns apoderados do Estado de Direito (deste) terem em tempos difíceis desconhecido a fórmula; e de que um homem como H. Peters, impedido de prosseguir a sua carreira universitária depois de 1934, e exilado no Brasil, tenha sido um dos primeiros a reclamar para a Administração o estatuto de poder autónomo.».

([737]) Assim o refere ROGÉRIO SOARES, «Princípio da Legalidade e Administração Constitutiva», *in* Boletim da Faculdade de Direito, Vol. LVII, (Universidade de Coimbra), pág. 178.

([738]) WOLFF-BACHOF - Verwaltung - Srect. I, pág. 175 (*apud.* ROGÉRIO SOARES, «A propósito dum projecto legislativo: o chamado Código do Processo Administrativo Gracioso», *idem*, pág. 18).

Estado e a recusa da redução do segundo e terceiros poderes a funções mecânicas de aplicação([739]), pelo que (assim sendo) não há-de constituir motivo de supresa a reivindicação da aceitação duma ideia de Administração como a tarefa do Estado que põe a acentuação num momento de realização concreta daqueles fins do Estado que se traduzem na pretensão de criar na sociedade as condições de realização de um ideal de justiça([740]).

([739]) Ver Rogério Soares, «A propósito dum projecto legislativo: o chamado Código do Processo Administrativo Gracioso», *idem*, pág. 18, onde afirma ainda: «Particularmente no que nos interessa aqui, a deslocação da acção administrativa do plano da Administração autoritária, ou Administração de ataque para o da Administração de prestação ou, melhor, Administração constitutiva, implica conceber o que tradicionalmente se chama Executivo como uma força extractiva de soluções que directamente realizam um ideal de justiça.

Entender o Estado de Direito no seu conspecto simplesmente formal equivale a perpetuar a intenção de fazer dele apenas um meio de garantir ao particular uma protecção contra o Estado-Vilão, fórmula que corresponde à organização política e às preocupações do século XIX e ao seu especial complexo de juízos sub-entendidos — isto é, à canalização dos ressentimentos do cidadão apenas perante o Executivo. A santificação do legislativo e a sua intangibilidade continua aí a aproveitar-se da confiança que ele merecera na teoria do séc. XVIII, quando a lei tinha uma fundamentação material; isto apesar de a época liberal se ter contentado com um entendimento formal e de não poder dar-lhe outra base além de razões técnico-políticas. Quando se reconheça que o Estado em que vivemos já não é esse e que a salvação da dignidade do homem como pessoa reclama uma intenção mais profunda do que garantir a liberdade do homem-administrado, então o Estado de Direito não terá somente um conteúdo negativo, mas há-de ser um fim positivo de toda a acção estadual» (referindo-se ao pensamento de H. Peters, Verwaltung Ohne Gesetzliche Ermäch-Tigung, *in* Festschrift Fur H. Huber, pág. 206 e ss., conclusões finais).

([740]) Ver Rogério Soares, Direito Administrativo I, Universidade Católica Portuguesa, Porto, 1981, págs. 36-37, em que este autor refere ainda: «Tal pode significar, como tradicionalmente, a manutenção dum certo estado negativo, ou seja, a segurança de que as forças da sociedade não serão comprimidas na sua auto-afirmação; mas significa cada vez mais nos nossos dias a busca dum estado positivo de promoção de soluções que em si mesmas realizam uma adequação da sociedade como forma de dar corpo a uma ideia fundamental de direito.

«Deste modo se dá sentido a uma ideia do Estado de Direito muito mais profunda do que a que se exprimiria em conceder ao legislador o monopólio do diálogo com a ideia do direito e na consequente remissão do administrador para o papel secundário de desenvolver uma "pensée asservie".

«Pôr assim o problema pode encontrar apoio numa ideia que hoje começa a ganhar curso: a de que a teoria de separação de poderes deve ser entendida no sentido

Reivindicar para a Administração a natureza dum poder independente corresponde não só a um entendimento realista da nova situação das coisas (em que a Administração que hoje temos não corresponde já ao esquema explicativo da Administração executiva, porque a dimensão e a qualidade das novas tarefas exigem uma *elasticidade* na busca de soluções perante uma realidade em constante mudança), mas ainda significa ter a consciência de que a teoria da separação de poderes há-de agora ser entendida no contexto de uma nova compreensão (em que a deslocação do centro de gravidade do Estado, desde as tarefas de criação normativa para as da conformação da sociedade, implica que se tenha de aceitar nesse terreno a manifestação dum poder *originário*, agora que a vontade política da comunidade não se afirma exclusivamente em fazer leis) ([741]).

Tem-se a consciência de que só neste entendimento a Administração Pública conservará a dinâmica própria, indispensável para a realização da sua missão (que já não é seguramente a do século XIX) e que só assim se obedecerá à ideia central da teoria da separação de poderes (a ideia de reconhecimento de forças político-sociais diversas que se equilibram mútuamente, garantindo uma forma de Estado moderado, ou seja, a tradução actual do princípio do «Estado misto», de que falavam os homens da Idade Média) ([742]). É nesta ordem de

---

de fixação de autênticos poderes. Não, óbviamente, na acepção primitiva de complexos sociais, formas espontâneas de afirmação da sociedade, portadoras duma parcela da soberania num arranjo de Estado misto. Mas com o significado de forças actuantes dentro do Estado, suportadas por complexos organizatórios com estruturas diversas. Donde resultará que cada um manifesta a sua dinâmica própria, que no trabalho de sisífo da diária construção do Estado equilibrará as pretensões das restantes».

([741]) Ver ROGÉRIO SOARES, Direito Administrativo I, pág. 30; e ainda: ROGÉRIO SOARES, «Princípio da Legalidade e Administração Constitutiva», *in* Boletim da Faculdade de Direito, Vol. LVII, (Universidade de Coimbra), págs. 178-179, o qual refere ainda: «A Administração, como já alguém disse, tem «um encargo geral institucional imanente», fundamento e medida da sua liberdade.». PEDRO VASCONCELOS, *in* A Separação dos Poderes na Constituição Americana – Alguns problemas recentes; refere também, a pág. 87 a «necessidade de uma compreensão autónoma da actividade administrativa e das implicações do seu controlo», referindo-se ainda à «reserva de administração» (*idem*, pág. 89).

([742]) Ver ROGÉRIO SOARES, «Princípio da Legalidade e Administração Constitutiva», *in* Boletim da Faculdade de Direito, Vol. LVII, (Universidade de Coimbra), pág. 179. Refere ainda este autor (*idem*, págs. 179-180): «Repare-se ainda em que a

considerações que SCHNEIDER propõe uma nova arrumação da separação de poderes, quando reconhece que a moderna actuação do Estado não pode ser dominada pelas duas outras direcções fundamentais: uma constitutiva ou *conformadora* (repartida pelas categorias «criação de direito» e «aplicação do direito», vindo a projectar-se em «Legislação» e «Administração») e outra *conservadora* (entregue à Jurisdição; mas sem que se pretenda com isto reduzir a função jurisdicional a uma tarefa simplesmente cognoscitiva, pois os momentos volitivos e valorativos, que hoje se reconhece serem-lhe imanentes, são acautelados pela fórmula «conservação») (743). Tenha-se presente ainda, na discussão desta nova compreensão da teoria da separação dos poderes e sua arrumação, que esta concepção da Administração como poder autónomo não decorre apenas de puras considerações teoréticas ou de imposições dogmáticas, mas também da verificação dum aumento da *autoconsciência da Administração*, que sabe dispor

democratização crescente da vida política, a generalização de governos representativos aponta nesse sentido. O executivo alcança uma legitimação que reflecte a mesma auctoritas que se manifesta no legislativo. A ideia de que o executivo está ao serviço de valores e interesses diferentes dos da comunidade dos cidadãos corresponde a uma visão que se dirigia em cheio às monarquias limitadas do séc. XIX e, mais atenuadamente, às outras formas políticas dessa época. Hoje o governo exprime a opção dum sufrágio, o mesmo que funda o parlamento, se é que a eleição do parlamento não constitui mesmo a resposta a uma pergunta sobre o futuro governo.

«E podemos acrescentar ainda mais um argumento: o das tentativas que nos nossos dias se verificam para não reduzir a tarefa da jurisdição a uma obra de simples aplicação silogística da lei. Pois, se o terceiro poder, que se deseja agora libertar do anátema de poder «neutro ou nulo» é, esse sim, um poder carecido de legitimação democrática no comum dos países modernos, tal não impede que se lhe atribua uma ampla função criativa. Que motivo haverá então para a negar à Administração, cujo programa constituiu precisamente o objecto da escolha que se realizou nas eleições?».

(743) Ver ROGÉRIO SOARES, «A propósito dum projecto legislativo: o chamado Código do Processo Administrativo Gracioso», *in* Revista de Legislação e de Jurisprudência, n.° 3695, pág. 40 (texto e nota (13), onde igualmente é referido o apoio de VOGEL a SCHNEIDER no que toca à qualificação do segundo poder como uma forma constitutiva) e pág. 41, onde se pode ler ainda: «Em todo o caso, mesmo que se suponha ousada a equiparação fundamental entre legislar e administrar, vai tendo cada vez mais audiência a concepção da Administração como um poder autónomo, não meramente executivo, mas essencialmente votado à concretização dos fins e metas do Estado». (veja-se a nota (14) onde se indica alguma bibliografia de H. PETERS, KNIESCH, REUSS, WOLFF-BACHUF e VOGEL, em apoio desta afirmação).

dum poder real, resultante da importância das tarefas que lhe são confiadas, da sua indispensabilidade técnica e fáctica e do domínio que exerce sobre informações especializadas (744).

Só que reivindicar o reconhecimento da Administração como um poder independente não tem agora o sentido duma actividade que, à maneira primitiva, se afirme para além do mundo do Direito, mas sim duma actividade que para realizar os múltiplos encargos que o Estado assume tem de conservar um poder de iniciativa não executivo ou acessório em face da lei, mas todavia ainda ao serviço da ideia do direito (745), pois a reivindicação de um tal reconhecimento não equivale a colocar a Administração Pública num terreno de completa ajuricidade, onde apenas tenha de respeitar regras técnicas, de conveniência prática — na exacta medida em que permanecendo a necessidade de respeito pelo *princípio da legalidade* (que se mantém, não se dissolvendo) (746) a Administração Pública tem de respeitar as prescrições legislativas vigentes, assim como o seu funcionamento exige o estabelecimento de *regras de competência*, para além de se manter (ao lado daquele primado da lei) o princípio da *reserva da lei* (entregando à lei o monopólio de certas matérias), relativamente ao qual (e porque o aceitarmos a qualidade de um autêntico poder no executivo não significa estarmos a subscrever o arbitrío do Administrador, nem sequer desistirmos de procurar os instrumentos adequados para garantir o máximo da defesa dos cidadãos) se manifesta um esforço no sentido do seu alargamento, "muito para além da sua

---

(744) Assim o refere ROGÉRIO SOARES, «A propósito dum projecto legislativo: o chamado Código do Processo Administrativo Gracioso», *in* Revista de Legislação e de Jurisprudência, n.° 3695, pág. 41. (que, em nota de rodapé, nos remete para a leitura de BENDIX (Bureaucracy and the problem of power, in Public Administration Revue, 1945) e EISENSTADT (Bureaucracy and Political Development, 1963, *apud.* VOGEL, *loc. cit.*, pág. 177).

(745) Assim o refere ROGÉRIO SOARES, Direito Administrativo I, pág. 35.

(746) Como referem ANDRÉ DE LAUBADERE, JEAN-CLAUDE VENEZIA, YVES GAUDEMENT, obra citada, pág. 87: «Politiquement, on devine que la théorie de la légalité est le siége d'un conflit entre deus grands intérets: l'exigenee de garanties au profir des administrés pousse à développer à l'extreme; à l'enverse, le pouvoir administratif a besoin d'une certaine liberté d'action; il faut éviter à la fais le despotisme de l'administration et son automatisme».

compreensão tradicional, de «defesa da propriedade e liberdade» (extensão da reserva de lei) ([747]).

Este alargamento do princípio da legalidade a certos sectores da actuação da Administração Pública resulta assim da *dimensão moderna* da Administração, conduzindo a que sectores tradicionalmente entregues à sua liberdade (*Administração de prestação*; *relações especiais de poder*; *poder discricionário*) ([748]), por apresentarem agora

---

([747]) Ver ROGÉRIO SOARES, «A propósito dum projecto legislativo: o chamado Código do Processo Administrativo Gracioso», *idem*, pág. 41 e ainda «Princípio da Legalidade e Administração Constitutiva», *in* Boletim da Faculdade de Direito, Vol. LVII, (Universidade de Coimbra), pág. 180. A respeito da extensão da reserva da lei, afirma ainda ROGÉRIO SOARES: «Não se trata agora de ir procurar uma fórmula fixa, como a da «propriedade e liberdade», mas de compreender que também essa fórmula exprimiu afinal, no seu tempo, a indicação daqueles valores cardiais que a Sociedade pretende acautelar. Valores cujo atropelo conduz à negação do próprio sentido da sociedade, ou seja, duma especial dimensão do homem. O problema é ainda hoje o mesmo: reservar para as formas de criação normativa que no sistema jurídico constitucional se presumem portadores de maiores garantias (que podem ser simplesmente técnicas) os ataques aos valores que mais sensibilizam uma determinada comunidade. É o que se exprime na chamada teoria da *essencialidade*. Teremos assim em primeiro lugar uma «reserva do parlamento» como maneira superlativa da reserva da lei. Apesar de ninguém hoje poder pensar esses órgãos legislativos tradicionais como a forma encarnada da racionalidade, a participar necessàriamente na dimensão do justo; nem sequer já como os defensores da sociedade contra o executivo, apesar disso, a favor do parlamento pesa ainda uma tradição de confiança, em grande parte apoiada na transparência dos seus métodos de trabalho e na crítica da oposição.

«O parlamento continua a sede institucional dos debates políticos, se bem que parte mais significativa do seu trabalho, na grande maioria dos países, se tenha refugiado no aconchego das comissões, e a opinião pública se interesse hoje muito menos do que noutras épocas com as discussões apaixonadas do hemiciclo. De qualquer modo, é no parlamento que podem confrontar-se perspectivas diversas, e, sobretudo se as comissões estão suficientemente apetrechadas com serviços técnicos auxiliares, que pode realizar-se uma apreciacão dos problemas legislativos que alie à ventilação das soluções a distanciação da tirania da execução imediata.

«Por outro lado, o parlamento pode funcionar ainda, especialmente em certos países, como uma «agência de procuradoria» de interesses locais, mais fácilmente desconhecidos por um órgão, como o governo, vocacionado para uma direcção unitária».

([748]) Ver ROGÉRIO SOARES, «Princípio da Legalidade e Administração Constitutiva», *in* Boletim da Faculdade de Direito, Vol. LVII, (Universidade de Coimbra), págs. 172-174 e ss.

temas fortemente sensibilizadores da consciência colectiva, peçam (e obtenham) um novo tratamento.

Repare-se no que sucede com a *Administração de prestação*, que deixou de ser um *domínio fechado e restrito* («onde por suposição o administrador se movia sem peias») para se transformar no (actual) *modo de ser* comum da actividade dos órgãos públicos, transformação esta efectivamente profunda quando nos damos conta de que as manifestações *clássicas* do poder administrativo reduziram-se em importância e volume «até ficarem simples fornecedores das condições de desenvolvimento da parte constitutiva — num contexto em que podemos agora afirmar que a diferença entre os dois modelos tradicionais (o da Administração de ataque e o da Administração de prestação) *não é* a de que numa há actos de ataque autoritários e no outro não, mas de uma simples diferença de intenções ([749]): a qual permite compreender a referência a uma interdependência entre prestação e ataque (IMBODEN) — é que nos damos conta de que há uma evolução na modernidade jurídico política, perante a qual constatamos que o problema de defesa da liberdade da pessoa não significa apenas a defesa dum *status negativus*, mas, muito mais, a realização dum *status positivus socialis* (MALLMAN): «cada homem está na sua existência dependente de atribuições públicas, que afectam ou concretizam as condições da sua afirmação como pessoa» ([750]). Na

---

([749]) Assim ROGÉRIO SOARES, «Princípio da Legalidade e Administração Constitutiva», *in* Boletim da Faculdade de Direito, Vol. LVII, (Universidade de Coimbra), págs. 181-182, para o qual «dum lado (aparece-nos) uma forma de Administração que utiliza o constrangimento para manter uma disciplina negativa dos serviços ou da vida dos particulares, do outro uma forma de Administração que pretende positivamente influir sobre as condições de desenvolvimento da sociedade e que para tal utiliza processos variados, a que não é alheia a própria imposição autoritária».

([750]) Assim ROGÉRIO SOARES, «Princípio da Legalidade e Administração Constitutiva», *in* Boletim da Faculdade de Direito, Vol. LVII, (Universidade de Coimbra), pág. 182, que refere ainda: «Em face do Administrador, não temos o beneficiário duma esmola, antes o titular duma liberdade positiva, que exige ser realizada. O Estado constitui por isso um sistema de repartição e distribuição, e da maneira como funcione resulta que se afirme ou negue a igualdade essencial entre os cidadãos. E considere-se ainda que isto acontece não só porque as prestações directas, os bens ou serviços atribuídos, alteram as posições reais de cada um, mas também porque a efectivação duma dada política de prestações implica uma especial incidência da carga fiscal, e, assim, uma redistribuição da riqueza. Ora, seguramente as

linha destas considerações vem então a inscrever-se a ideia de que ao parlamento deve ser reservada a palavra para decidir (com a fixação de *linhas de orientação*) os modos porque o Administrador há-de vir a tocar os *interesses* das *pessoas* e dos *grupos* em pontos essenciais da *conformação* da sociedade [751], até porque a ideia de equilíbrio e contrapeso da separação de poderes, exigindo o reconhecimento dum poder administrativo *autónomo* («não pedestremente executivo») implica *também* que *não* se atribua a esse poder a liberdade de, *em matérias essenciais*, conformar a existência dos cidadãos [752].

Um outro domínio a cair sob a alçada da reserva da lei, e que até tempos recentes constituía um feudo da Administração é o das *relações especiais de poder* (relações de subordinação especial), onde contemporâneamente se tem verificado aquele fenómeno típico do direito moderno, «a transição do status para o contrato ou do status

---

determinações orçamentais das aquisições tributárias não constituem por si sós, e na sua globalidade, uma certeza de que as actividades públicas que elas permitem se desenvolvam segundo um padrão de perfeita justiça distributiva».

[751] Assim ROGÉRIO SOARES, «Princípio da Legalidade e Administração Constitutiva», *in* Boletim da Faculdade de Direito, Vol. LVII, (Universidade de Coimbra), págs. 182-183, para quem: «Se é certo, como vimos, que as teorizações clássicas perderam a sua razão de ser, ou que a situação histórica se alterou, nem por isso o valor de representação popular se dissolveu. A suposição de que aí se dispõe duma perspectiva mais distanciada das tensões da acção concreta, e portanto mais serena, e de que o jogo da publicidade fornece um maior controlo ao corpo colectivo parece que serão ainda hoje suficientes para contrabalançar a perda das justificações tradicionais».

Ver GOMES CANOTILHO, Direito Constitucional, 4ª edição, 1986, pág. 302.

[752] Assim ROGÉRIO SOARES, «Princípio da Legalidade e Administração Constitutiva», *in* Boletim da Faculdade de Direito, Vol. LVII, (Universidade de Coimbra), pág. 183. Este autor considera ainda que «o que está em causa não é a aplicação duma fórmula de rigor geométrico: é fundamentalmente uma questão de medida. E uma medida que não se preocupa apenas com a repartição de sectores ou campos de actividade, estabelecendo uma gradação de vinculações legais do género «a segurança social exige uma reserva de lei completa; a educação uma simples enunciação de fins». O que se pede é a apreciação da gravidade de cada uma das ofensas potenciais a valores mais ou menos vivamente sentidos pela comunidade, num certo momento histórico; de tal modo que num sector pouco sensibilizante, como o da energia, podem surgir questões altamente comovedoras da consciência colectiva, do estilo das da energia atómica.

«É esta extensão da reserva de lei que se verifica hoje em várias situações essenciais: a segurança social, as subvenções públicas às empresas, a planificação, etc. Naturalmente, o quadro está em evolução, porque nele se exprimem representações

para a instituição» ([753]). Tem-se a consciência de que o processo de subordinação ao direito das relações especiais de poder *não* se contenta com a criação de preceitos internos que (ainda que atribuindo um maior grau de esperabilidade aos comportamentos) carecem duma *garantia jurisdicional* assente em normas suficientemente legitimadas, como ainda de que o *crescimento da Administração activa* projecta o quadro das relações especiais de poder muito para além do seu terreno tradicional, comprometendo a segurança do cidadão, «vitalmente dependente das prestações do poder público» ([754]).

---

mutáveis de cada comunidade». Em sentido diferente pode ver-se J. M. Sérvulo Correia, *in* Noções de Direito Administrativo, 1982, Lisboa, Vol. I, pág. 241 e ss., o qual considera que o princípio da legalidade nem sequer vigora quanto à actividade administrativa que se traduz em prestações aos particulares, mas apenas quando se trata de restringir autoritariamente os seus direitos ou interesses legítimos. Veja-se ainda Freitas do Amaral, Direito Administrativo, Lisboa, 1984, policop., vol. II, pág. 210 e ss.. Cf. também Esteves de Oliveira, Direito Administrativo, Coimbra, 1980, pág. 294 e ss., o qual entende que, fora do campo das opções técnicas e das operações materiais, a Administração tem de subordinar-se à lei, mesmo que a sua actuação corresponda na prática à outorga de um benefício ou situação de vantagem.

([753]) Ver Rogério Soares, «Princípio da Legalidade e Administração Constitutiva», *in* Boletim da Faculdade de Direito, Vol. LVII, (Universidade de Coimbra), pág. 184, onde pode ainda ler-se: «Essas relações de comando, protecção ou dependência, muito embora tocassem profundamente as posições das pessoas nelas envolvidas, não estavam na sua substância e, enquanto tais, subordinadas a um direito racionalizável, mas apenas numa zona de fronteira e a título de abuso. Faltava ainda a indispensável distanciação e separação entre os sujeitos abrangidos por tal vínculo, e daí resultava ser impossível confrontar as suas situações com padrões normativos definidos, apreciáveis por uma instância externa. Partia-se da ideia difusa de que «a natureza das coisas» justificava a subordinação; exemplos flagrantes disso forneciam-nos as relações de trabalho, especialmente o trabalho doméstico, as relações de família, a situação dos funcionários públicos, dos militares, dos presidiários, dos estudantes, etc. ...

«Se a situação não é privativa do direito público, como acabamos de ver, a verdade é que aí ocupava imensos sectores mais rígidamente defendidos; e que a existência de meios de constrangimento autoritário a tornava ainda mais insuportável. É natural então que, acompanhando o aludido fenómeno geral de jurisdicização interna das relações, também nas relações especiais de poder de carácter público se assista a uma gradual subordinação a preceitos organizatórios, que apesar de se dirigirem à vida interna do serviço e serem como tais funcionalmente preceitos internos, podem tocar os sujeitos envolvidos como pessoas e se transformam em normas jurídicas externas».

([754]) Assim Rogério Soares, «Princípio da Legalidade e Administração Constitutiva», *in* Boletim da Faculdade de Direito, Vol. LVII, (Universidade de

É assim que vemos o processo de jurisdicização começar pelo campo dos *direitos fundamentais tradicionais* (que acabavam no limiar da relação especial de poder), tendo sido decisivo no domínio da *função pública* a identificação de dois tipos de relações: a «relação de serviço» (na qual se projecta o *funcionário* como *pessoa* portadora duma situação *protegida* pelo direito externo) e a «relação orgânica» (na qual o funcionário surge como *órgão* subordinado à disciplina interna). A ideia essencial deste quadro vai permitir separar nas relações especiais *doutro tipo* a posição do subordinado como *sujeito de direito* e como *dependente* (presidiário, hospitalizado, estudante, etc.), a partir do que se alcança uma perspectiva que permite a identificação dum *titular de direitos fundamentais* a garantir a sua defesa([755]).

Quanto ao *poder discricionário*, no qual origináriamente se pretendia ver uma das marcas fundamentais da liberdade da Admi-

---

Coimbra), págs. 184-185, que refere ainda a este propósito: «Noutras épocas, as relações especiais de poder correspondiam a sectores bem delimitados e além disso acidentais na vida das pessoas comuns. Hoje cada cidadão se coloca, por força das circunstâncias, na dependência de figuras públicas de recorte variado (serviços públicos hospitalares ou de ensino, empresas públicas fornecedoras de prestações materiais ou culturais, etc.) e todos estes agentes propendem a esquecer a ética administrativa tradicional, para imolarem à eficiência ou até à rentabilidade financeira. Tal significa que neste sector é imperioso que se eliminem os restos da ideia de subordinação».

([755]) Assim ROGÉRIO SOARES, «Princípio da Legalidade e Administração Constitutiva», *in* Boletim da Faculdade de Direito, Vol. LVII, (Universidade de Coimbra), pág. 185; que afirma ainda: «Compreende-se que as necessidades do serviço imponham uma compressão desse direitos; mas de modo algum eles podem ficar na disposição do administrador que preside à relação. Veja-se, por exemplo, o que se passa com o sigilo da correspondência. Numa relação escolar não se descobre qualquer exigência do serviço que justifique a sua atenuação. Mas já na situação do preso, este direito pode ser comprimido, tendo em atenção as necessiades inadiáveis da relação presidiária. Antigamente, isso deixava-se à discrição do superior; todavia, hoje, reclama-se que seja uma lei a estabelecer as condições e a extensão dessa ofensa ao direito fundamental.

«Um outro sector, em que vamos encontrar uma forte restrição do poder especial é o da educação. E aí, repare-se, para defesa duma ideia de liberdade que não corresponde ao sentido clássico duma zona de protecção meramente negativa: a nova tendência alarga-se para coincidir com a defesa de valores de que a comunidade não quer abrir mão. Temas que caíram tradicionalmente dentro do poder organizatório são hoje sujeitos a uma reserva de lei: veja-se a educação sexual, o numerus clausus, etc.» (*idem*, págs. 185-186).

nistração Pública (de acordo com a concepção, segundo a ideia inicial do princípio da legalidade com um sentido negativo, de que a Administração Pública mantém a liberdade originária que detinha no Estado de polícia, apenas comprimida onde uma lei lhe estabeleça barreiras) ([756]), também aqui se vai afirmar uma nova compreensão da juridicidade da Administração Pública, devendo uma tal concepção ter-se por ultrapassada uma vez que corresponde a uma situação histórico-espiritual entretanto precludida ([757]). Não se pense, porém, que o caminho a trilhar pela nova compreensão da juridicidade da Administração Pública seja fácil — na verdade, um tal caminho não está isento de escolhos. Tenha-se, assim em consideração que, como é referido na doutrina, uma das linhas condutoras das novas doutrinas anima-se com o propósito expresso de realizar o Estado de Direito, através duma *compreensão rígida do princípio de legalidade* ([758]).

([756]) ROGÉRIO SOARES, «Princípio da Legalidade e Administração Constitutiva», *in* Boletim da Faculdade de Direito, Vol. LVII, (Universidade de Coimbra), pág. 86, e ainda: Direito Administrativo I, pág. 35: «Deste modo teríamos uma Administração ligada à lei, funcionando então jurídicamente, e uma sua actividade livre com o sentido de actividade não jurídicamente relevante. Este modo de encarar o problema corresponde na sua rigidez primitiva aos quadros de separação Estado-Sociedade, com o resultado de que a máquina do Estado não deve intrometer-se nos assuntos da sociedade (a não ser nos modos e na medida em que uma lei o consinta, o que equivale a dizer até onde a sociedade o consinta); mas também com a consequência de que para além dessas barreiras — mundo dos interesses do Estado, mundo do não jurídico — a Administração fica livre».

([757]) Ver ROGÉRIO SOARES, Direito Administrativo I, pág. 35 — cf. ainda «Princípio da Legalidade e Administração Constitutiva», *in* Boletim da Faculdade de Direito, Vol. LVII, (Universidade de Coimbra), pág. 186: «Os anos foram a pouco e pouco limitando esse sector, até se chegar à ideia de que a indicação implícita ou explícita do fim da actuação constituía uma vinculação. A teoria do desvio do poder como uma violação de fim parece que tenha resolvido o problema.

«Ora acontece que o desenvolvimento da Administração Constitutiva complicou de tal modo as condições da previsão legislativa, que as normas foram cada vez mais dando guarida a conceitos imprecisos, a cláusulas gerais, que deixam ao agente um especial encargo de preenchimento do seu conteúdo. E aquilo que parecia ser um capítulo pacificado da teoria do direito administrativo voltou, desde a década de 50, a transformar-se num mar de encapeladas discussões.» (cf., ainda deste autor, Direito Administrativo I, pág. 50 e ss., designadamente pág. 57 e ss.).

([758]) Ver ROGÉRIO SOARES, «Princípio da Legalidade e Administração Constitutiva», *in* Boletim da Faculdade de Direito, Vol. LVII, (Universidade de Coimbra), pág. 187, o qual refere ainda: «Todo este movimento se determina pela

Mais uma vez, quando confrontados com estas doutrinas, nos damos conta de que é sempre a mesma convicção de que o ideal («um ideal que se realizará qualquer dia, cada vez mais próximo») é transformar a tarefa de administrar em pura execução mecânica da lei, sujeita à verificação integral pelo juíz (759).

Sucede então que a doutrina se vem dando conta de que a *dimensão jurídica da Administração Pública* não termina nas fronteiras desta legalidade formal, perfilhando-se a ideia duma Administração como um *instrumento* dum Estado de Direito a impôr que a Administração Pública não seja considerada apenas como *objecto*,

---

convicção de que pode afirmar-se tanto mais o Estado de Direito quanto mais o administrador encontrar a sua actuação figurada num preceito jurídico que um tribunal seja capaz de sindicar. Esta ideia justicialista e formalista da legalidade vai desembocar na corrente do *controlo total*, muito difundida na Alemanha, ou conduz, em França, à ideia claramente afirmada de que a discricionaridade é um simples resquício, uma escória de não apreciação, que os tribunais ainda consentem, só pela razão prática de não quererem mergulhar no conhecimento da conveniência material das soluções, em assuntos para que não se sentem especialmente vocacionados. Se, por exemplo, a Administração deve restringir as autorizações de abertura de casas de saúde ao «número suficiente para cobrir as necessidades sanitárias», aí está uma fórmula legal que o tribunal pode apreciar em toda a amplitude, e se o não faz, é só porque deseja remeter-se a uma atitude de prudência. Se o administrador deve escolher o melhor candidato ao preenchimento do lugar, o juíz só não controla porque atribui ao agente uma «prerrogativa de avaliação».

(759) ROGÉRIO SOARES, «Princípio da Legalidade e Administração Constitutiva», *in* Boletim da Faculdade de Direito, Vol. LVII, (Universidade de Coimbra), pág. 187. Refere ainda este autor: «Teríamos assim um legislativo com duas faces, como as de Jano: uma, a sua própria, olhando para o futuro, prevendo; outra, a do juiz, *viva vox legislatoris*, olhando para trás, avaliando os actos cumpridos.

«Contra esta atitude, manifestam-se reacções cada vez mais numerosas, que não podemos deixar de julgar salutares. A concepção simplista de que o legislador cria todo o direito, de que o administrador apenas executa e o juiz controla, está hoje posta em dúvida. Esta visão da separação de poderes, que afinal resultaria num monismo do legislador, encosta-se aos quadros do pensamento iluminista dum direito necessáriamente abstracto. Contra ela, afirma-se, e por diversas vias, a noção de que o direito se torna actual em planos diferentes, dos quais um, especialmente significativo, é o da formulação geral, mas outros, não desprezíveis, são a actuação do administrador, do julgador, ou até dos simples privados.

«Desse modo, e no que agora nos interessa, a Administração, apesar de continuar ligada à lei, e até, como vimos, em imensos sectores mais directamente determinada por ela, não é um poder subalterno».

mas também como *sujeito* da ideia de Direito — e que, nesta *nova* dimensão de sujeito (da ideia de Direito), porque instrumento dum Estado de Direito, se dá conta da sua subordinação a *princípios jurídicos fundamentais*, com o resultado de, não só obter uma ligação da Administração Pública ao Direito mais profunda do que poderia conseguir-se com a *intensificação* da legalidade formal, mas também se produzir um *aumento da garantia para o particular* («tanto mais eficaz quanto mais desprendida de preocupações formalistas se mostrou a jurisdição contenciosa») ([760]).

([760]) Assim ROGÉRIO SOARES, «A propósito dum projecto legislativo: o chamado Código do Processo Administrativo Gracioso», *idem*, págs. 41-42, que refere ainda: «Ninguém quer, pois, negar que a criação de legislação limitadora do Executivo possa ser um meio de contribuir para a realização do Estado de Direito. O que todavia não pode deixar de acentuar-se é que, em primeiro lugar, a realização dum Estado de Direito material não tem apenas a ver com a legalidade da Administração. Em segundo lugar, que o ideal do Estado de Direito não se vai alcançando com soluções quantitativas de aumento dos preceitos que vinculam a Administração (Assim: WOLFF-BACHOF, Werwaltungsrecht, pág. 195.), mas que postula, no que toca ao segundo poder, a criação de garantias de que ele seja um instrumento da realização do bem comum, entendido na perspectiva fundamental da dignidade da pessoa humana.

«O que acaba de dizer-se naturalmente implica o aperfeiçoamento do direito positivo que regula a Administração, e relaciona-se mesmo com o desenvolvimento dele, onde e na justa medida em que isso se torna necessário. O campo de eleição para estes trabalhos legislativos é o direito material, isto é, o que visa a ordenação dos meios que directamente estão postos à disposição do agente para a realização do interesse público; e só em muito pequena medida, o direito formal. Ponto é que com tal desenvolvimento se não comprometa a indispensável liberdade e maleabilidade da Administração, para que ela possa efectivamente ser a forma que o Estado assume na realização concreta dos seus fins. Pois também a Administração está subordinada a um princípio de eficiência (KRUGER). Não se trata da fria eficiência técnica, dirigida a garantir a potenciação dos resultados materiais. Trata-se dum princípio de eficiência, que em face da Administração se designa por *princípio de oportunidade* ou de *optimidade*, ou seja, que a Administração deve dispor dos meios indispensáveis à realização do seu encargo imanente de realizar o bem comum (REUSS) e tem de utilizá-los. Ora justamente a multiplicação do direito legislado, especialmente o direito formal, pode representar um constrangimento ou uma sobrecarga da Administração, a tal ponto que se lhe dificulte ou impeça o justo desempenho da sua tarefa (WEBER). E então isso, que satisfaria as pretensões dum legalismo formal, compromete, sem dúvida, a realização dum Estado de Direito material.»

É nosso entendimento que o resultado de *dificultar* ou *impedir* o correcto desempenho das suas tarefas pela Administração Pública, em resultado de se pre-

Desde logo, esta ideia da Administração Pública como poder autónomo fundamenta o entendimento de que a ela cabe uma função

---

tender satisfazer um legalismo meramente formal, *nunca* é politicamente "inocente" — assim, por exemplo, compreende-se que determinados sectores que aspiram a uma revolução social, enquanto ela não chega procurem fomentar o descontentamento com a sociedade e o Estado existentes, procurando criar as condições *objectivas* e *subjectivas* que propiciam o ambiente político-social conducente a uma tal revolução social. Assim, é nosso entendimento que os novos modelos de Administração Pública ditos neo-marxistas (p. ex., na linha de inspiração Gramsciana), quando reivindicam a autonomia da Administração Pública o fazem com um *sentido* e uma *intencionalidade radicalmente* diferentes das nossas. É que, para os neo-marxistas, esta autonomia da Administração Pública em face do Estado é a via, segundo o nosso entendimento, para transportar para o seio da *sociedade política* as contradições existentes na formação social capitalista (tenha-se presente, a este respeito, a afirmação de VITAL MOREIRA quando, a propósito da discussão em torno da "constituição económica" no ordenamento jurídico-constitucional positivo, afirma: «um dos resultados da admissão da constituição económica é precisamente esse: introduzir no próprio campo teórico da Constituição as contradições da formação social» (Economia e Constituição, Coimbra, 1984, pág. 182) ou aquela outra de GOMES CANOTILHO quanto a «um processo dialéctico em que o problema da constituição social é um problema de *transformação da realidade* a realizar pelos homens» (Constituição Dirigente e Vinculação do Legislador, Coimbra Editora, pág. 60 e 70)). Em suma: autonomizar a Administração Pública em face do Estado é, numa lógica revolucionária neo-marxista, *transportar* para o seio da sociedade política as contradições sociais, de molde a criar dificuldades e bloqueios no seio da acção estadual, a contribuirem para a "desagregação" (ou, no mínimo, paralisia virtual, como resultado de uma progressiva *ineficiência*, falta de coerência global e de articulação no funcionamento interno da sociedade política) do Estado e, ainda, a contribuir para um progressivo acréscimo do *descontentamento social* em face do aparelho de Estado (descontentamento social resultante da *ineficiência* da Administração Pública, induzindo o sentimento da existência de uma "Sociedade bloqueada" ...).

É assim clara a diferença entre o objectivo final dos revolucionários neo-marxistas (pela revolução social substituir o actual Estado por um *novo tipo de Estado*, mais afeiçoado aos ideais revolucionários de transformação profunda da realidade social...) e a posição que nós adoptámos e subscrevemos, que é a de procurar viabilizar a realização da ideia de Estado de Direito *material* (nos quadros da democracia política e do capitalismo). Não é, de resto, ocasional este tipo de estratégia revolucionária. Assim, por exemplo, num outro contexto (o da reflexão sobre a cultura de massas) UMBERTO ECO, *in* Apocalípticos e Integrados (trad. port.), a pág. 71 afirma: «Antes de mais não estamos a calcular que, se reformismo significa acreditar na eficácia das modificações parciais, excluindo as alternativas radicais e violentas, nunca nenhuma atitude revolucionária excluiu aquelas séries de intervenções parciais que visem criar as condições para alternativas radicais e que sejam conduzidas ao

de *preenchimento* de *lacunas intra-legais*: a Administração fica, como em qualquer outro caso, obrigada a resolver uma *questão de sentido* da norma (no que está colocada a par do juiz, que também pode *repensar* o problema) — mas, *depois* disso, terá de decidir uma *questão de alcance* (para além da competência do controlo); no primeiro momento descobre o *fim* da norma (que está, implícita ou explícitamente, proposto mas é *sempre* um dado *heterónomo* ao agente) — no segundo momento extrai (com uma *autonomia* que é *querida* pelo legislador) o *conteúdo* do seu *acto* (*preenchendo* o comando legal, na consideração das circunstâncias *únicas* daquela *situação* da vida). «Não se lhe pede um trabalho de *subsunção*, uma tarefa declarativa de coincidência com um esquema dado; exige-se-lhe uma tensão criadora do direito do caso concreto». Deste modo, não nos vamos encontrar perante uma aplicação, segundo modelos silogísticos, de um *conteúdo* pensado pelo legislador (que o juiz deve refazer e reapreciar) — do que se trata é da solução duma questão de intuir o direito da situação concreta (realizando uma função de pensamento volitivo). O que, como refere ROGÉRIO SOARES, não equivale a remeter o agente para uma solução *qualquer* (que tenha de aceitar-se como boa), mas para a *única solução possível*, «desde que ele considere os imperativos da *imparcialidade* e da *justiça* e produza a solução em ordem a satisfazer o interesse público»; daqui vindo a resultar que, se o tribunal não pode reapreciar o acto da Administração para lhe substituir outro, todavia tem o *dever* de verificar se a solução encontrada obedeceu às *exigências externas* postas pela ordem jurídica.

Assim, tal pode conduzir a que o juiz tenha de pronunciar-se pela *ilegalidade* do preenchimento da lacuna, porque, qualquer que seja a solução em si mesma, ela se conseguiu por uma via que por suposição imperativa haveria de desembocar em resultados ilegíti-

---

longo da linha directiva de uma hipótese mais ampla». Uma ideia recorrente nesta obra de UMBERTO ECO é a que tem a ver com a consideração de que «a situação conhecida como "cultura de massas" verifica-se no momento histórico em que as massas se tornam protagonistas da vida associada e passam a ser co-responsáveis pela coisa pública.» (pág. 42; confrontem-se ainda as págs. 45, 62 e ss., pág. 67 e ss., pág. 368 e ss., pág. 370 e ss., pág. 401 e ss.). Noutra obra de UMBERTO ECO (O Super Homem das Massas, trad. port.: DIFEL, 1990) situada no mesmo âmbito de reflexão político--cultural, é ainda mais explicíta a crítica da ideologia do «reformismo» veiculada por certos fenómenos da cultura de massas.

mos; deste modo, se a solução encontrada ofende o *princípio da igualdade*, ou é *ilógica* ou *contraditória*, ou de modo directo se propõe um fim *diferente* do *fim legal* não pode pensar-se que corresponde ao pensamento legislativo ao conceder a discricionaridade([761]). Como refere ROGÉRIO SOARES: «Só esta atitude perante a Administração nos parece que lhe pode garantir o minímo de condições indispensáveis à realização da sua missão no mundo moderno. Só ela pode corresponder à intenção de fazer desse poder um instrumento actuante na conformação diária da comunidade. Pelo contrário, a pretensão de a transformar no parente pobre dos três poderes tradicionais, com o legislativo determinado não apenas o *sentido*, mas também o *modo* da sua actuação, e um judicial ,monopolizando o entendimento do legislado, conduziria à paralização dos agentes administrativos e à sua substituição por um juiz-administrador de carácter negativo.»

«Pensar-se-á talvez que a recusa da subordinação total do administrador aos aliados legislador-juiz afinal abre a porta a um arbítrio da Administração, permite o regresso às formas que o Estado de direito pretendeu banir. Mas não é isso que se deseja, antes de pelo contrário. Acredita-se que o poder público administrativo é um meio de realização da ideia material de direito e quer dar-se-lhe possibilidade de o conseguir. Não se entende remetê-lo somente para o plano da pura conveniência e oportunidade, como não se aceita também que seja o juiz a entrar aí. Isto é, não se quer libertar o agente para decidir nesse plano, que tem exigências exclusivamente práticas, como também não se toleraria que o juiz o fosse fazer, sob a capa de estar a servir o direito (e além do mais, com uma dificuldade institucional para se mover nesse terreno).»

«O que se quer significar é que a identificação entre Estado de direito e legalidade formal reside um equívoco: o de absolutizar uma situação que tinha as suas exigências historicamente limitadas. A tensão entre Estado e sociedade, característica do séc. XIX, já não corresponde à fórmula política da nossa época.»

«O Estado administrador em que vivemos exige uma relação com o direito muito mais profunda do que a que se exprime no res-

---

([761]) Assim: ROGÉRIO SOARES, «Princípio da Legalidade e Administração Constitutiva», *in* Boletim da Faculdade de Direito, Vol. LVII, (Universidade de Coimbra), pág. 188 e Direito Administrativo I, págs. 73-74.

peito por um sistema normativo cuja validade depende apenas da consagração positiva. O que se pede é que todo o actuar do Estado tenda a ser um meio de realização do direito. E então, como no começo, a ideia de Estado de direito volta a ser uma ideia de Estado de direito material. Só que, agora, libertada da sua fundamentação racionalista.»

«Daqui resulta ter de reconhecer-se que a actividade da Administração é uma parte integradora dum sistema mais subtil que o da construção geométrica "criar direito — verificar direito". Por isso, a Administração está, ainda mesmo onde parece que lhe é reconhecida uma liberdade, subordinada ao direito. E tal subordinação não constitui um voto pio, uma seráfica intenção. Há-de continuar a confiar-se no juiz para averiguar do modo como o agente cumpriu o seu dever. Mas isto não significa, como muitos entendem, que ao juiz compete "interpretar" o conteúdo das fórmulas atribuidoras da liberdade, sobrepondo-se ao órgão administrativo, mas outra coisa bem diferente, e que, cremos, implica uma mais ampla garantia contra o arbítrio. Essa é: que o administrador está obrigado a respeitar princípios fundamentais materiais (princípio da justiça, princípio da imparcialidade, princípio da proporcionalidade): e a obediência que lhes preste é objecto do controlo do juiz. Quer dizer: não se aceita a dissolução da discricionaridade para permitir um controlo substancial da conveniência dos actos, que de resto a prudência do julgador ao tribunal que agora vá assumir; mas, em vez disso, impõe-se ao tribunal que agora vá controlar o administrador num terreno onde já se sente à vontade».

«Por esta maneira, se pode insuflar um sopro novo numa figura a que o direito administrativo tanto deve, o desvio do poder, e que as tentativas do "controlo total", à alemã, ou do "controlo dos motivos", à francesa, condenam a tornar-se uma simples peça de museu» ([762]).

([762]) ROGÉRIO SOARES, «Princípio da Legalidade e Administração Constitutiva», *in* Boletim da Faculdade de Direito, Vol. LVII, (Universidade de Coimbra), págs. 188-190.

3. Liberdade, Democracia, Socialidade: o Estado de Direito perante alguns problemas e desafios

> *"Vi numerosos aspectos da realidade que ignorava que existissem. Emergi dessas experiências com uma perspectiva diferente. Talvez haja necessidade de uma sacudidela dessas para derrubar as muralhas da rotina."*
>
> PHILIP K. DICK, Universos Paralelos.

Para quem se dê conta de que «o relógio do comunismo já soou todas as suas baladas» (SOLJENITSYNE) (763) a questão do *como reordenar a nossa existência colectiva* na era do pós-comunismo passa pela compreensão que haja de ter-se quanto à relação entre a liberdade pessoal e a organização social num Estado de Direito que não se reduza a uma dimensão formal nem se projecte como Estado dirigista da vida económica e social, uma vez aceite o entendimento de que o triunfo da democracia liberal só não veio a significar o "fim da história e a emergência do último homem" (FRANCIS FUKUYAMA) (764) porque um tal triunfo não correspondeu (ao contrário da ilusão provocada por certas "aparências") à emergência de um modelo unidimensional quanto ao funcionamento de uma democracia liberal (organizada), antes estamos colocados perante a necessidade de usarmos a nossa liberdade para escolher entre dois modelos de capitalismo (MICHEL ALBERT) (765).

É certo que, após setenta anos de lutas ideológicas, a Europa (do Atlântico aos Urais?) parece estar preparada para partilhar *algumas convicções fundamentais*, sendo a primeira dessas convicções a que se refere à *democracia* e ao *respeito pelos direitos do Homem* ("Morta e enterrada, a dupla oposição que os comunistas propunham, entre a democracia «popular» e a democracia «burguesa», entre os direitos «reais» que o socialismo concedia ao proletariado libertado e os direitos «formais» que o Ocidente proclamava, mas de que apenas beneficiavam os exploradores"). A segunda dessas convicções afirma o

---

(763) ALEXANDRE SOLJENITSYNE, *in* Como Reordenar a Nossa Rússia? (trad. port.), Livros do Brasil, Lisboa, 1991.

(764) FRANCIS FUKUYAMA, O Fim da História e o Último Homem (trad. port.).

(765) MICHEL ALBERT, Capitalismo Contra Capitalismo.

papel indispensável da *empresa privada* e do *mercado concorrencial*, posta de lado a crença numa planificação central autoritária determinando os objectivos de produção a partir das necessidades sociais ("catecismo durante muito tempo professado pelos comunistas e por uma fracção da esquerda socialista") ([766]). Mas, como soí dizer-se, "daqui para a frente só há dragões": é que *não* pode dar-se como assente a convicção de que "o reino do mercado não elimina a necessidade de um *Estado-protector*" ([767]) pois do que nos damos conta é do refluxo do intervencionismo estatal e do "regresso em força" da sociedade civil. Deste modo o desmoronamento do comunismo põe em evidência a oposição entre dois modelos de capitalismo: o modelo neo-americano e o modelo renano (MICHEL ALBERT); aquele fundamentando-se no *êxito individual* e no *lucro financeiro a curto prazo*, este valorizando o *êxito colectivo*, o *consenso*, a *preocupação do longo prazo* ([768]). Embora esteja praticamente adquirido um consenso em torno da ideia de que se deve cometer ao Governo a *protecção dos*

([766]) Cf. JACQUES LESOURNE, BERNARD LECOMTE, O Pós-Comunismo (trad. port.), Bertrand Editora, Venda Nova, 1991, pág. 294. Referem MILTON e ROSE FIEDMAN, *in* Liberdade para Escolher, que os apologistas intelectuais do planeamento económico centralizado cantaram louvores à China de Mao até que os seus sucessores lhe trombetearam o atraso e a regressão e deploraram a inexistência de progresso durante os últimos vinte e cinco anos (pág. 91).

([767]) Assim, JACQUES LESOURNE e BERNARD LECOMTE, obra citada, *idem*. Atente-se na observação feita por MILTON e ROSE FRIEDMAN, *in* Liberdade para Escolher, pág. 68: («A nossa Sociedade é o que nós fizermos dela. Podemos modelar as nossas instituições. Características físicas e humanas limitam as alternativas à nossa disposição. Mas ninguém nos impede, se quisermos, de construir uma sociedade que assente essencialmente na cooperação voluntária, para organizar tanto a actividade económica como outra qualquer, uma sociedade que preserve e expanda a liberdade humana, que mantenha o Governo no seu lugar, fazendo dele o nosso servo e não o deixando tornar-se nosso dono.») e ainda na afirmação contida na pág. 88: «Onde quer que encontremos um extenso elemento de liberdade individual, qualquer medida de progresso no sentido de proporcionar o conforto material à disposição do cidadão comum e uma esperança generalizada de maior progresso no futuro, aí descobriremos também que a actividade económica está organizada, sobretudo, através do mercado livre. Onde quer que o Estado empreenda o controlo, em pormenor, das actividades económicas dos seus cidadãos, ou seja, onde quer que reine o pormenorizado planeamento económico, aí os cidadãos comuns estão sob grilhões políticos, têm um baixo nível de vida e têm pouco poder de controlo sobre o seu próprio destino.».

([768]) MICHEL ALBERT, obra citada, pág. 25 e ss..

indivíduos na sociedade contra a coerção (quer venha de fora quer dos seus concidadãos), uma *exacta administração da justiça*, o dever de *erigir e manter certas obras públicas e certas instituições públicas* ("o que nunca pode ser do interesse de qualquer indivíduo, ou pequeno número de indivíduos, erigir e manter" – ADAM SMITH) e o dever de proteger os membros da comunidade que não possam ser considerados indivíduos «responsáveis» (769); e que, por outro lado, os diferentes modelos de capitalismo se fundam (fundamentam) numa mesma matriz liberal, pois em nenhum deles se olvida a necessidade de preservar, manter e garanir o *pluralismo das iniciativas económicas*.

É, de resto, a partir da consideração de que nos últimos anos terá ocorrido por todo o mundo um consenso notável quanto à legitimidade da democracia liberal como sistema de governo, na medida em que esta vem triunfando sobre ideologias rivais de pendor totalitário, que surge um autor como FRANCIS FUKUYAMA a defender que a democracia liberal poderá constituir o "ponto terminal da evolução ideológica da humanidade" e a "forma final de governo humano", e, como tal, constituir "o fim da história" (770).

---

(769) Ver MILTON e ROSE FRIEDMAN, *in* Liberdade para Escolhar, pág. 59 e ss., pág. 63 e ss..

(770) FRANCIS FUKUYAMA, «The End of History", *in* The National Interest, 1989, págs. 3-18 — pode ver-se uma tradução portuguesa deste artigo *in* "Diário de Lisboa" (edições de 26 a 29/12/89); a indagação fundamental que percorre este artigo é retomada mais recentemente na obra de FRANCIS FUKUYAMA, O Fim da História e o Último Homem, Gradiva, 1992, em cuja introdução (pág. 13) este autor explicita o sentido daquele artigo, designadamente quanto ao que entende por "fim da história". «Isto é, enquanto anteriores formas de governo eram caracterizadas por graves imperfeições e irracionalidades, que conduziam ao seu eventual colapso, a democracia liberal estava comprovadamente livre dessas contradições internas fundamentais. Não significava isso que as estáveis democracias de hoje, como a dos Estados Unidos da América, da França ou da Suíça, estivessem livres de injustiças ou graves problemas sociais. Mas estes problemas eram mais o produto de uma incompleta aplicação dos princípios gémeos da liberdade e da igualdade, em que a democracia moderna se fundamenta, do que defeitos intrínsecos dos próprios princípios. Embora alguns países da actualidade possam não ter atingido uma democracia liberal estável e outras possam regredir para formas de governo mais primitivas, como a teocracia ou a ditadura militar, o ideal da democracia liberal não podia ser aperfeiçoado.»

Em face das muitas críticas que o seu artigo suscitou, FRANCIS FUKUYAMA delineou uma primeira tentativa para responder-lhes em «Reply to My Critics», *in* The National Interest, Vol. 18, 1989/1990, págs. 21-28.

Explicitando o seu uso da palavra "história", FRANCIS FUKUYAMA afirma que o fim a que se refere não tem a ver com a ocorrência de acontecimentos, mesmo de acontecimentos maiores e mais momentosos, mas com a "*história compreendida como um processo singular, coerente e evolutivo, tendo em conta a experiência de todos os povos em todos os tempos*" (compreensão esta intimamente associada com G. W. F. HEGEL)(771), referindo FRANCIS FUKUYAMA que tanto HEGEL como MARX acreditavam que a evolução das sociedades humanas não era ilimitada, mas que terminaria quando a humanidade conseguisse atingir uma forma de sociedade que satisfizesse as suas mais profundas e fundamentais aspirações(772) e afirmando que os mais recentes desenvolvimentos, em evidente contraponto com a terrível história da primeira metade do século, quando cresciam os governos totalitários (de direita e de esquerda) sugerem a necessidade de relançar a questão de saber se existe alguma ligação mais profunda que lhes esteja subjacente, ou se eles serão apenas instâncias acidentais de uma boa sorte(773), o que o leva à abordagem da questão do

---

(771) FRANCIS FUKUYAMA, O Fim da História e O Último Homem, introdução (pág. 14): «Ela tornou-se parte da nossa atmosfera intelectual quotidiana com KARL MARX, que tomou de empréstimo este conceito de história a Hegel, e está implícita na utilização que fazemos de palavras como "primitivo" ou "avançado", "tradicional" ou "moderno" quando nos referimos a diferentes tipos de sociedades humanas. Para os dois pensadores houve um desenvolvimento coerente das sociedades humanas, desde as sociedades tribais simples, baseadas na escravatura e na agricultura de subsistência, passando pelas várias teocracias, monarquias e aristocracias feudais, até à moderna democracia liberal e ao capitalismo dirigido tecnológicamente. Este processo evolutivo não foi aleatório nem ininteligível, mesmo que não se tenha desenvolvido numa linha recta e que seja possível questionar se o homem como resultado do "progresso" histórico seria mais feliz ou melhor».

(772) FRANCIS FUKUYAMA, *ibidem*: «Os dois pensadores postulavam, pois, um "fim da história", para Hegel era o estado liberal, enquanto para Marx era uma Sociedade comunista. Isto não significava que o ciclo natural do nascimento, vida e morte acabasse, que deixassem de ocorrer acontecimentos importantes ou que os jornais que os noticiam deixassem de ser publicados. Significava, outrossim, que não haveria mais progresso no desenvolvimento dos princípios e instituições fundamentais, porque todas as questões verdadeiramente importantes tinham sido resolvidas.»

(773) FRANCIS FUKUYAMA, *ibidem* (pág. 16) que afirma ainda: «Ao colocar, uma vez mais, a questão de saber se existe uma história universal da humanidade, retomo um debate que teve o seu início no princípio do século XIX, mas que foi mais ou menos

reconhecimento ("thymos") como o problema central da política — sendo que durante a maior parte deste século os totalitarismos nos mantiveram demasiado ocupados para discutir a questão do "último homem" mas que o apagamento dos totalitarismos ("à medida que se avizinha o final do século") convida-nos a levantar uma vez mais este velho problema(774).

---

abandonado no nosso tempo devido à enormidade de acontecimentos vividos pela humanidade desde então.»

(774) FRANCIS FUKUYAMA, *ibidem*, págs. 22-24, que explicita deste modo os tópicos da sua reflexão: «No decurso do debate original sobre o artigo do "National Interest", muita gente assumiu que a possibilidade do fim da história girava em torno da questão de haver ou não alternativas viáveis à democracia liberal no mundo de hoje. Gerou-se uma grande controvérsia em torno de questões como a de saber se o comunismo estava verdadeiramente morto, se a religião e o ultranacionalismo poderiam regressar, e por aí adiante. Mas a questão mais séria e profunda diz respeito à bondade da própria democracia liberal, e não apenas à possibilidade de esta poder vencer os seus actuais adversários. Partindo do princípio de que a democracia liberal está, de momento, protegida contra inimigos extremos, será lícito presumir que as sociedades democráticas bem sucedidas poderão assim permanecer indefinidamente? Ou estará a democracia liberal à mercê de graves contradições internas, contradições tão sérias que eventualmente a corroam como sistema político? É indubitável que as democracias contemporâneas enfrentam uma série de graves problemas, da droga à falta de habitação, do crime aos danos ambientais e à frivolidade do consumismo. Mas, à luz dos princípios liberais, estes problemas não são obviamente insolúveis, nem tão graves que conduzam, necessariamente, ao colapso da sociedade como um todo, tal como sucedeu com o comunismo nos anos 80.

No século XX, Alexandre Kojève, o grande intérprete de Hegel, defendeu intransigentemente que a história tinha acabado, uma vez que aquilo a que ele chamava "o estado universal e homogéneo" — o que podemos entender por democracia liberal — solucionara definitivamente a questão do reconhecimento ao substituir a relação de domínio e escravidão pelo reconhecimento universal e paritário. Aquilo a que o homem, no decurso da história, aspirava — o que motivara os anteriores "estádios da história" — era o reconhecimento. Acabou por encontrá-lo, finalmente, no mundo moderno e ficou "completamente satisfeito". Esta asserção foi feita seriamente por Kojève e merece que também nós a encaremos com seriedade. Porque é possível entender o problema da política, ao longo dos milénios da história humana, como o esforço para resolver o problema do reconhecimento. O reconhecimento é o problema central da política, porque é a origem da tirania, do imperalismo e do desejo de domínio. Todavia, tendo embora o seu lado sombrio, ele não pode ser simplesmente abolido da vida política, porque constitui simultaneamente a base psicológica de virtudes políticas como a coragem, o ardor público e a justiça. Todas as comunidades políticas devem utilizar o desejo de reconhecimento, protegendo-se, ao

Em resumo, a (sedutora) tese deste autor é a de nos depararmos com o culminar de um processo: o da aquisição progressiva da liber-

---

mesmo tempo, dos seus efeitos destruidores. Caso os governos constitucionais contemporâneos tenham, de facto, descoberto uma fórmula segundo a qual possa existir reconhecimento universal sem a emergência da tirania, podem então reivindicar o direito à estabilidade e à longevidade entre os regimes que apareceram à face da Terra.

Mas será o reconhecimento acessível aos cidadãos das democracias contemporâneas "totalmente satisfatório"? O futuro a longo prazo da democracia liberal e as alternativas que possam uma dia surgir dependem, sobretudo, da resposta a esta questão. Na parte V [do livro] esboçamos duas respostas genéricas, provenientes da esquerda e da direita, respectivamente. A esquerda diria que o reconhecimento universal da democracia liberal é necessariamente incompleto, porquanto o capitalismo gera a desigualdade económica e exige uma divisão de trabalho que implica, ipso facto, um reconhecimento desigual. Nesta perspectiva, o nível de prosperidade absoluta de uma nação não é solução, pois continuarão a existir os relativamente pobres, que, por isso, são invisíveis como seres humanos para os seus concidadãos. Por outras palavras, a democracia liberal continua a reconhecer desigualmente indivíduos iguais.

A segunda crítica, e a mais poderosa, do meu ponto de vista, vem de uma direita profundamente preocupada com os efeitos niveladores do contributo da Revolução Francesa para a igualdade entre os homens. Esta direita encontrou o seu mais brilhante porta-voz no filósofo Friedrich Nietzsche, cujos pontos de vista foram em alguns aspectos antecipados pelo grande observador das sociedades democráticas Alexis de Tocqueville. Nietzche acreditava que a democracia moderna não representa o autodomíno dos antigos escravos, mas sim a vitória incondicional do escravo e de um tipo de moralidade próprio da escravidão. O cidadão típico de uma democracia liberal era um "último homem" que, instruído pelos fundadores do liberalismo moderno, trocou a crença orgulhosa na superioridade do seu próprio valor por uma autopreservação comodista. A democracia liberal produziu "homens sem coluna vertebral", compostos de desejo e razão, mas sem "thymos", suficientemente espertos para encontrarem novos processos de satisfazerem uma série de aspirações comezinhas, através da avaliação dos seus próprios interesses a longo prazo. O último homem não desejava ser reconhecido como superior aos outros e, sem esse desejo, nenhuma excelência ou realização era possível. Contente com a sua felicidade e incapaz de sentir qualquer espécie de vergonha por não conseguir elevar-se a aspirações além das imediatas, o último homem deixou de ser humano.

Seguindo a linha de raciocínio de Nietzsche somos forçados a fazer as seguintes perguntas: o homem que se satisfaz simplesmente com o reconhecimento universal e igualitário não será algo menos que um ser humano completo, na realidade, um objecto de desprezo, um "último homem" sem empenho nem aspiração? Não existirá uma faceta da personalidade humana que deliberadamente procura a luta, o perigo, o risco e a ousadia? Não continuará essa faceta por realizar na "paz e prosperidade" da democracia liberal contemporânea? A satisfação de certos seres

dade do homem (que se incarna na democracia liberal) e que, pela primeira vez, dispensa o trabalho da *negatividade*, isto é, a acção reivindicativa e contestatária do homem; assistimos assim, por parte de FUKUYAMA, à transposição para este final de século daquela reflexão de ALEKSANDR KOJEVCHNIKOFF (conhecido como A. KOJEVE): «observando o que se passava à minha volta e reflectindo no que já ocorreu no mundo desde a batalha de Iena, percebi que Hegel tinha razão ao ver nesta batalha o fim da história própriamente dita. Por e com esta batalha, a vanguarda da humanidade atingiu o seu limite e objectivo, isto é, o fim da evolução histórica do homem» ([775]) pelo que

---

humanos não dependerá de um reconhecimento que é inerentemente desigual? Na realidade, não constitui o desejo de reconhecimento desigual a base de uma vida aceitável, não apenas nas antigas sociedades aristocráticas, mas também nas democracias liberais modernas? E a sua sobrevivência futura não dependerá, de certa forma, de os seus cidadãos procurarem ser reconhecidos, não como iguais, mas como superiores? E o receio de se tornarem desprezíveis "últimos homens" não levará os homens a reafirmarem-se de maneiras novas e imprevisíveis, mesmo ao ponto de se transformarem, uma vez mais, em "primeiros homens" brutais, envolvidos em sangrentas batalhas pelo prestígio, desta feita com armas modernas?».

([775]) Citado por FRANCIS FUKUYAMA, *idem*, pág. 83. Afirma EDUARDO PRADO COELHO, «Os Combates Pela Europa», *in* Jornal "Público" (Suplemento "Leituras"), pág. 12, edição de 11.09.92: «Os intelectuais, sobretudo à Esquerda, reagiram pavlovianamente com uma tola sobranceria, como se o facto de estar ligado à administração americana e defender a democracia liberal o desqualificasse. Outros, mais ladinos, acharam que a questão se resolvia dizendo que se tratava de uma leitura precipitada e equivocada de Hegel. Três anos depois, Fukuyama regressa com um livro espesso, denso, por vezes extremamente entediante na sua prosa pedestre, mas que tem todas as virtudes do trabalho intelectual sério, esforçado e competente. Mais: trata-se mesmo de uma obra que, no plano do ensaísmo político, se coloca a um nível de problemática e subtileza que são raras. E isto convém reconhecer-se mesmo que se discorde radicalmente da sua tese.»

«Liquidar a questão dizendo que se tratava de leitura equivocada de Hegel, como se o que estivesse em causa fosse fidelidade segundo critérios da história da filosofia, era obviamente cretino. Porque o que Fukuyama faz, explícita e inesperadamente, é um equívoco deliberado, lendo Hegel através das desfigurações provocatórias de Alexandre Kojève, esse estranho e fascinante filósofo que oscilou entre Estaline e a construção da Europa.»

«Como esclarece agora Fukuyama, falar no "fim da História" implica a definição rigorosa do conceito de História. O conceito em causa é um conceito de História orientado e direccionado, em que a negatividade tem um papel fundamental. A negatividade, isto é, a capacidade de negar o que existe em nome da ideia do que ainda

não há mais controvérsias sobre os principais princípios da organização da vida política dos homens (os princípios democráticos vigoram sem *alternativa*: estamos na situação inédita de autêntica planetarização dos princípios e modelos de organização política), até porque a democracia liberal, através da igualdade dos direitos individuais, procede a um reconhecimento mínimo de todos os cidadãos. E, no entanto, FRANCIS FUKUYAMA acredita na força de atracção e de renovação da democracia liberal para resistir ao "fim da história" e para sobreviver ao "último homem" (NIETZSCHE) ([776]).

---

não existe. Se considerarmos que a História é isto, ou, por outras palavras, o trabalho da negatividade, então o que se passa no reino dos animais não merece o nome de História. Isto é, que o meu gato caia da varanda ou se apaixone pela gata da vizinha não chega para fazer História.»

«O que Fukuyama quis dizer é simples: ele pensa que, aparentemente, chegámos a um momento da História em que a negatividade não tem nem função nem protagonistas que a corporizem. Neste seu livro, ele aceita que determinadas contradições internas do mundo em que vivemos, como o desejo de reconhecimento (que ele vai buscar ao thymos platónico) e até o tédio do último homem, podem vir a desencadear novos processos históricos. O que torna as coisas obviamente muito mais complexas.»

«Tenhamos a coragem de reconhecer que a problemática de Fukuyama é, nas suas linhas gerais, a problemática da extrema-esquerda contemporânea. Uns podem pensar que a Esquerda se esvaziou porque grande parte dos pontos fundamentais do seu programa foram sendo absorvidos pelo próprio "inimigo" — é a tese, em Itália, de um Massimo Cacciari. Outros pensam que a ideia de Revolução deve ser reconvertida na ideia de Resistência (e seria a resistência do "homem qualquer" em relação aos mecanismos do Estado) — como pretende Agamben. Mas todos aceitam que alguma coisa mudou. É dessa mudança que Fukuyama nos fala».

([776]) FRANCIS FUKUYAMA, *idem*, pág. 325, comparando a evolução da humanidade com a viagem de uma longa caravana de carruagens e ao observá-la no seu ponto de chegada, refere que «a visão que nos é possível sobre a direcção e percursos da maioria das carruagens continua provisóriamente inconclusiva. Em última análise, e caso a maioria das carruagens chegue, eventualmente ao seu destino, também não sabemos se os seus ocupantes, ao olharem em redor, não julgarão inadequadas as novas circunstâncias e resolverão dar início a uma nova e mais distante viagem». Fukuyama, a propósito do tema das pré-condições económicas e sociais para a democracia, considera que: «Há duas coisas a dizer quanto às exigências culturais e económicas da democracia. Primeiro, o factor decisivo que permite prever uma transição de sucesso para a democracia relaciona-se com o duplo papel do desenvolvimento social e económico, que traz consigo factores como o grau de organização, de educação, de rendimento «per capita». Se olharmos para os processos de democratização em Portugal e em Espanha, vemos que os aspectos económicos foram

A nossa compreensão diverge da sugestiva tese de FRANCIS FUKUYAMA, na medida em que (mesmo abstraindo da discussão em

---

essenciais. Há depois outro tipo de factores culturais. Por exemplo, nos países católicos levantam-se certas dificuldades, pois para apoiar a democracia é necessária liberdade de pensamento, e as relações entre a Igreja e o Estado constituem geralmente um obstáculo.»

«Todos estes factores são prementes em África dado o atraso económico. Todas aquelas forças de organização social que intervieram no Leste, na América Latina e noutras partes do mundo pura e simplesmente não existem em África onde, em muitas regiões, as identidades tribais são ainda mais fortes do que as classes sociais. Tudo isto são obstáculos de monta a uma democratização bem sucedida, embora seja difícil não simpatizar com os esforços de democratização em África, já que o socialismo ali foi um desastre.»

«Tenho-me familiarizado com estes argumentos culturais, diria pré-condições sociais, que um país precisa de ter para chegar à democracia. Mas há países que não precisaram de satisfazer essas condições, como a India ou a Costa Rica, que mantiveram uma tradição democrática ininterrupta durante muitos anos. Por mim estou em crer que estes argumentos culturais são importantes, mas que devemos ser cuidadosos no sentido de não os considerarmos absolutos.» (entrevista publicada no "Expresso-Revista", em 14.12.91, pág. 42-R). Quanto ao papel da ideologia, afirma FRANCIS FUKUYAMA: «Se olharmos à nossa volta, vemos claramente que a ideologia actua como que de uma forma autónoma, ainda que marcada e terrivelmente concomitante com os factores económicos e sociais subjacentes. Por exemplo, na União Soviética o comunismo está a desaparecer sem deixar rasto. Foi como que uma doença que afectou aquele povo durante setenta anos, mas não deixou uma classe social, não existe um poder económico que suporte o comunismo. Foi simplesmente uma ideia que vingou na mente de pessoas que conseguiram impô-la à sociedade. Outro exemplo marcante é a Argentina, que lançou fora um progresso económico impulsionado pela ideologia. Não haveria nenhuma razão para a Argentina não se desenvolver da mesma forma que o Canadá ou a Austrália, excepto o facto de ter respondido à depressão com um proteccionismo que denominou «nacionalismo económico». O peronismo fechou o país durante quarenta anos e, se olharmos para os factores sociais subjacentes, não encontramos nenhuma razão para o peronismo ter existido na Argentina. Foi algo que aconteceu ao nível das ideias e teve consequências terrivelmente destrutivas. Penso que as pessoas se perguntam agora porque razão acreditaram em ideias tão ridículas.» (*ibidem*). E ainda, quanto à possibilidade de reaparecimento de alguma ideologia simultâneamente revolucionária e igualitária, que ponha em causa os valores da democracia liberal: «Em países muito pobres, que não consigam proceder a uma transição bem sucedida para o desenvolvimento económico e político, penso que os velhos modelos ideológicos podem regressar. Mas penso que o mundo desenvolvido seguirá um caminho totalmente diferente. Por exemplo, na Alemanha ou nos Estados Unidos, os velhos confrontos sociais estão completamente mortos, já ninguém se preocupa com os trabalhadores. O impulso igualitário será

torno da *inteligibilidade* dos comportamentos humanos e sociais e da conexa discussão sobre a existência ou não de um processo histórico, coerente e direccionado, que eventualmente conduza a humanidade para um fim da evolução histórica do homem) ([777]) a nossa perspectiva é a de que o consenso em torno da democracia liberal, quando esta é confrontada com as alternativas totalitárias, não pode (nem deve) toldar os factos que apontam para a permanência no seio das democracias liberais de um conjunto de contradições internas fundamentais que, a despeito daquele reconhecimento mínimo de todos os homens, pode novamente conduzi-las a um eventual colapso ([778]).

Dito isto de outra maneira: o consenso em torno dos princípios e instituições políticas fundamentais da democracia liberal é mais visível no plano das "relações exteriores" com as alternativas totalitárias que a confrontam, e é menos visível no plano interno (da organização e funcionamento de cada uma das concretas democracias liberais). É aqui que nos surge a situação de "capitalismo contra capitalismo" (MICHEL ALBERT). A comparação entre os dois modelos

---

dirigido para outros objectivos, para as preocupações remanescentes em relação às mulheres, homossexuais, enfim, todos esses direitos. Na verdade, o que se irá procurar é uma igualização da dignidade, a adopção de modelos pluralistas de sociedade.» (*ibidem*).

([777]) Sobre o problema referido pode ver-se FERNANDO GIL, «A Inteligibilidade como problema», *in* Balanço do Século, págs. 11-22, o qual depois de referir que aquilo que parece estar em jogo é a experiência do mundo que a modernidade instaurou, acrescenta logo de seguida: «Não há decerto um modelo único da modernidade. Ela caracteriza-se, precisamente, pela dispersão e pela multiplicação dos seus modelos, em todos os domínios.» (pág. 11). Para FERNANDO GIL falta à modernidade uma inteligibilidade imanente, interiorizada, da sua experiência do mundo e das relações que os homens entre si tecem — a emergência do sujeito enquanto tal (um sujeito desligado das redes de conexão experimentadas como naturais) é o aspecto mais decisivo da dissociação do sentido e da verdade, pois em todos os casos a figura do sujeito recorta-se contra um fundo de desenraízamento e de desajustamento (*idem*, pág. 13 e ss.); sendo que, uma vez que o avanço do pensamento formal se afigura imparável ("e o mesmo convirá talvez dizer de uma aspiração à liberdade, constantemente reconquistada e reinventada"), a modernidade não se concluiu ainda e de certa maneira ela é interminável (*idem*, pág. 17).

([778]) Veja-se a obra de ROBERT MOSS, O Colapso da Democracia (trad. port.), págs. 333-355.

(o "neo-americano" e o "renano") deve, segundo MICHEL ALBERT, considerar duas vertentes: a económica e a social (779).

É ainda MICHEL ALBERT a afirmar: «Quero apenas mostrar que a evolução de um capitalismo para outro se acompanharia forçosamente de mudanças muito mais profundas do que se julga, no modo de vida de cada um. No fundo, se devesse recolher numa única frase o que faz a principal diferença entre estas duas variantes do capitalismo, diria isto: o modelo neo-americano sacrifica deliberadamente o futuro ao presente» (780). Temos assim que a "história continua": não só pode legitimamente duvidar-se de que exista uma história direccionada; como ainda a democracia liberal, longe de estar isenta de contradições internas fundamentais, *vive* dessas e *nessas* contradições, pela dinâmica delas se renovando até ao ponto de os quadros jurídico-políticos actuais nas democracias liberais serem profundamente diversos do modo como históricamente foram sendo actuados (e compreendidos) nos inícios (na época do liberalismo "clássico") — de certo modo, e por virtude das profundas transformações ocorridas na época contemporânea, a actual democracia liberal é já uma autêntica democracia pós-liberal (PHILIP SCHMITTER) que, superados os quadros de uma

---

(779) MICHEL ALBERT, Capitalismo contra Capitalismo. Este autor conclui tanto pela *superioridade económica* do modelo renano (cf. págs. 145-166 desta obra) como pela *"superioridade" social* do modelo renano (*idem*, págs. 167-189), referindo aquilo que considera "dois paradoxos": «O primeiro é a boa nova que descobrimos pouco a pouco à medida que avançamos no nosso inquérito: não é verdade que a eficácia económica deva necessáriamente ser alimentada com a injustiça Social. É falso acreditar que novas contradições oporiam daqui em diante o desenvolvimento económico à justiça social. Entre justiça e eficácia, a conciliação, as sinergias existem mais do que nunca. Encontrámo-las em todos os países do modelo renano.

«Isto não obsta a que — segundo paradoxo — esta realidade seja de tal modo desconhecida que um estranho fenómeno se produz desde há alguns anos através do mundo: é exactamente no momento em que o modelo neo-americano se revela menos eficaz do que o modelo renano que, não obstante, política e ideológicamente, ele consegue fazê-lo recuar!» (*idem*, pág. 189). Cf. *ibidem*, pág. 190 e ss. (análise deste recuo do modelo renano) e pág. 212 e ss., pág. 235 e ss. (a segunda lição da Alemanha: «(a) reunificação (...) Nunca talvez, na história, um tão alto desafio de performances económicas fora lançado à solidariedade política e social. (...)».

(780) MICHEL ALBERT, *idem*, pág. 293. Veja-se ainda o artigo de JACQUES PLASSARD, «Capitalismo Decadente», originalmente publicado *in* Chroniques de la Sedeis, n.° 6, de 15 de Junho de 1991, incluído como anexo (III) nesta obra de MICHEL ALBERT, págs. 307-312.

visão estreita do individualismo exacerbado([781]), nos surge como uma democracia liberal organizada.

Mas, não tendo nós chegado ao "fim da história" também não estamos ainda confrontados com "o último homem": a existência das contradições internas fundamentais nas democracias (pós-) liberais e a inerente conflitualidade político-social carreada pela existência de tais contradições, expressando-se em modelos contrapostos (porque profundamente divergentes) de capitalismo e de democracia liberal, exprime um "pathos" do homem moderno que, embora tendo obtido das democracias liberais o reconhecimento mínimo de todos os cidadãos, já não se dá (se é que alguma vez chegou efectivamente a dar-se ...) por satisfeito com o conteúdo *mínimo* desse reconhecimento, senão mesmo angustiado existencialmente com a indiferenciação resultante de *todos* obterem o mesmo tipo de reconhecimento. É a persistência de um tal "pathos" que pode fazer sucumbir a democracia liberal, já não perante a ditadura totalitária, mas, através da "massificação" do jurídico e do político, na sua "transmutação" numa democracia totalitária (com o pretexto da democratização global da sociedade e do Estado, da socialização deste tendente à identificação dos dois termos desta relação Estado-Sociedade). Um tal colapso da democracia liberal (ROBERT MOSS) seria propiciado pela emergência crescente do fenómeno da "**ingovernabilidade**" das democracias.

Como é referido na doutrina está em discussão aberta e frontal a temática do *excesso de carga do Governo* ("**Overload Government**"; "**Regierungsuberlastung**") e da eventual necessidade de retrocesso na evolução do Estado social e de regresso ao «Estado minímo»([782])

([781]) Cf. LOUIS DUMONT, Ensaios sobre o Individualismo, Lisboa, D. Quixote, 1922. Veja-se ainda GEORGES BURDEAU, A Democracia (trad. port.) quanto ao fundamento da democracia social, o objectivo desta, a sua realização (págs. 41-53) e quanto aos efeitos da socialização da democracia na vida política (págs. 54-67).

([782]) Ver GOMES CANOTILHO, Direito Constitucional, 5ª ed., 1991, pág. 417, onde refere ainda: «De acordo com o "modelo de três graus (A. Rose), haveria um *Estado mínimo* circunscrito a *actividades definitórias* (segurança externa, ordem interna, fornecimento de meios financeiros para certas actividades); deste Estado mínimo transitou-se para um *Estado produtivo*, composto por actividades definitórias e *actividades económicas* (transportes, comunicações, energia, alimentação); daqui passou-se para o *Estado de bem-estar*; com actividades definitórias, económicas e sociais (saúde, educação, segurança social). Isto originou uma política crescente de tarefas, inevitavelmente conducente a *expectativas escalantes* sobre a política. Gera-

em conexão com outras temáticas, tais como a relativa aos *limites da liberdade* (783) e a problemática dita da *polarização do sistema partidário* (relacionada com aquela situação em que, perante a diferença entre o volume de *pretensões* e a *capacidade* do sistema, os partidos realizam promessas não realizáveis com a consequência de uma crescente frustação das camadas sociais, da qual vêm a resultar não só a polarização partidária como movimentos sociais, gerando-se uma dinâmica na qual o governo "afunda-se") (784).

-se um círculo vicioso: mais tarefas, mais satisfações sociais, mais política, mais reivindicações, mais politização de temas e conflitos.».

(783) GOMES CANOTILHO, Direito Constitucional, 5ª ed., págs. 416-417: «O remédio para o perigo de um governo de não-liberdade seria um Estado mínimo. Buchanan tenta, no livro *The Limits of Liberty*, demonstrar esta tese: segundo a concepção de sociedade individualista, o Estado não deve nem pode ter fins próprios específicos, mas apenas «agregar alocações espontâneas» e mecanismos de preferências individuais. Não haveria, assim, *interesse público*, mas um método de maximização de interesses individuais. O Estado é um Estado mínimo, cuja única função é a de proteger a ordem, assente nos direitos individuais e no título de propriedade. Estes direitos e este título serão definidos pelo mercado. Um bem colectivo só poderia ser produzido eficientemente quando todos os indivíduos que o podem consumir participam nos custos de produção (*contrato* entre os eventuais consumidores). Todavia, como não há unanimidade, verifica-se um poder de coerção, assente em maiorias mínimas, a tentar produzir bens; por outro lado, assiste-se à tentativa das minorias em influenciarem as decisões colectivas. Isso conduz a uma permanente extensão das decisões colectivas e à superprodução de bens. Novo mecanismo se desencadeia: a *produção da lei*, com o inevitável aumento da organização e administração (*burocracia*). A quinta essência da análise de Buchanan é a *tese* de que o Estado democrático, conformado por uma constituição por todos reconhecida, revela uma propensão para se tornar em aparelho de coerção — o novo *Leviathan*.».

(784) Ver GOMES CANOTILHO, Direito Constitucional, 5ª ed., págs. 417-418: «Poder-se-iam repetir os esquemas teóricos. Salientem-se apenas algumas das medidas para reduzir as pretensões: nova *revolução constitucional* assente no contrato, nos direitos individuais e no título de propriedade (BUCHANAN); «privatização» e «desestatização»; restauração da concorrência; novos destinatários para as «novas questões sociais» (o «desemprego natural» de FRIEDMAN); institucionalização do controlo social através de uma nova pedagogia de disciplinização dos professores e do reforço dos pais nas escolas; instalação de mecanismos de filtração para refrear os impulsos de *input*, como, por ex., instituições «partidárias» que filtrem o conhecimento das prestações (HENNIS, ARNIM); controlo das fontes de informação; marginalização dos intelectuais nocivos e dos grupos que lhe estão próximos (CROZIER/HUNTINGTON/J. WANATUKI).»

«O menos que se poderá dizer é que estamos perante sofisticadas formulações teóricas de concepções *restritivas da democracia*, enraizadas num doentio pes-

Mas o problema da "ingovernabilidade" da democracia, com o conjunto de problemas e temáticas que lhe estão associados, não pode nem deve ser dissociado duma outra problemática mais global (e onde, afinal, ele vem a ter o seu necessário enquadramento), qual é o da compreensão do Estado de Direito com os seus benefícios e (também) os seus custos.

Para uma determinada compreensão o Estado de Direito pode ter custos democráticos([785]). Não é esta a nossa compreensão da demo-

---

simismo cultural. Em termos não-dogmáticos, é evidente que à democracia se colocam problemas de *estratégia administrativa* — melhoramento da capacidade de prestação e direcção — e problemas de *estratégia política* — mobilização (mesmo por consenso) dos cidadãos para as possibilidades do alargamento do horizonte económico-social (OFFE). Também se poderá discutir, sem preconceitos, o cavalo de batalha dessas concepções conservadoras: as *tarefas do Estado*: como se chegou à extensão das tarefas estaduais? Quer se parta da posição marxista, dentro das perspectivas de uma «Crítica da Economia Política» (capitalismo monopolista de Estado), quer de uma teoria liberal (o Estado social como anomalia), o problema das tarefas do Estado é, como problema do conhecimento e instalação de uma «boa ordem», um *problema «situado»* numa determinada *«situação histórica»*. A definição das tarefas estaduais do Estado democrático português, feita na Constituição, não foi, por ex., uma simples dedução de um conceito abstracto de «sistema» ou de «Estado», mas uma consequência da necessidade de manutenção do próprio sistema democrático, num determinado contexto histórico (a aprovação democrática, constitucionalmente plasmada, da ordenação intencional da sociedade portuguesa, parecia implicar, nesse momento concreto, um alargamento das tarefas do Estado com a consequente compressão da iniciativa privada).»

«Quanto à terapia para o «excesso» de democracia e para a ingovernabilidade, facilmente se detecta o programa autoritário conservador. Subjacente a toda a controvérsia da «governabilidade» está o problema da democracia social e económica. A tese do «governo sobrecarregado» pretende conjugar um «realismo sociológico» com uma «visão retrospectiva» da sociedade. Daí que lhe escasseiem as «propostas positivas» para a compreensão do princípio da democracia económica e social.».

([785]) Assim: GOMES CANOTILHO, Direito Constitucional, 5ª ed., págs. 393-394; e designadamente: «Consequentemente, se não se devem desprezar as garantias de uma protecção jurídica sem lacunas, também é necessário associar (como, de resto, já foi frisado) a realização do princípio de Estado de Direito ao princípio democrático». Note-se que para GOMES CANOTILHO *os custos democráticos* do Estado de Direito *decorrem* da consideração de que ao limitarmos o Estado de Direito a "afinar os instrumentos de protecção jurídica do cidadão" (perante uma estrutura administrativa ainda vinculada aos hábitos e às formas de administração autoritária) estariamos apenas a preencher o programa de realização do Estado de Direito do século passado, «E, como se viu, este programa não ameaçava, no liberalismo, o sistema de interesses

cracia: 1) um Estado de Direito com centralização administrativa *não tem que ser* ("es nicht *soll*") necessáriamente menos democrático do que um Estado de Direito descentralizado administrativamente; 2) um Estado de Direito implica, só por o ser, sempre um mínimo de burocracia (note-se, "en passant", que é a pretexto do fim da burocracia que surgem as propostas dos juristas ditos pós-modernos da "desregulamentação", "desoficialização", do "paradigma informal", etc.). Admitimos, porém, que GOMES CANOTILHO pretenda não o fim da burocracia, "tout court", mas tão só a possibilidade de ameaçar a burocracia "conservadora" — neste caso, porém, o problema é deslocado para o plano do posicionamento político-ideológico ...; 3) também não perfilhamos o entendimento de que um Estado de Direito advenha mais *democrático* por possibilitar a ameaça do sistema de interesses económicos e sociais dominantes do que por possibilitar a *conservação* de um tal sistema de interesses. A possibilidade de ameaça ao sistema de interesses económicos e sociais ou se exerce no quadro de funcionamento duma democracia pluralista (onde são possíveis *estratégias alternativas* de poder) ou no quadro de um programa de acção revolucionário. Nesta segunda hipótese, uma atitude revolucionária é virtualmente tão democrática como uma atitude contra-revolucionária: na primeira hipótese, uma democracia pluralista há-de enquadrar os conflitos de interesses económicos e sociais por tal forma que, sendo possível "ameaçar" o sistema de interesses económicos e sociais dominantes, também seja possível "conservar", "reformar", ou "defender" tal sistema de interesses económicos e sociais dominantes. De algum modo em "interface" com esta discussão está aquela outra em torno dos *custos sociais* do Estado de Direito.

A questão de saber se o Estado de Direito comporta necessáriamente custos sociais leva a que se coloque o problema das *antinomias*: Estado de Direito versus Estado Social. Isto é, estamos confrontados com a questão de saber se a superação do Estado de Direito *formal* é realizada por meio da substituição do Estado de direito

---

económicos e sociais dominantes, a burocracia conservadora, a administração centralista.» Assim este autor associa o carácter democrático do Estado de Direito à possibilidade de *ameaça* ao sistema de interesses económicos e sociais dominantes, à burocracia ("conservadora") e à centralização administrativa.

liberal burguês por um Estado *Social* ou por meio dum revigoramento da ideia de Estado de Direito material (786).

Pela nossa parte, entendemos que as reais antinomias não se situam neste eixo (tendo como *coordenadas contrastantes* a ideia de Estado de Direito material e a reivindicação do Estado Social de Direito) mas antes em dois eixos distintos: por um lado temos a antinomia real entre Estado de direito *liberal* e Estado Social de direito, em que à exigência de primazia da liberdade individual é contraposta a exigência de atendimento do princípio da Socialidade; por outro lado, temos a antinomia entre Estado de Direito *formal* (assente numa concepção de legalidade *formal*) e Estado de Direito *material* (assente numa concepção de *legalidade material, legalidade - justiça*). São possíveis "interfaces" entre estes dois eixos, mas eles devem permanecer distintos quando se pretenda discutir a temática da superação do Estado de Direito *formal*.

Deste modo perfilhamos o entendimento que aponta para o revigoramento da ideia de Estado de Direito *material*, na exacta medida duma compreensão do Estado de Direito, *materialmente* caracterizado, como estando vinculado a *princípios jurídicos fundamentais* e *valores*; deste modo o cerne do Estado de Direito não está tanto na consagração das garantias individuais, o que também é considerado primáriamente relevante, mas na criação de uma *ordem jurídica materialmente justa* (*Gerechtigkeitstaat*), pois considera-se fora de dúvida que o Estado de Direito não se compadece hoje com a identificação Estado de Direito – Estado de legalidade (ou com uma simples «legalidade aperfeiçoada»), antes o Estado de direito material é «um Estado cujo fim é a criação e manutenção de uma situação jurídica materialmente justa» (WOLFF/BACHOF, ROGÉRIO SOARES) (787).

---

(786) Ver GOMES CANOTILHO, Direito Constitucional, 5ª ed., págs. 394-397.

(787) Ver GOMES CANOTILHO, Direito Constitucional, 5ª ed., págs. 394-395, bem como os autores e obras citadas na nota 89 da pág. 394. GOMES CANOTILHO questiona este entendimento nos seguintes termos: «Pergunta-se, porém, se a superação do Estado de direito formal por um Estado de direito material, mediante o apelo abstracto a «valores fundamentais», a uma «ordem de valores», a «princípios jurídicos fundamentais», não conterá, por um lado, uma *medida material* reconduzível a princípios fora da constituição, e, por outro lado, se a fuga para os princípios da justiça não esconde a impotência da sua operatividade prática.» (*idem*, pág 395), referindo que SCHEUNER dá-se conta deste problema ao escrever: «Não existe qual-

Para o nosso entendimento, o revigoramento da ideia de Estado de Direito material não é incompatível com a ideia de Estado Social, desde que a extensão da ideia de Estado de Direito material à ordem económica e social proceda ainda segundo o respeito por determinados princípios jurídicos fundamentais (e, mesmo, no respeito por determinados valores fundamentais e pela própria ideia de Direito); o que vem a significar, para a nossa compreensão de todas estas questões que vimos de referir, que o impulso da reestruturação democrático-social da sociedade, podendo ser obtida *através* do Estado de Direito, tem no entanto de respeitar algumas dimensões essenciais do Estado de Direito como o princípio da separação de poderes (tanto no âmbito da organização do poder político (Estado), como na preservação da relação de contraste Estado-Sociedade, ainda que se tenha consciência de uma crescente interpenetração entre o público e o privado, mas sem que tal resulte numa integração absoluta dos dois pólos, Estado e Sociedade), as esferas de **autonomia existencial** e os espaços de *livre desenvolvimento da personalidade* (ainda que se tenha a consciência de que o respeito pelo livre desenvolvimento da personalidade já não se reduz à mera *defesa* contra as intervenções estaduais, antes inclui hoje a realização de prestações estaduais que entram a conformar a própria existência humana e social). Ainda quando o princípio do Estado Social e o princípio do Estado de Direito obtenham, assim, igual dignidade constitucional (788), a *relação de tensão* entre os dois princípios há-de vir a solicitar a ideia de Estado de Direito material para que a tensão não se volva em ruptura e esta não conduza ao sacrifício de nenhum dos dois pólos que sustentam entre si uma tal relação de tensão: pelo revigoramento da ideia de Estado de Direito *material* há-de obter-se não só a superação do Estado de Direito formal como ainda, na intersecção do eixo Estado liberal - Estado Social, ao postular-se a criação de uma ordem jurídica mate-

---

quer definição utilizável do Estado de direito, se o designamos como Estado de Justiça. Qual é a medida que aqui deve ser aplicada?» (*ibidem*, nota 90). Repare-se, porém, que o mesmo argumento é perfeitamente reversível: afinal o conceito de *socialidade* (como o de socialismo) padecem do mesmo problema que o conceito de justiça (e a própria «ideia de Direito»). Ver ainda: ANTONIO CASTANHEIRA NEVES, Justiça e Direito.

(788) Ver GOMES CANOTILHO, *ibidem*, págs. 395-396 e págs. 397-399.

rialmente justa se vêm a atender certas exigências de um princípio de Socialidade — mas sem perder de vista *também* a conservação e consagração das garantias individuais, decorrentes das exigências do princípio de *liberdade*. Mais: num tal ordenamento jurídico-constitucional (fundamental, material, aberto – HESSE) a igual dignidade constitucional dos princípios de Estado de Direito e Estado Social, não deve servir de ponto de arranque para um "dirigismo" constitucional em matéria económica e social, antes deve prevalecer o entendimento de que o peso principal do Estado de Direito continua a residir no direito constitucional enquanto o peso principal do Estado social continuará a residir no direito infra-constitucional ([789]).

([789]) JÜRGEN HABERMAS, *in* O Discurso Filosófico da Modernidade (trad. port.), pág. 331: «Que o Estado activo intervém não só na circulação económica dos seus cidadãos, mas também nas circunstâncias da vida dos seus cidadãos foi o que viram os advogados do Estado Social como aproblemático — o objectivo de reformar as condições de vida dos cidadãos por meio das relações reformadas de trabalho e de ocupação. Isso tinha por base a ideia da tradição democrática de que a sociedade poderia ter influência sobre si mesma com o meio neutral do poder político-administrativo. Precisamente esta expectativa foi desiludida.»

«Entretanto, uma rede cada vez mais densa de normas jurídicas, de burocracias estatais e para-estatais, cobrem o quotidiano dos clientes potenciais e factuais. Discussões alargadas sobre a judicialização e burocratização em geral, sobre os efeitos contraproducentes da política do Estado Social em particular, sobre a profissionalização e cientifização dos serviços sociais, têm dirigido a atenção para factos que tornam nítida uma coisa: os meios jurídico-administrativos da transformação de programas do Estado Social não apresentam nenhum medium passivo, como que ausente de propriedades. (...)»

«Hoje vê-se a contradição que é inerente ao projecto do Estado social como tal. O seu objectivo substancial era o franqueamento de formas de vida igualitárias que, ao mesmo tempo, deveriam abrir espaços para a auto-realização individual e a espontaneidade; mas com a criação de novas formas de vida foi exigido demasiado do medium do poder. (...)». E ainda (*idem*, págs. 331-332): «Da desilusão histórica sobre um projecto burocráticamente coagulado do Estado Social surge uma nova visão como que estereoscopicamente aperfeiçoada do «político» (...). Em suma, o resultado do processo da desilusão é uma nova situação da consciência em que, de certo modo, o projecto do Estado Social se torna reflexivo e se dirige para a domesticação não só da economia capitalista, mas também do próprio Estado.»

«Todavia, se não é só o capitalismo que tem de ser «socialmente domado», mas também o Estado intervencionista, esta tarefa tem de ser definida de novo.». Cf. JOÃO CARLOS ESPADA, Dez Anos que Mudaram o Mundo; e ainda: JOÃO CARLOS ESPADA, «Em defesa da América e do idealismo liberal» (*in* Jornal "Público", em 17

Mas, para lá desta dimensão económico-social da problemática da "ingovernabilidade" da democracia, existe também uma dimensão mais claramente jurídico-política quando a discussão se alarga à problemática do **sistema de governo, sistema partidário** e **direito eleitoral**.

Assim: quanto ao *sistema de governo* vai abrindo caminho a ideia de que talvez o problema não esteja em saber *quem* deve governar, mas antes a questão fundamental da teoria política possa formular-se nos seguintes termos: *como deverá ser constituído um Estado, de modo a que os maus governantes possam ser afastados do poder sem violência, sem derramamento de sangue?* ([790])

Algumas implicações práticas desta nova impostação do problema relativo à forma democrática de governo, são desde logo visíveis, como o explicita KARL POPPER a respeito do *problema de representação proporcional*: quando se adopta a teoria clássica da democracia, segundo a qual o poder deve ser exercido *pelo* povo e *para* o povo, considera-se que o princípio da representação proporcional é uma componente essencial da democracia: "todas as opiniões têm o direito de ser ouvidas e a justiça exige que estejam representadas no Parlamento, (...) na proporção do número de pessoas que nelas votaram. Negar tal direito será, portanto, um acto de injustiça([791]).

---

de Fevereiro de 1992, pág. 10) e «Liberalismo: o novo e o velho» (*idem*, em 13 de Julho de 1992, pág. 23).

([790]) Assim: KARL POPPER, A Sociedade Aberta e os seus inimigos; e ainda: «Alguns Problemas Práticos da Democracia», *in* Balanço do Século, pág. 77 e ss.

([791]) Ver KARL POPPER, «Alguns Problemas Práticos da Democracia», *idem*, pág. 81, para quem este argumento é ideológico e desaparece com a teoria velha, sendo, no mínimo, questionável: «Em primeiro lugar, atribui — ainda que só indirectamente — um estatuto a partidos políticos que de outra forma não o obteriam. Isto porquanto que não são apenas as opiniões, mas também os partidos políticos, que é suposto estarem proporcionalmente representados. E se as opiniões dos homens merecem sempre o maior respeito, os partidos políticos, enquanto instrumentos típicos de promoção pessoal e de poder, com todas as possibilidades de intriga que isto implica, não podem de forma alguma ser identificados com opiniões». Veja-se ainda GEORGES BURDEAU, A Democracia (trad. port.), Publicações Europa-América, Colecção Saber, 1975, 3ª ed., págs. 61-68, sobre a transformação dos partidos políticos operada pela reinvindicação de democracia social. Como refere um dos personagens na obra de ANDRÉ MALRAUX, A Esperança (trad. port.), Edição Livros do

Se, como refere POPPER, é certo que os partidos não necessitam de ser mencionados nem receber qualquer estatuto oficial numa Constituição que *não* preveja a representação proporcional, já quando tal suceda (isto é, a Constituição previr a representação proporcional) então a situação será diametralmente oposta; de acordo com o princípio da representação proporcional, o candidato apresenta-se ao eleitorado *exclusivamente* como representante de um partido político, com a consequência de que a sua principal lealdade deve ser para com o partido, sendo seu dever *nunca* votar contra o partido que o fez eleger, ao qual ele fica moralmente vinculado; este sistema eleitoral retira responsabilidade *pessoal* ao deputado eleito, "transformando-o mais em máquina de votar do que em pessoa dotada de pensamento e sentimento próprios" (792). Para lá disto, sucede ainda que a consequência política principal da representação proporcional é a *tendência para aumentar o número de partidos* (793), sendo que a existência de muitos partidos traz grandes dificuldades à formação de governos e põe obstáculos à duração de governos coesos, sendo, em muitos casos, inevitável a formação de governos de coligação. Daqui deriva que a representação proporcional (e o pluripartidarismo que ela favorece) pode ter *efeitos nocivos* na questão fundamental: a maneira de derrubar um governo através do voto, nomeadamente através de uma eleição parlamentar (794).

Brasil, Lisboa, «é mais do que tempo de nos darmos conta que as massas são uma coisa e os partidos outra» (pág. 201): «Os intelectuais julgam sempre que um partido, é um punhado de homens reunidos à volta de uma ideia! Um partido apresenta-se muito mais com um carácter actuante do que como uma ideia.» (*idem*, pág. 367).

(792) Ver KARL POPPER, «Alguns Problemas Práticos da Democracia», *idem*, págs. 81-82, para quem «isto basta para condenar o princípio da representação proporcional. Em política, precisamos de indivíduos com ideias próprias e dispostos a assumir pessoalmente responsabilidades».

(793) Como afirma KARL POPPER, *ibidem*, pág. 82: «À primeira vista, pode ser uma consequência desejável, na medida em que a existência de um maior número de partidos significa uma maior possibilidade de escolha, mais oportunidades e menos rigidez. Significa também uma maior distribuição do poder e das influências.».

(794) Ver KARL POPPER, *ibidem*, pág. 83 e ss.. Cf. ainda FRANCISCO SA CARNEIRO, Uma Constituição Para os Anos 80, Lisboa, 1980; PEDRO SANTANA LOPES e DURÃO BARROSO, Sistema de Governo e Sistema Partidário, Livraria Bertrand, Colecção Fora de Colecção, 1980, consideram que a C.R.P. de 1976 configurou um sistema de governo bastante complexo (pág. 21) e, com base na análise da experiên-

Não só as observações práticas feitas por KARL POPPER obtêm plena confirmação na experiência constitucional portuguesa (designadamente no período de 1976 a 1987) como o direito constitucional vigente, não satisfeito com o detalhe da regulamentação da matéria relativa ao direito eleitoral, vai até ao ponto de consagrar como um dos limites *materiais* de revisões constitucionais o "sistema de representação proporcional" (sic) ([795]).

---

cia constitucional até 1980 concluem que o actual sistema de governo não favorece a estabilidade governativa (pág. 71) e que os acontecimentos de um tal período revelam que o sistema de governo não pode ser analisado em termos estritamente jurídicos pois a análise «constitucional» revela-nos muito pouco sobre o seu efectivo funcionamento. «A primeira variável a tomar em consideração é, como os factos de essa experiência o demonstram e como já se encontrava há muito provado pela doutrina, o *sistema partidário* e, nomeadamente, o seu grau de *fragmentação* e *polarização* (pág. 73). Estes autores consideram injustificável do ponto de vista dos princípios democráticos, que uma Constituição, que diz respeitá-los, favoreça Governos minoritários em detrimento de soluções maioritárias (*idem*, pág. 97); veja-se ainda o «Elogio da Bipolarização» por JOSÉ DURÃO BARROSO (*idem*, pág. 113 e ss.), bem como «Uma Constituição Aberta para uma Sociedade livre» (*idem*, págs. 131-133). Veja-se ainda *idem*, pág. 149 e ss. (A Estabilidade como valor político a maximizar) e págs. 176-177. Cf. MARCELO REBELO DE SOUSA, Os Partidos Políticos no Direito Constitucional Português, Livraria Cruz, Braga, 1983, pág. 516 e ss., e mais particularmente págs. 640-650 (relações entre o sistema de partidos e o sistema eleitoral, págs. 650-658 (interacção entre sistema de partidos e sistema de governo) e págs. 658-660 (conclusões retiradas por MARCELO REBELO DE SOUSA da análise precedente).

Uma outra perspectiva é a exposta por ALVIN TOFFLER, Os Novos Poderes, para quem o controlo do conhecimento é o ponto crucial da luta mundial de amanhã pelo poder em todas as instituições humanas (pág. 34), perspectivando a emergência duma «democracia mosaico» (págs. 281-283) onde terão papel relevante «minorias pivotais» (págs. 283-287). Veja-se ainda MANUEL VILLAVERDE CABRAL, «A "partidocracia" portuguesa», *in* Jornal "Público", em 10 de Julho de 1991, pág. 17: «a "partidocracia" é o nome pouco simpático que se costuma dar à tendência das organizações partidárias para se fecharem à Sociedade e constituírem uma espécie de oligarquia que controle o acesso aos recursos do Estado». Veja-se ainda SEYMOUR MARTIN LIPSET, Consenso e conflito (trad. port.), Gradiva, 1992, o qual para além de sublinhar as profundas convergências analíticas entre diversas correntes da sociologia (marxistas, weberianos e funcionalistas), intenta compreender a génese dos sistemas partidários actuais (tendo-se cristalizado as principais alternativas partidárias na década de 1920).

Uma reflexão sobre as técnicas governamentais num regime de poder aberto é feita por GEORGES BURDEAU, *in* A Democracia (trad. port.), págs. 99-113.

([795]) Art. 288.°, alínea *h*), "*in fine*".

Em jeito de Conclusão ...

> *"Os acontecimentos contemporâneos distinguem-se dos acontecimentos históricos porque não conhecèmos as consequências que vão ter. Ao olhar para trás, podemos avaliar o significado dos eventos passados e examinar os resultados que trouxeram consigo. Mas quando os eventos ainda estão seguindo o seu curso, não são história para nós. Conduzem-nos a uma terra desconhecida e só raras vezes podemos vislumbrar o que erguem à nossa frente."*
>
> FRIEDRICH HAYEK, *in* "O Caminho para a Servidão".

No limiar de um novo milénio continua a justificar-se que a reflexão jurídico-política esteja preocupada com o confronto do princípio da separação de poderes com as exigências de novos movimentos sociais, pois a Administração Pública no Estado moderno sempre se tem debatido entre o respeito pelas exigências fundadas no princípio da liberdade pessoal (tema central do Estado de Direito) e as exigências fundadas no princípio da organização social (tema da socialidade); agora que os modelos teóricos e políticos relativos à Administração Pública apontam para uma nova compreensão do princípio da separação de poderes e do modo como haja de entender-se o princípio da legalidade (juridicidade) da Administração e da subordinação da Administração ao Direito, conscientes do carácter conformador da existência humana (nos planos pessoal e social) desta Administração de prestações, a reconstrução do modelo ocidental/liberal de Administração Pública já não pode ser visto como uma mera questão de técnica da organização administrativa, antes obriga a repensar profundamente a globalidade do ordenamento jurídico-político.

É aqui, no âmbito deste *repensar*, que nos confrontamos com aquela dinâmica que partindo da situação de melancolia trágica da modernidade para vir a desembocar num movimento de revitalização da democracia numa sociedade de comunicação, e o impulso da revolução cultural da liberdade para uma revalorização da democracia liberal: procurando melhorar a qualidade da democracia, da sociedade civil, a capacidade dos cidadãos agirem em defesa dos seus interesses e paixões no quadro jurídico-político duma democracia liberal que advindo democracia organizada é já, de algum modo, uma democracia pós-liberal, apta a triunfar dos desafios colocados pelos movimentos e ideologias totalitárias.

Reflectindo sobre a sociedade, território e poder no contexto da discussão sobre a problemática da reforma do Estado e da Administração Pública, utilizou-se o modelo constitucional de organização político-administrativa como pretexto comunicacional para uma reflexão crítica sobre o Estado moderno, com o que ainda está em "interface" a problemática da tutela administrativa do ambiente e o ordenamento dos poderes públicos, a qual por seu turno surge também em "interface" com a discussão sobre o modelo constitucional de organização económico-social do Estado português.

É na reflexão sobre a dimensão económico-social do modelo jurídico-constitucional do Estado português que se apura a necessidade de proceder a uma crítica da constituição e do direito constitucional vigentes, crítica essa explicitada como sustentando-se numa "pré-compreensão" informada pela teoria liberal e democrática e numa "compreensão" da Constituição como um ordenamento jurídico fundamental, material e aberto; para reforçar o carácter de ordenamento jurídico aberto vêm concorrendo ainda os reflexos constitucionais da integração europeia, processo que suscita várias questões.

Mas ainda que não tivéssemos de entrar em linha de conta com tais reflexos constitucionais da integração europeia, sempre a (nova) situação da Administração Pública numa renovada compreensão do Estado moderno, pelos cenários e perspectivas de evolução do direito público que nessa compreensão estão ínsitos, nos colocaria perante o desafio da abordagem de vários tópicos para uma outra juridicidade constitucional no ordenamento público (designadamente quanto ao "caso" português), abordagem essa que não só surge articulada com a discussão em torno de uma nova juridicidade da Administração Pública na "reconstituição paradigmática" do modelo ocidental-liberal, mas também está em consonância com o nosso entendimento quanto à liberdade, democracia e socialidade e ao modo como possam vir a ser enfrentados com sucesso vários problemas, e desafios que se colocam ao Estado de Direito, na perspectiva da necessária superação do Estado de Direito formal por uma ideia (um entendimento revigorado) de Estado de Direito *material*: aqui deparando nós com um entendimento da fenomenologia jurídico-política que nos aparece como síntese simultâneamente "*prudente*" e "*audaz*" para perspectivar dum modo equilibrado a relação entre os princípios de liberdade pessoal e de organização social.

Ao concluir esta dissertação, esperamos não só ter conseguido *transformar em consciência uma experiência tão ampla quanto possível* (ANDRÉ MALRAUX) mas, ainda, concordantes com FERNANDO PESSOA quando afirma que "tudo vale a pena quando a alma não é pequena", ter conseguido permanecer fiéis à intenção original que nos animou para empreendermos esta caminhada.

Pedindo emprestadas as palavras a ANTONIO SÉRGIO:

«*Um dos caracteres do homem culto é o de saber viver numa alvorada eterna, mantendo à força de curiosidade e de estudo o dom da admiração e o candor da infância; e não tomar nada como definitivo, não fixar dogmas de nenhuma espécie, não dar como absolutos os seus gostos de hoje, desejar que se exprimam todos os pontos de vista, considerar os problemas como sempre abertos, alfinetar em tudo a palavra TALVEZ, é, em suma, ter sempre a faculdade da renovação.*».

BIBLIOGRAFIA

AA.VV., Compêndio de História da Filosofia (direcção de A. V. SHCHEGLOU), Editorial Vitória, Lda., Rio de Janeiro, Brasil, 1945.

AA.VV., O Direito do Ambiente, Lisboa, Comissão Nacional do Ambiente, 1978.

AA.VV., Teoria do Estado e do Direito (síntese do Manual Colectivo editado em Berlim, Staatsverlag Der DDR, 1975), Coimbra, 1976.

ADAM SMITH, Riqueza das Nações (trad. port.), Lisboa, Fundação Calouste Gulbenkian, 2 volumes, 2ª edição, 1989.

ADOLPH HITLER, *Mein Kampf* (trad. port.: *A Minha Luta*), Fernando Ribeiro de Melo/ Edições Afrodite, Colecção Doutrina/Intervenção, Lisboa, 1976.

ADRIANO MOREIRA, «Notas sobre o segredo de Estado», *in* Revista de Ciência Política, n.° 5, 1.° Semestre de 1987, Lisboa.

ADRIANO MOREIRA, A Comunidade Internacional em Mudança, Lisboa, 1982, Universidade Técnica, Instituto Superior de Ciências Sociais e Políticas, 2ª edição.

AFONSO QUEIRÓ, Aditamento às lições de Direito Administrativo, Coimbra, 1959.

AFONSO QUEIRÓ, Lições de Direito Administrativo, Coimbra, volume I, 1959.

AFONSO QUEIRÓ, Da licitude de uma reforma profunda da Constituição, Instituto Democracia e Liberdade, 1980.

AFONSO QUEIRÓ, Uma Constituição Democrática. Hoje – Como?, Atlântida Editora, Colecção Pequenos Estudos e Documentos, Coimbra, 1980.

ALAIN BADIOU, Peut-On Penser la Politique?, Éditions du Seiul, Paris, 1985.

ALBERT CAMUS, O Avesso e o Direito seguido de Discursos da Suécia (trad. port.), Lisboa, Livros do Brasil.

ALBERTO MELUCI, entrevista (publicada no suplemento "Fim de Semana" do Jornal "Público", em 27.09.1991, págs. 2-3).

ALBERTO ZUCCHETI, «Difesa dell'Ambiente e Tutela della Salute», *in* Território e Ambiente, Milano, Dott. A. Giuffrè Editore, 1986.

ALBINO DE AZEVEDO SOARES, Lições de Direito Internacional Público, Coimbra, Coimbra Editora, 4ª edição, 1988.

ALDO BARDUSCO, «Organizzazione del Territorio e Stato degli enti territoriali», *in* Território e Ambiente, Milano, Dott. A. Giuffrè Editore, 1986.

ALDO M. SANDULLI, «I controlli Sugli Enti Territoriali», *in* Revista Trimestrale di Diretto Pubblico, Fasc. n.° 2, 1972.

ALEXANDRE CHARLES KISS, «La Protection de L'Atmosphère: un exemple de la mondialisation des problèmes», *in* Annuaire Français de Droit International, Éditions du CNRS, Paris, XXIV, 1988.

ALEXANDRE SOLJENITSYNE, Como Reordenar a Nossa Rússia? (trad. port.), Livros do Brasil, Lisboa, 1991.

ALEXIS DE TOCQUEVILLE, Da Democracia na América (trad. portuguesa de Maria da Conceição Ferreira da Cunha), Rés-Editora Lda., Porto.

ALFONSO PÉREZ MORENO, «Crisis de la participacion administrativa», *in* Revista de Administración Pública, Madrid, Centro de Estudios Constitucionales, Maio-Agosto, n.° 119, 1989.

ALFONSO PÉREZ MORENO, «El Postulado Constitucional De La Promoción y Conservación Del Patrimonia Histórico Artístico», *in* Revista de Derecho Urbanistico, n.° 119, Julho-Agosto-Setembro, Ano XXIV.

ÁLVARO CUNHAL, A Revolução Portuguesa, O Passado e o Futuro, Edições Avante, Documentos Políticos do Partido Comunista Português, Série Especial, Lisboa, 1976.

ÁLVARO CUNHAL, Radicalismo Pequeno Burguês de Fachada Socialista, edições Avante, Documentos Políticos do Partido Comunista Português, 3ª edição, 1974.

ALVIN TOFFLER, Choque do Futuro (trad. port.), Lisboa, Edições Livros do Brasil, Colecção Vida e Cultura (n.° 44).

ALVIN TOFFLER, Powershift (Os Novos Poderes), Edição «Livros do Brasil», Lisboa (Colecção Vida e Cultura), 1991, (ed. original: 1990).

ALVIN TOFFLER, The Third Wave (A Terceira Vaga), 1980 (ed. port., 1984, Livros do Brasil, Lisboa).

AMEDEO POSTIGLIONE, «Ambiente e sui effetti sul sistema giuridico», *in* Unità della Giurisdizione e Tutela dell'Ambiente, Milano, Dott. A. Giuffrè Editore, 1985.

ANDRÉ DE LAUBADERE, JEAN-CLAUDE VENEZIA, YVES GAUDEMENT, Manuel de Droit Administratif, Librairie Générale de Droit Et de Jurisprudence, Paris, 1988.

ANDRÉ DE LAUBADÉRE, Direito Público Económico, Coimbra, Livraria Almedina, 3ª edição, 1985.

ANDRÉ GIDE, Retour de l'URSS, Paris, Gallimard; Nouvelle Révue Française, 1936.

ANDRÉ NAYER, «La Communauté Européenne et les Réfugiés», *in* Revue belge de droit international, Bruxelas, 1989-1, vol. XXII.

ANGEL SANCHEZ BLANCO, «La Participacion como coadyuvante del Estado Social y Democrático de Derecho», *in* Revista de Administración Pública, Madrid, Centro de Estudios Constitucionales, Maio-Agosto, n.° 119, 1989.

ANTÓNIO BARRETO, «A Europa e a soberania nacional» *in* Jornal "Público", em 21.10.1991, pág. 23.

ANTÓNIO BARRETO, «O alargamento inevitável» *in* Jornal "Público", em 19 de Fevereiro de 1992.

ANTÓNIO CASSESE, Le Droit International dans un monde divisé, Paris, Berger-Levrault, col. Le Monde en Devenir, 1986.

ANTÓNIO CASTANHEIRA NEVES, A Revolução e o Direito, Lisboa, (depositário Livraria Almedina), Separata da Revista da Ordem dos Advogados, 1976.

ANTÓNIO CASTANHEIRA NEVES, Justiça e Direito, ... 1976, Separata do Boletim da Faculdade de Direito da Universidade de Coimbra, vol. 51.

ANTÓNIO CASTANHEIRA NEVES, Lições de Introdução ao Estudo do Direito, Coimbra (copiagrafado), reimpressão de 1983/84.

ANTÓNIO CASTANHEIRA NEVES, O papel do jurista no nosso tempo, Coimbra, Boletim da Faculdade de Direito da Universidade de Coimbra, Vol. XLIV (1968) (Separata deste boletim).

ANTÓNIO COSTA PINTO, «Os Vizinhos emigrantes», *in* "Expresso-Revista" em 25.01.1992, pág. 21-R.

ANTÓNIO F. FERNANDEZ TOMAS, «La Adhesion de las Comunidades Europeas Al Convenio Europeo Para La Protection de Los Derechos Humanos (CEDH): Un Intento De Solucion Al Problema De La Proteccion De Los Derechos Fundamentales En El Ambito Comunitario», *in* Revista de Instituciones Europeas, Centro de Estudios Constitucionales, Madrid, 1985, Volume 12, n.° 3.

ANTÓNIO GOUCHA SOARES, «Em mudança», *in* "Expresso-Revista" em 11.02.1992, pág. 27-R.

ANTÓNIO GOUCHA SOARES, «Maastricht e a revisão constitucional», *in* Jornal "Público" em 14 de Maio de 1992, pág. 5.

ANTÓNIO GOUCHA SOARES, «Um acto único» *in* "Expresso-Revista", em 15 de Fevereiro 92.

ANTÓNIO GUERREIRO, «A Europa, por favor?», *in* "Expresso-Revista" em 16.11.91, págs. 87-R e 88-R.

ANTÓNIO GUERREIRO, «As metamorfoses do político», *in* "Expresso-Revista" edição de 28.03.92, págs 96 e 97-R.

ANTÓNIO PINTO LEITE, «Onde estávamos nós?», *in* "Expresso-Revista" edição de 20.06.92, pág 24-R.

A. PASSARIN D'EN TREVES, The Notion of State, trad. espanhola, Madrid, 1970.

AUGUSTO ABELAIRA, «Europa», *in* "O Jornal" em 06.12.1991.

BAPTISTA MACHADO, Administração, Estado e Sociedade, Porto, U.C.P., Curso de Direito no Porto, 1980 (policopiado).

BAPTISTA MACHADO, Antropologia, Existencialismo e Direito, Coimbra, 1965 (Separata da Revista de Direito e Estudos Sociais, vol. XII, n.° 1-2, 1965).

BAPTISTA MACHADO, Introdução ao Direito e ao Discurso Legitimador, Almedina, Coimbra, 1982 (reimpressão 1990).

BAPTISTA MACHADO, Participação e Descentralização Democratização e Neutralidade na Constituição de 76, Coimbra, Livraria Almedina, 1982.

BARBOSA DE MELO, «Portugal e a ideia da Europa» *in* A integração Europeia, Coimbra, 1990.

BARBOSA DE MELO, Curso de Ciência da Administração (1985/86), (Sumário e Notas), Porto, Universidade Católica Portuguesa, Curso de Direito do Porto, 1986.

BARBOSA DE MELO, Democracia e Utopia, Porto, 1980.

BARBOSA DE MELO, Direito Administrativo II: a protecção jurisdicional dos cidadãos perante a administração pública; sumário das lições proferidas na Fac. de Direito da Univ. de Coimbra, no ano lectivo de 1986/87, Coimbra, C.E.F.A., 1987.

BARBOSA DE MELO, Introdução às Formas de Concertação Social, Coimbra, 1984, (Separata do volume LIX (1983) do Boletim da Faculdade de Direito da Universidade de Coimbra.

BARBOSA DE MELO/CARDOSO DA COSTA/VIEIRA DE ANDRADE, Estudo e Projecto de Revisão da Constituição, Coimbra, Coimbra Editora, 1987.

BASÍLIO HORTA, «A Europa reinventada» "Expresso-Revista", edição de 30 de Junho de 1990.

BERTRAND RUSSEL, Histoire des idées du XIXe Siécle (Liberté et organisation), traduzido do inglês por A.M. PETIT JEAN, Librairie Gallimard, 1938.

BERTRAND RUSSEL, História da Filosofia Ocidental e sua conexão social e política, vol. I.

BERTRAND RUSSEL, O Poder – Uma Nova Análise Social, (trad. de Isabel Belchior), Lisboa, Fragmentos, 1990 (ed. orig. em 1938).

BJORN ENGHOLM, entrevista (*in* Jornal "Público", em 24.05.1992, pág. 21).

B. M. BOGULAVSK, V. A. KARPUCHINE, A. I. RAKITOV, V. I. TCHERTIKHINE e G. I. EZRINE, Curso de Materialismo Dialéctico e Histórico, 1.° volume, edições Avante, Elementos Fundamentais do Comunismo Científico/14, Lisboa, 1978.

BRUNO F. LAPADULA, «Alcune Riflessioni Tecniche sulla Procedura di V.I.A.», *in* Unità della Giurisdizione e Tutela dell'Ambiente, Milano, Dott. A. Giuffrè Editore, 1985.

CABRAL DE MONCADA, Filosofia do Direito e do Estado, Volume I, Coimbra, Arménio Amado - Editor, 1947.

CABRAL DE MONCADA, Filosofia do Direito e do Estado, Vol. II, Coimbra, Atlântida Editora, 1966.

CARL J. FRIEDRICH, Liberdade, Edições O Cruzeiro (editor), Rio de Janeiro, Brasil, 1967.

CARL J. FRIEDRICH, Man and His Government, trad. espanhola, Madrid, 1978.

CARLOS ALBERTO DA MOTA PINTO, Teoria Geral do Direito Civil, 3ª edição actualizada (6ª Reimpressão), Coimbra, Coimbra Editora Limitada, 1992.

CARLOS DE ALMEIDA, Portugal Arquitectura e Sociedade, Lisboa, Edições Terra Livre, 1978.

CARRÉ DE MALBERG, «Considérations sur la question de la combination du referendum avec le parlamentarisme», *in* RDPSP, 1931.

CARRÉ DE MALBERG, Contribution à la Théorie générale de l'État, Recueil Sirey, Tome Deuxiéme, Paris, 1922.

CATHERINE TEITGEN-COLLY, «Les Instances De Régulation Et La Constitution», *in* Revue Du Droit Public et de La Science Politique En France Et A L'Étranger, Tome Cent Six, Librairie Générale de Droit et de jurisprudence, Paris 1990.

CESARE PINELLI, «Ipotesi Sulla Forma Di Governo Dell'Unione Europea», *in* Rivista trimestrale di diritto pubblico, Milano, Giuffré Editore, n.° 2, 1989.

CHARLES EISENMAN, L'Esprit des Lois et la séparation des pouvoirs. Mélanges Carré de Malberg, Paris, 1953.

CHARLES REICH, «Le Rôle de la Commission des Communautés Européennes dans la Cooperation Politique Européenne», *in* Revue du Marché Commun, n.° 331, 1989.

CHRISTINE BUCI-GLUCKSMAN, La Folie du Voir: de l'Esthétique Baroque, Paris, Éditions Galilée, cop. 1986.

CHRISTINE BUCI-GLUCKSMAN, La Raison Baroque: de Baudelaire à Benjamin, Paris, Éditions Galilée, cop. 1984.

COMISSÃO DAS COMUNIDADES EUROPEIAS, «Nouvelles technologies et changement social», *in* Europe Sociale, n.° 2, 1989.

COMISSÃO DAS COMUNIDADES EUROPEIAS, Tratado da União Europeia.

CONSELHO DA EUROPA, A Protecção dos Direitos do Homem na Europa, 1983 (brochura preparada em colaboração com o Gabinete de Documentação e Direito Comparado da Procuradoria-Geral da República e a Direcção-Geral da Divulgação do Ministério da Cultura).

DAVID MARTIN, «Relatório Preliminar sobre a Conferência Intergovernamental no âmbito da estratégia do Parlamento para a União Europeia»,

Parlamento Europeu, Documentos de Sessão (edição em língua portuguesa, 1989/90), 27-2-1990.

DIOGO FREITAS DO AMARAL, Curso de Direito Administrativo, Coimbra, Livraria Almedina, 1989, volume I.

DONALD DAVIDSON, Existência e Linguagem (antologia), Editorial Presença, Lisboa, 1990.

D. R., «O agudizar das contradições», *in* "Expresso-Revista" em 14.12.1991, págs. 14-R e 15-R.

DUSAN SIDJANSKI, «Do projecto de tratado de união do Parlamento Europeu ao Acto Único Europeu», *in* Revista de Ciência Política, n.° 5, 1.° Semestre de 1987, Lisboa.

EDGAR MORIN *et al.*, Os problemas do Fim de Século, trad. de Cascais Franco, Editorial Notícias, 1991.

EDGAR MORIN, O Método (trad. port.), Publicações Europa-América, Biblioteca Universitária, 3 volumes.

EDGAR MORIN, O Paradigma Perdido: a Natureza Humana, Lisboa, Publicações Europa-América, 3ª edição, Biblioteca Universitária, (edição original: Éditions du Seuil, 1973, Paris).

EDUARDO LOURENÇO, «Os «Tempos» do Século ou o Crepúsculo da Consciência Histórica», *in* Balanço do Século, Imprensa Nacional – Casa da Moeda, Lisboa, 1990.

EDUARDO LOURENÇO, Nós e a Europa ou as duas razões, Imprensa Nacional – Casa da Moeda, temas portugueses, 3ª edição (revisto e aumentado), 1990.

EDUARDO PRADO COELHO, «Os Combates Pela Europa», *in* Jornal "Público" (Suplemento "Leituras"), edição de 11 de Setembro de 1992.

ÉMILE BOTTIGELI, A Génese do Socialismo Científico, Lisboa, Editorial Estampa, 1971.

EMILE BURNS, Introdução ao Marxismo, Cadernos de Iniciação ao Marxismo-Leninismo, Edições Avante, Lisboa, 1975.

EMILIO COLOMBO, «Relatório preliminar sobre as orientações do Parlamento Europeu relativas a um projecto de Constituição para a União Europeia», Parlamento Europeu, Documentos de Sessão (edição em língua portuguesa, 1989/90) 25-6-1990.

ENZO CANNIZZARO, «Un nuovo Indirizzo Della Corte Costituzionale Tedesca sui rapporti pra Ordinamento Interno E Norma Comunitarie Derivate», *in* Rivista di Diritto Internazionale, Giuffrè Editore, volume LXXI, Fascículo 1, 1988.

ERICH FROMM, O Medo à Liberdade (Escape From Freedom), trad. em língua portuguesa, Rio de Janeiro, Zahar Editores, Biblioteca de Ciências Sociais, 1960.

ETZIONI, Organizações Modernas (trad.), S. Paulo, 1980.

EUGENIO MELE, «L'Ambiente, Le Direttive Comunitarie e L'Ordinamento Interno», *in* Il Foro Amministrative, Milano, Giuffrè Editore, Ano LXV – Maio, 1989.

FAUSTO DE QUADROS, A descentralização das funções do Estado nas Províncias Ultramarinas Portuguesas, Braga, 1971.

FELICIANO BENVENUTI, «I Controlli sulle Regioni», *in* Revista Trimestrale di Diretto Pubblico, Fasc. n.° 2, 1972.

FELIPE GONZALEZ, O que é o Socialismo, Editorial APUL, Lisboa, 1977.

FERNANDO ALVES CORREIA, O Plano Urbanístico e o Princípio da Igualdade, Coimbra, Livraria Almedina, 1989.

FERNANDO CAÑIZARE, Teoria Del Estado (fasciculo 3), Instituto Cubano del Libro, Editorial Pueblo Y Educación, Havana, 1973.

FERNANDO GIL, «A Inteligibilidade como problema», *in* Balanço do Século, Imprensa Nacional – Casa da Moeda, Lisboa, 1990.

FERNANDO PACHECO DE AMORIM, Na Hora da Verdade, Colonialismo e neo-Colonialismo na proposta de lei de revisão constitucional, Coimbra, Edição do autor, 1971.

FRANCESCO MARIA AGNOLI, «Interessi Diffusi Ambientali E Unitarietá della Giurisdizione», *in* Unitá della Giurisdizione e Tutela dell'Ambiente, Milano, Dott. A. Giuffrè Editore, 1985.

FRANCESCO NOVARESE, «Introduzione "Minima" Al Diritto Ambientale», *in* Rivista Giuridica Dell'Edilizia, ano XXXII, Fascículo 3, Milano, Dott. A. Giuffrè Editore, Maio-Junho, 1989.

FRANCIS FUKUYAMA, «Os Estados passam, a democracia avança», *in* Jornal "Público" em 10.05.1992, pág. 29.

FRANCIS FUKUYAMA, «Reply to My Critics», *in* The National Interest, Vol. 18, 1989/1990.

FRANCIS FUKUYAMA, «The End of History", *in* The National Interest, 1989 (trad. port. in "Diário de Lisboa", edições de 26 a 29/12/89).

FRANCIS FUKUYAMA, O Fim da História e o Último Homem, (trad. port.) Gradiva, 1992.

FRANCISCO DOS SANTOS AMARAL NETO, «A Autonomia Privada como princípio fundamental da Ordem jurídica. Perspectivas estrutural e funcional», *in* Boletim da Faculdade de Direito, Número Especial, Estudos em Homenagem ao Prof. Doutor A. Ferrer-Correia, II, Universidade de Coimbra, Coimbra, 1989.

FRANCISCO LUCAS PIRES, «A Europa também não partirá pelo elo mais fraco», *in* Jornal "Público" edição de 7 de Junho de 1992, págs. 14 e 15.

FRANCISCO LUCAS PIRES, «Federação, Confederação ou simples Mercado Único», *in* "Expresso-Revista" em 10.12.1988, págs. 49-R a 52-R.

FRANCISCO LUCAS PIRES, «Reflexos Constitucionais da integração», *in* "Expresso-Revista", edição de 15 de Dezembro de 1990, pág. 15-R.

FRANCISCO LUCAS PIRES, «Soberania e Autonomia», *in* Boletim da Faculdade de Direito, Universidade de Coimbra, (1973, Vol. XLIX; e 1974, Vol. L).

FRANCISCO LUCAS PIRES, Teoria da Constituição de 1976 – A transição Dualista, Coimbra, 1988.

FRANCISCO SA CARNEIRO, Uma Constituição Para os Anos 80: contributo para um projecto de revisão, Lisboa, publicações D.Quixote, 2ª ed., 1979.

FRANCISCO SOUSA TAVARES, «O segredo de Estado e a administração pública», *in* Jornal "Público", em 21.06.1992, pág. 23).

FRANCISCO SOUSA TAVARES, «Ser ou não ser da Europa eis a questão» *in* Jornal "Público", em 07.06.1992, pág. 31).

FRANCO BASSI, «Il Principio Della Separazione Dei Poteri (evoluzione problematica)», *in* Rivista Trimestrale di Diritto Pubblico, Milano, Dott. A. Giuffrè – Editore, ano XV, 1965.

FRANÇOIS BOURRICAUD, Esquisse d'une théorie de l'autorité, Plon, 1961, Paris.

FRANÇOIS JACOB, «Como a Evolução Constrói Novidade com o Antigo», *in* Balanço do Século, Imprensa Nacional - Casa da Moeda, Lisboa, 1990.

FRANÇOIS RANGEON, «Le Public Face A L'Administration», *in* La Communication Administration – Administrés, Centre Universitaire de Recherches Administratives et Politiques de Picardie (C.U.R.A.P.P.), Presses Universitaires de France, 1983.

FRANZ NEUMANN, The Democratic And The Authoritarian State, Essays in political and legal theory, New York-London, Free Press – Collier, MacMillan, 1966.

FRÉDÉRIC SUDRE, Droit international et européen des droits de l'homme, PUF, 1991, 5ª edição.

FREDERICK GIBBERT, «La Région-cité», *in* Les Cahiers de la Revue Politique et Parlementaire, Outubro de 1972, Suplemento ao n.° 835.

FREITAS DO AMARAL e JOSÉ PEDRO FERNANDES, Comentário à Lei dos Terrenos do Domínio Hídrico, Coimbra, Coimbra Editora, 1978.

FREITAS DO AMARAL, «A Revisão Constitucional», em revista «Prisma», n.° 49, Maio de 1971.

FRIEDRICH AUGUST VON HAYEK, Constitution of Liberty, Londres, 1960.

FRIEDRICH AUGUST VON HAYEK, "The road to Serfdom", Londres, 1945 (Trad. port., O Caminho para a Servidão, Lisboa, Teoremas, 1977).

FRIEDRICH ENGELS, A Origem da Família, da propriedade privada e do Estado, 2ª edição, Lisboa, Editorial Presença, 1975.

FRIEDRICH ENGELS, Dialéctica da Natureza, 2ª edição, Lisboa, Editorial Presença, 1978.

FRIEDRICH ENGELS, Do Socialismo Utópico ao Socialismo Científico, edições Avante, Biblioteca do Marxismo-Leninismo, Lisboa, 1975, 2ª edição.

FRIEDRICH ENGELS, Manifesto Anti-Duhring, Edições Afrodite, Lisboa (2ª edição) (E ainda: Lisboa, Dinalivro, 1976; Lisboa, Minerva, 1975).

GEORGES BURDEAU, A Democracia (trad. port.), Publicações Europa-América, Colecção Saber, 1975, 3ª ed..

GEORGES POLITZER, GUY BESSE, MAURICE CAUEING, Princípios Fundamentais de Filosofia, Hemus, São Paulo, 1970.

GEORGES POLITZER, Princípios elementares de filosofia, Lisboa, Prelo Editora, 6ª edição, 1977.

GEORGES-HENRI BEAUTHIER, Les droits du citoyen européen, Luxemburgo, Comissão das Comunidades Europeias, 1990.

GÉRARD TIMSIT, Théorie de L'Admnistration, Porto, Colecção Económica.

GIAN PIERO ORSELLO, «La Tutela dei Diritti Umani dalla Dichiarazione Universale Dei Diritti dell'Uomo alle riunioni sulla dimensione Umana nell'ambito dei seguitá della Conferenza per la Sicurezza E la Cooperazione Europea», *in* Annuário di Diritto Comparato E Di Studi Legislativi, 4ª Série, Volume 57, 1989.

GIANNI VATTIMO, A Sociedade Transparente, Edições 70, 1991.

GIORGIO GAJA, «Aspetti Problematici Della Tutela Dei Diritti Fondamentali Nell'Ordinamento Comunitario», *in* Rivista di Diritto Internazionale, Giuffrè Editore, Vol. LXXI - Fascículo 3, 1988.

GOMES CANOTILHO / VITAL MOREIRA, Fundamentos da Constituição, Coimbra Editora, 1991.

GOMES CANOTILHO, Constituição Dirigente e Vinculação do Legislador, Coimbra Editora, 1982.

GOMES CANOTILHO, Direito Constitucional, Coimbra, Livraria Almedina (3ª edição, totalmente refundida), 1983.

GOMES CANOTILHO, Direito Constitucional, Coimbra, Livraria Almedina, 1986 (4ª edição, totalmente refundida e aumentada).

GOMES CANOTILHO, Direito Constitucional, Coimbra, Livraria Almedina, 1991 (5ª edição, totalmente refundida e aumentada).

GONÇALO SANTA-RITA, Portugal Agricultura e Problemas Humanos, Lisboa, Edições Terra Livre, 1979.

GUY CORCELLE, «La dimension "environnement" du marché unique», *in* Revue du Marché Commun, Fevereiro, n.° 334, 1990.

GUY ISAAC, «L'Insertion du Parlement Européen dans le Systéme Juridictionnel des Communautés Européennes», *in* Annuaire Français de Droit International, Paris, CNRS, 1986, XXXII.

HANNAH ARENDT, The Origins of Totalitarianism, Harcourt, Brace & World, Inc. e George Allen & Unwin, Ltd., (trad. port.: O Sistema Totalitário,

Lisboa, 1978, Publicações D.Quixote, Colecção Universidade Moderna 60).

HANS BLUMENBERG, A Legitimidade da Modernidade (1960) (trad. inglesa Cambridge, 1980).

HANS KELSEN, Teoria Geral das Normas (trad. port.), Porto Alegre, Sérgio António Fabris editor, 1986.

HANS KELSEN, Teoria Pura do Direito (trad. port.), 6ª edição, 1984, Coimbra, Arménio Amado Editora, Colecção Studium (Temas Filosóficos, Jurídicos e Sociais).

HECTOR AGOSTI, Condições Actuais do Humanismo, Seara Nova, (tradução de Adelino dos Santos Rodrigues), colecção Universidade Livre, Lisboa, 1975.

HEINZ HEIMSOETH, A Filosofia no Século XX (trad. port.), Coimbra, Arménio Amado, 1941, 2ª ed. corrigido (1ª edição: 1937).

HÉLITA BARREIRA CUSTODIO, «Meio Ambiente e Normas Juridicas Protecionais», *in* Rivista trimestrale di diritto pubblico, Milano, Dott. A. Giuffrè Edotore, n.° 2, 1989.

HERBERT BUTTERFIELD, As Origens da Ciência Moderna, 1949, (edição portuguesa: Edições 70, Lisboa, 1992, Col. Perfil - História das Ideias e do Pensamento).

HERBERT SIMON, «A Racionalidade Humana e seus Limites», *in* Balanço do Século, Imprensa Nacional - Casa da Moeda, Lisboa, 1990.

HUNTER, «L'Europe et la Santé», *in* Europe Sociale, n.° 2, 1989.

IURI POPOV, A economia política marxista e os países em vias de desenvolvimento, Edições da Agência de Imprensa Nóvosti, Colecção ABC – Fundamentos dos Conhecimentos Políticos, Moscovo, 1978, (versão portuguesa).

IVO E. SCHWARTZ, «Le rôle du Rapprochement des Legislations afin de faciliter Le Droit D'Établissement et La libre Circulation des Services», *in* Boletim do Gabinete de Documentação e Direito Comparado da Procuradoria Geral da República, Lisboa, 1979.

JACQUES CHEVALLIER, «L'Administration Face Au Public», *in* La Communication Administration – Administrés, Centre Universitaire de Recherches Administratives et Politiques de Picardie (C.U.R.A.P.P.), Presses Universitaires de France, 1983.

JACQUES D'HONDT, Hegel, Edições 70, Biblioteca Básica de Filosofia.

JACQUES DEHAUSSY, «La supériorité des normes internationales sur les normes internes: à propos de l'arrêt du Conseil d'État du 20 Octobre 1989, Nicolo», *in* Journal Du Droit International, Paris, Éditions Techniques S. A., n.° 1, 1990.

JACQUES LE GOFF, entrevista (publicada em, *in* "Expresso-Revista" em 01.08.1992, pág. 51-R).

JACQUES LESOURNE, BERNARD LECOMTE, O Pós-Comunismo (trad. port.), Bertrand Editora, Venda Nova, 1991.

JACQUES MOREAU, «Les contrats de plan État–région, technique nouvelle d'aménagement du territoire», *in* L'Actualité Juridique, AJDA, Droit Administratif, n.° 12, 20, Dezembro, 1989.

JACQUES PLASSARD, «Capitalismo Decadente», originalmente publicado *in* Chroniques de la Sedeis, n.° 6, de 15 de Junho de 1991 (versão em português incluída na obra de MICHEL ALBERT).

JACQUES REVEL, A Invenção da Sociedade, (trad. port.) Difel, 1990.

J. BRONOWSKI, Introdução à Atitude Científica (trad. port.), Livros Horizonte, Colecção Horizonte (15).

JEAN BAUDRILLARD, As Estratégias Fatais (ed. orig. 1983), Editorial Estampa, Colecção Minerva, 1992.

JEAN BOULOUIS, «Cour de Justice des Communautés Européennes», *in* Annuaire Français de Droit International, Éditions du CNRS, XXXII, 1986; XXXIII, 1987; XXXIV, 1988.

JEAN JACQUES ROUSSEAU, Discours sur l'origine et les fondements de l'inégalité parmi les hommes..., Londres, 1782.

JEAN JACQUES ROUSSEAU, Du Contrat Social. Précédé d'un essais sur le politique de Rousseau par Bertrand de Jouvenel accompagné de notes de Voltaire et d'autres contemporaine de l'auteur, Genéve, 1947, Les Éditions du Cheval Acte, série "Oeuvres Immortelles".

JEAN JACQUES ROUSSEAU, Ouvres Complétes, Paris, 1964, Bibliothéque de la Pléiade, 3 volumes.

JEAN RIVERO, Direito Administrativo, tradução de ROGÉRIO SOARES, Almedina, Coimbra, 1981.

JEAN-JACQUES SERVAN-SCHREIBER, «Le Manifeste Radical», Paris, 1970.

JEAN-LUC NANCY e JEAN-CRISTOPHE BAILLY, *in* La Communauté désoouvrée (1986-1990), Cristian Bourgois)

JEAN-MARIE PELT, A Natureza Reencontrada (trad. port.), Gradiva, 1991.

JEAN-MARIE PONTIER, «La protection du patrimoine monumental», *in* Revue Française de Droit Administratif, ano 5.°, n.° 5, Set./Out., 1989.

JEAN-MARIE PONTIER, «Les contrats de plan État-région et l'ameenagement du territoire», *in* L'Actualité Juridique, AJDA, Droit Administratif, 20 Dez., n.° 12, 1989.

JESSICA TUCHMAN MATHEWS, «Segurança Nacional Redefinida», *in* Diálogo, volume 23, n.° 2 (tradução de José Livio Dantas), 1990.

JESUS JORDANO FRAGA, «La Responsabilidad De La Administracion con ocacion De Los Daños Al Medio Ambiente», *in* Revista de Derecho Urbanistico, n.° 119, Julho-Agosto-Setembro, Ano XXIV.

J. J. TALMON, The Origins of Totalitarian Democracy (N.Y., 1960) (trad. francesa: Les Origines de la Démocratie Totalitaire, CALMANN-LÉVY, Collection "Liberté de l'Esprit").

J.J. LOPES PRAÇA, Collecção de Leis e Subsídios para o estudo do Direito Constitucional Português, Coimbra, Imprensa da Universidade, Vol. II, 1894.

JOÃO CARLOS ESPADA, «As Novas Exigências da Democracia», *in* Jornal "Público", em 20.09.1991.

JOÃO CARLOS ESPADA, «Em defesa da América e do idealismo liberal», *in* Jornal "Público", em 17.02.1992, pág. 10.

JOÃO CARLOS ESPADA, «Há "males" que vêm por bem», *in* Jornal "Público", em 08.06.1992, pág. 21.

JOÃO CARLOS ESPADA, «Jeffrey Sachs em Londres», *in* Jornal "Público", em 06.07.1992, pág. 19.

JOÃO CARLOS ESPADA, «Liberalismo: o novo e o velho», *in* Jornal "Público", em 13.07.1992, pág. 23.

JOÃO CARLOS ESPADA, «Que Europa?», *in* Jornal "Público" em 25.05.1992, pág. 28.

JOÃO CARLOS ESPADA, Dez Anos que Mudaram o Mundo, Gradiva, 1992.

JOÃO LOUREIRO, O Procedimento Administrativo entre a eficiência e a garantia dos particulares, Coimbra, 1990 (Dissertação de Mestrado).

JOEL RIDEAU, «Le Rôle de la Cour de Justice des Communautés Européennes Techniques de Protection», *in* Revue Internationale de Droit Comparé, Paris, Librairies Techniques, 1981.

JOHN KENNETH GALBRAITH, «Retrospectiva da Economia Mundial e o Destino das Revoluções», *in* Balanço do Século, Imprensa Nacional – Casa da Moeda, Lisboa, 1990.

JOHN KENNETH GALBRAITH, A Economia Política (uma História Crítica), Publicações Europa-América, Col. Economia e Gestão, Lisboa, 1989.

JOHN LOCKE, Carta Sobre A Tolerância (trad. port.), edições 70, textos filosóficos, 1987.

JOHN LOCKE, Segundo Tratado sobre o Governo (trad. port. com o título: Ensaio sobre a verdadeira origem extensão e fim do governo civil, por João de Oliveira Carvalho), Londres (impresso por Ricardo Taylor).

JOHN O'CONNOR, «L'Acte Unique Européen Et la Cour Suprême Irlandaise (L'Affaire Crotty)», *in* Annuaire Français de Droit International, Paris, CNRS, XXXIII, 1987.

JOHN RAWLS, Teoria de la Justicia (trad. espanhola), México, Fondo de Cultura Económica, 1979.

JOHN REED, Os Dez Dias que Abalaram o Mundo, 2ª ed., Avante, Lisboa, 1977.

JORGE DE SENA, Maquiavel, Marx e outros estudos (Ensaio), Editorial Cotovia, Lda., Lisboa, 1991.

JORGE MIRANDA, Manual de Direito Constitucional, Tomo I.

JORGE MIRANDA, Manual de Direito Constitucional, Tomo II (2ª edição, revista, 1983), Coimbra, Coimbra Editora, Lda..

JORGE MIRANDA, Manual de Direito Constitucional, Tomo III, Coimbra, Coimbra Editora, Lda., 1983.

JORGE MIRANDA, Manual de Direito Constitucional, Tomo IV (Direitos Fundamentais), Coimbra, Coimbra Editora, 1988.

JOSÉ BARROS MOURA, A Convenção Colectiva entre as Fontes de Direito do Trabalho, Livraria Almedina, Coimbra, 1984.

JOSÉ CARLOS VIEIRA DE ANDRADE, O Dever da Fundamentação Expressa de Actos Administrativos, Almedina, Coimbra, 1991, Livraria Almedina, Colecção Teses.

JOSÉ CARLOS VIEIRA DE ANDRADE, Os Direitos Fundamentais na Constituição Portuguesa de 1976, Coimbra, Livraria Almedina, 1983.

JOSÉ LUIS ARANGUREN, «A Razão na Ética», *in* Balanço do Século, Imprensa Nacional – Casa da Moeda, Lisboa, 1990.

JOSÉ MAGALHÃES, Dicionário da Revisão Constitucional, Lisboa, Publicações Europa-América, 1989.

JOSÉ MANUEL PUREZA, «A Chave do Segredo» *in* "Expresso-Revista", em 8 de Fevereiro de 1992, pág. 27-R.

JOSÉ MANUEL SERVULO CORREIA, Noções de Direito Administrativo, vol. I, Lisboa, Editora Danúbio, 1982.

JOSÉ MARIA BOQUERA OLIVER, «La Limitacion De La Propriedad Urbanistica Segun La Constitucion», *in* Revista de Derecho Urbanistico, n.° 118, Maio-Junho, Ano XXIV.

JOSÉ MARIA DIAZ LEMA, «Fundamento Constitucional de la Ley del Suelo de Galicia», *in* Revista de Estudios de la Administración Local y Autonómica, Instituto Nacional de Administracion Publica, n.° 240, Outubro-Dezembro, 1988.

JOSÉ MEDEIROS FERREIRA, «Defesa europeia: nova era, velhas soluções», *in* Jornal "Público" em 22.06.1992, págs. 26 e 27.

JOSÉ ORTEGA Y GASSET, La Rebelion De Las Masas, Madrid, Revista de Occidente, 10ª edição espanhola, 1945.

JOSÉ PEDRO CASTANHEIRA, «Novos Muros», *in* "Expresso-Revista" em 14.12.1991, págs. 7-R a 12-R.

JÖRG VOLKER KETELSEN, «Proposition de consolidation du droit à la libre circilation des travailleurs migrants», *in* Europe Sociale, n.° 2, 1989.

JUAN ANTÓNIO CARRILLO SALCEDO, «Souveraineté des États et droits de l'homme en droit international contemporain», *in* Protection des droits de l'homme: la dimension européenne, Carl Heymanns Verlag KG, 1988.

JUAN FERNANDO BADIA, «El Estado Regional como Realidad Juridica Independente», *in* Revista de Estudios Políticos, n.° 129-130, Maio--Agosto de 1963.

JURGEN HABERMAS, O Discurso Filosófico da Modernidade, Lisboa, Dom Quixote, 1990.

KARL LOEWITH, O Sentido da História, Edições 70, 1991.

KARL MARX, Manifesto do Partido Comunista, Lisboa, Edições Avante, 1975 (Biblioteca do Marxismo-Leninismo).

KARL POPPER e KONRAD LORENZ, Die Zukunft ist offen (trad. port.: O Futuro está Aberto), 2ª edição, Fragmentos, Colecção Problemas, Lisboa.

KARL POPPER, A Sociedade Aberta e os seus Inimigos (The Open Society and *its* Enemies) (trad.), Belo Horizonte: Itatiaia, 1974 (Colecção Espirito do nosso tempo).

KARL POPPER, «Alguns Problemas Práticos da Democracia», in Balanço do Século, Imprensa Nacional-Casa da Moeda, Lisboa, 1990.

KARL POPPER, Lógica das Ciências Sociais, Rio de Janeiro: Tempo Brasileiro, 1978 (Biblioteca tempo universitário).

KARL POPPER, Sociedade aberta, universo aberto, Lisboa (trad.), Publicações D. Quixote, 1987 (Opus. Biblioteca de Filosofia).

KARL POPPER, A Lógica da pesquisa científica (trad.), 9ªed., São Paulo, Cultrix, 1989.

KARL POPPER, Conjecturas e refutações: o pensamento científico (trad.), Brasília, Editora Universidade de Brasília, cop. 1972.

KARL POPPER, Um Mundo de Propensões (1988 e 1989; Editorial Fragmentos, Lisboa, 1991).

KONRAD HEIDEN, Der Führer: Hitler's Rise to Power, Boston, 1944.

KONRAD LORENZ, Os Oito Pecados Mortais da Civilização, Litoral Edições, Colecção «Estudo 10», 1992.

LAURENT MARCOUX, JR., «Le concept de Droits Fondamentaux dans le droit de la Communauté Économique Européene», *in* Revue Internationale de droit comparé, n.° 1, 1983.

LÉNIN, Esquerdismo, doença infantil do comunismo, Editora Escriba, 2ª edição, S. Paulo.

LÉNIN, O Estado e a Revolução. A doutrina marxista do Estado e as tarefas do proletariado na revolução, Lisboa, Edit. Estampa, 1975.

LÉNIN, Partido Proletário de Novo Tipo, Edições «Avante!», Pequena Biblioteca Lénine, Antologias Temáticas, 01, 1974.

Lorenza Violini, «Le Questione Scientifiche Controverse nel Procedimento Amministrativo», Milano, Giuffrè Editore, 1986.

Louis Althusser, «Marxismo e Humanismo», *in* Polémica sobre o Humanismo, Editorial Presença, Lda, Porto.

Louis Dubouis, «Un exemple de coopération entre le juge administratif français et la Cour de Justice des Communautés européennes: l'affaire de la centrale de Cattenom», *in* Revue française de Droit Administratif, n.° 5, Set./Out., 1989.

Louis Dumont, Ensaios sobre o Individualismo, Lisboa, D. Quixote, 1992.

Lucien Rebatet, Memórias de um Fascista, trad. port., Lisboa, 1988, Edição Livros do Brasil.

Lucien Sfez, La Décision, col. "Que Sais-Je?", 1984.

Ludwig Wittgenstein, Da Certeza, Edições 70, Lisboa, 1990.

Ludwig Wittgenstein, Aulas e Conversas sobre Estética, Psicologia e Fé Religiosa, Edições Cotovia, 1991.

Luis Filipe Colaço Antunes, «A Tutela dos interesses difusos em Direito Administrativo: para uma legitimação procedimental», Coimbra, Livraria Almedina, 1989.

Luis Filipe Colaço Antunes, «Tutela do Ambiente e Procedimento Administrativo: Do modelo Francês dos "Études d'Impact" à solução da CEE», *in* Economia e Sociologia, Évora, Instituto Superior Económico de Évora, separata ao n.° 48, 1989.

Luisa Meireles, «Mundos paralelos», *in* "Expresso-Revista" em 11.07.1992, págs. 22-R a 24-R.

Luisa Schmidt (com Luis Scarra), «Nem água cai, nem água fica», *in* "Expresso-Revista" em 13.06.1992, págs. 74-R a 76-R.

Maguelonne Dejeant-Pons, «Les Conventions du Programme des Nations Unies pour L'environnement Relatives Aux Mers Régionales», *in* Annuaire Français de Droit International, XXXIII, 1987, Éditions du Centre National de la Recherche Scientifique (CNRS), Paris.

Maidani / Pommies / Combrexelle / Bonichot, «Chronique Générale de Jurisprudence Communautaire (Juillet 1987 - Juillet 1989)», *in* Revue du Marché Commun, n.° 333, 1990.

Malcolm Rifkind, «Defesa Europeia: progredir através da U.E.O.», *in* Jornal "Público" em 17.06.1992, pág. 7.

Manfred A. Dauses, «La Libre Circulation Des Marchandises Dans La Communauté Européenne à La Lumiére de La Jurisprudence Recente De La Cour de Justice des Comminautés Européennes», *in* Boletim do Gabinete de Documentação e Direito Comparado da Procuradoria Geral da República, Lisboa, 1987.

MANFRED A. DAUSES, «La Protection des droits fondamentaux dans l'ordre juridique communautaire», *in* Revue Trimestrelle de droit européen, n.° 3, ano 20, 1984.

MANUEL DE ANDRADE, Teoria Geral da Relação Jurídica, 2 volumes, Coimbra, 1974.

MANUEL JOSÉ MORAN GARCIA, «A Nova Regulación do Fondo Social Europeo (FSE)», *in* Boletin do Centro de Documentacion Europea de Galicia, n.° 3, 1989.

MANUELVILLAVERDE CABRAL, «A "partidocracia" portuguesa», *in* Jornal "Público", em 10.07.1991, pág. 17.

MARC PAILLET, Marx contra Marx – A Sociedade tecnoburocrática, Fernando Ribeiro Melo / Edições Afrodite, Lisboa, 1977, Colecção Doutrina/ /Intervenção.

MARCELLO CAETANO, Manual de Ciência Política e Direito Constitucional, Lisboa, (depositária: Coimbra Editora, Lda.), 6ª edição (reimpressão de 1972) revista e ampliada por MIGUEL GALVÃO TELES, Tomo I.

MARCELLO CAETANO, Manual de Ciência Política e Direito Constitucional, Lisboa, 1967, 5ª edição.

MARCELLO CAETANO, Manual de Direito Administrativo, Vol. I, Coimbra, Almedina, 10ª edição (Reimpressão 1980), revista e actualizada pelo Prof. Doutor DIOGO FREITAS DO AMARAL.

MARCELO REBELO DE SOUSA, Os Partidos Políticos no Direito Constitucional, Livraria Cruz, Braga, 1983.

MARCH et SIMON, Les Organisations, 2ª ed., Paris, Dunod, 1979.

MARGARET THATCHER, Declaração (transcrita parcialmente pelo Jornal "Independente", em 22 de Maio de 1992, pág. 35).

MARIA ISABEL JALLES, «Os direitos da pessoa na Comunidade Europeia», *in* Boletim do Gabinete de Documentação e Direito Comparado da P. G. R. , n.° 2 1980.

MARIA ISABEL JALLES, Implicações Jurídico-Constitucionais da Adesão de Portugal às Comunidades Europeias (Alguns Aspectos), Centro de Estudos Fiscais da Direcção-Geral das Contribuições e Impostos, Cadernos de Ciência e Técnica Fiscal (116), Lisboa, 1980

MARIE-FRANÇOISE LABOUZ, «Le Principe D'Égalité Homme/Femme Dans la Jurisprudence Récente de la Cour de Justice des Communautés Européennes», *in* Annuaire Français de Droit International, Paris, Éditions du CNRS, 1986, XXXII.

MÁRIO BAPTISTA COELHO, «Regiões e Cidadania» *in* "Expresso-Revista", em 29.02.1992, pág. 26-R.

MÁRIO PERNIOLA, La Società dei Simulacri, Capelli, 1983.

MARIPINA TERRASI, «Dalla Natural Justice Alla Fairness: Il Privato nel Procedimento Amministrativo», *in* Il Foro Amministrativo, Milano, Giuffrè Editore, Ano LXV, Setembro, 1989.

MAURICE DUVERGER, «Relatório Preliminar sobre a preparação do encontro com os Parlamentos Nacionais sobre o futuro da Comunidade ("Assises")», Parlamento Europeu, Documentos de Sessão (edição em língua portuguesa, 1989/90), 26-6-1990.

MAURICE DUVERGER, Sociologia da Política, Almedina, Coimbra, 1983 (trad. port. de Sociologie de la Politique, P.V.F.).

MAX WEBER, A Ética protestante e o Espiríto do Capitalismo (trad. port.), Lisboa, Presença, 1983.

MAX WEBER, Economia y Sociedad, Panuco - México, 1944, Fondo de Cultura Económica (4 vols).

MAX WEBER, O Político e o Cientista, Editorial Presença (3 edições 1970, 1973, 1979).

M. CONCEIÇÃO LOPES, DAVID PINA, GUILHERME H. R. SILVA, O Acto Único Europeu, Coimbra, Livraria Almedina, 1987.

MICHAEL OPPENHEIMER, entrevista (*in* "Expresso-Revista" em 27.06.1992).

MICHAEL WEISSKOPF, «A ameaça do ozono», *in* Jornal "Público" em 05.11.1991, pág. 29.

MICHEL ALBERT, Capitalismo contra Capitalismo (trad. port.) (edição original: Paris, Éditions du Seuil, 1991), Edição «Livros do Brasil», Lisboa, 1992.

MICHEL CROZIER e E. FRIEDBERG, L'Acteur et le système: les contraintes de l'action collective, Paris, Éditions du Seiul, cop., 1977 (D.L. 1981).

MICHEL CROZIER *et al.*, La centralisation, *in* Oú va l'administration française, éd. d'Organisation, 1974.

MICHEL CROZIER, La Societé bloquée, Seiul, 1970.

MICHEL CROZIER, Le phénomène bureaucratique, Éditions du Seiul, 1963, Paris.

MICHEL DE SALVIA, «L'élaboration d'un «ius commune» des droits de l'homme et des libertés fondamentales dans la perspective de l'unité européene: l'ouvre accomplie par la comission et la Cour europénnes des Droits de l'homme», *in* Protection des Droits de l'Homme: La Dimension Européenne, Carl Heymans Verlag KG, 1988.

MICHEL MEYER, Lógica, Linguagem e Argumentação (trad. port.), Lisboa, Editorial Teorema, 1992.

MIGUEL SOUSA TAVARES, «O privilégio europeu», *in* "Semanário" edição de 12 de Junho de 1992.

MILOVAN DJILAS entrevista (publicada no "Expresso-Revista" em 11.07.1992, págs. 26-R e 28-R).

MILTON e ROSE FRIEDMAN, Liberdade para Escolher (trad. port.), Publicações Europa-América, Colecção Estudos e Documentos, 1980.

MONTESQUIEU, Oeuvres Complètes, Éditions du Seuil, Paris, (Livre XI).

MOTA DE CAMPOS, Direito Comunitário, Lisboa, Fundação Calouste Gulbenkian, 1983.

NICOLE GUARDIOLA, «As fronteiras do ódio», *in* "Expresso-Revista" em 14.12.1991, págs. 10-R e 11-R.

NORBERT ELIAS, A Condição Humana, DIFEL, 1992.

NORBERTO BOBBIO, «Choque entre liberdade e poder», *in* "Público" (pág. 19, edição de 92.03.10).

N. RONZITI, «Un nuovo strumento di protezione dei diritti umani?», *in* Rivista di Diritto Internazionale, Giuffré Editore, 1989, Volume LXXII, Fascículo 1.

NUNO E SOUSA, «A Liberdade e o Direito», *in* Boletim da Faculdade de Direito da Universidade de Coimbra, Coimbra, 1984, número especial, Estudos em Homenagem ao Prof. Doutor Eduardo Correia (III).

NUNO PIÇARRA, A separação dos Poderes como doutrina e princípio constitucional, Coimbra, Coimbra Editora, 1989.

NUNO SEVERIANO.TEIXEIRA, «A invenção da Europa», *in* "Expresso-Revista" edição de 18 de Janeiro de 1992.

ORLANDO DE CARVALHO, Os Direitos do Homem no Direito Civil Português, Coimbra, 1973, edição do autor.

ORLANDO GOMES, «A Função Social da Propriedade», *in* Boletim da Faculdade de Direito, Universidade de Coimbra, Número Especial, Estudos em Homenagem ao Prof. Doutor A. Ferrer Correia, II, Coimbra, 1989.

PABLO LUCAS VERDU, Principios de Ciência Politica, Tomo II, Madrid, 1969.

PAOLO DELL'ANNO, «Riflessioni Critiche sulla Valutazione di Impatto Ambientale», *in* Unità della Giurisdizione e Tutela dell'Ambiente, Milano, Dott. A. Giuffrè Editore.

PAOLO URBANI, «Pianificazione Urbanistica Edilizia Residenziale E Interessi Ambientali», Milano, Dott. A. Giuffrè Editore, 1988.

PATRICE ROLLAND e PAUL TAVERNIER, La Protection internationale des Droits de l'Homme (TEXTES), Presses Universitaires de France, 1989.

PATRICK FRYDMAN, «Le juge administratif, le traité et la loi postérieure», *in* Revue française de Droit Administratif, n.° 5, Set./Out., 1989.

PAUL FEYERBEND, Adeus à Razão, Edições 70, 1991.

PAUL FOULQUIÉ, A Dialéctica, Publicações Europa-América, Colecção Saber, 2ª edição, 1974.

PAUL RICOEUR, Ideologia e Utopia, Edições 70, 1991, trad. de Teresa Lauro Perez.

PAUL T. MASON, O Totalitarismo (trad. port.), Edições Delfos, Lisboa.

PAUL WATZLAWICK, A Realidade é Real?, Relógio d'Água, col. «Antropos», trad. de Maria Vasconcelos Moreira, 1991.

PAULO FERREIRA DA CUNHA, «Mito e Constitucionalismo», *in* Boletim da Faculdade de Direito, Coimbra, Universidade de Coimbra, Volume XXXIII, Suplemento, 1990.

PAULO FERREIRA DA CUNHA, O Procedimento Administrativo, Livraria Almedina, Coimbra, 1987.

PEDRO GOMES BARBOSA, Património Cultural, Fundo de Apoio aos Organismos Juvenis, Cadernos F.A.O.J., série A, n.° 20, Julho 1982.

PEDRO SANTANA LOPES e DURÃO BARROSO, Sistema de Governo e Sistema Partidário, Livraria Bertrand, Colecção Fora de Colecção, 1980.

PEDRO VASCONCELOS, A Separação dos Poderes na Constituição Americana – Alguns Problemas Recentes, 1989, Coimbra (Dissertação de Mestrado).

PHILIPPE SCHMITTER, entrevista (publicada *in* "Expresso-Revista" em 25.05.1991, págs. 99-R e 100-R).

PIERRE PESCATORE, «La Cour de Justice des Communautés europées et la Convention européenne des Doits de l'Homme», *in* Protection des Droits de l'Homme: la dimension européene, Carl Heymanns Verlag KG, 1988.

PIERRE PESCATORE, L'Ordre Juridique des Communautés Européennes, Liége, Presses Universitaires de Liége, 1975.

RALF DAHRENDORF, Classes et conflits de classes dans la Societé industrielle (introdução de Raymond Aron), Paris, Mouton, cop. 1972.

RALF DAHRENDORF, Ensaios de teoria da Sociedade (trad.), Rio de Janeiro, Zahar, 1974.

RALF DAHRENDORF, El nuevo liberalismo (trad.), Madrid, Editorial Tecnos, 1982.

RALF DAHRENDORF, «O cansaço dos governos», *in* Jornal "Público" edição de 15 de Junho de 1992.

RAYMOND ARON, Les étapes de la pensée sociologique, Gallimard, 1967 (trad. port.: As Etapas do Pensamento Sociológico, Dom Quixote, Lisboa, 1991).

RENÉ DUMONT, Utopia ou Morte, Lisboa, Livraria Sá da Costa Editora, 1ª edição, 1975, tradução de Henrique de Barros (edição original: Éditions du Seuil, 1975).

RENÉ TAVENEAUX, Jansenisme et Politique, Paris, Armand Colin, 1965.

RENÉ THOM, «Que Significa Compreender?», *in* Balanço do Século, Imprensa Nacional - Casa da Moeda, Lisboa, 1990.

RICCARDO CACCIN, Ambiente e sua Protezione, Pádova, CEDAM, 1988.

RICHARD WAGNER, A Arte e a Revolução (trad. port.), (edição original de

1849), (Editorial Antígona, 1990).

ROBERT CLARKE, O Homem Mutante (trad. portuguesa), Bertrand Editora, 1990.

ROBERT LECOURT, «Cour européene des Droits de l'homme et Cour de Justice des communautés européenes», *in* Protection des Droits de l'Homme: la dimension européene, Carl Heymanns Verlag KG, 1988.

ROBERT MOSS, O Colapso da Democracia (trad. port.), 2ª edição, Edições F.P. (Fernando Pereira), Lisboa, 1979.

ROBERTO BARATTA, «Norme Contenute In Direttive Comunitarie Inattuate E Loro Opponibilità Ai Singoli», *in* Rivista di Diritto Internazionale, Giuffrè Editore, Vol. LXXII, Fascículo 2, 1989.

ROBERTO MARRAMA, «La Pubblica Amministrazione Tra Trasparenza E risetvatezza Nell'Organizzazione E Nel Procedimento Amministrativo», *in* Diritto Processuale Amministrativo, Milano, Giuffrè Editore, n.° 3, 1989.

ROGER GARAUDY, A Grande Viragem do Socialismo, (ed. francesa de 1969), Lisboa, Publicações D.Quixote, 1969, Colecção Vector (5).

ROGER GARAUDY, O Projecto Esperança, Lisboa, Publicações D. Quixote (2ª edição), 1976, tradução de Manuel Lopes (Edição original: «Le Projet Espérance», Éditions Robert Lafont, Paris, 1976).

ROGÉRIO SOARES, «A propósito dum projecto legislativo: o chamado Código do Processo Administrativo Gracioso», *in* Revista de Legislação e Jurisprudência (n.° 3694, págs. 14-18; n.° 3695, págs. 40-42; n.° 3699, págs. 173-179; n.° 3702, págs. 261-264; n.° 3703, págs. 295-297 (todos do 115.° Ano, 1982-83); n.° 3716, págs. 324-329 (116.° Ano, 1983-84); n.° 3720, págs. 65-72 (117.° Ano, 1984-85).

ROGÉRIO SOARES, «O Acto Administrativo», *in* Scientia Juridica, Tomo XXXIX, 1990, Braga.

ROGÉRIO SOARES, «O conceito ocidental de Constituição», *in* Revista de Legislação e de Jurisprudência, n.° 3743, págs. 36-39 (119.° ano, 1986-87), n.° 3744, págs. 69-73.

ROGÉRIO SOARES, «Princípio da Legalidade e Administração Constitutiva», *in* Boletim da Faculdade de Direito, Universidade de Coimbra, 1981, Vol. LXVII, pág. 168 e ss.

ROGÉRIO SOARES, «Sentido e Limites da Função Legislativa no Estado contemporâneo», *in* Feitura das Leis, Vol. II, Oeiras, Instituto Nacional de Administração, 1986.

ROGÉRIO SOARES, Administração, Direito Administrativo e Sujeito Privado, in Boletim da Faculdade de Direito, Universidade de Coimbra, Vol. XXXVII, (1961), págs. 117-137.

ROGÉRIO SOARES, Direito Administrativo I, Universidade Católica Portuguesa, Porto, 1981.

ROGÉRIO SOARES, Direito Público e Sociedade Técnica, Coimbra, Atlântida Editora, 1969.

ROGÉRIO SOARES, Direito Administrativo (policopiado), Coimbra, 1978.

ROGÉRIO SOARES, Interesse Público, Legalidade e Mérito, Coimbra, 1955, Atlântida Editora.

ROGÉRIO SOARES, Lições de Direito Constitucional, Coimbra, Universidade de Coimbra, 1971.

RUDOLF BERNHARDT, Bulletin des Communantés Européennes, Suplément 5/76, Comissão das Comunidades Europeias, pág. 26 e ss.

RUI MOURA RAMOS, «A Convenção Europeia dos Direitos do Homem (Sua Posição Face ao Ordenamento Jurídico Português)», *in* Boletim do Gabinete de Documentação e Direito Comparado da Procuradoria Geral da República, Lisboa.

SALVATORE IMPINNA, «Per una nuova cultura», *in* Unità della Giurisdizione e Tutela dell'Ambiente, Milano, Dott. A. Giuffrè Editore, Atti del Seminario di Studio Latina, 1-3 Março, 1985.

SALVATORE PATTI, La Tutela Civile dell'Ambiente, Pádova, CEDAM, 1979.

SERGE MOSCOVICI, entrevista (publicada no "Expresso-Revista" em 25.01.1992, pág. 39-R).

SÉRGIO RIBEIRO, organização de «Sobre/De Lenine», Prelo editora, SARL, Lisboa, Colecção biblioteca popular, n.° 3, 2ª edição, 1974.

SEYMOUR MARTIN LIPSET, Consenso e Conflito (trad. port.), Gradiva, 1992.

SIR JAMES FAWCETT, «Quelques Lumiéres Sur les Droits de L'Homme», Conselho da Europa, 1987.

SOVERAL MARTINS, Legislação anotada sobre Associações de Defesa e Ambiente, Coimbra, Fora do Texto, 1988.

STELIOS PERRAKIS, «L'incidence de L'Acte Unique Européen sur la Coopération des Douze en matière de Politique Étrangère», *in* Annuaire Français de Droit International, XXXIV, Paris, Éditions du CNRS, 1988.

TITO ZULIAN, «L'Informazione Ecologica: Strumento Fondamentale della Tutela Ambientale», *in* Unità della Giurisdizione e Tutela dell'Ambiente, Milano, Dott. A. Giuffrè Editore.

TULLIO SCOVAZZI, «Considerazioni sulle norme Internazionali in Materia di Ambiente», *in* Rivista di Diritto Internazionale, volume LXXII, Fascículo 3, Milano, Giuffrè Editore, 1989.

TULLIO SCOVAZZI, «La Partecipazione del Pubblico Alle Decisioni sui Progetti Che Incidono sull'Ambiente», *in* Rivista Giuridica Dell'Ambiente, Milano, Giuffrè Editore, n.° 3, Setembro, ano IV, 1989.

UMBERTO ECO, «O Irracional, o Misterioso, o Enigmático», *in* Balanço do Século, Imprensa Nacional - Casa da Moeda, Lisboa, 1990.

UMBERTO ECO, O Super Homem das Massas (trad. port.), Lisboa, Difel, 1990.

UMBERTO ECO, Apocalípticos e Integrados (trad. port.), Lisboa, Difel, 1991.

VACLAV HAVEL, Ensaios Políticos (trad. port.), Bertrand Editora, 1991.

VALÉRY GISCARD D'ESTAING, «Relatório Preliminar sobre o princípio da subsidiariedade», Parlamento Europeu, Documentos de Sessão (edição em língua portuguesa, 1989/90), 22-6-1990.

VARLAN TCHERKESOFF, Erros e Contradições do Marxismo, Lisboa, Cooperativa Cultural Editora Fomento Acrata.

VASSILI PODOSSETNIK e ALEXANDR SPIRKINE, Rudimentos de Materialismo Histórico, Cadernos de Iniciação ao Marxismo-Leninismo, Edições Avante, Lisboa, 1975.

VICENTE MARIA GONZALEZ-HARBA GUISADO, «La Funcion Publica Local in Europa: Caracteres y Tendencias», *in* Revista de Estudios de la Administracion Local y Autonómica, Instituto Nacional de Administración Publica, Vert. Dez., n.° 240, 1988.

VICTOR CALVETE, «Maastricht e o referendo: o triplo R», *in* Jornal "Público" em 02.05.1992, pág. 29.

V. I. LÉNINE, Karl Marx e o desenvolvimento histórico do marxismo, edições Avante, Pequena Biblioteca Lénine, (Cinco escritos fundamentais de V. I. Lénine acerca de Marx e do Marxismo), Lisboa, 1975.

WERNER HEISENBERG, A Imagem da Natureza na Física Moderna (trad. port.), Edição Livros do Brasil, Lisboa, Colecção "Vida e Cultura" n.° 91.

WILHELM DILTHEY, Teoria das Concepções do Mundo (trad. port.), edições 70, textos filosóficos, 1992.

WLADIMIR BRITO, Sobre a Separação de Poderes, 1981, Coimbra (Dissertação de Mestrado).

YVES MADIOT, «L'effacement de la politique d'aménagement du territoire», *in* L'Actualité Juridique, AIDA, Droit Administratif, 20 Dez., n.° 12, 1989.

ZBIGNIEW BRZEZINSKI, entrevista (publicada no Jornal "Público", em 27.04.1992, pág. 14).

ÍNDICE

CAPÍTULO I

SENTIDO E LIMITES DO PRINCÍPIO DA SEPARAÇÃO DE PODERES EM FACE DOS NOVOS MOVIMENTOS SOCIAIS

CAPÍTULO II

SOCIEDADE, TERRITÓRIO E PODER: A PROBLEMÁTICA DA REFORMA DO ESTADO MODERNO E DA ADMINISTRAÇÃO PÚBLICA

CAPÍTULO III

A TUTELA ADMINISTRATIVA DO AMBIENTE E O ORDENAMENTO DOS PODERES PÚBLICOS

CAPÍTULO IV

O DIREITO PÚBLICO NACIONAL E A UNIÃO EUROPEIA